汽车电系检修图册

(第二版)

黄余平　编绘

内 容 提 要

本图册是汽车电路系统故障的检测、排除和汽车电器维修方面的工具书。全书大量运用立体图的形式，介绍了电子技术在汽车电路系统上的运用，以及各种电路和电器元件的工作原理和检测方法。书中最具特色的逻辑检测图，运用了实物绘制而成的图形，生动地表现出检测的全过程，对没有汽车电系维修经验的人，从实车电路到图纸电路识图带来了极大的便利。

图册共包含13项内容：概述；蓄电池；交流发电机；起动、点火系统；电控汽油喷射；自动变速器；防抱死和驱动防滑系统；安全气囊、中央门锁及防盗系统；自动空调系统；汽车仪表；照明与信号装置；辅助电器设备；电线束。

本图册可供汽车驾驶员、维修工学习参考。

图书在版编目(CIP)数据

汽车电系检修图册(第二版)/黄余平编绘．-2版．
-北京：人民交通出版社，2008.1
ISBN 978-7-114-06877-5
Ⅰ.汽… Ⅱ.黄… Ⅲ.汽车-电气设备-检修-图集 Ⅳ.
U463.6-64
中国版本图书馆CIP数据核字(2007)第160953号

Qiche Dianxi Jianxiu Tuce

书　　名：汽车电系检修图册(第二版)
著 作 者：黄余平
责任编辑：张玉栋　顾燏鲁
出版发行：人民交通出版社
地　　址：(100011)北京市朝阳区安定门外外馆斜街3号
网　　址：http://www.ccpress.com.cn
销售电话：(010)85285838，85285995
总 经 销：北京中交盛世书刊有限公司
经　　销：各地新华书店
印　　刷：北京鑫正大印刷有限公司
开　　本：787×1092　1/16
印　　张：22.25
版　　次：1996年2月　第1版
　　　　　2008年2月　第2版
印　　次：2008年2月　第2版　第1次印刷　总计第15次印刷
书　　号：ISBN 978-7-114-06877-5
印　　数：0001~5000册
定　　价：36.00元
(如有印刷、装订质量问题的图书由本社负责调换)

前　言

1992年至今《汽车电系检修图册》伴随读者走过了十五个春秋。世界在进步，科技在发展，当年书中的有些内容已经过时了，这次新版《汽车电系检修图册》增加了很多全新的内容，例如电子点火系统、电子控制汽油喷射系统、自动变速器、安全气囊、自动空调、中央门锁、车轮防抱死系统（ABS）等。另外在版式上也作了精心的设计，我们将以全新的《汽车电系检修图册》奉献给广大读者。

本书的特点：内容新，全面介绍了目前最新的电子技术在汽车电路系统上的应用以及检测、维修方法；二是图例多，各种电路和电器元件的工作原理和检测方法运用立体图加以表现，一看就懂；三是本书最具特色的故障检测图，运用大量的实物图形，真实形象地表现出检测的全过程，没有维修经验的人也能根据检测图的提示轻而易举地排除故障。

本图册的很多检测案例是以轻型载货汽车的电路系统为原型的，其检测原理和维修方法同样适用于其他任何车型。

初版的《汽车电系检修图册》是我和杜康同志合作完成的，我有理论和绘画的专长，他有实际经验，互补长短通力合作完成了这本图册。两年前杜康同志突然离我们而去，这本图册的再版工作就落到我一个人的肩上。

经过一年的努力，第二版《汽车电系检修图册》即将和广大读者见面了，在这里特别感谢关心和支持这本图册的所有朋友。

由于本人水平有限，书中有不当或错误之处，恳请专家和读者批评指正。

黄余平

目 录

1 概述

电流、电压、电阻、电容的基本概念

电流是指电子的流动现象。

电子是从负极流到正极,目前习惯以+→-表示电流的方向。电流的测量单位是安培(A),1 安培定义为每一秒有 1 库仑的电量流过。

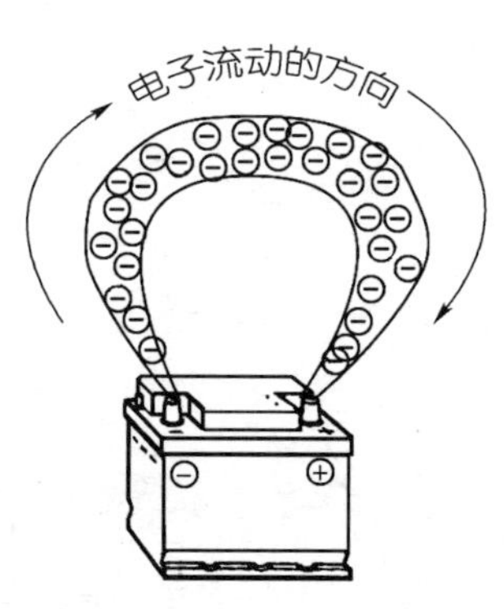

电阻是指电子在流动时受的阻力,电阻的单位为欧姆(Ω)。电阻器可分为固定电阻、可变电阻及特殊电阻(如热敏电阻)等三大类。下图为汽车上常见的可变电阻器。

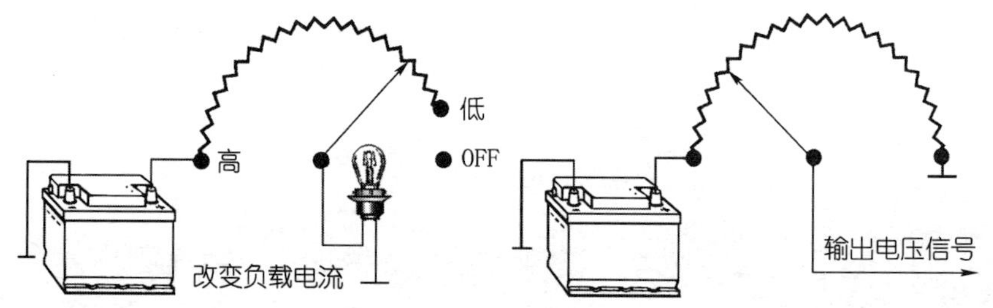

电容是指两片导体间具有聚集电荷的能力。电容的单位为法拉(F),电容量常用单位为微法拉(μF)。电容器在汽车电路中具有三种基本功能:充电、储电/放电/控制电路。

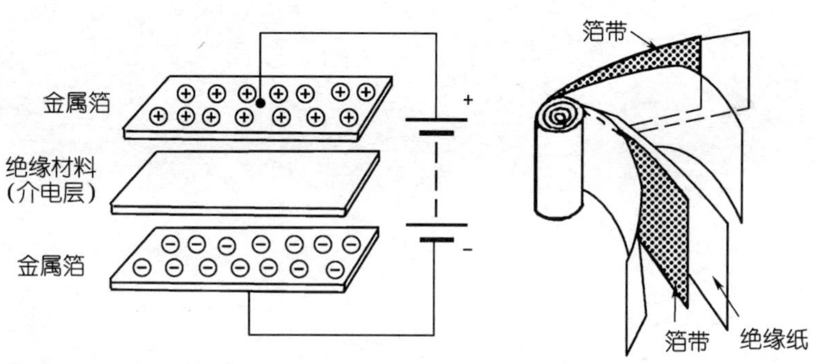

电压是推动电子流动的动力,是电流产生的原动力。就像水从高处流向低处一样,没有水位差就没有水流,同样,没有电压就没有电流。电压单位是伏特(V)。

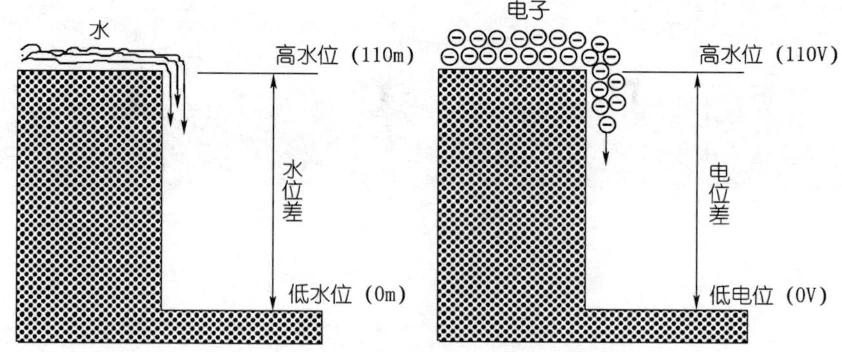

汽车的电路系统

汽车电路系统由电源、控制系统、负载和连接导线四部分组成。最简单的汽车电路如右图所示。

汽车电路系统是用不同规格和颜色的导线把大大小小的电器设备联系起来，能发电、储电，并利用控制系统来控制这些设备的工作。整车的微型网络控制中心，既能单独地执行控制功能，又能相互交换信息。同时电子技术在解决汽车的节能降耗、行车安全、净化排放等方面起到越来越重要的作用。

电源设备由蓄电池、发电机、调节器组成。作用是向各用电设备提供电能。

控制系统由各种传感器、开关、继电器、保险装置和电子控制系统组成。

用电设备由起动、点火、照明、信号、仪表显示、辅助用电设备等组成。

连接导线由多根不同规格、不同颜色的电线组成的电线束和汽车的金属车体（作为电路的负极），将电源设备、各电器设备与控制系统连接起来，使其成为完整的汽车电路。

汽车电路的共同特点：

低电压电源电压一般为6V、12V、24V三种。

单线制电源的正极通过导线与各用电设备连接，电源的负极直接和车体的金属部分连接，这种电路称为“单线制电路”。

并联电路所有的电器设备均为并联连接。

直流电源各用电设备均由蓄电池与发电机提供直流电。

保险装置各用电设备一般都有保险装置。保险装置串联在各用电设备的电路中，当某用电设备发生过载、短路、搭铁时，熔断丝立即熔断，从而避免线路或电器设备的损坏。

充、放电指示装置采用电流表或充电指示灯显示。

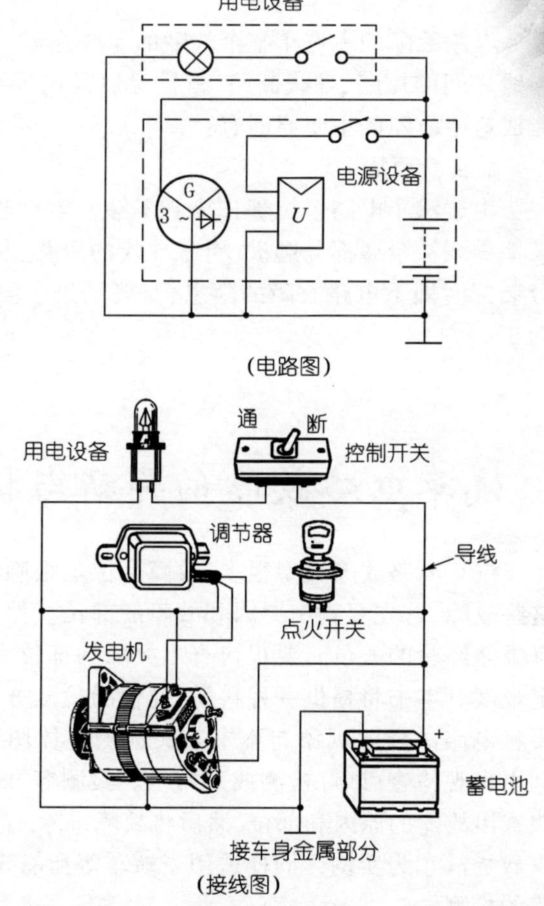

汽车基本电路示意图

汽车电路故障产生的主要原因

电路故障约占汽车整个故障的40%左右。常见的电路故障有:导线之间的短路、导线断路、搭铁等以及电器设备内部短路、损坏。造成这些故障的主要原因有:

1 自身原因

由于汽车电路系统保护措施不够，容易造成电器设备的损坏，某些导线被金属部分磨破，引起导线的短路、断路或搭铁等；电路部分装配时埋下电路故障的隐患，车辆经过一段时间的使用，从而引起故障的发生；电线束、电器设备质量不高，提前损坏。

2 自然损坏

一般电器部件都有一定的使用期限，过期即自然失效。

3 人为故障

操作不当，引起损坏； 汽车遭受碰撞，使电路受到损伤；检修电路故障时，未查清故障的原因和部位，乱拆、乱装，从而引起电路系统的控制失灵、损坏，甚至烧毁线路等。

汽车电路故障的判断与排除

汽车电路故障类型很多，故障部位也很隐蔽，要排除这些故障，首先要查出原因和故障的部位。然而，对于没有维修经验的人员，要很快查出故障的部位和原因有一定难度。本书将提供一种科学、简便的检测方法，读者只要将电路故障的现象与本书有关检测立体图对号入座，利用直观检查、试灯检测或万用电表检测等方法，就能很快查出故障的原因和部位，然后将故障排除。故障检测图以载货汽车为实例，同样适用于轿车等所有车型电路故障的检测。

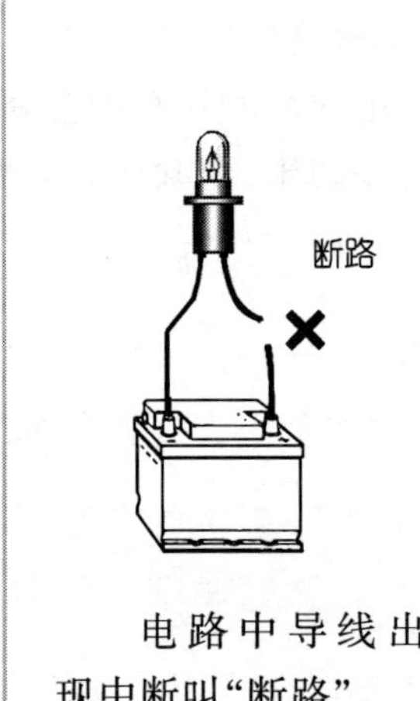

电路中导线出现中断叫“断路”。

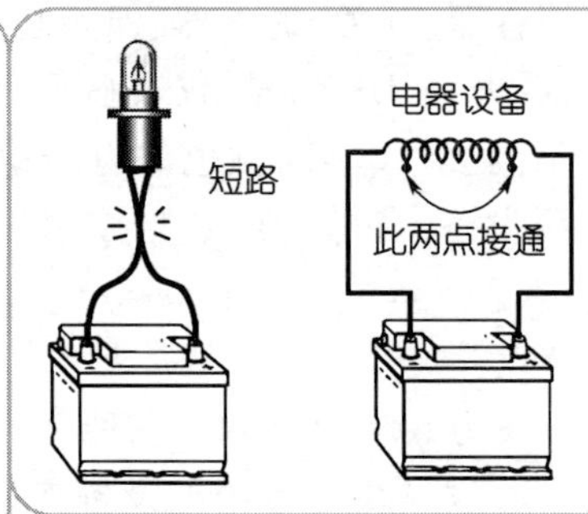

电路中导线绝缘层破损，导致电流不经过负载直接回到电源负极或电器设备内部直接接通叫“短路”。

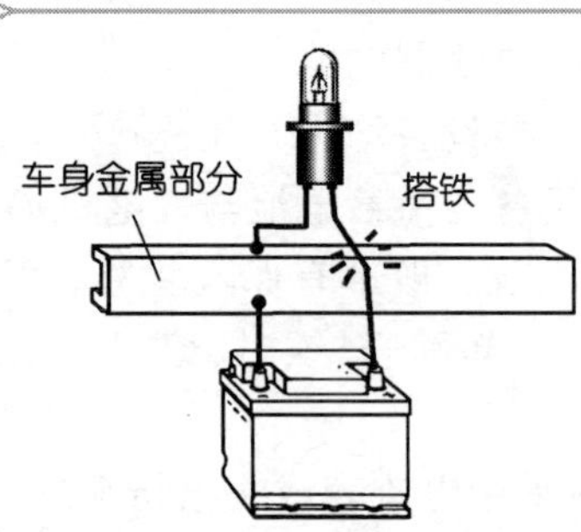

在汽车电路中导线绝缘层破损导致金属线与车身金属部分相碰叫“搭铁”，搭铁发生在负载之前，会影响到负载的工作。

常用检修工具及检测仪器

为了便于检测和维修，驾驶员或维修人员需配置一些简单的工具和测试仪器。

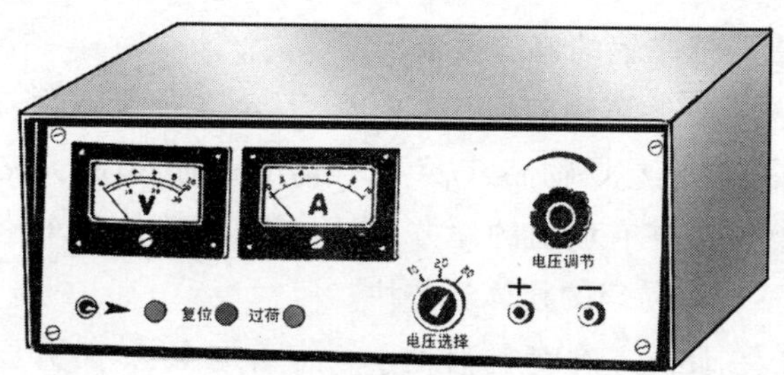

可调式直流稳压电源

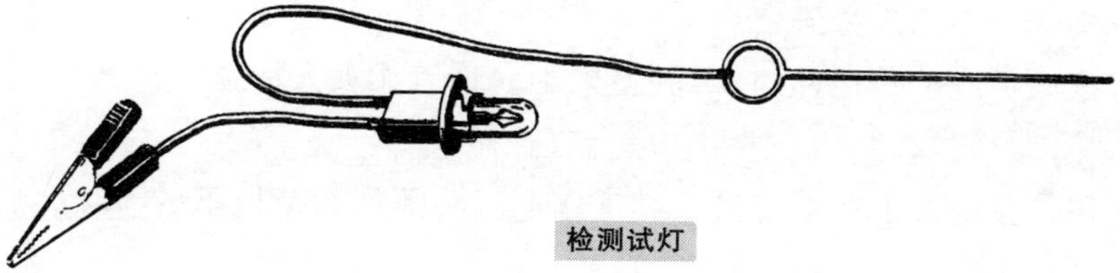

检测试灯

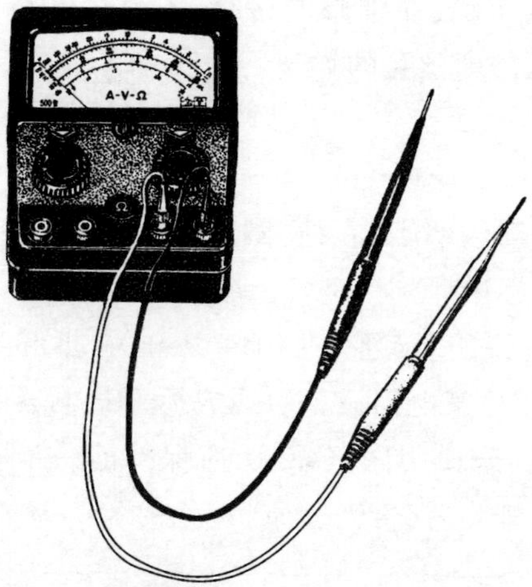

万用电表

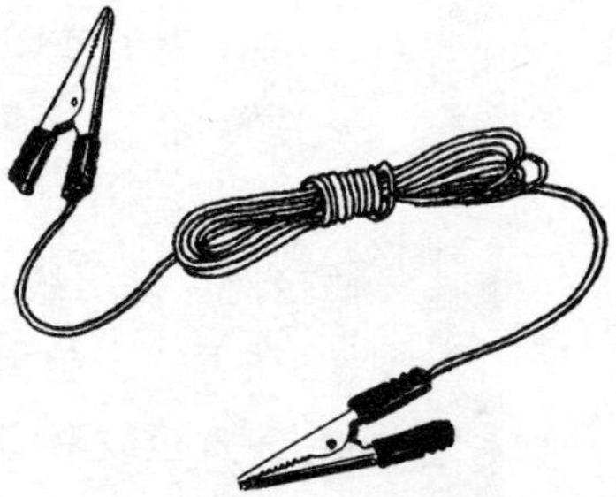

连接线

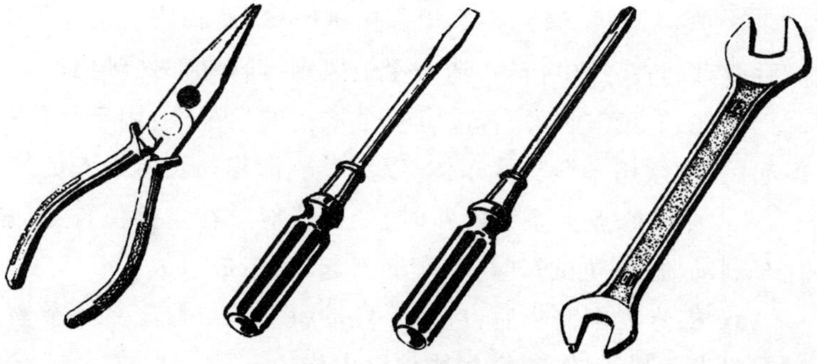

尖嘴钳、螺丝刀、开口扳手系列

汽车电路维修作业中的安全

■ **待修车辆的停放要求**

① 停放的车辆前后 5m 之内，不允许有障碍物；周围 20m 内，不允许有易燃易爆物品，以免在检修电路时，引起火灾。

② 车停在有坡道的地方，应用三角木块垫住车轮，以防车辆滑行，切不可用易碎的物体当垫块。

③ 在路边、夜晚检修时，车前车尾必须有明显亮度的信号标记。

■ **维修作业中的人身安全**

① 维修人员在检修电路时，驾驶室内不允许有无关人员逗留，以防意外。

② 使用外接电源的照明灯具，其工作电压必须是 36V 以下的安全电压。

③ 在发动机运转后，采用高压试“火”时，检修人员必须在发动机后侧，以防高压电击后，造成手被风扇等转动部件碰伤。

④ 在车底作业时，若没有安全地沟的情况下，用千斤顶将车辆顶起后，必须用车凳支撑车体，以免车辆滑移伤及检修人员。

⑤ 在检修点火系统电路时，变速器应放在空挡位置上，并拉紧驻车制动器，以防试车时，汽车突然起步，造成事故。

⑥ 检修工作完毕后，应清除发动机上的维修工具和杂物，以防试车时发动机运转，将金属物件甩出伤人。

■ **维修作业中的设备安全**

① 在更换或修理起动机、发电机和发动机时，必须拆除蓄电池搭铁线。严禁将金属工具放置在蓄电池上，或用蓄电池正、负极进行“刮火”试验，以免造成蓄电池短路、爆炸损坏。

② 用易燃性油类清洗电器零部件后，须在油类完全挥发完后，才能装车，以免在工作时产生火花，引起火灾。

③ 对车上的蓄电池补充充电时，必须拆除蓄电池与车上连接的搭铁线，以防充电器电压突然升高，烧坏汽车电器设备。

④ 对停放待修的车辆，应拆除蓄电池的电缆引线。

⑤ 对装有熔断丝管的车辆，在维修电路时，不得将电路中的导线“搭铁刮火”，以免造成熔断丝管的炸裂。

附注

① 为了使图面简洁明了，在故障检测图中，与故障无关的线路，一律未标出。

② 检测图中，凡说明“接通”、“关闭”某开关，拆卸某插接器、某引线，短接某电器设备引线或拆下某电器部件，在下一步检测时，未说明恢复原状，应保持前一步的状态，直至故障完全排除后，再恢复原状。

2 蓄电池

蓄电池的种类与结构

蓄电池是一种化学电源，它能把电能转变为化学能储存起来，又能把化学能转变为电能，向用电设备供电。

汽车用蓄电池，主要用于发动机起动，电流一般可达 200 ~ 600A，所以也称之为起动型蓄电池。起动型铅蓄电池有干式荷电型、湿式荷电型和免维护型等。

■ 起动型铅蓄电池的功用

汽车蓄电池与发电机并联，属于低压电源。具体功用如下：

① 发动机起动时，向起动系、点火系、仪表等供电，同时还向交流发电机提供励磁电流。

② 发动机处于低速运转，发电机端电压低于蓄电池电压时，仍由蓄电池向用电设备供电。

③ 发动机中、高速运转，发电机端电压超过蓄电池电压，而蓄电池又存电不足时，将发电机的一部分电能转变为化学能储存起来。

④ 发电机超负荷时，协助供电。

⑤ 发电机转速和负载变化时，能保持汽车电路系统电压的稳定。特别是在有晶体管电器的电系中，能吸收电路中随时出现的瞬时过电压，保护电子元件不被击穿。

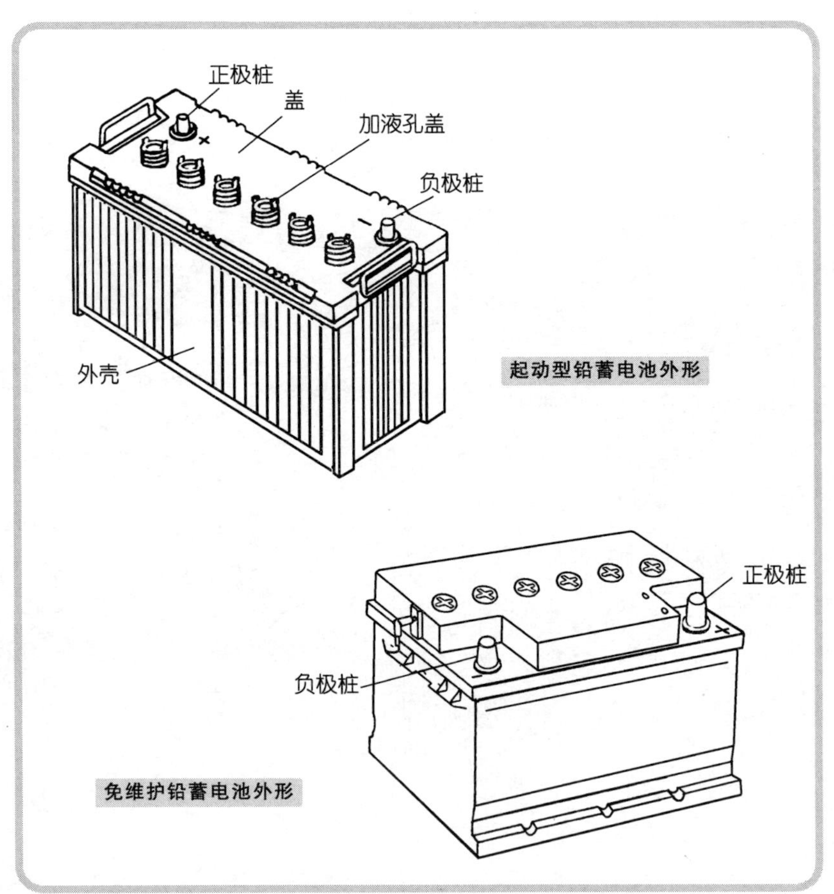

起动型铅蓄电池外形

免维护铅蓄电池外形

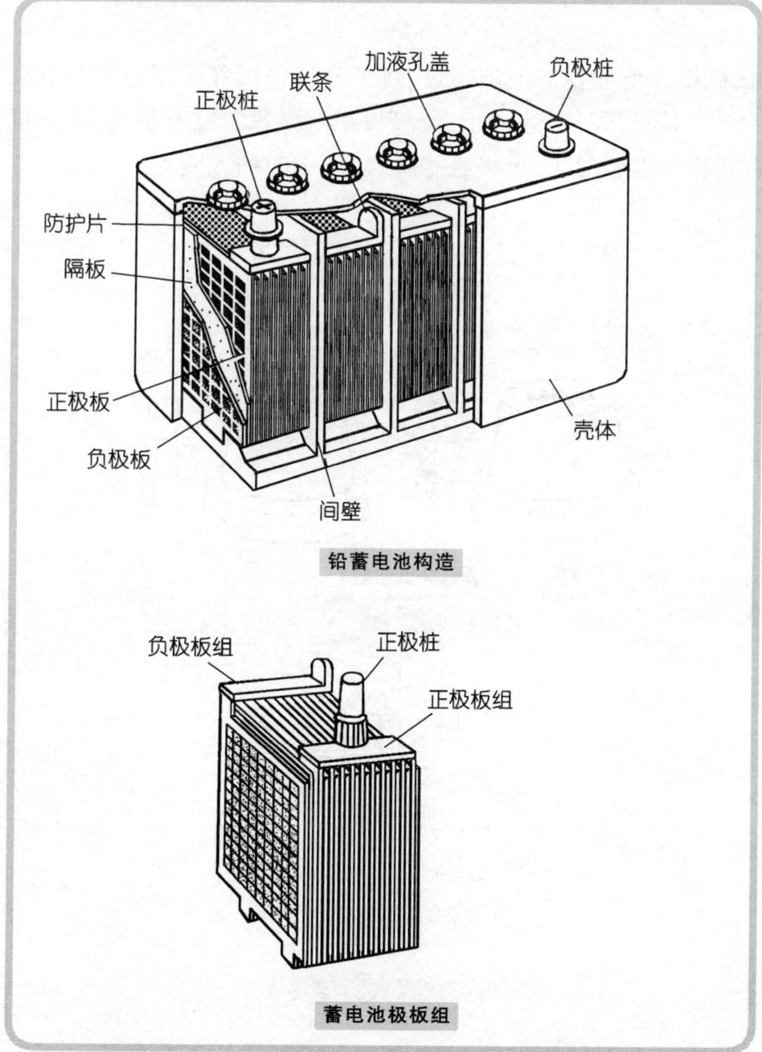

铅蓄电池构造

蓄电池极板组

起动型铅蓄电池一般由六个单格电池串联而成。主要由极板、隔板、电解液、外壳、联条和极桩等组成。

极板是蓄电池的核心构件，由栅架与活性物质组成。极板分正极板和负极板。蓄电池的充放电过程是通过极板上的活性物质与电解液发生电化学反应来实现的。

栅架由铅锑合金制成。加锑是为了提高栅架的机械强度和改善浇铸性能，但锑有副作用，会加速氢的析出，产生自放电，加速电解液的消耗，缩短蓄电池的使用寿命。目前，已采用铅–低锑合金栅架和铅–钙–锡合金栅架。

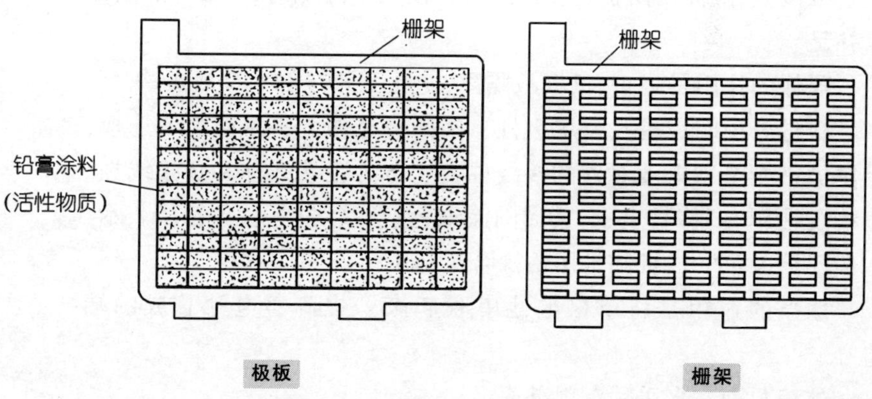

极板　　栅架

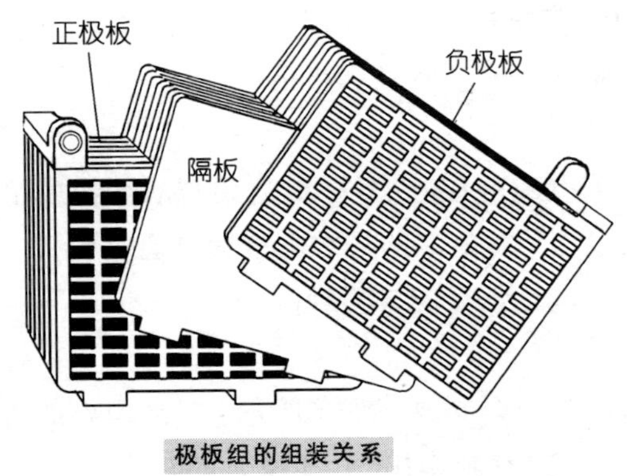

极板组的组装关系

极板组为增加蓄电池的容量,将多片正极板和多片负极板并联在一起,用横板焊接,组成正、负极板组。横板上联有极桩,各片间留有间隙。组装时正、负极板相互嵌合,中间插入隔板。

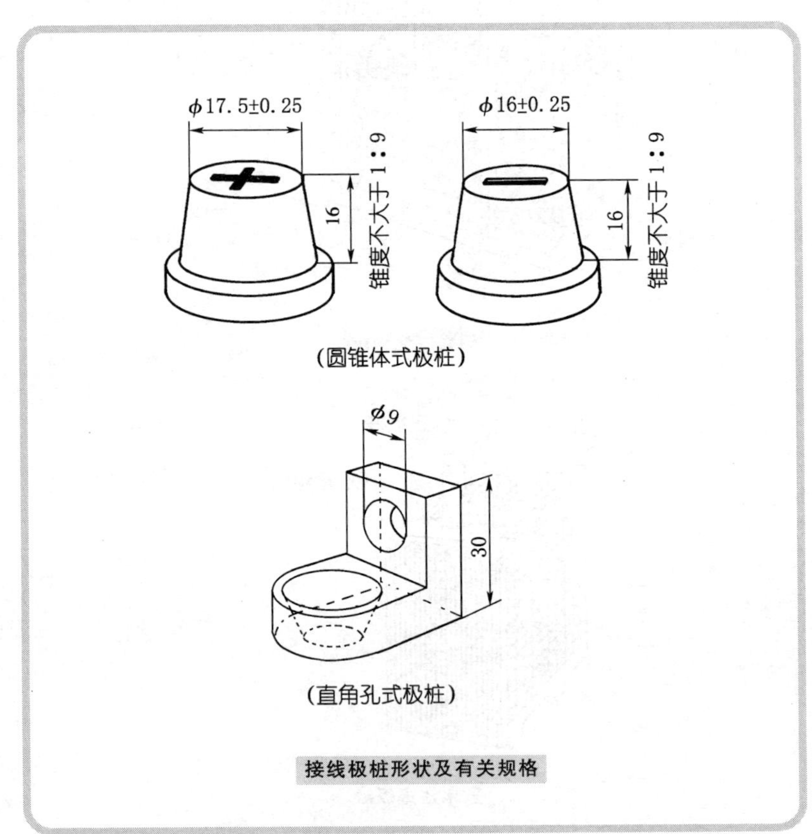

接线极桩形状及有关规格

电解液由专用纯硫酸和合格的蒸馏水按一定的比例配制而成。电解液必须保持标准高度。我国规定起动型蓄电池各单格电池内的电解液液面,应高出防护片10~15mm。使用中降低时,一般宜加蒸馏水补足。

隔板的作用是将正、负极板隔离,防止互相接触而造成短路。

极桩分中间极桩与首尾极桩,中间极桩便于将单格电池连接,首尾极桩则是蓄电池对外的接线柱,它分为正接线柱和负接线柱。正接线柱用"+"符号表示,其周围涂红色;负接线柱用"–"符号表示,一般不涂颜色。极桩都是用铅锑合金浇铸。

联条的作用是将单格电池串联起来,提高蓄电池总成的端电压。

外壳目前大多采用塑料外壳。

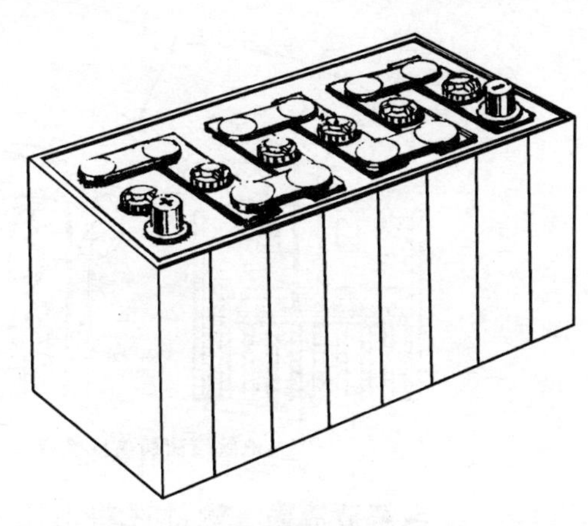
外露式联条

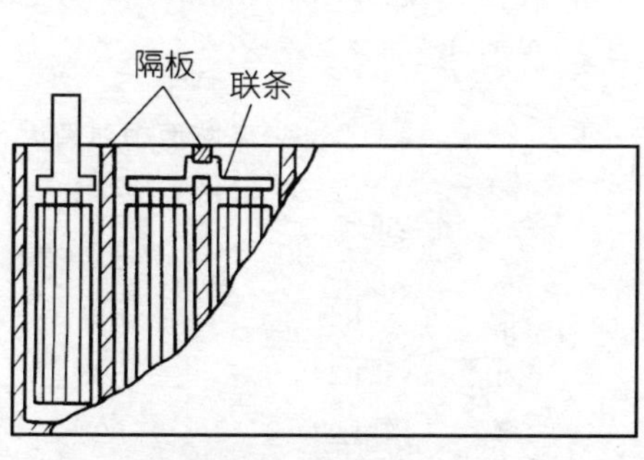

联条穿壁式联接示意图

干荷电铅蓄电池极板组完全呈干燥的状态下，能够在 2 年的时间保存其化学过程中所得到的电量。这类蓄电池在注入电解液之后静放 20~30min 即可投入使用，是应急的理想电源。

免维护铅蓄电池也叫 MF 铅蓄电池，MF 是英文(Maintenance Free Battery)的缩写，指在长期使用过程中不需要维护的意思。免维护蓄电池的结构特点如下：

① 极板栅架采用铅钙锡合金材料制成，彻底消除了锑的副作用。

② 采用袋式聚氯乙烯隔板，将正极板装在隔板袋内，既能避免活性物质脱落，又能防止极板短路。

③ 通气孔塞采用新型安全通气装置，孔塞内装有氧化铝过滤器和催化剂钯。过滤器能阻止水蒸气和硫酸气体通过，避免其与外部火花接触而发生爆炸；催化剂能促使氢氧离子结合，生成水再回到池内而减少水耗。

④ 外壳用聚丙烯塑料热压而成，槽底无肋条，极板组直接安放在壳底上，使极板上部容积增大 33%左右，电解液储存量增大。

⑤ 在汽车合理使用过程中不需加注蒸馏水，不需从车上拆下进行补充充电。一般市内短途车可行驶 8 万 km，长途车可行驶 40~50 万 km 不需维护，可用 3~4 年不必加水。

蓄电池的工作原理

充电过程　充电时,充电电源的端电压高于蓄电池电动势时,电流从蓄电池正极流入,负极流出,由于直流电流的作用,正、负极板发生化学反应,正极板上的硫酸铅形成二氧化铅,负极板上的硫酸铅形成铅,硫酸逐渐返回到电解液中,水逐渐减少,电解液相对密度上升。

放电过程　在接上负载后,在电动势的作用下,电流由蓄电池正极流出,经用电设备流回负极,这时硫酸和正、负极板上的铅性物质反应,形成硫酸铅,硫酸量逐渐减少,硫酸中的氢和正极板上二氧化铅的氧反应生成水,电解液相对密度下降。

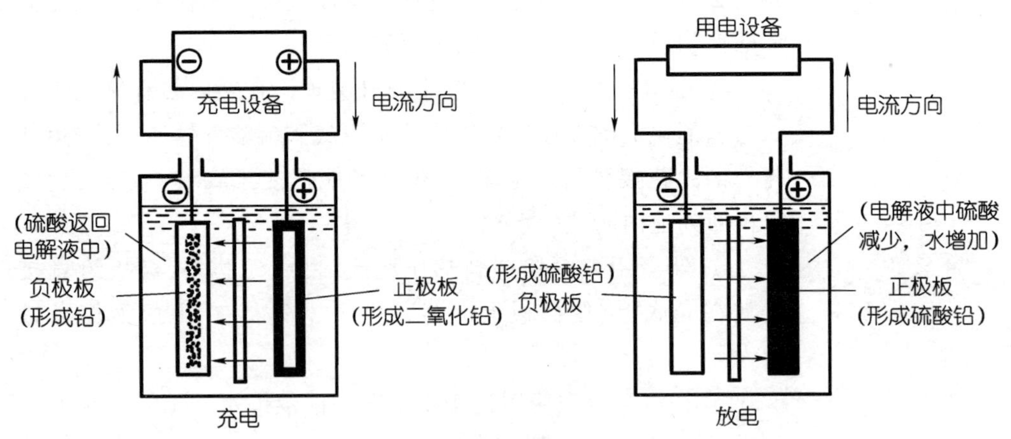

蓄电池的充、放电示意图

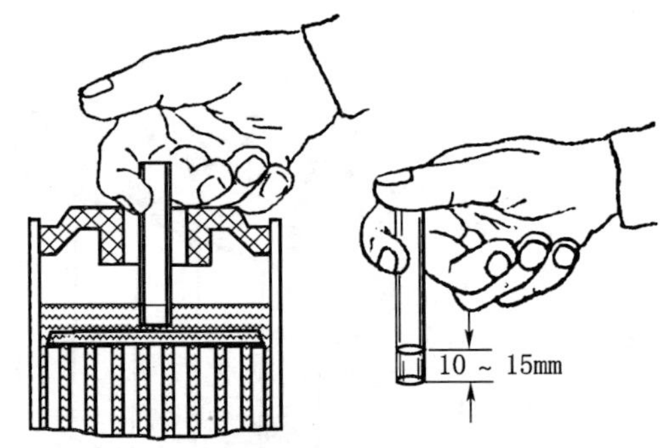

电解液液面高度检查

电解液液面　测量时,将内径为5~6mm的玻璃管从加液口插入,直到顶住极板组为止,然后用大拇指堵住管上口后取出。如果玻璃管下端液柱长度为10~15mm，说明电解液液面高度符合要求。

电解液相对密度

	充足电时	放电时	
		放电 25%	放电 50%
相对密度	1.31	1.27	1.23
	1.29	1.25	1.21
	1.27	1.23	1.19
	1.25	1.21	1.17

注:单位为 g/cm^3。

蓄电池的检测

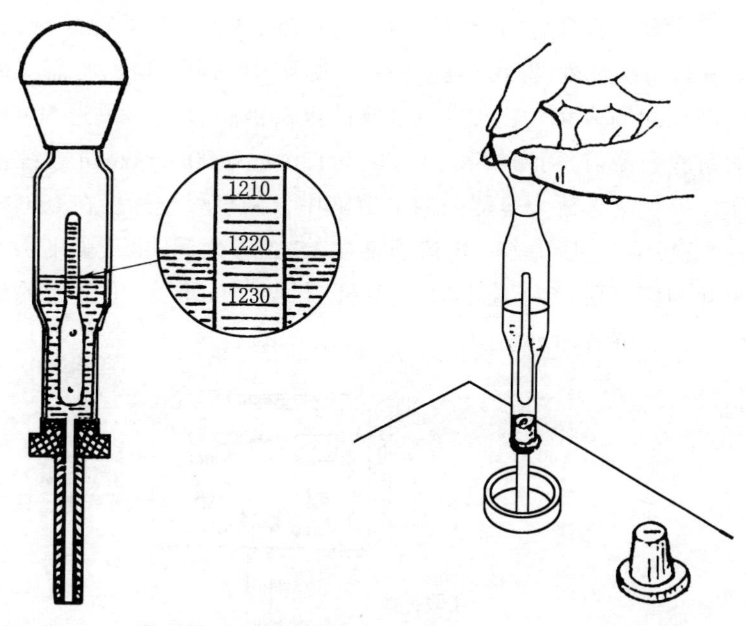

电解液相对密度测量

将吸式密度计下端插入蓄电池加液口,并进入电解液中,轻轻捏动橡皮球,吸入适量的电解液,使管内密度芯漂浮起来。密度值可参照上页表。也可根据密度芯的红、绿、黄颜色估计出密度值。

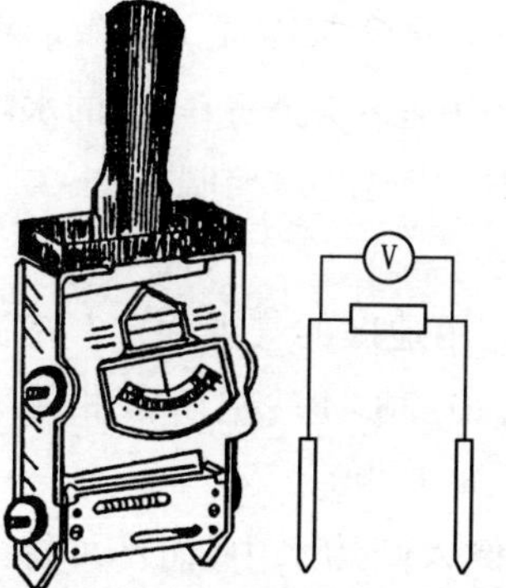

用高率放电计可测得蓄电池单格在大电流放电时的电压值。判断蓄电池放电程度和起动能力。

高率放电计测量单格电压

穿壁式塑料槽外壳蓄电池,因各个单格极桩不外露,测量不方便。专门有检测6V和12V蓄电池的高率测试仪。右图为其中的一种。

高率测试仪

电解液的配制与硫酸的简易提纯

■ 电解液的配制

① 电解液必须以化学纯硫酸与蒸馏水配制而成。电解液密度一般为 1.25~1.29g/cm³(15℃时)。不得将工业用硫酸和一般的水配制蓄电池电解液。电解液在加入蓄电池时,其温度须控制在 21~32℃之间。

② 电解液相对密度高低,应根据使用地区的气温而定。室温为 30~40℃时,电解液相对密度为 1.270;20~30℃时,电解液相对密度为 1.280;20℃以下时,电解液相对密度为 1.290。

③ 配制电解液时,应将硫酸缓缓倒入蒸馏水中,而不可将蒸馏水倒入硫酸中,以免硫酸溅出伤害人体和腐蚀设备。

■ 蒸馏水的简易检测

用容量为 1000mL 的量杯(底部直径为 100mm),取 500mL 蒸馏水,万用电表调至 R×1k 挡,将两表棒贴在内壁插入水面,电阻值大于 100kΩ 时,可以使用,电阻值小于 100kΩ 时,说明蒸馏水中含有金属杂质,不能使用。

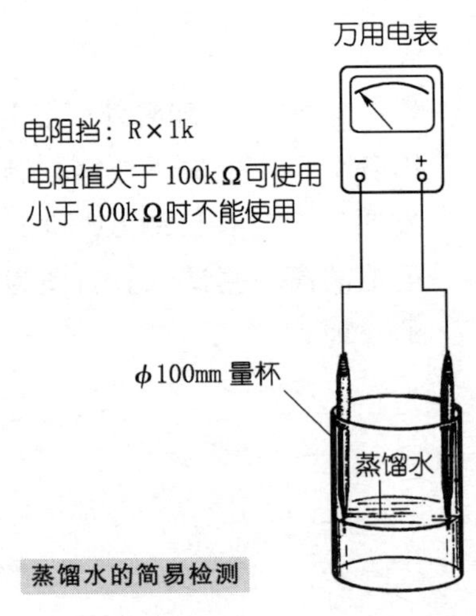

蒸馏水的简易检测

■ 硫酸的简易提纯

硫酸中若含有的杂质超过规定标准,或使用工业硫酸时,必须对其进行提纯处理后方能使用。一般采用电解提纯法,将需要提纯的硫酸配制成相对密度为 1.300 的电解液,盛入容积为 50~100L 的耐酸容器内,用两块长、宽、厚为 150mm×100mm×2mm 的纯铅板作极板,垂直放入容器内的电解液中,两极板分别接在充电机的正、负板上,电压为 6V,电流强度在 15~30A 之间。电流强度由两极板间的距离所控制,通电时间 4~6h,再经 10h 沉淀,澄清后的透明无色的电解液即可使用。

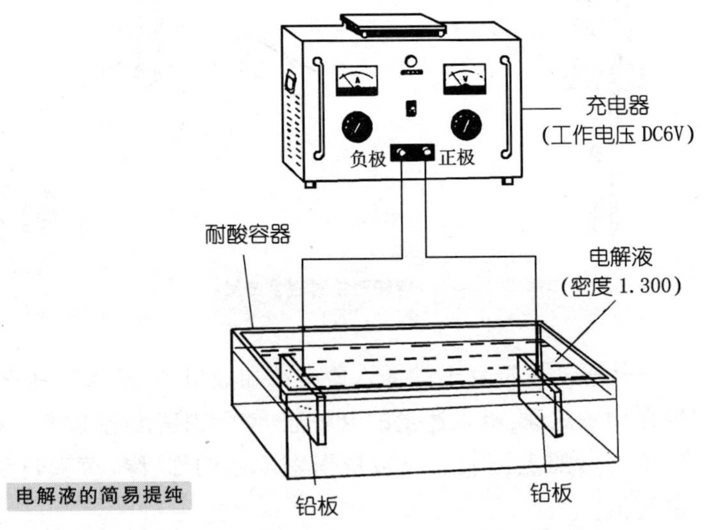

电解液的简易提纯

蓄电池的充电

铅蓄电池充电方法有**定流充电**、**定压充电**和**快速充电**三种。充电电流保持一定,充电电流和时间可参照下表。

定流充电 充电过程分两个阶段,第一阶段从接上电源到蓄电池单格电压上升 2.4V 时,电解液开始出现较多的气泡时。第二阶段将充电电流减半,直至充足电为止。优点:有利于延长蓄电池的寿命,适用于室内进行初充电、补充充电和去硫充电。缺点是需经常调节电流,充电时间长。

定压充电 充电过程中电压始终保持不变,对于 12V 的蓄电池,用 15V 电压充电为宜。优点:充电时间短(4~5h 内可获本身容量的 90%~95%),充电过程不需要人照管。缺点:不适合初充电和去硫充电。

快速充电 使用新型的快速充电机,初充电一般不超过 5h,补充充电 1~2h。快速充电机由控制电路控制,采用充电初期大电流充电,然后重复脉冲充电→前停充→负脉冲瞬间放电→后停充→再正脉冲充电的循环过程,直至充足。

铅蓄电池的充电电流规范

蓄电池型号	容量(A·h)	电压(V)	初次充电				补充充电			
			第一阶段		第二阶段		第一阶段		第二阶段	
			电流(A)	时间(h)	电流(A)	时间(h)	电流(A)	时间(h)	电流(A)	时间(h)
3-Q-75	75		5		3		7.5		4	
3-Q-90	90		6		3		9.0		5	
3-Q-105	105		7		4		10.5		5	
3-Q-120	120	6	8	25~35	4	20~30	12.0	10~11	6	3~5
3-Q-135	135		9		5		13.5		7	
3-Q-150	150		10		5		15.0		7	
3-Q-195	195		13		7		19.5		10	
6-Q-60	60		4		2		6.0		3	
6-Q-75	75		5		3		7.5		4	
6-Q-90	90	12	6	25~35	3	20~30	9.0	10~11	4	3~5
6-Q-105	105		7		4		10.5		5	
6-Q-120	120		8		4		12.0		6	

蓄电池的保养、使用/补充充电及常见故障

■ 保养与正确使用

为了使蓄电池经常处于完好状态，延长其寿命，必须认真保养和正确掌握使用方法。在使用蓄电池时须做到如下几点：

① 检查蓄电池外壳有无电解液渗漏，极桩引线是否牢固。

② 清除蓄电池盖上的脏物，冲洗盖上的电解液，畅通加液盖上的通气孔，清除极桩和电缆线接头上的氧化物。

③ 检查并调整电解液液面的高度，正常时应高出极板 10~15mm。当电解液高度不够时，勿乱加自来水、井水、河水等，应加蒸馏水。

④ 用密度计测量电解液相对密度，电解液相对密度每下降 0.01，蓄电池大约放电 6%。

⑤ 在汽车上拆卸或安装蓄电池的正负极电缆线时，应先拆下或后装上搭铁电缆线，以防金属工具搭铁，造成蓄电池短路损坏。

⑥ 蓄电池引线正、负极不可接错。一般蓄电池极桩上有正(+)、负(-)极标志，若标志模糊不清时，可用万用电表或高率放电器来判断；也可通过观察极桩的颜色加以区别。呈深棕色的为正极，呈灰白色的为负极。

⑦ 长时间不用的汽车，应将蓄电池从车上拆下，移入储藏室内。

■ 蓄电池保管应符合以下条件

① 应储存在室温为 5~40℃且干燥、清洁及通风良好的室内。

② 应不受阳光直射，离热源距离不小于 2m。

③ 避免与任何液体和有害物质接触。

④ 不得倒置、卧放，间距应在 10cm 以上。严禁机械冲击与重压。

■ 补充充电

蓄电池在车辆上使用时，如因充电电压过低，或充电时间不足等原因，致使蓄电池容量下降。蓄电池如发现以下情况，应及时补充电。

① 电解液相对密度下降到 1.20 以下时。

② 汽车灯光比平时暗淡及起动机运转无力(非起动机或机械故障)。

③ 蓄电池放电量超过 25%(冬季)或 50%(夏季)时。

充电电流及充电时间可根据生产厂家的规定。蓄电池充电后，单格电池电压在 2.5~2.7V，2~3h 内保持电压不变为合格。

■ 蓄电池常见故障

① 极板硫化 原因：充电不足长期存放。

② 自放电 原因：电解液中金属杂质过多。

③ 极板活性物质大量脱落 原因：大电流过放电。

④ 内部短路 原因：部分极板拱曲、极板损坏、活性物质沉淀过多。

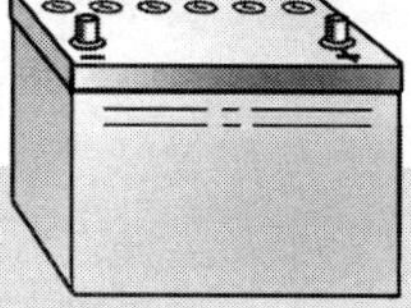

3 交流发电机

交流发电机的特点与结构

交流发电机是由爪极式三相同步发电机和六只硅整流二极管构成，并能将三相交流电变为直流电输出。它与传统的直流发电机相比具有如下的优点：

① 体积小、质量小、功率大、结构简单、维修方便、使用寿命长。

② 发动机低速运转时，对蓄电池的充电性能好。

③ 蓄电池在起动发动机时，所消耗的电能能很快地被交流发电机充电补充，因而蓄电池的容量可相应减小。

④ 交流发电机在工作时，无明显火花，对无线电设备干扰较小。

⑤ 由于装用体积小、具有单向导电性能的硅整流元件，且无截流器与限流器，因而外部电路简单。

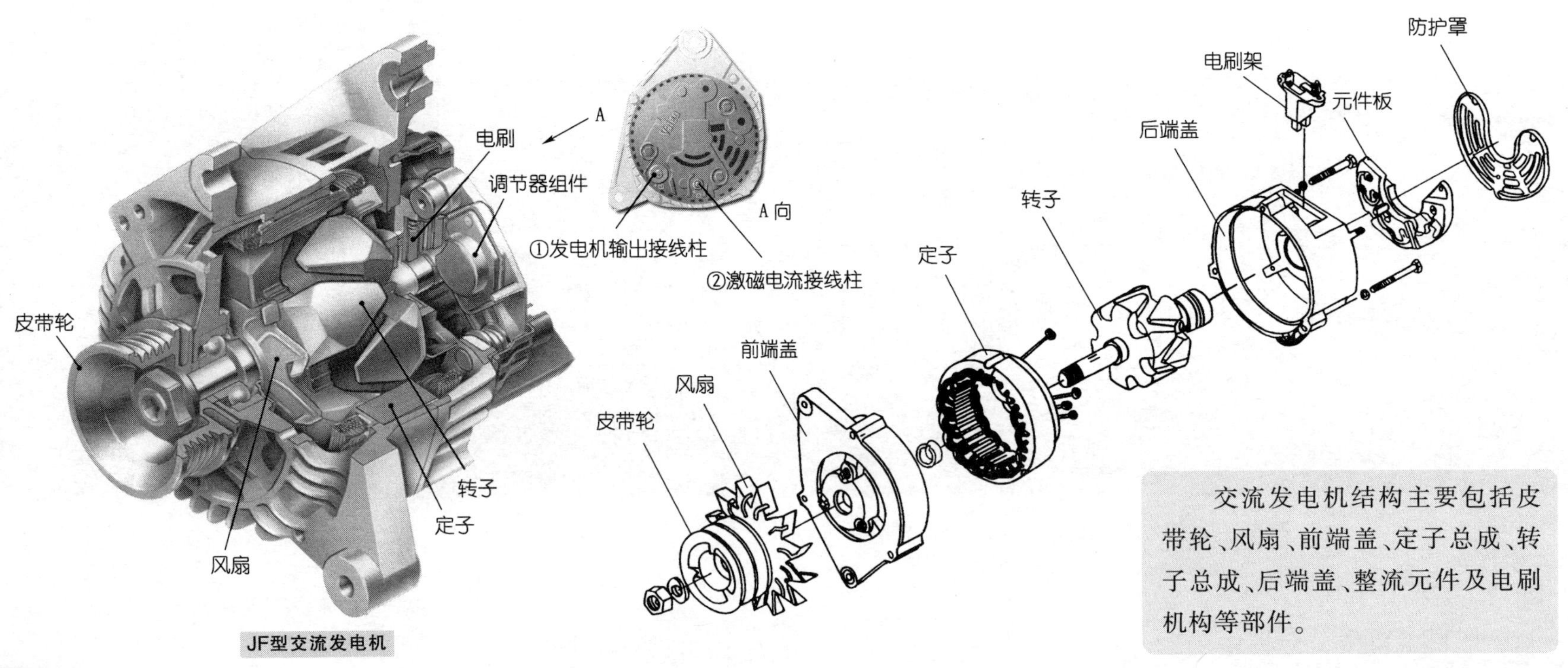

JF型交流发电机

交流发电机结构主要包括皮带轮、风扇、前端盖、定子总成、转子总成、后端盖、整流元件及电刷机构等部件。

风扇是强制发电机散热的部件，为外排放式。

前后端盖是用来支承转子与固定定子的。后端盖内还装有电刷架和电刷以及整流元件，外部装有各接线柱。

定子总成主要是产生交流电的部件，又叫电枢，由定子铁芯和三相绕组组成。定子铁芯由相互绝缘的圆环状带槽硅钢片叠成，定子铁芯槽内置有三相对称绕组，三相绕组末端接在一起（为星形连接）形成中性点，各相绕组的始端分别与散热极和硅二极管相接。

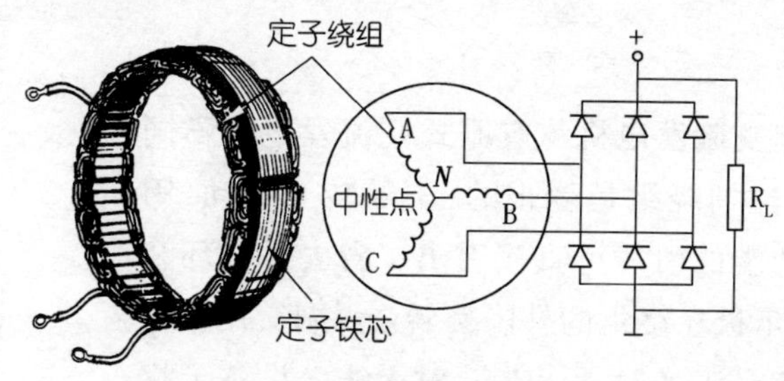

定子结构与三相绕组的星形接法

转子总成的作用是产生磁场。由滑环、转子轴、爪极、磁轭、磁场绕组等组成。磁场绕组安装在前后两块爪极内，绕组的首尾两端分别焊接在与轴绝缘的两个滑环上，滑环与两个电刷相接触，当直流电通过电刷时，磁场绕组内便有电流通过，产生磁场。

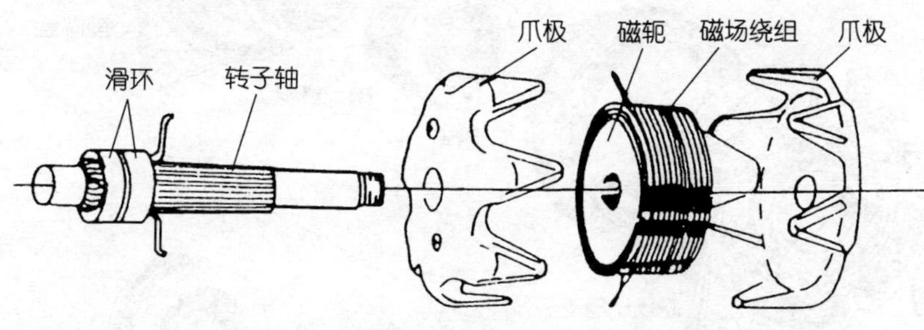

交流发电机转子结构

整流元件由硅二极管和散热板组成。硅二极管分“正极管”与“负极管”，三只正极管（红标识或红字）压装在与后端盖绝缘的散热板上；三只负极管（黑标识或黑字）压装在后端盖上。

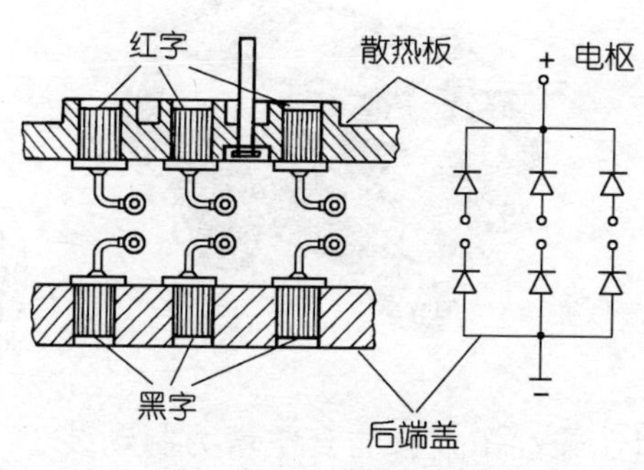

硅二极管的安装示意图

无刷交流发电机

无刷交流发电机与有刷式交流发电机不同的是：其磁场绕组是静止的，不随转子转动，因此绕组两端的引线可直接引出，省去了滑环和电刷，而爪极在绕组的外围旋转。无刷交流发电机的特点是工作时无火花，对无线电设备干扰小，同时也克服了有刷发电机因长期使用而造成的电刷与滑环之间的磨损，杜绝了因此而造成的接触不良、不发电或发电不稳定等故障。但是无刷发电机由于磁路中增加了两个附加间隙，其低速充电性能不如有刷式交流发电机。

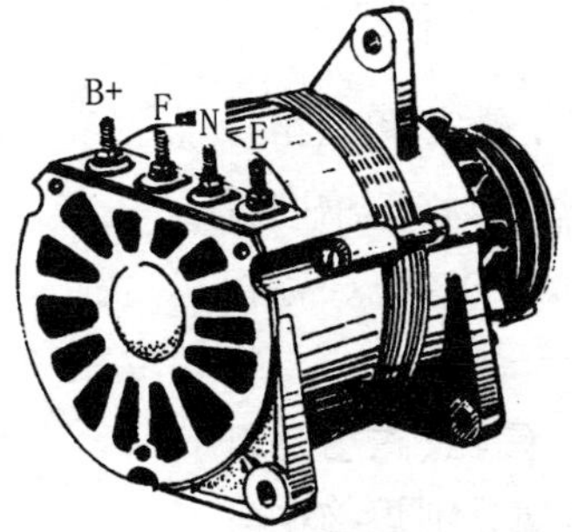

B+ F N E

"B+" 电枢接柱
"F" 磁场接柱
"N" 中性接柱
"E" 搭铁

W14X 无刷交流发电机外观图

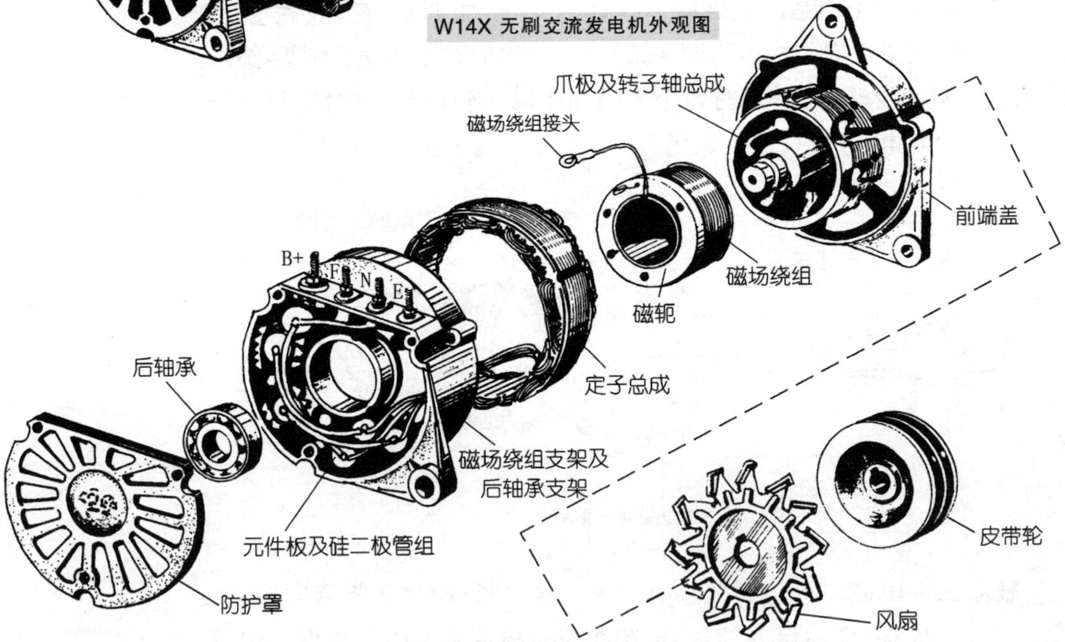

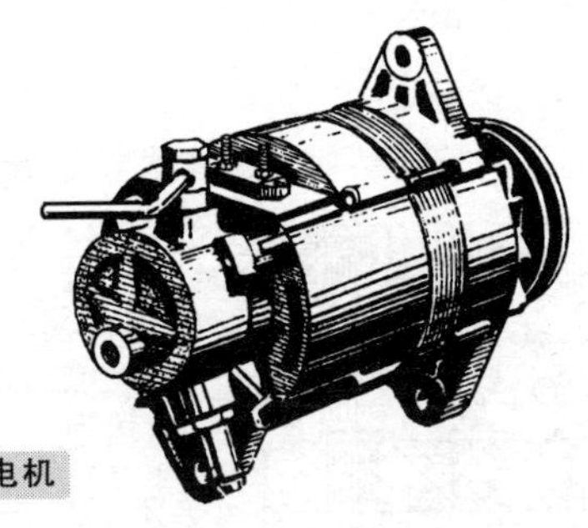

带真空泵的交流发电机

真空泵用在柴油车上，与真空增力制动装置的真空筒相连接。带真空泵的交流发电机除真空泵外与普通交流发电机的结构完全相同。

爪极及转子轴总成
磁场绕组接头
前端盖
磁场绕组
磁轭
B+ F N E
定子总成
后轴承
磁场绕组支架及后轴承支架
元件板及硅二极管组
皮带轮
防护罩
风扇

W14X 无刷交流发电机结构解体图

交流发电机的工作原理

交流发电机实际上就是自激式三相同步发电机。在其定子铁芯上有彼此相隔120°的三个绕组,三个绕组的末端接在一起,通常称为星形连接。转子上绕有激磁绕组。

转子绕组有直流电流通过时便产生磁场。当转子被发动机带着转动时,转子的磁力线与固定的定子三相绕组产生相对的切割运动,三相绕组中便产生交流电。

汽车电路中使用的都是直流电,而交流发电机所产生的交流电必须经过整流才能使用。整流主要由发电机内的硅整流器来完成,整流器由六只硅二极管组成的三相桥式全波整流电路把交流电变为直流电。

为了便于分析,我们把三相交流电在一周内的变化分为七个阶段:

在0~1时刻,c相电动势为正,b相电动势为负,a相从零到正,但很小,电流从c相绕组流出,经过二极管D_3、用电设备、二极管D_5流回b相绕组。

用同样的分析方法可以得出:

在1~2时刻,电流方向为:a组→D_1→用电设备→D_5→b组;

在2~3时刻,电流方向为:a组→D_1→用电设备→D_6→c组。

由此可见,不管交流电怎么变化,经过整流后的电流总是流向一个方向,即形成直流脉动电压,不过这种脉动性很小,完全能够满足汽车用电设备的要求。

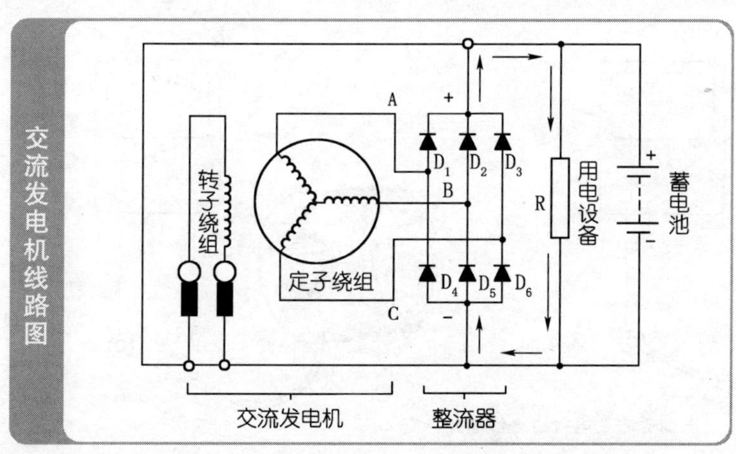

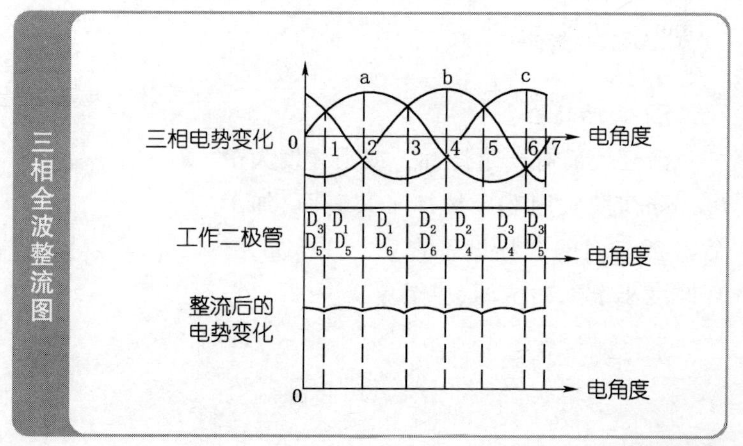

交流发电机的检查与保养

汽车每行驶 3 万 km 左右，应对发电机进行一次全面的检查和保养。检查、保养的发电机部件有：转子总成、前后轴承、定子总成、电刷装置、整流元件等。

■ 转子总成

□ 转子轴的摆差度检查

将转子轴的两端顶在车床上，用百分表检查，正常时轴的径向跳动不大于0.1mm，如超过此值时，应将轴校直。

□ 滑环的检查

滑环表面有严重烧蚀，或圆柱度大于0.25mm 时，应用车床精加工其表面，加工后滑环表面的粗糙度不得大于 1.6μm，滑环厚度小于 1.5mm 时，应予更换。

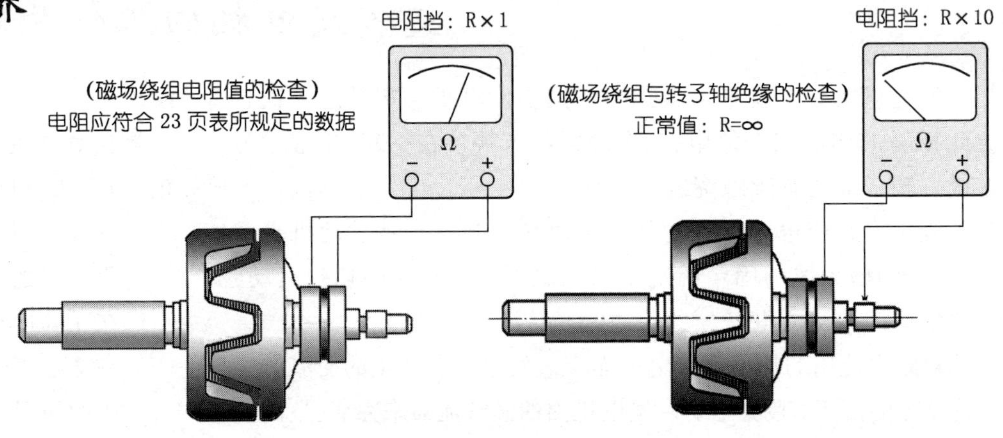

有刷交流发电机转子总成的检查

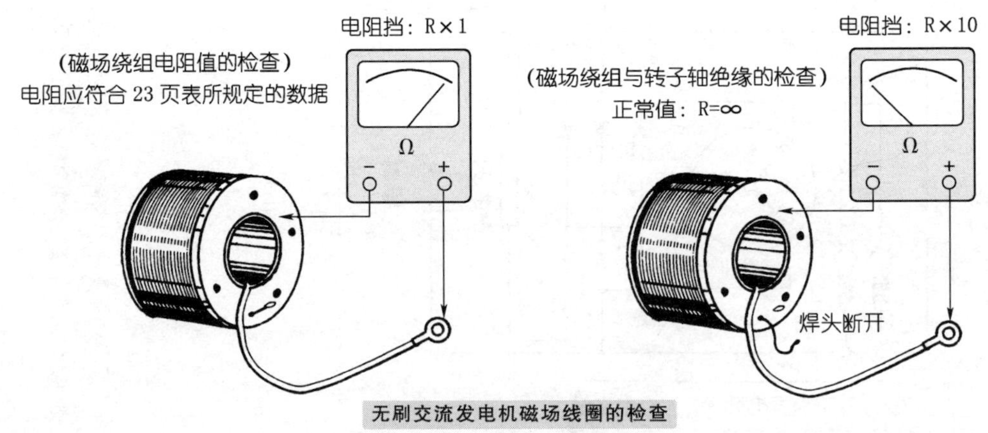

无刷交流发电机磁场线圈的检查

■ 磁场绕组

磁场绕组常见故障多为绕组断路、短路。绕组断路一般在绕组与滑环之间，检修时，找出断线之处，用一段引线重新接好，并用电烙铁将线头焊接在滑环上，再用尼龙线将引线固定在转子轴上，最后用清漆封固。常见国产交流发电机电枢绕组和磁场绕组数据见下表。

磁场绕组烧坏后需重新绕制。绕制前，用手压机或油压机将轴从爪极中推出，绕好后，须浸绝缘清漆，在烘箱内烘干。组装前，转子轴需重新滚花，滚花后轴的外径要比爪极的内径大0.03~0.05mm，轴压入爪极内不能有松动现象。

■ 电刷装置

电刷架应无破损和变形，电刷在电刷架内应能上下活动自如，无卡滞现象，电刷弹簧的压力应符合生产厂家的规定，电刷与滑环的接触面应吻合，电刷的高度低于原尺寸的2/3时，应予更换。

常用国产交流发电机电枢绕组和磁场绕组数据

发电机型号	电枢绕组						磁场绕组		
	铁芯槽数	每个线圈的匝数	线圈导线直径(mm)	每相串联线圈数	线圈节距	三相绕组接法	匝数	导线直径(mm)	电阻[Ω(20℃)]
JF132	36	13	1.08	6	1~4	星形	520	0.62	5.3
JF13	36	13	1.04	6	1~4	星形	550	0.62	5~5.5
JF2525	36	21	1.04	6	1~4	星形	1100	0.67	20
JF152	36	11	1.35	6	1~4	星形	600	0.67	5.5
JF23A	36	25	0.83	6	1~4	星形	1100	0.47	20
JF22	36	27	1.08	6	1~4	星形	1012	0.47	18
JF17	36	7	1.68	6	1~4	星形	700	0.74	5.2
JF27	36	15	1.25	6	1~4	星形	1100	0.59	13
JF21	36	11	1.08×2	6	1~4	星形	575	0.64	20
JF12	36	25	0.83	6	1~4	星形	1080	0.44	19.3
JF210	36	14	1.08×2	6	1~4	星形	1200	0.67	13

电刷及电刷架结构

(内装式)

(外装式)

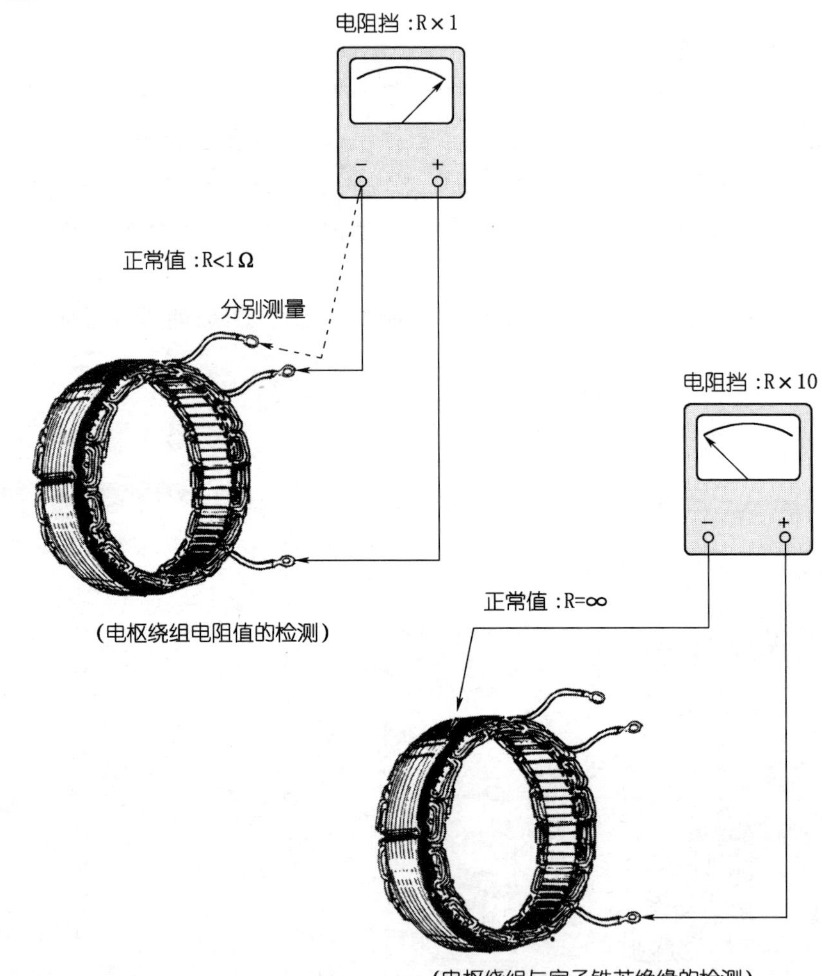

(电枢绕组电阻值的检测)
(电枢绕组与定子铁芯绝缘的检测)
交流发电机定子总成的检测

■ 定子总成

断路、短路、搭铁等,是电枢绕组常见故障。重新绕制时,首先要记下每相绕组的线圈数、每个线圈的匝数、节距、导线直径、绕制方向以及各相绕组的起头,槽距与三相绕组的接法,以便在绕制与组装时参照。绕好后,须浸绝缘清漆,并用烘箱烘干。

■ 轴承

拆下的轴承应清洗干净, 再加注 1~3 号复合钙钠基润滑脂。轴承如有明显的"串动"、"晃动",应更换。

■ 硅整流器

硅整流器由散热板和六只硅二极管组成。硅二极管分为正极管和负极管,正极管引线为正,外壳为负,负极管引线为负,外壳为正,均用色标或二极管符号表示。正极管安装在与发电机外壳绝缘的散热极上, 负极管直接安装在发电机后端盖上,每组正、负极管的引线相接。

常用国产交流发电机用硅二极管的主要技术数据

型　号	额定反向峰值电压（V）	额定电流（A）	正向电压降（V）	反向漏电流（mA）	适用交流发电机的规格（V/W）
2CZQ1Q	100、150	10	≤0.6	≤3	14/300　28/350、500
2CZQ15	100、150	15	≤0.6	≤4	14/350　28/500
2CZQ30	100、150	30	≤0.6	≤5	14/500、750　28/500、1000
QZ20	100、150	20	≤0.6	≤5	14/750　28/1000

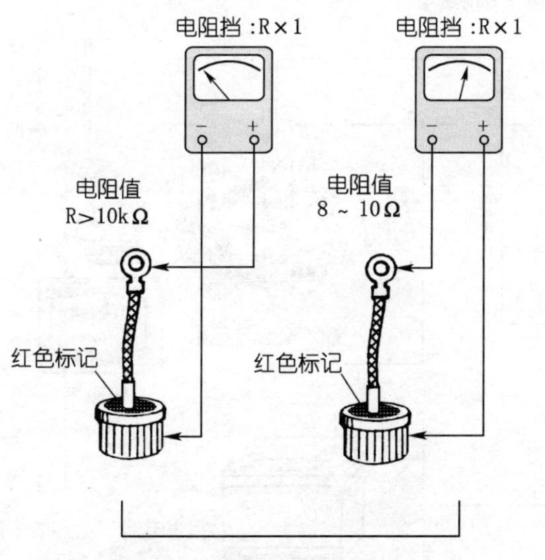

正极管子的检查

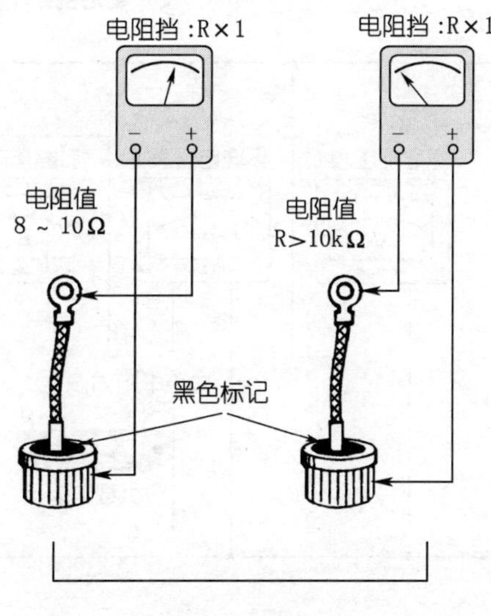

负极管子的检查

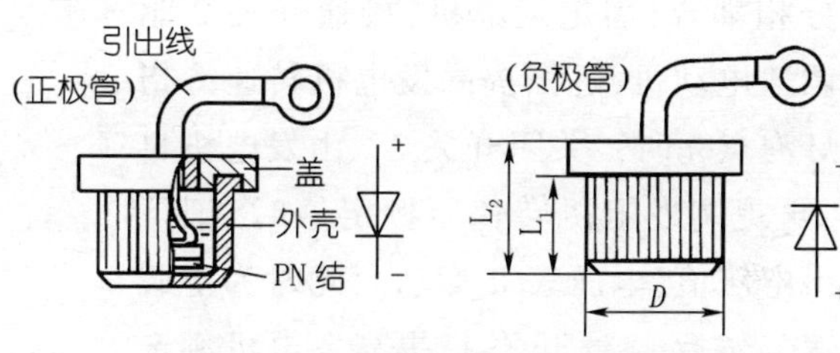

硅二极管的外形、内部结构及符号

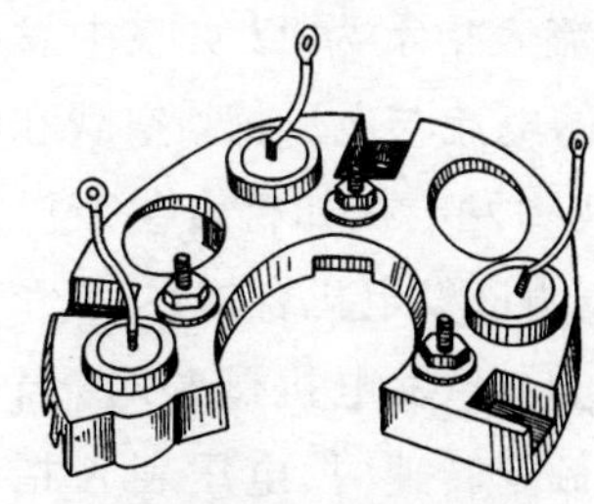

压装正极管的散热板

发电机性能检测

发电机的性能检测一般都在试验台上进行，通过检测可以测出发电机在空载和满载时输出额定电压的最低转速，从而判断出发电机的性能是否正常。

■ 检测试验方法

被试验的发电机与调速电动机传动部分相耦合，固定发电机，接通开关 2 驱动调速电动机，逐渐提高发电机转速待指示灯泡点亮时，关闭开关 2，由发电机自激，再提高发电机转速至额定值时，记下输出电压值(电压表 B 指示)，此时为空载转速。然后，接通开关 1，提高发电机额定的满载转速，同时减小负载电阻器电值，使电压表及电流表指示为 27 页表中发电机满载时额定的电流与电压值。空载和满载两项试验，被测发电机如符合生产厂家的技术参数，表明该发电机合格。

带有中性点(N)发电机试验时，当发电机转速达到额定转速时，电压表 A 指示应为发电机额定输出电压值的 1/2。

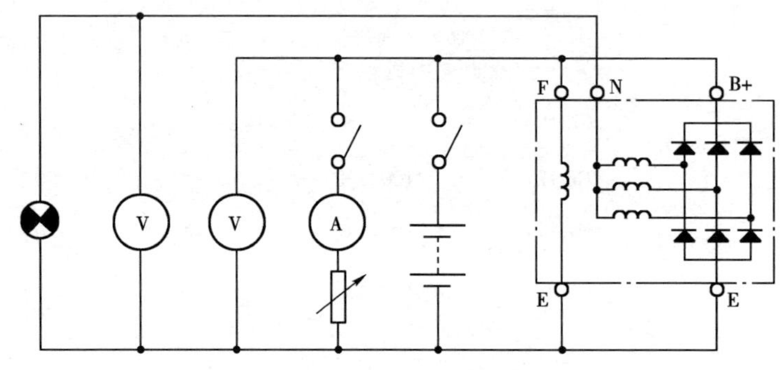

交流发电机性能检测接线与电路图

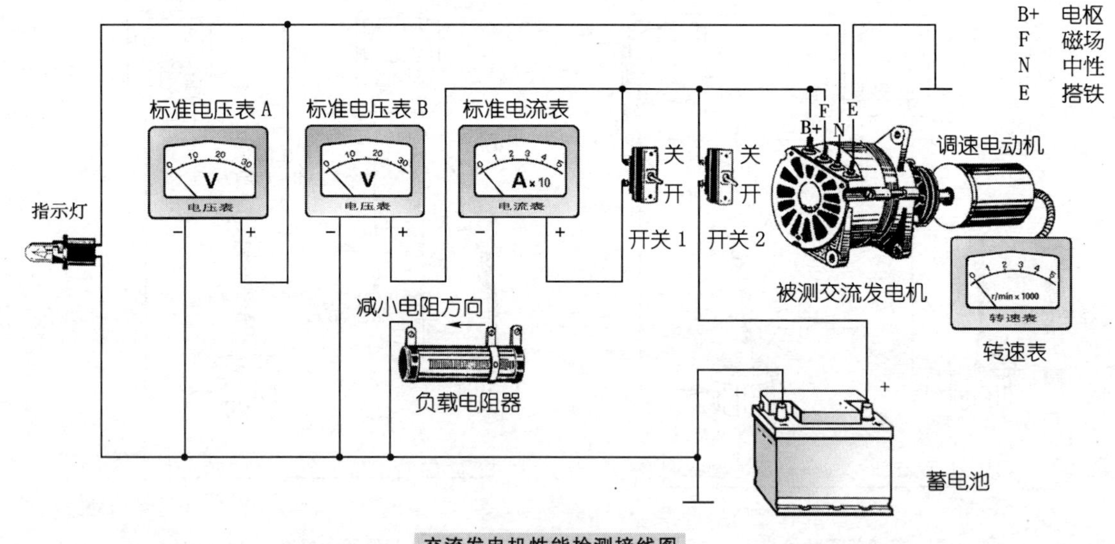

交流发电机性能检测接线图

国产汽车交流发电机型号规格

型　号	额　定　数　据			空载转速 (r/min)	满载转速 (r/min)
	功率(W)	电压(V)	电流(A)		
JF11					
JP13	350	14	25	1000	2500
JP132					
JF12	350	28	12.5	1000	2500
JF23					
JF21					
JF152	500	14	36	1000	2500
JF153					
JF22	500	28	18	1000	2500
JF25					
JF1000	1000	28	36	1000	2250
JF210					
2JF150	150	14	11	1000	2000
JF200	200	14	15	1000	3500
JF01	175	14	13	1300	3500

■ **设计序号**

按产品设计的先后顺序,以 1、2 阿拉伯数字组成。

■ **变型代号**

变型代号以汉语拼音大写字母 A、B、C……顺序表示。交流发电机的型号中,还以调整臂位置标记作为变型代号,从驱动端看,规定如下:

调整臂在中间位置,不加标记;在右侧位置以 Y 表示;在左侧位置以 I 表示。从驱动端看,如果发电机旋转方向为顺时针方向,则不标注;如果型号的最后一个字母为“N”,则表明发电机的旋转方向为逆时针。

举例说明:JFl73——表示该产品为交流发电机标称电压 12V,额定功率 750W,设计序号为 3,调整臂在中间位置,顺时针旋转。

JF2511Y——表示该产品为交流发电机, 标称电压为 24V,额定功率为 500W,设计序号为 11,调整臂在右侧。

无刷交流发电机总成的检测

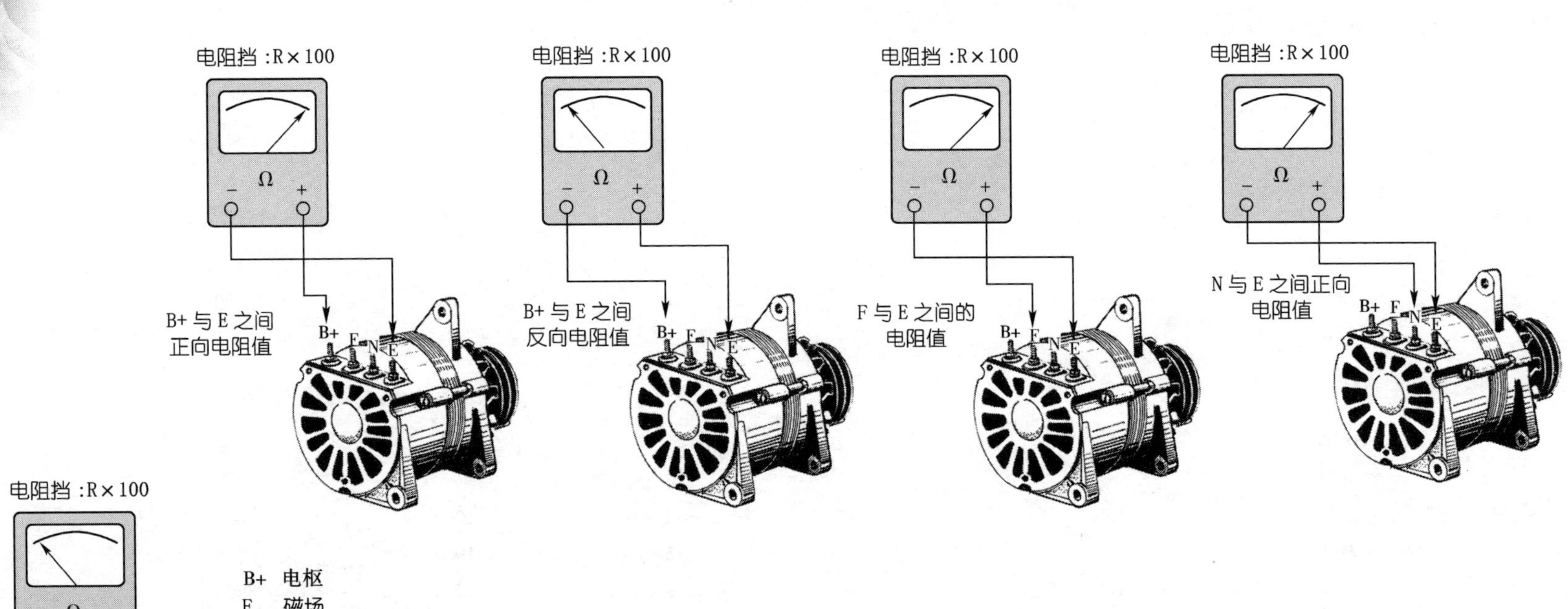

WSF系列无刷交流发电机各接线柱之间的电阻值

型　号	F与E间的电阻值(Ω)	B+与E间的正反向电阻值		N与E间的正反向电阻值	
		正向(Ω)	反向(kΩ)	正向(kΩ)	反向(kΩ)
W14X14V36A	3.5~3.3	390~400	>500	1.2~1.4	>500
W28X28V18A	15~16	390~400	>500	1.2~1.4	>500

交流发电机使用的注意事项

(1) **国产交流发电机都是以外壳为负极搭铁的，所以蓄电池的搭铁极性必须是负极**。更换蓄电池时，如果蓄电池正、负极标记不清楚，可拆下发电机枢极引线(B+)，在其引线与电枢极接线柱之间串接一只试灯，然后再接上蓄电池的两根电缆线。当试灯不亮时，表明接线正确；如试灯亮，则表明蓄电池正、负极电缆线接反。

(2) **交流发电机的接线必须正确**。国产交流发电机的接线柱旁均标有标记或名称，“B+” 为电枢极，应与电流表或蓄电池的正极相接；“F”为磁场极,应与调节器的磁场接线柱相接；“N”为中性极，应与充电指示继电器的“N”极接线柱相接；“E”为搭铁极，应与调节器搭铁接线柱“E”相接。

交流发电机接线柱引线安装必须牢固可靠，以防止产生瞬间过电压，烧坏发电机的二极管、调节器及其他用电设备。

(3) **发动机熄火后，应及时关闭点火开关，以防蓄电池长时间放电，而烧坏磁场线圈或损坏调节器**。

(4) **发电机工作时，不允许用发电机的电枢极搭铁试火检查是否发电，以免烧坏发电机与电线束**。

(5) **发电机传动皮带的张力应调整合适**。过松易使皮带打滑，造成发电不足;过紧容易损坏传动皮带和发电机轴承。调整时可用手在皮带正中处按下，如能下降 10~20mm，则为松紧适度。

(6) **不允许用 220V 交流电源或兆欧表检查发电机的绝缘性能，否则会因过高的电压击穿损坏二极管**。

(7) **要正确判断发电机充电系统工作是否正常**。装有电流表指示充、放电的车型，在行驶过程中，充电电流值是从大至小，最后接近于零，属正常现象。因为汽车在起动时，蓄电池给起动机提供了起动的电能，使蓄电池端电压下降；当发动机运转后，发电机就立即向蓄电池充电，直至蓄电池端电压达到调节器的标称调节电压值时，电流表指示充电电流最小，表明蓄电池已充足了电。

装有充电指示灯的车型，可通过发动机从低速至中速的过程中，分别按电喇叭开关，或打开前照灯远光开关来判断发电机充电是否正常，如电喇叭有尖叫声，或灯光的亮度很白，则说明发电机输出电压过高。也可用电压表并联在蓄电池正、负极两端，观察发电机的输出电压值。

在汽车行驶过程中，若出现电流表始终指示充电电流较大或常烧坏用电设备的熔断丝、灯泡等现象时，则表明发电机输出电压过高，一般由调节器失控或引线接错造成的。电流表总是指在“0”位置上或充电指示过小或夜间行驶时，照明灯亮度越来越暗，则表明发电机充电电流过小，原因是调节器故障或发电机本身的故障。

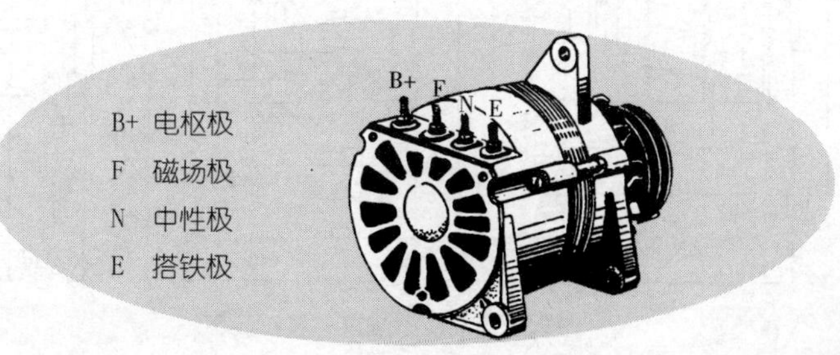

电压调节器类型与结构

■ 电压调节器

电压调节器是稳定发电机输出电压的装置。

发电机输出电压的提高，主要取决于发电机转速的上升和励磁电流的增加。发电机的转速是随发动机的转速而定，一般不能控制，只有通过改变发电机励磁电流的大小，来实现输出电压的稳定，电压调节器就是根据这个原理设计的。

电压调节器分为**电磁振动式**和**电子式**两大类。电磁振动式调节器又分为**单触点**、**双触点振动式**两种；电子式又分为**晶体管**、**集成电路(IC)式**两种。

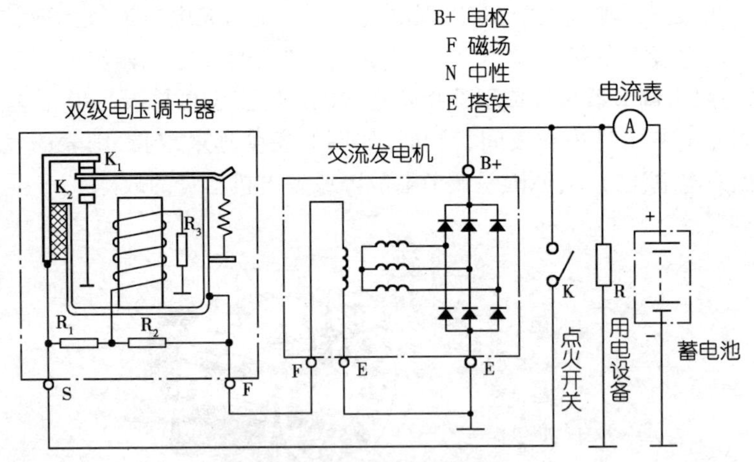

FT61 型双级电压调节器接线图

□ 电磁振动式电压调节器

以发电机的转速为基础，通过触点的开闭时间，来控制发电机的励磁电流，使发电机的输出电压得到稳定。

□ FT61 型双级电磁振动式电压调节器

由电磁线圈、铁芯、高低速触点、衔铁、调整弹簧、电阻器等组成。该调节器结构简单，工作时触点火花小，维护方便。

□ JD199、JD299 型充电指示继电器

分别适用于 14V 与 28V 的发电机再充电电路中。这两种型号的充电指示继电器均需和指示灯配合使用，构成完整的显示发电机充电情况的装置。

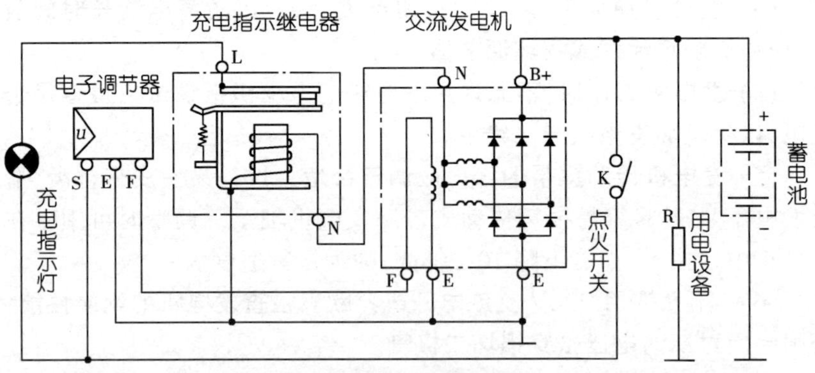

JD199、JD299 型充电指示继电器及 JFT124、JFT224 型电子调节器接线图

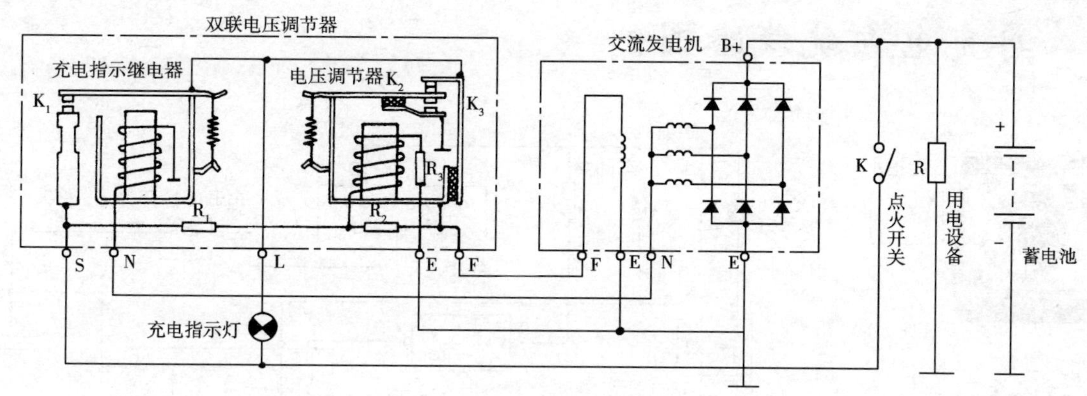

□ FT124、FT223 型双联电压调节器

由双级振动式电压调节器和充电指示继电器两部分组成。电压调节器与 FT61 型调节器的工作过程相同。

■ 晶体管调节器

晶体管调节器，一般都是由 2~3 个三极管、1~2 个稳压管和一些电阻、电容、二极管等电子元件组成。外壳用铝合金或钢板盒密封。引出线有插头式和接线板式两种，其上分别标注有“+”—火线、“-”—搭铁与“F”—磁场标记。

晶体管调节器的特点

① 结构简单，故障少，工作可靠。

② 调压质量高。

③ 无触点火花，对无线电设备干扰小。

④ 寿命长，一般为触点式调节器的 2~3 倍。

⑤ 更适合现代高速多缸发动机的要求。

□ JFT121 型晶体管调节器

用于内搭铁式交流发电机，可与一般六管交流发电机配套使用。

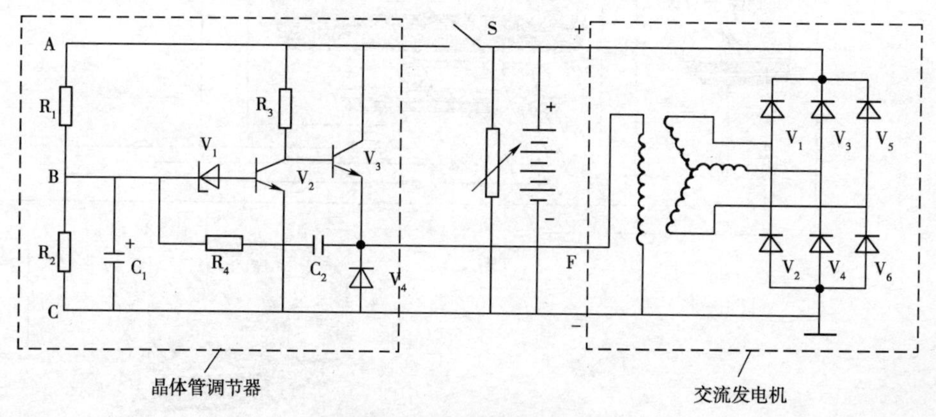

JFT121 型晶体管调节器电路

再充电系统线路图例

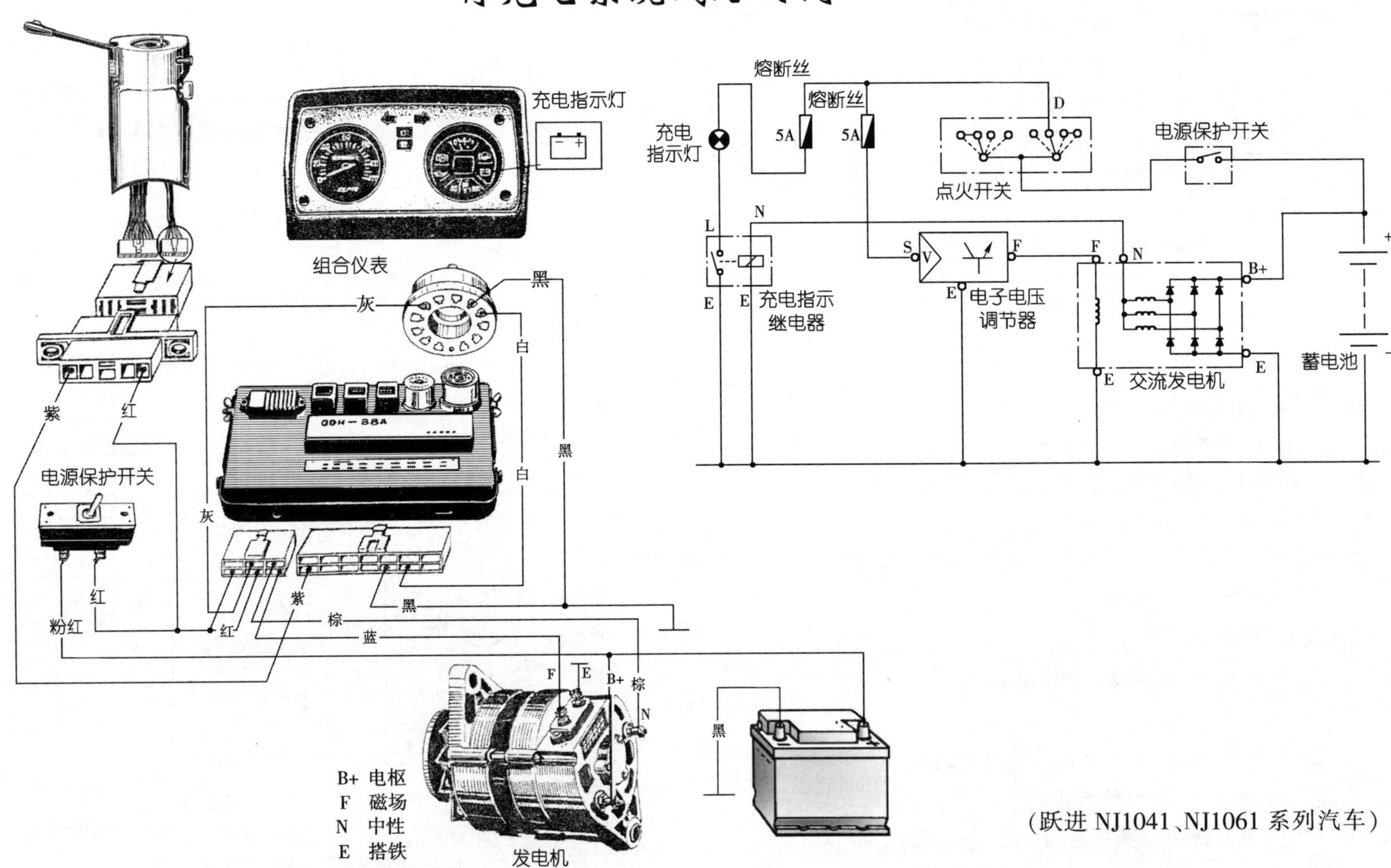

（跃进 NJ1041、NJ1061 系列汽车）

晶体管电压调节器的简易测试

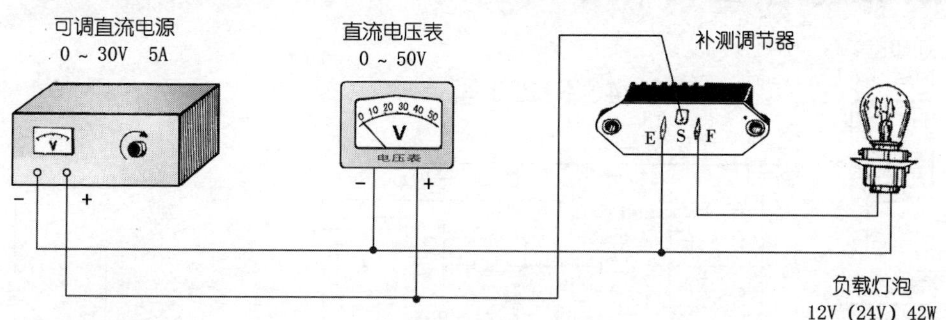

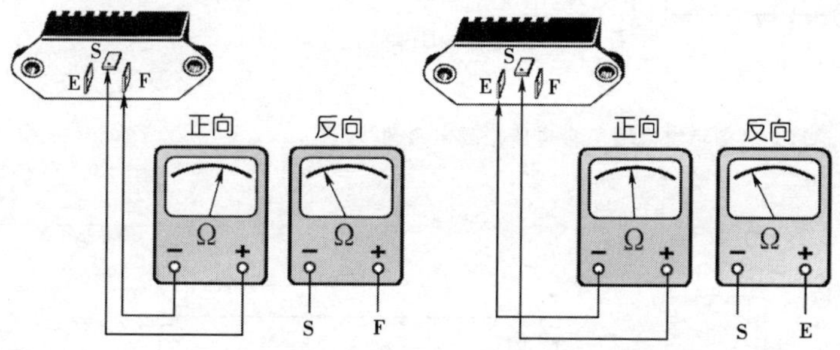

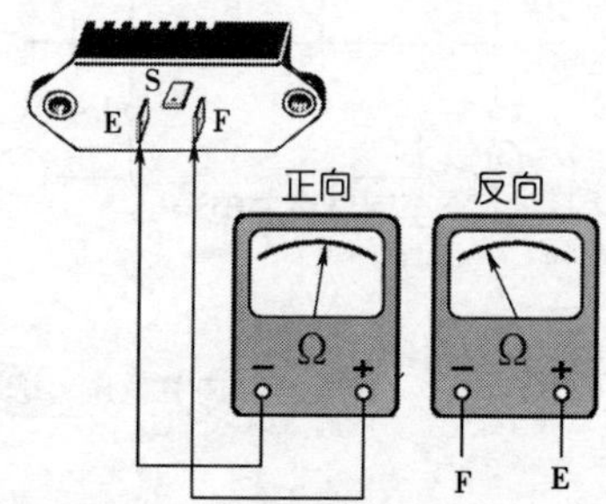

测试方法

当可调直流电源电压升至6V时(28V调节器应为12V),灯泡开始点亮,电压继续升高,灯泡突然熄灭,这时电压表所示值为调节器的调节电压值。

14V调节电压值为13.5~14.5V;28V调节电压值为27~29V。

JFT系列晶体管电压调节器各极间电阻值

型号 \ 检测项目	S与F间电阻		S与E间电阻		F与E间电阻	
	正向(Ω)	反向(kΩ)	正向(kΩ)	反向(kΩ)	正向(Ω)	反向(kΩ)
JFT141 JFT142B	500~750	5~7.5	1.2~1.6	3.5~4	550~600	3.9~4
JFT241 JFT242B	650~700	5~5.5	1.6~1.8	3~3.3	550~600	4.3~5

FT124、FT223型双联振动式电压调节器的简易测试

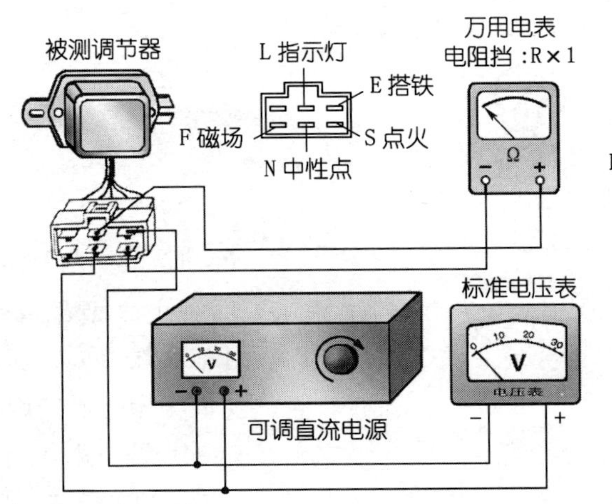

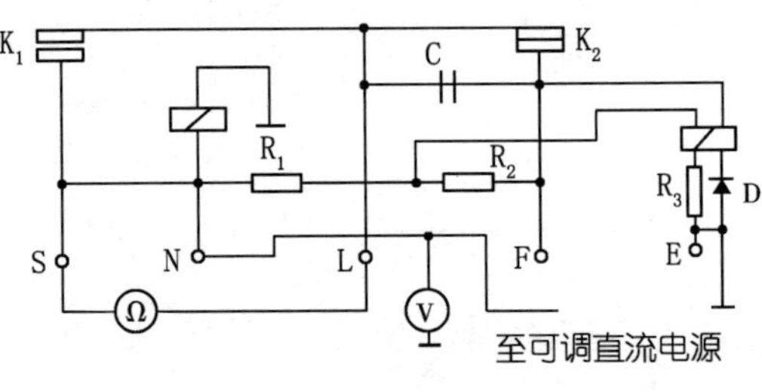

调节器的充电指示继电器吸合电压检测电路图

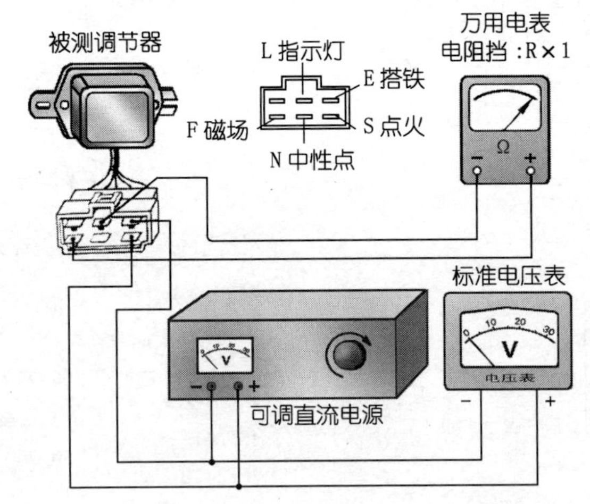

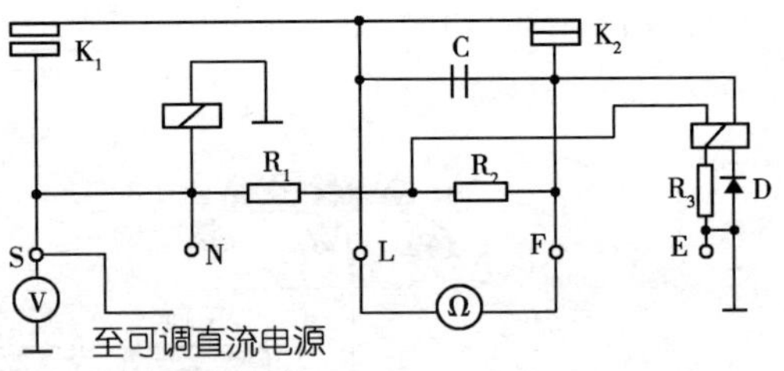

调节器的调节电压检测电路图

检测方法

当可调直流电源电压在逐渐升高的过程中，万用电表指针突然由10Ω（28V调节器为180Ω）指到0位置上，此时标准电压表指示的位置为该调节器充电指示继电器的吸合电压值。

交流发电机电压调节器性能的检测

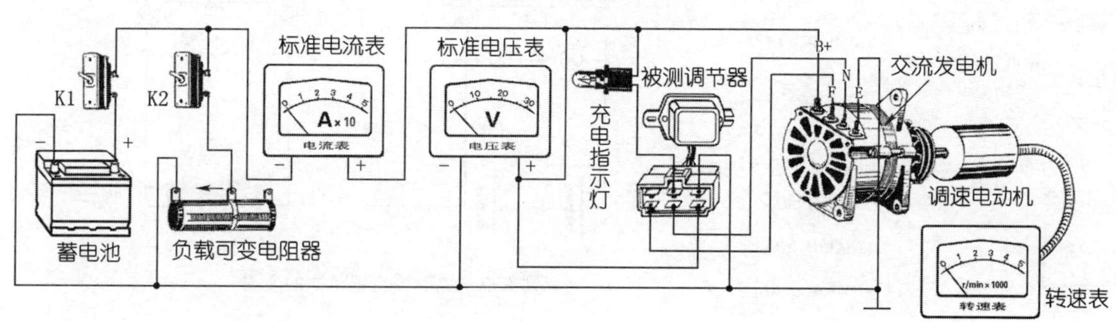

FT124、FT223 型双联振动式电压调节器性能的检测

按左图接线后接通开关 K1,驱动调速电动机。待发电机发电时,充电指示灯熄灭,关闭开关 K1,使发电机自励发电。将发电机转速提高至 3000r/min,接通开关 K2,调节负载可变电阻器,使发电机处于低负载状态(14V 交流发电机为 4A,28V 交流发电机为 2A),记下此时电压表所示值。调节负载可变电阻器,使发电机处于半负载状态,电流表指示电流为发电机额定输出的 1/2。记下电压表所示值。低负载与半负载的电压调节值差分别为:14V 调节器在±0.5V;28V 调节器在±1V。合格的调节器调节电压值应符合 36 页表中的规定。

按右图接线后接通开关 K1,驱动调速电动机。待发电机发电后,关闭开关 Kl,使发电机自励发电,提高发电机的转速至 3000r/min,接通开关 K2,调节负载可变电阻器,使发电机处于半负载状态(电流表指示电流为发电机额定输出的 1/2),此时,电压表指示的电压为被测调节器调节电压值。合格的调节器调节电压值应符合 36 页表中的规定。

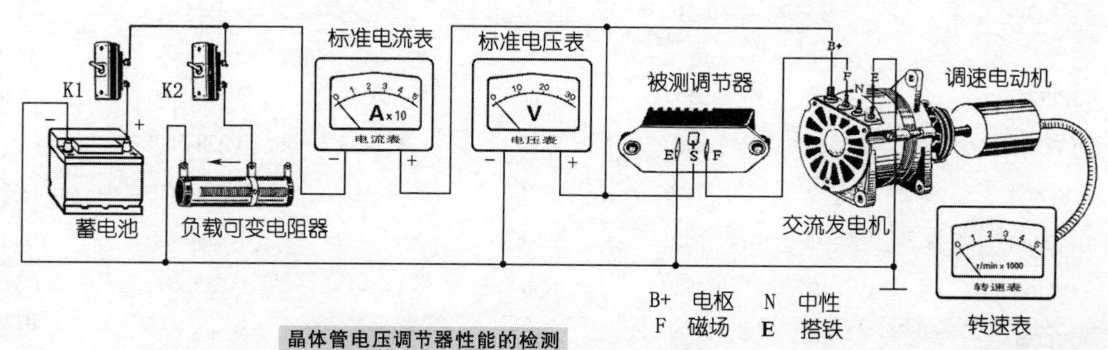

晶体管电压调节器性能的检测

振动式电压调节器规格及性能

型　号	额定电压(V)	搭铁极性	电器参数				配用发电机规格(V/W)
			发电机转速(r/min)时	发电机负载电流(A)	调节电压(V)	充电指示继电器闭合电压(V)	
FT70	14	负	3000	4	13.2~14.8	—	14/350
FT61	14	负	3000	4	13.2~14.8	—	14/350、500
FT62	28	负	3000	6.5、9	27.6~29.6	—	28/350、500
FT122	14	负	3000	6	13.2~14.2	4~5	14/350、500
FT124	14	负	3000	4	13.5~14.5	4~5	14/350、500
FT223	28	负	3000	2	27~29	6~8	28/350、500

晶体管电压调节器规格及性能

型　号	额定电压(V)	搭铁极性	电器参数			配用发电机规格(V/W)
			发电机转速(r/min)时	发电机负载电流额定值%(A)	调节电压(V)	
JFT141	14	负	2500	50	13.8~14.2	14/350、500
JFT142B	14	负	2500	50	13.8~14.2	14/350、500
JFT241	28	负	3500	50	27.5~28.5	28/350、500
JFT242B	28	负	3500	50	27~28	28/350、500
JFT106	14	负	2500	50	13.2~14.6	14/≤1000
JFT206	28	负	3500	50	27.2~29.2	28/≤1000

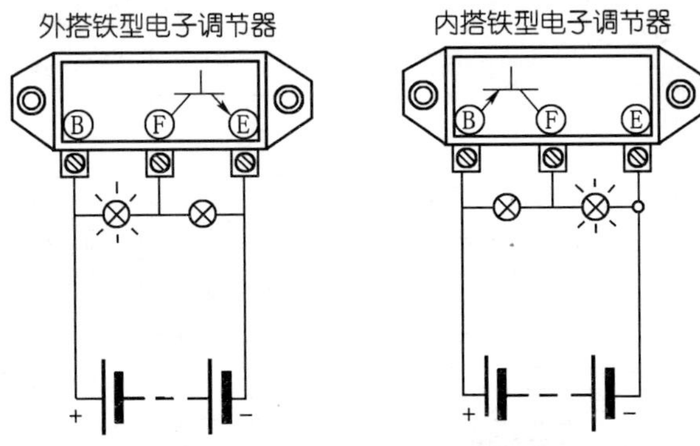

判断电子调节器搭铁型式的方法

如图所示，对12V系统的调节器，用一个12V蓄电池和1个12V、2W的小灯泡按图所示接线。

灯泡接在“-”(E)与“F”接线柱之间发亮，而接在“+”(B)与“F”接线柱之间不亮，则该调节器为内搭铁式的；反之，则该调节器为外搭铁形式。

如果调节器是4个引出端(D+、B、F、D-)，试验时，可将D+与B连接为一点，再进行测试；如果调节器有5个引出端（D+、B、F、D-、L)，则将L端悬空，并将D+与B连接为一点，再按上述方法试验即可。

再充电系统电路故障产生的主要原因

■ 不发电

调节器故障：触点氧化、引线断路等。

发电机故障：磁场绕组、电枢绕组短路、断路，整流二极管损坏等。

线路故障：再充电系统电路中，导线的断路、搭铁等。

■ 过充电(充电电流过大)

调节器故障：调整弹簧拉得过紧、触点烧结、附加电阻损坏、电磁线圈断路或短路等。

人为故障：使用的调节器型号与发电机不匹配，调节器接线柱的引线位置接错等。

■ 充电量过小

调节器故障：触点烧蚀、调节弹簧失效等。

发电机故障：电刷与滑环接触不良、电刷磨损过度，磁场绕组、电枢绕组短路，部分整流二极管损坏等。

■ 发电机电枢极的接线柱引线烧坏

发电机故障：电枢极接线柱搭铁、二极管击穿等。

线路故障：电枢极引线绝缘层破损后与车体金属部分相碰。

人为故障：蓄电池与电路连接时，正负极的电缆线接反。

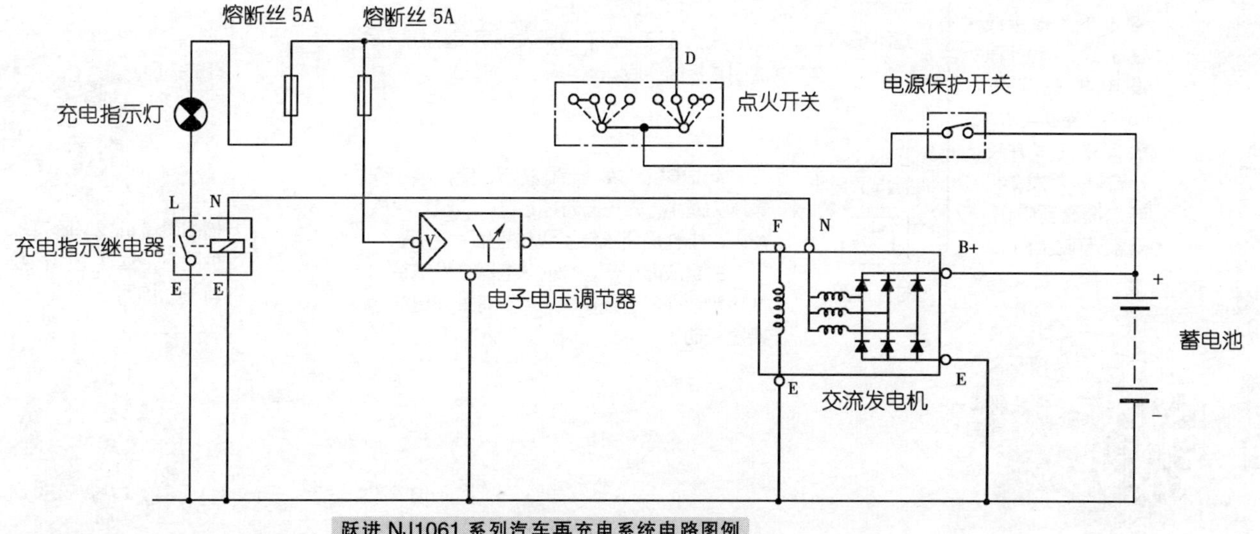

跃进 NJ1061 系列汽车再充电系统电路图例

再充电系统电路故障的检测与排除(1)

故障现象:汽车行驶中,充电指示灯时亮时灭,同时调节器或继电器伴有振动声。

故障检测与排除:

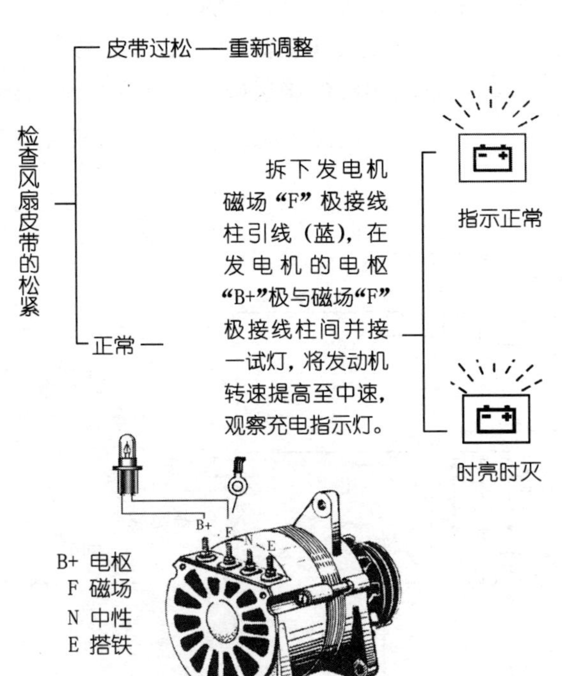

●调节器故障:触点烧蚀(振动式调节器),调整弹簧过松,接线柱的引线松动等。

电路内晶体管与有关电子元件之间接触不良(晶体管调节器)。

线路故障:调节器至发电机接线柱之间的引线接触不良。

●发电机故障:电刷磨损过度,电刷弹簧压力减小,转子上滑环过脏,二极管热性能差,中性极引线与接线柱接触不良等。

线路故障:充电指示继电器至发电机中性极接线柱的引线接触不良,有关连接的插接器松动等。

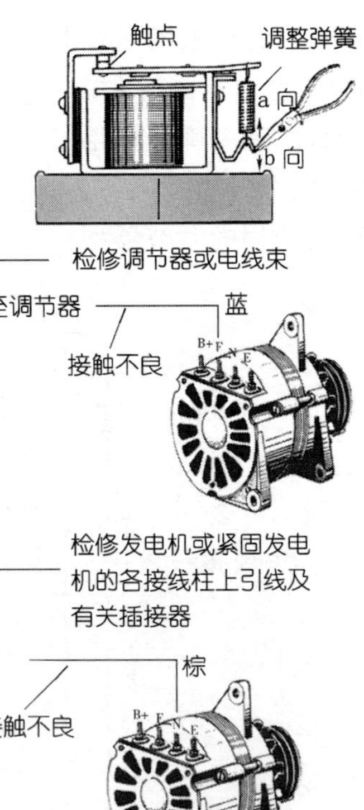

再充电系统电路故障的检测与排除(2)

故障现象:发电机电枢极引线至起动机电池接线柱引线烧坏。

故障原因:

发电机方面——电枢极接线柱搭铁、二极管击穿、漏电严重等。

线路方面——电线束被线卡内毛刺磨破,电线束安装位置不当,发电机电枢极引线碰发动机排气歧管等。

例如:跃进 NJ1041 型汽油车发电机电枢极引线离发动机排气歧管过近,当发电机电枢极引线碰排气歧管时,极易被排气歧管的高温烤坏,造成电枢极引线搭铁。

□ 发电机故障

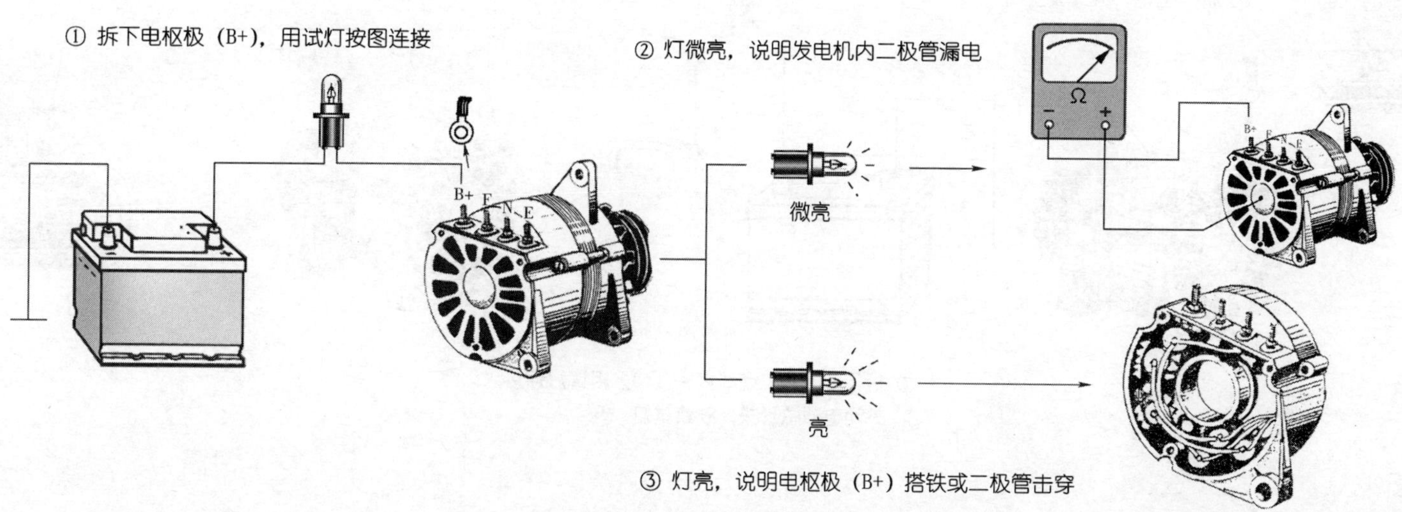

再充电系统电路故障的检测与排除（3）

故障现象：发电机电枢极引线至起动机电池接线柱引线烧坏。

□ 线路故障的判断

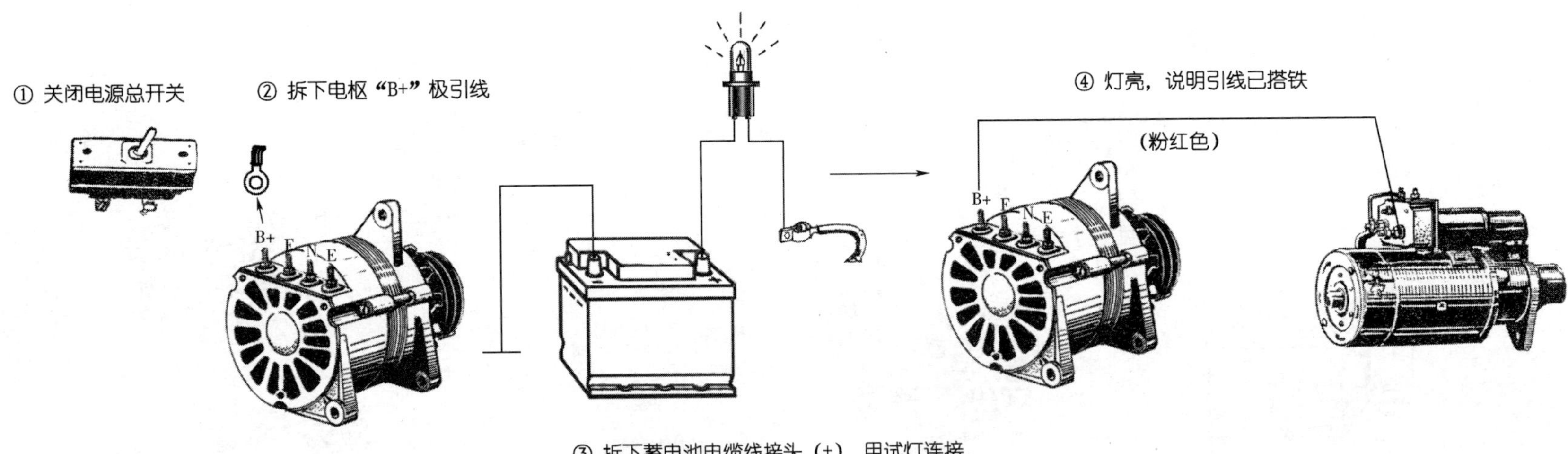

充电指示灯不熄灭（1）

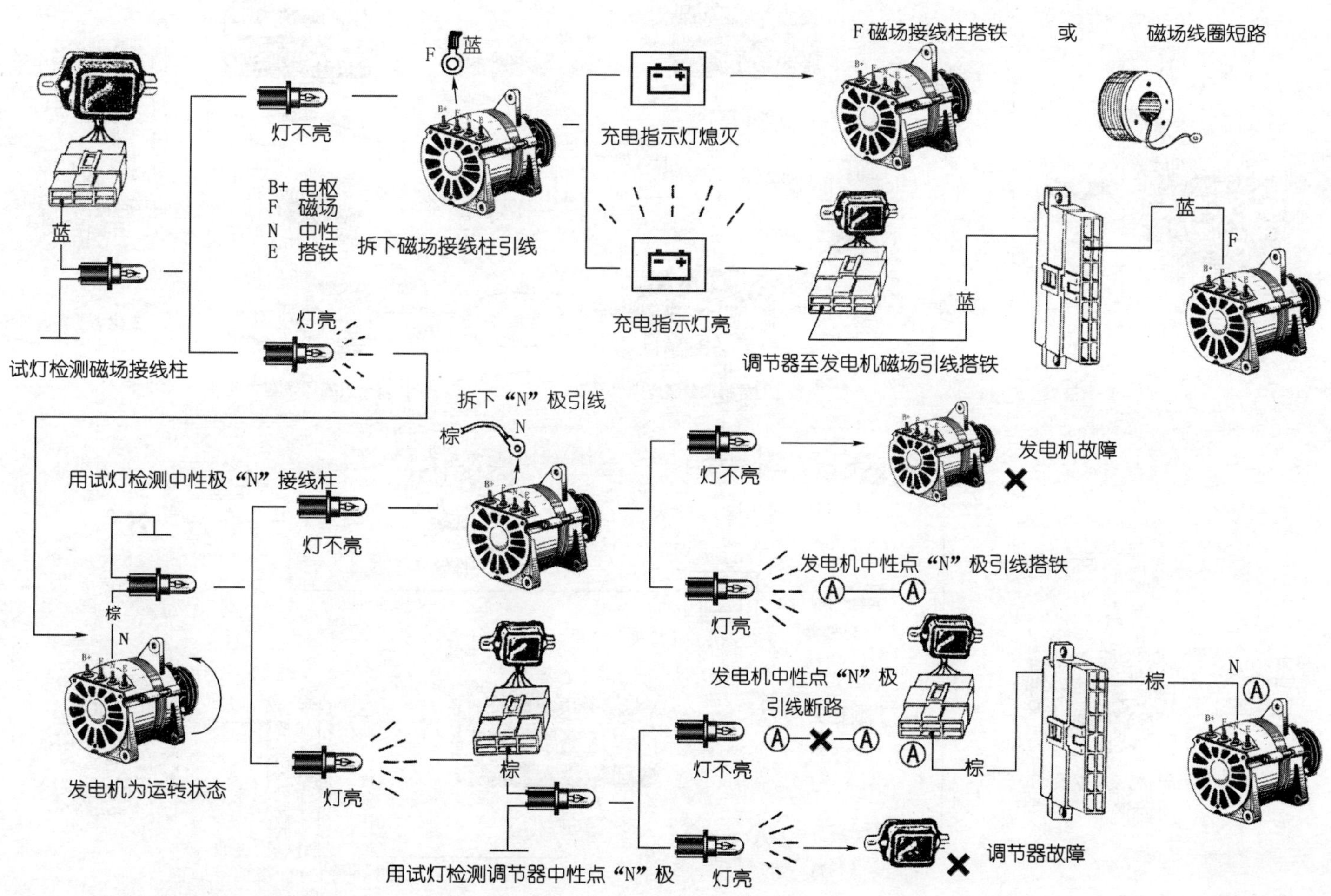
F 磁场接线柱搭铁
或
磁场线圈短路
F
蓝
灯不亮
B+ 电枢
F 磁场
N 中性
E 搭铁
拆下磁场接线柱引线
充电指示灯熄灭
充电指示灯亮
蓝
F
蓝
调节器至发电机磁场引线搭铁
蓝
灯亮
试灯检测磁场接线柱
拆下“N”极引线
棕
N
发电机故障
用试灯检测中性极“N”接线柱
灯不亮
灯不亮
发电机中性点“N”极引线搭铁
灯亮
棕
N
发电机中性点“N”极
引线断路
棕
N
发电机为运转状态
灯亮
棕
灯不亮
棕
用试灯检测调节器中性点“N”极
灯亮
调节器故障

充电指示灯不熄灭(2)

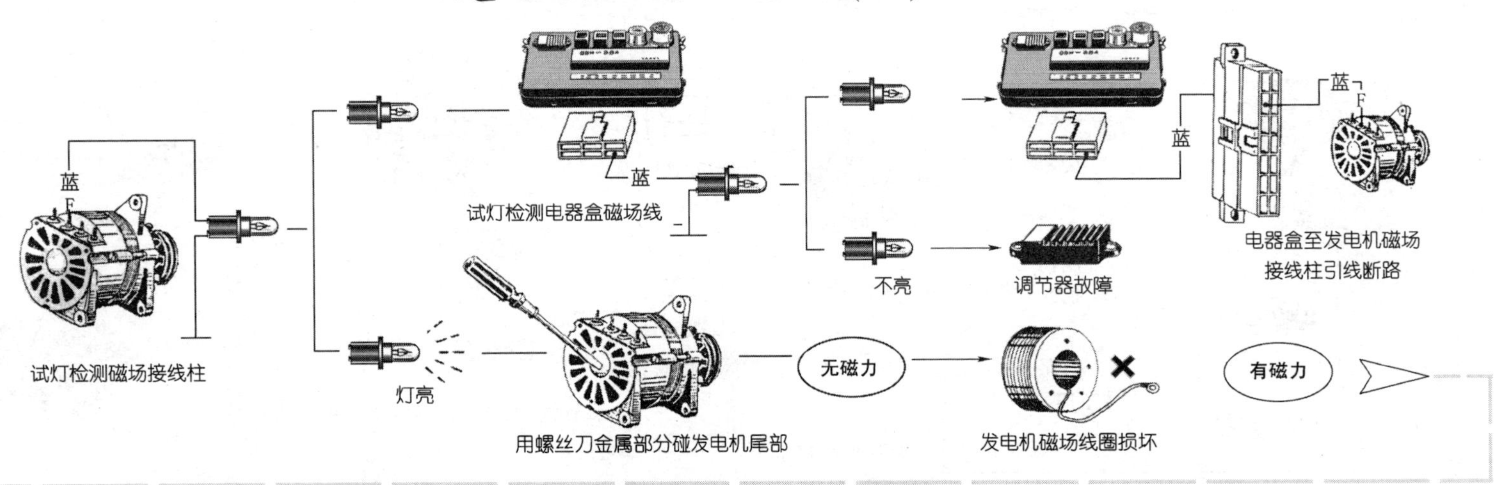
蓝
F
试灯检测磁场接线柱
蓝
试灯检测电器盒磁场线
灯亮
用螺丝刀金属部分碰发电机尾部
不亮
调节器故障
蓝
蓝
F
电器盒至发电机磁场
接线柱引线断路
无磁力
发电机磁场线圈损坏
有磁力

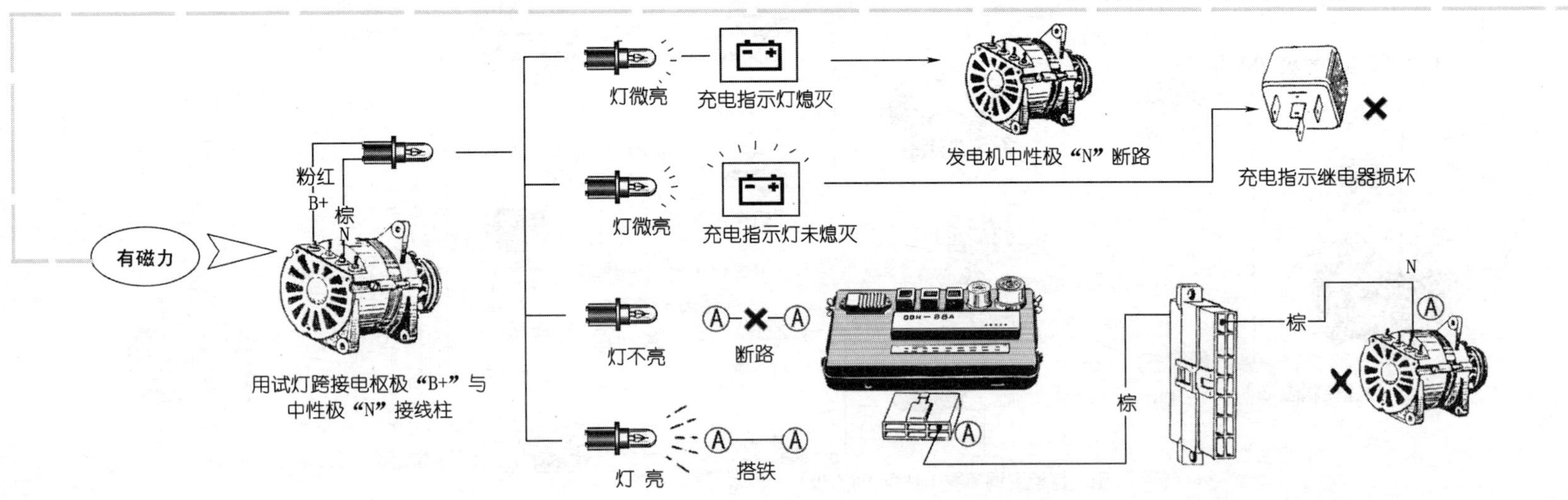
有磁力
粉红
B+
棕
N
用试灯跨接电枢极"B+"与
中性极"N"接线柱
灯微亮
充电指示灯熄灭
发电机中性极"N"断路
灯微亮
充电指示灯未熄灭
充电指示继电器损坏
灯不亮
Ⓐ-✕-Ⓐ
断路
灯 亮
Ⓐ—Ⓐ
搭铁
Ⓐ
棕
棕
N
Ⓐ

充电指示灯不亮（1）

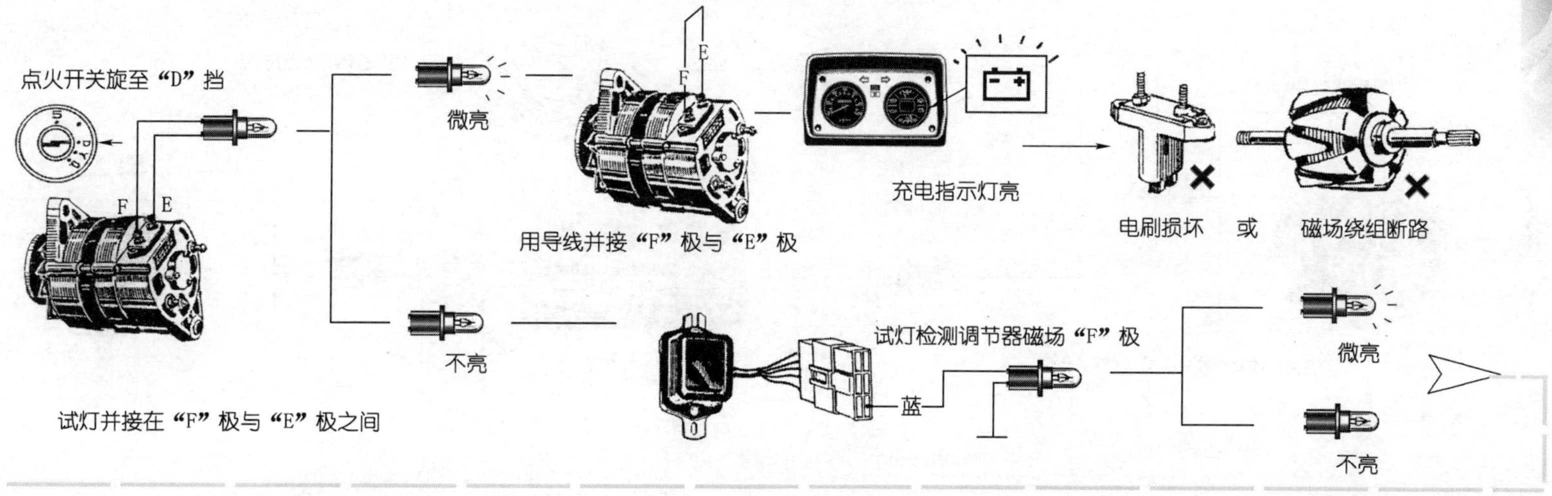
点火开关旋至“D”挡
F E
微亮
E
F
用导线并接“F”极与“E”极
充电指示灯亮
电刷损坏 或 磁场绕组断路
不亮
试灯并接在“F”极与“E”极之间
试灯检测调节器磁场“F”极
蓝
微亮
不亮

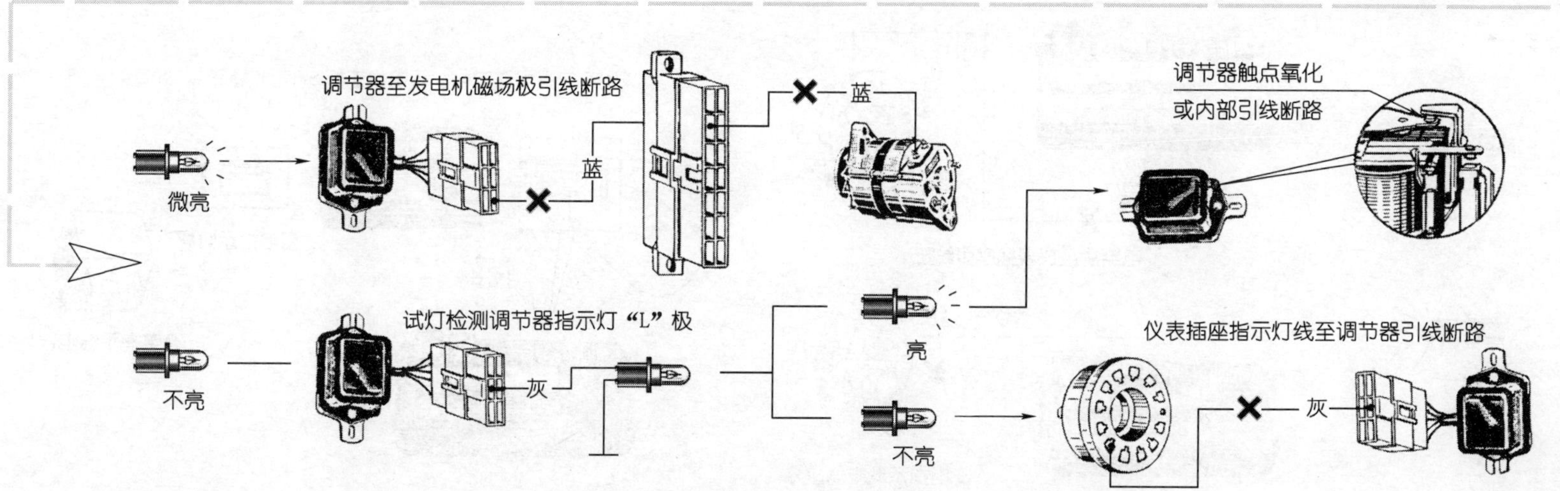
调节器至发电机磁场极引线断路
微亮
蓝
蓝
调节器触点氧化
或内部引线断路
不亮
试灯检测调节器指示灯“L”极
灰
亮
不亮
仪表插座指示灯线至调节器引线断路
灰

充电指示灯不亮(2)

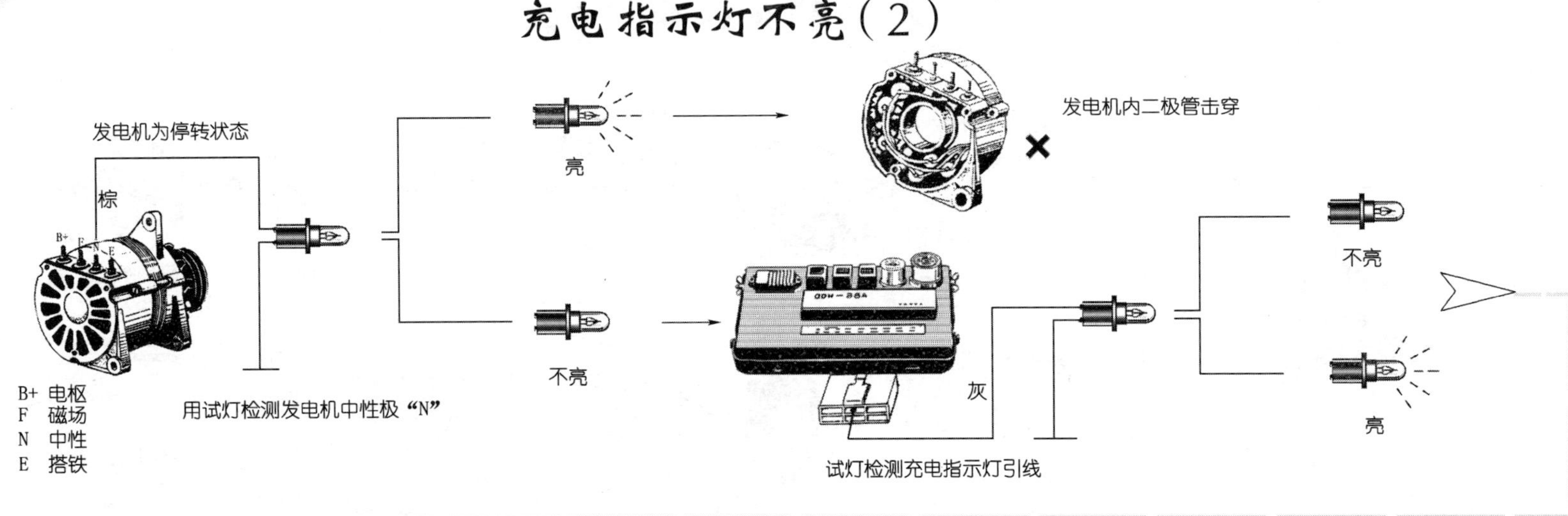

发电机为停转状态
棕
B+
F
N
E
B+ 电枢
F 磁场
N 中性
E 搭铁
用试灯检测发电机中性极“N”
亮
发电机内二极管击穿
不亮
QDH－88A
灰
试灯检测充电指示灯引线
不亮
亮

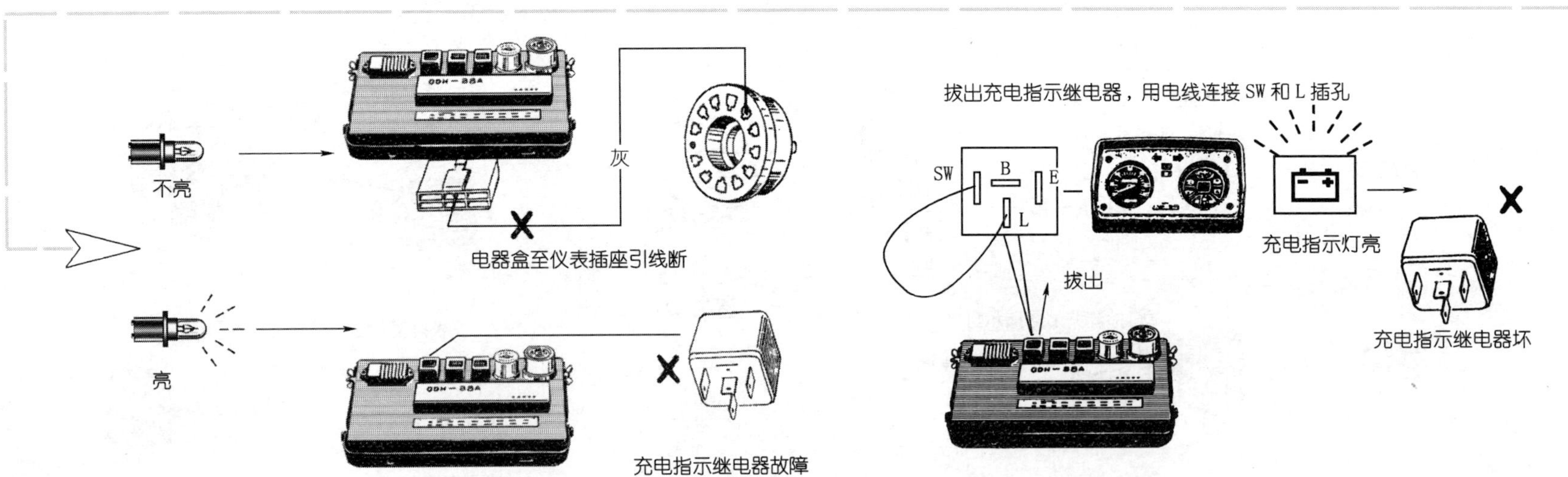

不亮
QDH－88A
灰
电器盒至仪表插座引线断
亮
充电指示继电器故障
拔出充电指示继电器，用电线连接 SW 和 L 插孔
SW
B
E
L
充电指示灯亮
拔出
充电指示继电器坏

晶体管调节器更换前的电路检查

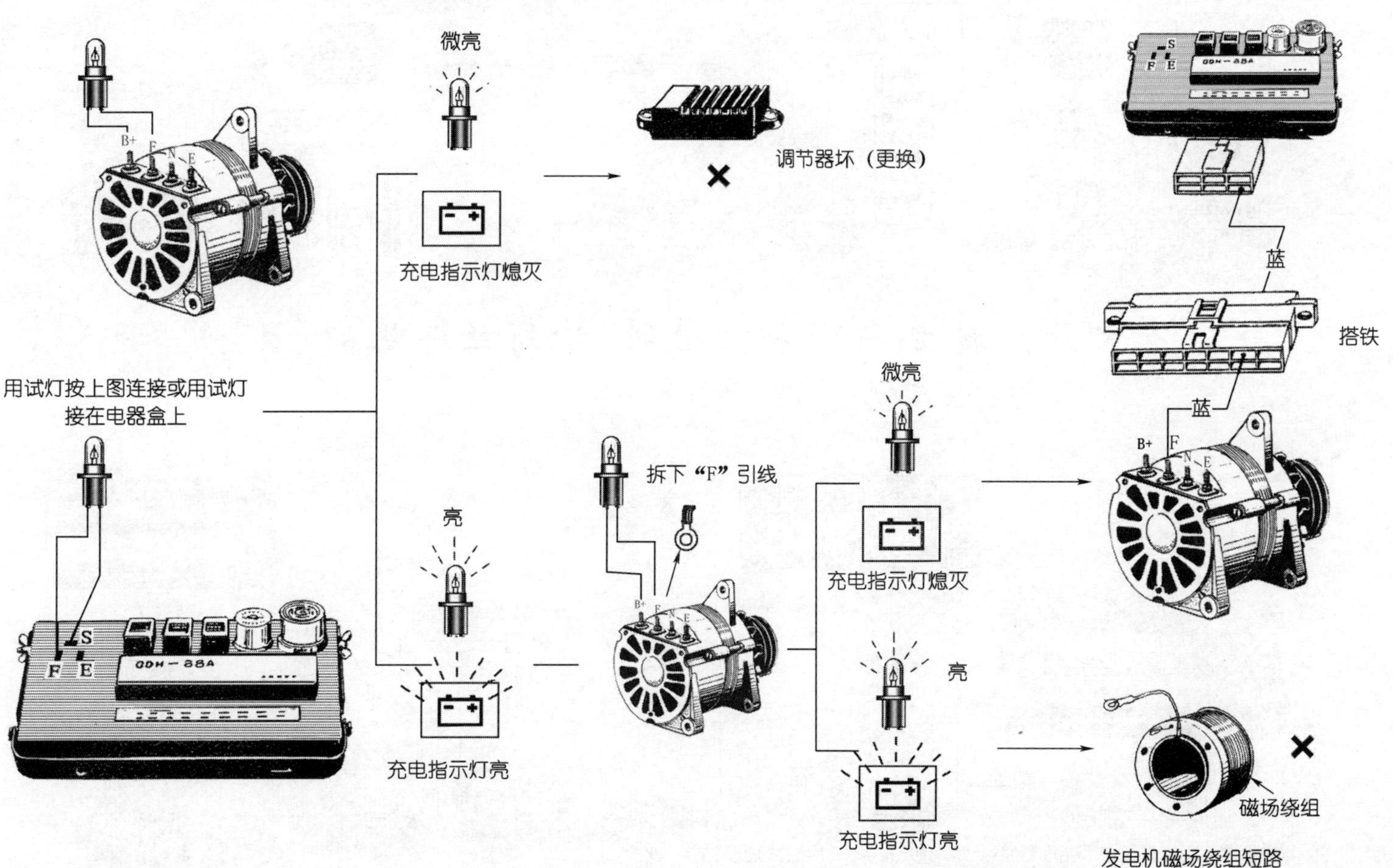

点火开关旋至“D”挡位置时，熔断丝即熔断（1）

（双联振动式调节器类型）

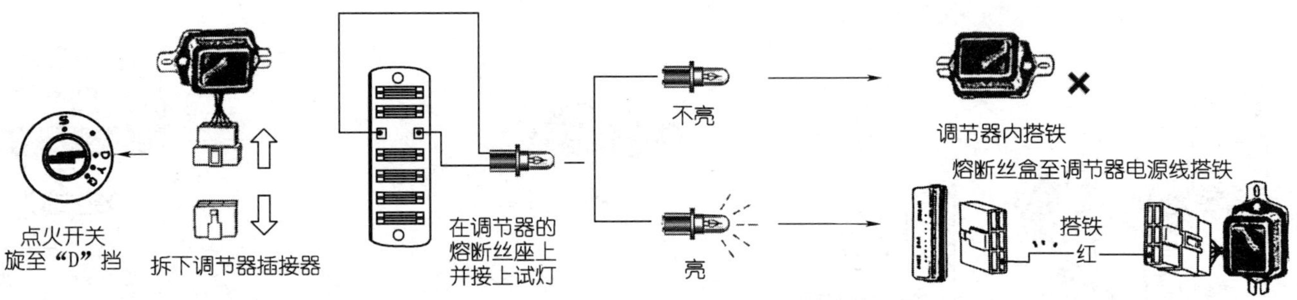

点火开关旋至“D”挡位置时，熔断丝即熔断（2）

（电子调节器类型）

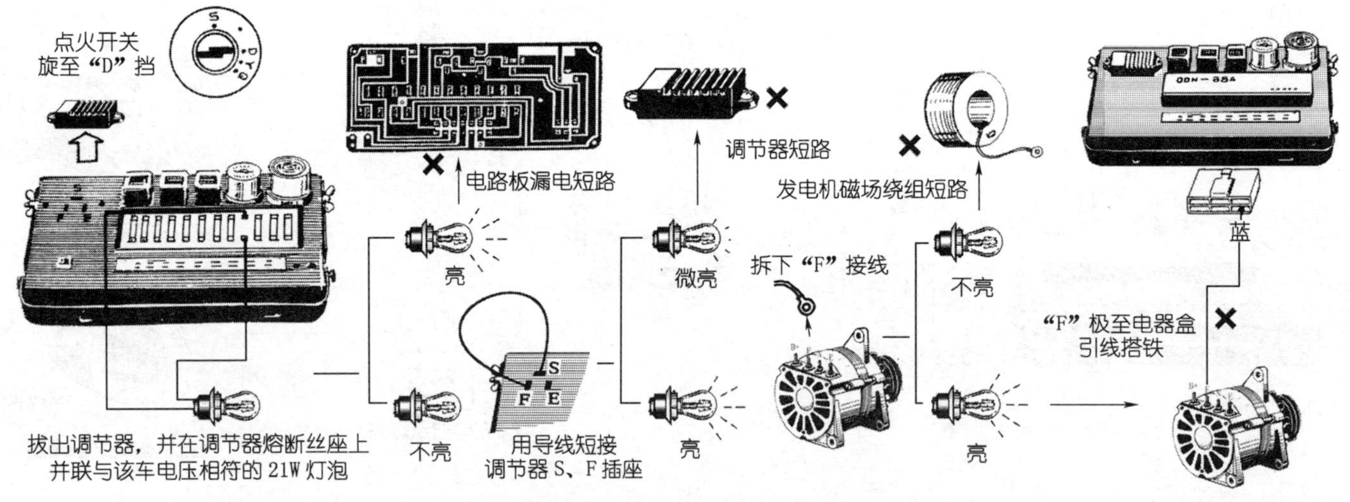

行驶过程中常烧坏各种灯泡或熔断丝

故障现象

行驶过程中,经常发生烧坏各种照明灯泡、熔断丝,以及出现蓄电池电解液消耗过快,发电机过热,分电器断电触点烧蚀等故障。

故障原因

由于调节器或线路的故障,而引起发电机输出电压过高。

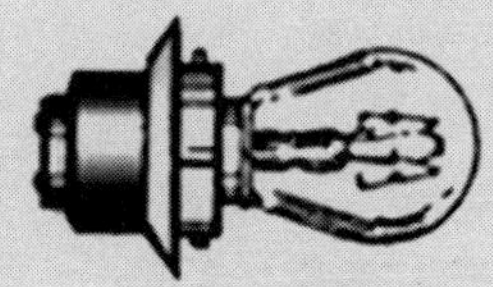

故障检测与排除

● 检查调节器

① 使用的调节器工作电压应与发电机额定电压相符。

② 检查调节器的低速触点。用电压表并联在蓄电池正负极两端,发动机中速运转,拆下调节器外壳,用手按下调节器的活动触点臂,观察电压表。若电压下降,再用螺丝刀碰触调节器活动触点臂,此时如无磁力,可能是调节器的线圈断路、短路或连接引线断路;若有磁力,表明活动触点臂调整弹簧拉得过紧,应重新调整。在按活动触点臂时,如果电压不能降低,表明调节器低速触点烧结或触点无间隙,需检修或更换调节器。

检修后的调节器必须进行调节电压的校正。

● 检查再充电系统的线路

① 发电机与调节器的接线应正确。如振动式调节器的点火"s"端与磁场"F"端和发电机接线柱接反后,发电机输出电压将升高。

② 发电机与调节器的接线应牢靠。当调节器与发电机之间的搭铁线接触不良或断路时, 也会引起发电机输出电压升高。判断时,在发电机与调节器之间再安装一根搭铁线,若电压表指示的电压值在调节范围内, 表明发电机与调节器之间搭铁线接触不良或断路,否则是调节器故障。

下页为跃进 NJl041、NJl061 系列汽车调节器与发电机之间加装重复搭铁线方法。

交流发电机搭铁“E”极与调节器搭铁端的重复连接

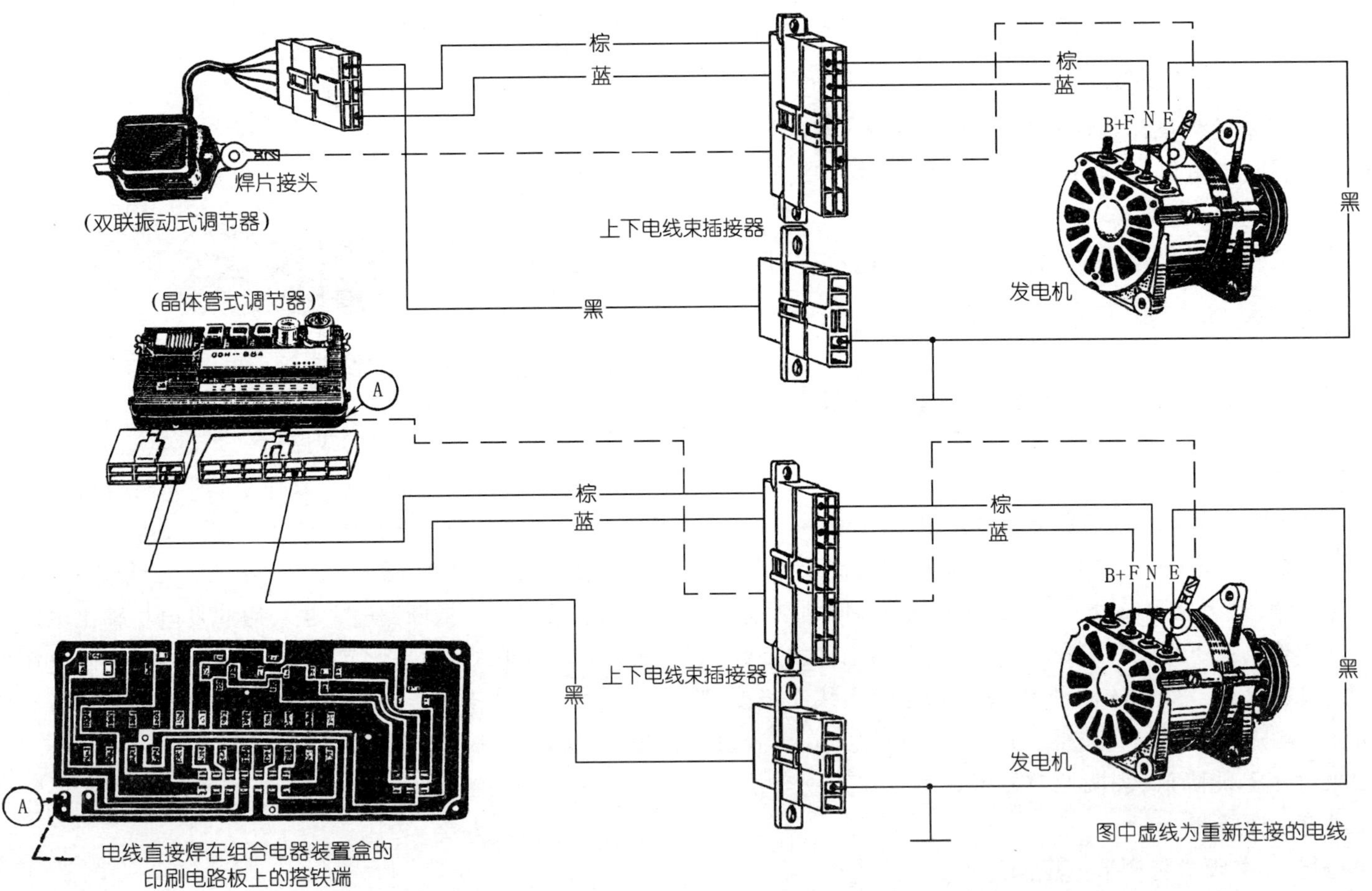

发电机输出电压的校正

发电机输出电压正常与否，直接影响蓄电池和用电设备的使用寿命以及整车性能。当汽车行驶 2500km 后或车辆保修过之后，需校正发电机的输出电压值。发电机输出电压值的检测见下图。

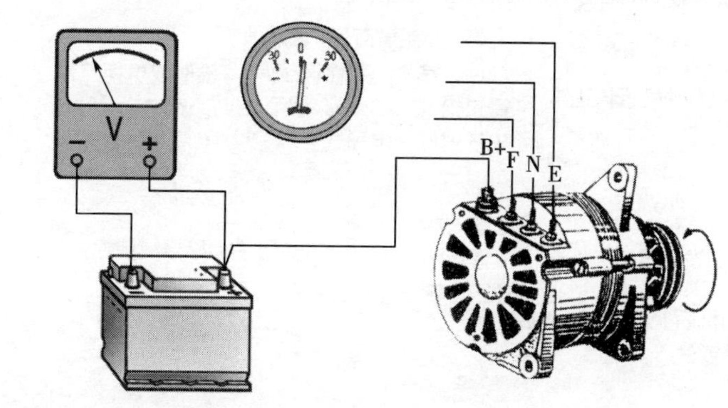

● 空载正常时，指示电流由大到小，几分钟后约 2 ~ 5A
● 电压值：汽油车为 13.5 ~ 14.2V 之间；柴油车为 27 ~ 28.4V 之间

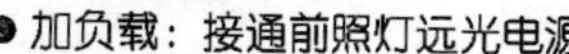
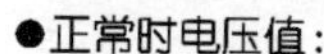
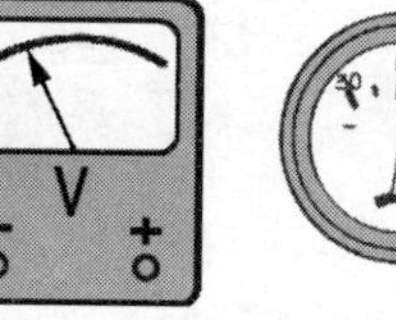
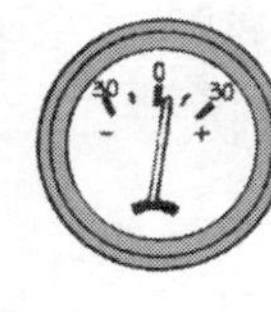

● 加负载：接通前照灯远光电源
●正常时电压值：
汽油车为 13.1 ~ 13.8V 之间
柴油车为 26.2 ~ 27.6V 之间
无电压表检测或无电流表的车型，可观察本车前照灯的强弱，正常时灯光为亮中微白，若很亮，说明电压过高。

检测时，将电压表并联在蓄电池正负极两端，发动机中速运转，不加负载试验(不使用车上任何电器设备)，正常时，蓄电池两端的电压为：14V 的发电机在 13.5~14.2V 之间；28V 的发电机在 27~28.4V 之间。有电流表的车型，在发电机工作数分钟后，电流表应指示在正向 2~5A 之间。加负载试验(打开前照灯远光)，正常时，14V 的发电机在 13.5~14.2V ±0.4~0.6V 之间；28V 的发电机在 27~28.4V±0.8~1.2V 之间。有电流表的车型，电流表应指示在正向 5~10A 之间；在没有电压表或电流表的情况下，可观察前照灯远光的亮度。中速，正常时，灯光亮中微白，若灯光很亮发白，则表明发电机输出电压过高。

发电机输出电压过高或过低，需调整调节器的触点压力，调整方法见下页左下图。

若该车使用的是电子调节器，且为整体封固式的，只有通过更换新的调节器加以解决。

发电机充电量过低

故障现象：发电机运转后，指示灯指示充电，但蓄电池经常存电不足，灯光暗淡，喇叭声小，起动机运转无力，蓄电池需经常补充电。

故障检测与排除：

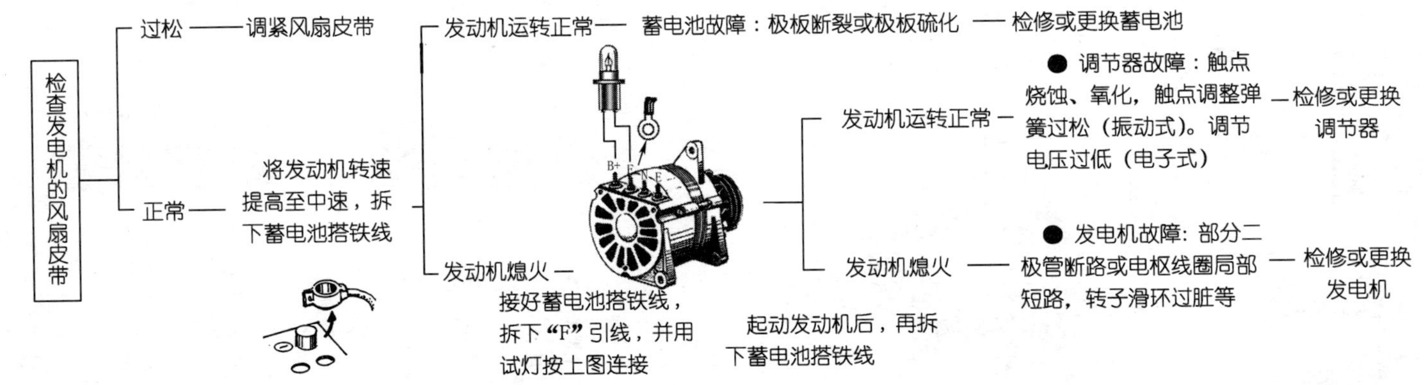

振动式电压调节器的调整

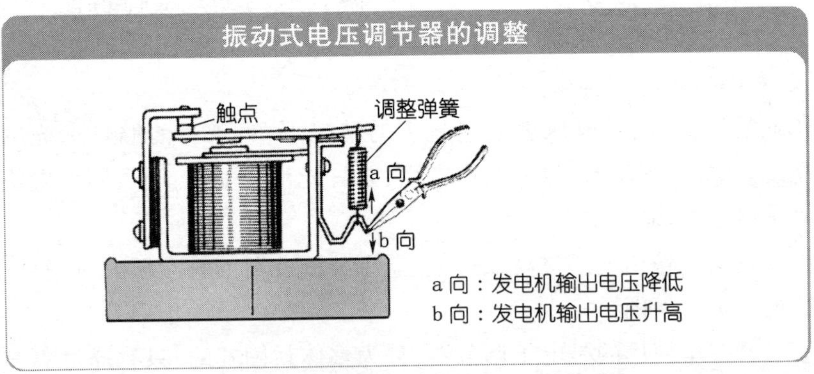

在汽车上检测发电机的性能

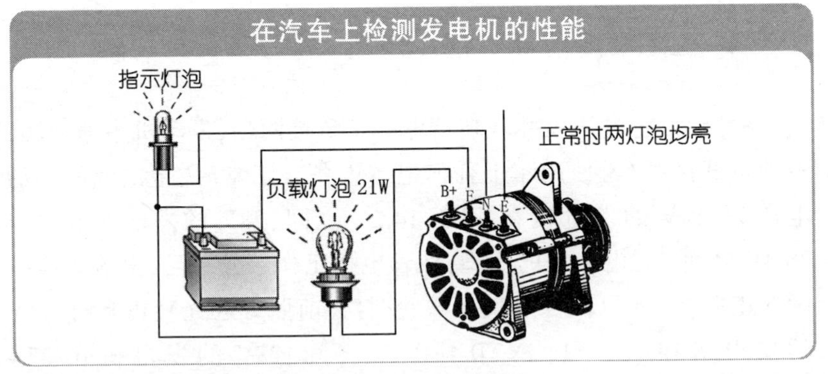

注：当汽车上的用电设备总消耗功率大于发电机的额定功率或线路上有漏电、局部搭铁等故障时，也会引起蓄电池储电量不足。

电压调节器损坏后的代用与应急措施

行车途中，若电压调节器完全损坏后又暂无原备件更换时，可选用其他合适的电压调节器代用。

① 装用双联振动式调节器的车型，可采用 FT61 型或 FT62 型双级振动式调节器暂时代换。代换时，先剪开已损坏的调节器与插头间的连接线，插头的引线应留得长些，以便代换时接线。按 52 页图接线，将代换的调节器接好。图中 3W 指示灯为发电机充电指示灯，当发电机工作正常后，指示灯发亮，表示发电机已开始充电。

② 装用晶体管式调节器的车型，也可用 FT61 型或 FT62 型调节器代换，按 52 页图接线。

③ 当电压调节器损坏后，既无原备件，又无其他调节器代用时，可采取如下的应急措施：

○ 装用双联振动式调节器的车型，可剪去已损坏的调节器的引线，接上一只灯泡(灯泡规格见下表)。

○ 装用晶体管式调节器的车型，可拔去已损坏的调节器，接上一只灯泡(灯泡规格见下表)。

应急措施只能暂时应用，不可长期使用。

代用的电压调节器与原电压调节器型号对照表及应急措施所用灯泡规格

车型额定电压	原电压调节器型号	代用的电压调节器型号	应急措施所用灯泡规格
12V	FT124	FT61、FT70	12V、15W
24V	FT223	FT62、FT70A	24V、8W
12V	JFT142	FT61、FT70	12V、15W
24V	JFT241	FT62、FT70A	24V、8W

调节器应急代用的接线图

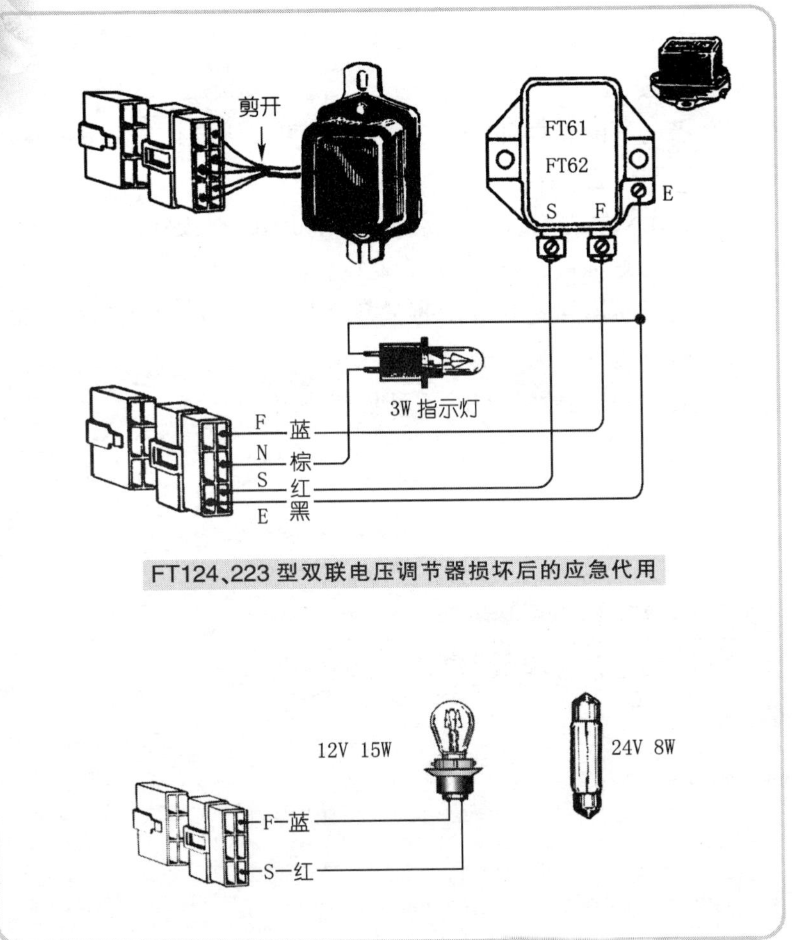

FT124、223 型双联电压调节器损坏后的应急代用

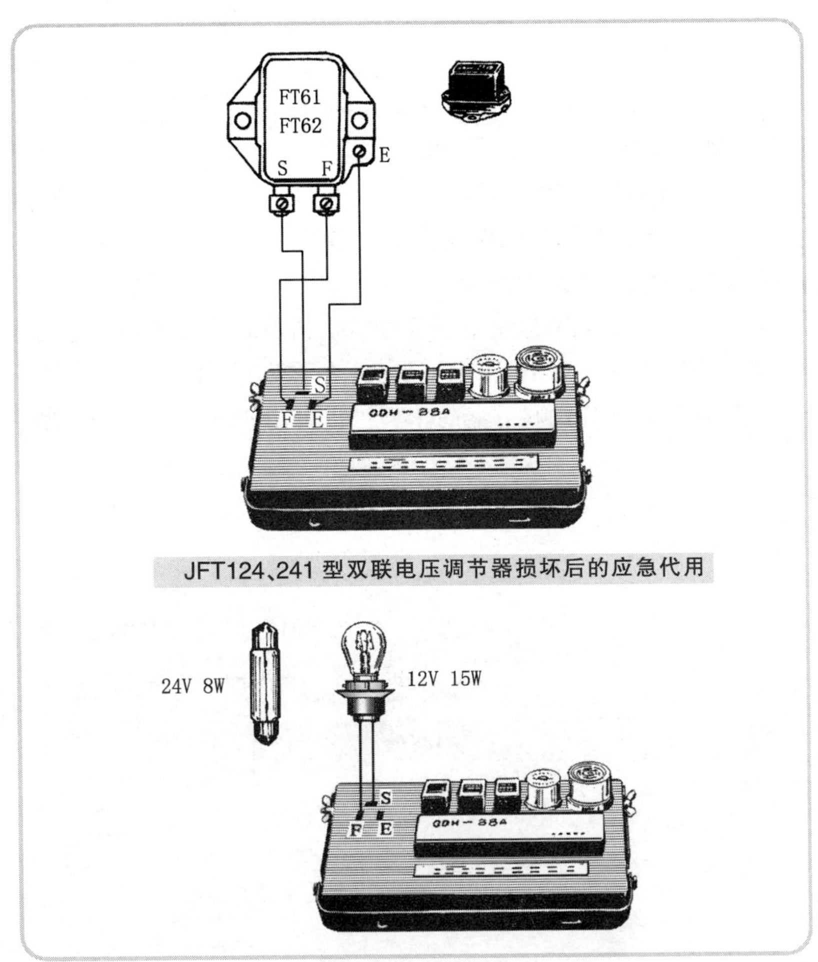

JFT124、241 型双联电压调节器损坏后的应急代用

全车无电

（装有电源继电器的车型）

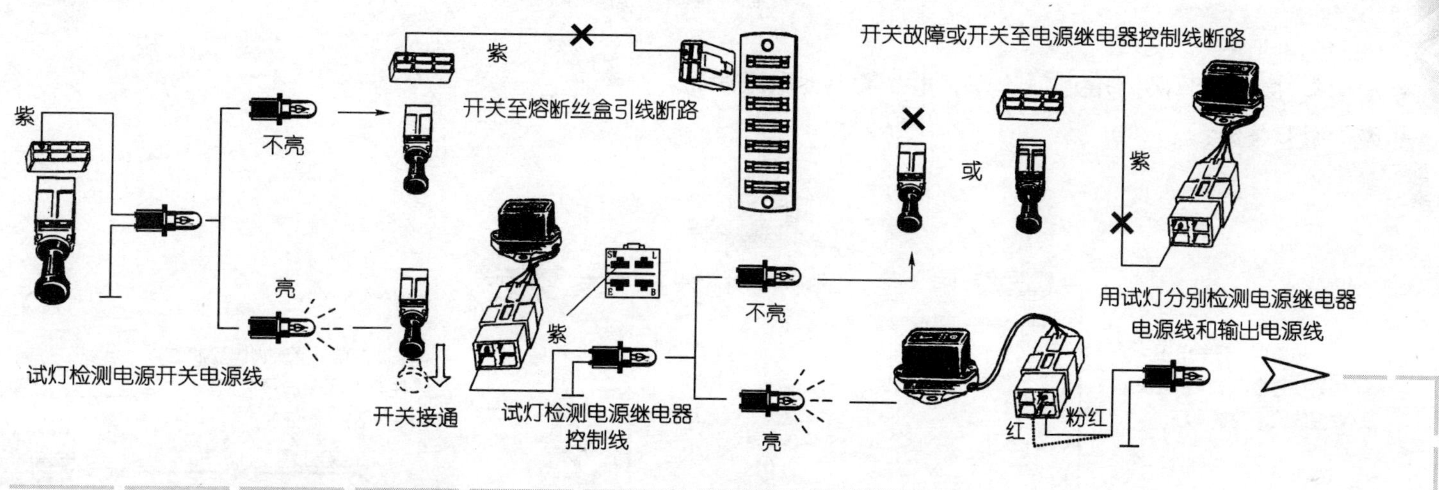

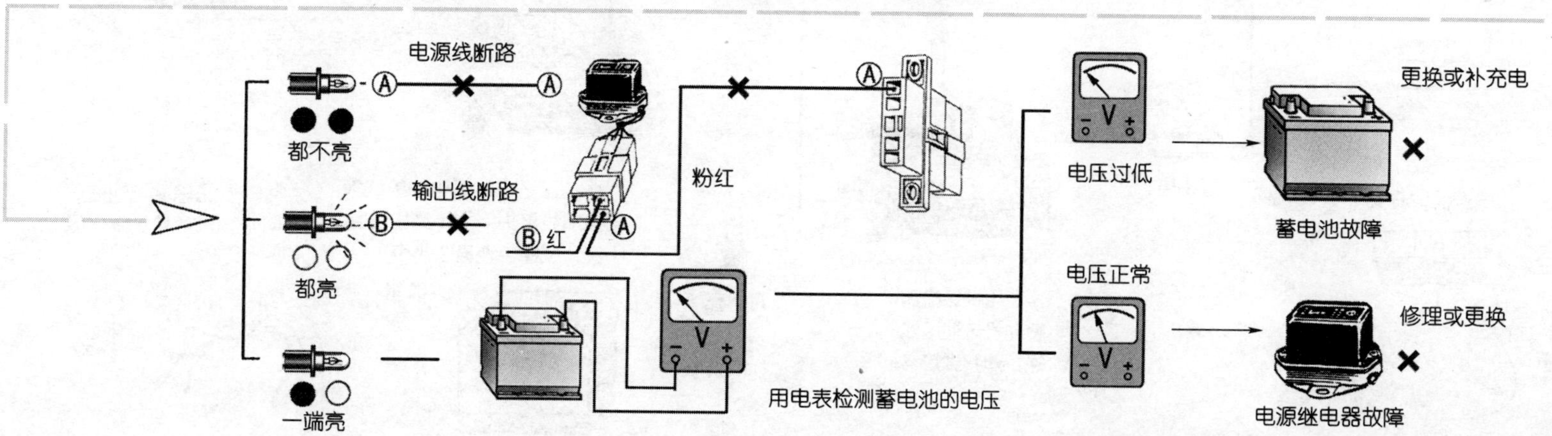

全车无电

(装有电源保护开关的车型)

故障现象:接通电源保护开关后,全车无电。蓄电池电压正常。

故障检测与排除:

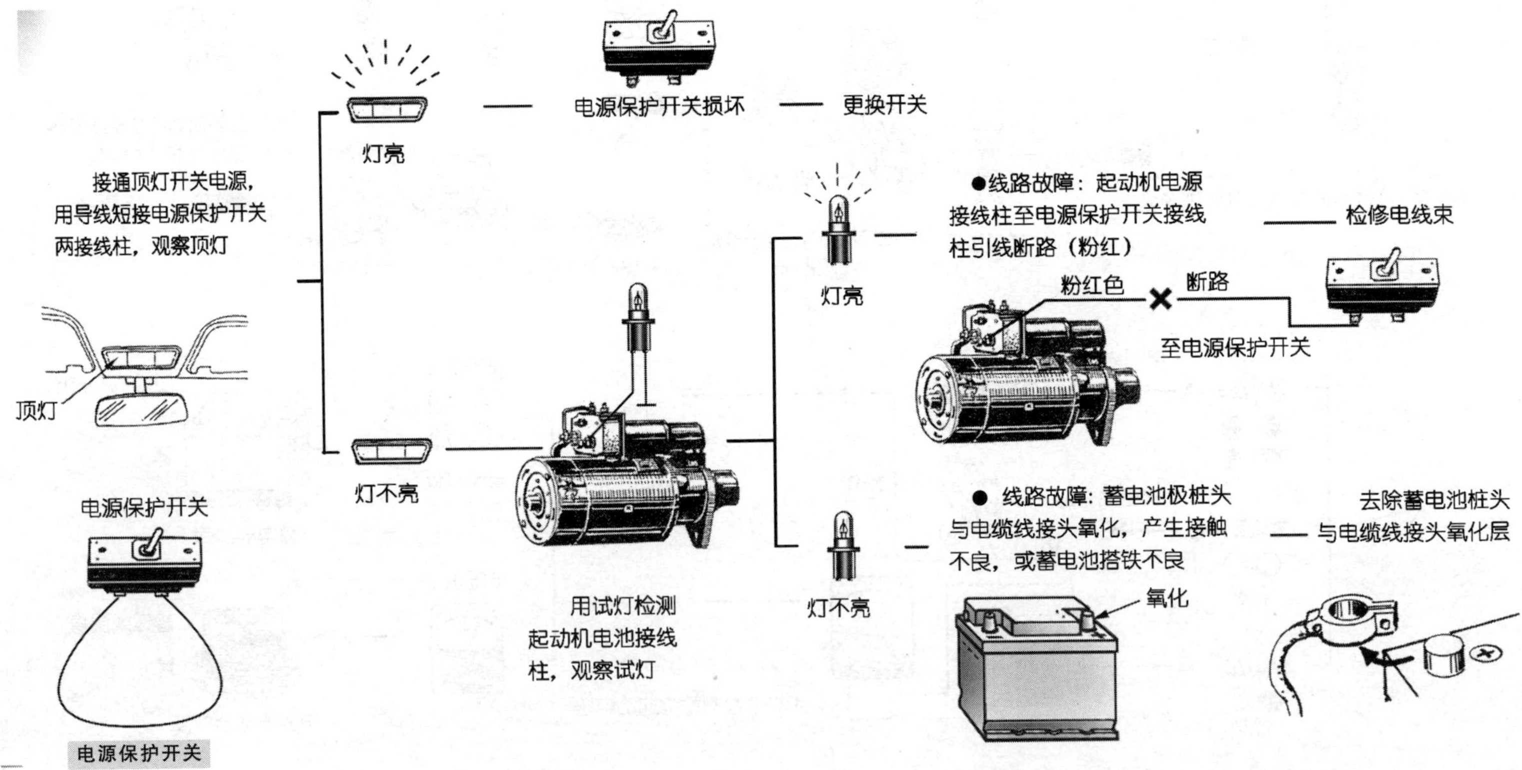

电源继电器的检测

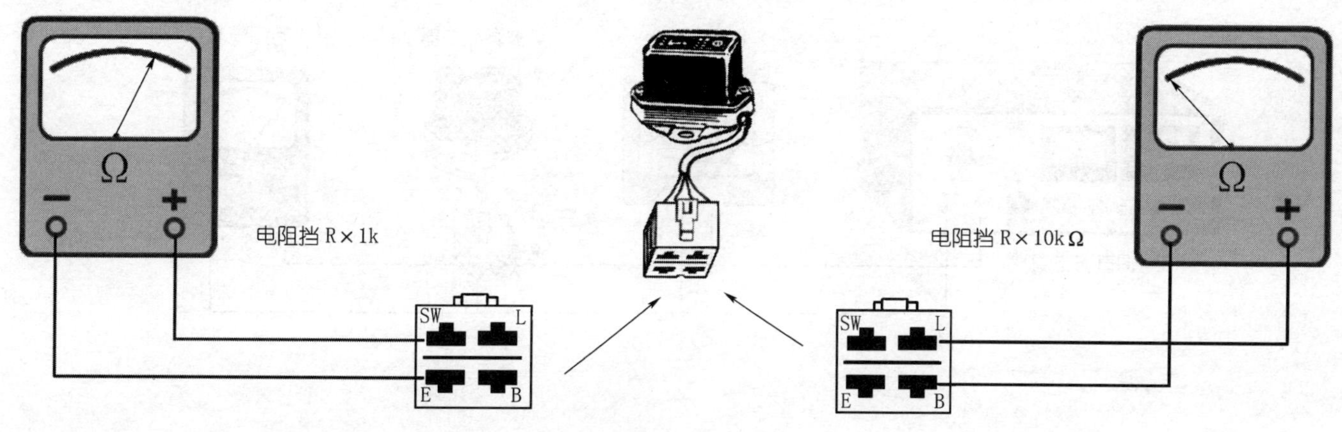

电源继电器线圈与触点的检测

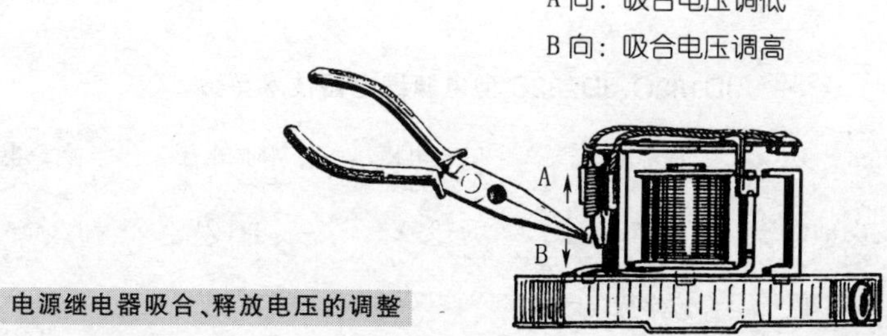

电源继电器吸合、释放电压的调整

■ **线圈的检测**

电表调至电阻挡 R×1kΩ

12V 为 60~65Ω

24V 为 250~255Ω

■ **触点的检测**

电表调至电阻挡 R×10kΩ

R=∞

电源继电器性能的检测

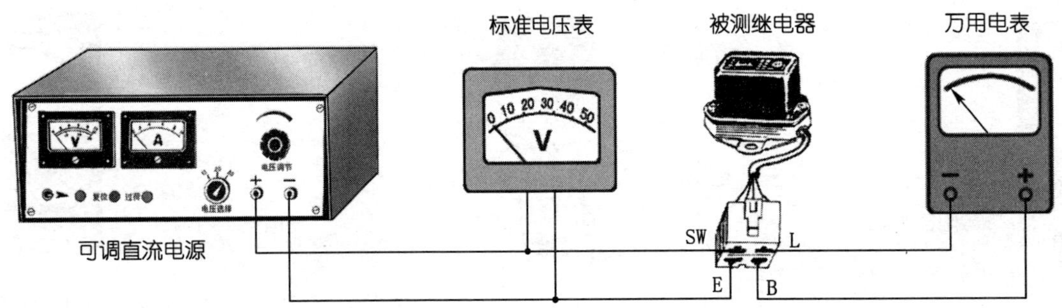

被测的电源继电器吸合及释放电压值应符合下表中的技术参数。

JD182C、JD282C 型电源继电器技术参数

型　号	标称电压	吸合电压	释放电压	负载电流
JD182C	12V	≤8.5V	≥1.2V	35A
JD282C	24V	≤17V	≥2.4V	50A

电源继电器电路图

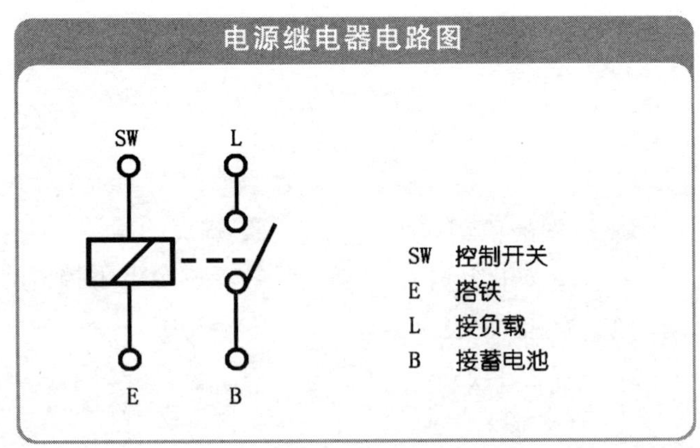

4 起动、点火系统

起动机的功用与构造

起动机是由直流电动机通过传动机构带动发动机飞轮，具有操作简便、起动迅速可靠等优点，又具有重复起动的能力。因此，在汽车上得到广泛应用。

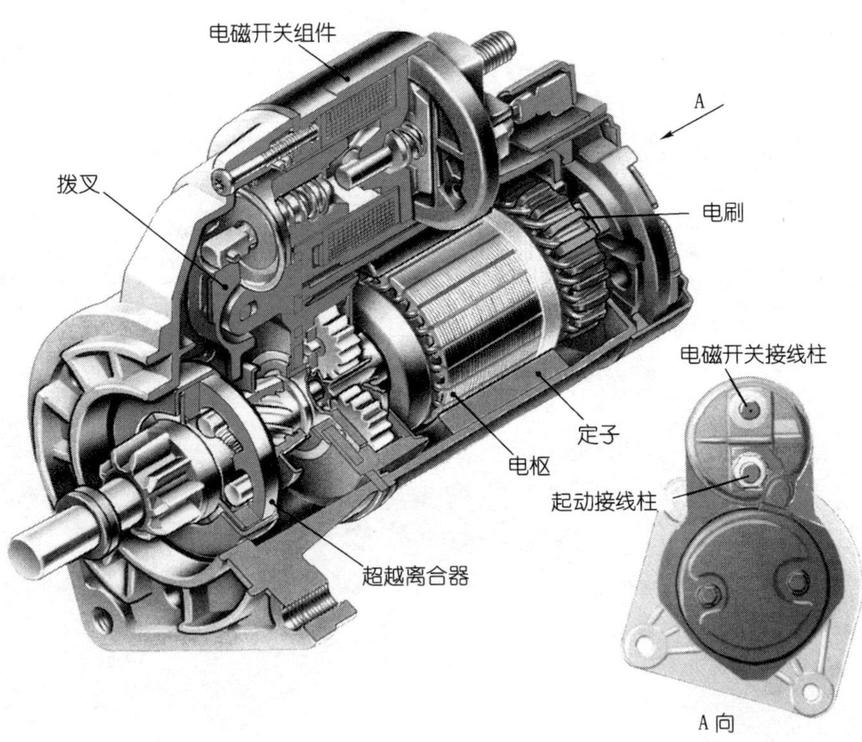

为了保证起动机安全可靠地工作，避免在发动机正常运转时起动机再次投入工作和起动发动机后能迅速停止工作，一些起动机控制电路中还采取了相应的保护措施。

■ **起动机**由三大部分组成，其中：

□ 直流串激式电动机

其作用是将蓄电池的电能转换为机械能，产生转矩。

□ 传动机构（或称啮合机构）

其作用是在起动发动机时，使起动机的小齿轮啮入发动机飞轮齿环，将起动机的转矩传递给发动机曲轴；在发动机起动后又能使起动机小齿轮与发动机飞轮齿环自动脱开。传动机构中的啮合器主要有单向滚柱式、弹簧式、摩擦片式等。

□ 控制装置（即开关）

其作用是用来接通与切断起动机与蓄电池之间的电路。在有些汽车上，还具有串入和短路点火线圈附加电阻的作用。

318型起动机分解图

防尘箍
磁场绕组电刷
磁场绕组接头
后端盖
电刷架
电枢绕组电刷
开关盒外壳
开关接触头（至点火线圈）
接触头（至磁场绕组）
连接片接线柱（至磁场绕组）
接触头
（至蓄电池）
接触盘
保位、吸拉线圈
保位、吸拉线圈外壳
起动接线柱
磁极
机壳
磁场绕组
换向器
电枢绕组
电枢硅钢片
螺旋槽
电枢轴
回位弹簧、顶杆及铁芯
调整螺杆
保护盖
拨叉支承销
拨叉
单向器固定盖板
滑环
单向器罩盖
驱动齿轮
驱动端盖
318 型起动机总成
开关
起动
电源
单向器壳体
导向筒
弹簧座及铆钉
滚柱
驱动齿轮

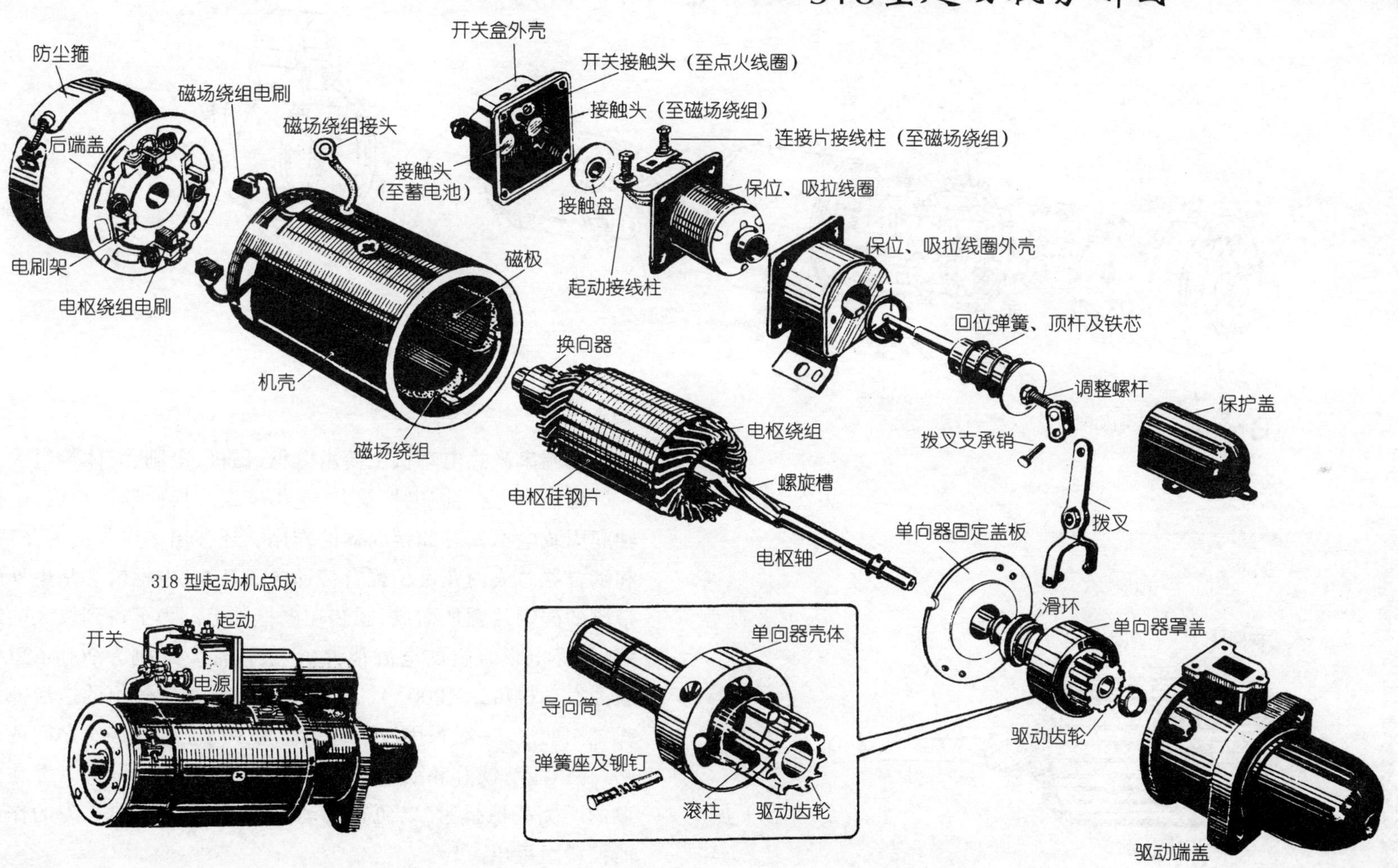

直流串激式电动机结构

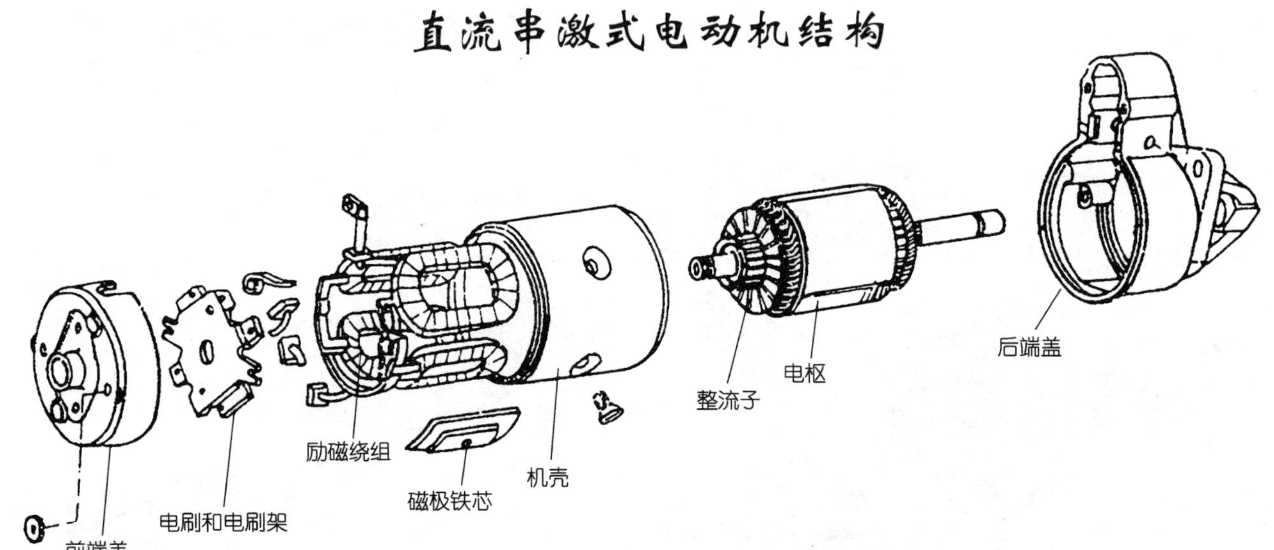

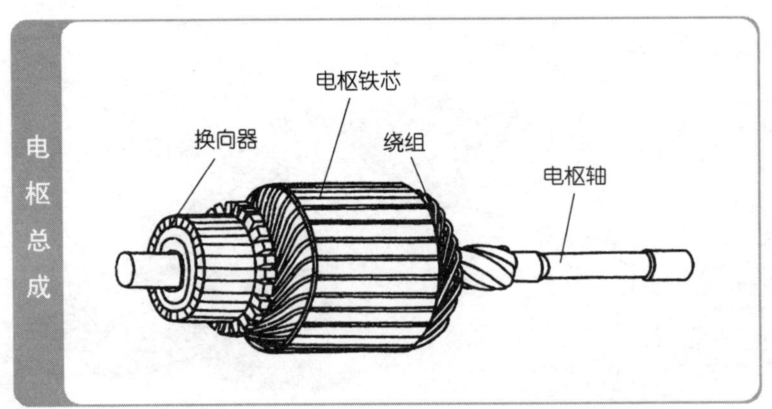

直流串激式电动机主要由电枢、磁极、电刷、壳体等组成。

电枢由电枢轴、电枢铁芯、电枢绕组和换向器等组成。电枢轴起固装电枢铁芯和换向器的作用，还伸出一定长度的花键，和啮合器总成内花键相配合传递电磁转矩。电枢铁芯是由外圆带槽的硅钢片叠加而成，固装在电枢轴上。为了得到较大的转矩，流经电枢绕组的电流很大(一般汽油发动机为200~600A，柴油发动机可达1000A)，因此电枢都是采用较粗的矩形裸铜线绕制而成，一般采用波形绕法。为了防止裸体绕组之间的短路，在铜线与铁芯和铜线与铜线之间均用绝缘纸隔开。并在槽口的两侧扎稳挤紧，以免在起动机工作时，由于离心力的作用而使绕组甩出。

换向器的作用是向旋转的电枢绕组注入电流。它由许多截面呈燕尾形的铜片围合而成。铜片之间由云母绝缘。云母绝缘层应比换向器铜片外表面凹下 0.8mm 左右,以免铜片磨损时,云母片很快突出。电枢绕组各线圈的端头均焊接在换向器的铜片上。

磁极是由低碳钢制成,其内端部扩大为极掌形。一般有两对 4 个磁极,有的多至 6 个。每个磁极上套装有励磁绕组,4 个励磁绕组相互串联(或两个绕组串联后再并联),并与电枢绕组串联。励磁绕组按照一定规律绕制后,使 4 个磁极两两相对,即 S 极对 S 极,N 极对 N 极。图中虚线为磁力线的回路。

换向器

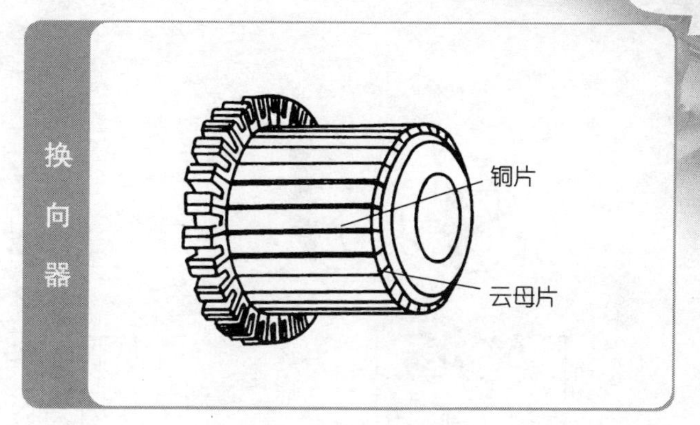

磁极与磁路

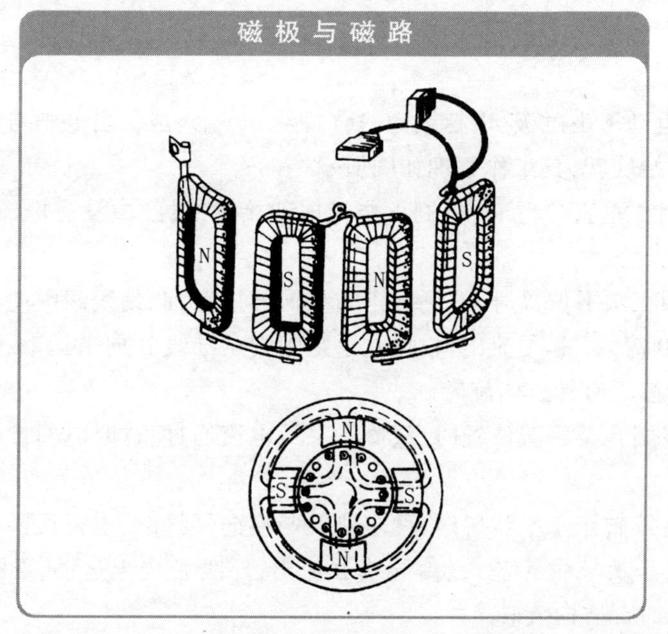

励磁绕组一端接在外壳的绝缘接线柱上,另一端与两个非搭铁电刷相连。两励磁绕组串联后再并联的电动机,可以在导线截面积不变的情况下增大起动电流,提高起动转矩。如 Q124、ST614 型起动机就是这种接法。

电刷由铜粉与石墨粉压制而成,以减少电阻并增加耐磨性,一般含铜 80%~90%,含石墨 10%~20%。电刷安装在电刷架内,在电刷弹簧张力的作用下,紧压在换向器上。

壳体是由低碳钢板卷曲焊接而成的,一端留有四个检查窗口,便于电刷和换向器的日常维护,中部有一绝缘接柱,内部与励磁绕组相连。

直流电动机工作原理

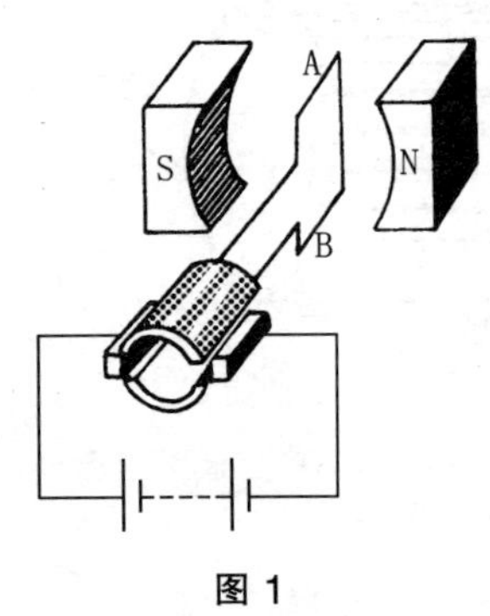

图 1

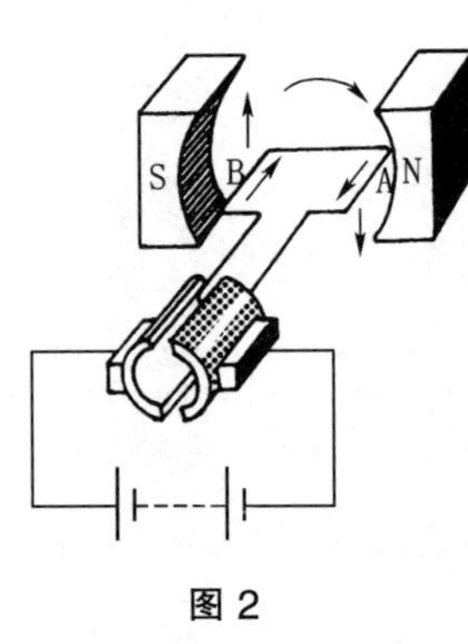

图 2

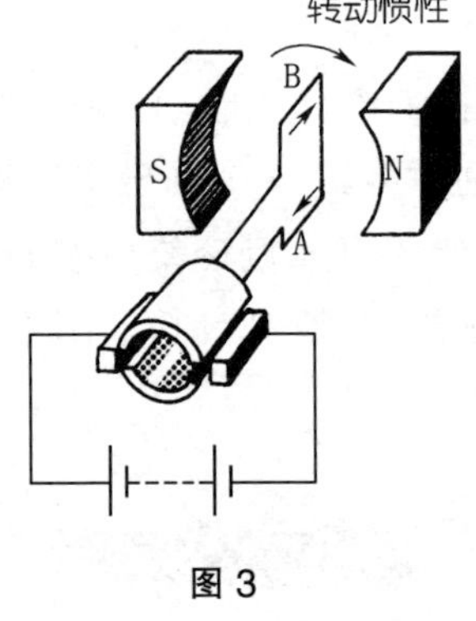

图 3

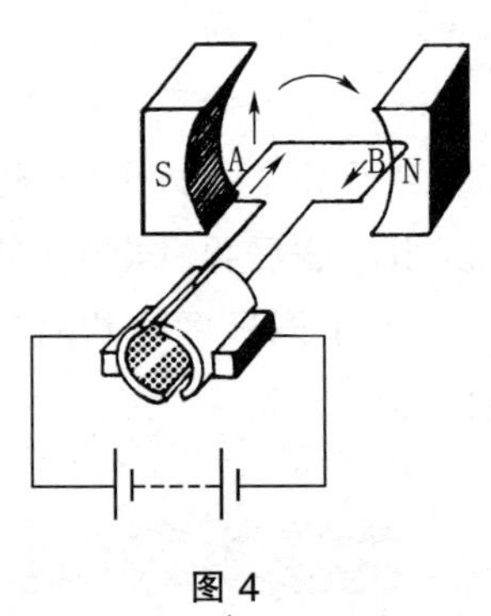

图 4

最简单的直流电动机由磁极、电枢线圈、换向器和电刷组成。当电刷与直流电源相接时，电枢便开始旋转，其工作原理如图所示。

图 1　电枢线圈在垂直位置时，电刷不与换向器接触，线圈中没有电流通过，故电枢不会转动。

图 2　电枢线圈在水平位置时，电刷分别与换向器接触，此刻线圈中便有电流通过。电流从导线 B 流入，由 A 流出，根据左手定则判定导线 B 向上运动，导线 A 向下运动，电枢便会按顺时针方向旋转。

图 3　当电枢线圈转至垂直位置时，线圈中又无电流通过，这时电枢依靠转动惯性通过这个位置。

图 4　当电枢继续转至水平位置时，两电刷又与换向器接触，电枢线圈中便有电流通过，这时电流是从导线 A 流入，由导线 B 流出，导线 A 向上运动，导线 B 向下运动，电枢仍向顺时针方向旋转。

左手定则示意图

作用力方向
左手
S
N
电流方向
磁力线方向

滚柱式单向离合器

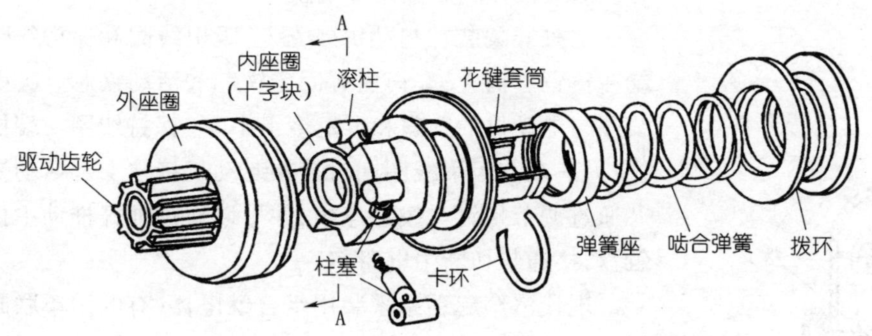

滚柱式单向离合器分解图

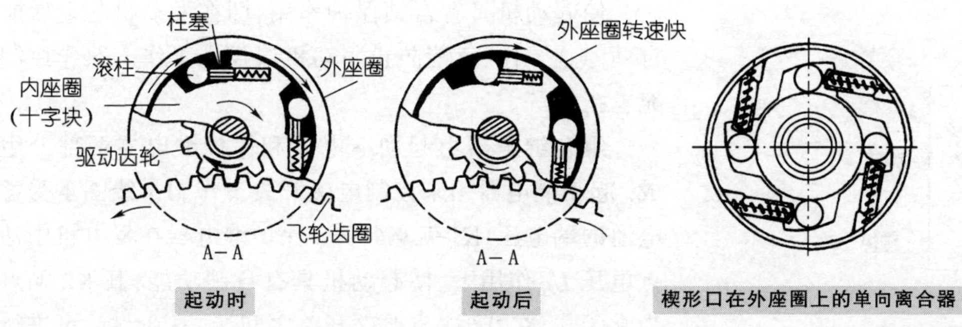

起动时　起动后　楔形口在外座圈上的单向离合器

单向离合器的作用是在起动发动机时，将电动机的转矩传给发动机曲轴，起动发动机；而当发动机起动后，能自动打滑，保护起动机不致高速而损坏。

滚柱式单向离合器　驱动齿轮与外座圈制成一体，外座圈内装有内座圈(十字块)和4套滚柱、压帽和弹簧。十字块与花键套筒固连，壳底与外座圈相互扣合密封。

花键套筒的外面装有啮合弹簧及衬圈，末端安装着拨环与卡圈。整个离合器总成套装在电动机轴的花键部位上，可作轴向移动和随轴转动。

滚柱式单向离合器的外座圈与十字块之间，形成4个宽窄不等的楔形槽，槽内分别装有一套滚柱、压帽及弹簧。滚柱的直径略大于楔形槽窄端，略小于楔形槽的宽端，因此，当十字块主转时，滚柱滚入窄端，将十字块与外壳卡紧，似乎成为一体，能传递转矩；当外壳主转时，滚柱滚入宽端，不能传递转矩。

起动时，拨叉动作，将离合器推出，驱动齿轮啮入飞轮齿环后电动机通电，带动十字块旋转。由于十字块处于主动状态，迫使4套滚柱滚入窄端，将十字块与外壳卡紧，传递转矩，驱动曲轴旋转，起动发动机。

起动后，飞轮齿环带动驱动齿轮与外座圈高速旋转，当转速超过十字块时，就迫使滚柱滚入宽端打滑，起到保护起动机的作用。

电 磁 开 关

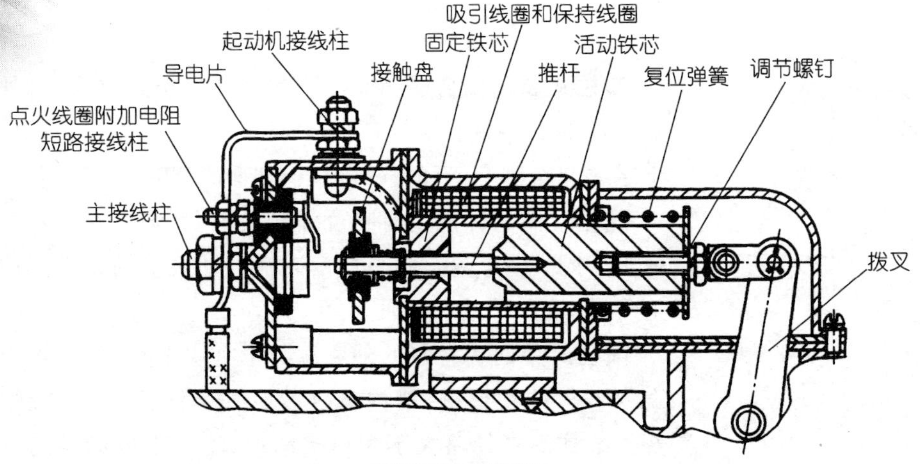

电磁开关的结构

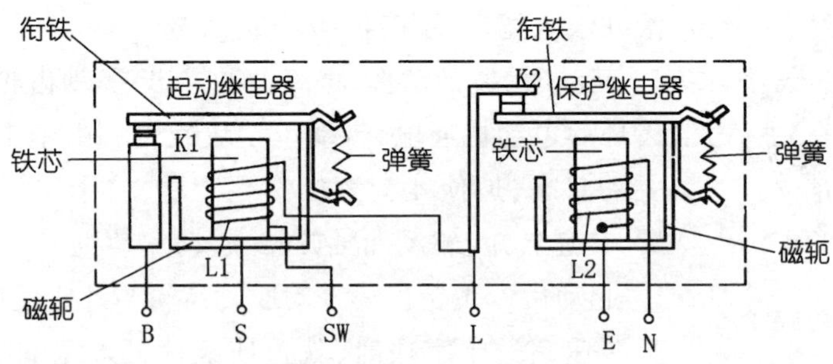

JDI71 型组合继电器

电磁开关的作用是接通与切断起动机的主电路和起动时短路点火线圈附加电阻。

电磁开关装在起动机外壳上，吸引线圈和保持线圈绕在黄铜套筒上，套筒内有固定铁芯和活动铁芯。吸引线圈与电动机的励磁和电枢绕组串联。保持线圈一端搭铁；另一端与吸引线圈同时接在起动机接柱上。活动铁芯通过调节螺钉与拨叉连接，并可以通过推杆推动主接触盘，接通与切断主电路。

现代汽车起动系多装用组合继电器（有的用单联起动继电器，如 QDI24 型起动机控制电路）。

组合继电器的作用与点火开关配合，控制起动机电磁开关、吸引线圈与保持线圈电流的通、断。避免了因两线圈电流大，而烧损点火开关（或起动按钮）。

使起动机具有自锁保护作用，即在发动机起动后能自动停止工作，还能防止起动机误投入工作。兼作控制充电指示灯。

组合继电器由起动继电器和保护继电器两部分组成。起动继电器用来控制电磁开关工作。L1 线圈承受蓄电池的端电压，K1 触点常开。保护继电器在发电机中性点电压 U_N 作用下，使起动机具有自锁功能，其 K2 触点为常闭式，在“L”柱与点火开关之间接一指示灯，可进行充电指示控制。

起动、点火系统线路图

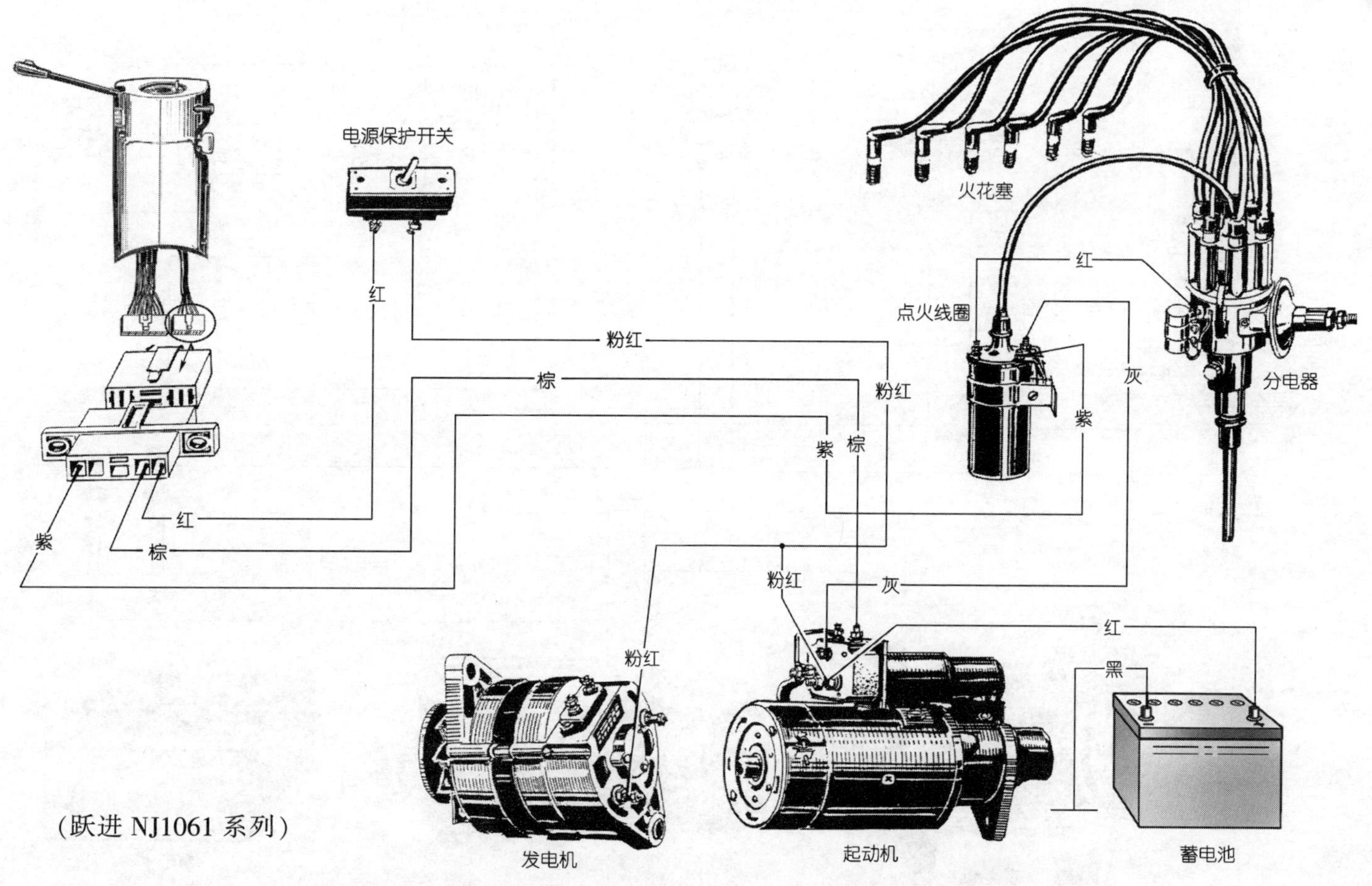

(跃进 NJ1061 系列)

柴油汽车预热起动系统线路图

(跃进 NJ1061 系列)

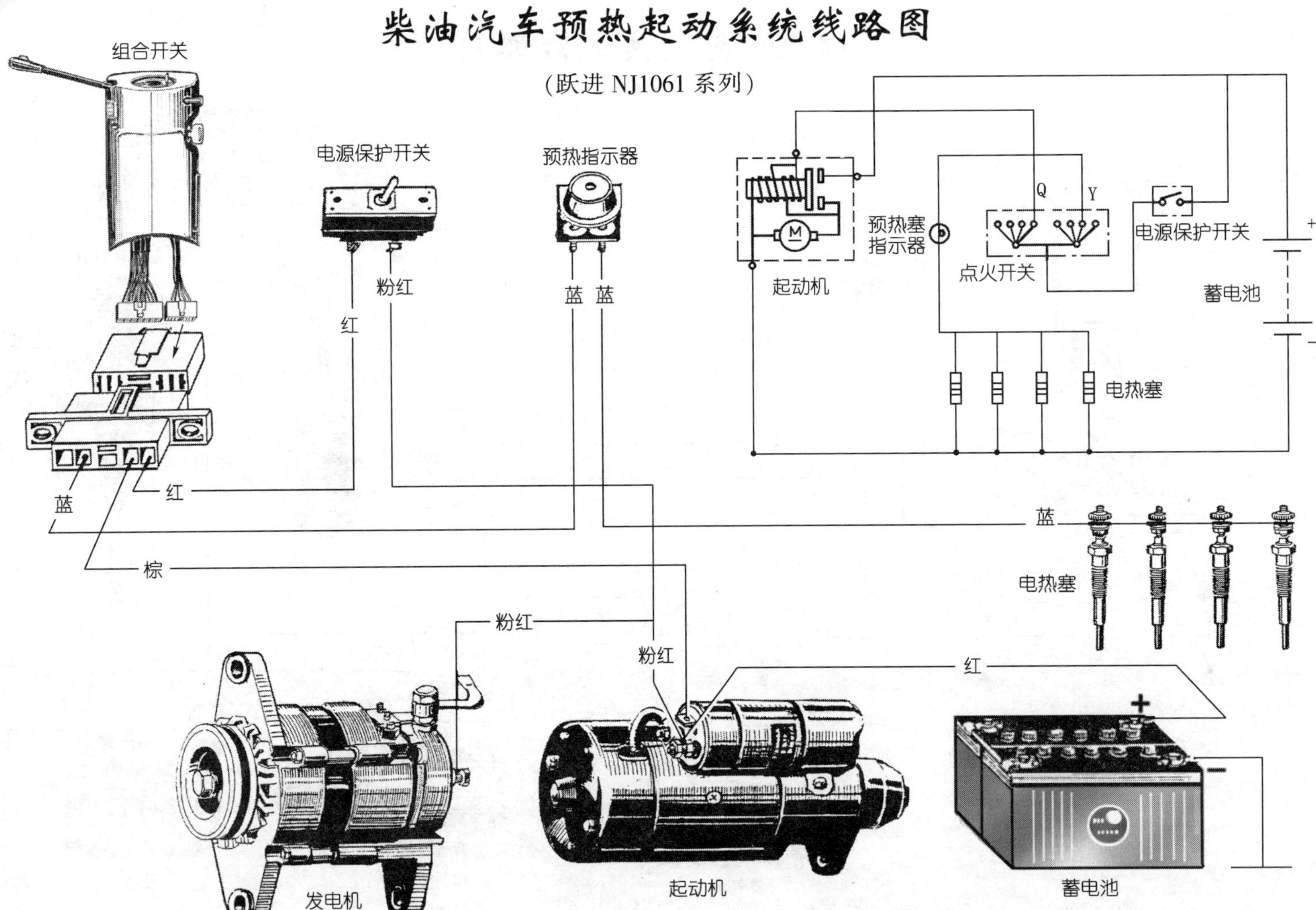

起动、点火系统电路故障产生的主要原因

起动机不转 供电系统故障:蓄电池贮电量严重不足,起动机电缆线与蓄电池电桩接头松动或电桩头氧化。 线路故障:点火起动开关损坏,或引线断路等。 起动机故障:起动机电磁开关触头烧蚀,或因调整不当使接触盘与触点接触不良,磁场绕组断路或搭铁,电刷损坏等。

发动机运转无力 供电系统故障:蓄电池电压过低。 起动机故障:换向器过脏,电刷磨损过多,或电刷弹簧压力不足,使得电刷接触不良,磁场绕组或电枢绕组有局部短路,起动机电磁开关烧蚀。 发动机故障:装配过紧,或发动机温度过低等。

无高电压 点火线圈故障:绕组短路、断路、搭铁等。 分电器故障:电容器损坏,断电触点无间隙、烧蚀,低压接线柱搭铁、断路等。 其他故障:点火开关损坏,引线断路等。

高压电弱 点火线圈故障:绝缘端盖破裂,绕组受潮,局部短路等。 分电器故障:电容器断路、漏电、断电触点间隙过小,分电器盖开裂、漏电等。

汽车每行驶5000~10000km以后,应对转子总成、定子总成、单向离合器、电控开关等进行一次全面的检查和保养。

起动机的检修

1 起动机的解体检查

起动机解体后,首先应对各电器部件进行常规的电性能检查。转子轴与电枢绕组绝缘电阻的检查见图;定子外壳与磁场绕组绝缘电阻的检查及磁场绕组的检查见图; 电刷架与后盖的检查见图;电刷弹簧压力的检测见图;电枢绕组的检查见图。

2 转子总成的检修

换向船表面须光滑,如有污垢,可用汽油清洗干净。若换向器表面烧蚀、换向器之间的云母绝缘片突起、圆柱度超过0.25mm时,应用车床精加工其表面,粗糙度不得大于1.6μm;当换向器的厚度小于2mm时,应予更换;换向器表面有轻微烧蚀时,可用"00"号砂纸打磨即可。

电刷架与后盖应紧固,电刷应能在支架中运动自如,电刷弹簧压力应在8~15N/m²之间,电刷的长度不得小于新电刷尺寸的2/3。

电枢绕组常见故障:绕组与换向器脱焊、绕组引线短路、绕组短路、搭铁等。电枢绕组引线脱焊、断路,一般比较明显,容易查出;绕组短路,应在专用的电枢检验仪表上检测;绕组搭铁是指绕组与转子轴

之间短路,一般是由转子铁芯上的绕组绝缘层损坏所引起;绕组与转子轴之间,如用万用电表检查,若电阻值在数十欧至几千欧时,表明绕组已受潮,有漏电现象,需用烘箱烘烤,并浸上绝缘清漆。

3 定子总成的检修

由于定子内磁场绕组的导线截面积比较大,断路故障比较少见。常见故障主要是短路、搭铁等。短路是由于磁场绕组的导线之间绝缘层损坏而引起的。短路故障的检测方法如下:

在磁场绕组的两个电刷之间通上 2V 直流电源(可用蓄电池的单格电池),用螺丝刀的金属部位或铁片接触定子内的四个磁极,如果某一个磁极无吸力或明显低于其他磁极,表明该磁极上的绕组已短路。用这种方法检测时,电流较大,检测时间要短些,以免烧坏线圈。

搭铁是指磁场绕组与定子外壳短路。绕组中通过的电流过大,时间过长,或磁极铁芯松动,均会引起绕组的绝缘损坏,造成搭铁。

□ 磁场绕组的修理

在查明某个绕组短路后,可将其拆下,去除原有纱带,剔出原有的绝缘纸,用小刀分开线圈,在线圈间夹入新的绝缘纸,再用纱带包扎好,浸漆、烘干。

□ 绕组搭铁的修理

同时拆下四个磁场绕组,查出搭铁之处(导线绝缘层损坏处),修理时用纱带将绝缘层损坏的导线重新包扎好,再浸漆、烘干。常用国产起动机电枢绕组和磁场绕组数据见 73 页表。

4 单向离合器的检修

打滑是单向滚柱式与摩擦片式离合器常见的故障。检查时,将其夹紧在台钳上,在单向离合器花键筒内插入一根花键轴,将扭力扳手与花键轴用套管相接,逆时针方向转动扭力扳手,单向滚柱式离合器转矩应在 26N·m 以上而不打滑,否则应予更换;摩擦片式离合器转矩应在 120~180N·m;之间不打滑,但转矩大于 180N·m 时应能打滑。转矩的大小可通过增减压环与摩擦片之间的调整垫片进行校正。

5 电磁开关的检修

□ 机械部分的检查与修理

活动铁芯与线圈壳体内的配合应保证运动自如。开关内触头、接触盘表面应平整。烧蚀、麻斑、接触面不平等是触头、接触盘常见故障。当触头烧蚀后,将其拆下,用锉刀锉平,装复后,两触点的高度要一致。接触盘烧蚀或有麻斑,可拆下反转一面使用。点火线圈附加电阻短路开关的触点常见故障为变形、烧断。变形的触点应进行校正;若烧断的触点需重新制作。

□ 线圈的检测与修理

用万用电表(R×1 挡)检测吸拉线圈与保位线圈的电阻值,正常时应符合表中的规定。检查时,电阻无限大,表明线圈已断路;若电阻值过小或等于 0,表示线圈已短路。

检查 维修 保养

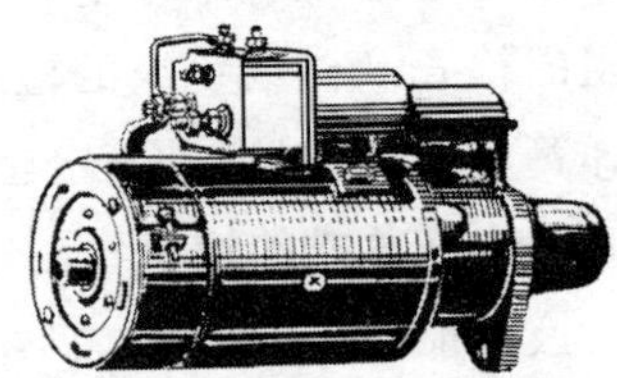

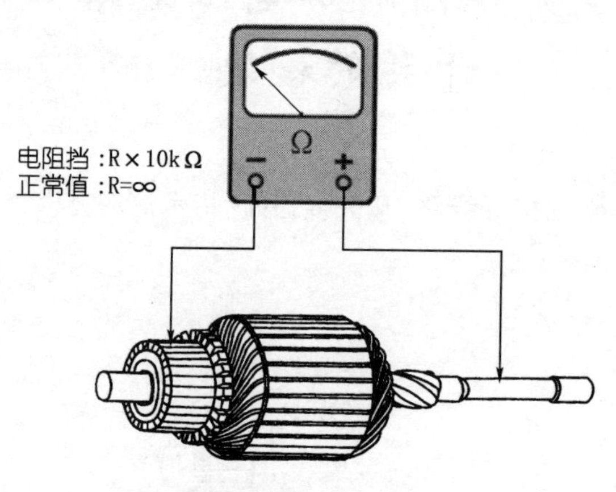

轴子轴与电枢绕组绝缘的检查

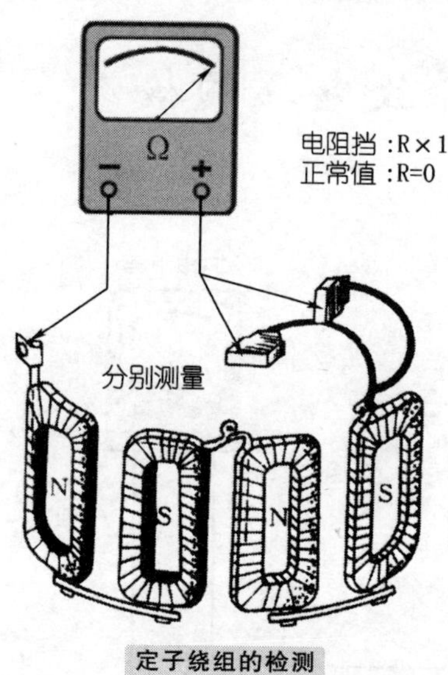

定子绕组的检测

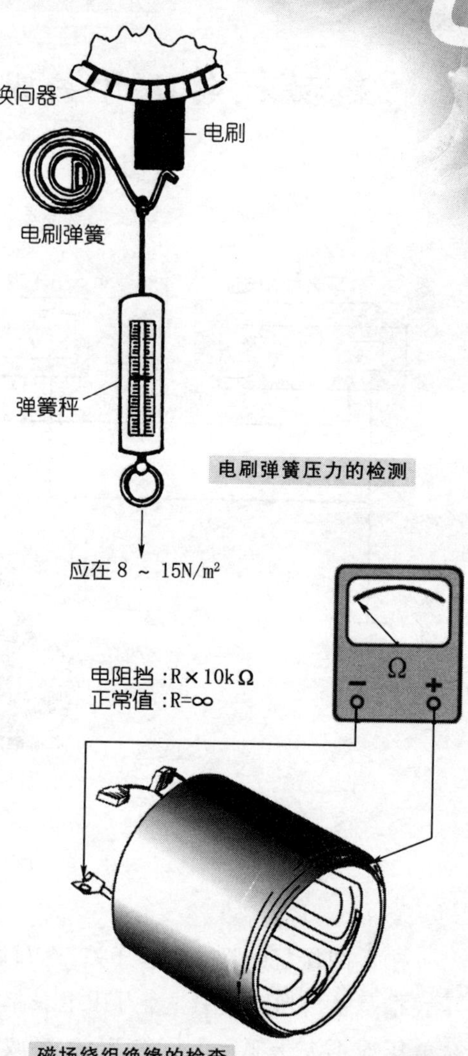

电刷弹簧压力的检测

磁场绕组绝缘的检查

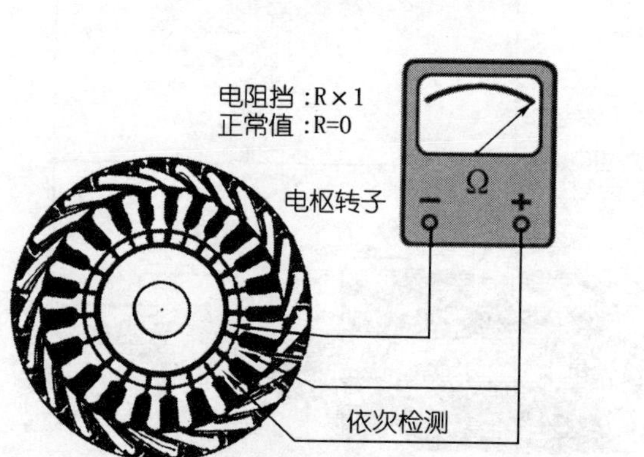

电枢绕组的检查

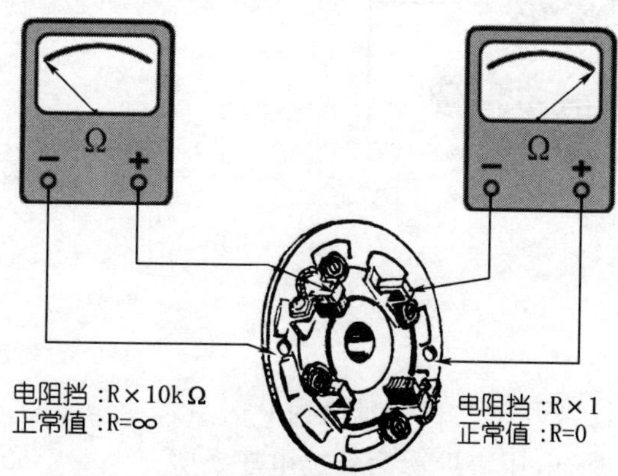

电刷架与后盖的检查

起动机电磁开关吸合及释放电压的检测

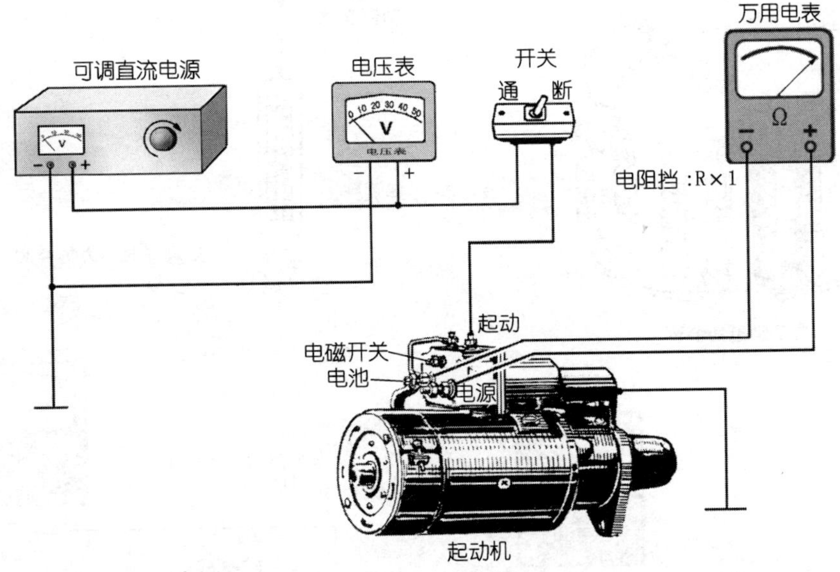

按上图接好线路，接通开关，逐渐调高电压，当万用电表指示值为0时，电压表指示值为吸合电压；当万用电表指示为∞时，电压表指示为释放电压。吸合电压应不大于额定电压的75%；释放电压应不大于额定电压的40%。

点火线圈附加电阻短路开关的检测

按下图接好线路，开关接通时，指示灯应亮。

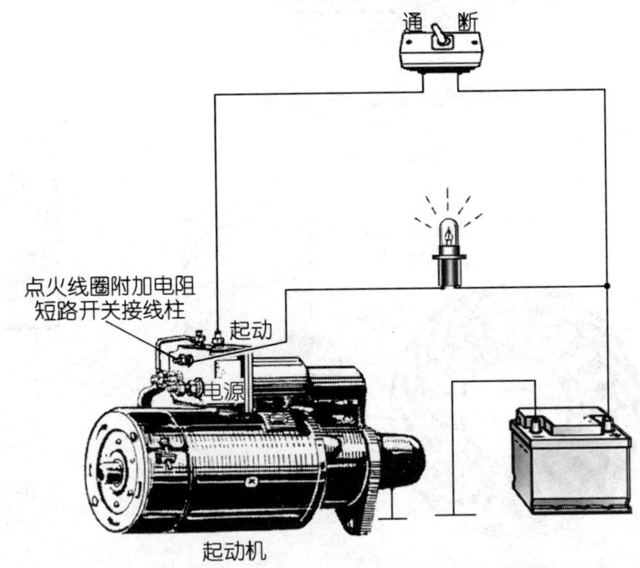

起动机空载和全制动力矩试验

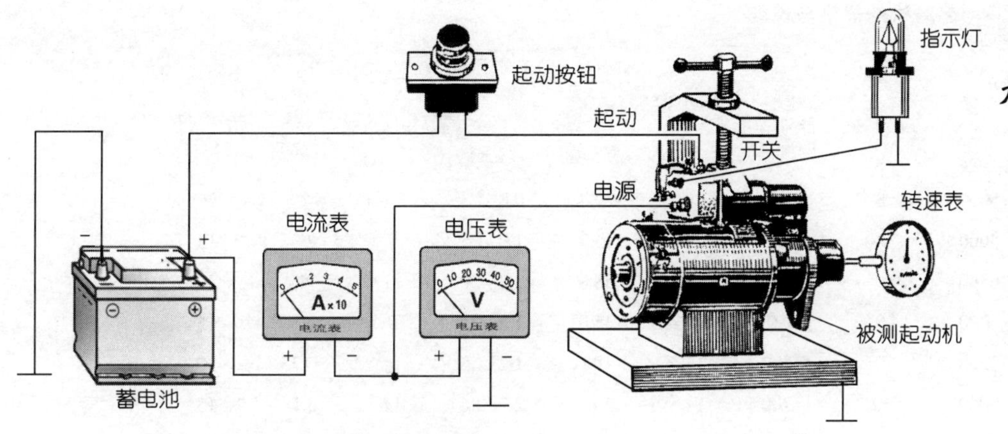

空载试验接线图

试验时，按下起动按钮开关，指示灯亮，转速表指示的转速为空载转速，电流表指示为空载电流。试验结果应符合72页表中标出的技术参数。

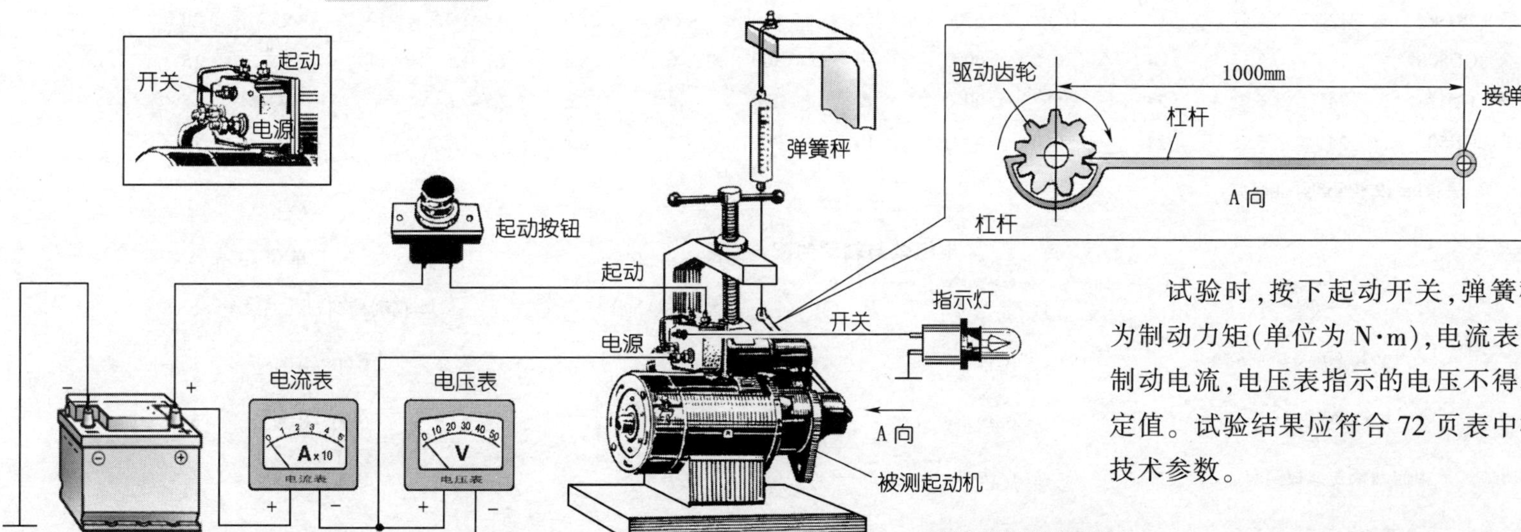

制动力矩试验接线图

试验时，按下起动开关，弹簧秤指示为制动力矩(单位为N·m)，电流表指示为制动电流，电压表指示的电压不得小于规定值。试验结果应符合72页表中标出的技术参数。

起动机的规格与性能

型号	定值		空转特性			全制动特性				电刷弹簧压力	齿轮		
	电压 (V)	功率 (kW)	电压 (V)	电流不大于 (A)	转速不低于 (r/min)	电压不低于 (V)	电流不大于 (A)	力矩不小于 (kgf·m)	力矩不小于 (N·m)	(kgf)	齿数	模数 (mm)	压力角 (°)
QD124	12	1.47	12	90	5000	8	650	3	29.4	0.8~1.3	11	3	20
321	12	1.10	12	100	5000	8	525	1.6	15.7	1.2~1.5	9	2.5	15
ST614	24	5.15	24	80	6500		900	6	58.8	1.2~1.8	11	4	20
318	12	1.32	12	90	5000	8	650	2.6	25.9	1.2~1.5	9	2.5	15
QD26	24	8.09	24	90	3200	9	1800	14.5	142	1.2~1.5	12	3.175	20
QD27E	24	8.09	24	120	6000	12	1700	14.5	142	2.2~2.6	11	3.5	15
ST95A	12	1.47	12	100	6000		640	2.6	25.9	0.8~1.3	11	3.0	20
ST96	12	1.47	12	100	6000		640	2.6	25.9	0.8~1.3	10	3.25	20
QD50K	24	5.15	24	90	6000	10	900	6	58.8	1.2~1.5	11	3	15
QD138	24	6.62	24	100	6000	10	1550	7	68.6	2.2~2.6	9	3	15
QD50C	24	5.15	24	90	6000	10	900	6	58.8	1.2~1.7	13	3	15

注：1kgf=9.80665N（准确值）。

电枢轴与轴承的配合间隙

单位：mm

名称	标准间隙	允许最大间隙	铜套外圆与孔的过盈
前端盖铜套	0.05	0.1	0.005~0.075
后端盖铜套	0.05	0.1	0.005~0.095
中间轴承支撑板铜套	0.15	0.3	0.005~0.095
起动齿轮铜套	0.06	0.15	0.02~0.095

国产常用起动机电枢绕组和磁场绕组数据

起动机型号	磁场绕组				电枢绕组							
	绕组总数	绕组连接法	扁铜线截面积（mm^2）	每个绕组匝数	铁芯槽数	换向器片数	绕组型式	线圈节距	换向器节距	扁铜线截面积（mm^2）	线圈匝数	线圈数
321	4	两串两并	1.25×5.5	7	31	31	波绕	1~9	1~17	1.45×4.4	1	31
318	4	串联	1.81×6.9	5.5	23	23	波绕	1~7	1~13	2.5×4.2	1	23
ST96	4	两串两并	1.81×6.9	6	23	23	波绕	1~12			1	23
QD50	4	两并	1.8×7.5	7	27	27	波绕	1~7	1~14	2.63×5.5	1	27
308	4	串联	1.81×6.9	5.5	23	23	波绕	1~7	1~13	2.5×4.2	1	23
ST614	4	两并	1.45×9.3	10	27	27	波绕	1~7	1~14	2.63×5.5	1	27
ST811	4	两串两并	1×4.5	9.5	37	37	叠绕	1~10	1~2	1.12×2.65	1	37

常用国产起动机电磁开关线圈数据

电磁开关型号	适用起动机型号	保位线圈			吸拉线圈		
		线径(mm)	匝数	电阻(Ω)/20℃时	线径(mm)	匝数	电阻(Ω)/20℃时
384	321	Φ0.83	245±3	0.97	Φ0.9	235±5	0.6
PC811	ST811	Φ0.71	230±5	1.13	Φ0.9	230±8	0.53
PC604	ST614	Φ0.93	230±5	0.6	Φ0.93	230±5	0.8

起动机不转

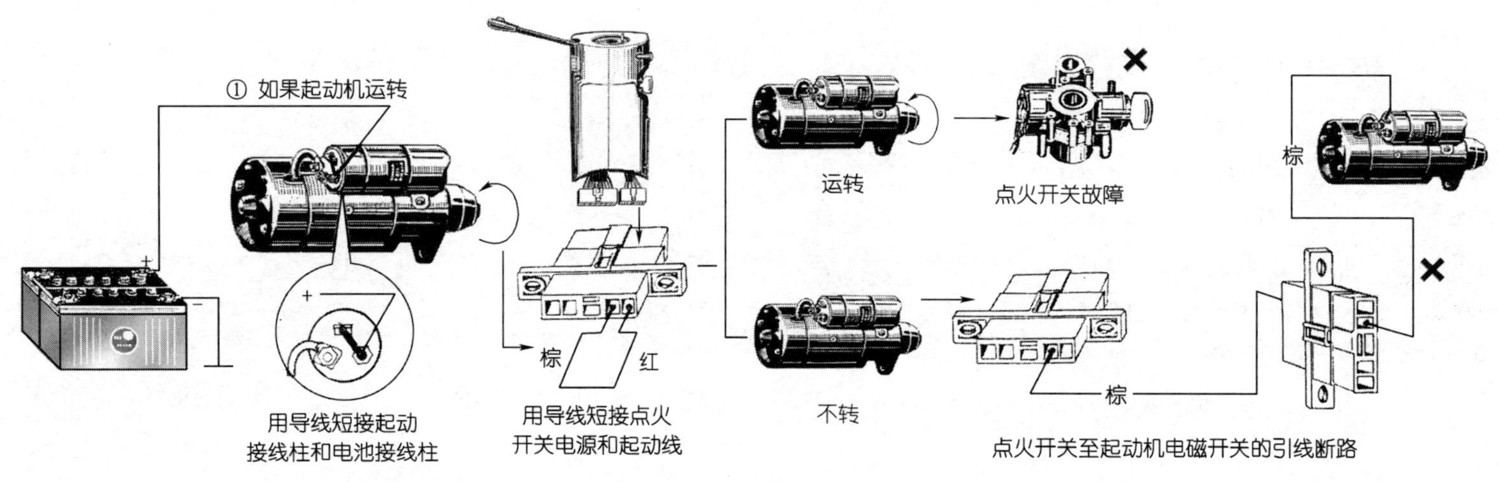
① 如果起动机运转
+
-
+
用导线短接起动
接线柱和电池接线柱
棕
红
用导线短接点火
开关电源和起动线
运转
不转
点火开关故障
棕
棕
点火开关至起动机电磁开关的引线断路

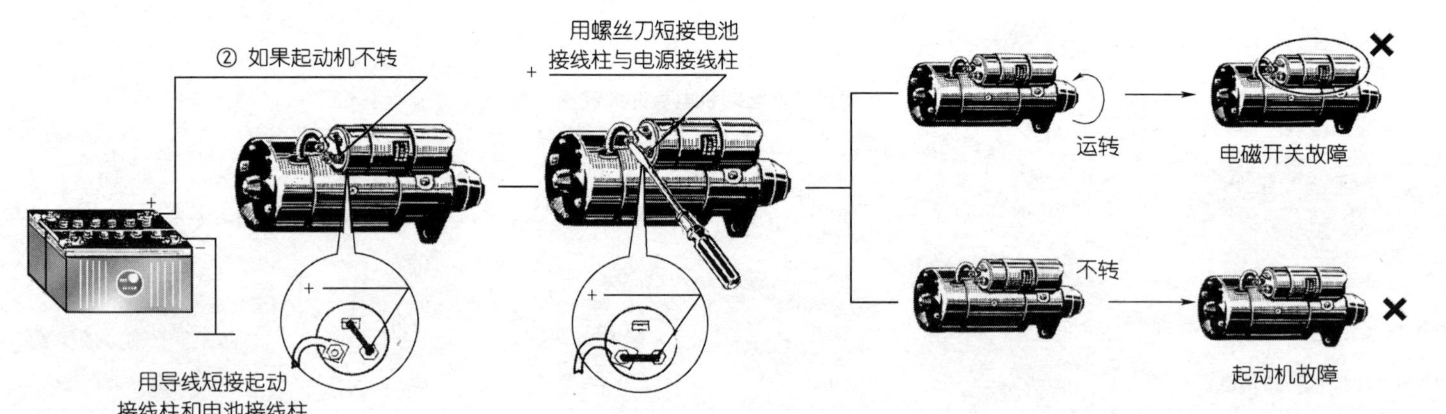
② 如果起动机不转
+
用螺丝刀短接电池
接线柱与电源接线柱
+
+
用导线短接起动
接线柱和电池接线柱
运转
电磁开关故障
不转
起动机故障

起动机电磁开关起动引线烧坏

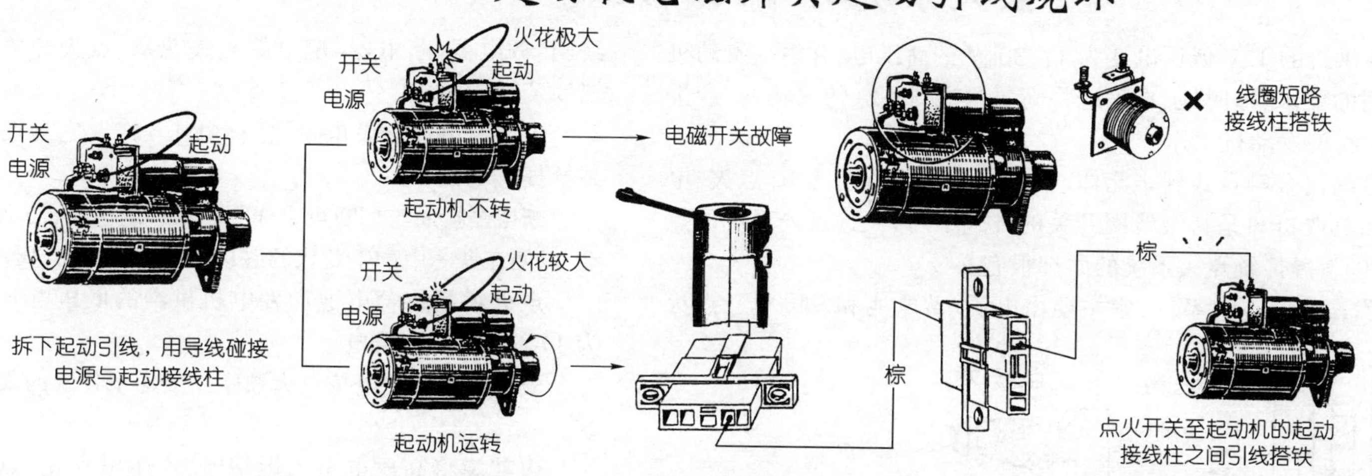

起动机电磁开关有吸合声，但起动机不转

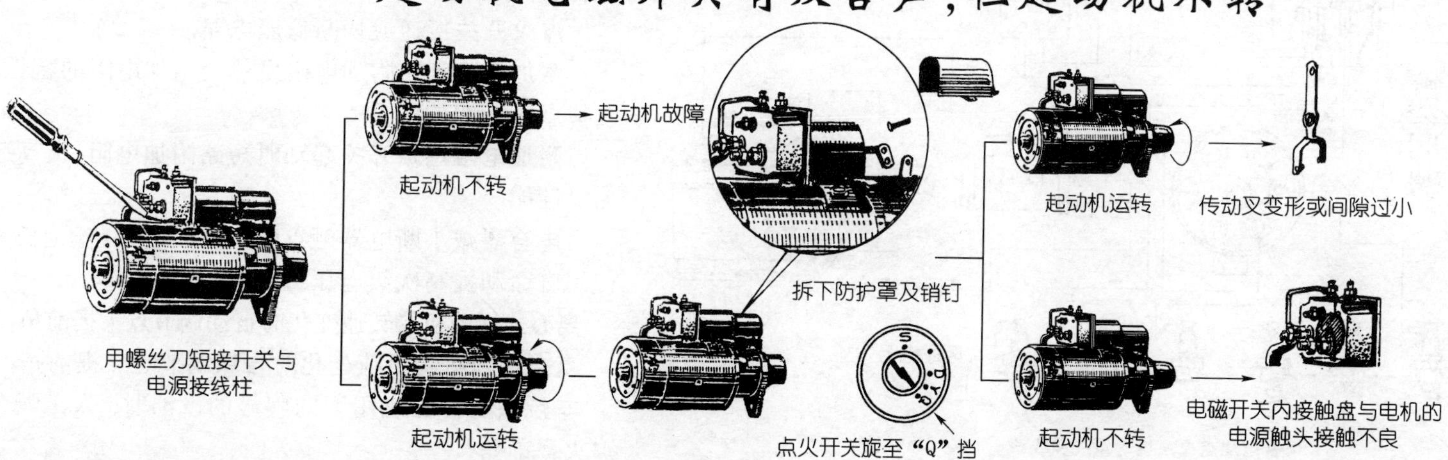

点火系统的作用和组成

点火系统是将电源供给的 12V 低压电变为 17~30kV 的高压电，并根据发动机的工作顺序与点火时间的要求，适时地、准确地将高压电送到各缸的火花塞，产生电火花，点燃可燃混合气，使发动机工作。

点火系统从早期传统白金触点式到半晶体、全晶体式以及目前的 IC 点火、电脑点火，形式虽多，然而其改进只是初级线圈开关的方式不同而已，点火系统的点火原理并没有改变，所以掌握传统点火系统的原理很有必要。

传统点火系统又称蓄电池点火系统，它主要由电源（蓄电池和发电机）、点火线圈、分电器（断电器–配电器）、火花塞、点火开关及辅助装置等组成。

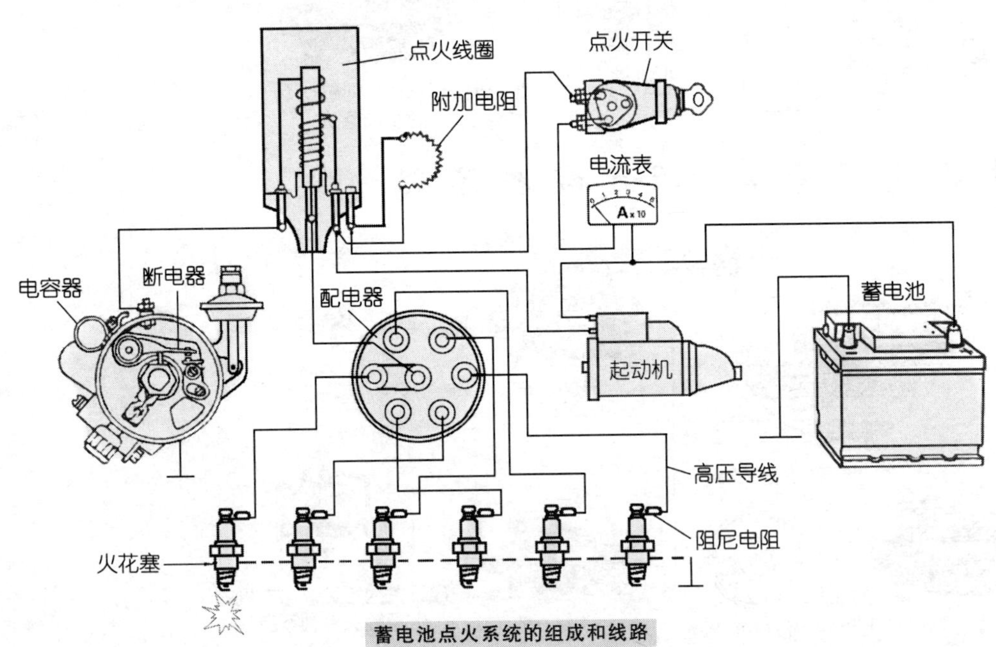

蓄电池点火系统的组成和线路

电源蓄电池和发电机，标称电压 12V。它为点火系统提供电能。

断电器接通与切断点火线圈初级绕组电流，使之脉动，以便在铁芯中产生变化的磁场，供次级绕组升压。

点火线圈将蓄电池和发电机供给的低压电升变为 17~30kV 的高压电。

配电器将高压电按点火顺序，配送至各缸的火花塞。

火花塞将高压电引入燃烧室，产生电火花，点燃可燃混合气。

点火开关接通或切断低压电路。

附加电阻利用附加电阻发热会增加电阻的特性，改善点火特性。

附加电阻短路开关起动时短路附加电阻，提高起动机性能。

电容器减小断电器触点断开时的电火花，延长其使用寿命和提高次级电压。

离心式提前机构转速变化时自动调节点火提前角。

真空提前机构负荷变化时自动调节点火提前角。

辛烷值选择器燃用不同牌号的汽油时，人工调节点火提前角。

点火系统工作原理

传统点火方式工作原理断电器触点闭合时，初级线圈即通电，完成充磁，形成低压线路。(左上图)断电器触点张开时，次级线圈感应出高压电，形成高压线路(左下图)，使火花塞点火。

电子点火系统也称为半导体点火系统，是利用半导体器件的开关作用接通和切断初级电流。目前应用广泛的有无触点电子点火系统，其信号发生器有**磁感应式、霍尔效应式、光电式**，或将整个传感线圈与开关晶体管制成一体成为**IC 点火模块**。其中磁感应式、霍尔效应式应用最多。

触点闭合时形成低压线路

触点张开时形成高压线路，使火花塞点火

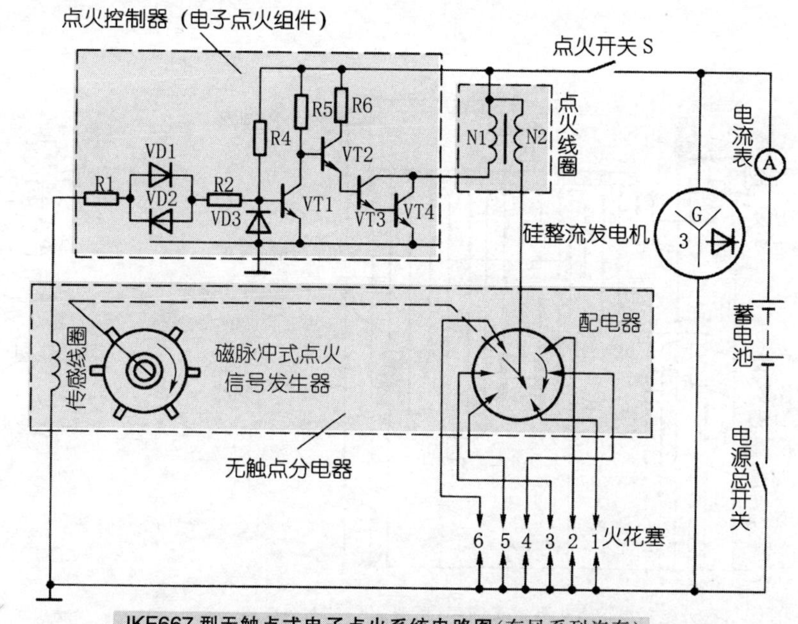

JKF667 型无触点式电子点火系统电路图(东风系列汽车)

有分电器式电脑控制点火系统

电控点火系统可分为**有分电器式电控点火系统**和**无分电器式电控点火系统**两大类。

有分电器式电控点火系统或称非直接电子点火系统，其特点是，利用微电脑根据发动机不同工况向电子点火控制装置发出点火指令，切断初级线路电源，点火线圈次级产生高压电，经过分电器的配电器进行分配，按发动机的点火顺序将高压电分配到各个汽缸，使各缸火花塞依次跳火点燃混合气。缺点：有分电器点火系统工作时，分火头与分电器盖之间有一定间隙，高压电跳过这个间隙要产生火花，该火花的产生要消耗电能，又会对电路产生干扰。

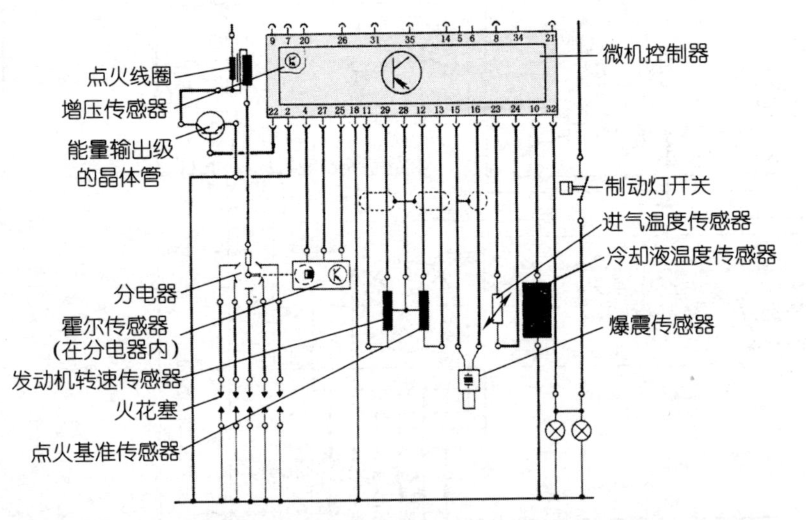

有分电器电控点火系统实例-1(奥迪 200 型轿车)

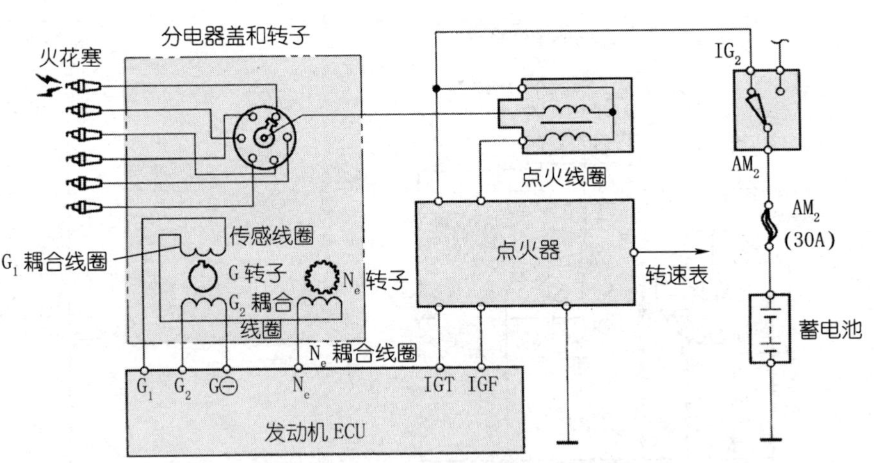

有分电器电控点火系统实例-2(丰田皇冠轿车)

无分电器式电脑控制点火系统

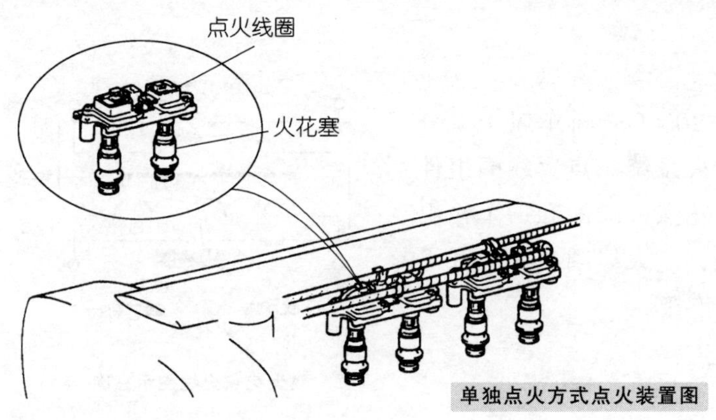

单独点火方式点火装置图

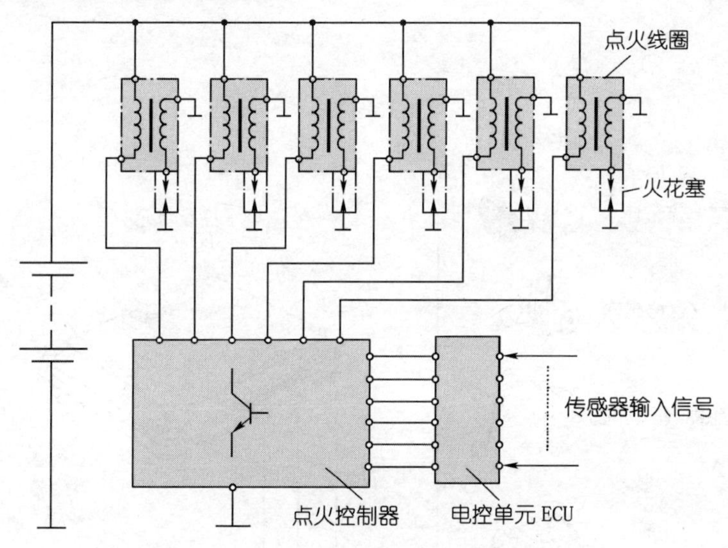

单独点火式无分电器点火系统示意图

无分电器式电控点火系统主要由点火控制器、点火线圈、火花塞及高压线等构成。如每个火花塞单独配置一个点火线圈，则会省去高压线，减少能量的损耗。

无分电器电控点火系统点火线圈上的高压线直接与火花塞相连，不再需要分电器。发动机工作时，电脑(ECU)根据曲轴位置传感器、凸轮轴位置传感器、节气门位置传感器和水温传感器等，检测的发动机转速、转角、负荷和温度等信号计算点火时刻和初级线圈通电时间，并将计算结果输送到点火控制器，由点火控制器直接控制点火线圈初级电流的接通与断开。点火线圈产生的高压直接输送到各缸火花塞产生电火花点燃混合气。

无分电器电控点火系统的点火方式可分为独立点火方式(右上图)和两缸同时点火方式(右下图)两种。

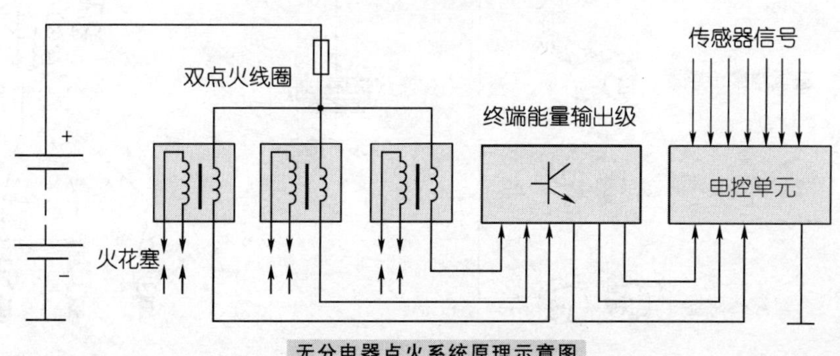

无分电器点火系统原理示意图

无分电器电脑点火系统实例（1）

桑塔纳 2000GSi 轿车属于无分电器电脑点火系统。点火线圈组件由两个双火花点火线圈和一个输出驱动级组成，点火线圈与火花塞之间用高压线连接。

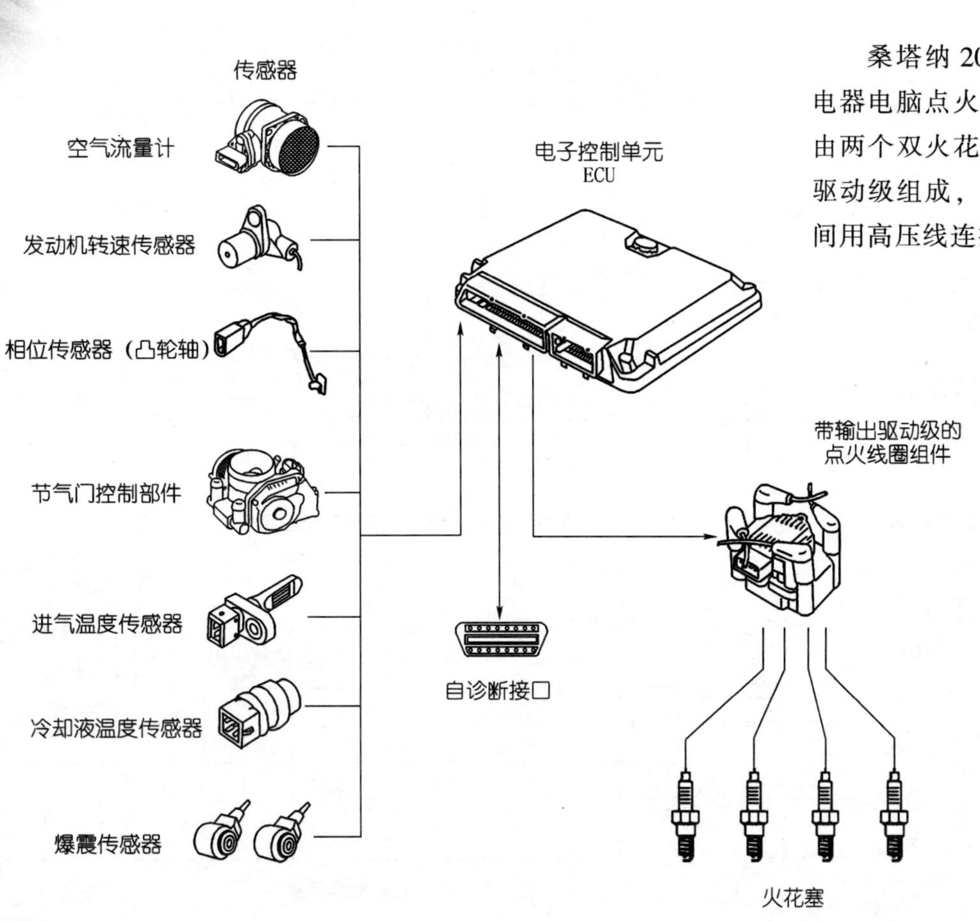

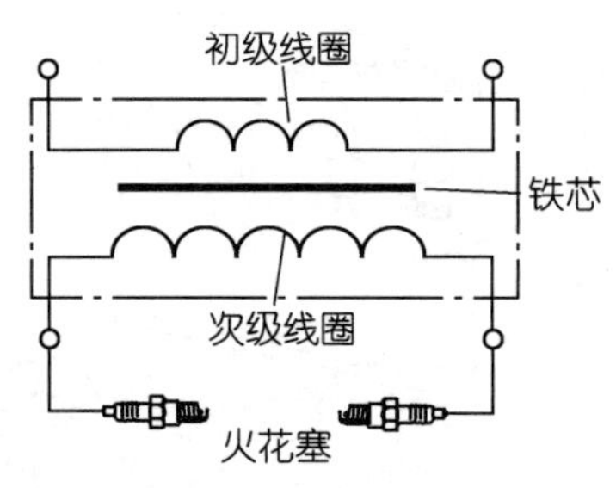

双火花点火线圈示意图

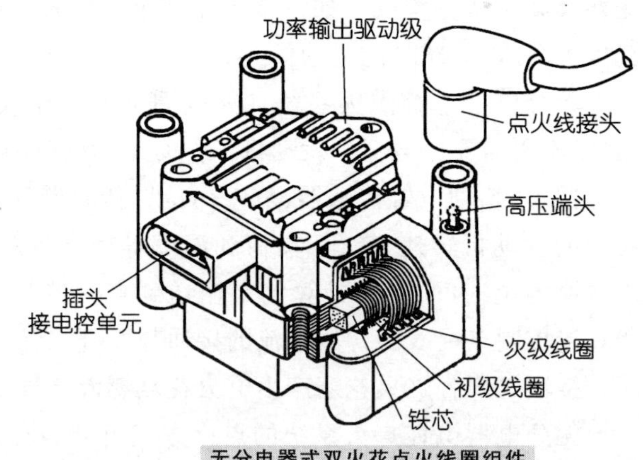

无分电器式双火花点火线圈组件

（含两个点火线圈和一个输出驱动级/桑塔纳 2000GSi 轿车）

无分电器电脑点火系统实例(2)

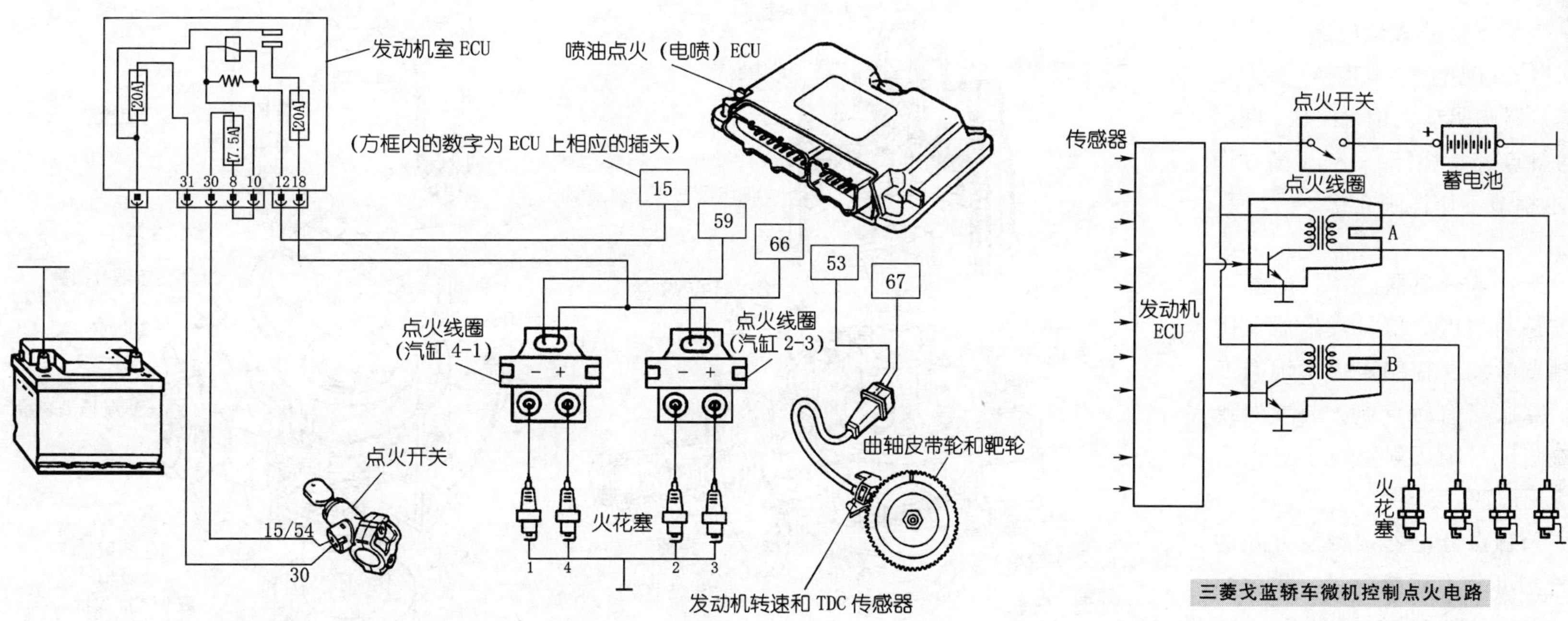

三菱戈蓝轿车微机控制点火电路

派力奥汽车发动机的无分电器电脑点火系统,有两个独立的双火花点火线圈(装在一个容器内),即一个点火线圈负责两个汽缸同时点火。右图为三菱戈蓝轿车微机控制点火系统电路,是采用内装功率晶体管的双火花点火线圈。

有触点和无触点式分电器的结构

有触点机械式分电器（左图）由断电器、配电器、电容器、点火提前调节器和驱动机构等组成。断电器的触点容易烧坏，目前逐渐被淘汰，本章节不作详细介绍。

无触点分电器（右图）的基本特点是利用点火信号发生器来代替触点触发和控制点火系统的工作，克服了有触点点火装置的致命缺陷。目前无触点电子点火系统应用广泛。

无触点分电器按触发方式的不同，可分为磁感应式（磁脉冲式）、光电式和霍尔效应式几种。目前使用较广的是磁感应式和霍尔效应式。美国和日本生产的汽车多用磁感应式电子点火系，德国及西欧其他国家则多用霍尔效应式。

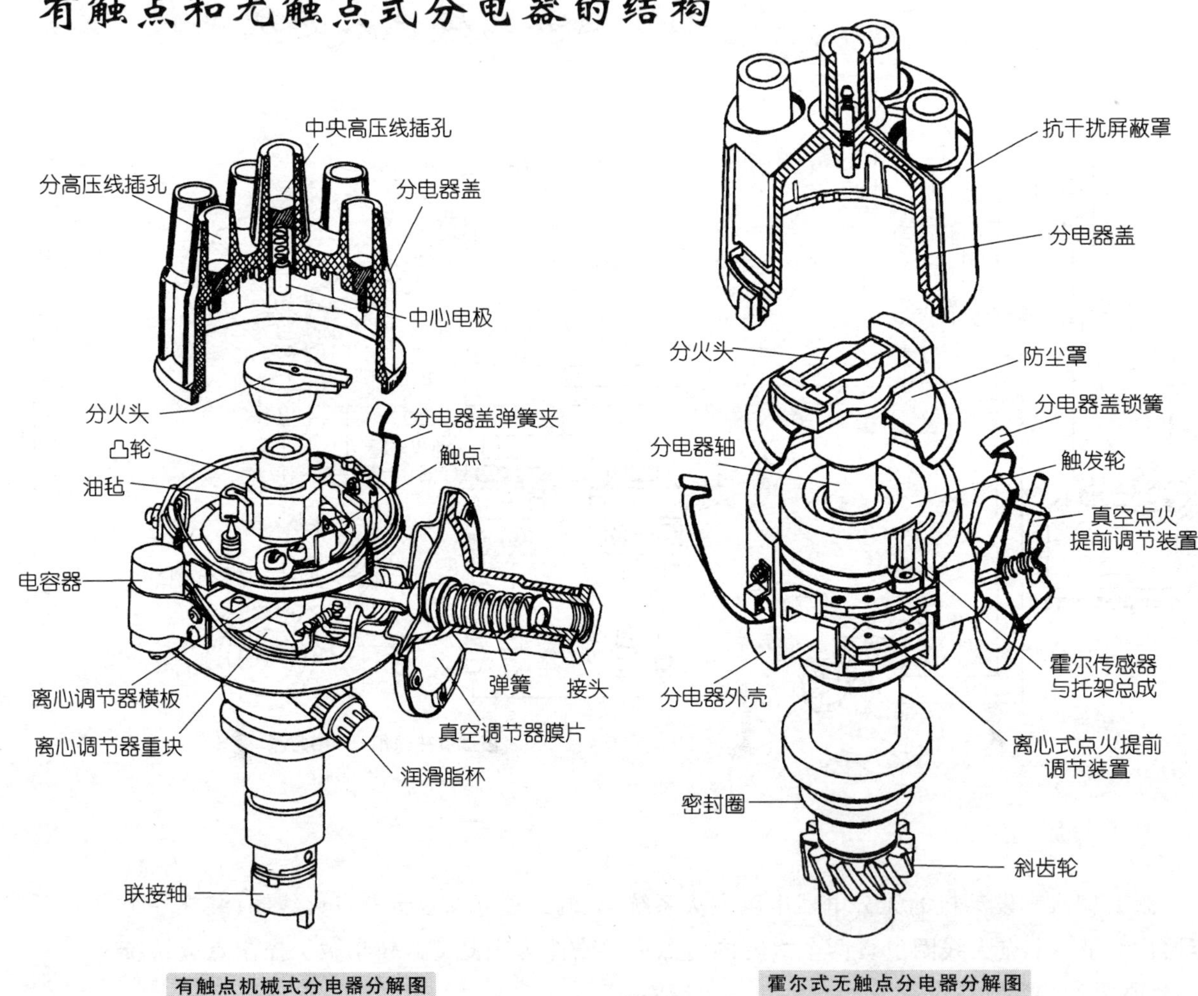

有触点机械式分电器分解图

霍尔式无触点分电器分解图

信 号 发 生 器

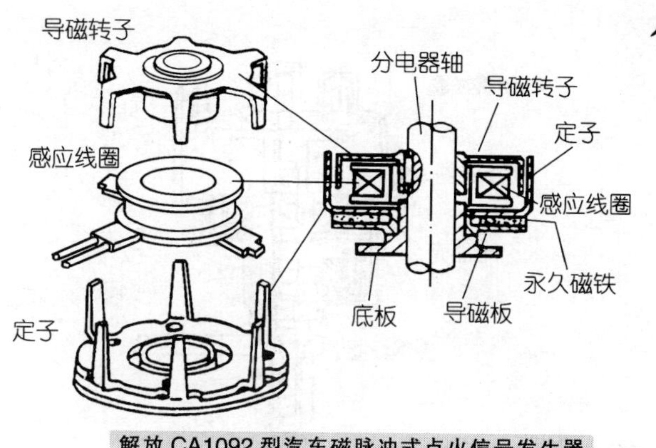

解放 CA1092 型汽车磁脉冲式点火信号发生器

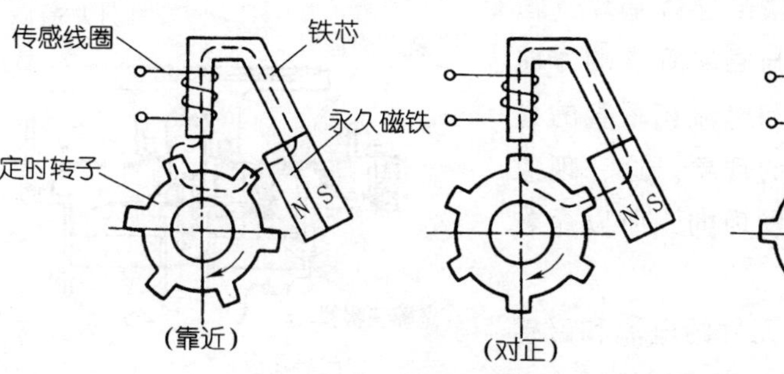

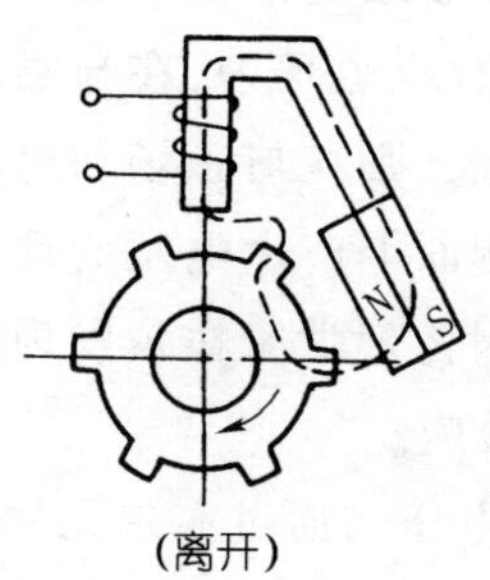

磁脉冲式传感器的组成及磁路

磁感应式点火信号发生器（上图）导磁转子转动时，由于其叶片的作用使导磁转子与导磁铁芯之间的气隙发生变化，磁路的磁阻随之改变，导致通过感应线圈的磁通量发生变化，感应线圈就产生了与发动机曲轴位置相对应的感应电压信号。

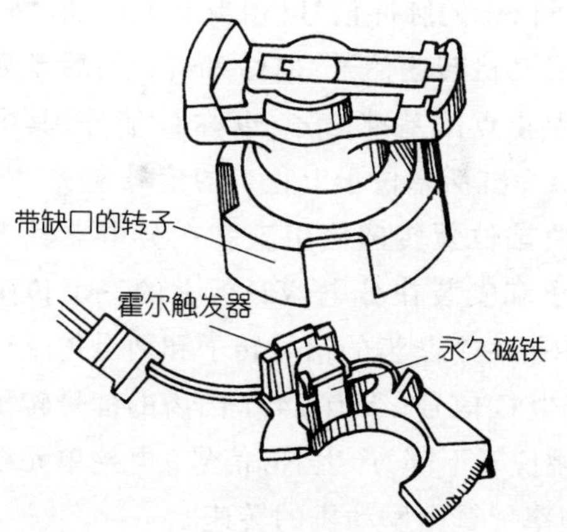

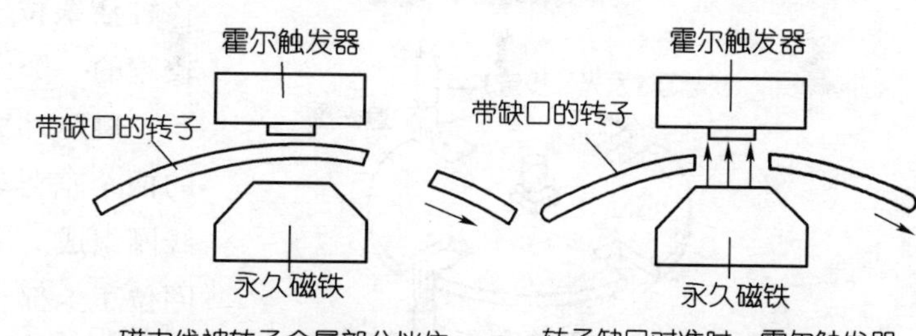

磁力线被转子金属部分挡住，霍尔触发器没有电压信号。

转子缺口对准时，霍尔触发器能产生霍尔电压信号。

霍尔发生器的工作原理如下图所示。触发叶轮旋转时，每当叶片进入永久磁铁与霍尔元件之间的空气隙时，磁场便被触发叶轮的叶片挡住（隔磁），而不能作用于霍尔元件上，因此不产生霍尔电压。而当触发叶轮的缺口对准永久磁铁和霍尔触发器时，永久磁铁的磁通便可作用于霍尔元件上，这时便产生霍尔电压。通过电路的控制，无霍尔信号时，初级线圈接通；有霍尔信号时，初级电流切断，次级线圈产生高压电，火花塞即点火。

曲轴位置传感器

霍尔效应是指把一块半导体基片（霍尔元件）放在磁场中，在与磁场垂直的方向通以电流，则在与磁场和电流相垂直的另一横向侧面上产生电压的现象。这一现象是由美国物理学家霍尔发现的，所以命名为霍尔效应。

霍尔电压与通过霍尔元件的电流和磁感应强度成正比，与基片的厚度成反比。

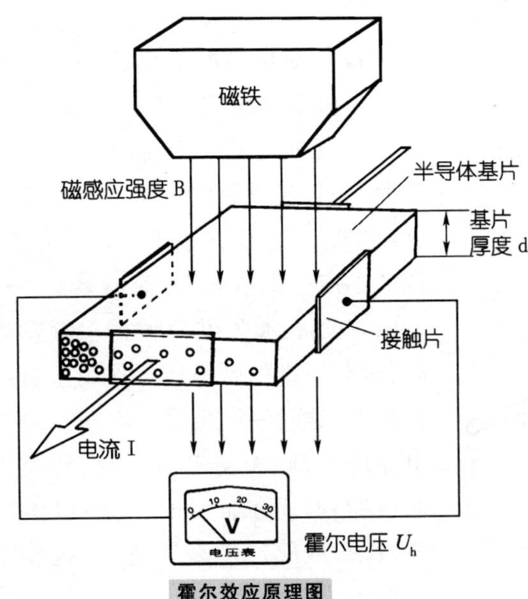

霍尔效应原理图

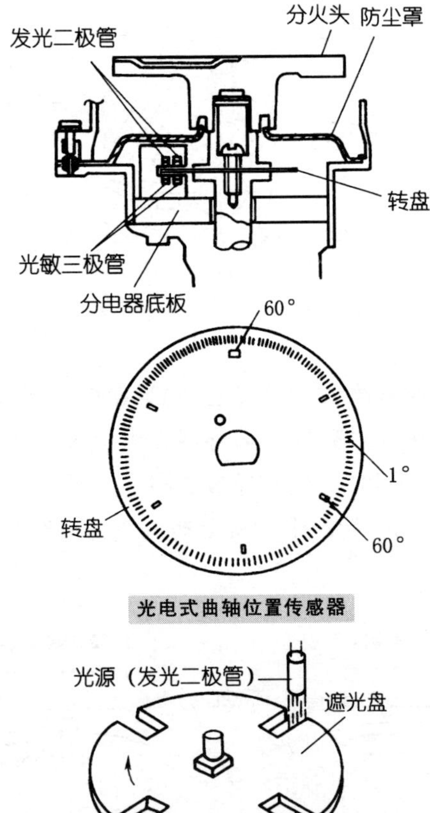

光电式曲轴位置传感器

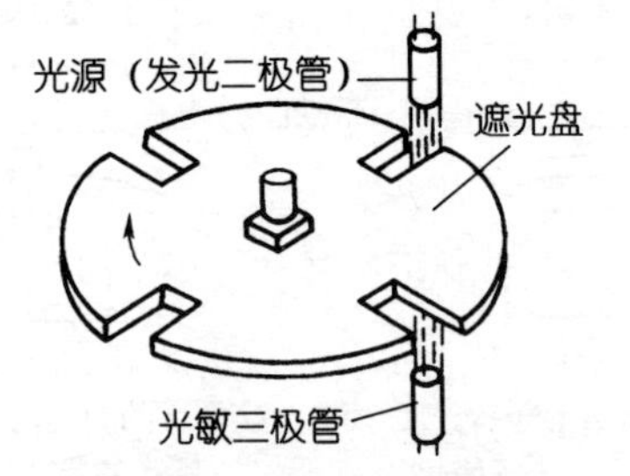

光电效应传感器组成及原理

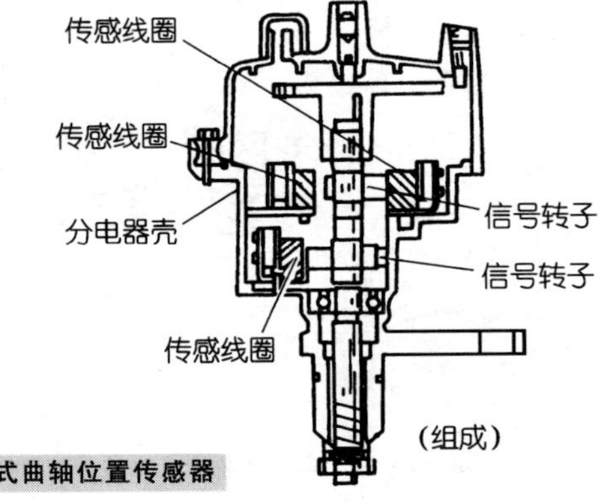

磁脉冲式曲轴位置传感器

光电式曲轴位置传感器由发光二极管、光敏三极管、转盘等组成，并安装在分电器底板上。分电器每转一转，能输出 360 个相间 1°脉冲信号（相当于 2°曲轴转角）和 6 个相间 60°的脉冲信号（相当于 120°曲轴转角）。前者作为发动机转速信号，也称 Ne 信号；后者为各缸活塞位于上止点的基准信号，也称 G 信号，其中较宽的一个为第一缸活塞位于上止点的信号。

磁脉冲式曲轴位置传感器由安装在分电器轴上的两个信号转子和安装在分电器底板上的三个传感线圈组成。其中带一个凸齿的信号转子和两个传感线圈位于上部，产生 G 信号。带有 24 个凸齿的信号转子和一个传感线圈位于下部，产生 Ne 信号。电控单元根据 Ne 信号的频率计算出发动机的转速。

分电器故障检修

1 分电器轴及轴套配合间隙检查

千分表测量方法如右上图所示，沿触针的轴线方向前后拉动分电器轴（箭头方向），如测得指针摆差大于0.14mm（进口车为0.1mm）时，应修复已磨损的轴或更换衬套。

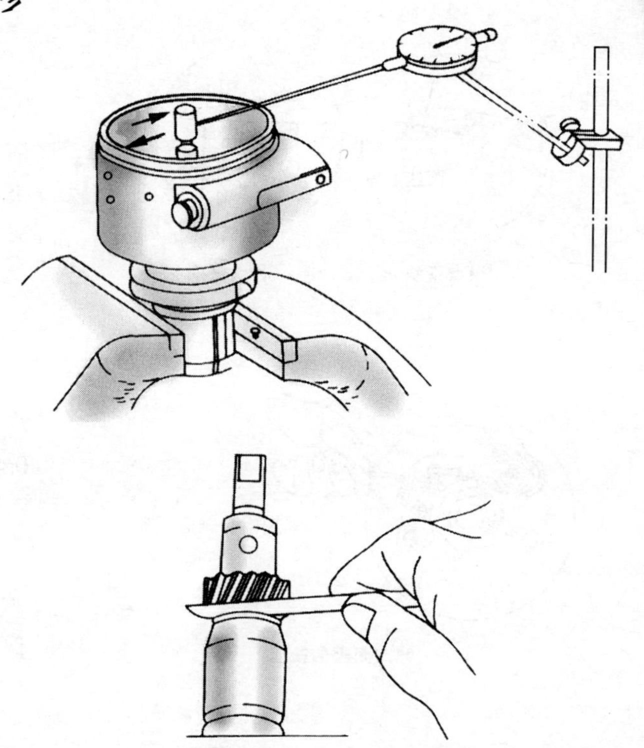

2 分电器轴磨损后的修理

分电器轴磨损后，可通过镀硬铬或多孔铬，再磨至标准尺寸。若更换新轴，新轴与衬套配合段必须淬火处理。分电器轴的衬套磨损后，应配制新衬套。一般采用锡青铜棒料车制。衬套与分电器壳体之间的过盈量应在0.025~0.05mm之间。压入衬套后，应铰削内孔，以保证轴与轴套的配合间隙。

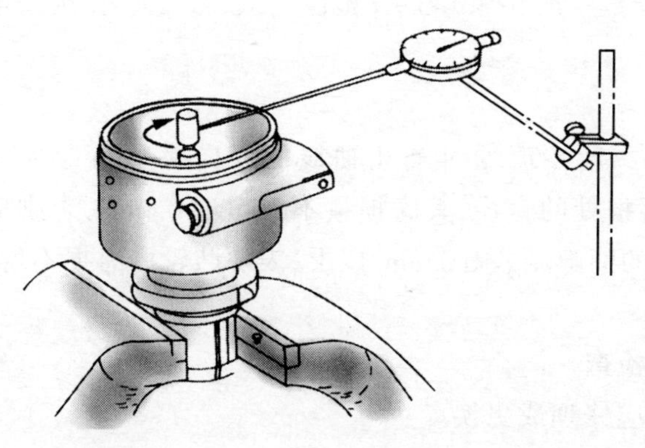

3 轴弯曲度检查

千分表测量方法按左图所示，转动分电器轴，摆差应不大于0.05mm，超过应校正或更换。

4 轴向间隙检查

检查时，将分电器外壳固定，用厚薄规测量联轴器或传动齿轮与分电器壳接触面的间隙，一般应在约0.15~0.5mm之间。如超出标准，可加垫片以保证间隙的正确。

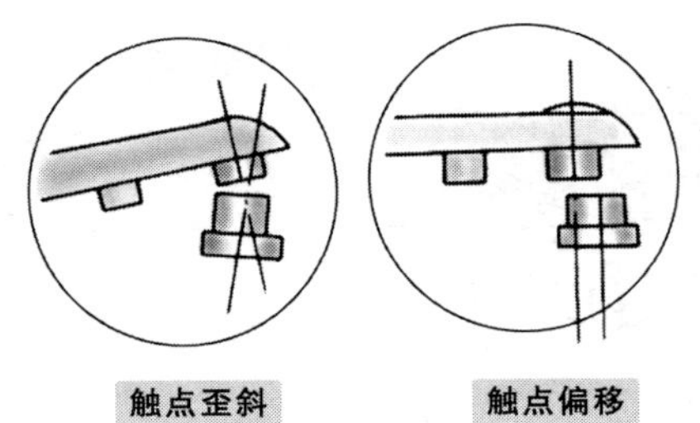
触点歪斜　　触点偏移

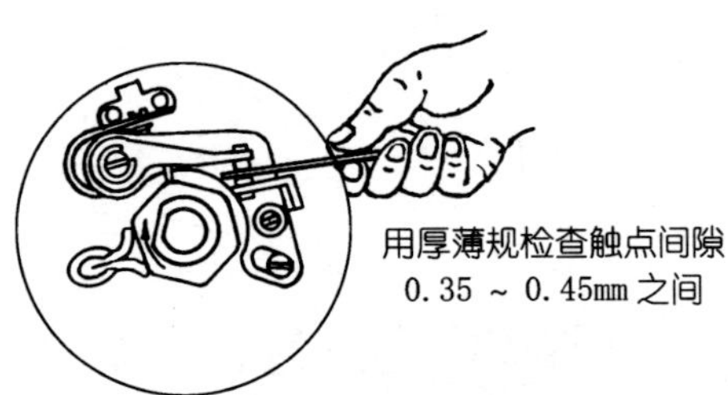

触点间隙的检查

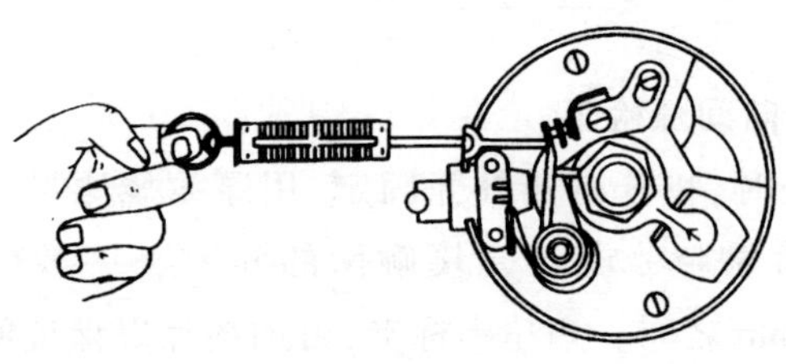

5 断电器触点检修

断电器触点应平整光洁，接触面积要大，触点厚度不应小于 0.5mm。当厚度大于 0.5mm 而有轻微烧蚀时，可用“00”号砂布磨光。如果烧蚀严重或表面凹凸不平严重，应拆下触点，并在细油石上加少许机油磨平。若触点厚度小于 0.5mm 时，应更换。断电器两触点的中心线应重合，不可歪斜，偏移不得超过 0.2mm，如左上图所示。上下有偏移，可通过调整活动触点臂上下垫圈来修正；若左右有偏移，可用钳子夹住固定触点架进行校正。

6 断电器触点间隙检查

断电器触点串联在低压电路中，触点闭合时，低压电流一般可达到 3~5A。若触点间隙过大或过小都会影响点火效果。国产汽车的最佳触点间隙一般为 0.35~0.45mm。（左中图）

7 断电器触点臂张簧张力的检查

在触点闭合时，用弹簧秤的挂钩钩住活动触点的尖端，沿着触点的轴向拉动弹簧秤，触点刚刚断开时的弹簧张力读数一般在 4.9~6.9N 范围内。若张力过小，则需重换触点臂弹簧。

8 分电器凸轮检查

分电器凸轮的工作面应光洁，且各顶端对轴孔轴线的径向跳动不应大于 0.03mm。用游标长尺测量各对角磨损处的直径，其磨损量不得超过 0.4mm，否则应更换凸轮。如果各个凸角顶开触点的间隙相差 0.05mm 以上，表明凸轮已磨损不均，也应更换。

9 分电器凸轮与轴的配合间隙检查

间隙不应大于 0.03mm，若超过应修理或更换。

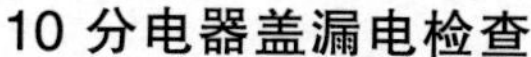

10 分电器盖漏电检查

分电器盖损坏常引起分电器盖漏电。当分电器出现漏电时，轻者会使发动机出现断火、错火现象，重者会使发动机无法起动。

□ 直观检查

细心察看分电器外壳及分电器盖内各导电柱间有无裂缝、缺损等。如有以上情况，均应更换。

□ 用万用表检查

万用表调至 R×10k 挡，按下图所示检查中央插孔与各旁电极插孔间的电阻，电阻应不小于 500MΩ。

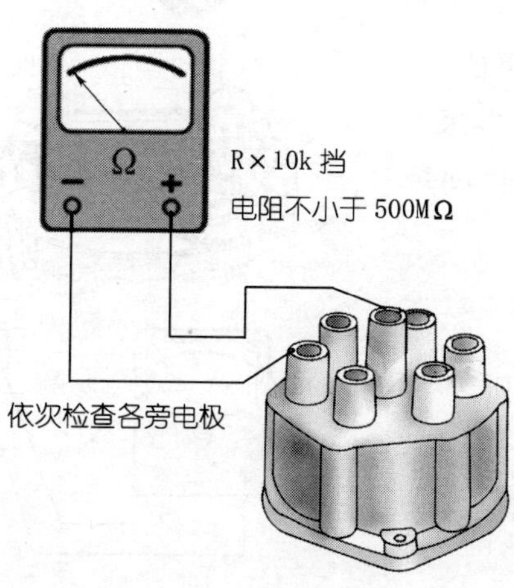

在车跳火漏电检查

3～4mm

汽缸盖

用螺丝刀拨动闭合的触点

/ 按图插好线。
/ 再拨动断电器触点臂。
/ 有火花表示两插孔间漏电。

拔掉分电器盖上的所有高压分线，如上图所示重新插好，再拨动断电器触点臂，看此分线端头与汽缸体之间是否出现火花。若有火花，说明所检查的高压分线插孔之间已被击穿而漏电。依次检查所有分线插孔之间是否漏电。该方法也可检查中央高压线插孔与各高压分线插孔是否有漏电。

电子点火系中的传感器故障

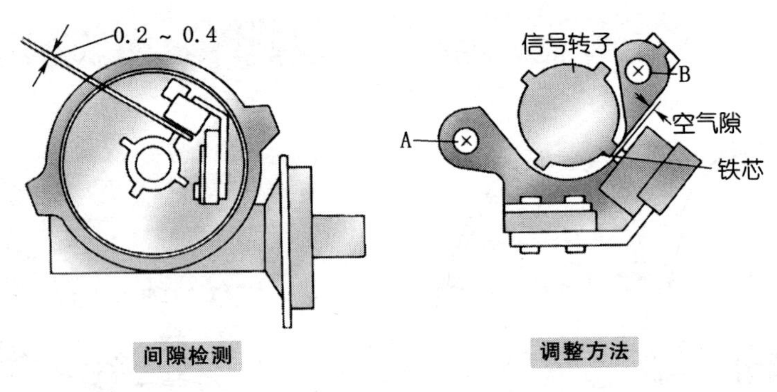

间隙检测　　调整方法

电子点火系中的传感器主要故障有:传感器线圈短路、断路或搭铁,转子凸齿与铁芯间间隙不当等故障。

1 转子凸齿与铁芯间间隙检查

如左图所示，用厚薄规检查转子凸齿与铁芯间间隙约为0.2~0.4mm。可松开螺丝钉A、B调整,直至符合所规定的标准值为止。

2 传感器线圈电阻检测

先把线圈从连接器上拆下来,然后用万用表欧姆挡对其进行测量。各种车型的传感线圈电阻值(一般在几百欧姆)。若测得的电阻值为∞,说明该电路有断路故障,首先检查插接件的焊接处,然后再深入传感线圈内部,察看线圈在何处断路;若测得的电阻值与规定值相比显得过小,则说明传感线圈匝间短路,应进行排除或更换。

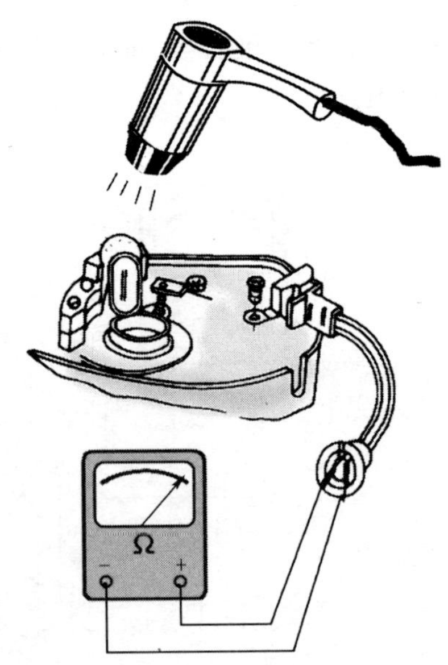

3 传感线圈热稳定性不良检查

对于某些热车后出现的故障,可采用加温法来对传感线圈进行检查,(右图)用电吹风热风对传感线圈进行加热,待线圈发烫后,再用万用表测量传感器线圈的电阻,如与标准电阻值相差太大,说明稳定性不良。另外可用木柄轻轻敲击传感线圈,检查其内部是否松旷,有无间歇性故障等。

分电器电容的检测

1 感觉法 打开分电器盖，转动曲轴使触点闭合，接通点火开关，一手摸电容器外壳，一手拨动触点臂，若感觉麻手，说明电容器已短路。

2 在车检查法 将电容器引线拆下并悬空，点火线圈高压线端头离电容器引线 3~5mm，接通点火开关，用手拨动触点 3~4 次，此时高压线端应有火花，之后将电容器引线与其外壳相碰，出现强烈火花说明电容器良好；若无火花电容器已坏。

3 交流灯检查法 按图所示，若试灯亮，表明电容器已经短路；若试灯不亮或微亮，将试灯移去，再用电容器的引线与其外壳相碰，如有强烈火花表明电容器良好，若无火花或火花很弱，表明电容器已失效。

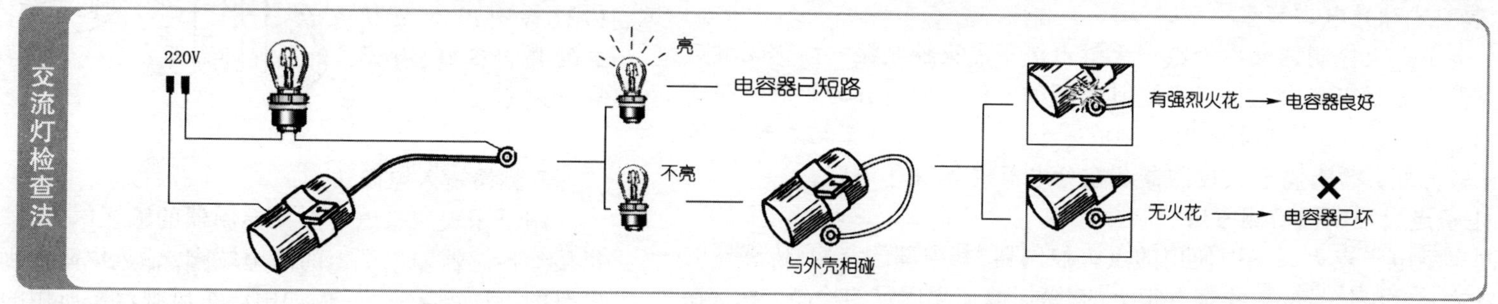

4 氖灯检查法 SA1 拨至 A 挡进行充电，再拨至 B 挡，进行放电，充、放电瞬间，氖灯短时间闪烁，说明电容器良好。若 SA1 开关拨至 A 挡(充电)，氖灯不亮，表明电容器断路；若氖灯一直亮，表明电容器短路；若氖灯每隔 1~2s 闪亮一次，表明电容器漏电。

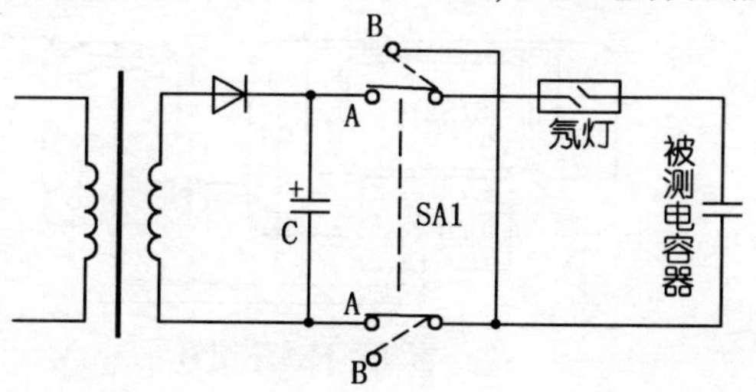

5 电容器容量的检测 为防电容器短路而损坏电流表，测量时把可变电阻调至最大，然后再接通电源，电流表指示正常，再逐渐减小电阻直至为零。根据电压表和电流表的读数，根据以下公式计算出电容量：

$$C=\frac{I\times10^6}{2\pi fU}(\mu F)$$

C——电容器的电容量，μF；

U——交流电源电压，V；

I——电流值，A；

f——交流电源频率，50Hz

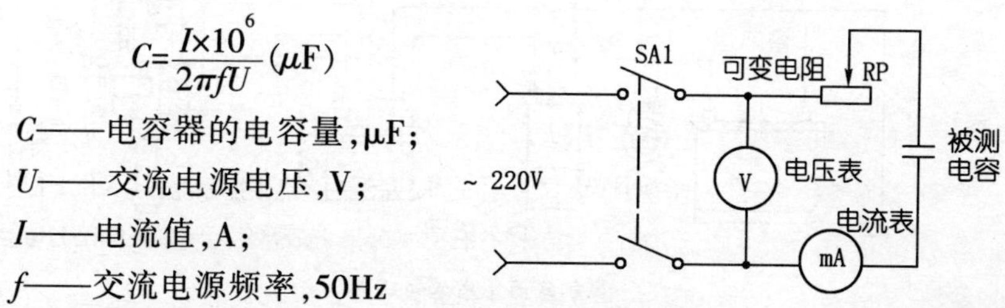

汽车点火系统用电子点火控制器的检测

■ 电子点火控制器的作用和类型

在汽车点火系统中，电子点火控制器用来将传感器输入的交变信号脉冲进行整形、放大，转变为点火控制信号，经开关型大功率晶体三极管放大后控制点火线圈初级绕组的通、断和点火系统的工作。

电子点火控制器输入信号的传感器，根据其型式的不同可分为磁脉冲式、霍尔效应式和光电式等多种型式。

汽车电子点火控制器又称为汽车无触点电子点火控制器（简称无触点电子点火器或无触点点火组件），根据其使用的元件不同可分为集成电路式和分立元器件式。点火控制器一般是制成一个组件并有插接头与之连接，拆卸检测比较方便。也有将点火控制器装在分电器内，简化了电路。

■ 电子点火控制器检测方法

不同车型电子点火系统中使用的点火控制器，其内部的结构、传感器的类型以及输入输出信号的形式都有很大的差别，故而无固定的检测方法。在进行故障检测之前，应弄清点火电路中的接线方法及各引脚的作用，还应弄清它配用传感器的型式，如磁脉冲式传感器，霍尔效应式传感器等。

检测方法大致可分为以下几种。

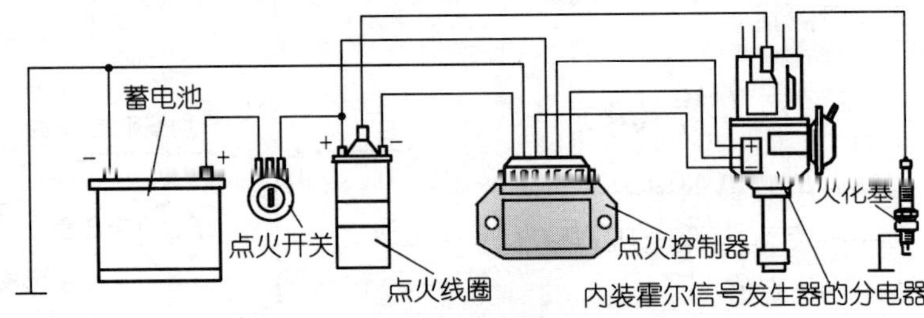

霍尔式电子点火系统图

1 外观检查法

将电子点火控制器拆下后，松开连接线或插接器，仔细检查各引出端及其导线是否良好，有无异常现象。

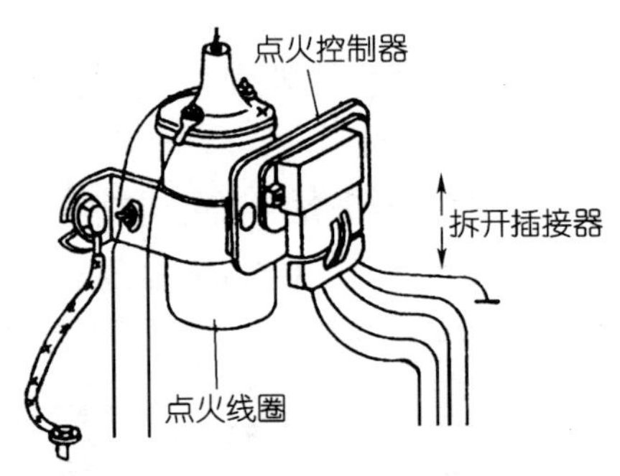

2 测量输入电阻法

用万用表测量电子点火控制器的输入电阻，输入端是指接到传感器输出端上的两个端脚。输入电阻值因点火器电路的不同而不一样。例如国产东风牌汽车所用的JKF型晶体管点火控制器，输入等效电阻为3kΩ。检测时，若电阻值很大，应检查各接插件的焊点是否良好，其屏蔽线有无断路；若电阻值过小，应检查电路各个部分，尽快判明是因某处搭铁还是电子元器件被击穿损坏而造成短路。

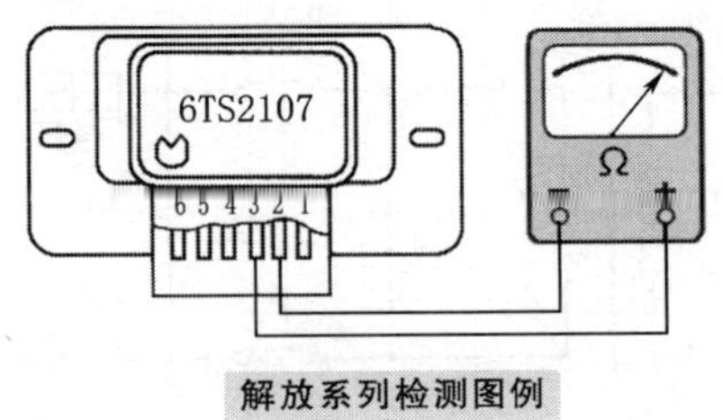

解放系列检测图例

3 用干电池检查法

例 1 用干电池检查解放、丰田系列电子点火控制器

丰田、解放系列汽车上使用的是磁脉冲式电子点火装置。两大系列汽车电子点火控制器用干电池检测其好坏的方法基本相同。以解放汽车为例，其点火装置中的点火控制器型号为6TS2017，其内电路结构及外接点火电路如图所示。

6TS2017有6个引出脚，其中①脚(黑线)接电源负极(搭铁)；②(粉红色线)；③(白线)脚为传感器信号输入端；④脚未使用；⑤脚(红白色线)为正电源电压输入端；⑥脚(绿色线)接点火线圈“–”端。

按图1所示接好干电池，然后用万用表电压挡测量点火线圈初级绕组下端的负接线柱与搭铁之间的电压，此值应为1.2V；

按图2接线(干电池正、负极颠倒过来)再测量点火线圈初级绕组负端与搭铁之间的电压，其值应为12V。

若检测结果不符合上述标准，则说明所测电子点火控制器有故障，应进一步检修或更换。

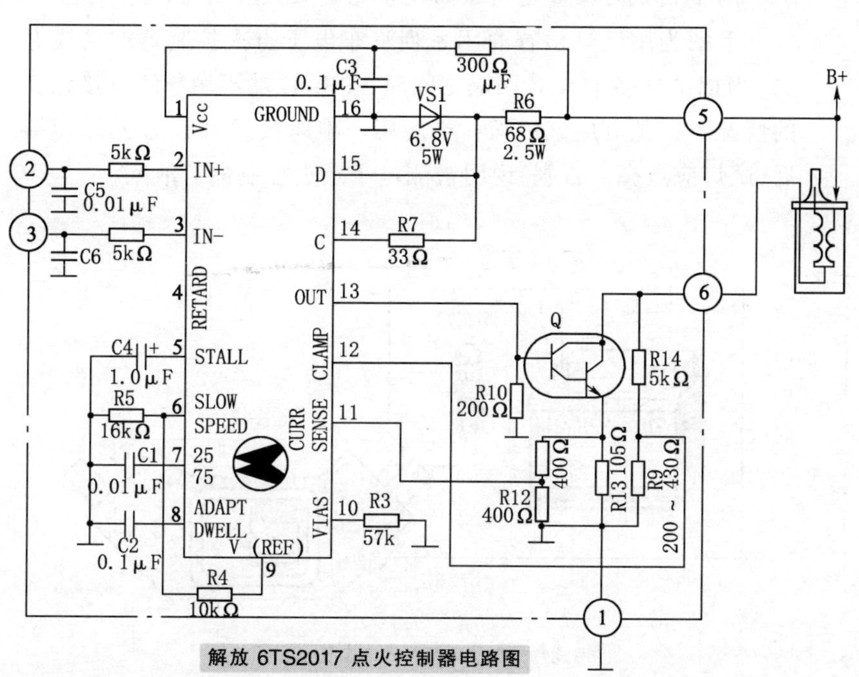

解放 6TS2017 点火控制器电路图

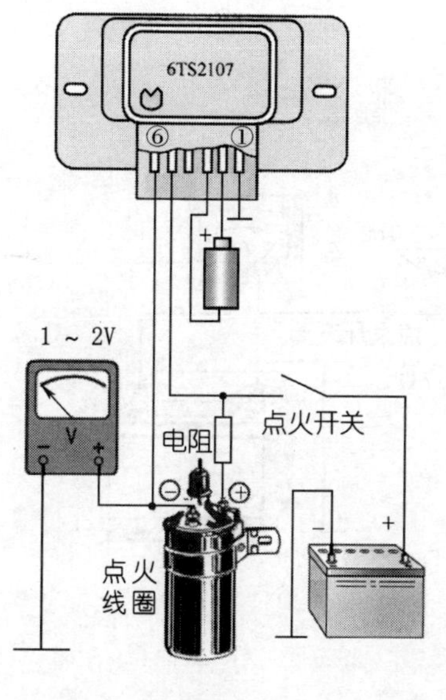

图 1

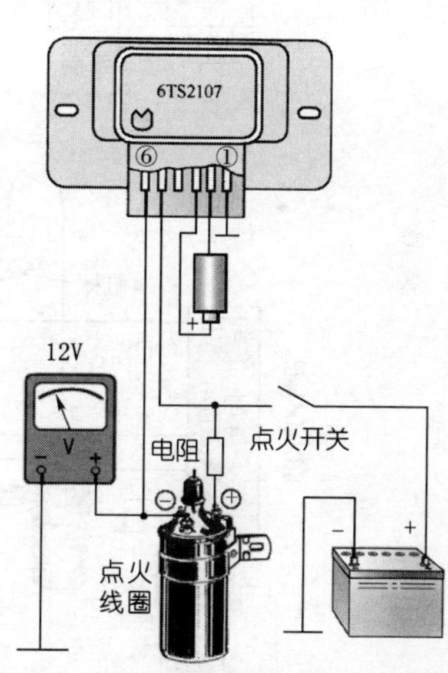

图 2

例 2 用干电池检查三菱系列汽车电子点火控制器

将干电池的正极接搭铁，负极接点火控制器白色引线，并按左图所示的方法接好点火线圈，将点火线圈中央高压线端距离汽缸体 5~10mm。在接通点火开关后，高压线端有火花放电，若无火花，则说明被测电子点火控制器有故障。

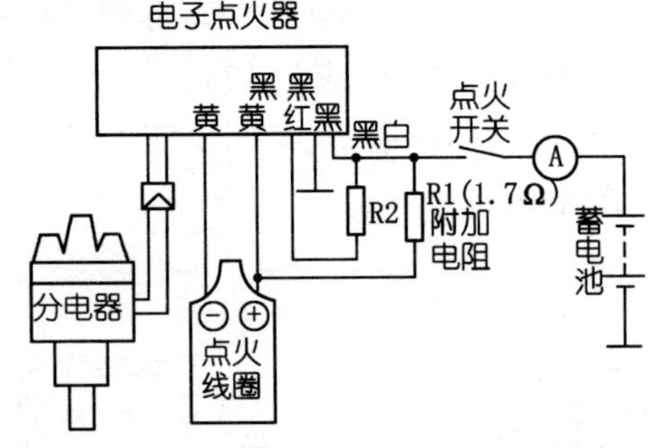

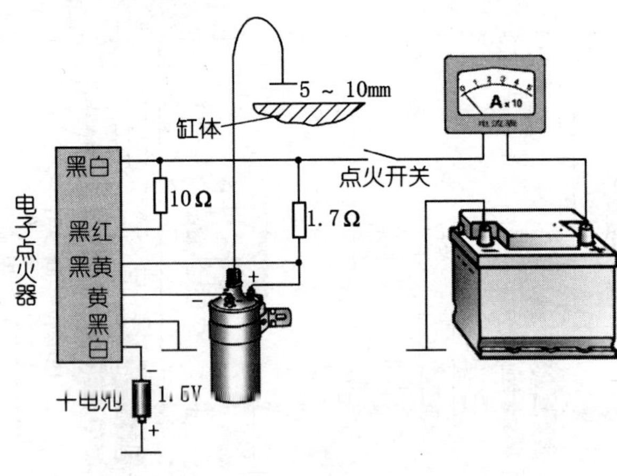

用干电池检查三菱系列汽车电子点火控制器

4 试灯检查法

例 1 用试灯检查通用系列汽车电子点火控制器

下图为用试灯检查通用系列汽车电子点火控制器的接线方法。当把试灯接于 B、C 两端之间时，在 B、G 端不用导线直接相连的情况下，试灯应该熄灭；当使用一根跨接线将 B、G 两端短接后，试灯应点亮。否则，说明被测电子点火控制器有故障。

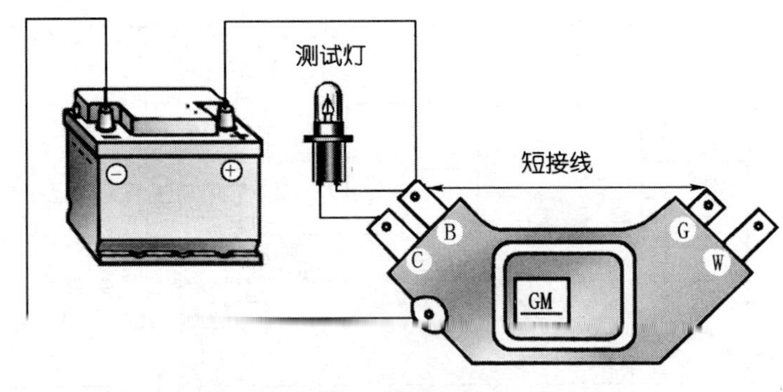

用试灯检查通用系列汽车电子点火控制器

例 2 用试灯检查上海桑塔纳轿车电子点火控制器

按右图所示连接好电路，用 a 点去碰触蓄电池正极时试灯亮，碰触蓄电池负极时灯灭，说明该点火控制器正常。如灯不亮或不熄灭均为点火控制器故障。此方法也适用于广州标志汽车点火控制器的检测。

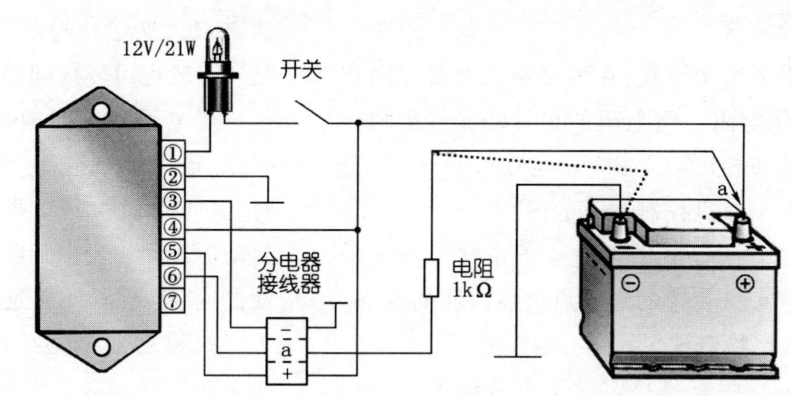

桑塔纳轿车电子点火控制器各引脚功能说明及引线颜色

引脚号	功能说明	引线颜色	引脚号	功能说明	引线颜色
①	点火线圈负极端	绿线	⑤	传感器信号正极电源	红黑双色线
②	搭铁线端	棕线	⑥	传感器信号输入端	绿白双色线
③	传感器信号负极	棕白双色线	⑦	空脚(未使用)	—
④	点火模块供电正极	黑色			
说明	(1)国产或日本车型等通常用红线作为供电引线，但黑线(④脚)用作电源正极是大众公司产品的典型特征； (2)分电器有 3 个接线端，中间一根绿白双色线与上述点火模块⑥脚相连；一根棕白双色线为信号传感器负极性与点火模块③脚相连；另一根黑红双色线为信号传感器正极性，与点火模块⑤脚连接。				

例 3 用试灯检查解放 CA142 系列汽车电子点火控制器

按下图所示接线,在信号输入引脚②端接一只 1kΩ 电阻,将电阻的另一端 a 点接触一下蓄电池负极时,试灯应点亮 0.5s 后熄灭,否则说明电子点火控制器有故障。

上述方法也适用于对丰田系列汽车中采用磁感应点火装置的电子点火控制器的检查。

5 加热检查法

对于一些有热稳定性不良故障的电子点火控制器,可采用加热的方法来对其进行检查。如右图所示,用电吹风对电子点火控制器采取边加热边检测(检测方式见上各方法),一般也可发现问题所在。

在电子点火器内部一般都填充有导热硅脂,若无这种硅脂,汽车发动机在冷起动时,其工作及检测结果虽不受影响,但在热起动后发动机会出现断火现象。所以在上述检测时,若所测件属这种情况,则应拆开电子点火控制器填充导热硅脂后再按上述方法重新检查。对于修理后的点火控制器,也要填充导热硅脂。

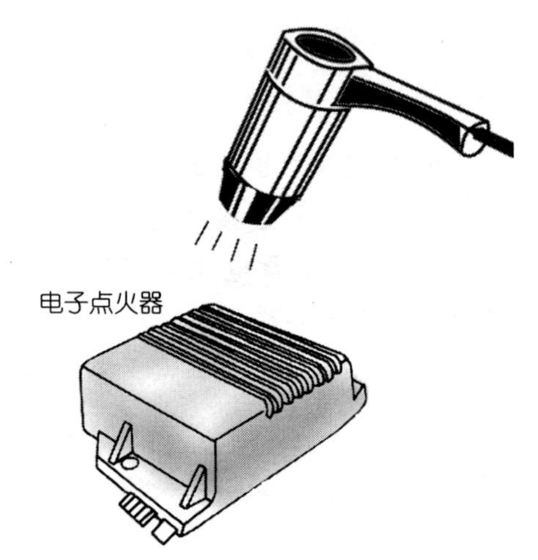

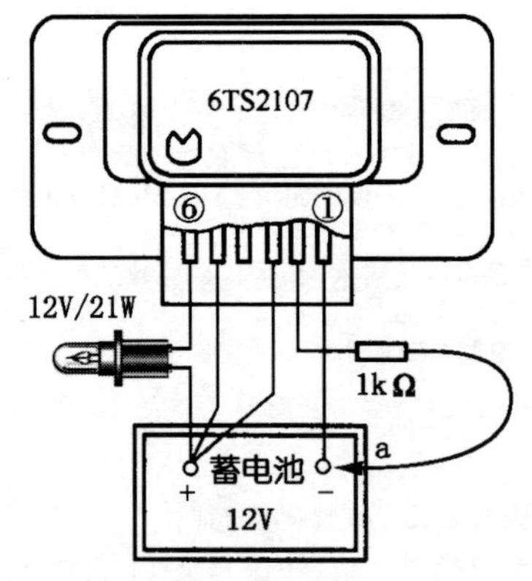

用试灯检查解放 CA142 系列汽车电子点火控制器

电子点火控制器修理方法

对于采用晶体管组成的电子点火控制器来说,内部元件的损坏大多是因最后一级控制点火线圈初级线圈电流通断的开关管损坏所致,因该管工作时电流较大且工作频繁,故损坏率较高。当其损坏以后,可用国产 3DD12 或 3DD15E 等大功率晶体管进行代换。

对于其他电子点火器内电路中元器件故障的检查,均可采用万用电表测电压、测电阻方法来查找故障元件。如有条件,用示波器测点火系统波形则更直观。

部分汽车点火电路参考图

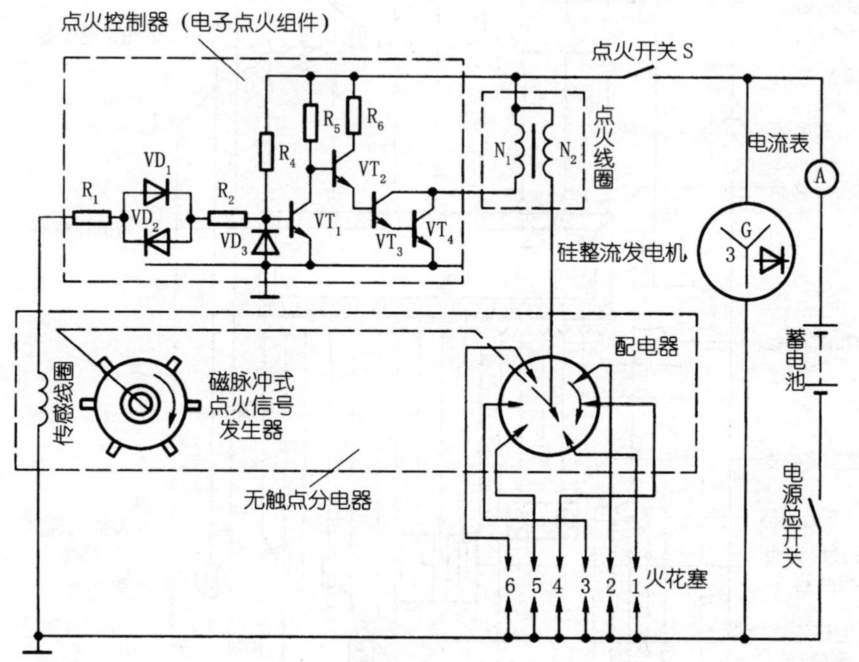

东风 JKF667 型电子点火系统电路

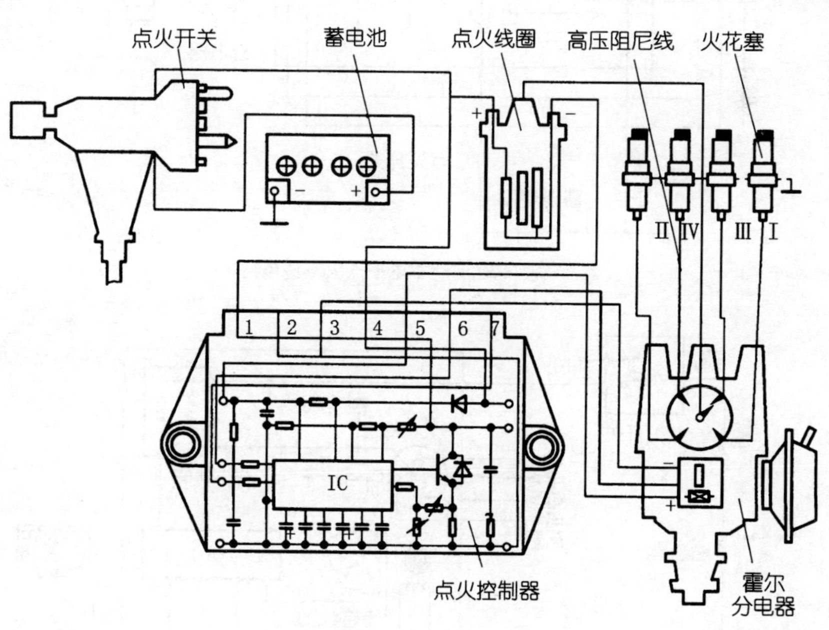

解放 CA488 型发动机电子点火电路

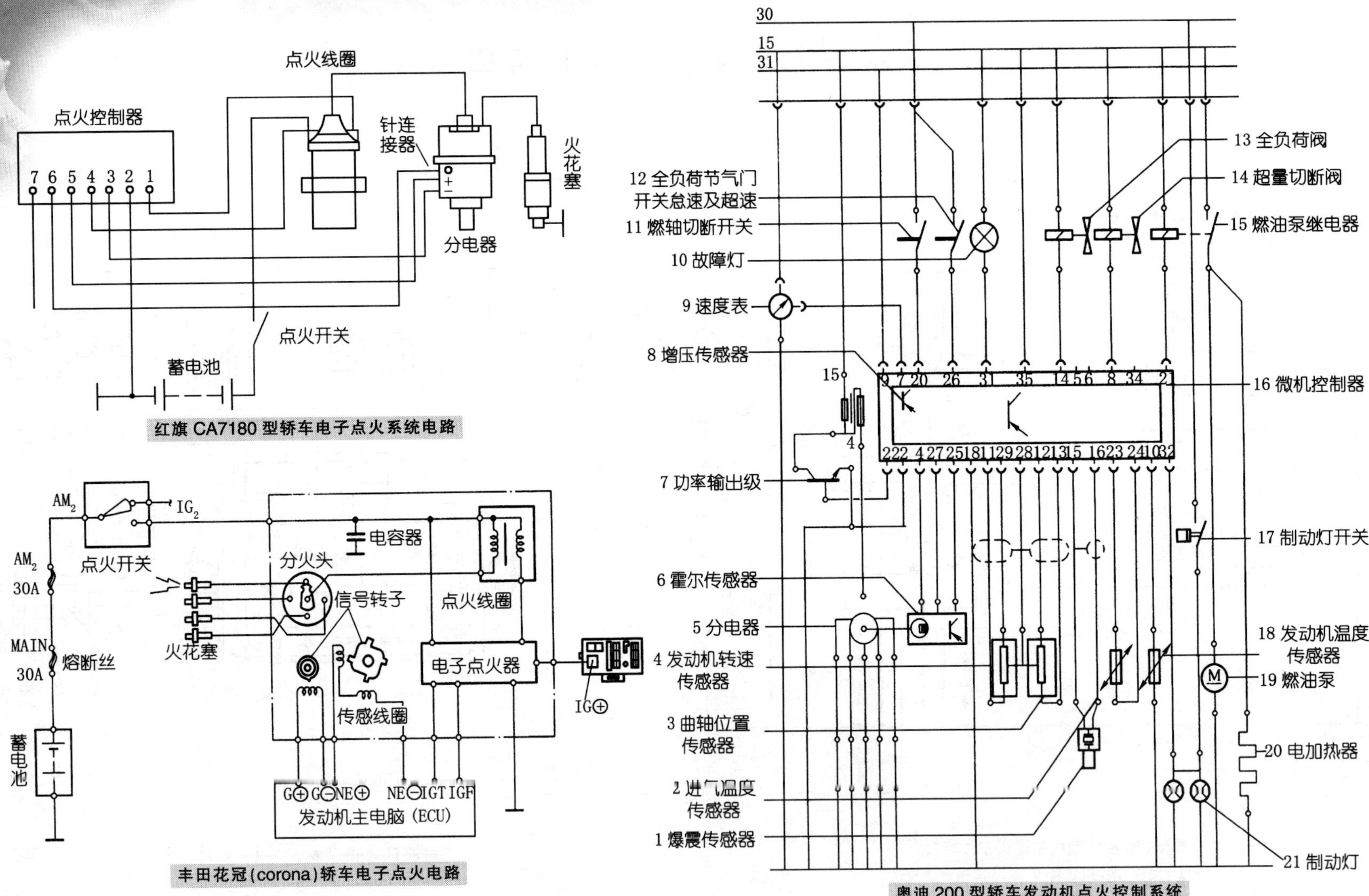

红旗 CA7180 型轿车电子点火系统电路

丰田花冠(corona)轿车电子点火电路

奥迪 200 型轿车发动机点火控制系统

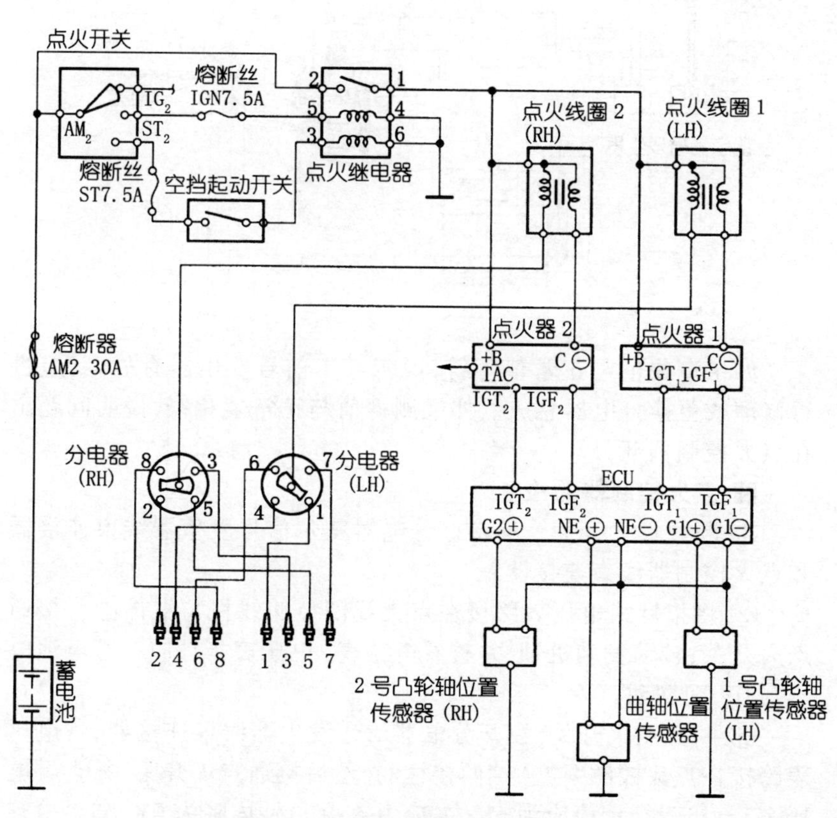

凌志 LS400 轿车微机点火系统电路图

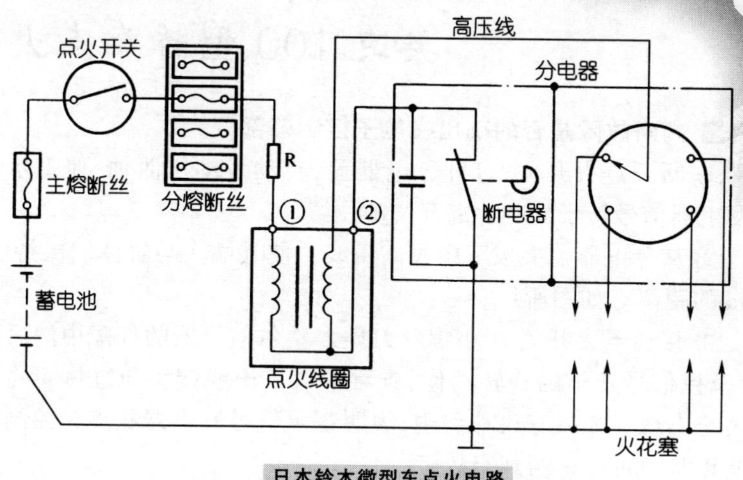

日本铃木微型车点火电路

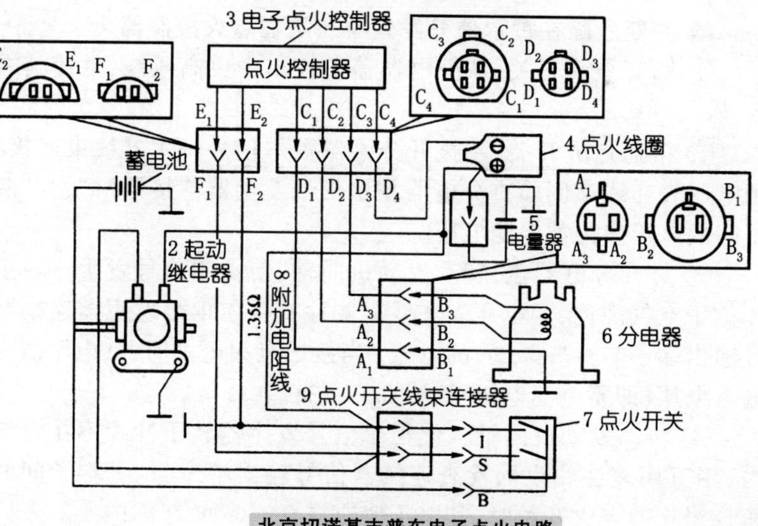

北京切诺基吉普车电子点火电路

奥迪100型轿车点火控制器故障的判断和检查

■ 判断故障是否的确出在电子控制器部分

① 断开点火开关，打开分电器盖，转动发动机曲轴，使霍尔信号发生器信号转子的叶片离开气隙位置。

② 从分电器盖上拔下中央高压线，使其端头与缸体间保持5~7mm的距离。如图所示。

③ 接通点火开关，用小螺丝刀插入霍尔信号器的气隙中然后抽出，模拟信号转子的旋转动作，查看中央高压线端头与缸体间是否有火花出现。如果有火花出现，表明霍尔信号发生器和点火控制器功能正常。否则说明其有故障。

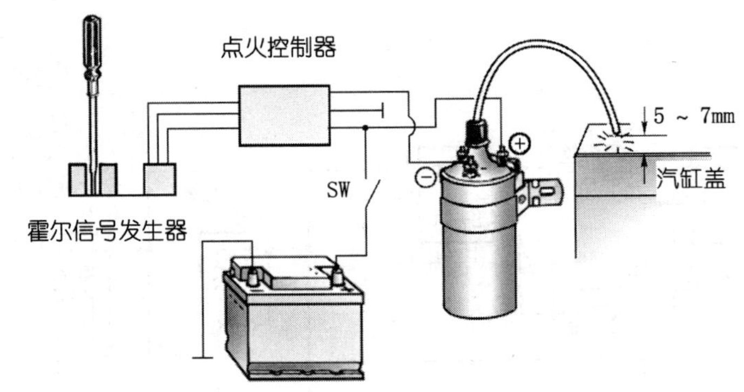

■ 判断故障在霍尔信号发生器还是在点火控制器

① 断开点火开关，从分电器盖上拔出中央高压线，并使其端头搭铁。

② 接通点火开关，不拔开分电器霍尔信号发生器线束连接器，用电压表在线束侧检查分电器霍尔信号发生器连接器“+”、“-”两端子间的电压应为蓄电池电压。

③ 打开分电器盖，转动发动机曲轴，使霍尔信号发生器转子叶片位于空气隙内，用电压表在线束侧检查霍尔信号发生器连接器信号输出端子与“-”端子间的电压。当接通点火开关时，其电压值应比输入电压(即蓄电池电压)低约0.5V左右。

④ 转动发动机曲轴，使霍尔信号发生器转子叶片不在空气隙内，用万用表在线束侧检查连接器信号输出端子与“-”端子间的电压。当接通点火开关时，其电压值应在0.3~0.4V范围内。

如果测得值与正常值不符，说明霍尔信号发生器有故障，应进行修理或更换分电器总成。如果测得值与正常值相符，说明问题出在点火控制器部分。

■ 点火控制器的检查

① 断开点火开关，插接好分电器霍尔信号发生器线束连接器和点火控制器线束连接器。

② 将指针式电压表跨接在点火线圈负接线柱与缸体间，接通点火开关，转动发动机轴，并查看电压表。电压表指针应在蓄电池电压与0V间摆动。

③ 断开点火开关，拔开分电器信号发生器线束连接器，将电压表跨接在点火线圈“+”、“-”两接柱间，然后接通点火开关，并查看电压表。电压表指示值应为6V左右，并在几秒钟内降为0V。如果检查结果与上述规律不符，说明点火控制器有问题，应进行修理或更换。

捷达轿车点火控制器故障的判断

① 拔开点火控制器线束连接器，将万用表置于电阻挡检查线束连接器端子2与搭铁应导通(见❶图)。如果不通，说明端子2与搭铁的连接导线有断路处或接触不良，应进行修理或更换。

② 接通点火开关，用万用电压挡检查线束连接器4、2两端子间的电压，(如❷图所示)其电压值应等于蓄电池电压。

如果没有电压，应检查电源电路和中央继电器盒。

③ 断开点火开关，插好点火控制器线束连接器，拨开分电器上的点火信号发生器线束连接器。

④ 接通点火开关，用万用表电压挡检查点火线圈“+”、“-”两接柱间的电压，(如❹图所示)其电压值应在2V以上，并且1~2s后下降至零。否则表明点火控制器有故障。

⑤ 用导线将点火信号发生器线束连接器的中间端子瞬间搭铁，并查看仪表读数，其电压值应立即上升到2V以上。否则表明点火控制器或其连接线路有故障，应进行修理或更换。

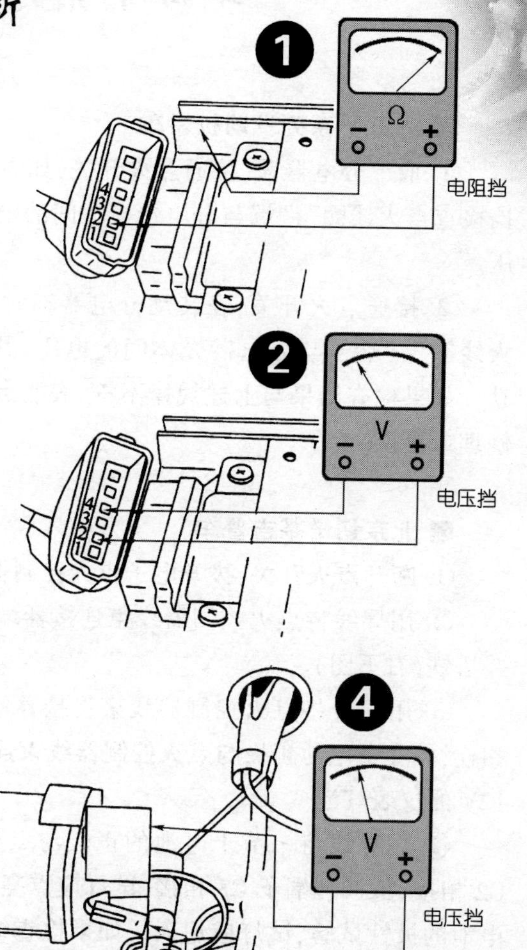

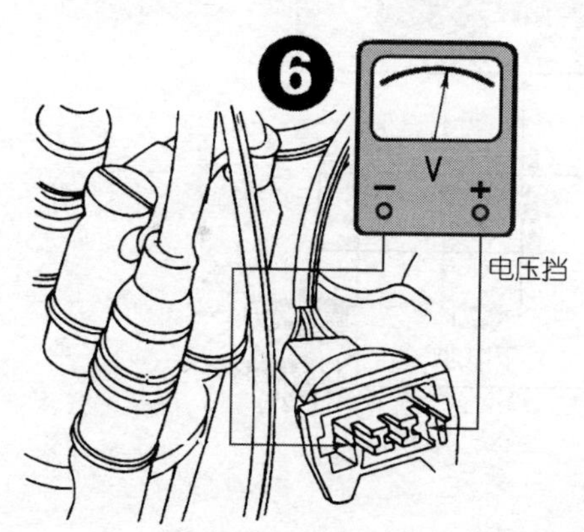

⑥ 接通点火开关，用万用表电压挡检查点火信号发生器连接器两外侧端子间的电压，(如❻图所示)其电压值应在5V以上。

如果电压值不在5V以上，应用万用表电压挡在线束侧检查点火控制器连接器5、3两端子间的电压。如果测得值小于5V，表明点火控制器有故障，应予更换；如果测得值在5V以上，表明点火控制器到信号发生器间连接线路有故障，应进行修理或更换。

丰田Y系列、北京切诺基吉普车点火控制器故障的判断

■ 丰田Y系列发动机轿车

① 取下分电器盖，接通点火开关，如右上图所示，用万用表电压挡检查点火线圈“+”端与分电器壳体间的电压，其电压应为蓄电池电压。

② 接通点火开关，在转动分电器轴时，用万用表电压挡检查点火线圈“-”端子与分电器壳体间的电压，其电压应在0~12V之间变动。如果检查结果与上述规律不符，表明点火控制器有故障，应进行修理或更换。

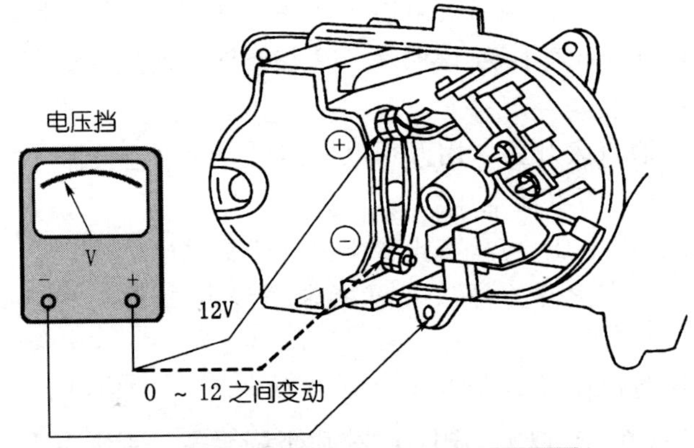

丰田Y系列发动机轿车点火控制器检测图

■ 北京切诺基吉普车

① 断开点火开关，拔开电子点火控制器的两个线束连接器。

② 用导线将点火控制器线束连接器端子C1与蓄电池负极相连并搭铁(右下图)。

③ 用导线将点火控制器线束连接器端子E1、E2与蓄电池正极相连，并在蓄电池正极与点火控制器线束连接器端子C4间串连一只12V的仪表灯泡。

④ 用导线将一节干电池的正极与点火控制器线束连接器端子C2相接，负极与端子C3相接，试灯应点亮(按右下图所示)。改变干电池的极性试验，试灯应熄灭。如果检查结果与上述规律不符，表明电子点火控制器有故障，应进行修理或更换。

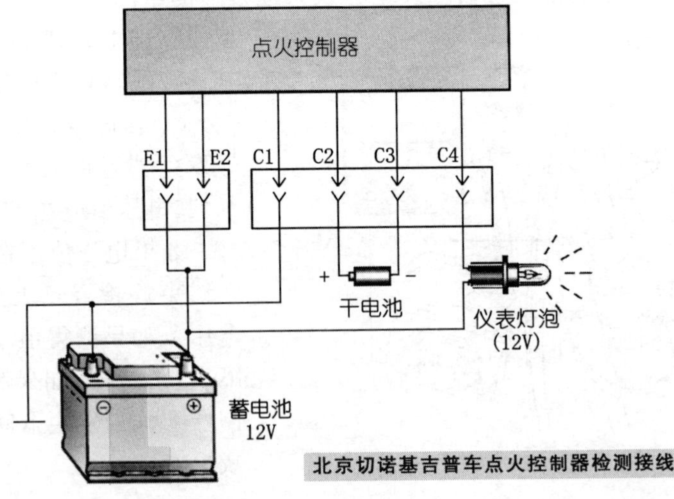

北京切诺基吉普车点火控制器检测接线图

广州标志轿车点火控制器故障的判断与检查

■ **确定故障在信号发生器还是在点火控制器**

① 用起动机拖带发动机曲轴转动，用交流电压表 V6 接在点火器插孔 5、6 脚间(如图所示)测量时，电压表应有一定读数;用试灯检查时，应有微光闪烁。

② 断开点火开关，用万用表欧姆挡测量点火控制器插孔 5、6 脚间的电阻，其电阻值应为 350~380Ω。如果检查结果与上述规律不符，表明信号发生器有故障;测量符合上述规律，则说明故障出在点火控制器。

■ **点火控制器的检查**

① 用电压表或试灯，按图所示分别于 V1、V2、V3、V4 各处测试，若电压表指示值均为 12V，或者试灯均为正常亮度，表明低压电路状态良好。如果出现 V1、V2 处为 12V，V3 或 V4 处检查时不是 12V，且检查相关导线连接接触良好，则可能是点火控制器损坏。

② 用万用表 RXl 挡，检查点火控制器插孔 2 与机体间的电阻值应不大于 10Ω，插孔脚 6 与机体间的电阻值应为 ∞。否则，可确认点火控制器有故障，应换新点火器。

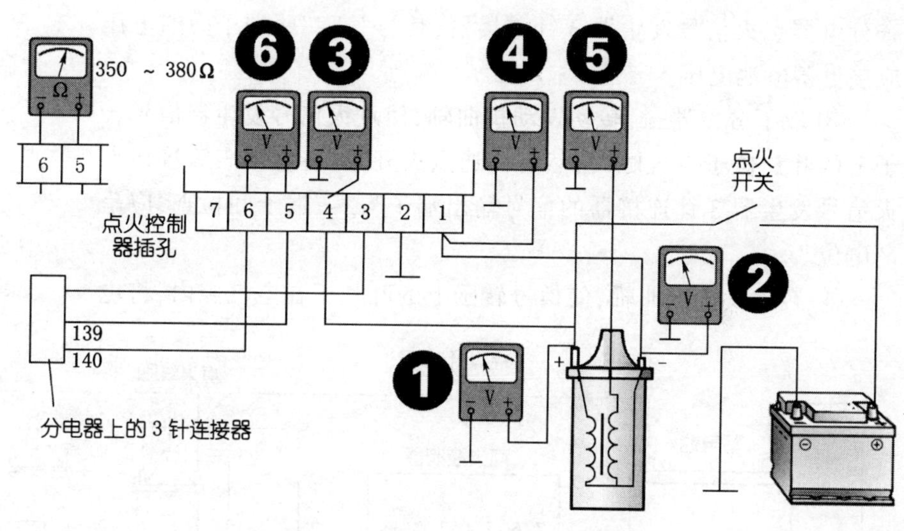

检查点火控制器方法图(广州标志轿车)

红旗牌 CA7180 型轿车点火控制器故障的判断与检查

■ 判断故障是在信号发生器还是在点火控制器

① 断开点火开关，从分电器盖上拔出中央高压线，并使其端头搭铁。

② 接通点火开关，用电压表在线束侧（见右边检测图所示）检查分电器点火信号发生器 3 针连接器，其“+”、“−”两端子间的电压应接近蓄电池电压。

③ 取下分电器盖，转动发动机曲轴，使点火信号发生器信号转子上的叶片位于空气隙内，然后接通点火开关，将电压表跨接在点火信号发生器 3 针连接器的信号输出端子与“−”端子间检查，应呈高电位。

④ 转动发动机曲轴，使信号转子上的叶片不在空气隙内，将电压表跨接在 3 针连接器的信号输出端子与“−”端子间检查，应呈低电位。如果检查结果与上述规律不符，表明点火信号发生器损坏；反之，则问题可能出在点火控制器。

■ 点火控制器的检查

① 断开点火开关，从分电器上拔出中央高压线，并使其端头与汽缸体间保持 5~7mm 间隙。

② 拔开分电器点火信号发生器 3 针连接器，将短导线的一端与点火信号发生器 3 针连接器的信号输出端子相连，另一端悬空。

③ 接通点火开关，将短导线悬空的一端与汽缸体相触碰，观察中央高压线端头与汽缸体间是否有火花出现。如果有火花，说明点火控制器正常；如果无火花，说明点火控制器损坏，应重换新件。

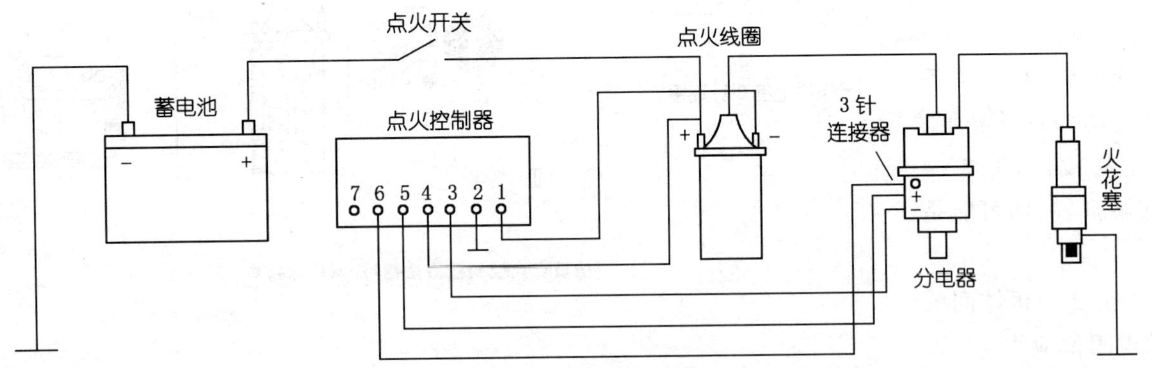

红旗牌 CA7180 型轿车电子点火系统电路

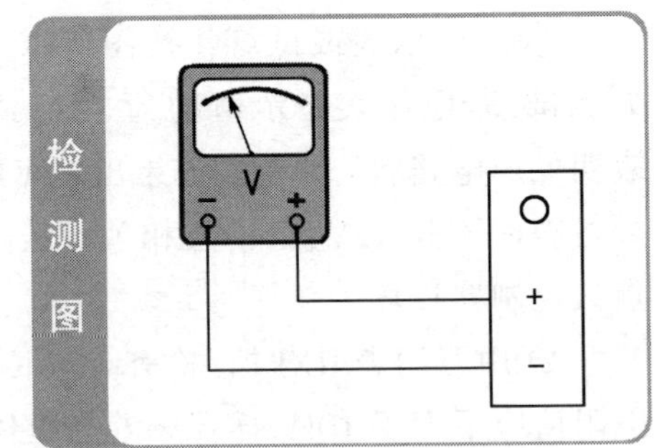

火花塞的结构与功用

火花塞结构

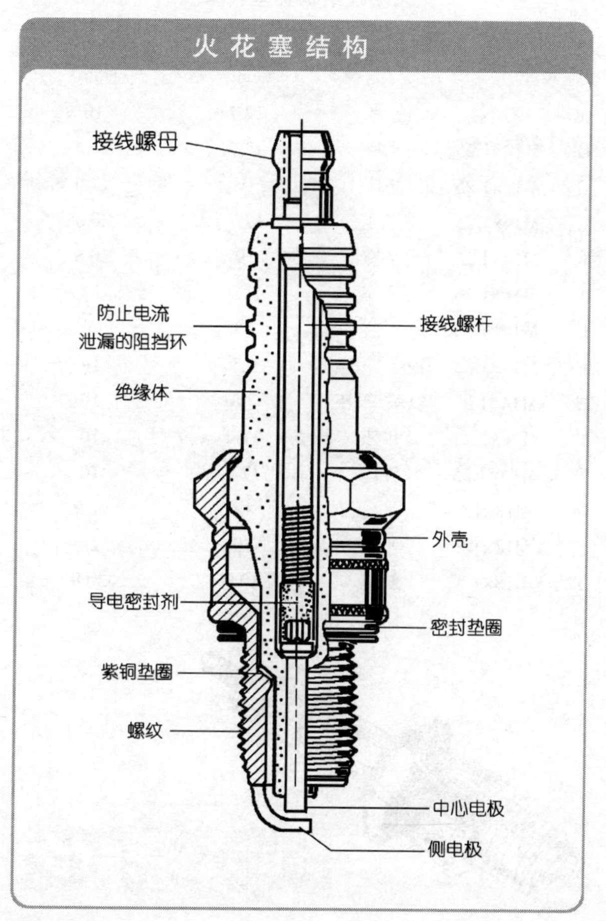

火花塞的功用是将点火线圈所产生的脉冲高压电引进燃烧室，并在其两个电极间产生电火花以点燃混合气。

火花塞主要由中心电极、侧电极、接线螺杆、绝缘体、外壳、接线螺母等组成。

火花塞分为热型、普通型和冷型。热型中心电极长，散热差，冷型反之。普通型散热一般。

火花塞要承受30000V冲击性的高压电的作用；火花塞下部要承受每分钟几百次至数千次混合气爆发的机械冲击负荷，其瞬时压力可达0.4~0.7MPa；还要承受1500~2000℃的高温，同时又要承受温度的急剧变化；还长期受到高温燃烧产物的侵蚀。

由于以上各种苛刻的条件，因此火花塞的故障率和损坏率较高。

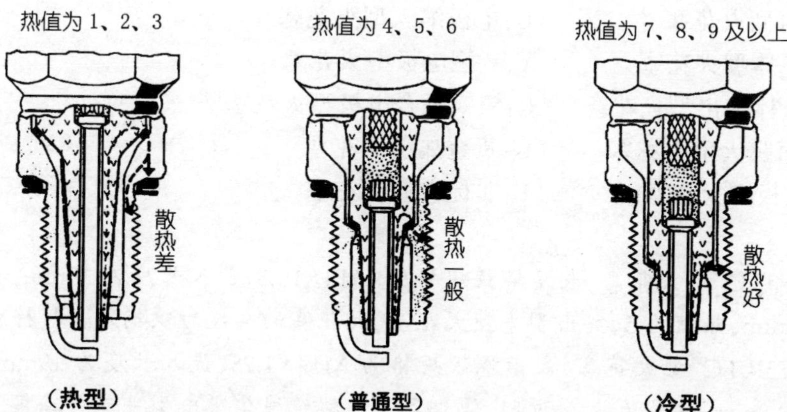

国产火花塞型号的含义

火花塞的新型号,根据 ZBT37003-89 标准,由以下三部分组成:

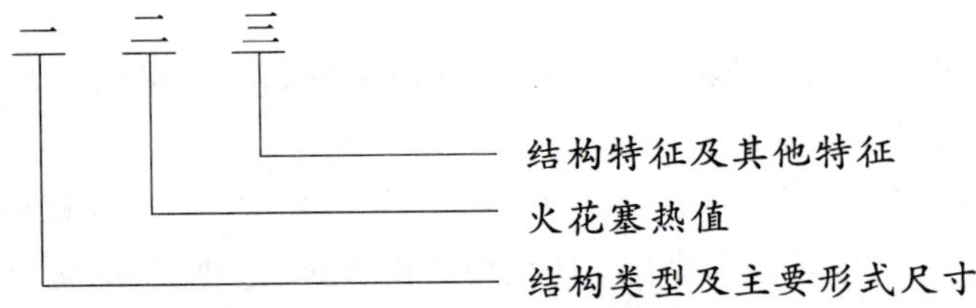

第一部分为汉语拼音字母,表示火花塞的结构类型、主要结构和安装尺寸(见表)。

第二部分为阿拉伯字母,表示火花塞的热值。

第三部分为汉语拼音字母,表示火花塞的派生产品、结构特征、材料特征及特殊技术要求。在同一产品型号中,需用两个以上字母来表示时,按下列顺序排列:

P:屏蔽型火花塞　　H:环状电极型火花塞
R:电阻型火花塞　　U:电极缩入型火花塞
B:半导体型火花塞　　V:V 型电极型火花塞
T:绝缘体突出型火花塞　　C:镍铜复合电极型火花塞
Y:沿面跳火型火花塞　　G:贵金属型火花塞
J:多电极型火花塞　　F:非标准型火花塞

例 1 "F5TC"型火花塞,表示螺纹规格为 M14×1.25,旋入长度为 19mm、壳体六角对边为 20.8mm,热值为 5,突出型平座火花塞,火花塞的电极为镍铜复合材料。

例 2 "F5RTC"型火花塞,表示螺纹规格为 M14×1.25、旋入长度为 19mm、壳体六角对边为 20.8mm,热值为 5,带电阻、镍铜复合电极绝缘体突出型平座火花塞。

火花塞结构类型代号

字母	螺纹规格	安装座形式	旋入螺纹长度(mm)	壳体六角对边(mm)
A	M10×1	平座	12.7	16
C	M12×1.25	平座	12.7	17.5
D	M12×1.25	平座	19	17.5
E	M14×1.25	平座	12.7	20.8
F	M14×1.25	平座	19	20.8
J	M14×1.25	平座	12.7	16
K	M14×1.25	平座	19	16
L	M14×1.25	矮座、平座	9.5	19
N	M14×1.25	矮座、平座	7.8	19
P	M14×1.25	锥座	11.2	16
Q	M14×1.25	锥座	17.5	16
R	M18×1.5	平座	12	20.8
S	M18×1.5	平座	19	22
T	M18×1.5	锥座	10.9	20.8

火花塞故障检测方法

■ 短路检查法

在发动机怠速或低速运转时，用螺丝刀将火花塞短路，（火花塞上部的接线螺母直接与汽缸体接触）。如果发动机的声音和振动等无变化，则说明被短路的火花塞有故障。

■ 温度感觉法

将发动机运转约10min左右，立即熄火，然后用手逐一摸火花塞的瓷芯，感觉较凉的火花塞有故障。

■ 试火检查法

当怀疑某缸工作不良时，可将该缸火花塞接线柱上的高压线拆下，让高压线的尾端与接线柱保持4mm间隙，使高压电同时击穿高压线尾端与接线柱间隙和火花塞电极间隙，若发动机工作状态有所好转，说明该缸的火花塞有故障。

■ 直观检测法

根据火花塞的状况，从某种程度上可判断发动机工作是否正常。工作正常的火花塞，卸下后观察，其绝缘体顶端及两电极表面呈褐色且比较洁净。若出现下列症状，则说明发动机或火花塞工作不良。

○ 火花塞绝缘体顶端起疤、破裂或电极熔化、烧蚀。出现这种情况，表明火花塞已损坏，应予更换。但在更换新件时，应根据其损坏的不同症状，找出原因，排除隐患后再重换上新火花塞。一般有如下几种症状：

○ 火花塞电极熔化且绝缘体呈白色，说明燃烧室内温度过高，可能是由于燃烧室内积炭过多，气门间隙不足等引起排气门过热，也可能是因冷却系统工作不良、火花塞未按规定拧紧等引起的。

○ 火花塞电极变圆且绝缘体结有疤痕，说明发动机早燃，可能是由于点火时间过早、汽油辛烷值低、火花塞热值过高等引起的。

○ 火花塞绝缘体破裂，可能是由于发动机爆震燃烧引起的。

○ 火花塞绝缘体顶端有黑色条纹，是火花塞漏气，换上新的火花塞即可。

○ 火花塞绝缘体顶端和电极间有沉积物。火花塞绝缘体顶端和电极间有沉积物的情况较严重时，会造成发动机“缺火”。出现这种情况时，虽不用重换新的火花塞，只要清除沉积物即可，但必须查出故障原因，清除隐患以防上述现象再次发生。此时可根据沉积物的状况来判断产生这种故障的原因：

○ 沉积物为润滑油性的，说明润滑油已经窜入燃烧室。

若只是个别火花塞出现这种现象，则可能是气门杆油封失效；若是所有火花塞都沾有这种沉积物，说明发动机有故障，汽缸出现了“泵油”现象。这时应检查空气滤清器和通风装置是否堵塞，活塞环是否磨损等。

（接下页）

○ 沉积物为黑色,则可能是混合气过浓,应进行调整。

○ 沉积物为灰色,主要是汽油中的添加剂所致,应重换合适的汽油。

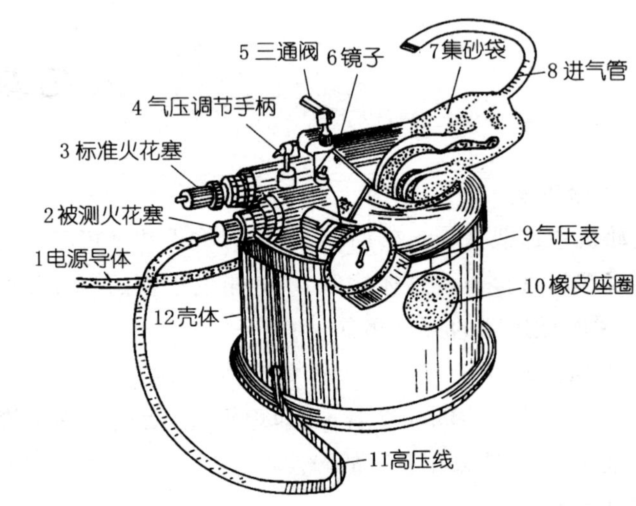

■ **清洁试验器检测法**

火花塞经清洁后如怀疑已损坏，也可用清洁试验器进行检查。具体方法如下：

先将被检测的火花塞装到 2 的位置(右上图),再把高压导线 11 接到火花塞接线帽上。

接通电源。若用蓄电池作电源,需将电源导线 1 接至蓄电池;如果使用交流电,则应将电源插头接到交流电源上。

转动气压调节手柄 4,使气压表 9 的指针指到 0.8~0.9MPa,使其模拟火花塞在发动机上的工作情况。

按下电源开关 18(见下图),可由反射镜 3 观察被测火花塞跳火情况。若其电极间产生连续而强烈的蓝色电火花,说明火花塞良好;若检测时电极间无火花产生,应先切断电源,调整气压调节手柄 4,使气压降低后再试；如果气压在 0.8MPa 以下火花塞电极间才产生火花,则说明该火花塞工作不良,应重换新件。

检测结束,应将气压调节手柄 4 转至关闭位置。为了便于作对比试验,也可将标准火花塞拧入另一火花塞 3 座孔的位置,通过对被测火花塞与标准火花塞跳火情况的比较,也可较准确地检测出被测火花塞工作性能的好坏。

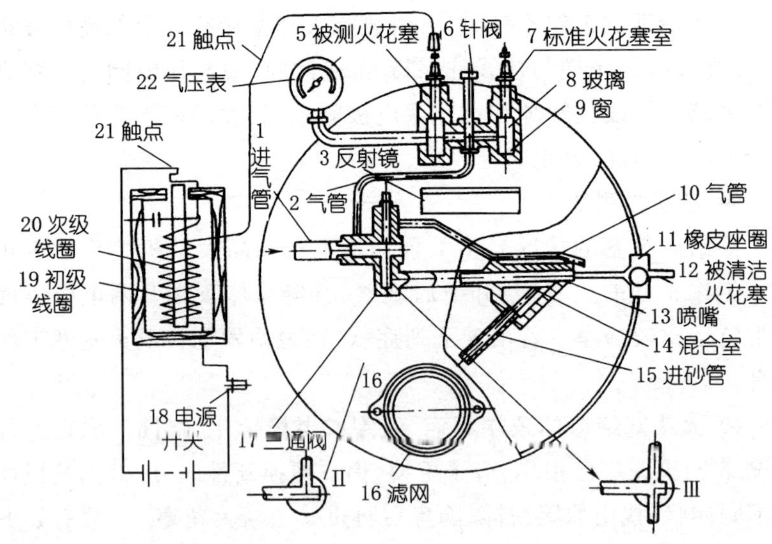

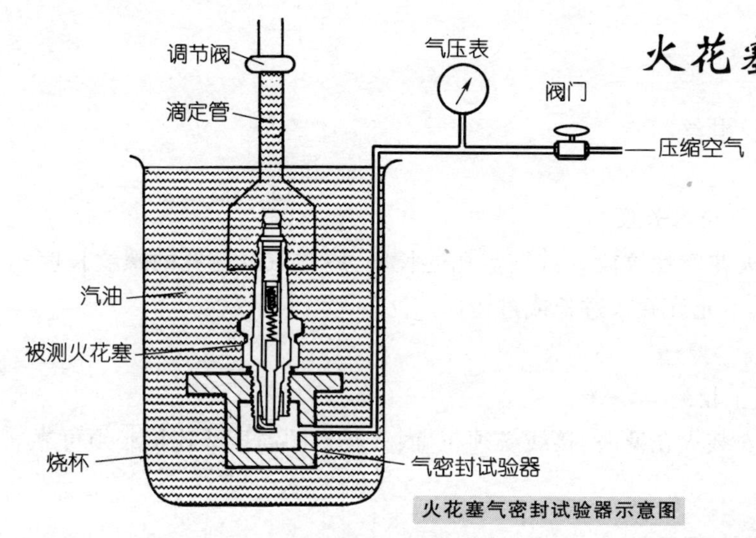

火花塞气密封试验器示意图

火花塞气密性的检测

■ **用火花塞清洁试验器检测法**

检测火花塞气密性时，可将被检测火花塞装到前页上图 2 的位置上，并将其气室中的气压调至 1MPa,在 5min 内气压表的读数应稳定。否则说明该被测火花塞有漏气现象,但应保证试验器本身的气密度应无问题。

■ **用气密性试验器检测法**

按左图所示的方法检测火花塞的气密性。向气密性试验器加入压力为 1.5MPa 压缩空气，若在 1min 内通过滴定管下方所收集到的漏气,其体积大于 1mL 时,说明该火花塞气密性很差,应更换新件。

火花塞正确拆装方法

确认火花塞有问题时,应将其拆下修理或更换。拆装火花塞有一定的要求,不可随意拆装,以免造成不必要的损失。

■ **拆卸火花塞注意事项**

火花塞应在发动机冷态下拆卸。

对于拧得过紧的火花塞,可用少量煤油滴至垫圈和螺纹处。

旋下火花塞之前,应除去火花塞周围的污物,以防止这些污物落人燃烧室内。

■ **安装火花塞注意事项**

更换的火花塞型号应与实际相符，选用的代换件主要特性应与原件基本相同;同一发动机尽量不要混用不同型号的火花塞。

□ 密封垫圈

安装火花塞时，应将汽缸盖火花塞座孔四周清理干净，以防异物掉入，并配上合适的密封垫圈，以保证火花塞与汽缸间的密封性。但只能配用一个密封垫圈，不得多用或不用(锥座型火花塞除外)。火花塞密封垫圈规格见下表。

□ 旋紧力矩

安装火花塞时，应使用合适的火花塞专用拆装扳手，拧入汽缸盖内时的扭力应适宜，通常可参考下表所列的经验数据，以防火花塞螺纹滑丝。

□ 旋入长度

火花塞螺纹旋入汽缸盖孔的长度，应与汽缸盖孔的螺纹长度相适应，不允许旋入过长或过短。

□ 接线

安装火花塞时，接线必须正确，火花塞的高压线连接必须可靠。

火花塞旋紧力矩经验数据及密封垫圈规格

火花塞直径(mm)及形式	火花塞旋紧力矩 N·m(kgf·m)		密封垫圈尺寸(mm)	
	汽缸盖材料			
	铸铁	铝合金	外径 max	厚度
M10×1 平座火花塞	36(3.3)	30(3.1)	ϕ16	1~1.6
M12×1.25 平座火花塞	38(3.4)	33(3.2)	ϕ17.5	1~1.6
M14×1.25 平座火花塞	42(4.5)	38(3.4)	ϕ20.8	1.4~2
M14×1.25 短型平座火花塞	42(4.5)	38(3.4)	ϕ19	1.4~2
M18×1.5 平座火花塞	48(4.7)	43(4.6)	ϕ22	1.4~2

火花塞故障的修理方法

火花塞的常见故障主要有积炭、积油、间隙过大、绝缘体出现裂缝、漏气和火花塞过热等。

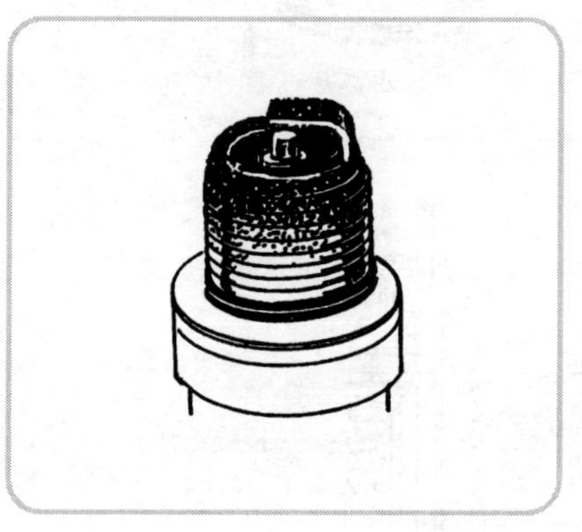

1 积炭

□ 外观　在旋入部分的壳体端面和内腔以及绝缘体裙部和电极的周围出现黑色或灰黑色的沉积物——积炭层。

□ 原因　主要有混合气浓、点火系统经常失火、火花塞型号选得过冷、怠速过高等。

□ 处理措施　如果各缸火花塞现象一致，应从汽化配剂过浓、点火线圈质量不佳和火花塞选型失误等方面检查故障原因；如果仅是个别缸火花塞积炭，可以从本缸高压线漏电，火花塞间隙过小和气门关闭不严等方面检查。

对于轻微的积炭，可用“吊火”的方法来对积炭进行清除。具体方法是，拔下点火线圈的高压线，使高压线头距电极 5~8mm。起动发动机工作一会儿，一般即可将积炭清除。

对于积炭严重的火花塞，应拆下将积炭刮除。也可用专用的火花塞清洁试验器对其进行清洁。

若无上述设备，也可将火花塞先放到丙酮或煤油中浸泡一定时间，使积炭软化后再用铜丝刷刷干净。

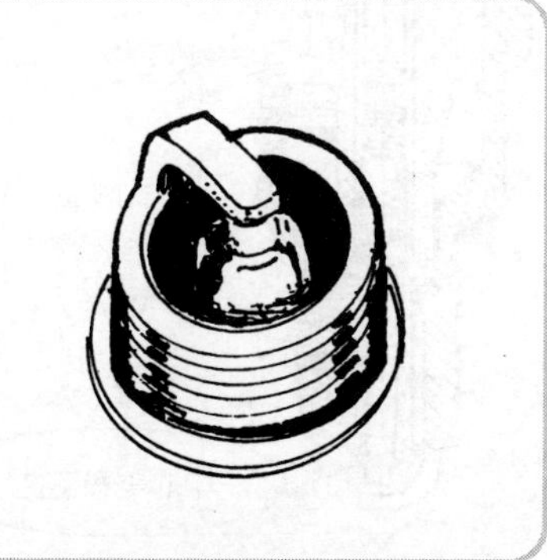

2 瓷体破裂

□ 外观　暴露在燃烧室内的火花塞瓷芯破裂，轻者在突出的前端会有小块崩裂，出现缺口，重者会裂成数块而脱落。

□ 危害　由于瓷芯硬度很高，有时会引起拉缸。

□ 原因　工作环境温度过高和温度的急剧变化所致。

□ 处理措施　凡是遇到火花塞瓷体破裂现象，不论轻重，均须重换新的火花塞。

3 电极烧蚀

□ 外观　虽然其瓷芯表面呈瓷体原色或淡灰色，但中心电极已严重烧蚀，甚至熔化。

□ 原因　混合气过稀、点火提前角过大、火花塞选型不当、火花塞未拧紧、发动机冷却系不良、长期超载超速行驶、垫圈与汽缸盖接触不良或有异物粘在接触面上，汽油标号低等。

□ 处理措施　换用高热值火花塞，或根据实际情况调整和修理发动机等。

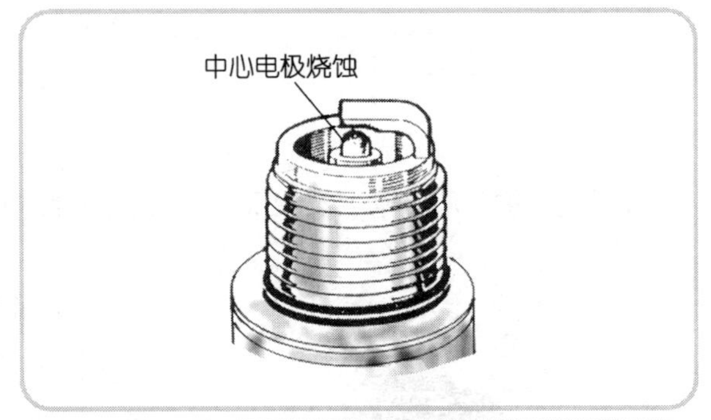

4 漏气

□ 现象　漏气部位多发生在中心螺杆与绝缘体之间，或钢质外壳的卷边处。轻微漏气时，可在绝缘体表面看见熏黑的印迹；严重漏气时，可在火花塞处听到漏气的声音，甚至中心螺杆与绝缘体之间出现松动。

□ 原因　多是火花塞质量不佳、温度急剧变化或使用中碰坏，尤其是在拧紧或拆卸火花塞时，最容易伤及瓷体。

□ 处理措施　除用气密度检测器检查外，也可用压缩空气进行检查。不过要制作一个专用接头，将火花塞与接头拧紧，检查时，在火花塞上涂些轻柴油，并通以压缩空气，如发现有气泡外逸，即表明该火花塞存在漏气故障。漏气火花塞只有更换。

5 机械损坏

□ 外观　中心电极弯曲和绝缘体端部损坏。

□ 原因　拆卸或旋紧火花塞时，操作失准，破坏了火花塞端部。反复校正间隙时，若方法不当，就会使侧电极从外壳上折断。

□ 处理措施　对于机械损坏的火花塞，只有更换新件。

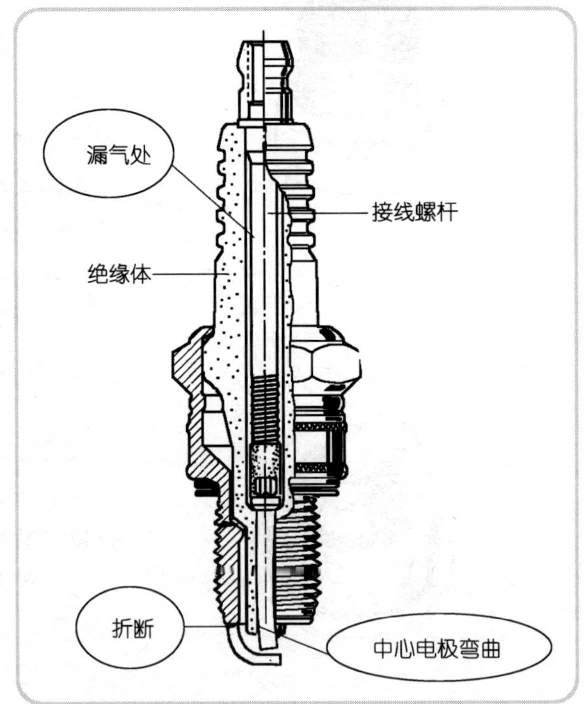

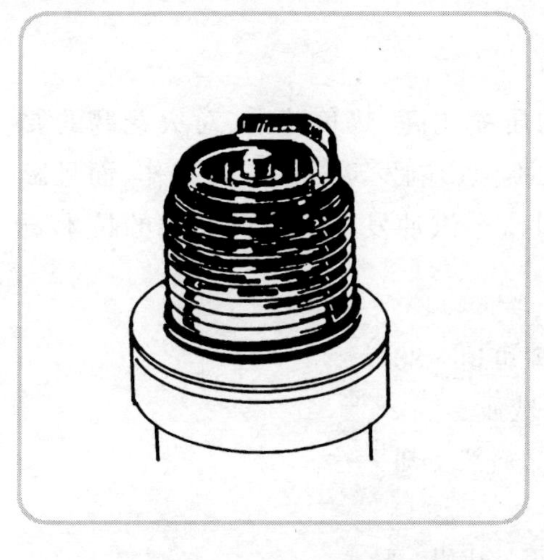

6 油污

□ 外观　旋入燃烧室的壳体端面周围及绝缘体裙部呈现潮湿状态或黑色油迹。

□ 危害　严重时导致间歇跳火或熄火，发动机功率下降、排气管放炮、起动困难等。

□ 原因　发动机燃烧室内的油量过多、机油窜入燃烧室、空载怠速运转时间过长、火花塞热值太高、混合气过浓等。

火花塞积油通常在发动机作长时间起动时发生。积留在火花塞电极间的油滴，会使火花塞的击穿电压增高，往往使发动机起动困难。

如积炭呈油渣状、起黑色鳞片，表明活塞与汽缸配合间隙过大，导致发动机润滑油窜入燃烧室。

如果火花塞壳体端面和裙部存有大量油迹，则多因冷车起动时供油过多、电流泄漏而无法着火所致。

□ 处理措施　对于污损的火花塞，可换用低热值火花塞，或以吊火法加以消除。必要时，还应根据损坏情况或调整及修理发动机系统。

7 间隙不当

□ 外观　火花塞中心电极与侧电极间隙大于或小于标准间隙。

□ 危害　会引起积炭过多，使发动机动力性下降，油耗增加，影响发动机的正常工作。间隙过大时，火花塞击穿电压增高，使点火线圈负担过重(即工作在过负荷状态)，发动机高速时容易断火；间隙过小，高压电火花弱小，不能可靠地点燃混合气。

□ 原因　多因电极烧蚀所致。

□ 处理措施　可用圆形量规或厚薄规测量间隙，如图 1 所示。正常间隙在 0.6~0.8mm(传统点火系统)；电子点火器其值为 0.9~1.2mm)间。如果其电极间隙不当，最好用特制的工具弯曲其旁(侧)电极进行调整。如图 2 所示。

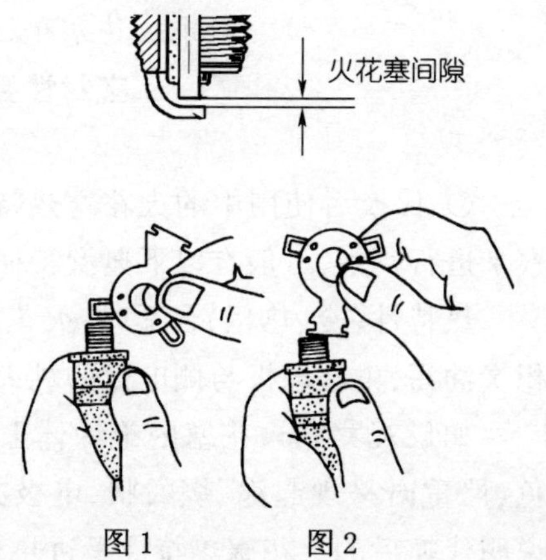

图 1　　图 2

火花塞的代换

○ 所谓火花塞的代换，是指如何用国产火花塞代换进口汽车装用的国外型号的火花塞。就目前国产火花塞的质量和性能而言，只要选用得当，完全可以满足进口汽车发动机的使用要求。

火花塞的基本性能参数有安装螺纹直径和旋入长度、六角对边尺寸、热值等。

进口汽车汽油发动机的压缩比高，热负荷大，对火花塞的要求较高。火花塞如选用不当，不但影响发动机的正常工作，而且影响火花塞的使用寿命。进口汽车汽油发动机对火花塞的技术要求如下：

机械强度高 高压缩比的汽油发动机，混合气在汽缸中燃烧，最高压力可达5.88~6.86MPa，火花塞要能承受高压气体的冲击，因此要求火花塞具有足够的机械强度。

耐热性要好 火花塞的下部要承受2000℃的高温气体作用，进气时又突然冷却，所以火花塞应能承受剧烈的温度变化，并具有良好的热特性。

绝缘性能要高 火花塞在工作时，要承受20000V的高压电的冲击作用。因此，要求火花塞在高温条件下要具有良好的绝缘性能。

密封性要好 在高温、高压下应保证汽缸不漏气，具有良好的密封性。

○ 代换后使用中的火花塞热特性是否合适，可从外表观察来进行判别，一般有以下典型特征：

热特性（冷、热型）合适时，火花塞的绝缘体呈黄褐色，没有积炭油污，中心电极与侧电极的跳火部位呈灰色。

如果观察到火花塞的绝缘体上虽无积炭，但外表呈灰白色，严重时呈现起泡、烧毁状，电极亦呈现烧蚀现象，这种情况说明代换后的火花塞热特性呈过热现象；

如果观察到火花塞绝缘体上积有灰色绒毛状物，或者被积炭和油污覆盖。这种情况说明代换后的火花塞热特性呈过冷现象。

对于代换后过热或过冷的火花塞，说明代换选用的火花塞不合适，应重新选用合适的火花塞代换。

对于更换或代换过的火花塞，在汽车行驶一定里程后，还应检查其热特性是否合适。

点火线圈的功用与结构

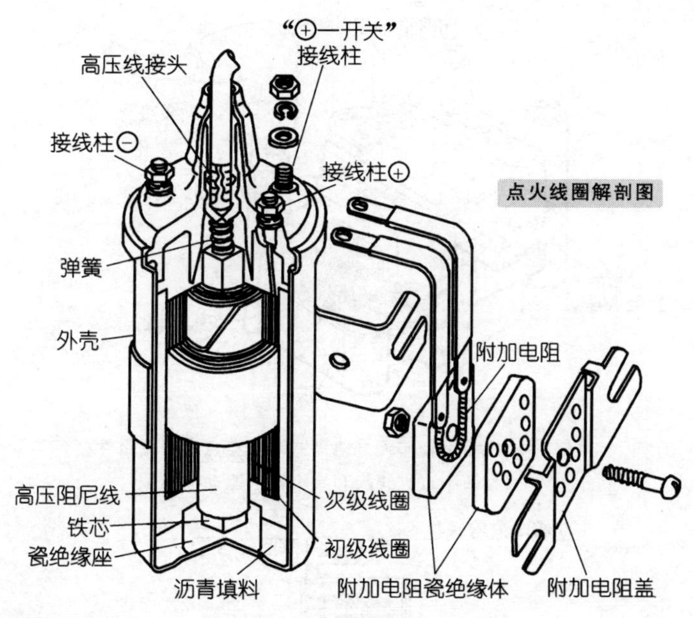

点火线圈解剖图

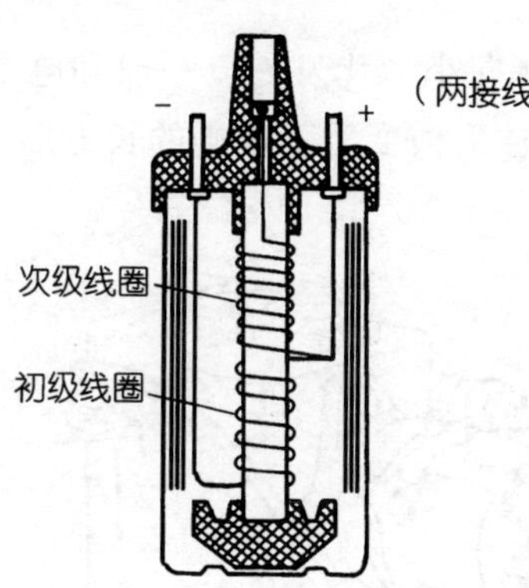

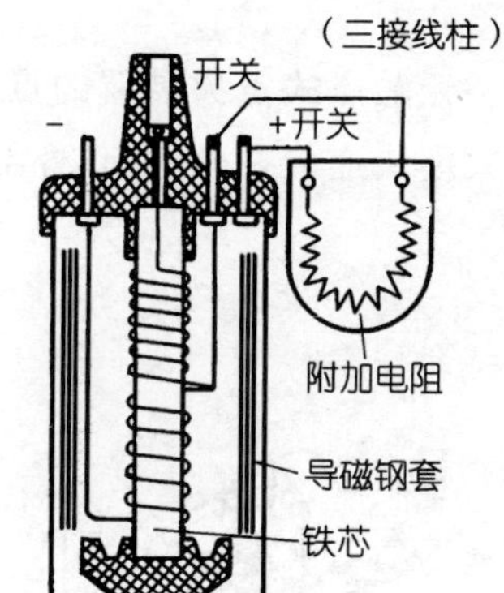

点火线圈结构示意图

点火线圈实际上是一种升压变压器，其作用是将蓄电池或发电机输出的低压电升高到15~20kV，供火花塞产生高压电火花。

点火线圈按其磁路的形式，可分为开磁路点火线圈和闭磁路点火线圈两种，长期以来点火线圈都采用圆柱形开磁路点火线圈(上图)。

附加电阻是一个热敏电阻，温度高时电阻值变大，限制初级线圈中的电流不致过大，避免点火线圈过热。相反，发动机转速高时，触点闭合时间短，初级线圈电流较小，这时附加电阻因温度低，阻值变小，不会使初级电流下降得更多，起到改善点火特性的作用。另外，使用附加电阻还可减少初级绕组的匝数，减少了初级绕组电感，对改善高速时的点火特性也很有利。

闭磁路点火线圈

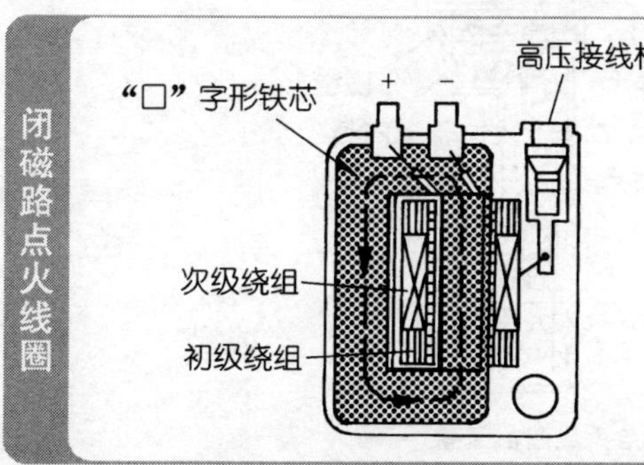

如图为闭磁路点火线圈结构。因闭磁路磁阻小、漏磁少、能量损失小、能量变换效率高，而逐渐被更多汽车所应用。

无触点式点火装置

无触点式点火装置的点火线圈都在向小型化发展，一般和电子点火模块连接在一起,其外部形状由圆柱形演变为不规则的长方形。

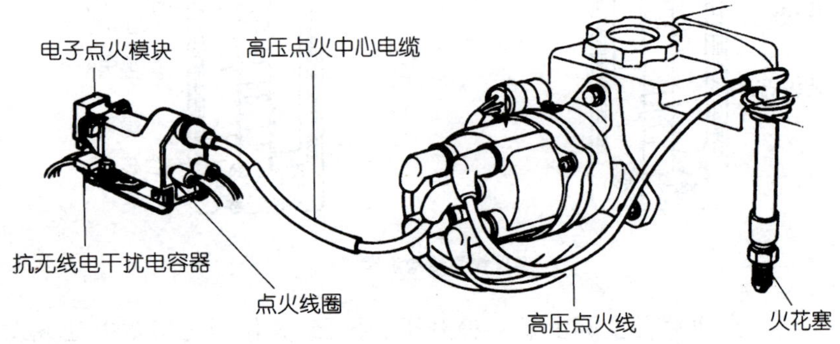

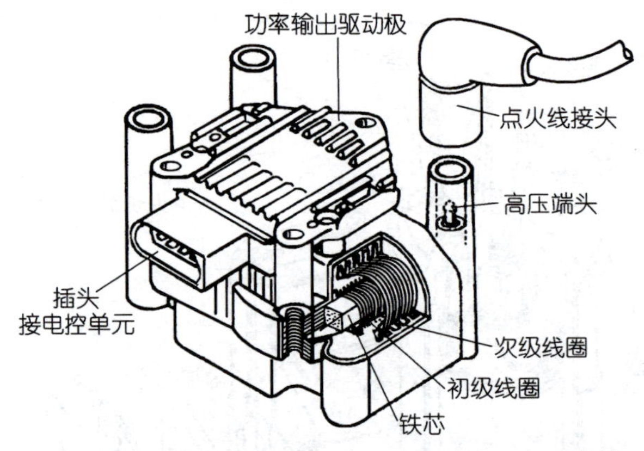

桑塔纳 2000GSi 轿车无分电器式双火花点火线圈组件

（含两个点火线圈和一个输出驱动极）

无分电器电子点火系统的点火线圈,无固定外形,如桑塔纳轿车的两个点火线圈和功率输出驱动极连接在一起（其外形如右上图),形成一个双火花点火线圈组件。

单独点火方式是每个火花塞配一个点火线圈，点火线圈的高压端直接与火花塞相连,省去了高压线,线路更为简单(右下图)。

也有将点火线圈和分电器制成一体的,省去了之间的连接。

无论外形如何变化，点火线圈的本质——由 12V 的初级电压升至 20000V 的次级电压的基本原理是不变的。

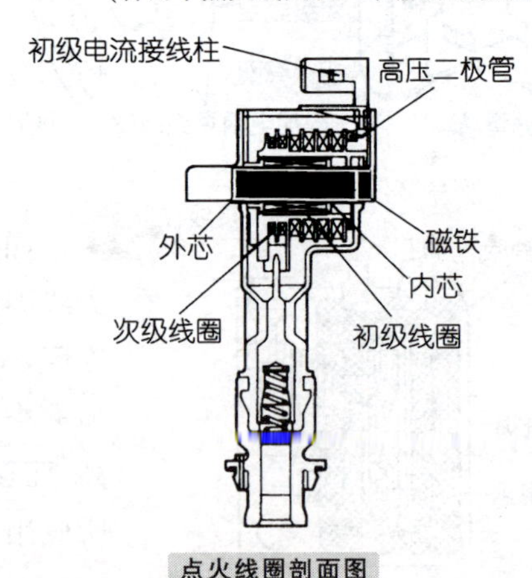

点火线圈剖面图

点火线圈的检查

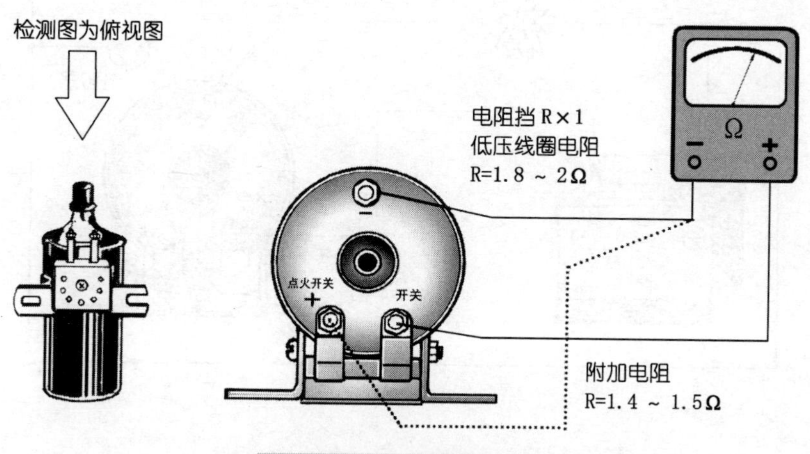

附加电阻及低压线圈的检查

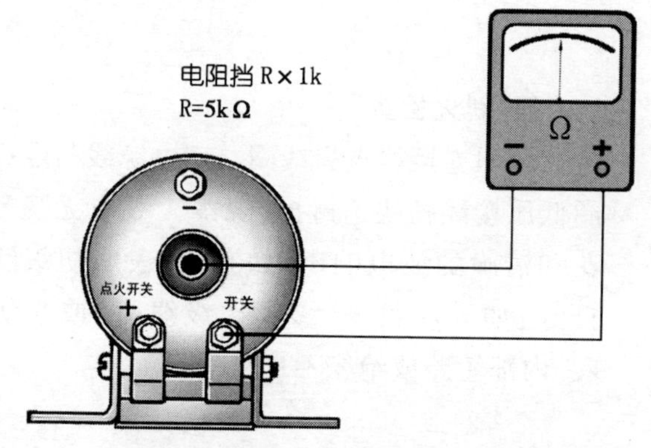

低压线圈及高压线圈电阻的检查

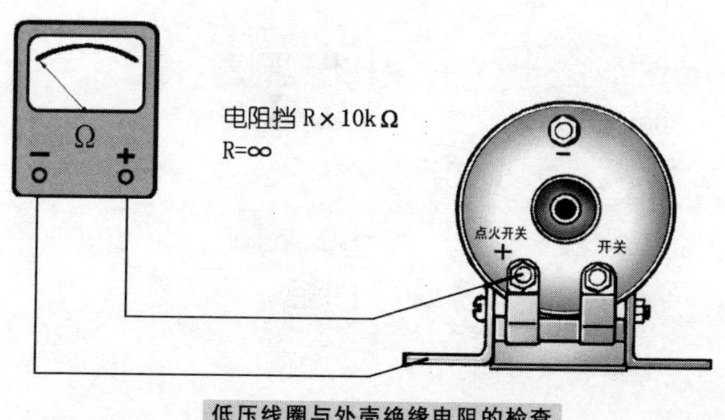

低压线圈与外壳绝缘电阻的检查

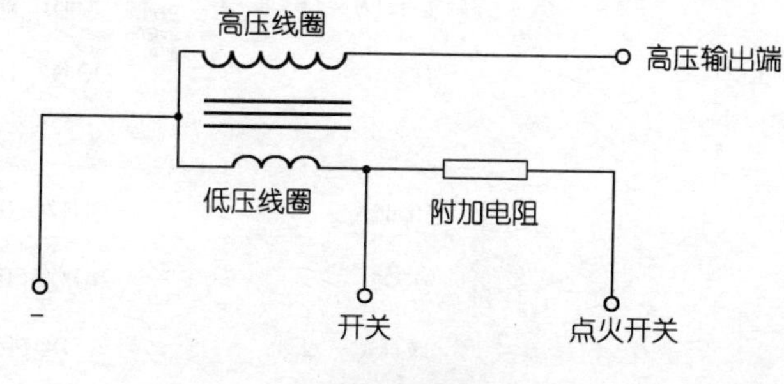

点火线圈电路图

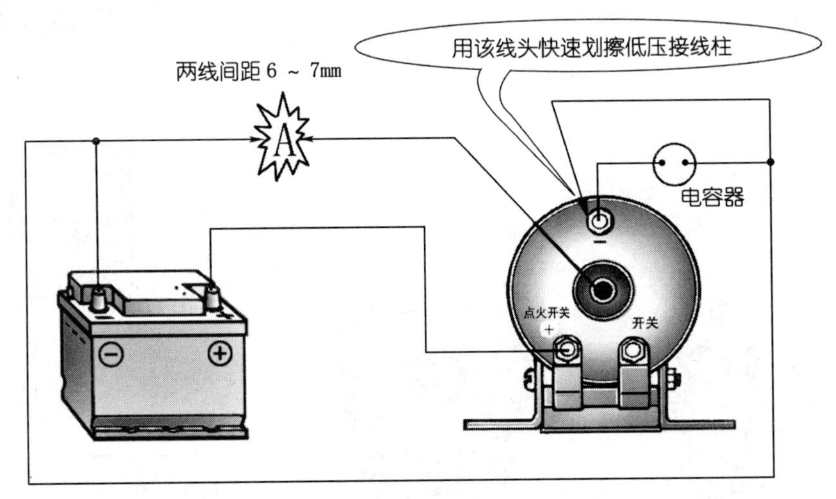

■ 划火检查

按图连接好点火线圈。用电源线与点火线圈低压接线柱快速碰擦，观察 A 处有无强烈火花和清脆的放电响声，如有，则表明初级线圈良好；如火花很弱，多为次级线圈（或初级线圈）内部短路或绝缘不良。

点火线圈原型号	可代换型号	点火线圈原型号	可代换型号
DQ40C	DQ121	DQ121	DQ40C
DQ41A	DQ41C、DQ122	DQ122	DQ41A、DQ41C
DQ41C	DQ41A、DQ122	DQ124	DQ125
DQ42	DQ134	DQ125	DQ124
DQ42A	DQ42C、DQ130	DQ130	DQ42A、DQ42C
DQ42C	DQ42A、DQ130	DQ134	DQ[illegible]
DQ43C	DQ148A	DQ148A	DQ43C

JK301型点火开关的检测与损坏后的应急代用

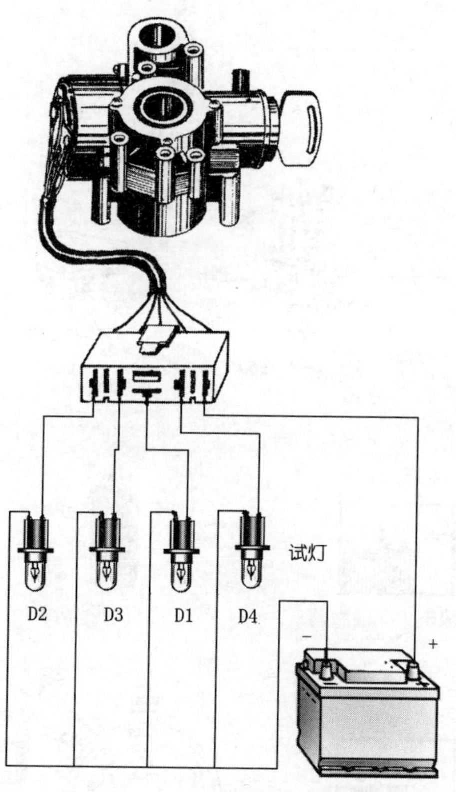

关闭

D1 ~ D4 不亮

D1 亮

D1、D2 亮

D3亮

D3、D4 亮

424 型点火开关外形图

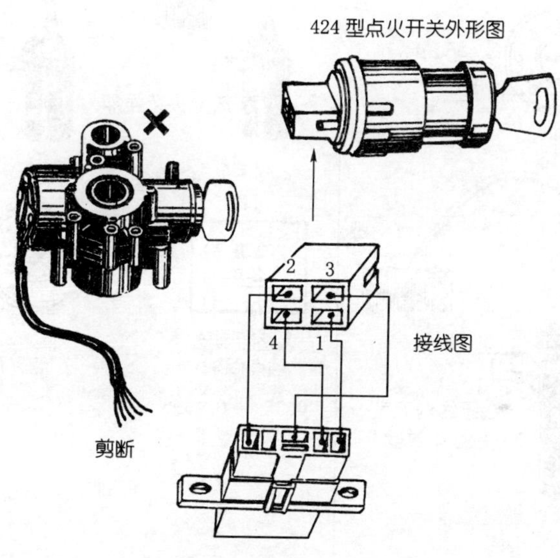

JK424 型点火开关工作挡位

触点代号		1	2	3	4
挡位	关闭	○			
	专用	○	—	○	
	点火	○	○	○	
	起动	○	○	—	○

发动机运转无力

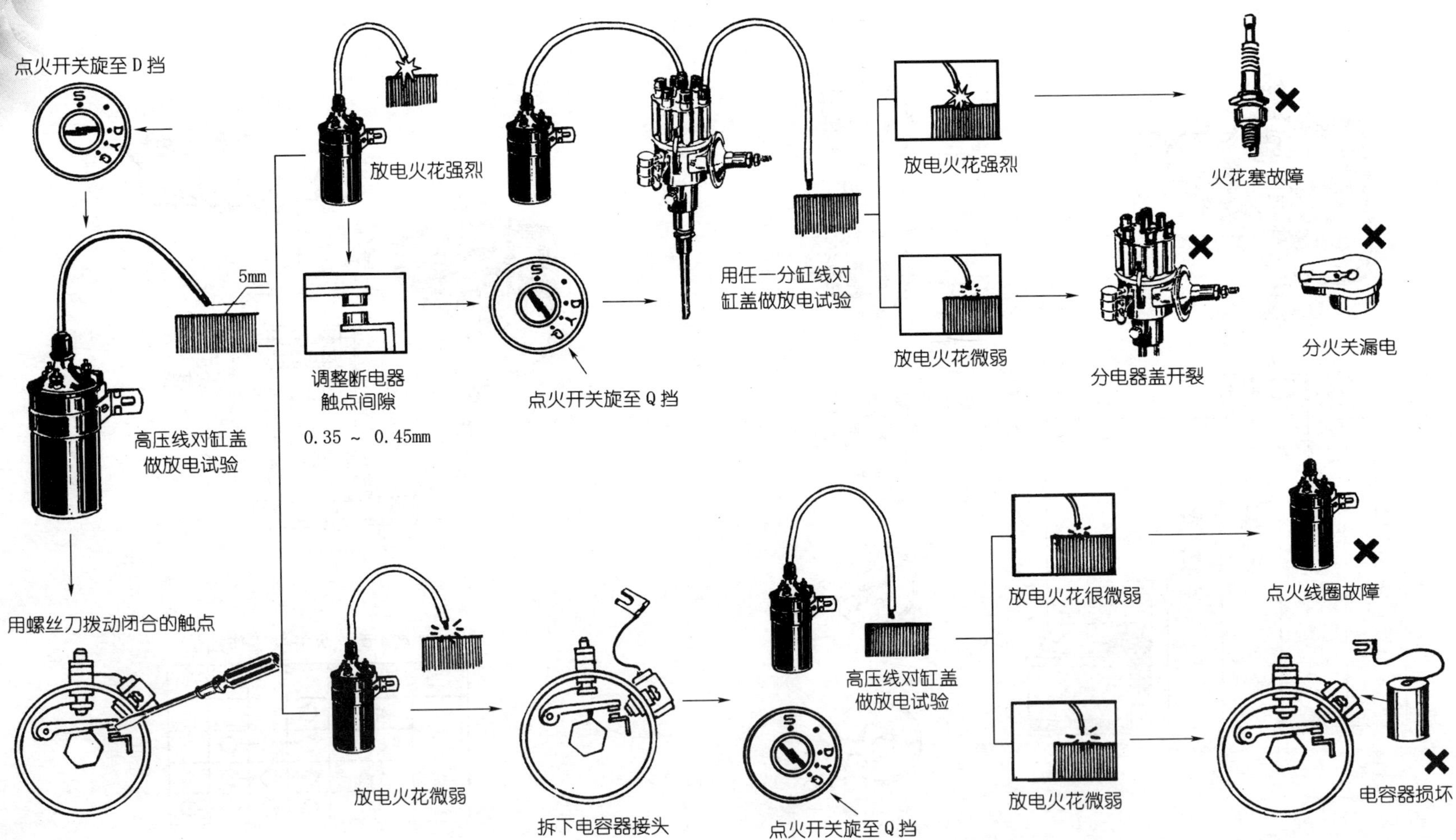
点火开关旋至 D 挡
5mm
高压线对缸盖
做放电试验
用螺丝刀拨动闭合的触点
放电火花强烈
调整断电器
触点间隙
0.35 ~ 0.45mm
点火开关旋至 Q 挡
用任一分缸线对
缸盖做放电试验
放电火花强烈
火花塞故障
放电火花微弱
分电器盖开裂
分火关漏电
放电火花微弱
拆下电容器接头
高压线对缸盖
做放电试验
点火开关旋至 Q 挡
放电火花很微弱
点火线圈故障
放电火花微弱
电容器损坏

点火线圈无高压电输出

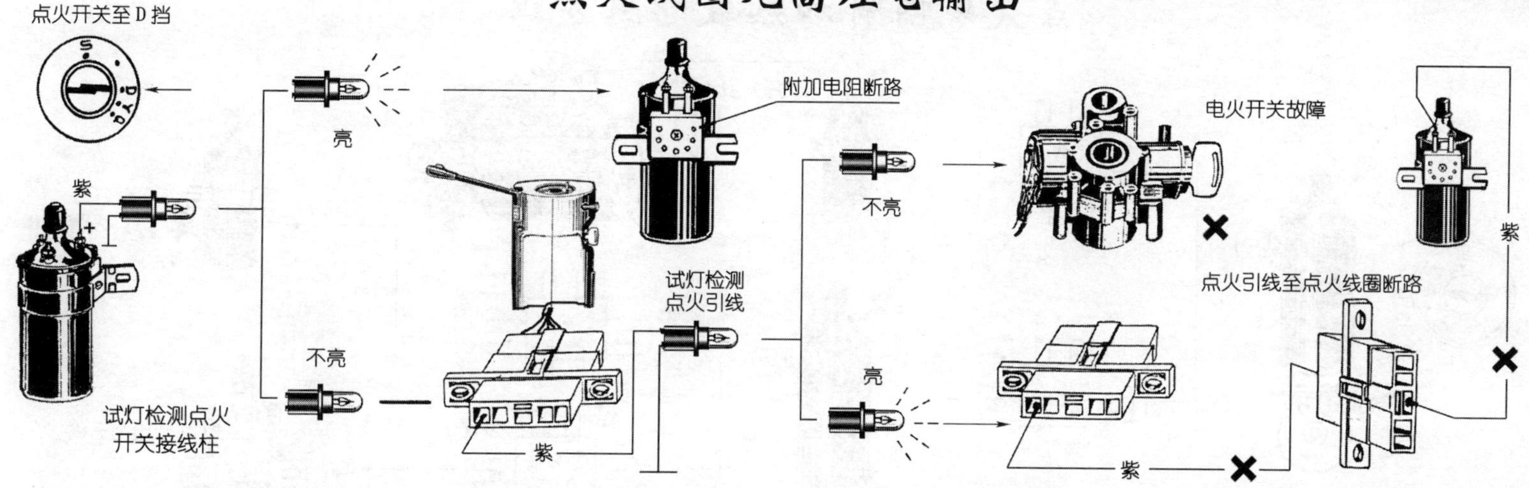

点火开关回位时，发动机才能发动

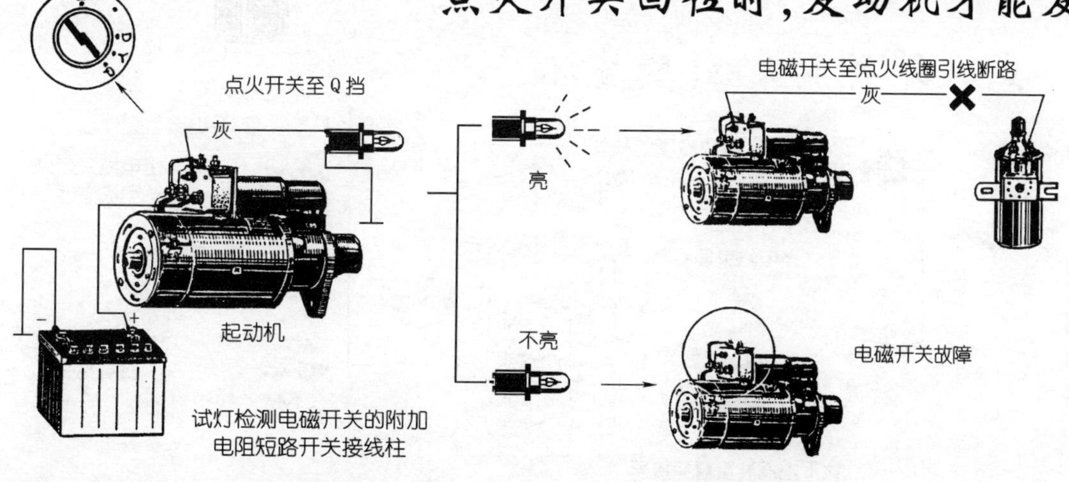

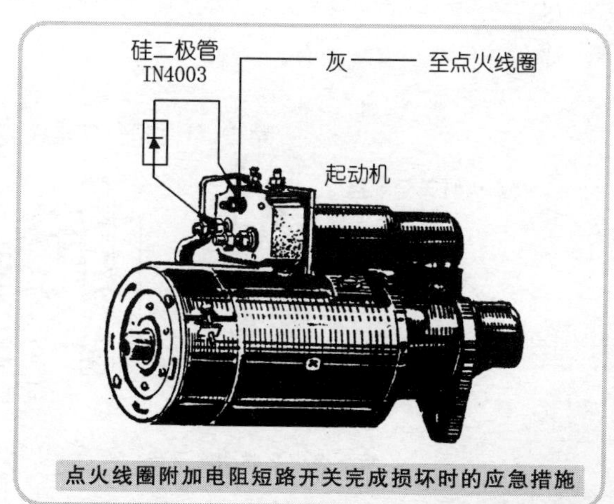

点火线圈附加电阻短路开关完成损坏时的应急措施

点火线圈附加热敏电阻发红

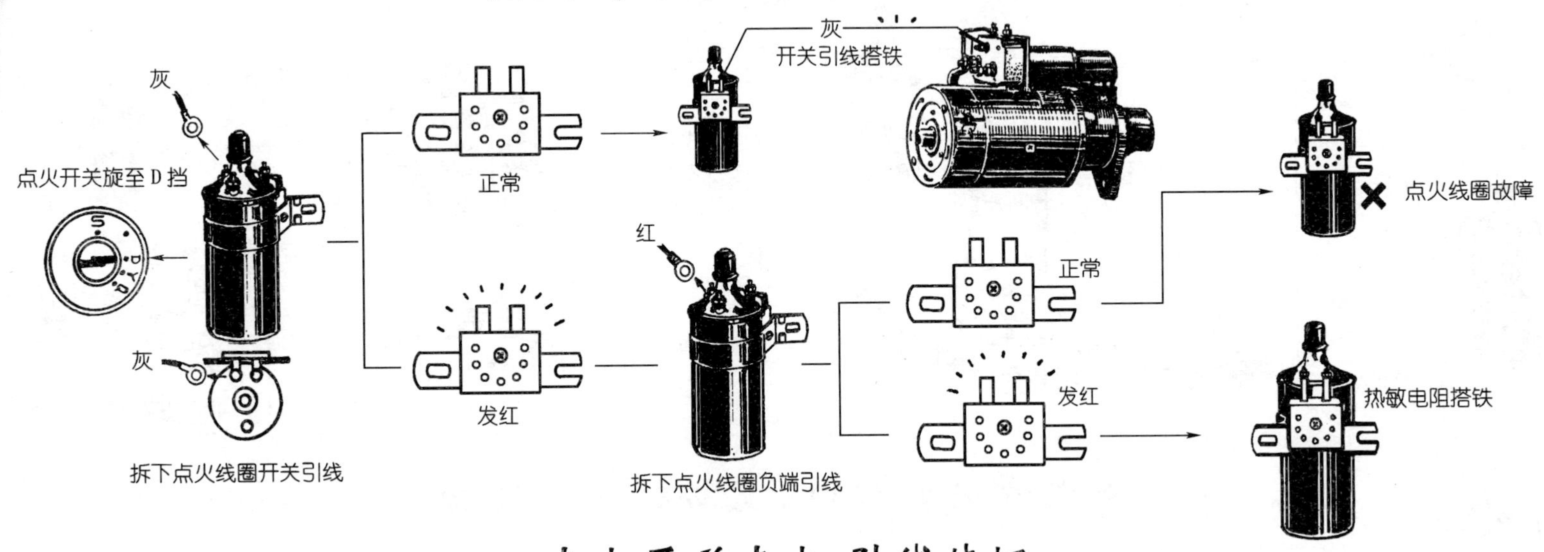

点火开关点火引线烧坏

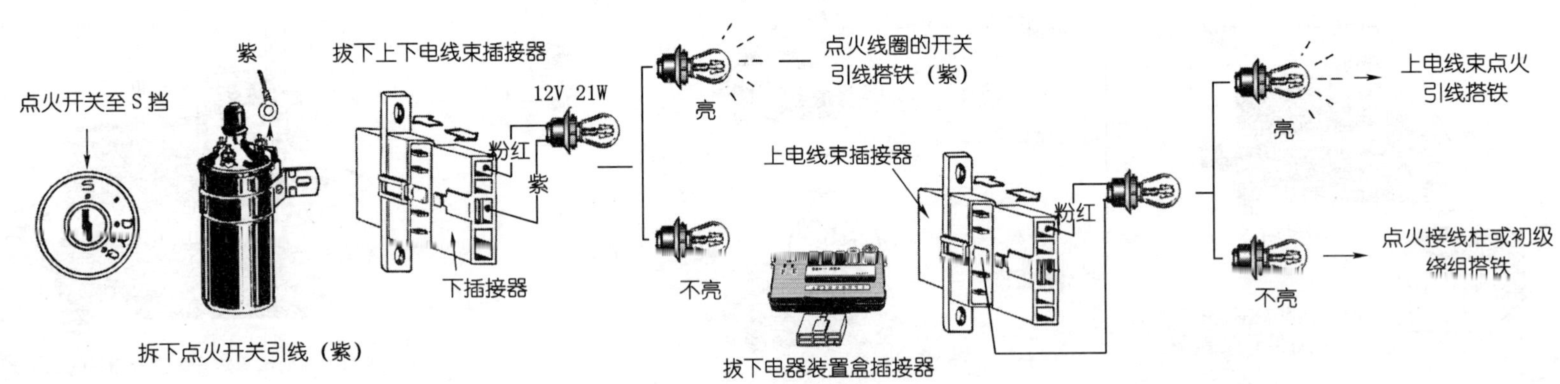

柴油车点火开关旋至预热"Y"挡时，预热指示灯立即发红

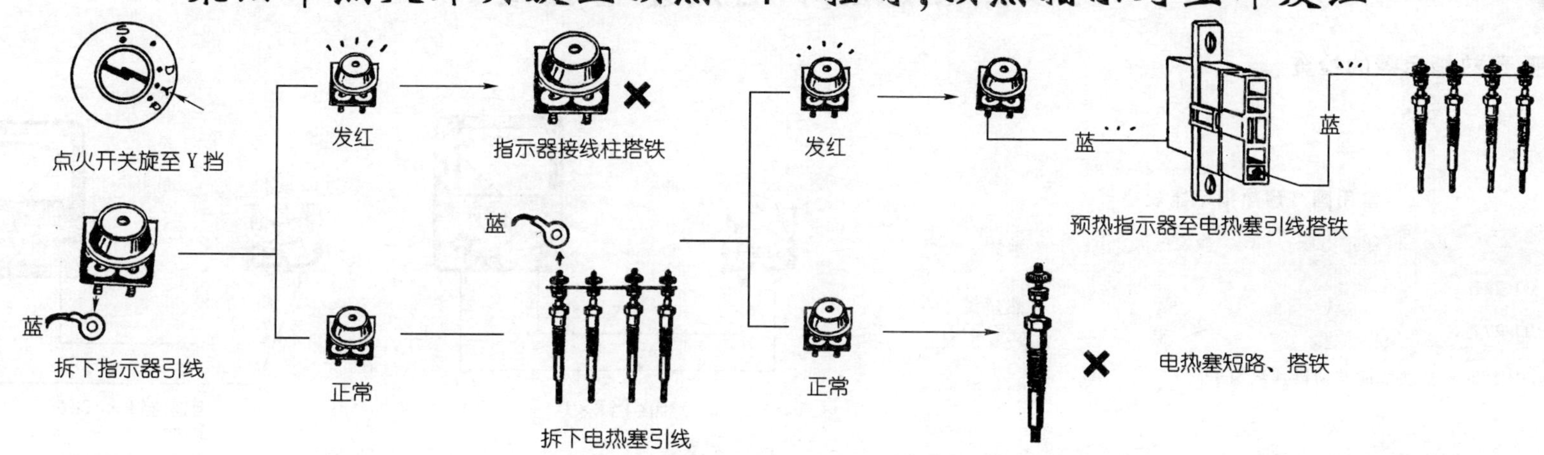

柴油车电热塞不工作

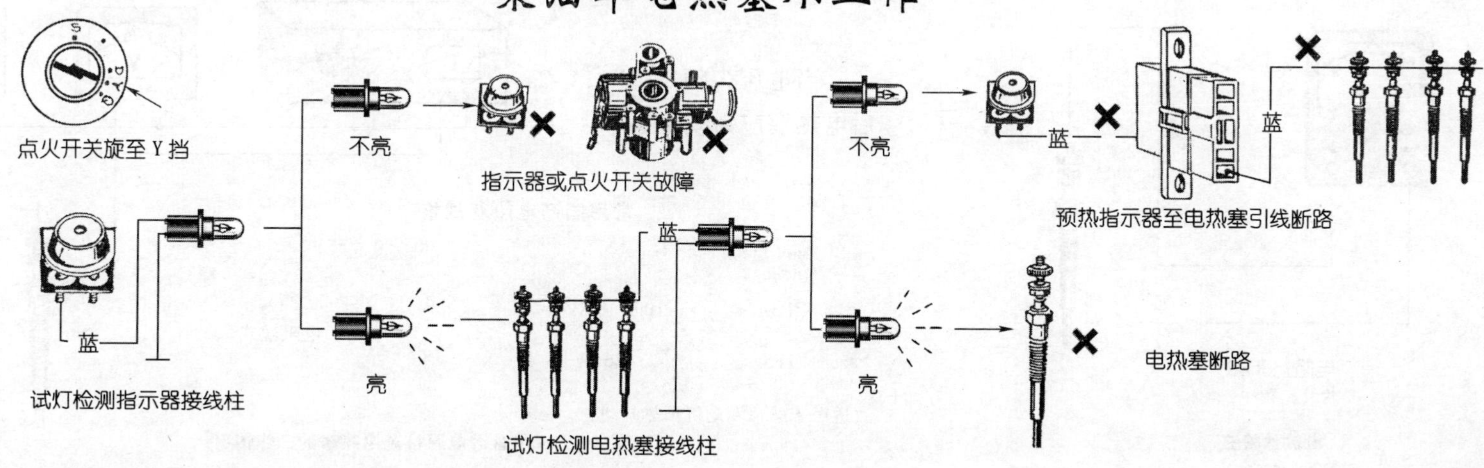

预热指示器和电热塞的检查

■ 预热指示器的检查

常用国产预热指示器规格

型　号	额定电压	额定电流	结构
R1 221	24V	25A	电热丝式
R1 224			

（适用于 24V 系列柴油发动机预热指示）

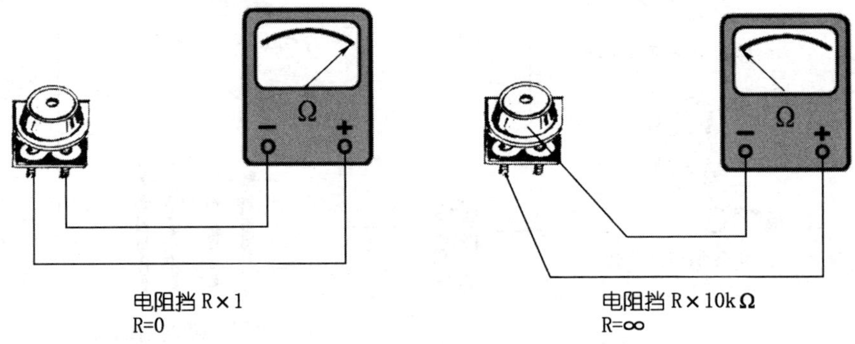

■ 电热塞的检查

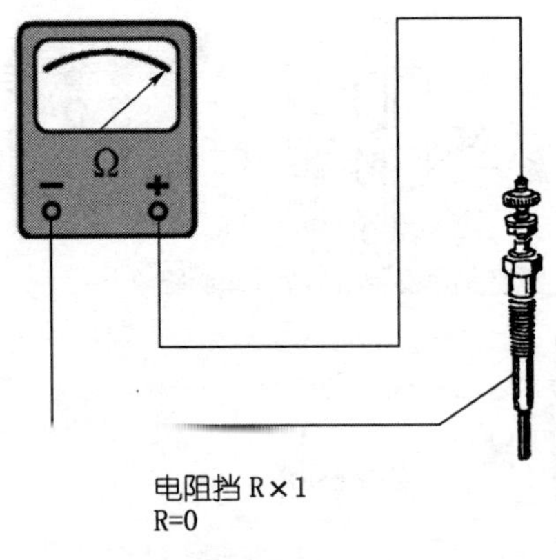

电热丝检查

当电压为额定值时，1~2s 后电热塞应为规定值。

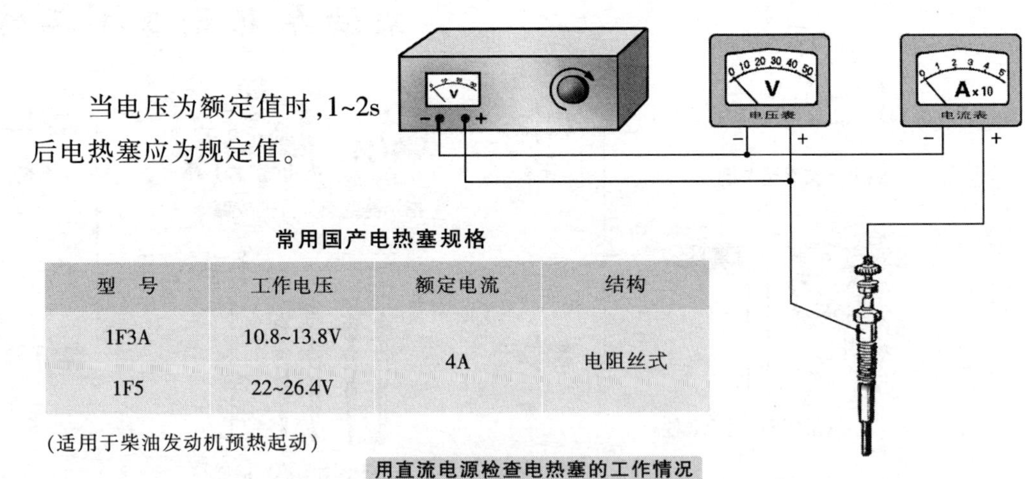

常用国产电热塞规格

型　号	工作电压	额定电流	结构
1F3A	10.8~13.8V	4A	电阻丝式
1F5	22~26.4V		

（适用于柴油发动机预热起动）

用直流电源检查电热塞的工作情况

5 电子控制汽油喷射系统

电控汽油喷射系统的组成

电子控制汽油喷射系统也称微电脑控制汽油喷射系统，简称电控汽油喷射系统（EFI）。由空气供给系统、燃料供给系统和微电脑控制系统三部分组成。微电脑控制系统的主要部件为电子控制单元，英文全称为 Electronic Control Unit，简称 ECU。

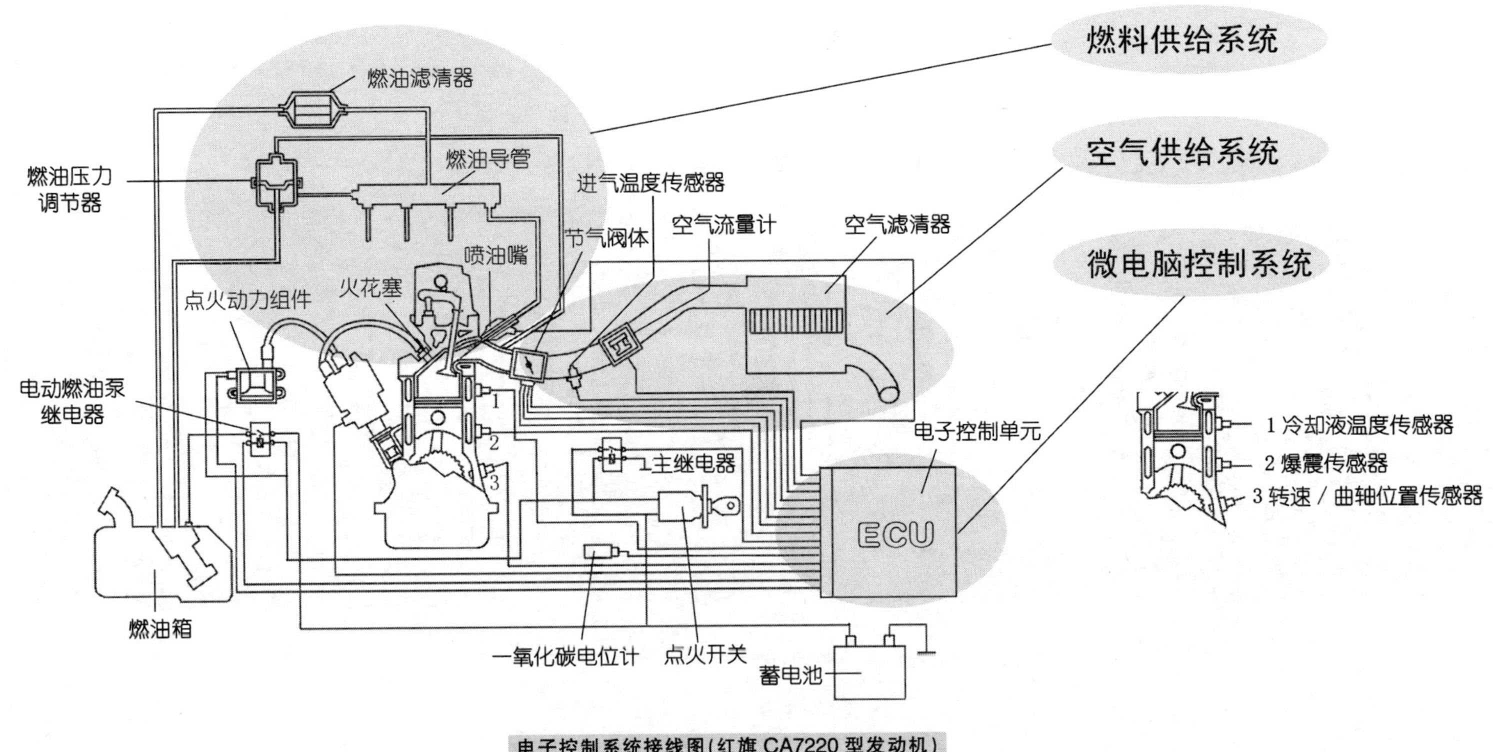

电子控制系统接线图（红旗 CA7220 型发动机）

空气供给系统/燃油供给系统

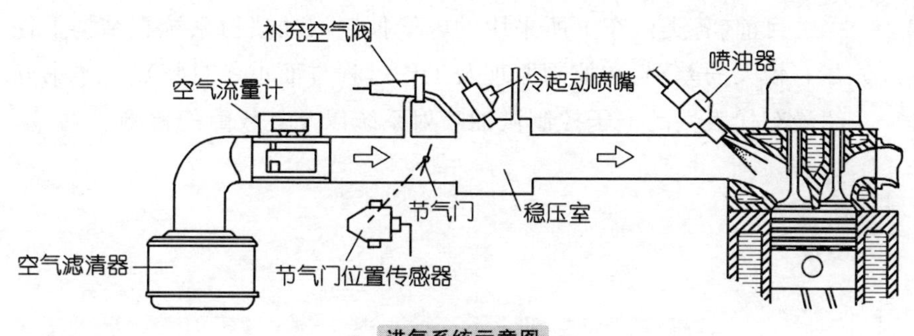

进气系统示意图

空气供给系统 空气经过空气滤清器过滤后，再利用空气计量计测量出空气的温度和流量，经电子控制单元的精确计算，以控制发动机燃烧所需的空气量，空气流经节气门再到稳压室，由此分配到各缸的进气歧管。空气在进气歧管中与喷油器喷射的燃油形成混合气进入汽缸。

ECU
汽油箱
回油管
电动汽油泵
汽油滤清器
燃油分配管
油压调节器
冷起动喷嘴
喷油嘴
节气门

燃油供给系统示意图

燃油供给系统 在燃油泵的作用下，燃油从燃油箱吸出，经燃油缓冲器消除压力脉动后，通过燃油滤清器滤去水分和杂质，由调压器自动调节燃油压力，最后由分配管分配到各喷油器。喷油器的喷油量是根据来自电控单元(ECU)的喷射信号，把适量燃油喷射到进气歧管。

微电脑控制系统

微电脑控制系统(EH)是以电控单元(ECU)为控制中心,并利用安装在发动机上的各种传感器测出发动机的各种运行参数,再按照电脑中预存的控制程序精确地控制喷油器的喷油量,使发动机在各种工况下都能获得最佳空燃比的可燃混合气。

目前,各类汽车上所采用的电子控制汽油喷射系统在结构上往往有较大的差别,在控制原理及工作过程方面也各具特点。本书介绍最有代表性的电子控制汽油喷射系统以及其故障的检测。

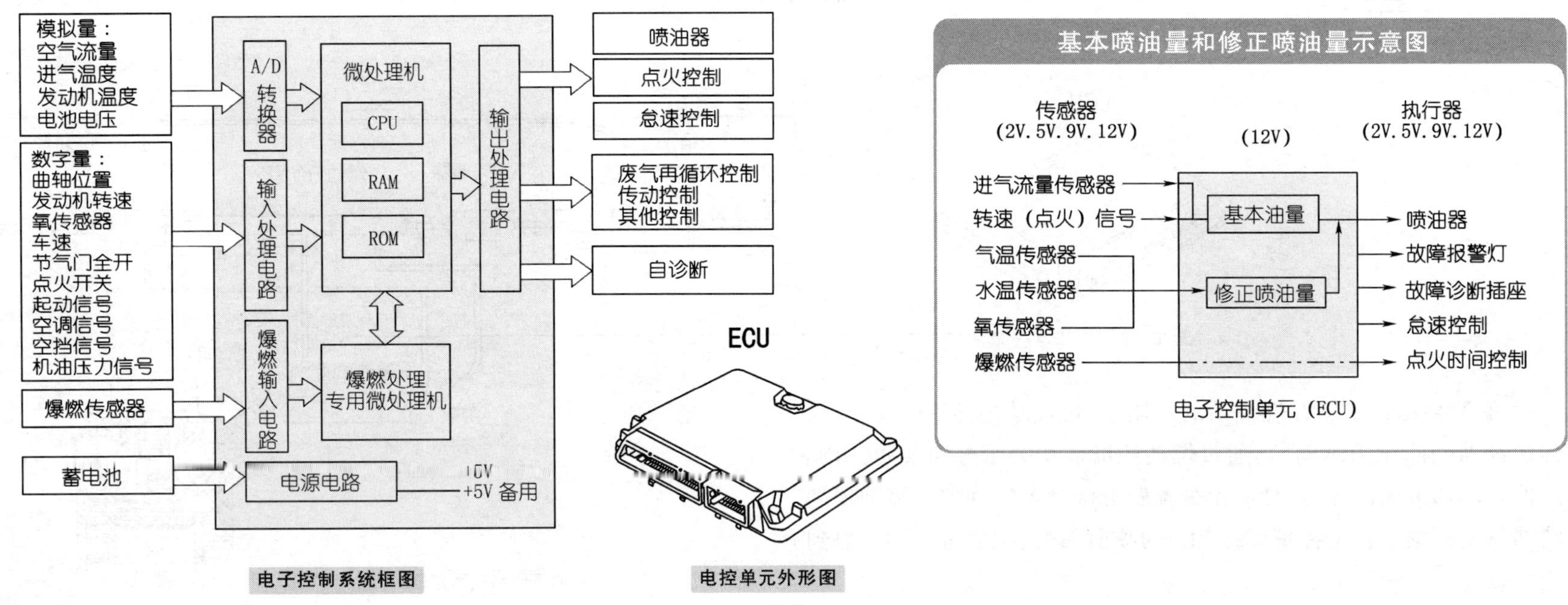

电子控制系统框图

电控单元外形图

进气压力型(D型)汽油喷射系统

进气压力型汽油喷射系统(D 型)是最早应用在汽车发动机上的电子控制多点间隙式汽油喷射系统。

该系统是利用进气管内的压力和温度数据来测定发动机吸入的空气量。进气压力和温度传感器位于节气门后方的进气歧管内，测得的数据作为发动机各工况进气量信号，它和转速传感器信号一起输入电子控制单元(ECU),供 ECU 计算基本供油量,电脑再根据水温、节气门位置、氧传感器等各种传感器检测发动机工况后传来的信号，计算出修正喷油量。保持发动机在各种工况下,获最佳可燃混合气,发出最佳匹配的动力。

早期的压力型汽油喷射系统因受大气状态变化的影响,有时汽车加速反应不良。现代汽车发动机上所使用的压力型汽油喷射系统都是经过改进的,采用运算速度快、内存容量大的微机,完善了控制功能。德国大众公司的 1600 型、奔驰 250CE、奔驰 280SE、日本丰田公司的 HIACE、CROWN 以及雪铁龙毕加索、菲亚特派力奥等轿车均采用压力型汽油喷射系统。

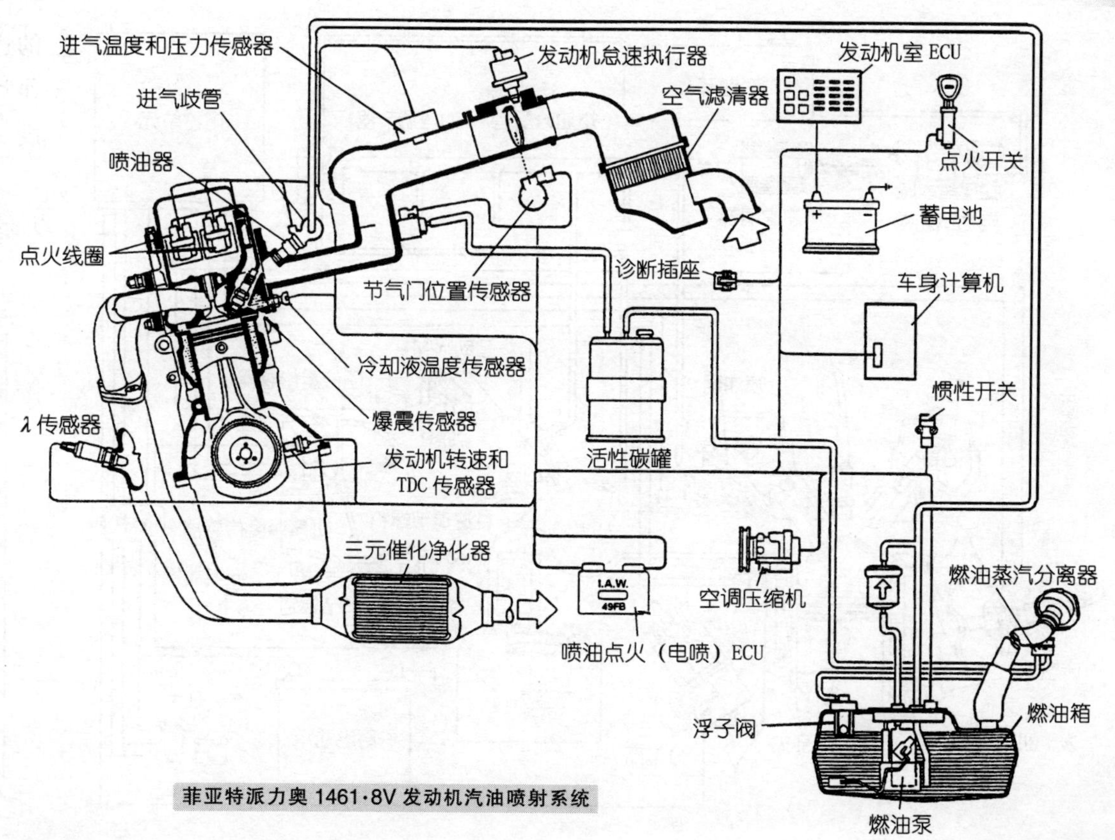

菲亚特派力奥 1461·8V 发动机汽油喷射系统

波许 L 型（L–jetronic）汽油喷射系统

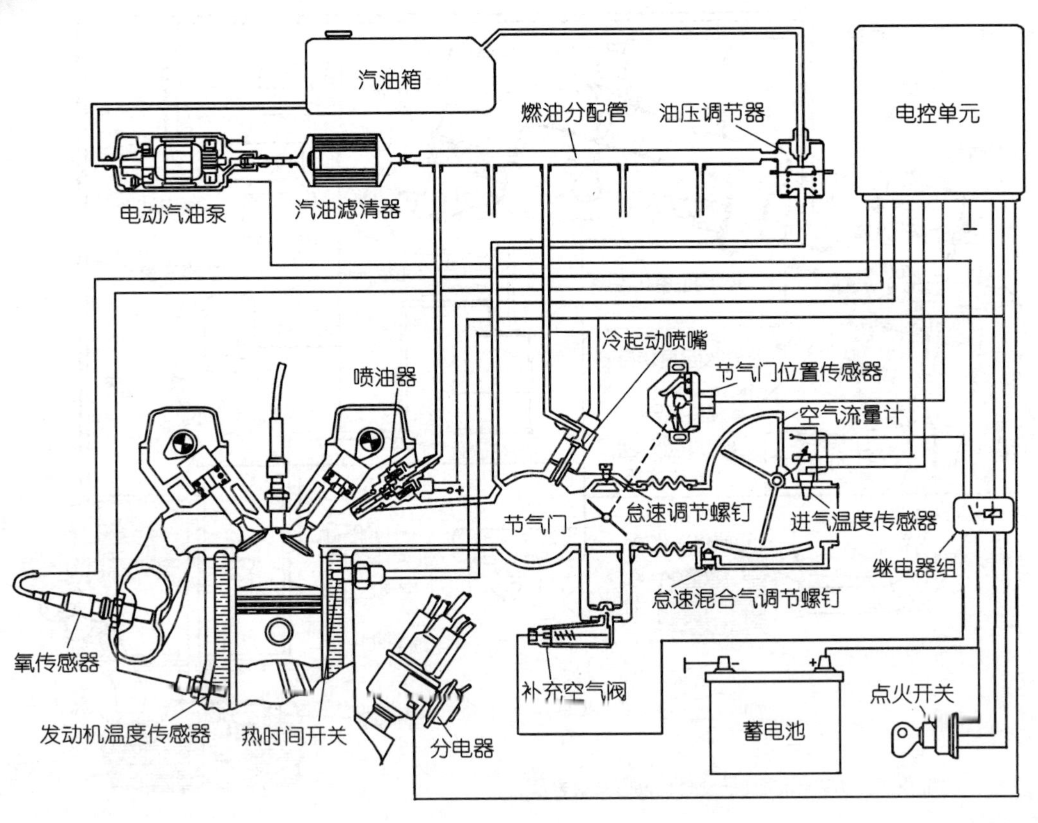

L型汽油喷射系统是在 D 型汽油喷射系统的基础上，于 20 世纪 70 年代发展起来的多点、间歇式汽油喷射系统，目前应用最为广泛。它以发动机的进气量(采用翼片式空气流量计)和发动机转速作为基本控制参数，从而提高了喷油量的控制精度。

L 型汽油喷射系统的组成如左图所示，其控制过程如下图程序框图所示。

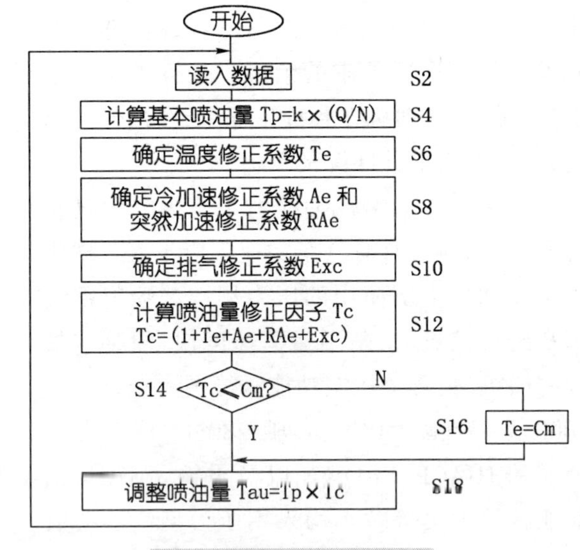

L型汽油喷射系统的控制过程

波许 LH 型（LH–Jetronic）汽油喷射系统

LH型汽油喷射系统是 L 型汽油喷射系统的变型产品，两者的结构与工作原理基本相同，不同之处是 LH 型采用热线式空气流量计或热膜式空气流量计，而 L 型采用翼片式空气流量计。热线式空气流量计无运动部件，进气阻力小，信号反应快，测量精度高。另外，LH 型汽油喷射系统的电控装置采用大规模数字集成电路，运算速度快，控制范围广，功能更加完善。

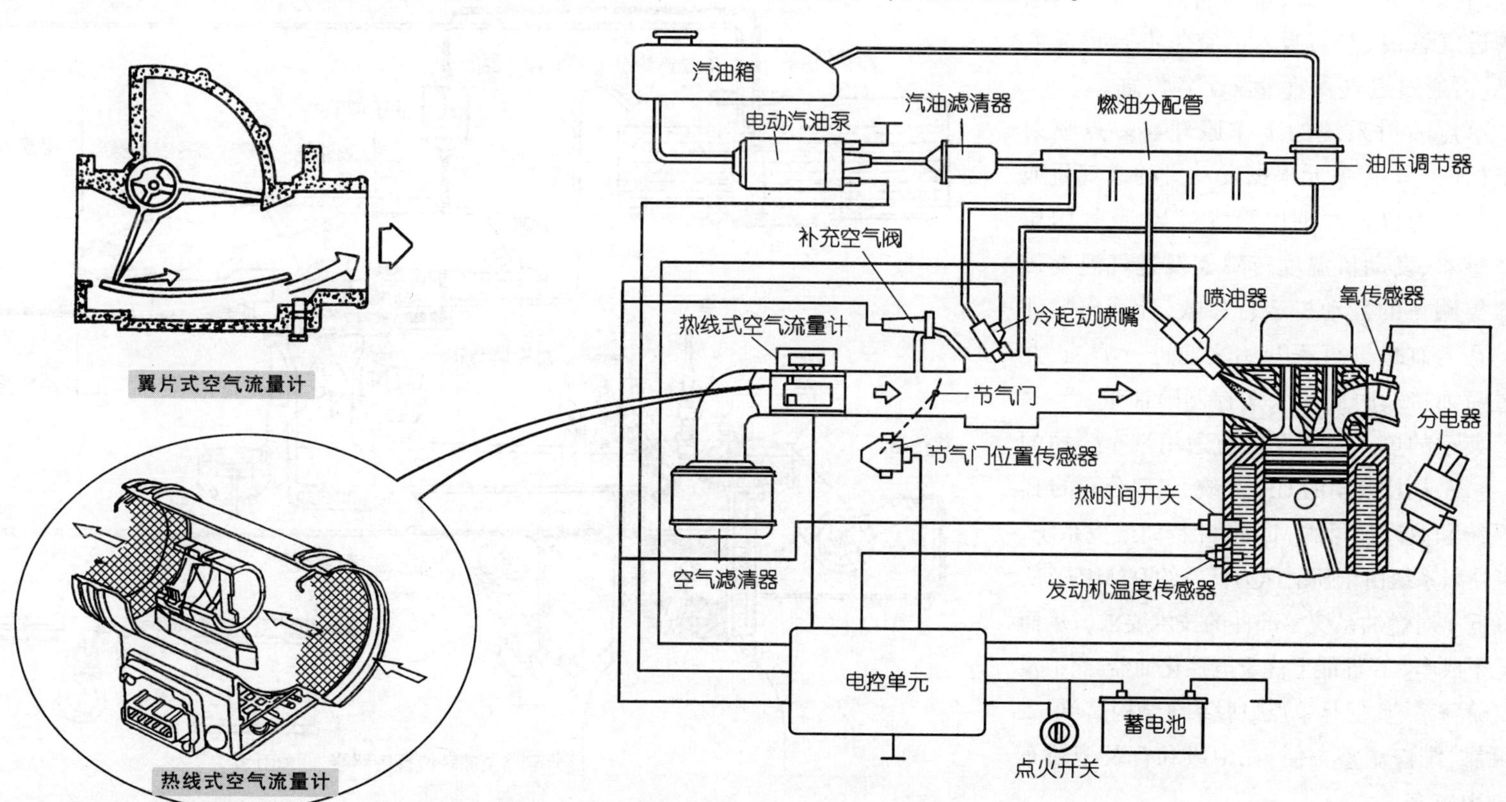

单点汽油喷射系统

单点喷射系统只用一个或两个安装在节气门体上的喷油器，将汽油喷入节气门前方的进气管内，并与吸入的空气混合形成混合气，再通过进气支管分配至各汽缸。

单点喷射系统的工作原理与多点喷射系统相似。电控单元根据发动机的进气量或进气管压力以及曲轴位置传感器、节气门位置传感器、发动机温度传感器及进气温度传感器等测得的发动机运行参数，计算出喷油量，在各缸进气行程开始之前进行喷油，并通过喷油持续时间的长短控制喷油量。

典型的单点喷射系统有通用汽车公司的TBI系统，福特公司的CFI系统，三菱公司的E-Cl系统和波许公司的Mono–叶特朗尼克系统。单点喷射系统由于喷射压力低（约0.1MPa），所以降低了对燃油系统零部件的技术要求，从而降低了成本。在性能上优于电控化油器，而不及多点喷射系统。但是单点喷射系统结构简单，工作可靠，维修调整方便，在中级和普及型轿车上应用较多。

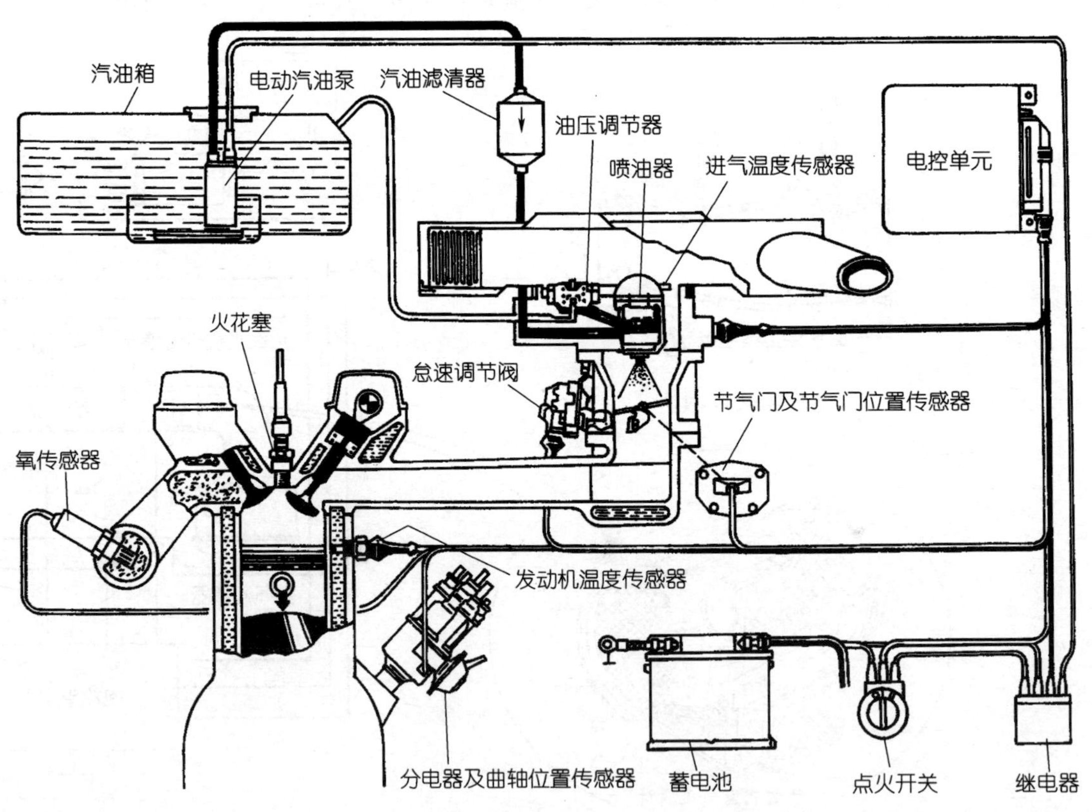

波许M型(M-Jetronic)汽油喷射系统

M型汽油喷射系统将L型汽油喷射系统与电子点火系统结合起来,用一个由大规模集成电路组成的数字式微型计算机同时对这两个系统进行控制,从而实现了汽油喷射与点火的最佳配合,进一步改善了发动机的起动性、怠速稳定性、加速性、经济性和排放性。广泛地用于轿车发动机上,如宝马535i、奥迪V8等。

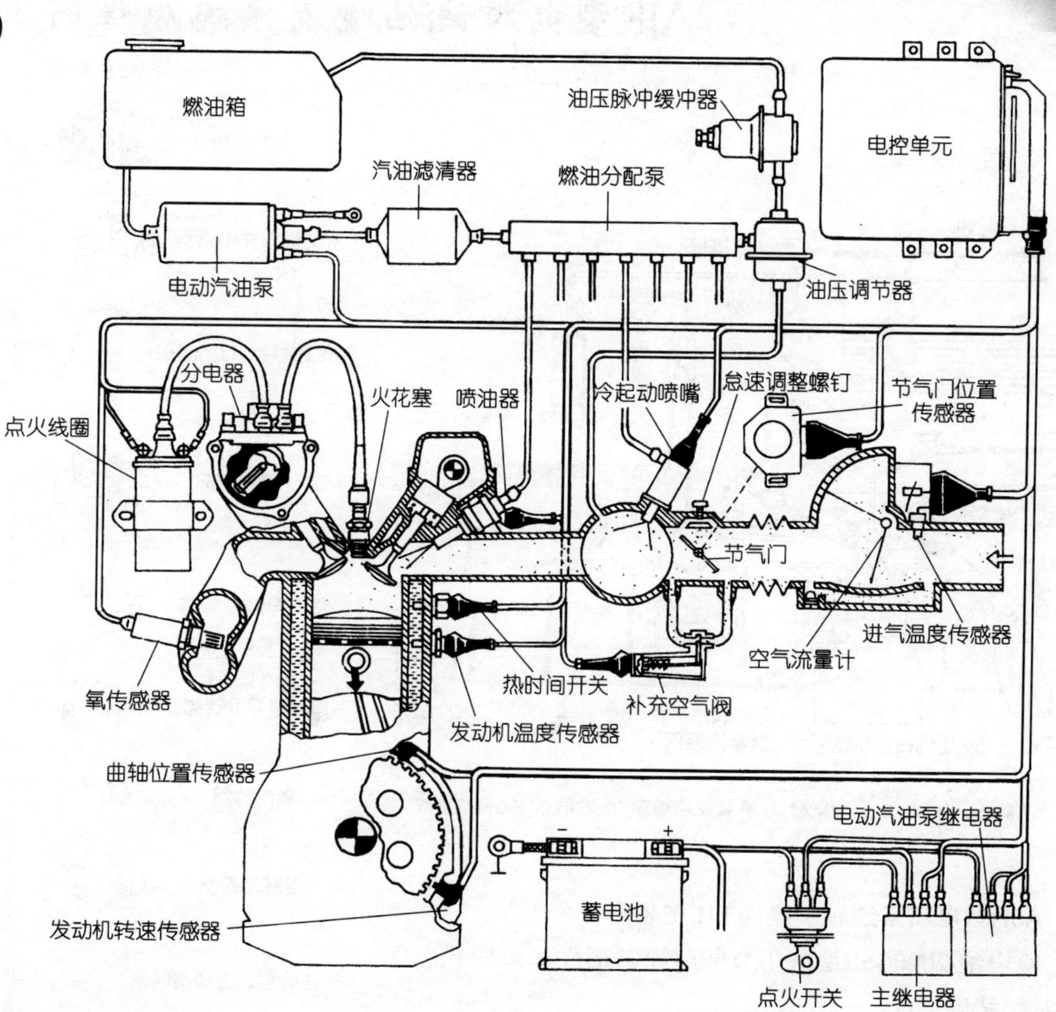

AJR型电控汽油喷射系统原理图及部件

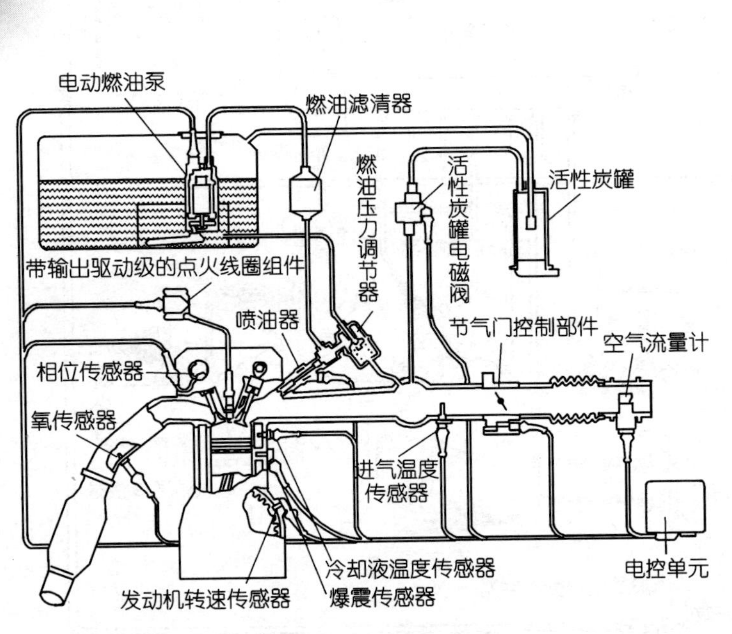

Motronic M3.8.2(AJR 型)电喷系统原理图(桑塔纳 2000GSI 轿车)

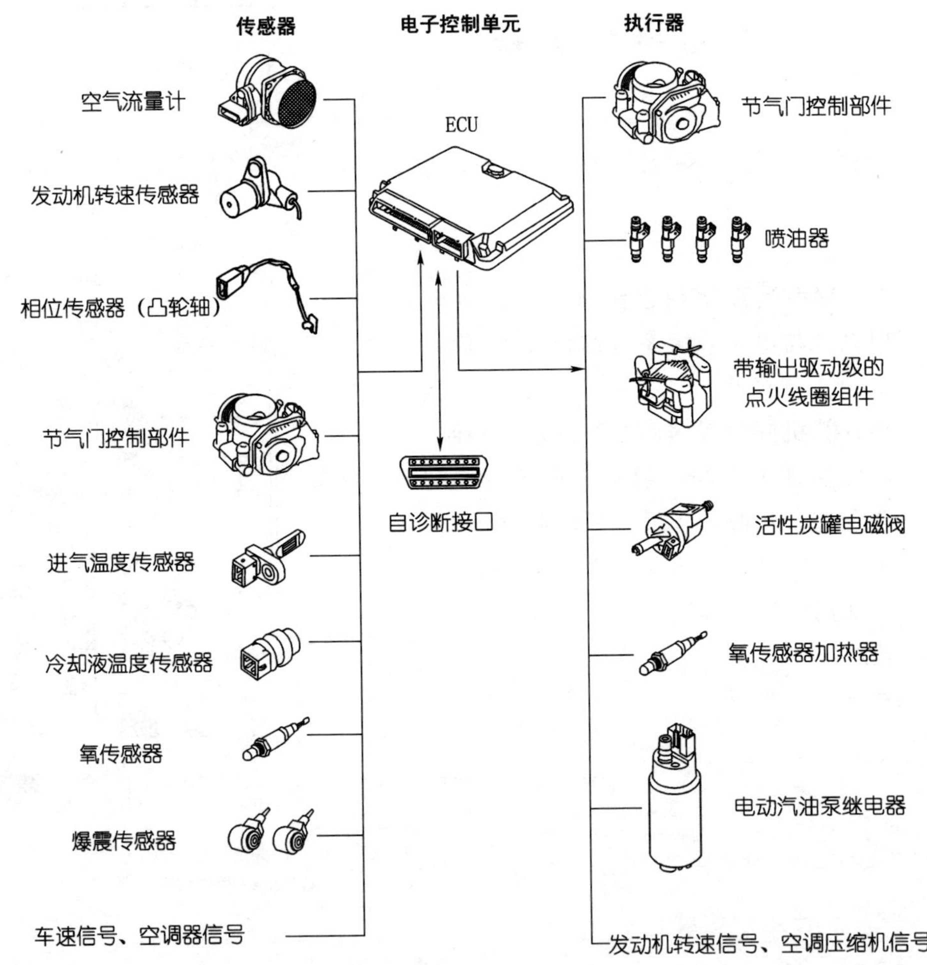

AJR型电喷系统属于波许 LH 型系列。

桑塔纳 2000GSI 型采用节气门控制部件和热膜式空气流量计,精度更高。

发动机微电脑控制系统的故障诊断、检修注意事项

■ 诊断注意事项

① 在拆卸电喷系统各电线接头时，首先要关掉点火开关，拆下蓄电池负极桩夹。如果只检查电控系统，则仅关闭点火开关即可。

② 拆下搭铁线后，微电脑储存的所有诊断代码都会被清除，如需要数据，应在拆下搭铁线前读取诊断代码。

③ 对于带有安全气囊系统的汽车，应在拆下搭铁线120s或更长时间后，才能开始诊断工作，否则可能在检修时气囊意外弹出造成伤害。

④ 蓄电池正、负极不可接反。

⑤ 零部件拆卸时不能搞乱，最好按拆卸顺序做好记录，按次序放好，绝对不能装错。

⑥ 拆开插接器时，不要野蛮地用钳子夹住插接器拔出，要先压下锁紧弹簧或锁扣(下左图)，然后用手拔出，以免损坏插接器。在装插接器时，应插到底并听到轻轻的"咔嚓"锁止声。

⑦ 在用万用表检查插接器时，应按中图所示方法进行操作。检查导通时，应将表笔轻轻插入，不可用力过大。对于防水型连接器，应小心取下皮套。

⑧ 测试表笔的插入方向如下右图所示。其中图1表示从带有配线的后端插入表笔；图2表示从没有配线的前端用表笔进行检查。

⑨ 运用测电压的方法来检查线路时，要使用高阻抗万用表，其内电阻应不低于10kΩ/V。

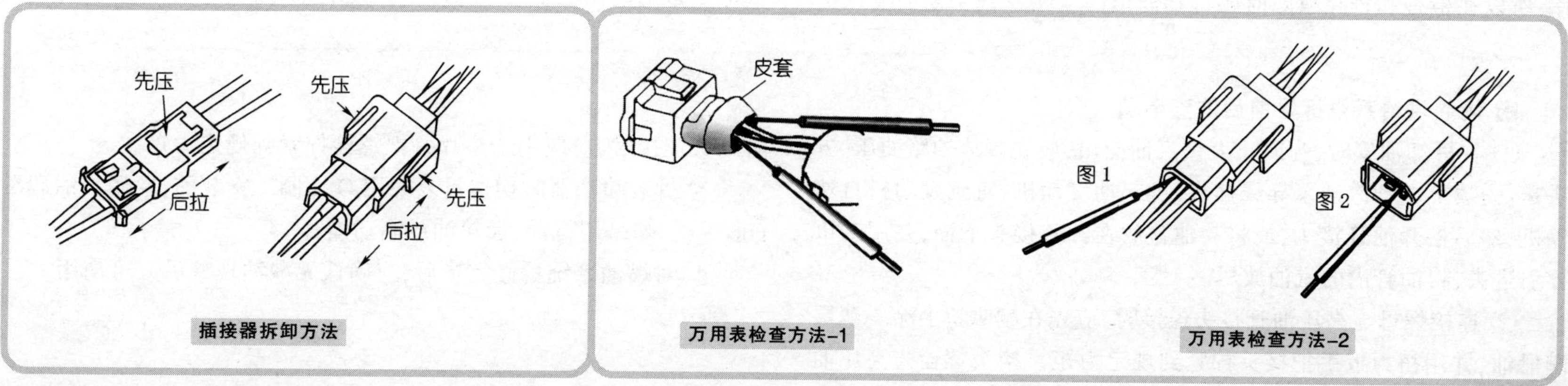

插接器拆卸方法

万用表检查方法-1

万用表检查方法-2

⑩ 不可在拔下微电脑插头的情况下直接测量微电脑各端子的电阻,否则可能会损坏微电脑。

⑪ 不要用试灯测试与微电脑相连的电器装置。

⑫ 在进气系统检修前,应先检查发动机量油尺、机油加油口盖以及乙烯塑料软管等是否脱落;空气流量计与汽缸盖之间的进气系统零件是否脱开、松动或裂开。确认以上情况完好后,再考虑拆下有关零件检测。

■ 检修注意事项

① ECU 是一个精密、完整的电子部件,一般不好修理,坏了换一只新的。不要试图打开 ECU 盖,以免把好的 ECU 弄坏。

② 电子线路和部件怕水入侵,在野外雨天检修及清洗发动机时要特别注意防水。

③ 除 ECU 外其他部件中的元件也应随总成一起更换, 不要试图更换其中某一个元件。

④ 在电控系统的电子部件内,有十分复杂而骄气的集成化的芯片,所以在检查和排除故障时要特别谨慎。应按维修手册的要求进行检测,不要随意乱动,有时电表笔误碰一下其他端子,也可能造成人为的故障。

⑤ 需要用电烙铁焊接微电脑导线时,应先拔下微电脑插接器。

⑥ 需要在车身上进行电弧焊时,应先断开微电脑电源。

⑦ 汽车需要烤漆时,应先拆下微电脑以防受高温损坏。

⑧ 安装微电脑时,应戴上金属环带以防静电损坏微电脑。

⑨ 无线电台会对微电脑的工作产生影响。必须安装时,电台天线应尽量远离微电脑,而且功率不宜超过 8W。

■ 燃油供给系统拆检前后注意事项

① 在拆卸油管时,为防止大量汽油漏出,应先释放油路油压。方法是:先拔下电动汽油泵导线插头,再起动发动机,直到发动机自然停机,然后松开油管接头,或将一油盆放在油管接头下面,并用毛巾导引进去,将油管内的汽油放尽。

② 连接螺母与高压油管接头连接时,应先在喇叭口上涂一薄层润滑油,并用扭力扳手把接头拧紧到规定力矩。接头螺栓与高压油管接头连接时,应使用新垫片并把螺栓拧紧到规定力矩。

③ 拆装喷油器时切勿重复使用 O 形圈。安装前,要用汽油润滑O形圈(切勿采用机油、齿轮油或制动油)。

④ 对燃油系统检修完毕后,应确认无漏油现象后方可使用。

断路和短路的检测方法

很多电控系统故障是由导线的断路、短路以及插接器接触不良所致。

■ 断路故障

导线的折断造成断路，但导线在中间折断是很少见的，大多是在插接器处断开。因此，尤其应仔细检查传感器和插接器处的导线。

□ 断路故障检测方法

脱开 ECU 和传感器侧的插接器，测量相应端子间电阻。线路正常时，其阻值应小于或等于 1Ω，否则说明线路有断路故障（见下页图）。

■ 短路故障

经常是由导线与车身之间或在开关内部短路造成的。导线与车身之间短路时，应仔细检查有无导线卡在车身内，导线固定是否恰当。

□ 短路故障检测方法

拔下线路两端的插接器，测量相应端子与车身之间的电阻。线路正常时，其阻值应大于或等于 1MΩ，否则说明该线路短路（见下页图）。

插接器接触不良

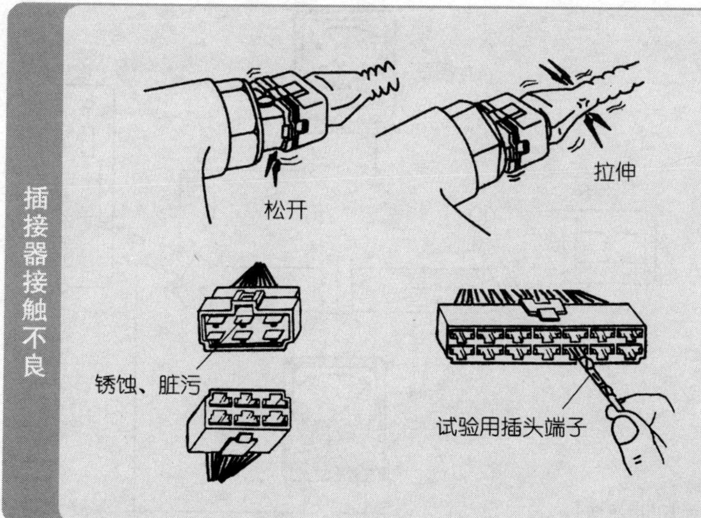

原因 可能是插接器端子锈蚀、脏污、灰尘进入端子，或插接器插头与插座之间的接触压力降低所致。检查时，可将插接器松开，再进行多次拉伸，观察接触状况。

检修方法

① 把插接器分开后再重新用力插上，可重复插几次，改变其接触状况，可能会恢复正常接触。

② 断开插接器连接后，认真检查插接器端子上有无锈蚀、脏污、松动或损坏现象。发现异常现象后再进行清洁和修复处理。

③ 用一个插头片焊接在一个长柄前，作为试验用插头片，将此工具逐个插入各插座孔内（如图），如果在哪一个座孔中插头端子拔出比其他座孔容易，说明该插孔可能有接触不良现象。

断路、短路检查方法

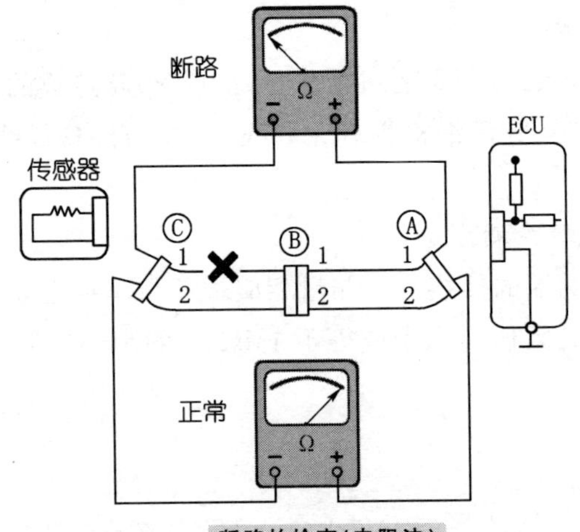

断路的检查(电阻法)

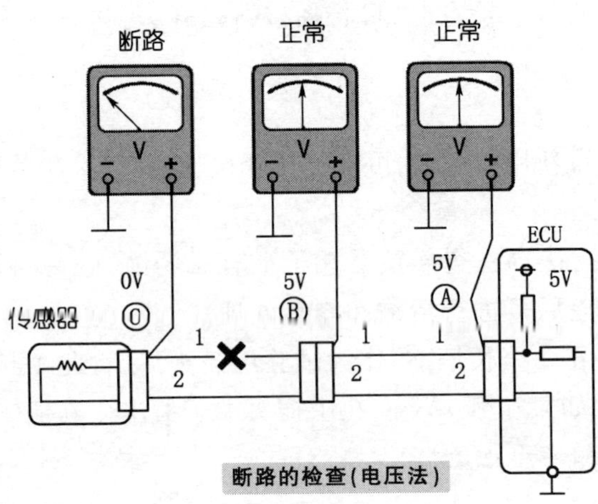

断路的检查(电压法)

断路电阻检查(电阻法)　拆开插接器,用电表欧姆挡按左上图所示测量,电表不导通(其阻值为 ∞)的 1 号线路为断路,电表导通(其阻值应小于或等于 1Ω)的 2 号线路为正常线路。

断路电压检查(电压法)　连接好插接器,打开点火开关,电压表按左下图所示测量,无电压的一端电路(B 至 C 的 1 号线)为断路;A 至 B 的 1 号线为正常线路。

短路电阻检查(电阻法)　拆开插接器,用电表欧姆挡按下图所示测量,导通的 1 号线为搭铁;不导通的 2 号线(其阻值应大于或等于 1MΩ)为正常线路。

以上方法和原理适用于所有汽车线路的检查。

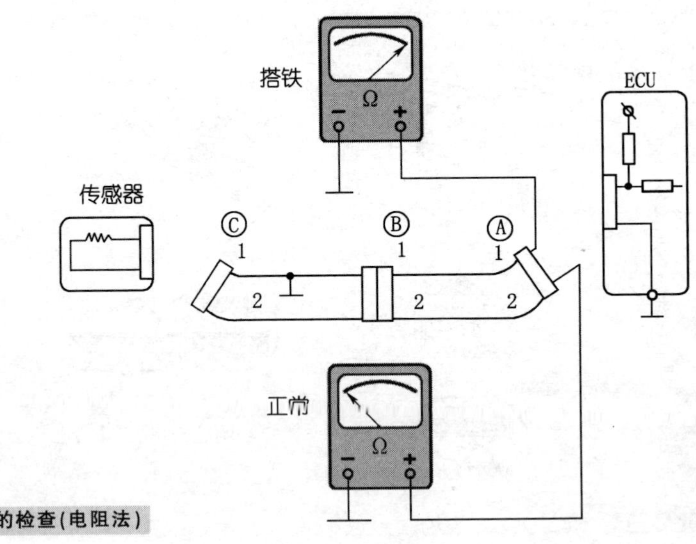

短路的检查(电阻法)

电控汽油喷射系统故障诊断程序

检修电控汽油喷射系统时,常用的故障诊断方法有自诊断法、故障表诊断法、电路检测诊断法以及故障征兆模拟诊断法等。故障类型不同,所选用的故障诊断方法也不同。故障诊断方法选用得当,易于故障排除。在实际故障诊断时,往往是几种方法交替使用。只有灵活运用各种故障诊断方法,才能收到满意的诊断效果。在进行故障诊断时可参照电控汽油喷射系统故障诊断程序进行。

■ 故障自诊断法

自诊断法就是利用微电脑的自诊断功能,人工或借助于汽车电脑解码器将存储在电脑内部的故障信息提取出来,进行故障诊断的方法。

□ 利用汽车电脑解码器进行故障自诊断

汽车电脑解码器分专用型和通用型两类。专用型汽车电脑解码器是各汽车生产厂家为自己的车型所设计制造的。这种测试仪只能用于指定车型,如V.A.G1552解码器只能适用于大众公司生产的汽车,DRB-Ⅱ解码器只适用于克莱斯勒车系,STAR-Ⅱ解码器只适用福特车系。通用型汽车电脑解码器(如国产的电眼睛等)实际上是个微型电脑,可以插接各种车型自诊断系统的检测磁卡,可以提取各种车型的故障码。

□ 解码器的操作

① 关闭点火开关,将解码器插入诊断插座内,然后接通点火开关,此时显示屏上会有文字显示。

② 根据说明键入所需进行测试系统的地址字,即可对相应系统进行测试。

自诊断系统具体操作方法应根据各汽车厂家提供的有关说明进行操作。

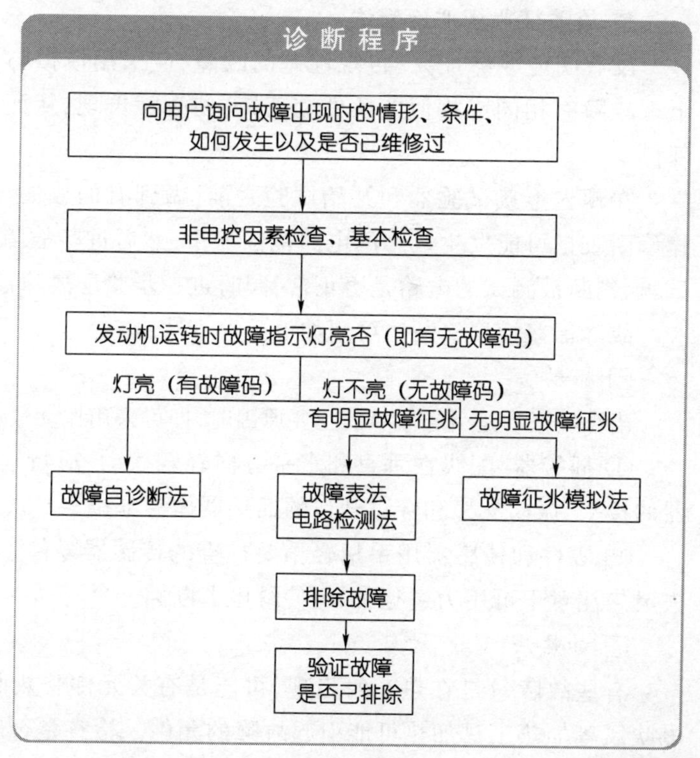

■ 故障表诊断法

在各汽车公司的维修手册中，均提供有故障诊断表，表中列出了故障现象、可能的故障原因以及检测的先后顺序。当遇到故障代码没有显示的故障时，可运用故障表诊断法进行诊断，逐个缩小检测范围，可迅速找到故障部位。

■ 故障征兆模拟诊断法

没有明显故障征兆、再现性差的故障，应采用模拟与用户车辆出现故障时相同或相似的条件和环境，使故障再现，从而确定故障部位。

在预先连接试验器和开始试验之前，做到有的放矢，先参阅故障诊断表把可能发生故障的电路范围缩小，然后进行故障征兆模拟试验，判断被测试的电路是否正常，同时进一步验证故障征兆。

故障征兆模拟诊断法可用如下几种方法

□ 振动法

当怀疑振动是引起故障的主要原因时，即可采用振动法进行试验。

① 插接器、配线在垂直和水平方向轻轻摆动，应特别注意插接器的接头、振动支架和穿过开口的插接器体等部位。

② 零件和传感器用手指轻拍要检查的传感器零件，检查是否失灵。注意不可用力过猛，以免使继电器断路。

□ 加热法

有些故障只是在热车时出现，可能是有关元件受热所致，可用电吹风等加热工具加热可能引起故障的元件，检查是否出现故障。但加热温度不得高于60℃，以免烧坏元件；**特别提醒!!** 不可直接加热 ECU 中的零件。

□ 水淋法

当有些故障是在雨天或潮湿天气产生时，可把水喷淋在车辆上，检查是否出现故障。但应注意不可将高压水枪直接喷在发动机零部件上，特别是电子元器件上，ECU 进水将可能损坏。而应模拟下雨的效果喷淋在散热器前面，间接改变温度和湿度。

□ 超负荷试验法

当怀疑故障可能是因用电负荷过大而引起时，可接通车上全部电气设备(包括加热器、鼓风机、前灯以及后窗去雾器等)，检查是否发生故障。

□ 管路接口试验法

当怀疑某些系统的管路可能存在漏气、插错(如废气再循环系统、曲轴箱通风系统)等故障时，可采用拔下(或堵住)相应管路的方法，观察故障是否发生变化。如此即可判断出故障部位。

■ 电路检测诊断法

该诊断法是指通过测量微电脑端子电压或微电脑线束插接器各端子间电阻来检测电路故障的方法。检测时，将测得的电压值或电阻值与标准值相比较，如果不符，说明与该端子相连的电路有故障。通过进一步检测就可确定具体的故障部位。

运用电路检测诊断法时，必须有微电脑插接器端子图，并且已知端子标准电压值及微电脑线束插接器上各端子间的标准电阻值。在此检测的基础上，若再能根据电控系统电路图进行综合分析，则可很快地确定出故障部位。

电路检测诊断法有两种：微电脑端子电压检测法和微电脑插接器端子电阻检测法。

□ 微电脑端子电压检测法

微电脑端子电压检测法是指通过测量微电脑端子电压来判断故障部位的方法。其检测步骤为：

① 准备阶段：检查并确认蓄电池电压不低于11V；找到微电脑，拆下固定装置；确认微电脑插接器插接良好，接通点火开关。

② 把高阻抗电压表的表笔从微电脑插接器背后插入，测量微电脑各端子的电压值，如下左图所示。

③ 将测得的各端子电压值与其标准值进行比较，就可以判断出故障部位。

□ 微电脑插接器端子电阻检测法

微电脑插接器端子电阻检测法是指通过检测微电脑插接器线束侧端子间的电阻来判断微电脑外围电路故障部位的方法。检测步骤：

① 准备阶段。断开点火开关，拔下微电脑插接器。

② 用万用表欧姆挡检测线束侧各端子之间的电阻值，如下右图所示。

③ 将检测值与标准值相比较。若端子电阻值不符合标准，则说明与该端子相连接的线路或元件有故障。

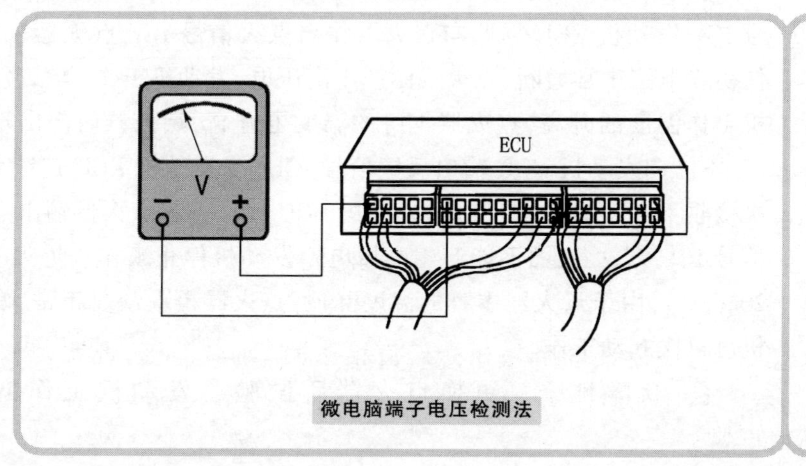

微电脑端子电压检测法

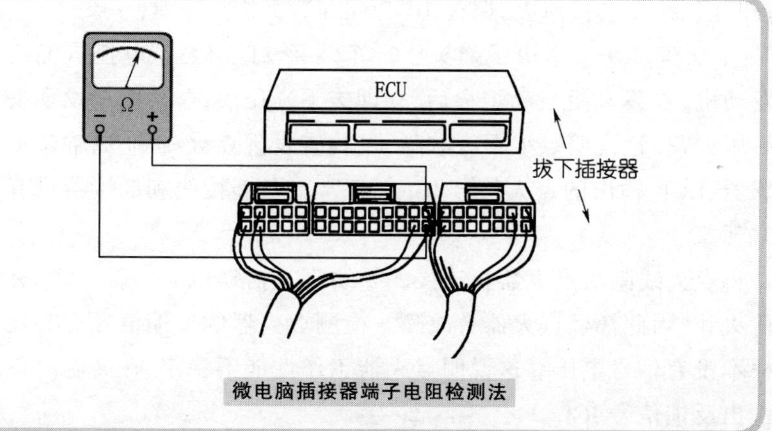

微电脑插接器端子电阻检测法

■ **其他故障诊断方法**

在对微电脑控制系统进行故障诊断时，还经常用代换法、传感器模拟测试仪等故障诊断方法。

□ 代换法

在有条件的情况下，用相同车型、相同规格的元件（如传感器、执行器、分电器、点火线圈、点火控制器以及微电脑等）来代换被怀疑有故障的元件。若代换后故障消除，说明原零件损坏；若代换后故障现象依旧，则说明该零件无故障。此时，应换回原件，再做下一个代换。

□ 应用传感器模拟测试仪

传感器模拟测试仪的基础功能是指可以模拟微电脑控制系统的传感器信号输出，对传感器及其线路故障进行对比分析。例如，在故障诊断过程中，当怀疑水温传感信号不良时（但究竟是传感器故障还是传感器至微电脑的配线故障，需进一步确认），可使用传感器模拟测试仪，模拟水温传感器向微电脑输入信号。如果输入模拟信号后发动机工作状况改善或故障消失，即可判断为水温传感器故障。若故障症状无改善，可直接由微电脑线束插接器相应端子将信号输入。若故障症状消失，则说明水温传感器至微电脑的配线有故障。

故障检测排除实例：车辆在行驶途中自动熄火

□ 故障案例　一辆丰田子弹头旅行车以 80km/h 的车速行驶一段时间后，发动机熄火，熄火 10~20min 后又恢复正常。

□ 故障诊断　丰田子弹头旅行车装备 2TZ-FE 型电控汽油喷射发动机。在发动机自动熄火后，立即拔下高压线试火，结果发现没有高压火花。这说明点火系有故障。经检查发现点火线圈、曲轴位置传感器、ECU 输出的点火信号 IGt 都正常，各连接线和插接器没有异常现象。

将点火线圈与点火器相连接的导线直接搭铁试验，高压线端有高压火花，因此怀疑点火器有故障。检测点火器的反馈信号 IGf，发现根本没有信号电压。这说明点火器工作性能不稳定，在高温时不能输出反馈信号 IGf。

在发动机温度较低时，点火器尚能向发动机 ECU 输出反馈信号 IGf，发动机 ECU 据此向点火器输出点火信号 IGt，点火器工作，使初级电路正常通断，点火线圈产生高压电，发动机工作。随着发动机工作温度的升高，点火器本身的温度也升高，点火器内部出现故障，不能向发动机 ECU 输出反馈信号 IGf。当发动机 ECU 连续 8~9 次接收不到反馈信号 IGf 时，发动机 ECU 便停止向点火器输出点火信号 IGt，点火线圈不能产生高压电，发动机停止工作。熄火 10~20min 后，由于点火器本身的温度降低，点火器再次恢复正常，发动机可再次起动工作。

□ 故障排除　更换点火器后试验，发动机工作恢复正常。

翼片式空气流量传感器的结构

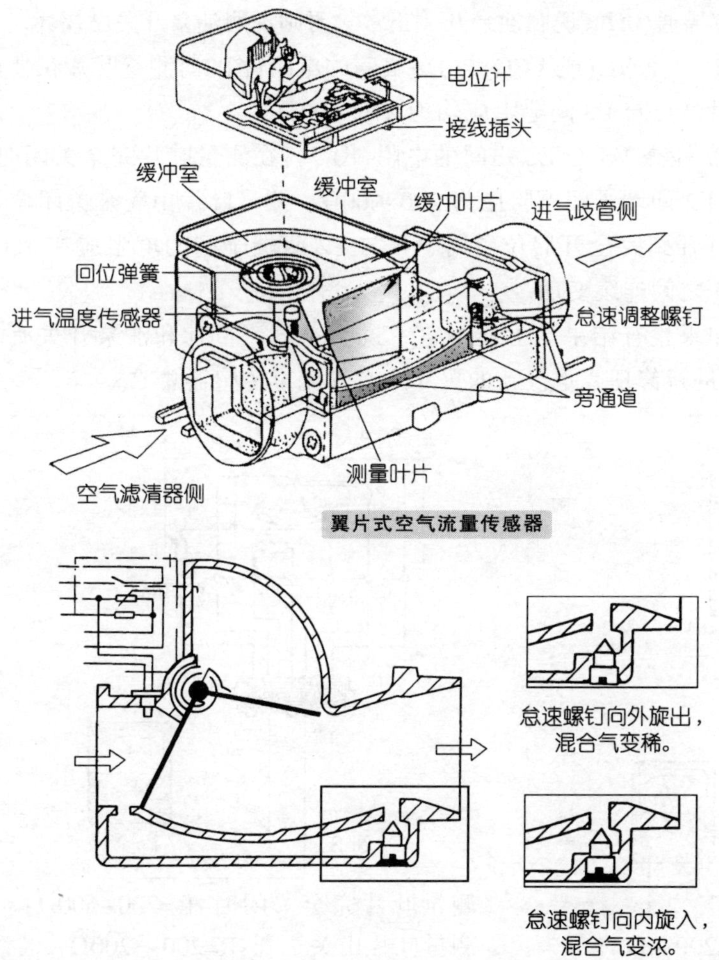

翼片式空气流量传感器

翼片式空气流量传感器 装在空气滤清器与节气门之间的通道上,用以计量进入进气管内空气流量的大小。L 型电喷发动机多采用这种流量计,如丰田 CAMRY、PREVIA 以及海南 MAZDA 等。壳体内有空气主通道和旁通空气道,在主流道内装有与销轴一起转动的翼片和缓冲片。在没有空气流过的情况下卷簧总是使翼片处于关闭主流道的位置。在销轴的一端装有电位计,它将翼片转动的角度转换为电信号。电位计与电控单元连接。根据设计的不同,有两种计量方式:进气量增加,信号电压降低;进气量增加,信号电压升高。测量时应加以注意(见下图)。

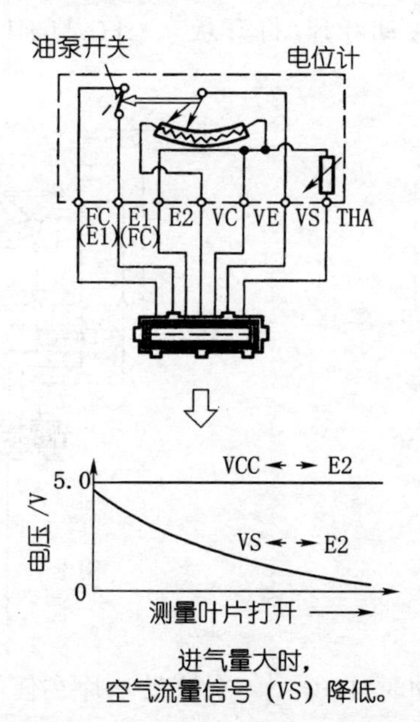

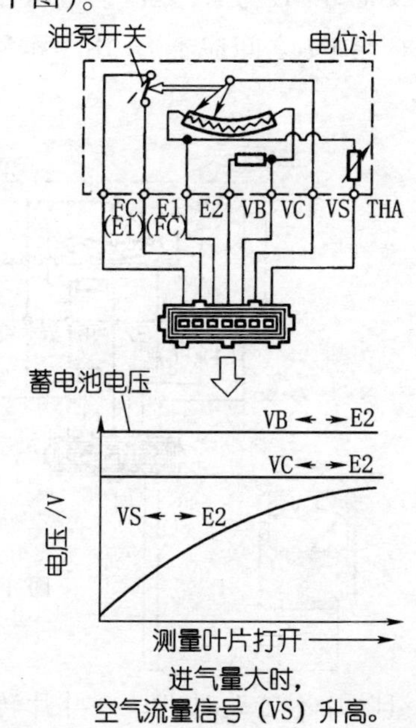

翼片式空气流量传感器检测方法

检测方法主要有**开路检测**和**在路检测**两种。开路检测主要是在传感器与线路不连接的情况下,对传感器内部情况进行检测。一般是通过检测有关引脚之间的电阻值或通断情况来判断。在路检测是传感器在工作状态时,通过检测有关引脚的电压,对传感器、ECU及连接导线进行综合检测。

■ **开路检测方法**

准备:点火开关至OFF挡,拔开连接器,从车上拆下传感器。

① 检查FC与E1之间的电阻(图1):当叶片不转动时(全关闭状态),FC与E1之间应不通,用手稍稍拨动叶片(打开状态),FC与E1之间应导通(0Ω),说明油泵开关正常。否则说明油泵开关已损坏。

② 检查VC(或VCC)与E2之间的电阻(图2):测量叶片在任何位置时,VC与E2间电阻应均为200~400Ω。

③ 检查VS与E2之间的电阻(图3):在测量叶片完全关闭时,VS与E2两端子间电阻应为200~600Ω;测量叶片由完全关闭位置逐渐打开到完全开启位置时,VS与E2两端子间的电阻应在200~1200Ω之间连续变动。

如果检查结果与上述不符,说明空气流量计和油泵开关有故障,应进行修理或重换新的翼片式空气流量传感器总成。

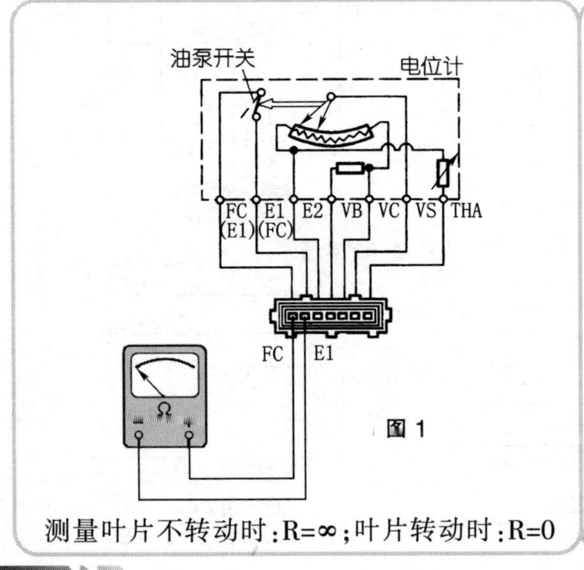

图1

测量叶片不转动时:R=∞;叶片转动时:R=0

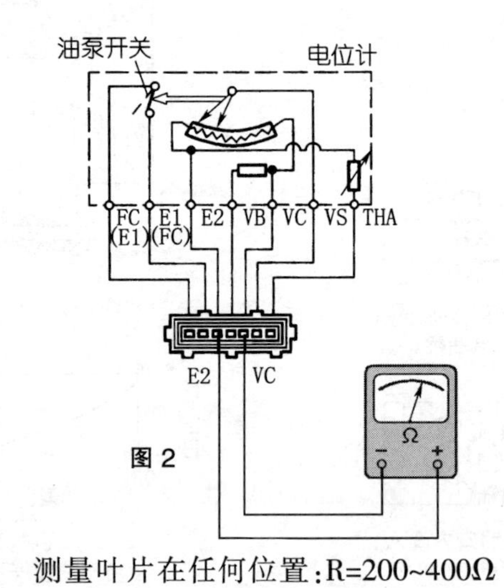

图2

测量叶片在任何位置:R=200~400Ω

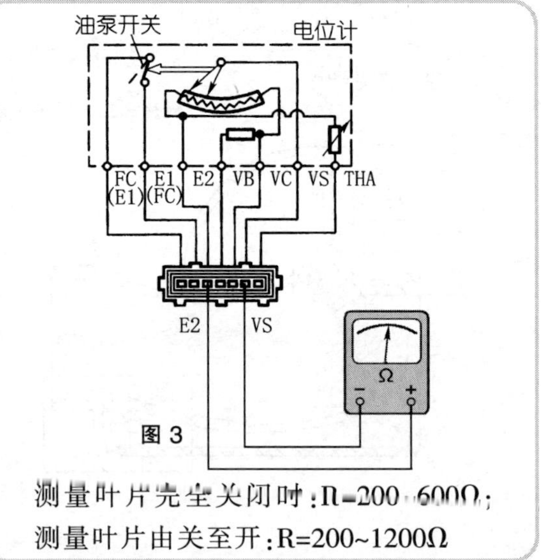

图3

测量叶片完全关闭时:R=200~600Ω;
测量叶片由关至开:R=200~1200Ω

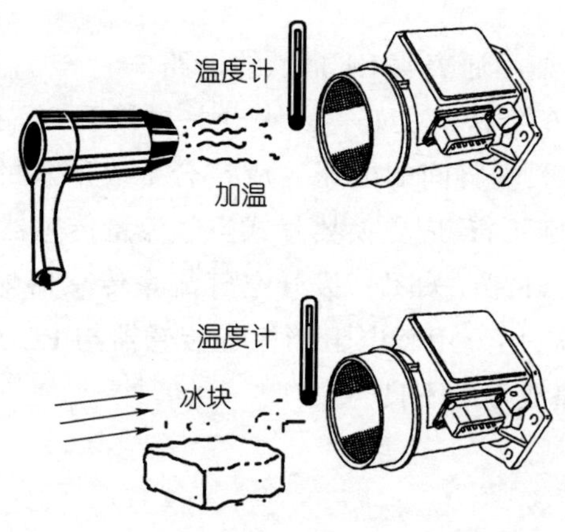

图 1

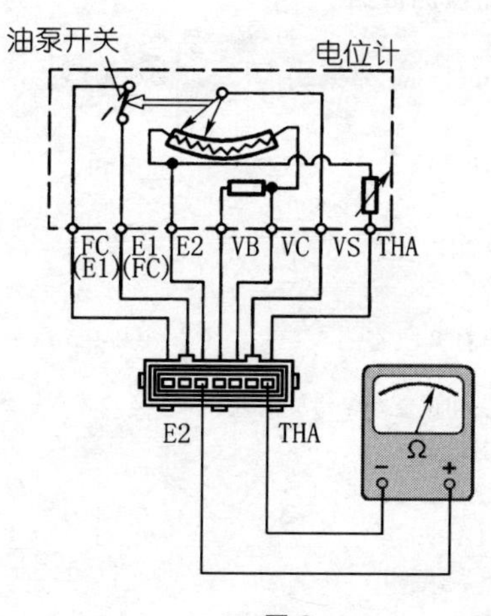

图 2

■ **开路加温检测方法**

① 利用加温和用制冷剂改变翼片式空气流量传感器的温度(图 1),同时用万用表测量 THA 与 E2 两脚间在不同温度时的电阻值(图 2),以此来判断翼片式空气流量传感器中进气温度传感器是否损坏。THA 与 E2 间在不同温度时的电阻值如下表所列。

② 如果检测结果与列表规律不符,说明空气流量计中的进气温度传感器有问题,应进行修理或更换,根据情况或重换翼片式空气流量传感器总成。

翼片式空气流量传感器开路电阻值

测量引脚字母代号	温度(℃)	翼片开启程度	电阻值(kΩ)
VS与 E2		完全关闭	0.2~0.6
		任何开度	0.2~1
FC与 E1		完全关闭	∞
		任何开度	0
THA与 E2	-20		10~20
	0		4~7
	20		2~3
	40		0.9~1.3
	60		0.4~0.7
VC与 E2			0.1~0.3
VB与 E2			0.2~0.4
FC与 E2			∞

■ **在路检测方法**

① 点火开关旋至 ON 挡(接通),不起动发动机,用万用表检查 ECU 连接器引脚+B(供电电压输入端)与车身搭铁间是否有电压(图 1)。如果没有电压,应检查 ECU 电源电路是否断路,必要时应修理或更换 ECU。

② 如果检查 ECU 的供电电压正常,点火开关旋至 OFF 挡(关闭),用万用表电阻挡检查 ECU 连接器端子 E1 与车身接地间的连接导线是否导通(图 2),如不通表明 E1 搭铁线断路。

③ 如果检查 E1 与车身搭铁良好,点火开关再旋至 ON 挡,用万用表检测传感器各相关端脚间的电压,应符合下表所示的正常值。如果检查结果与规定不符,应更换翼片式空气流量传感器。

④ 点火开关旋至 OFF 挡(关闭),拔开空气流量传感器配线连接器和 ECU 配线连接器,用万用表电阻挡检查传感器与 ECU 间的连接导线是否短路、断路或接触不良。

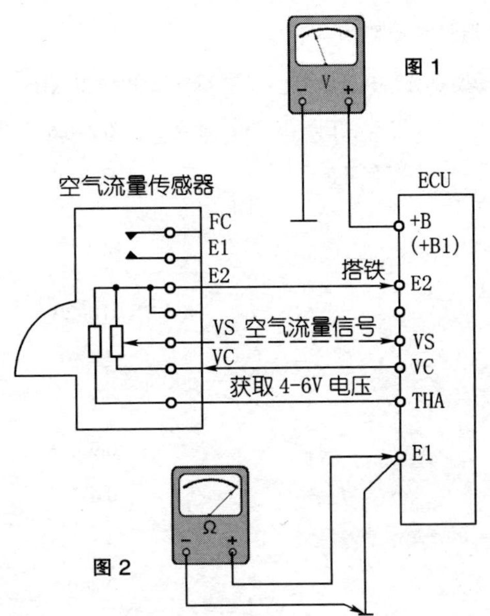

图 1

图 2

翼片式空气流量传感器在路检测数据

端　脚	检测条件		电压值(V)
VC与E2	接通点火开关	测量叶片在任何位置	4~6
VS与E2		测量叶片完全关闭状态	3.7~4.3
		测量叶片完全打开状态	0.2~0.5
		测量叶片由完全关闭位置逐渐打开到完全开启位置	连续变动
	3000r/min		0.3~1.0
	怠速运转		2.3~2.8

空气流量传感器的检测

■ **传感器的检测**

① (以红旗 CA7220E 轿车为例)点火开关旋至 OFF 挡,拔开空气流量传感器线束连接器,从进气道上拆下传感器。

② 用导线将蓄电池正极与传感器 3 脚相连,负极与 4 脚相连,给传感器加上蓄电池电压(图 1)。

③ 用万用表 DC 电压挡,按图 1 所示测量传感器 1、2 脚间的电压,该电压应为 0.03V。

④ 将 450W 电吹风机的出风口靠近传感器进气口,用冷风挡向传感器内吹风,用万用表电压挡检查,其电压应为 2.2~2.4V。

⑤ 将电吹风机出风口逐渐离开传感器,其电压值应随之减小。当电吹风机出风口与传感器间的距离为 0.2m 时,其电压值应为 1.4~1.6V。如果检测结果与上述要求不符,应修理或更换空气流量传感器。

■ **检查配线及连接器**

① 点火开关旋至 OFF 挡,拆下右前轮护板,拉出电控单元 ECU 线束连接器固定锁架,拔开 ECU 线束连接器。

② 用万用表电阻挡按图 2a 所示检查传感器线束连接器 2 脚与 ECU 线束连接器 14 脚间的电阻,检查传感器线束连接器 4 脚与 ECU 线束连接器 26 脚间的电阻。其电阻值均应小于 1.5Ω。

③ 用万用表电阻挡检查传感器线束连接器 3 脚和 4 脚与 ECU 线束连接器 14 脚间的电阻(图 2b),其电阻值为 ∞。

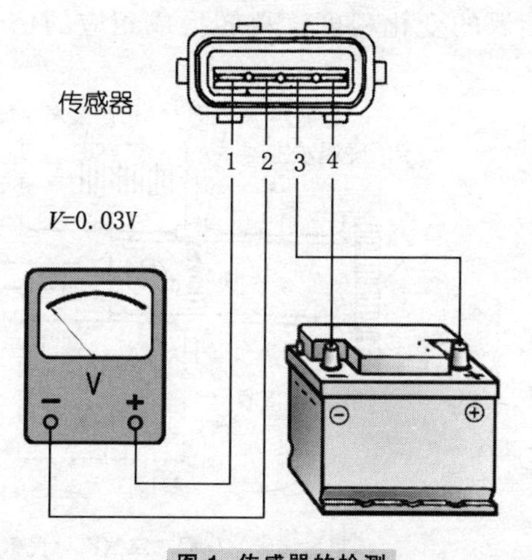

图 1 传感器的检测

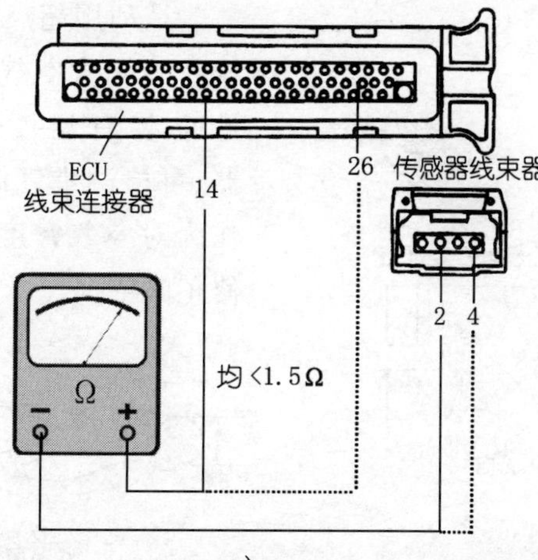

a)

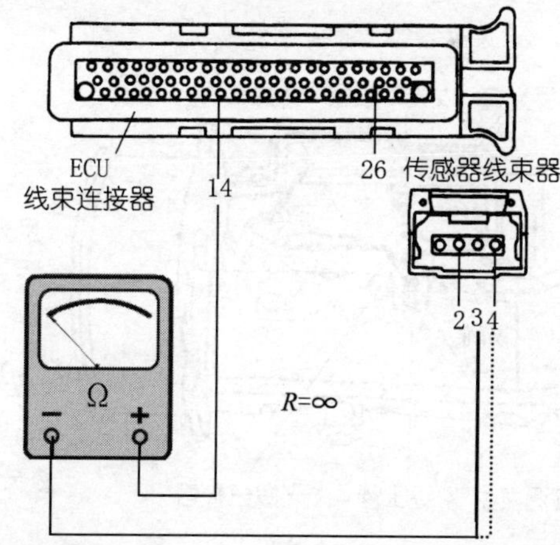

b)

图 2 配线及连接器的检测

卡门旋涡式空气流量传感器的原理与结构

卡门旋涡　是指在气流中放置一柱状或锥状物体之后，其后部便会交替产生有规律的旋涡，并且气流速度越高，所产生的旋涡数量就越多。利用卡门旋涡所引起的空气压力或空气密度的变化，可求得卡门旋涡的频率，从而计算出空气的体积流量。

卡门旋涡式空气流量传感器　是根据卡门旋涡理论，利用光信号或超声波信号检测空气流量。卡门旋涡式空气流量传感器根据其检测方式不同，可分为反光镜式和超声波式两种。

■ 反光镜式的卡门旋涡式空气流量传感器

主要由涡流发生器、发光二极管、光敏三极管、反光镜以及压力导向孔等组成。用以检测吸入空气的体积流量，并将检测结果用数字信号传送给发动机控制电脑ECU。

反光镜式卡门旋涡式空气流量传感器由镜面、发光二极管和光电晶体管等组成。空气流经旋涡发生器时，压力发生变化，这种压力变化经压力导向孔作用于薄金属制成的反光镜表面，使反光镜产生振动。反光镜振动时，将发光二极管投射的光线反射到光电晶体管，对反射光信号进行检测，即可求得旋涡的频率。频率越高表明进气量越大。

光电感应卡门旋涡式空气流量传感器

■ 超声波卡门旋涡式空气流量传感器

是利用超声波检测旋涡的变化程度，再转换成相应的信号电压。旋涡式空气流量计也装有温度传感器，可检测进气温度，作为对空气密度进行修正的依据。

旋涡原理图

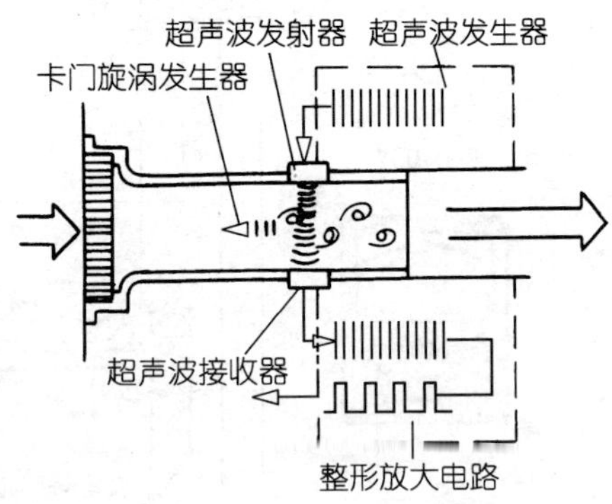

超声波卡门旋涡式空气流量传感器

卡门旋涡式空气流量传感器检测方法

反光镜式的卡门旋涡式空气流量传感器电路连接方法如图 1 所示，其连接器端子排列情况如图 2 所示。

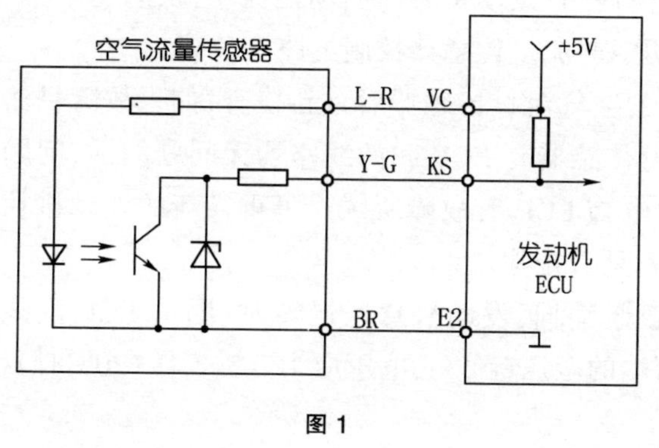

图 1

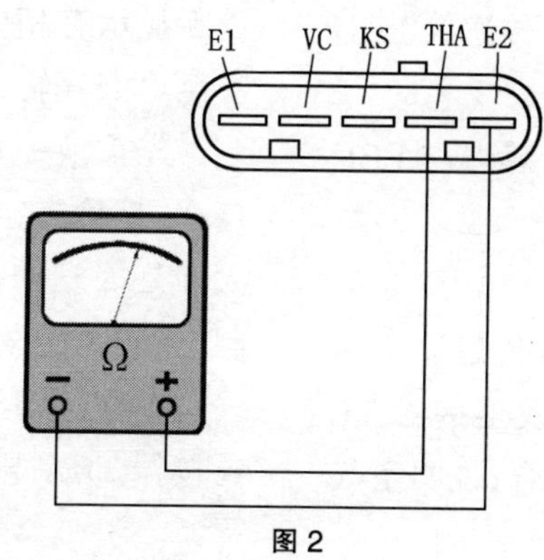

图 2

■ **开路加温检测方法的运用**

① 断开点火开关,拔开空气流量传感器配线连接器,从车上拆下空气流量传感器。

② 一边用电热吹风机或制冷剂改变空气流量传感器上的进气温度传感器的温度,一边用万用表电阻挡测量进气温度传感器，即 ECU 配线连接器(图 2)THA 与 E2 两端子间的电阻应符合表列的实测值。

如果测得值与下列表中值不符,说明进气温度传感器有故障,应修理或更换新件。

反光镜检测式卡门空气流量传感器开路实测电阻值

所测引脚	测量时的温度(℃)	测得的电阻值(kΩ)
THA与 E2	-20	10~20
	0	4~7
	20	2~3
	40	0.9~1.3
	60	0.4~0.7

■ **在路检测方法的运用**

① 点火开关旋至 ON 挡,不起动发动机,用万用表电压挡测量 ECU配线连接器 KS、E2 两端子间的电压(图 1),其值应为 4~6V。

② 点火开关旋至起动挡,使发动机运转(或怠速运转),用万用表电压挡测量 ECU 配线连接器 KS、E2 两端子间的电压,其值应为 2~4V。KS 信号为反光镜式卡门涡旋式空气流量传感器传送给 ECU 的脉冲信号,电压随进气量增大而升高。

③ 如果测得值与上述不符,则应检查空气流量传感器与 ECU 间的配线和连接器:

a.如果检查配线或连接器有问题,应修理或更换。

b.如果检查配线或连接器无问题,可拔开空气流量传感器配线连接器,接通点火开关,用万用表电压挡测量 ECU 配线连接器 VC 与 E2 两端子间的电压(图 2),其值应为 4.5~5.5V。如符合,说明空气流量传感器有故障,应进行修理或更换。如不符合,应重换新的 ECU 重新进行检查。

④ 如果测得 ECU 配线连接器 KS 与 E2 两端子间的 2~4V 电压正常。可进一步利用 ECU 的故障自诊断功能进行自诊断。如果自诊断显示有相应的故障码,且发动机有时起动性能不良、怠速不稳、甚至熄火停转,则说明空气流量传感器控制电路有故障。

先重换一只正常的空气流量传感器后重新检查,如果故障仍然存在,且检查空气流量传感器与 ECU 间的线路均无问题的话,问题大多是因发动机控制电脑 ECU 有故障所致,可重换新的发动机控制电脑 ECU,看看故障是否排除。

⑤ 点火开关旋至起动挡,发动机怠速运转时,测量 ECU 配线连接器 THA 与 E2 两端的电压(图 3),电压应为 0.5~3.4V(20℃时)。

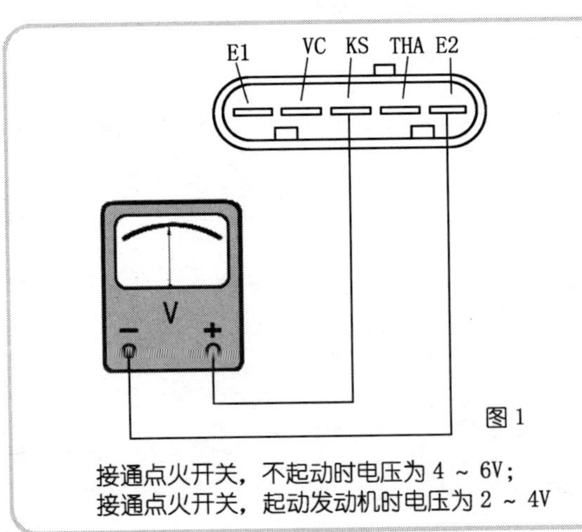

图 1

接通点火开关,不起动时电压为 4 ~ 6V;
接通点火开关,起动发动机时电压为 2 ~ 4V

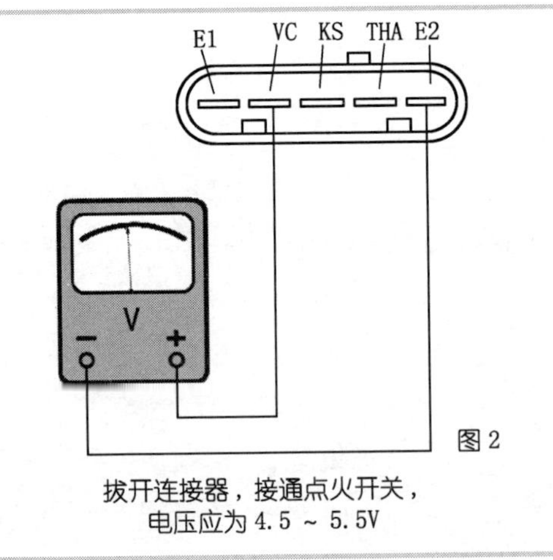

图 2

拔开连接器,接通点火开关,
电压应为 4.5 ~ 5.5V

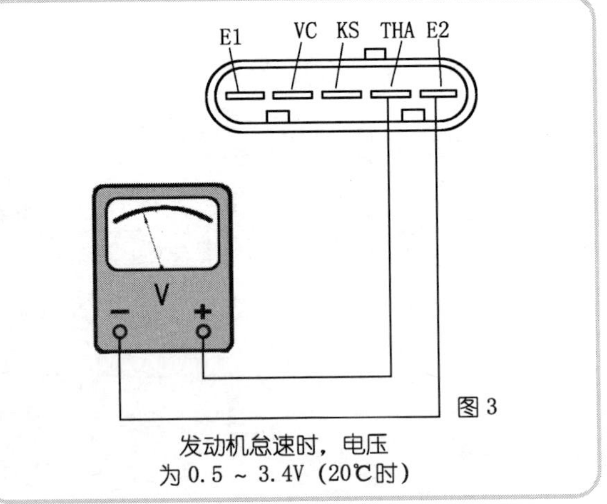

图 3

发动机怠速时,电压
为 0.5 ~ 3.4V(20℃时)

热线式和热膜式空气流量传感器的结构与原理

■ 热线式空气流量传感器

一般安装在采用波许 LH 型汽油喷射系统的汽车上，如凌志 LS400、马自达 626、尼桑 MAXIMA 和奔驰 600SE 等轿车，其结构见左下图。热线式空气流量传感器具有测量精度高、响应速度快、进气阻力小和不会磨损等优点。但热线表面受空气中尘埃污染，会影响测量精度。为此，很多汽车设有自洁电路，即发动机熄火后，电脑自动将热线加热至 1000℃并停留 1s 左右，以烧掉热线表面上的尘埃，或将热线的保持温度提高到 200℃以上，在使用过程中不断烧掉沾染的尘埃。

如图所示，铂丝通电后会发热，流入的空气会吹去铂丝表面的温度，电路设计成让铂丝恒温(一般为 100℃)，这样吹去的温度用增加电流的方法给予补偿，空气流量越大，用以补偿的电流越大，电流的变化使固定电阻 R_A 两端的电压 U_A 发生变化，并将变化的电压传输给 ECU。ECU 通过接收到的电压信号调节喷油量，以满足相应工况的混合气浓度要求。

如果外界气温较低，势必会造成电流的增加，温度补偿电阻的电阻值会随气温的变化而变化，抵消了环境温度的影响。使铂丝与温度补偿电阻始终保持 100℃的温差，确保了测量的精度(见电路图)。

热线式空气流量传感器结构

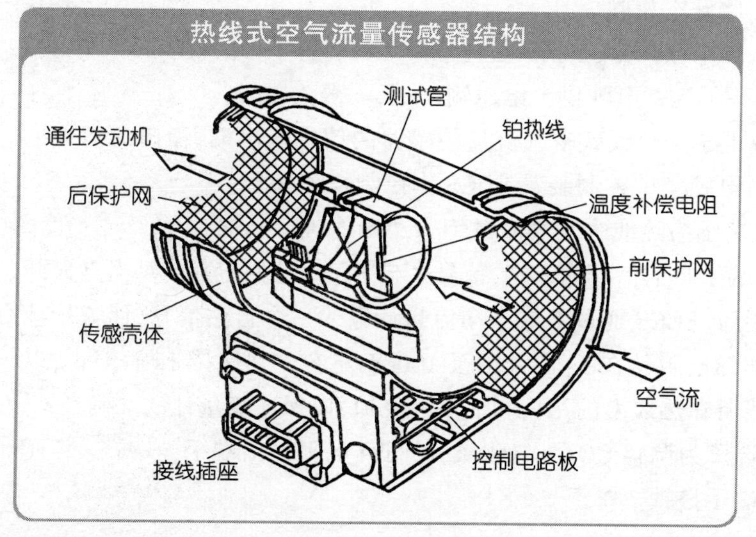

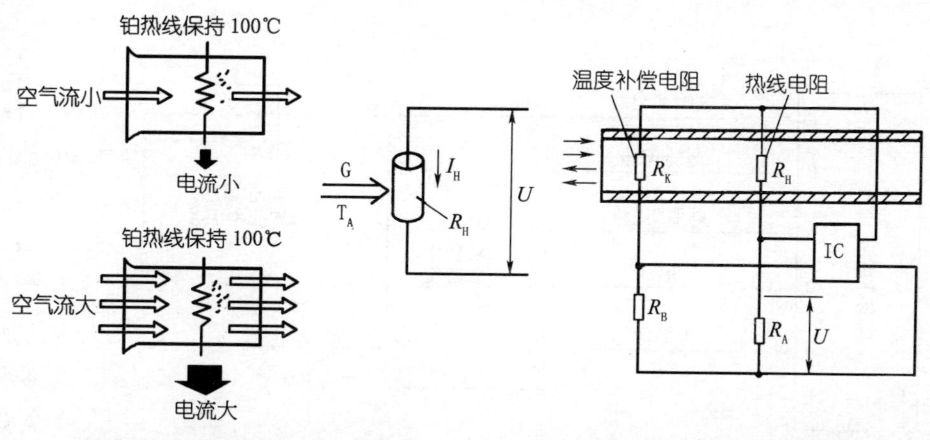

热线式空气流量传感器工作原理简图

热线式空气流量传感器电路图

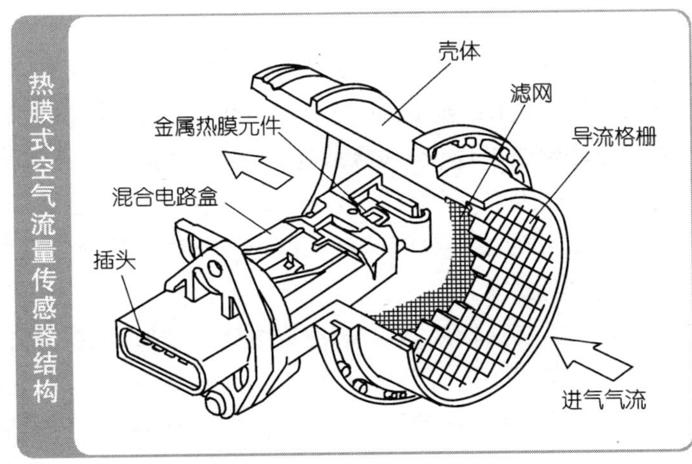

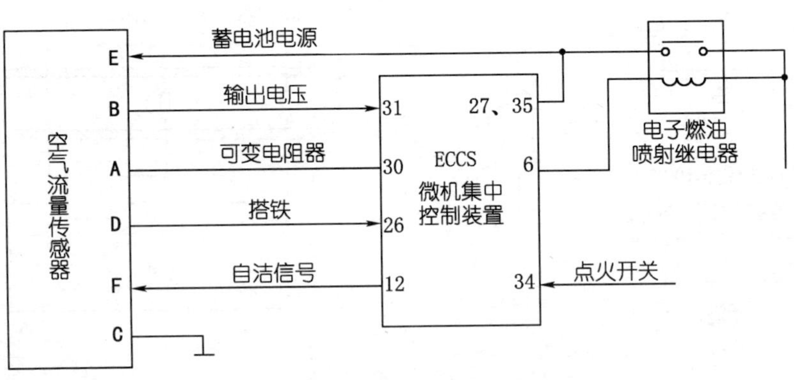

热线式空气流量传感器连接电路

■ **热膜式空气流量传感器**

与热线式空气流量传感器的结构和工作原理相似。它是将发热体由热线式改为热膜式，热膜是由发热金属铂固定在薄的树脂膜上构成的。该结构可使发热体不直接承受空气流动所产生的作用力，增加了发热体的强度，工作可靠性得到提高。

热线式空气流量传感器检测方法

热线式空气流量传感器连接器有5端子和6端子。下图为日产尼桑MAXIMA轿车VG30E型发动机热线式空气流量传感器接线图。其他车型装用的热线式空气流量传感器接线、电路结构及检测方法与此基本相同。

在图中，热线式空气流量传感器上各引脚字母所代表的作用为：

E端子为蓄电池供电电压输入端，一般为12V；

B端子为热线式空气流量传感器的信号输出端，输出的信号提供给微电脑集中控制装置ECCS作控制检测信号；

D端子为热线式空气流量传感器接地(搭铁)端；

F端子自洁信号输入端，信号来自ECCS控制电路。每当点火开关关闭后，ECCS通过F端子向流量计输入一个自洁信号，使流量计内的加热电阻丝在5s内升温至1000℃左右，并保持1s后停止，以便将残留在热线上的污垢和油渍等烧掉，以保证流量计的准确性；

A端子为调整CO(一氧化碳)的可变电阻输出端子。

C端子搭铁。

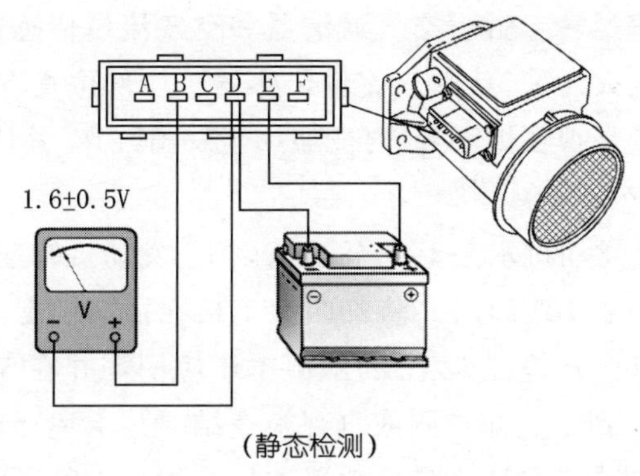

(静态检测)

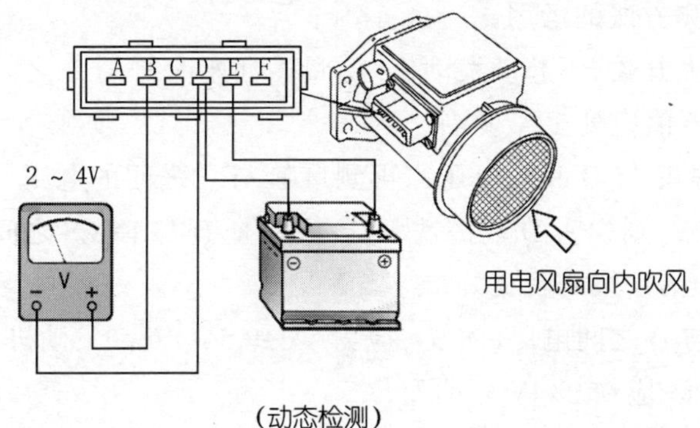

(动态检测)

热线式空气流量传感器的检测

■ 开路检测方法的运用

□ 拆卸方法

清除空气流量传感器外部的尘垢，拔下其线束插头，拆下与空气流量传感器相连的空气滤清器。将空气流量传感器出口处空气软管上的卡箍松开，并卸下空气流量传感器的固定螺栓。将空气流量传感器从发动机上小心取下。

□ 外观检查

对拆下的空气流量传感器进行外观检查，检查其护网有无堵塞或破裂，并从进口处查看铂丝热线是否脏污、折断。

□ 静态检查

如上左图所示，将蓄电池正、负极分别与空气流量传感器插座内的 E、D 端子相接，用万用表电压挡测量插座 B、D 两端子间的电压，其值应为 1.6±0.5V。如测得值与规定值不符，应更换或修理空气流量传感器。

□ 动态检查

如上右图所示，保持上述接线状态不变，用电风扇向空气流量传感器进口吹入空气的同时，用万用表电压挡测量 B、D 端子间的电压，其值应为 2~4V。如测得值与规定值不符，应换装新的空气流量传感器。

□ 安装方法

将检修后的空气流量传感器放回，并用螺栓固紧。将空气软管连接在空气流量传感器出口上，并锁紧卡箍。装回空气滤清器，并将线束插头对准接插孔插在插座上插牢固。

■ **在路检测方法的运用**

① 接通点火开关,不起动发动机。测量图插座内 E 与 D 之间的电压(图 1),电压值应为 12V 左右。

②如果测量 E 与 D 间无电压, 再测量 E 与 C 之间的电压 (图 2),其值若为 12V,则说明 D 端搭铁不良,应检查 D 与 ECCS 之间的导线或 ECCS 的搭铁线是否良好。

③测量 B 与 D 之间电压(图 3),应为 1.6±0.5V。起动发动机,测量 B、D 之间电压,应在 2~4V 之间变化。

④ 自洁电路检查:

□ 直观检查法

a)起动发动机,并使其以 2500r/min 以上的转速运转。b)使发动机怠速运转, 拆下空气滤清器和空气流量传感器进口处的管道。c)关断点火开关,从空气流量传感器进口部位查看流量传感器内的铂丝热线是否在熄灭 5s 内被加热至发出红光,并持续 1s 时间。

□ 万用表测量法

a)使发动机水温上升至 60℃以上,发动机转速超过 1500r/min。b)用万用表 10VDC 挡,将其两表笔接在插座的 F 与 D 之间(图 4)。c)关闭点火开关,电表上的示值电压应回零并在 5s 后又跳跃上升,1s 后再回到零。如检测或直观检查结果与上述要求不符,且进一步检查微电脑与空气流量传感器连接导线均无问题的话,可试换一只新的空气流量传感器试试。

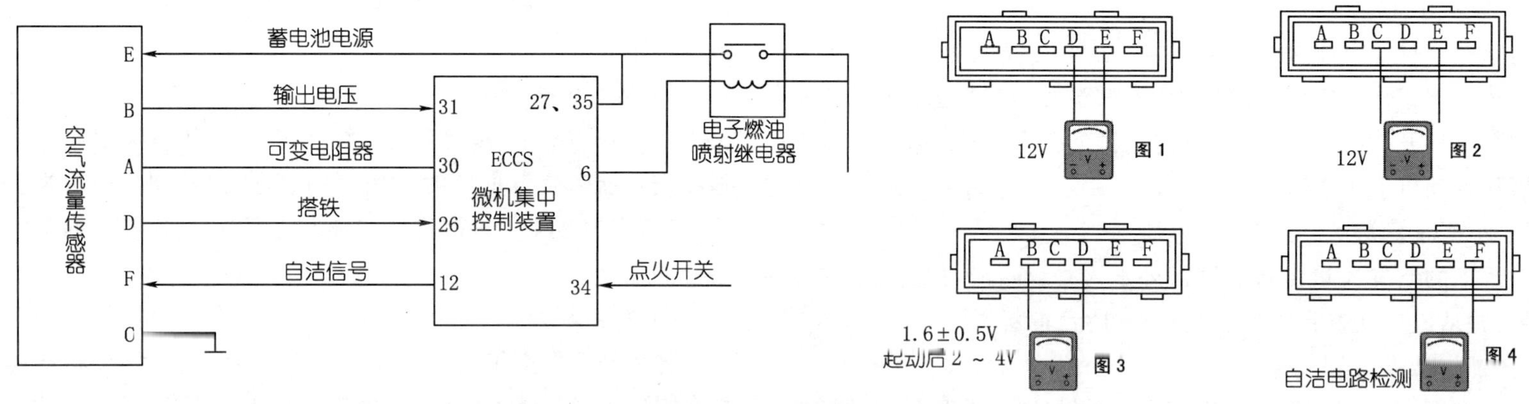

热线式空气流量传感器在路检测图

进气歧管绝对压力传感器的结构与原理

进气歧管绝对压力传感器 (Manifold Absolutely Pressure Sensor,简称 MAP)的作用是:将进气歧管内节气门后方的进气压力转换成电信号。该绝对压力反映了发动机的负荷状况,间接反映了发动机的进气量,与转速信号输送到微电脑后用于确定基本喷油量。进气歧管绝对压力传感器按工作原理可分为压阻效应式、电容式、电阻式和电感式等几种。

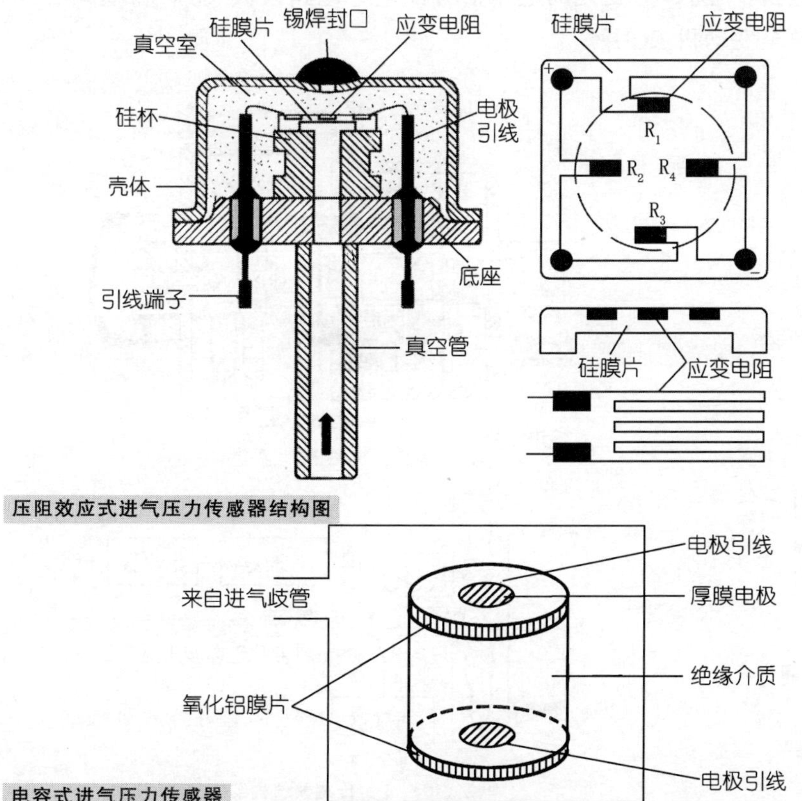

压阻效应式进气压力传感器结构图

电容式进气压力传感器

1 压阻效应式进气压力传感器

该传感器是根据单晶硅材料在受到应力作用后，其电阻率发生明显变化(压阻效应)这一原理设计的,结构见左图所示。它主要由硅膜片、真空室、硅杯、底座、真空管和电极引线等组成。硅膜片的一侧是真空室，另一侧通过连接管路与进气歧管压力相通。硅膜片为约3mm 的正方形,其中部经光刻腐蚀形成直径约 2mm,厚度约 0.05mm 的薄膜。薄膜周围有四个应变电阻,组成惠斯登电桥。随着发动机节气门开度的增大，进气歧管内绝对压力增高，由于薄膜另一侧为真空,所以硅膜片的变形增大,附着在薄膜上的应变电阻的阻值与变形成正比例关系，因此即可通过惠斯登电桥将硅膜片的变形转换成为电信号,经混合集成电路放大后输入到发动机 ECU。

2 电容式进气压力传感器

该传感器是使氧化铝膜片和底板彼此靠近排列形成电容，利用电容量随膜片上下的压力差变化的性质制造而成。发动机进气歧管内压力变化,可获得与压力成比例的电容信号。其容量变化,振荡电路中便可输出变频信号，这一输出信号的变化频率与进气歧管内的绝对压力成正比。发动机 ECU 根据输入信号的频率便可感知进气歧管内的压力。

3 可变电阻式进气压力传感器

该传感器通过进气歧管内气体绝对压力的增加或降低，使移动片上下移动，带动可变电阻移动触点的改变，产生变化的电阻值，同时使输出端(B)产生相应的电压，输入到发动机ECU。

4 电感式进气压力传感器

该传感器膜盒由薄金属片焊接而成，其内部被抽成真空，外部与进气歧管相通。发动机节气门开度变化，必然引起膜盒外表压力的变化，使其产生膨胀和收缩。置于感应线圈内部的铁芯与膜盒联动。感应线圈由两个绕组构成，其中一个与振荡电路相连，因此在其周围存有交变的磁场，铁芯是磁回路的一部分。由电磁感应原理可知，处在变化磁场中的另一感应线圈产生出信号电压。当发动机节气门开度变化而引起进气歧管压力变化时，膜盒带动铁芯在磁场中移动，改变磁回路中的磁阻，使感应线圈中产生的信号电压随之变化，这一随压力变化的电压信号经电子电路检波、整形和放大后，输送至发动机ECU。

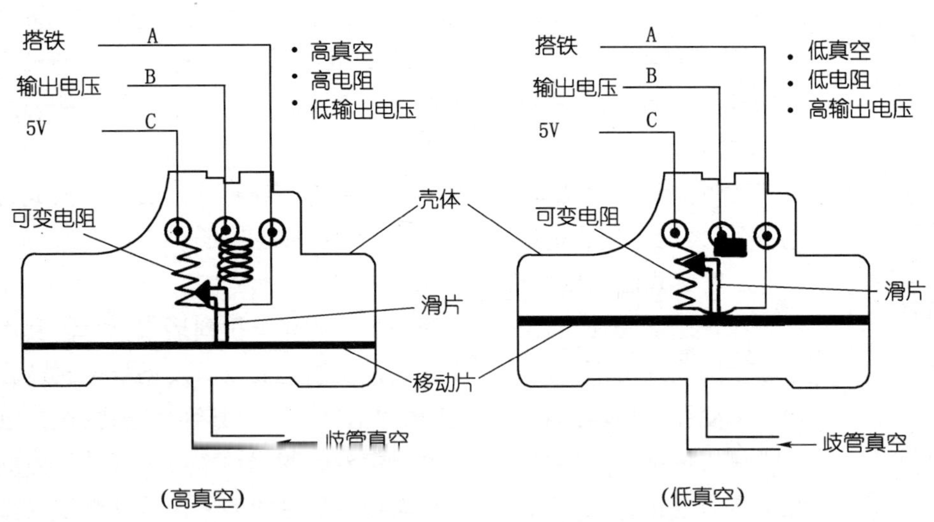

可变电阻式进气压力传感器工作原理图

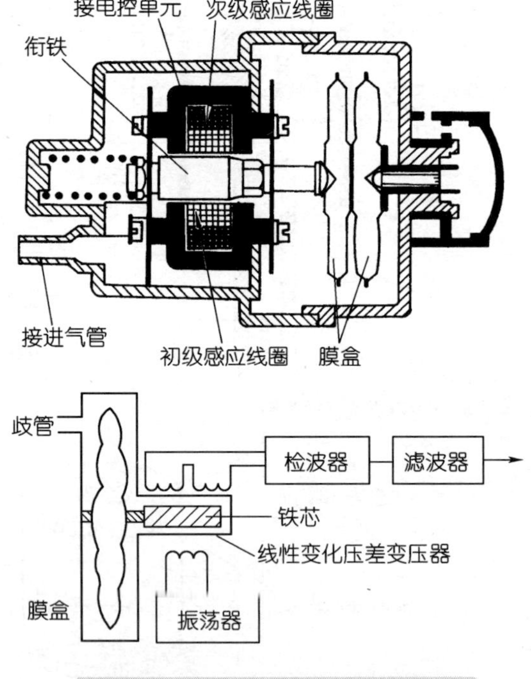

电感式进气压力传感器结构及工作原理图

进气歧管绝对压力传感器的检测

进气歧管绝对压力传感器的常见故障有电路故障、传感器故障以及真空管故障。电路故障有插接器接触不良、无工作电源、搭铁线路断开、传感器信号线断开等;传感器故障有传感器内部损坏、信号电压不正确、不产生信号电压;真空管故障有真空管接头脱落、真空管插接不牢、真空管插错位置以及真空管老化、开裂或堵塞等。当进气歧管绝对压力传感器信号不正常时,应对传感器及其工作电路进行检查。

■ 压阻效应式进气歧管绝对压力传感器的检测

以丰田皇冠轿车2JZ-GE发动机进气歧管绝对压力传感器为例。

① 检查进气歧管绝对压力传感器的电源电压　拆开传感器的插接器,接通点火开关,用电压表测量端子VCC和E2之间的电压。正常时该电压应为4.5~5.5V。

② 检查进气歧管绝对压力传感器的输出信号电压　在传感器插接器连接良好的情况下,接通点火开关,在微电脑插接器的背部测量端子PIM与E2之间在大气压下的电压,如无电压说明压力传感器或连接线有故障。

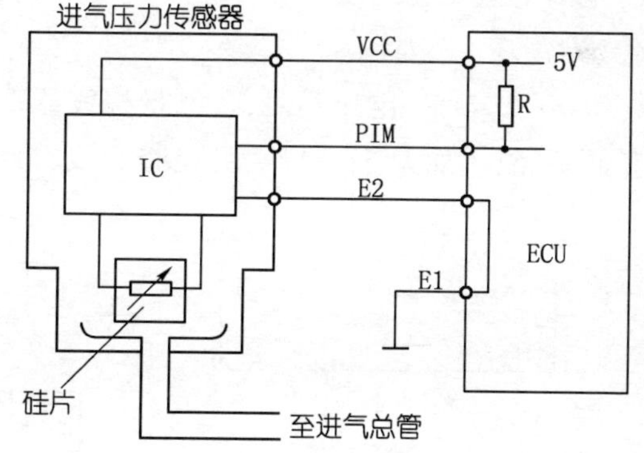

拆开传感器的真空软管,此时测量值为传感器在大气压下的输出信号电压,其正常值约为3.3~3.9V。再用真空泵给传感器真空管接口施加13.3~66.7kPa的真空度,这时电压表的电压降应符合下表所列数值。

进气歧管绝对压力传感器的检测数据

真空度(负压)(kPa)	13.3	26.7	40.0	53.5	66.7
电压降(V)	0.3~0.5	0.7~0.9	1.1~1.3	1.5~1.7	1.9~2.1

■ 电感式进气歧管绝对压力传感器的检测

① 检查传感器的输出信号电压　在传感器插接器连接良好时,将万用表表笔从插接器的背部插入相应端子中,测量传感器的输出信号电压。接通点火开关,在开放传感器通往进气歧管的真空管道时(即传感器受到大气压力作用时),万用表应指示在1.5V左右;用嘴对真空管道吸气时,表针从1.5V刻度向降低方向摆动;怠速时,电压降到0.4V左右;当转速升高时,电压值也会随之升高。若测量结果与上述情况不符,则说明传感器有故障。

② 检查传感器线圈有无断路　断开点火开关,拔出传感器的插接器,用万用表欧姆挡测量其初级绕组、次级绕组相应端子之间的电阻。若电阻为无穷大,则说明断路。

北京切诺基吉普车进气压力传感器检测方法

① 接通点火开关，测量传感器接线器端子 B 与地之间的电压应在 4~5V 间。

② 如 4~5V 电压正常，则起动发动机在怠速运行时，测量 B 端与地间的电压应为 1.5~2.1V 之间。如不对，应检查或更换进气压力传感器。

③ 如 4~5V 电压不对，再测量接线器端子 C 与地间的+5V 电压是否正常。 如无 5V 电压，且检查配线、接线器均正常的话，则应检查 ECU。

④ C 与地间的+5V 电压正常，切断点火开关，测量接线器端子 A 与 ECU 接线器端子 4 之间电阻应为 0。如不为 0，则应检查或更换配件或接线器；

⑤ 如 A 端与 4 端电阻为 0Ω，检查 ECU 接线器端子 4 与 11(或 12)之间电阻是否为 0Ω。如不为 0Ω，应检查或更换 ECU；如为 0Ω，则更换进气压力传感器 MAP。

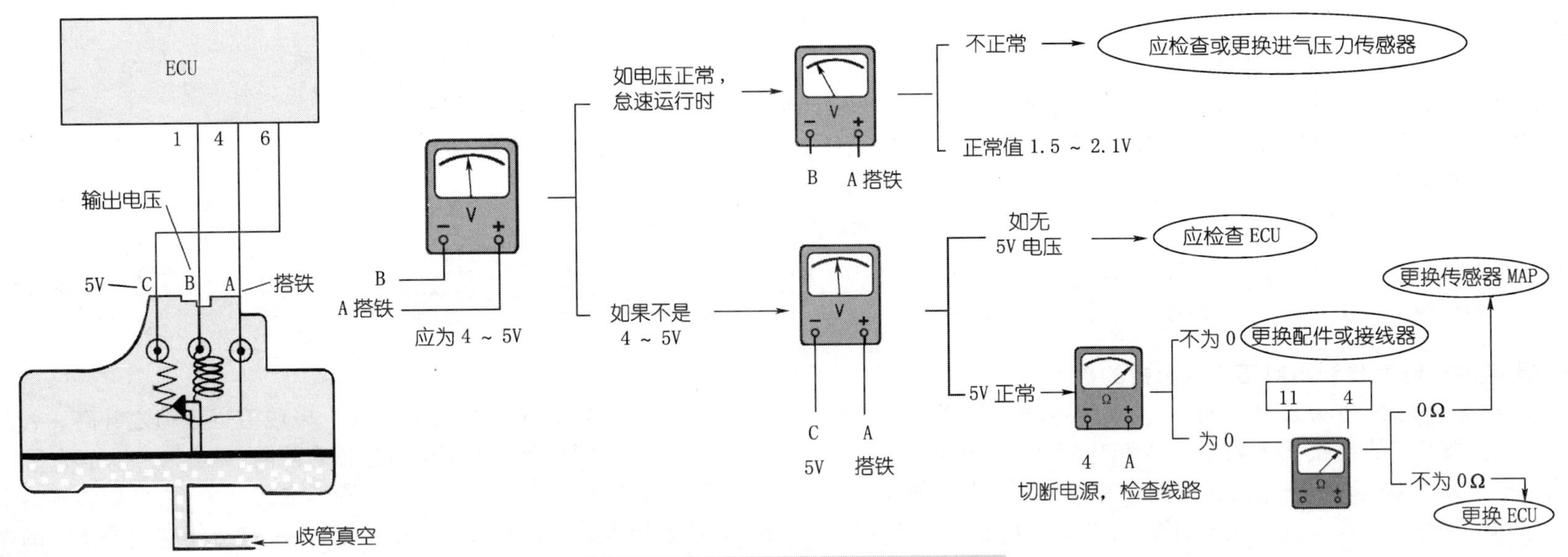

北京切诺基吉普车进气压力传感器故障检测图

进气温度、冷却液传感器检测方法

进气温度传感器　把空气温度转变成电信号，输送给电子控制装置，以便根据进气温度的变化来调节喷油器的喷油量。

进气温度传感器采用热敏电阻作为检测元件。通常安装在空气滤清器壳体内或进气总管内空气流量计中。其外形及与电路的连接方法如图所示。

冷却液温度传感器　是检测发动机冷却水的温度，其结构、原理与进气温度传感器相同。检测时，可参照进气温度传感器进行。

■ 开路检测方法

① 断开(OFF)点火开关，拔开进气温度传感器线束连接器，从发动机上拆下传感器。

② 用制冷剂或压缩空气对进气温度传感器进行降温，也可采用水加温的方法对此传感器进行加温检测。

③ 用万用表电阻挡测量传感器两端子间的电阻，其电阻值随温度变化而变化的规律应与下图所示的特性曲线的变化规律相一致。

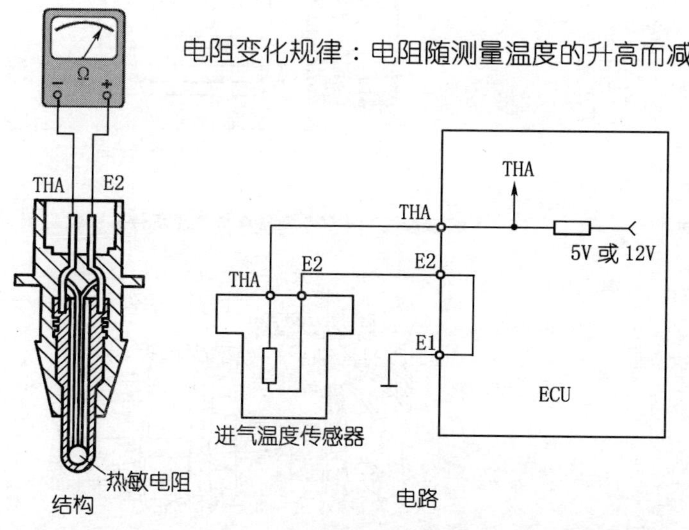

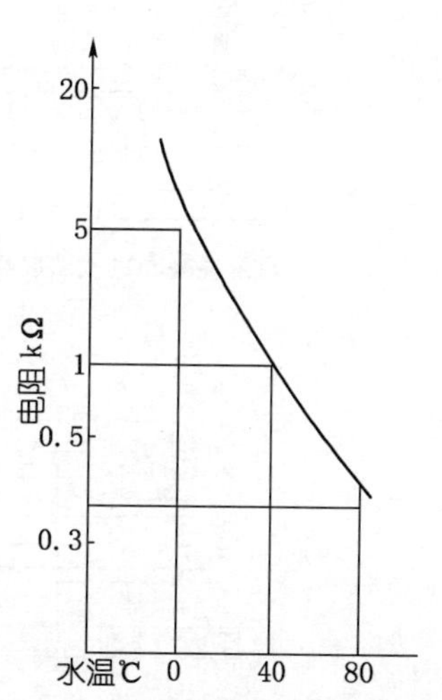

进气温度传感器的结构及电路连接图

■ 在路检测方法

① 拔下传感器插头，打开点火开关，测量插头上 THA 端子与 E2 之间的电压应为 5V。若无电压，则应检查 ECU 连接器上 THA 端与 E2 间电压。若此电压为 5V，则为 ECU 与传感器之间线路有故障；若无 5V 电压，则为 ECU 有故障。

② 插回插件，起动发动机，测量传感器 THA 端与 E2 之间在不同温度下的电压应在 0.5~4V 之间变化（车型不同略有差别，但变化规律基本相同）。如果测得值与规定值不符，说明进气温度传感器有故障或损坏，应重换新件。

进气温度传感器的检测实例

本田市民轿车进气温度传感器(IAT)安装在进气歧管上,它是一个热敏电阻。检测方法如下:

① 断开(OFF)点火开关,拔开进气温度传感器配线连接器。

② 用万用表测量传感器两端子间的电阻。根据温度不同,其电阻值应在 1000~4000Ω 之间变化。

③ 接通(ON)点火开关,不起动发动机,用万用表测量配线侧插接器红/黄色配线端与车身搭铁间的电压。此电压为传感器的参考电压,其值应约为 5V。如果没有电压,应检查传感器与电控单元 ECU 间的红/黄色配线是否断路。如果线路正常,可换装一只正常的 ECU 后重新检查。

几种车型进气温度传感器的检测图:

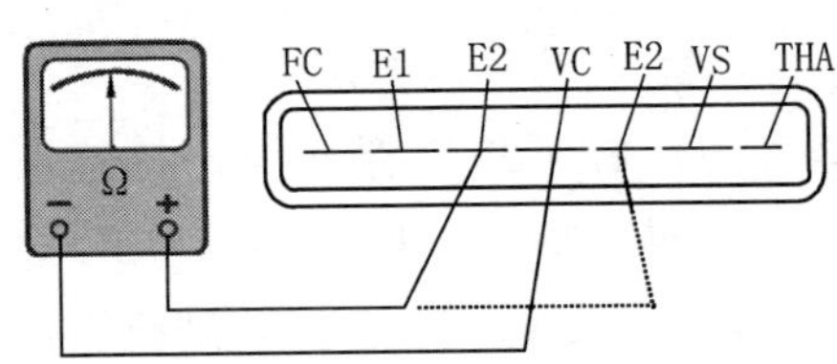

丰田佳美、大霸王汽车进气温度传感器检测图

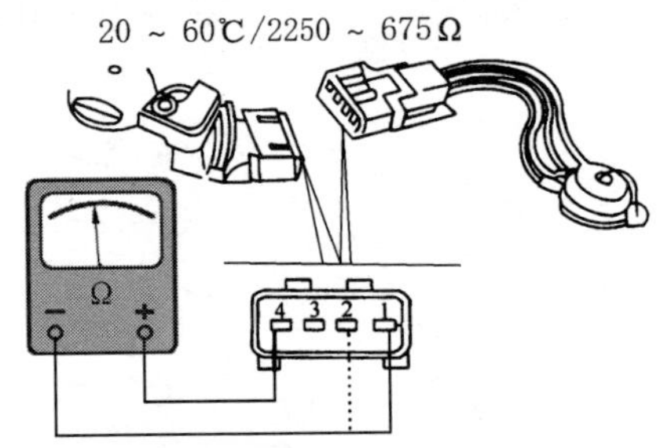

高尔夫轿车进气温度传感器检测图

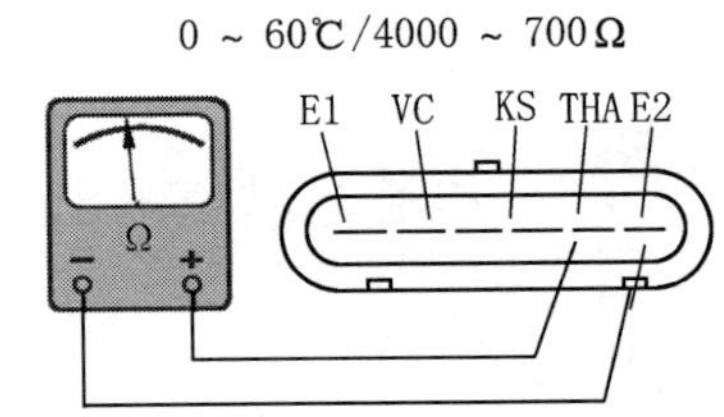

丰田凌志 LS400 型轿车进气温度传感器检测图

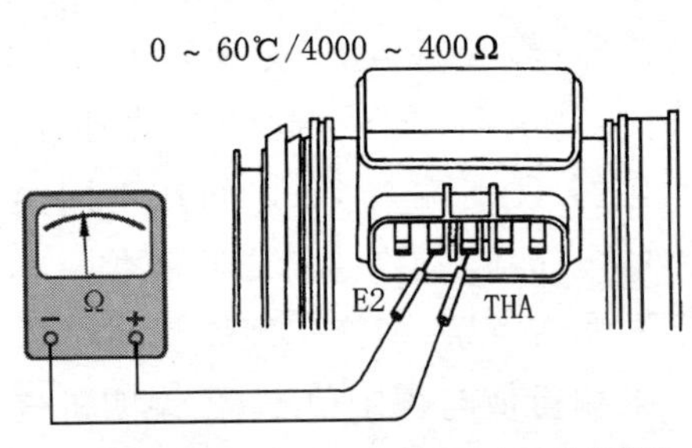

丰田阿瓦龙轿车进气温度传感器检测图

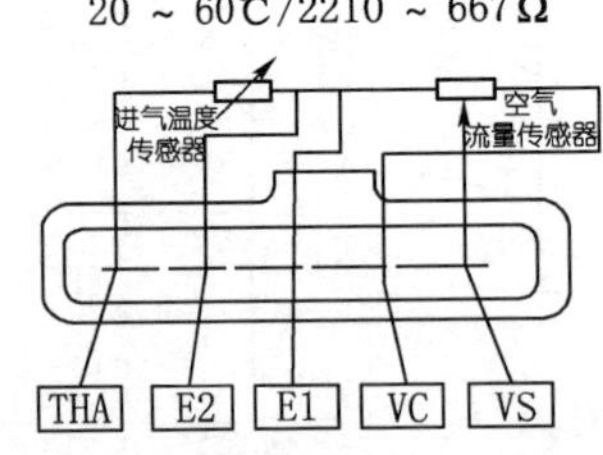

马自达 929 轿车进气温度传感器检测图

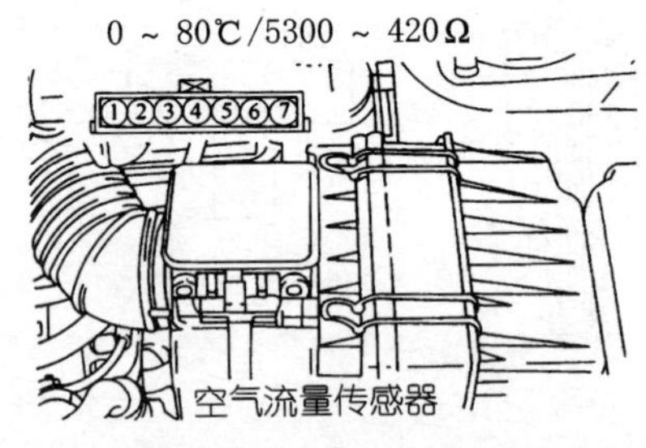

三凌蓝瑟轿车进气温度传感器检测位置图

节气门位置传感器功能与结构

节气门位置传感器　安装在节气门体上。其作用是将节气门打开的角度转换成电压信号输送到发动机ECU，以便在节气门不同开度状态时控制喷油量。

■ 可变电阻式节气门位置传感器

实质上是一个高灵敏度电位器，其电阻值随节气门开度的变化而变化。主要由主触头、分触头、滑道和绝缘体组成。滑道的材料是陶瓷薄膜电阻，通过两个滑动触头相互连接，滑动触头与节气门轴联动。当节气门转动时，触头在滑道上会有不同的电阻值。

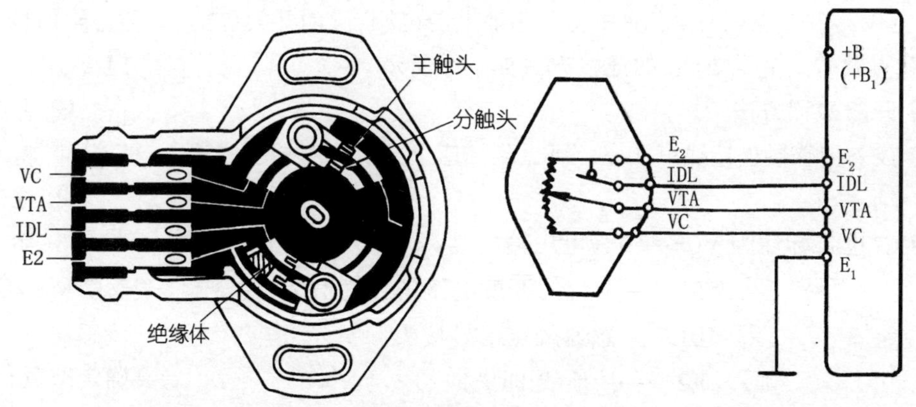

可变电阻式节气门位置传感器

■ 开关式节气门位置传感器

由一个可动触点和两个固定触点（功率触点和怠速触点）构成。可动触点可沿导向凸轮沟槽移动，导向凸轮由固定在节气门轴上的控制杆驱动。

节气门全关时，可动触点与怠速触点接触，可检测节气门的全关闭状态。当节气门开度达50°以上时，可动触点与功率触点接触，可检测节气门的大开度状态。中间状态无检测信号。两种节气门位置传感器相比较，开关式具有结构简单，价格低廉的优点，但其节气门开度的检测性能较差。

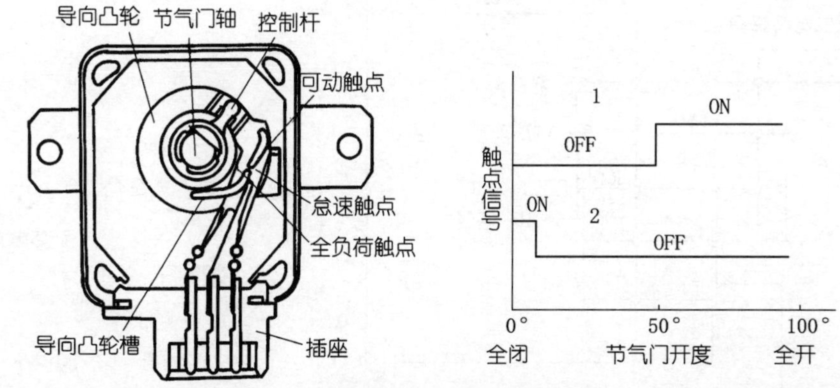

开关式节气门位置传感器

可变电阻式节气门位置传感器检测方法

可变电阻式节气门位置传感器主要由电位器、微动开关和外壳组成。电位器包括电阻片、芯轴和装在芯轴上的电刷；微动开关包括触点、触点臂等。它与ECU的连接方式如下图所示。

■ **开路检测方法**

① 拔下传感器连接线束插座，可见到插座上共有4个端子。其中：

VCC(也有标注为VC)——为电压输出接头，属电源端；

VTA——节气门开度电压信号输出接头；

IDL——怠速触点信号接头；

E2——接地线，即搭铁。

② 用万用表R×100Ω挡分别测量线束插件与传感器相连的各端子之间的电阻值，应符合表1所示的电阻值(车型不同可能有一些差异，但变化规律是相同的)。如果电阻值相差较大，则可能是节气门传感器已损坏。

■ **在路检测方法**

① 将上述节气门位置传感器插件重新插好。

② 打开点火开关，但不要起动发动机。

③ 用万用表10VDC挡测线束插件各端子之间的电压应符合表2所列值。如电压值相差较多，应检查线路、ECU及节气门位置传感器。可先将节气门位置传感器拆下测量其开路电阻是否对。当确定节气门位置传感器无问题，且检查线路及供电均无故障后，再检查ECU。

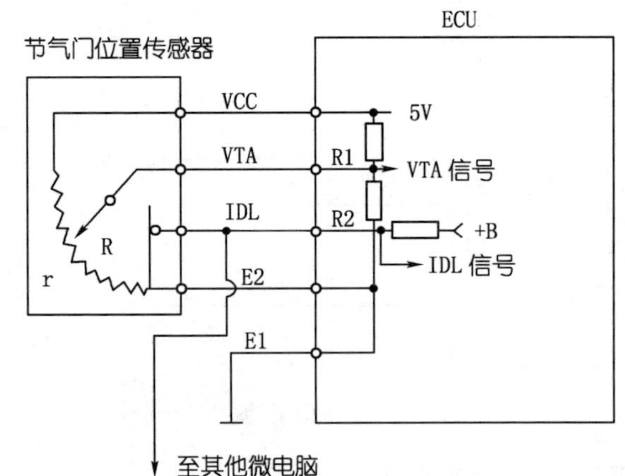

可变电阻式节气门位置传感器正常开路电阻参考值　　表1

节气门开度	端子VTA与E2间	端子IDL–E2间	端子VC与E2间
全关闭	0.2~0.8kΩ	0Ω	固定值
全打开	2.8~8kΩ	∞	固定值
从全关闭到全打开	逐渐阻值增大	∞	固定值

可变电阻式节气门位置传感器正常工作电压参考值　　表2

节气门开度	端子VTA与E2间	端子IDL与E2间	端子VC与E2间
全关闭	0.7V	低于1V	5V
全打开	3.5~5V	4~6V	5V
从全关闭到全打开	电压逐渐增大	4~6V	5V

氧 传 感 器

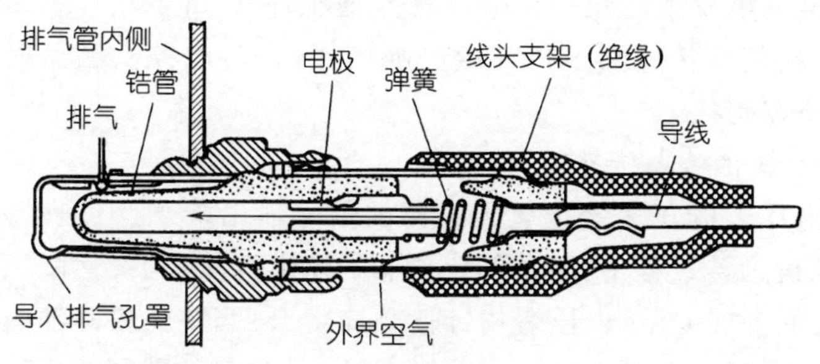

氧化锆式氧传感器的结构

氧传感器是根据大气与排气中氧浓度之差而产生电动势的一种电池。其结构主要由壳体、陶瓷电解质和弹簧等组成。电解质由二氧化锆(或二氧化钛)制成，在一定温度范围内对氧气非常敏感（二氧化锆:500℃~600℃；二氧化钛:800℃~900℃)。在电解质的两面上分别涂有白金(铂)从而形成两电极,整个传感器处在排气管废气流中,电解质外表面与排放废气接触,而内部则通入大气。保护壳的作用是防止电解质受到机械损伤。

锆管的陶瓷体是多孔的,允许氧渗入该固体电解质内,温度较高时,氧气发生电离。若陶瓷体内(大气)外(废气)侧氧含量不一致,即存在着浓度差时,在固体电解质内部的氧离子从大气一侧向排气一侧扩散,结果使锆管元件成了一个微电池,在锆管两铂极间产生电压。当混合气稀时,排气中所含氧多,两侧氧浓度差小,产生的电压低;而当混合气浓时排气中氧含量少,两侧氧浓度差大,产生的电压高。发动机 ECU 通过氧传感器输入信号电压的高低即可确定混合气的空燃比是否为最佳值。并发出指令控制喷油的喷油脉冲宽度进行修正。

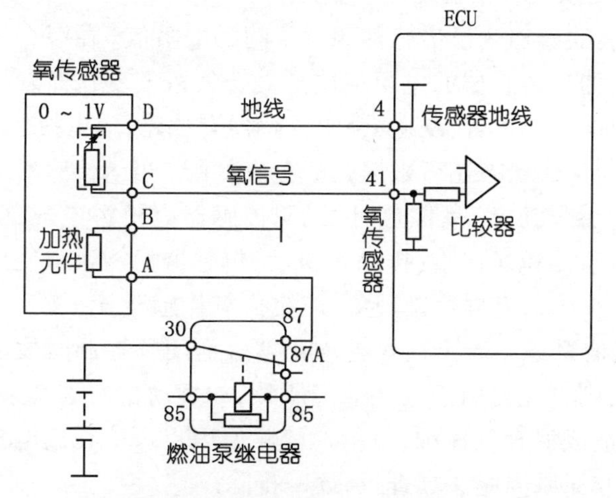

北京切诺基汽车氧传感器工作电路

氧传感器输出电信号的强弱与工作温度有关,为了保证其测量精度,有些氧传感器采用电加热的方法来保证其工作温度(见下图)。

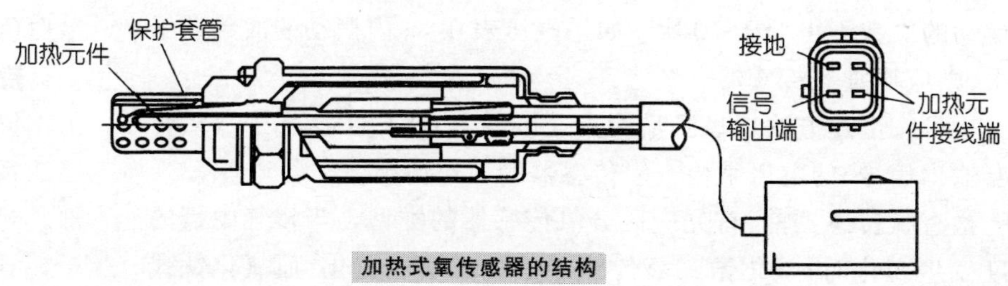

加热式氧传感器的结构

氧传感器的检测

■ **检查氧传感器的加热元件** 拆下氧传感器线束插头，用万用表欧姆挡测量氧传感器内部电热元件的电阻值，其阻值应符合有关标准。如丰田汽车氧传感器加热元件的标准电阻值为4~40Ω，桑塔纳汽车的为1~5Ω，具体数值可查阅各车型维修手册。若阻值不符，则应更换氧传感器。

■ **检查氧传感器加热元件工作电路** 将点火开关置于ON位置，用电压表检测传感器加热元件的工作电压，其标准值为蓄电池电压(12V)。若无电压，则应检查加热元件的电源电路。

■ **检查氧传感器的工作情况** 以丰田1UZ-FE型发动机为例，介绍检查氧传感器工作情况的方法。

① 用专用导线连接检查连接器的TE1和E1端子。

② 电压表正表笔与检查连接器的VF1(左侧驾驶)或VF2(右侧驾驶)端子连接，负表笔与E1端子连接。

③ 起动发动机，先使其达到正常工作温度，再让发动机在2500r/min的转速下持续运转120s，以消除氧传感器表面的积炭，然后记录电压表指针在0~7V范围内摆动的次数。正常情况下，在8s内摆动的次数不得低于10次。如果电压表在8s内摆动的次数低于10次，则应检查氧传感器。

也可按上述方法通过测量检查连接器上OX1、OX2端子（氧传感器输出信号)的电压来检查氧传感器的工作情况。

检查氧传感器前，首先应区分氧传感器的类型。当排气中氧的浓度发生变化时，氧化锆式氧传感器是电压发生变化，而氧化钛式氧传感器是电阻发生变化。在检查氧传感器时，应拆下氧传感器的线束插接器，使氧传感器不再与微电脑连接，这时电控汽油喷射系统处于开环控制状态。

□ 对于氧化锆式传感器

可将电压表的正表笔接氧传感器的信号输出端子，负表笔搭铁。在发动机运转过程中，测量氧传感器的输出电压。当突然踩下油门踏板时，混合气变浓，电压表指针读数应上升；当突然松开油门踏板时，混合气变稀，电压表指针读数应下降。如果氧传感器输出信号电压无上述变化，则说明氧传感器已损坏，应更换。

□ 对于氧化钛式传感器

可用万用表欧姆挡测量传感器两端子间的电阻值。在混合气浓度发生变化时，如果传感器的电阻值能随混合气浓度变化而发生明显的变化，说明传感器正常；反之，说明传感器有故障，应更换。

氧传感器的工作状态还可根据其颜色来判断。当氧传感器呈淡灰色时，说明传感器正常；呈棕色时，说明传感器有铅污染现象：呈黑色时，说明传感器积炭严重(排除积炭后，传感器仍能正常使用)；呈白色时，说明传感器有硅污染现象，应更换氧传感器。

■ **检查其他系统** 若上述检查均正常，而闭环控制时发动机工作仍不正常，则可能是由于其他故障所致，如发动机的进气系统、燃油系统故障造成混合气偏浓、偏稀。故障原因也可能在微电脑内部。对上述几方面原因应认真查找，逐一排除。

爆震传感器

■ **压电式爆震传感器**是利用压电效应制成的。某些晶体在某一方向受压或受拉产生变形时，在晶体内部产生极化现象，并在其两个表面出现异性电荷，当外力消失后，又重新回到不带电的状态，这种现象就称为压电效应。

压电式爆震传感器又可分为共振型与非共振型。

□ 共振型压电式爆震传感器

主要元件有压电元件与振荡片，如左下图所示。压电元件的材料为压电陶瓷晶体片。当发动机爆震产生的频率与振荡片的固有频率相同时，振荡片发生共振，此时压电元件受到的力最大，产生的电压信号也达到最大值。其信号不需要专门的滤波器，直接传输到ECU。但由于共振频率必须与发动机燃烧时的爆震频率匹配才能产生共振，因此互换性差。

□ 非共振型压电式爆震传感器

主要元件有惯性配重和压电陶瓷元件。当发动机振动时，惯性配重会因振动而产生加速度。加速产生的力作用压电陶瓷元件上，使压电陶瓷元件产生电压信号。发动机发生爆震时，振动幅度大，压电陶瓷元件输出的电压信号就大。非共振型压电式爆震传感器输出的信号电压小、平缓，必须将输出信号输送至由线圈和电容组成的带通滤波器中，判断爆震是否发生。带通滤波器只允许特定频带的信号通过，对其他频带的信号进行衰减。

非共振型压电式爆震传感器的适用范围广，当用在不同类型的发动机上时，只需对带通滤波器的过滤频率进行调整即可。

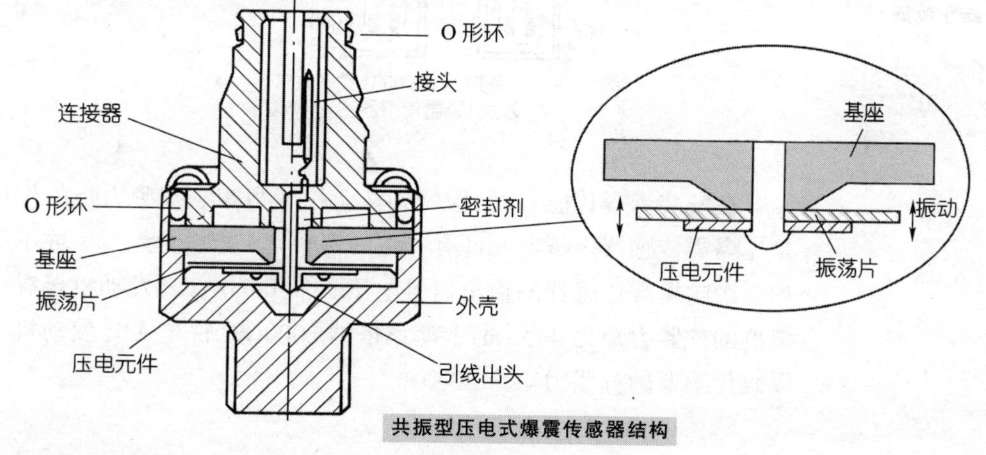

共振型压电式爆震传感器结构

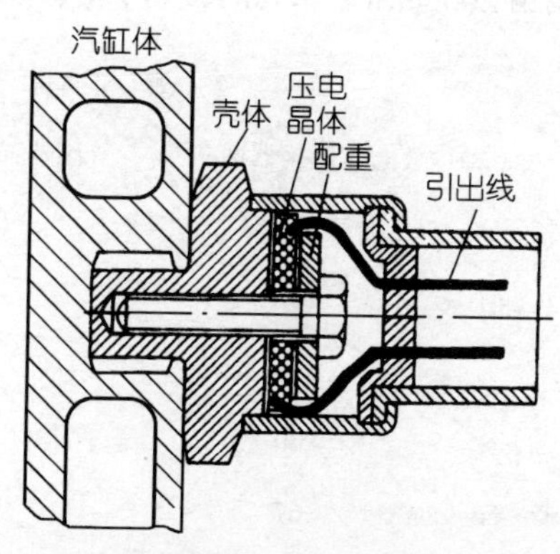

非共振型压电式爆震传感器结构

■ **磁致伸缩式爆震传感器**主要由感应线圈、铁芯、永久磁铁和外壳等组成。发动机振动时，通过外壳带动其内部的铁芯振动，铁芯产生位移，使通过感应线圈的磁路发生变化，当发动机发生爆震时，发动机缸体的振动频率与传感器固有的振动频率（7kHz 左右）匹配，发生谐振现象，振动强度最大，铁芯的位移最大，线圈内的磁通变化率最大，传感器输出最大信号。由于制造成本比压电式爆震传感器高，应用较少。

爆震传感器的故障与检测

以桑塔纳 AJR 发动机爆震传感器为例。

□ 传感器线束的检测

关闭点火开关，从微电脑上拔下 80 端子插接器，再拔下爆震传感器的插接器，用欧姆表测量各线束的电阻（如图），测量结果应符合表所列数值。

上海桑塔纳 2000GSi 轿车 AJR 发动机爆震传感器的线束检测标准数据

检测项目	检测部位		标准电阻值(Ω)
	微电脑插接器端子号	传感器插接器端子号	
爆震传感器 G61	68	1	0.5
	67	2	1
	2	3	0.5
爆震传感器 G66	60	1	0.5
	67	2	1
	2	3	0.5

用万用表检测每个传感器的三条线束之间的电阻，均应大于 1MΩ，即三条线束之间不应短路。

□ 传感器输出信号的检测

在发动机运转时，用电压表测量传感器插接器端子 1、2 之间的电压，其测量结果应在 0.3~1.4V 范围内波动。

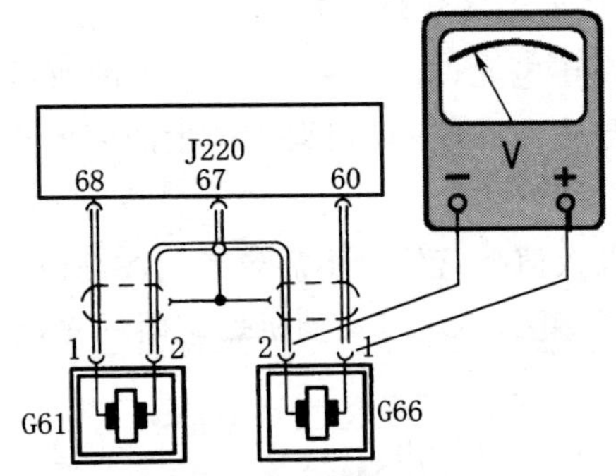

桑塔纳 2000GSi 轿车 AJR
发动机爆震传感器的工作电路

在安装爆震传感器时，应特别注意拧紧力矩。拧紧力矩的作用是让爆震传感器内压电元件有一定的预紧度。拧紧力矩过大或不足均会影响爆震传感器的输出信号电压。丰田 2JZ-GE 发动机爆震传感器的拧紧力矩为 44N·m；上海桑塔纳 2000GSi 轿车 AJR 发动机上爆震传感器的拧紧力矩为 20N·m。

霍尔式同步信号传感器检测方法

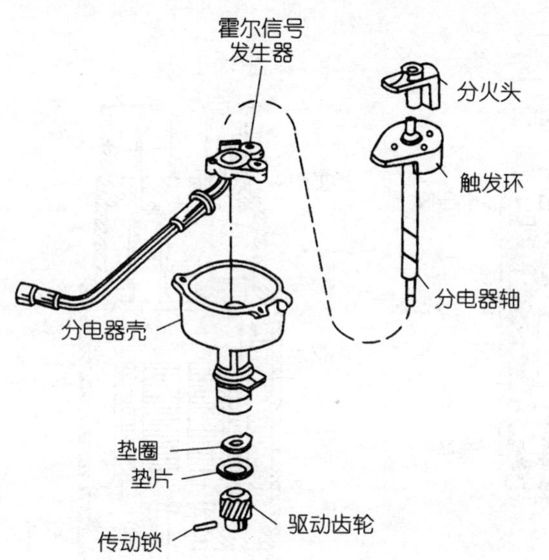

霍尔式同步信号传感器是判缸传感器。可用专用DRBⅡ型诊断测试仪检测。也可用万用表进行检测,其方法如下:

① 将万用表置于50VDC挡,红表笔接传感器接线器B端、黑表笔接接线器C端。

② 接通点火开关,电压表指示值应为8V或0V。

③ 转动发动机,电压表指针如摆动,说明传感器无问题;如果电压表指针不摆动,则再检查传感器接线端子A与搭铁间的电压。正常值该电压应为8V左右。

(a)如果测得的8V电压异常或无电压,且检查配线或接线器均无问题的话,故障多为ECU电路异常引起的,应检查ECU电路。

(b) 如果测得A端与搭铁间的8V电压正常,可再检查传感器接线端子C与ECU接线器4端脚之间的电阻应为0Ω。如不通,应检查或更换配线或接线器。

④ 如检查传感器C端与ECU接线器4脚连接良好,且检查ECU与搭铁间接线均无问题,一般即为同步信号传感器有问题,应对其进行检查或更换。

另外,对于北京切诺基吉普车来说,如检查传感器端子C与ECU接线器4脚间电阻0Ω正常的话,可进一步再检查ECU接线器4脚与11或12脚间电阻是否为0Ω,如不为0Ω,则应检查或更换ECU电路。

奥迪200型轿车同步信号传感器检测方法

奥迪200型轿车同步信号传感器线束连接器共有三个端子,分别是供电端、信号输出端和搭铁端。

① 接通点火开关,用万用表电压挡在线束侧检查连接器供电端的电压应不低于9V。

② 在接通点火开关状态,转动发动机曲轴,用万用表电压挡在线束侧检查连接器信号输出端与搭铁间的电压:

当信号转子缺口不在霍尔集成电路与永久磁铁间的空气隙内时,其电压应不低于4V;当信号转子缺口在空气隙内时,其电压值应为0~0.5V。

如果检查结果与上述规律不相符,说明同步信号传感器或其连接线路有问题,应进行修理或更换。

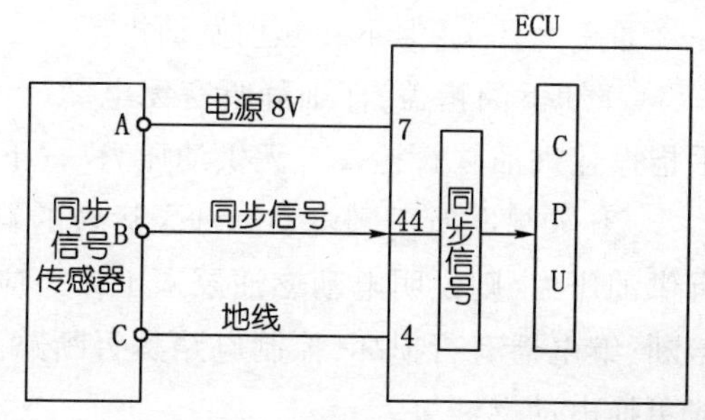

电动汽油泵故障的判断与检测

在电子控制汽油喷射系统中应用的电动汽油泵通常有两种类型：**滚柱式电动汽油泵和叶片式电动汽油泵**。

电动汽油泵的主要任务是连续不断地供给燃油系统具有足够压力的燃油。它由泵体、永磁电动机和外壳三部分组成。

当接通永磁电动机电源时，电动机转动并带动叶轮或滚柱旋转，将汽油从进油口吸入，流经电动燃油泵内部，再从出油口流出，给燃油系统输送压力油。

由于电动机浸泡在燃油中，电枢冷却靠燃油流动，工作时泵内充满燃油，也称湿式燃油泵。所以燃油箱存油量短缺时，会烧损燃油泵。虽然电动机浸泡在燃油中，由于没有空气，不可能着火。

电动燃油泵检测方法 电动燃油泵一般装在油箱内部，拆卸很不方便，检查时先在路检测，待确认其损坏或怀疑其有问题时，才将其拆下来进行开路检测。

■ 在路直观判断法

① 先用一根专用导线将检测插座内电动燃油泵的两个检测插孔短接，并接通点火开关，但不要起动发动机。

② 卸下油箱盖，仔细静听有无电动燃油泵运转的响声。如听不清，可用手指捏住进油软管检查有无供油压力。(下页上图)

③ 如果既听不到电动燃油泵运转的响声，手在进油软管处也感觉不到有供油压力，则说明电动燃油泵未工作。应检查电动燃油泵电源熔断丝是否熔断，继电器有否损坏，控制电路是否断路。如果没有发现上述故障，应检修或更换电动燃油泵。

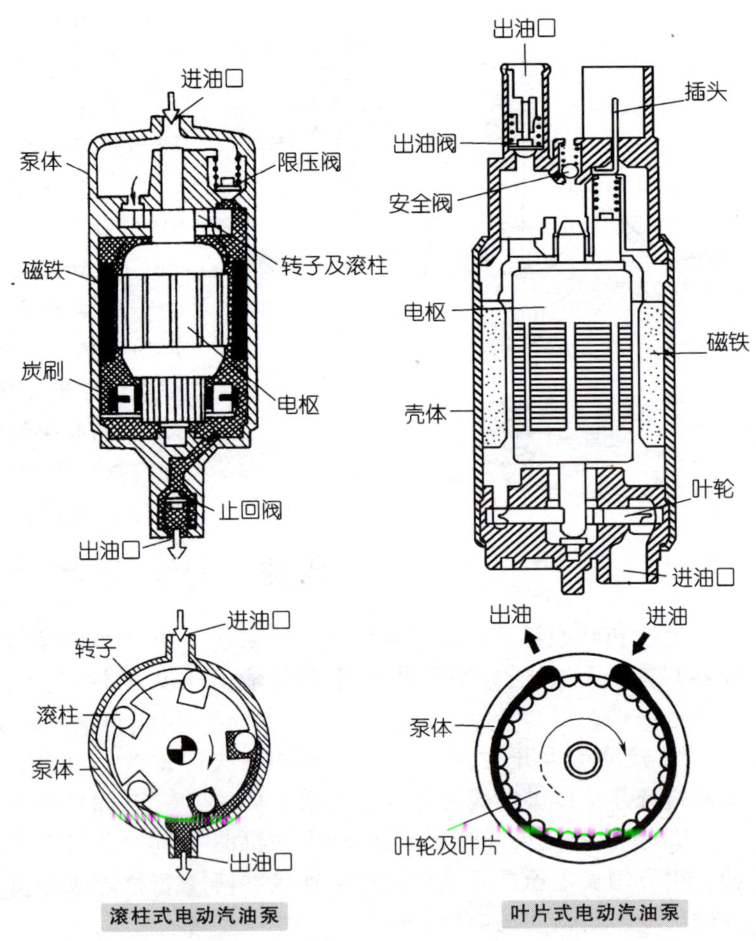

滚柱式电动汽油泵 叶片式电动汽油泵

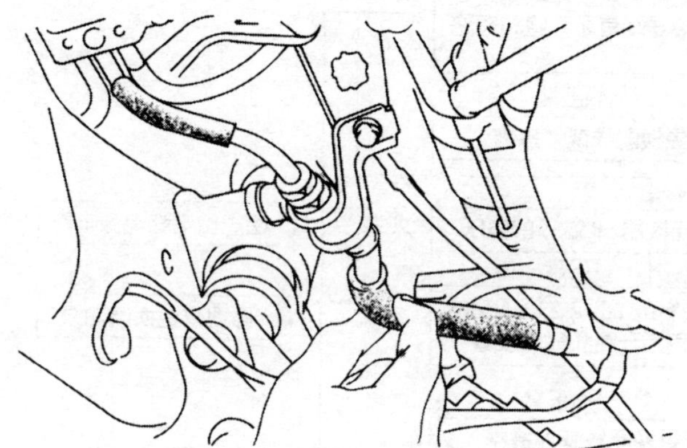
用手指捏住进油软管检查有无供油压力

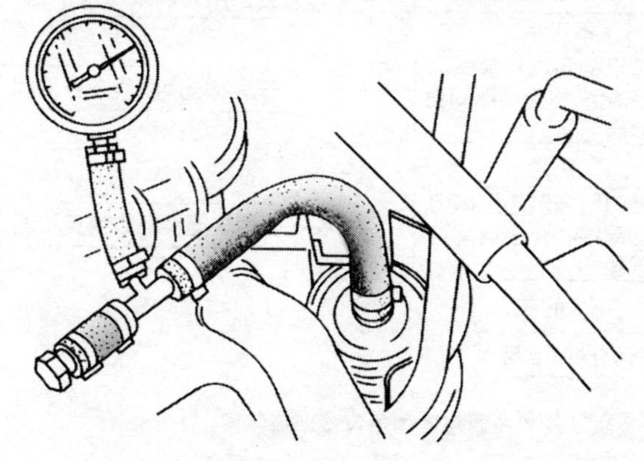
用油压表检测油压

■ 在路测压判断法

① 释放燃油系统中的油压，拆下蓄电池负极“-”接柱上的导线，将检测用油压表按左下图形式接在燃油管路上。

② 装回蓄电池负极“-”接柱上的导线，并用专用导线将故障检测插座内电动燃油泵的两个检测插孔短接。

③ 接通点火开关，但不要起动发动机，持续约10s左右，使电动燃油泵工作，并查看油压表的指示值。该压力即为电动燃油泵的最大压力，其数值应比发动机运转时的燃油压力高出200~300kPa，一般为490~640kPa。如与规定值不符，应检修或更换电动燃油泵。

④ 断开点火开关，过5min后查看燃油压力表指示值，该压力即为电动燃油泵的保持压力，其数值应大于340kPa。如与规定值不符，应检修或换新的电动燃油泵。

■ 开路检测法

□ 电动燃油泵的拆卸

释放燃油系统中的压力，打开后舱盖或抬起后座垫，卸下出油管、回油管接头，取下电动燃油泵线束插头，旋下固定螺钉，从油箱上方取出电动燃油泵托架总成。卸下电动燃油泵与托架的连接导线，从托架上抽出电动燃油泵，拆下橡胶缓冲垫、卡扣，取出滤网。

□ 电动燃油泵的检测

① 测阻法：用万用表R×1Ω挡测量电动燃油泵两接线柱间的电阻，其电阻值应约为2~3Ω。如阻值过大，说明有断路或接触不良之处；如阻值过小，说明有短路或搭铁故障。

② 加压观察法：用导线连接蓄电池两极与电动燃油泵两接线柱，仔细观察和听电动燃油泵有无运转声。如听不到高速运转声，说明燃油泵未工作。

③ 浸液观察法:将电动燃油泵浸在不可燃的专用喷油嘴检验液中,用带绝缘层的导线将蓄电池与电动燃油泵连接起来。接通后,观察电动燃油泵的工作状态,此时电动燃油泵出油口应有大量燃油泵出。否则,说明该电动燃油泵有故障,应对其进行检修或更换。

该法的浸液也可用汽油,但用汽油进行上述检测时,应在空旷、通风的场地上进行,并使蓄电池远离电动燃油泵,而且导线要连接牢固,以防接触不良处跳火产生的电火花引起火灾。

上述三种方法之一均可确定所测电动燃油泵的好坏, 为了慎重起见,有时也可用上述多种方法共同来确诊,这样将更可靠。

■ 油泵控制电路检测方法

要检查油泵控制电路,首先必须熟悉所修车型的油泵控制电路。不同车型油泵控制电路虽然不同,但检测的思路基本相同,即电源供给部分检查和控制电路的油泵继电器和 ECU 的检查。读者可根据不同车型燃油泵的控制电路进行检查。下图为控制电路示意图。

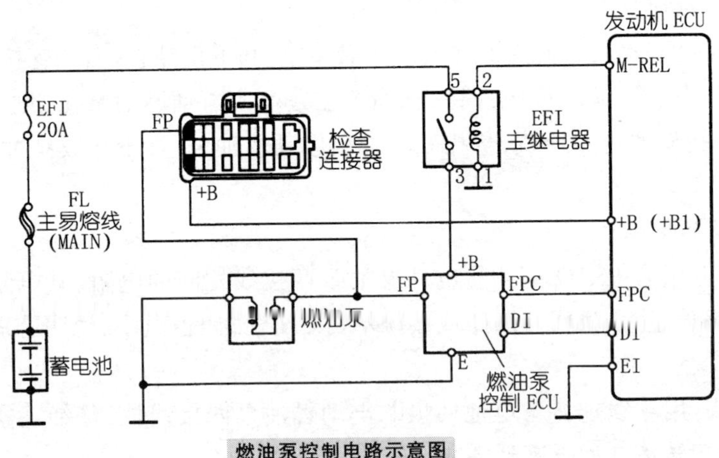

燃油泵控制电路示意图

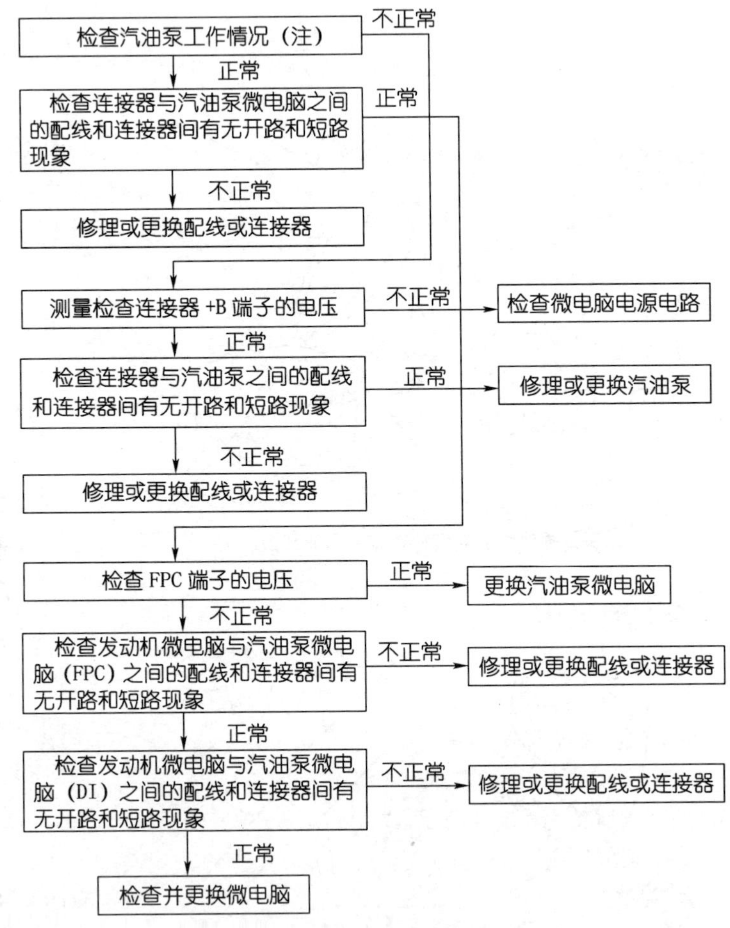

汽油泵及其控制电路的故障诊断流程图

注:汽油泵工作情况的检查方法为,用导线将检查连接器的+B 和 FP 端子连接起来,观察汽油泵是否运转。

燃油压力调节器

燃油压力调节器的作用是保证燃油压力与进气管压力差恒定。当进气管压力减小时,膜片克服弹簧压力向上弯曲,使膜片控制阀的阀门打开,燃油室内的部分燃油通过回油管回到燃油箱中,油管中汽油压力下降,从而保证两者的压差不变。反之,进气管压力大时,膜片向下弯曲,阀门关闭,回油终止,油管中燃油压力增大,使两者的压差仍保持不变。

燃油供给系统的压力不正常,可能是燃油压力调节器的故障,也可能是其他部件的故障引起的。具体检查可参照电动汽油泵章节中的检查燃油压力的方法检查。

当拆卸管道或更换有关机件时,首先必须使燃油系统卸压,以免大量压力燃油喷出,造成人身伤害或引起火灾。

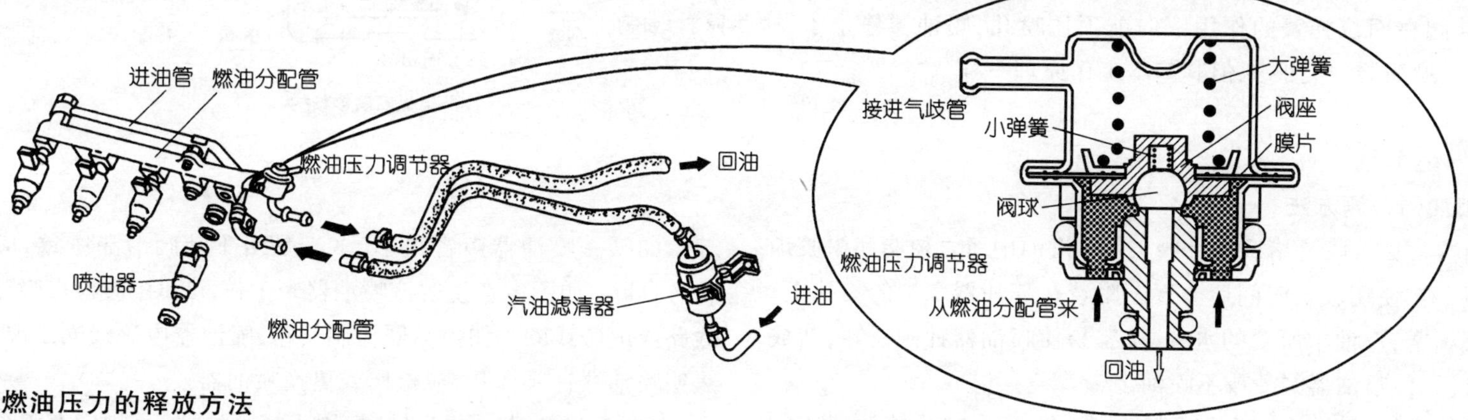

■ 燃油压力的释放方法

起动发动机,拔下电动燃油泵电源插头。发动机自动熄火后,再起动 2~3 次,将燃油压力全部释放完。断开点火开关,插好电动燃油泵电源插头。为防止燃油压力未彻底释放完,可重复上述过程 1~2 次。

■ 燃油压力的预置方法

用导线将故障检测插座中的两个电动燃油泵的插孔短接。置于将点火开关 ON 位置,并持续约 10s 左右,使电动燃油泵运转供油。关断点火开关即置于 OFF 位置,取下上述的短接导线,放回故障检测插座,并将其固定好。

对于一些不容易查找电动燃油泵检测插孔的车型,则可以采用反复“接通——关断——接通”点火开关的方法来预置燃油压力。

■ 检修后燃油系统油压的检测

当燃油系统经拆卸或检修后,还要对燃油系统的油压进行检测,一般用三通连接油压表,短接电动燃油泵两接头,使燃油泵运转,电压表指示值应为 300kPa 左右。静态时应为 147kPa 以上。

电磁喷油器的结构与检测

电磁喷油器是电喷燃油系统中的关键执行器,它实际上是一个电磁阀。当电子控制装置发出喷油指令后,电流通过电磁线圈后产生磁场,把衔铁吸起,由于衔铁和针阀是连接在一起的,使针阀向后收缩,汽油从针阀与喷孔的环形间隙喷出。当指令为停止喷油时,电磁线圈失去电流,也就失去吸力,针阀在回位弹簧的作用下向前顶住喷孔,喷油器停止了喷油。喷油器种类很多,但其基本工作原理一样。

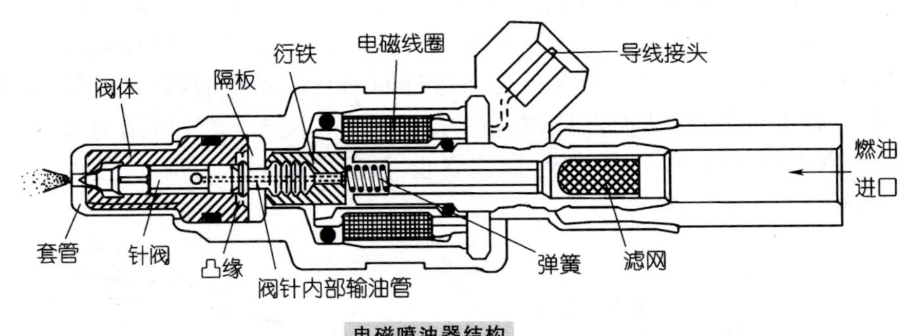

电磁喷油器结构

■ 喷油器检测方法

喷油器常见故障是堵塞和针阀卡滞。汽油中所含树脂和树胶烯烃等物质, 在使用较长时间后会逐渐附着在喷油器末端的喷孔上,从而造成堵塞;汽油中所含的水分,也容易使喷油器针阀锈蚀,造成针阀不灵活,使喷油器漏油或不喷油。

控制线路或喷油器电磁线圈断路、短路,也会造成喷油器工作不良或停止喷油。

判断喷油器是否正常可采用"一听、二摸、三断缸,电表测量"的简单方法进行。如有条件可用专用检测仪器检测。

○ 一听:发动机怠速运转,热车后,用长螺丝刀最好用听诊器测听喷油器工作的声音。如听到喷油器有节奏的"嗒嗒"振动声,而且声音清脆而均匀,表明喷油器工作正常。

如某一喷油器声音很小,多半是由于针阀卡滞所致,应进一步检查排除。如无声音说明该喷油器未工作。此时,应检查喷油器控制线路或电磁线圈。如喷油器控制线路、喷油器电磁线圈工况良好,则表明喷油器针阀卡死,应检修或更换喷油器。

○ 二摸:在发动机运转时,用手摸喷油器,手指应有强烈而均匀的振动感。

○ 三断缸:发动机怠速运转,热车后,依次拔下各缸喷油器的线束插头,使喷油器停止喷油。如果拔下某缸喷油器线束插头后,发动机转速明显下降,表明该缸喷油器工作正常。

如果拔下某缸喷油器线束插头后, 发动机转速无明显变化,表明该缸喷油器工作不良或未工作,应修理或更换。

○ 万用表测量：拔下喷油器线束插头，用万用表欧姆挡测量喷油器两接线端间的电阻，如下图所示。如果两端子间导通，说明电磁线圈未断路。但应有一定的电阻值；对于电压驱动式高阻抗型喷油器，其电阻值应为12~16Ω；对于电压驱动式低阻抗型喷油器，其电阻值应为3~5Ω；对于电流驱动式喷油器，其电阻值应为2~3Ω；如果测得的电阻值为∞，表明喷油器电磁线圈已断路。

万用表测量喷油器接线端电阻

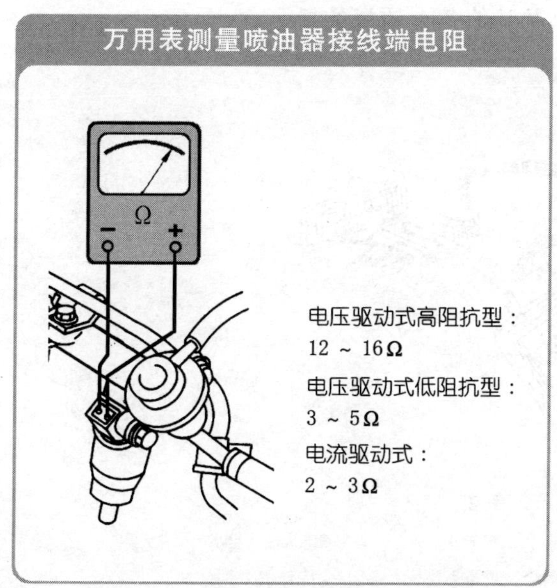

■ 喷油器控制电路检测方法

喷油器控制电路一般均由点火开关或主继电器供电，由ECU控制喷油器的搭铁回路。

○ 检查喷油器的电源供给电路：拔下喷油器连接插头。接通点火开关，但不要启动发动机。测量喷油器控制线连接器插头上的电源线电压应为12V。若无电压，则应检查点火开关及保险或主继电器及线路。

○ 控制输出电路的检查：用专用检查试灯串接到喷油器连接器两插头上，起动发动机试灯应闪烁。如试灯不亮或虽亮但不闪，说明控制电路输出的信号不正常。不亮，应检查喷油器至ECU之间的连接线路；不闪，应检查ECU电路。

○ 测量波形：用电子示波器检测喷油器脉冲波形。下右图为喷油器开关管电压波形及喷油器电压波形。如测得的波形与上述的正常波形相差较大，即可确定控制电路有故障，一般为ECU的问题。

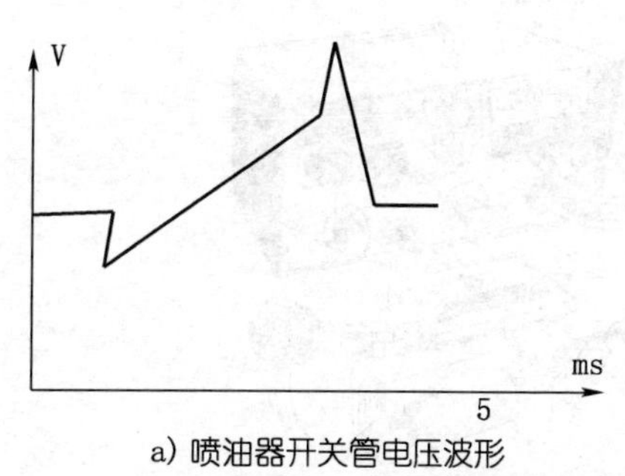

a) 喷油器开关管电压波形

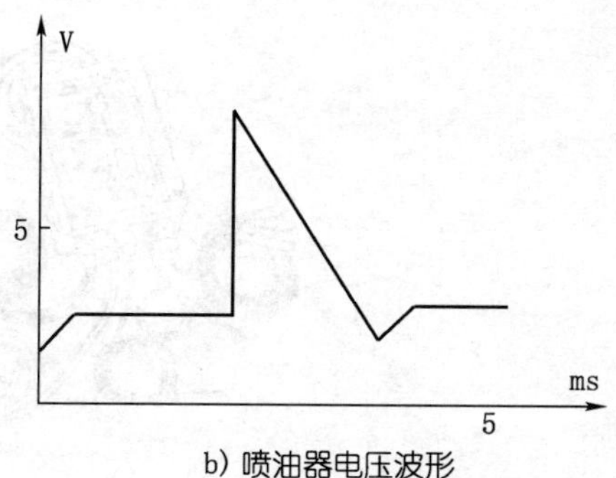

b) 喷油器电压波形

喷油器的正常电压波形示意图

■ 喷油脉冲宽度检测法

可用汽车万用表进行检查，以美国 OTC 公司 300 型汽车万用表为例，具体检测方法如下：

将汽车万用表功能选择开关置于占空比测量挡(Dutycycle)，万用表 COM 插孔上的黑色测试线搭铁，V–Ω–Hz 插孔中的红色测试线接喷油器的电脑控制信号输出端，当喷油器间断喷油时，仪表即显示出喷油器工作周期的占空比值(Dutycycle)(%)。再将汽车万用表功能开关置于频率挡 Freg，测出喷油器的工作频率(Freguency)(Hz)后，按下式来计算喷油器的喷油脉冲宽度，即喷油时间(s)：

$$\text{喷油时间}=\frac{\text{工作周期占空比}}{\text{工作频率}}$$

通过对发动机起动工况、怠速工况、加速工况喷油器喷油脉冲宽度的检测，就可确定控制电路是否正常。

■ 专用测试仪器检测法

对于电子式燃油喷射系统的测试和诊断，最好采用专用的检测设备，因这些设备的功能全、测试项目多，诊断故障的速度快，而且比较准确。

图 1 是英国卢卡斯公司、图 2 是英国奥斯汀–罗孚公司研制的专门用来检测电子式燃油喷射装置的测试设备。若使用奥斯丁–罗孚快速检测器，可直接把它接到燃油喷射系统中电子控制单元 ECU 的插接器上去，只要按动其面板上的检测功能开关，便可进行各喷油器工作状况的检测以及其他各个项目的检测。

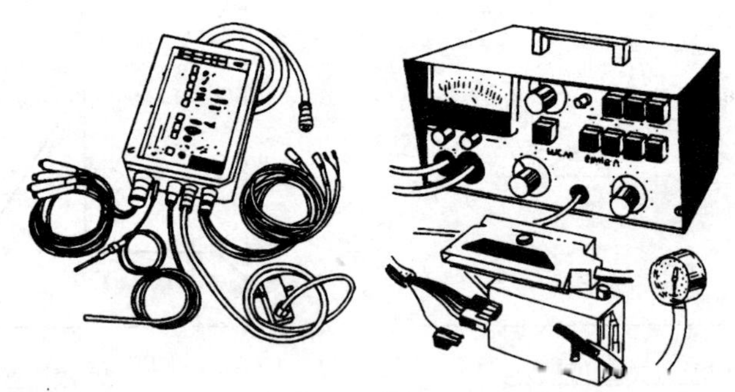

图 1

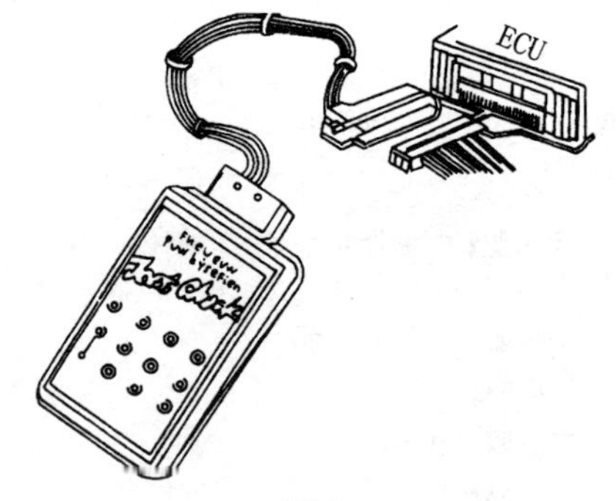

图 2

英国两种燃油喷射系统检测仪器

怠速控制阀的作用与结构

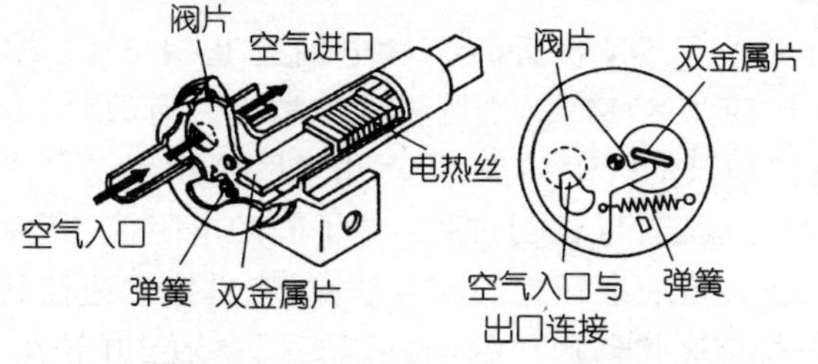

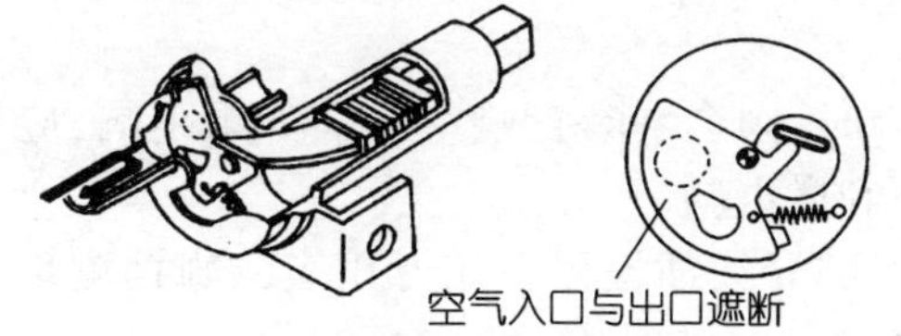

双金属片式怠速控制阀

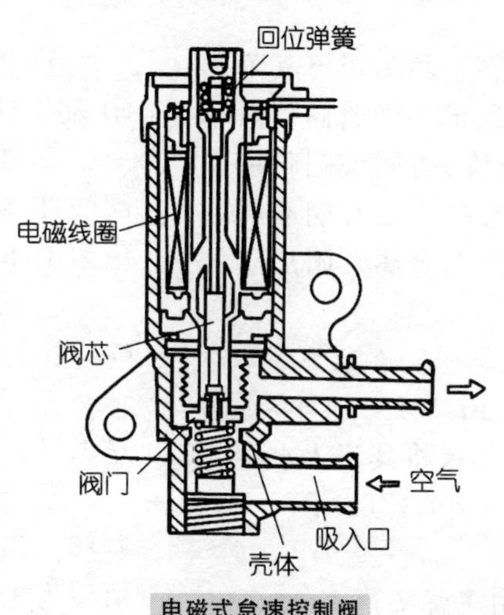

电磁式怠速控制阀

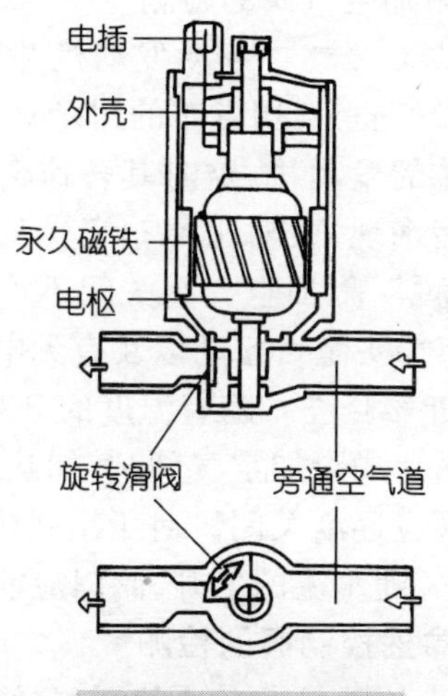

旋转滑阀式怠速控制阀

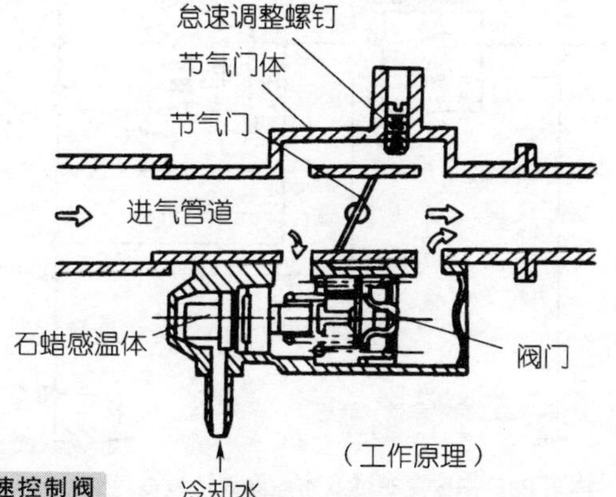

石蜡式怠速控制阀

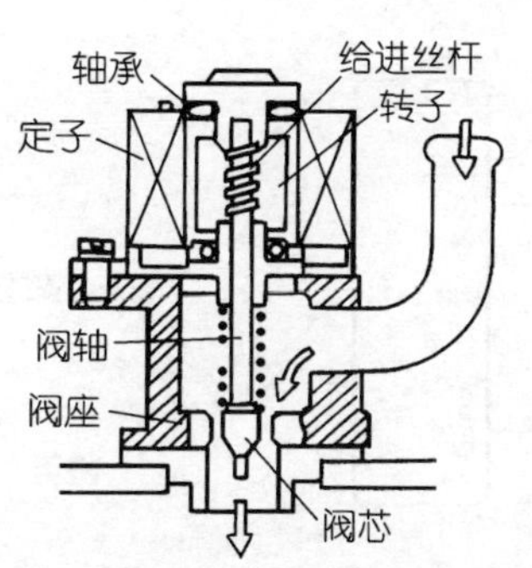

步进电机式怠速控制阀

怠速控制阀的作用是稳定发动机转速，降低燃油消耗量；发动机低温运转时，增加空气供给量，使发动机快怠速运转，缩短暖机时间；在怠速运转时，若负荷加大（如开空调）自动提高发动机怠速，以免熄火。常见的是通过控制节气门旁通空气道的方式实现怠速控制的。根据其结构特点怠速控制阀可分为双金属片式、石蜡式、电磁式、旋转滑阀式和步进电机式五种。

怠速控制系统的检测

■ 附加空气阀的检测

□ 在路检测　起动发动机并让其怠速运转，然后拔下其附加空气阀线束插头，用裹布的钳子夹住附加空气阀的旁通管路。对于冷车运转的发动机，这时其转速会有明显的下降，否则说明附加空气阀有堵塞现象；对于热车运转的发动机，其转速不会有明显的下降，否则说明附加空气阀关闭不严，此时应检查双金属片附加空气阀的线束插头是否松动以及有无电源。

□ 开路检查　随着温度的升高，附加空气阀应能逐渐关闭。对于双金属片式附加空气阀，其加热丝电阻应为30~60Ω。通电后，附加空气阀应逐渐关闭。对于蜡式附加空气阀，如果将其浸入水中并对水加热，随水温的上升，阀门应能逐渐关闭。

■ 怠速控制阀的检测

□ 旋转滑阀式怠速控制阀的检测（以丰田子弹头汽车2TZ-FE发动机为例）。

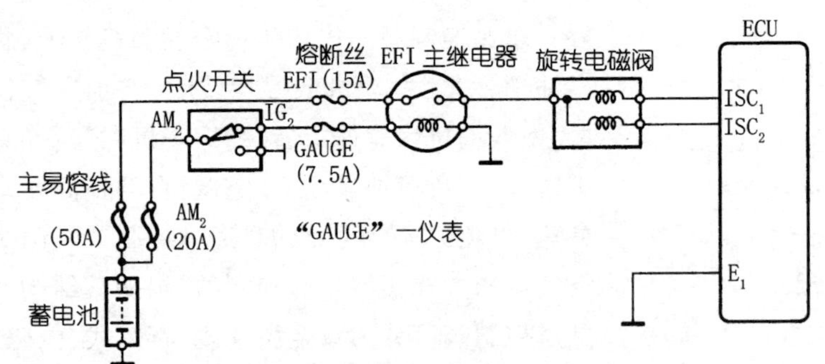

丰田2TZ-FE发动机怠速控制阀的控制电路

① 当点火开关位于ON位置时，微电脑的ISC1、ISC2端子对E1端子的标准电压应为8~14V。否则说明电源电路有故障。

② 拔下怠速控制阀的线束插头，用万用表欧姆挡测量怠速控制阀的+B端子(即电源端子)与ISC1、ISC2端子间的电阻值，其标准值应为18.8~28.8Ω，否则说明怠速控制阀有故障，应更换怠速控制阀。

□ 步进电机式怠速控制阀的检测（以丰田皇冠3.0轿车2JZ-GE发动机为例）。

① 当发动机熄火时，阀会“咔嗒”响一声。如果不响，应检查步进电机式怠速控制阀和微电脑。

② 拔下步进电机的导线插接器，用万用表欧姆挡测量怠速控制阀4组绕组(即B1-S1、B1-S3、B2-S2、B2-S4)的电阻值。其标准值应为10~30Ω，否则应更换怠速控制阀。

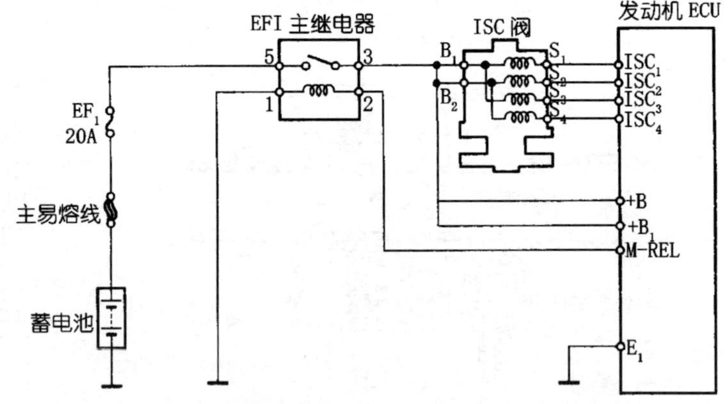

丰田2JZ-GE发动机怠速控制阀的控制电路

□ 开路检查步进电机式怠速控制阀

① 按正确步骤拆下节气门体。

② 如下左图所示，在怠速控制阀插接器的 B_1 和 B_2 端子上接蓄电池的正极，然后依次将 S_1、S_2、S_3、S_4 端子搭铁（接负极），此时阀门应逐渐关闭。若不能关闭，则应更换怠速控制阀。

③ 把怠速控制阀插接器的 B_1 和 B_2 端子接蓄电池的正极，而后依次将 S_4、S_3、S_2、S_1 端子接蓄电池的负极（搭铁），此时阀门应该逐渐开启。若不能开启，则应更换怠速控制阀。检查完毕后，在向节气门体上装复怠速控制阀时，应使用新的 O 形圈。

□ 怠速控制系统的故障诊断

怠速控制系统的常见故障有怠速不稳、怠速失常、怠速过高或过低、无冷车快怠速以及无空调快怠速等。发生故障的主要原因是阀门卡滞、脏堵、漏气（垫片、密封胶圈）、插接器松动、怠速控制阀及微电脑故障、无工作电压等。此时，应从怠速控制阀、控制电路以及微电脑三个方面按顺序进行故障诊断。

以丰田子弹头汽车 2TZ-FE 发动机旋转滑阀式怠速控制阀为例，当发动机怠速控制阀不能正常工作时，可按下右图所示的故障诊断流程图进行诊断。不同形式的怠速控制阀可参照此检测思路进行。

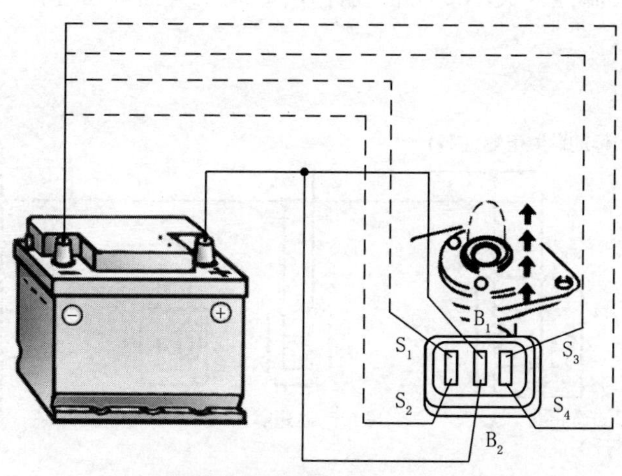

检查怠速控制阀的关闭情况

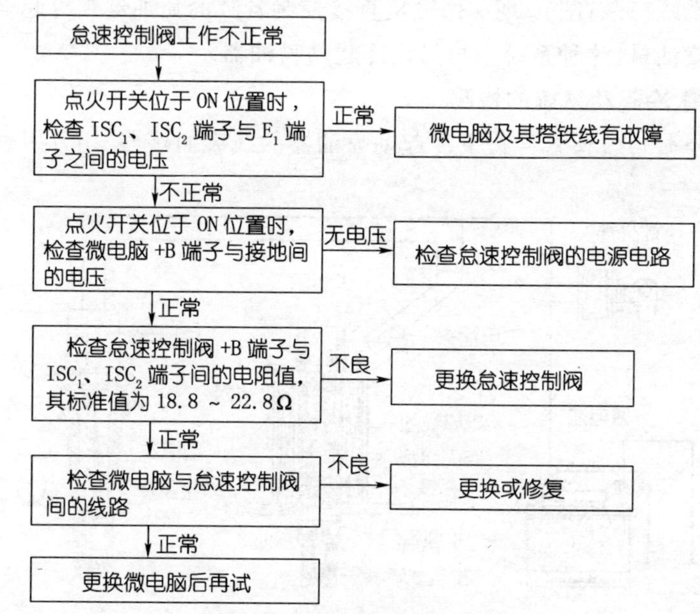

怠速控制系统故障诊断流程图

冷起动系统的组成和检测

冷起动喷油器的功用是当发动机低温起动时，向进气管喷入一定数量的汽油，以加浓混合气。冷起动喷嘴也是一个电磁阀，故又称冷起动阀。

冷起动喷油器的开启和持续喷油的时间取决于发动机的温度，并由热时间开关控制。冷起动喷嘴安装在进气管上，热时间开关装在机体上并与冷却液接触。也有由水温传感器和微机共同控制的冷起动系统(下右图)。现在由微机直接控制各缸的喷油器在冷起动时增大喷油量；这种系统不再另设冷起动喷油器。

■ 冷起动系统的检测

冷起动喷油器　拔下冷起动喷油器的线束插接器，用万用表欧姆挡测量冷起动喷油器的电阻，其标准值应为2~4Ω(20℃时)。若不符合标准，应更换冷起动喷油器。

温控开关　拔下冷起动喷油器温控开关的插接器，用万用表欧姆挡测量温控开关上STA端子和STJ端子之间的电阻值以及STA端子和外壳（搭铁）之间的电阻值，其电阻值应符合规定的数值。STA–STJ之间，在低于30℃时为20~40Ω；在高于40℃时为40~60Ω。SAT–地之间电阻为20~80Ω。

冷起动系统　冷起动系统工作不正常时，会引起发动机冷起动困难、怠速不稳、排气冒黑烟等故。故障的原因可能是：冷起动喷油嘴堵塞，温控开关不能闭合或打开，导线及其插接器连接不正常。

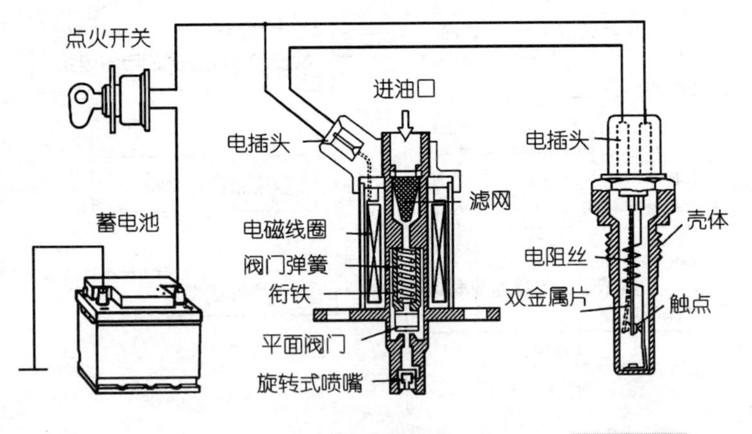

冷起动喷嘴　　热时间开关

由温控开关和微电脑共同控制的冷起动系统控制电路

冷起动系统故障的检测

当怀疑冷起动系统有故障时,按图进行检查。发现发动机微电脑直接控制各缸喷油器的冷起动系统有故障时,应首先检查冷却水温传感器是否正常,然后再检查其连接导线及其插接器。

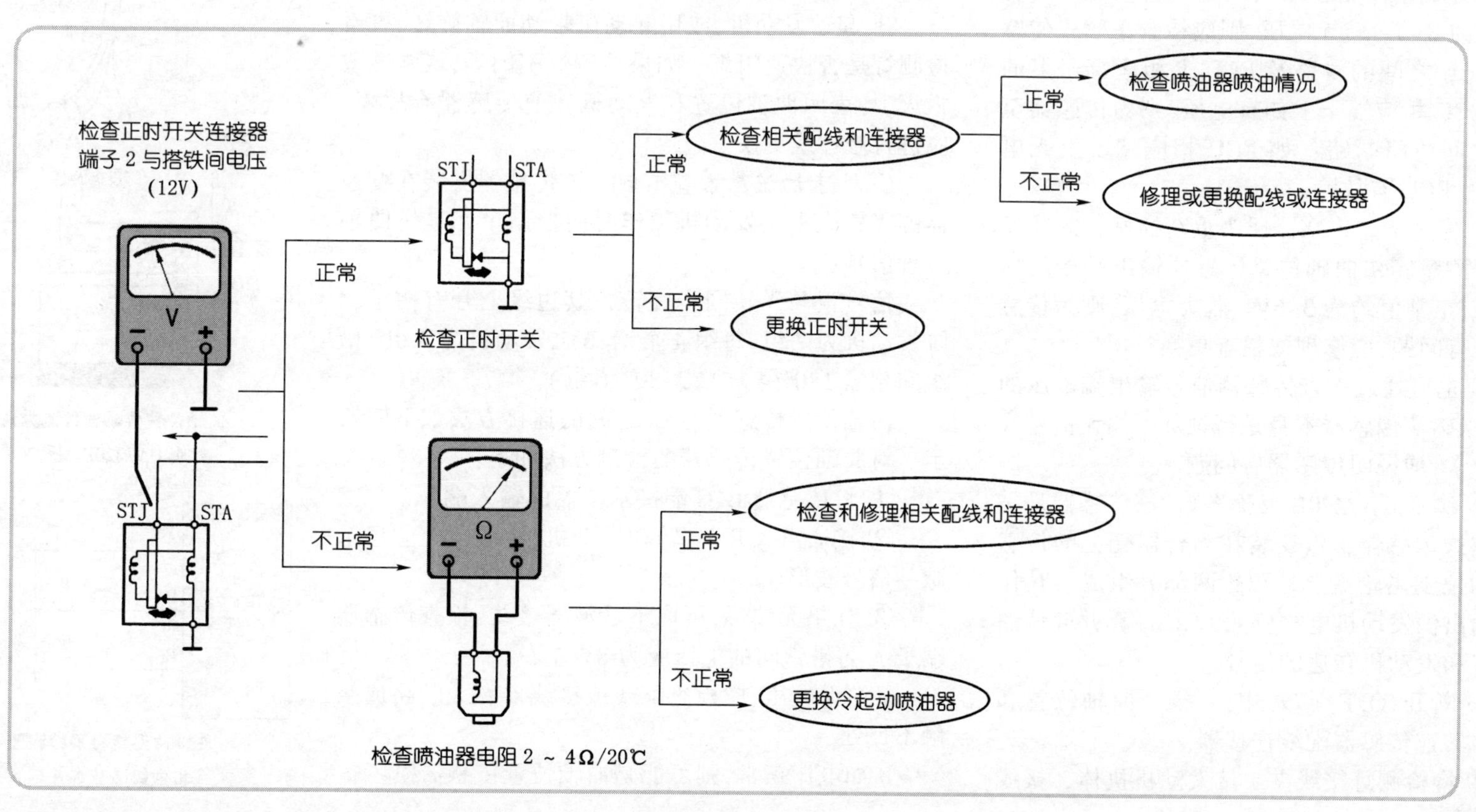

曲轴位置传感器的检测

霍尔式曲轴位置传感器检测方法

① 拔下传感器插头，打开点火开关，检查插头上电源端子与搭铁之间的电压应为 12V（有的车型为 8V）。若无电压，则应检查霍尔式传感器到 ECU 之间的线路及 ECU 上相应端子上的电压，ECU 相应端子上如有电压，则为传感器至 ECU 之间线路断路；如 ECU 相应端子上无电压，则为 ECU 有故障。

② 将拔下的传感器插头重新插好，起动发动机，测量霍尔曲轴位置传感器输出端子的信号电压，正常值约为 3~6V。若无电压，则为传感器本身有问题，应修理或检查更换。

③ 也可通过检查传感器信号输出端电压的波形，来确认传感器本身是否损坏。如无信号或信号异常，均说明传感器有问题。

○ 红旗 CA7220E 型轿车例：该传感器是霍尔效应式传感器，由安装在离合器壳上的传感器头和位于飞轮盘上的靶轮两部分组成。其作用是输出供发动机电控单元 ECU 计算并确认曲轴位置和发动机转速的信号。

① 断开（OFF）点火开关，拔开曲轴位置和发动机转速传感器配线连接器。

② 将检测灯接线夹 1 接发动机机体，接线夹 2 接蓄电池正极，并将检测灯配线连接器 4 接到曲轴位置和发动机转速传感器配线连接器上（上图）。

③ 起动发动机，或用起动机带动曲轴旋转，查看检测灯是否快速闪烁。如果检测灯不闪烁，或常亮或常灭，均表明曲轴位置和发动机转速传感器有故障，应进行修理或更换。

○ 北京切诺基吉普车例：该传感器安装在变速器的飞轮壳上，发动机工作时向控制单元提供曲轴位置信号。

信号板与飞轮同步旋转，其边缘上开有槽组，4 缸发动机为两组，每组 4 个槽；6 缸发动机为 3 组。槽组间相隔 180°（4 缸）或 120°（6 缸）。

曲轴位置传感器与 ECU 间的连接方法如下图所示。对曲轴位置传感器的检测方法如下：

① 将传感器 B、C 端接示波器的输入端。

② 接通点火开关，转动发动机，示波器上应显示脉冲信号波形。

③ 如果无波形，可取下示波器接线，检查传感器端子 A 与搭铁间的电压应为 8V 左右。

a 如无电压，应检查配线或接线器有无断路或接触不良处。

b 如电压正常，则可能是曲轴位置传感器损坏。

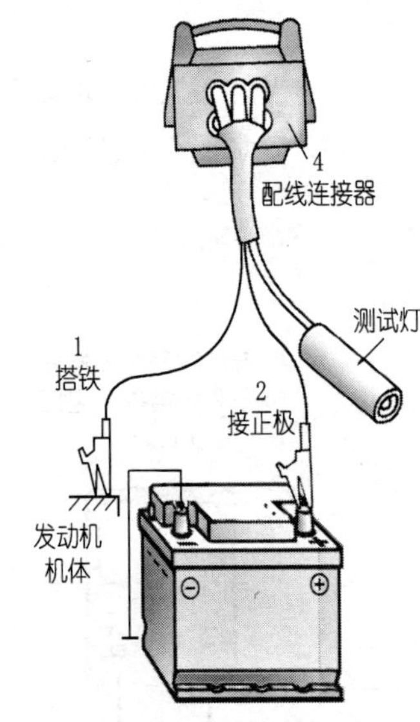

曲轴位置传感器检测方法

（红旗 CA7220E 型轿车）

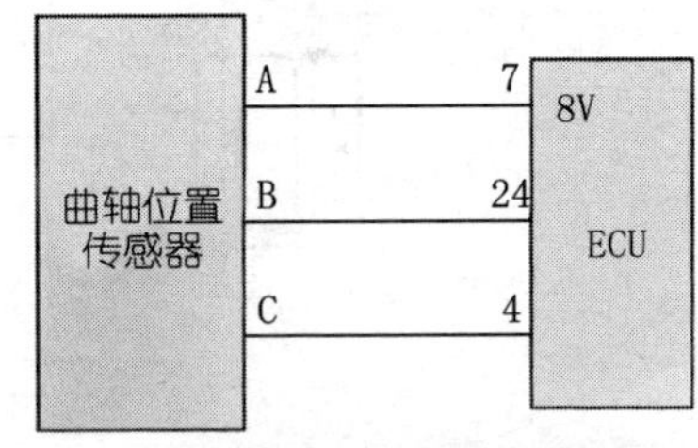

曲轴位置传感器检测图

（北京切诺基吉普车）

电磁式曲轴位置传感器检测方法

电磁式曲轴位置传感器多安装在曲轴前端或分电器内，也有的安装在凸轮轴前端或曲轴飞轮处。其功能是检测曲轴转角、发动机转速和活塞上止点位置，并将信号传送给发动机电控单元，用来控制点火时间和喷油正时。

■ **开路检测方法**

关闭点火开关，拔下传感器插头，用万用表 R×l0Ω 挡测量传感器感应线圈的电阻值，测量值应符合原厂规定。其阻值一般在 300~1500Ω 之间。

■ **在路检测方法**

① 用万用表电压挡测量其输出的电压：起动时应高于 0.1V；运转时应为 0.4~0.8V。

② 用频率表测其工作频率。

③ 用示波器检测其输出信号波形。其波形应有周期性变化，如下左图所示。

④ 如果在传感器上能检测到电压信号，而在 ECU 连接器上检测不到信号，则应检测传感器至 ECU 之间的导线及插头。

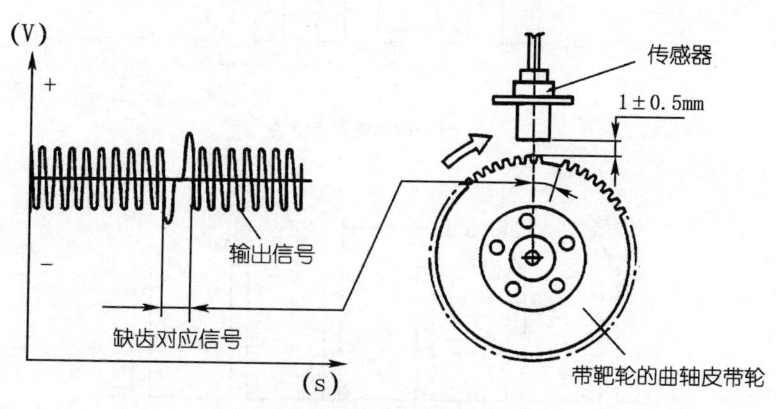

发动机转速和曲轴位置传感器

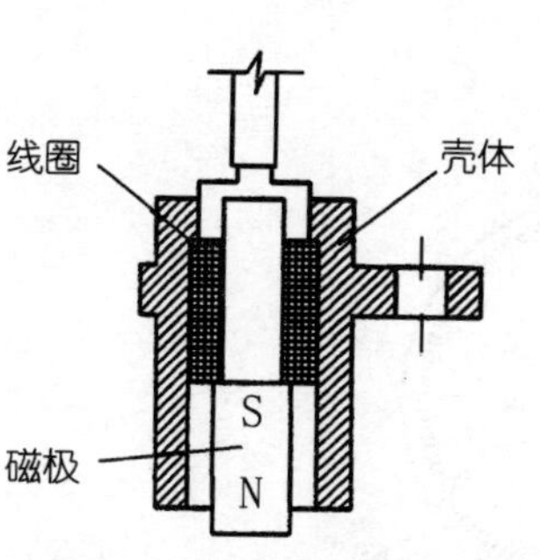

传感器构造

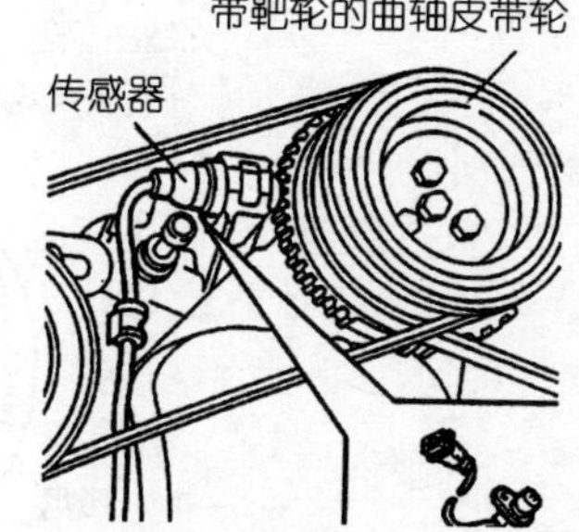

靶轮和传感器位置

光电式曲轴位置传感器检测方法

① 拔下传感器插头，打开点火开关，检查插头上电源端子与搭铁端子之间的电压应为12V(有的车型为5V)。若无电压，则应检查传感器至ECU的导线和ECU上相应端子上的电压。若ECU端子上有电压，则为ECU至传感器之间的导线断路；否则为ECU故障。

② 插回传感器插头，起动发动机，使其转速保持在2500r/min左右，测量传感器输出端子上的电压，正常值一般为2~3V左右，如电压不在此范围内，则为光电式曲轴位置传感器损坏。

③ 用示波器检测有关信号的波形来判断其是否有故障，具体波形如图所示。

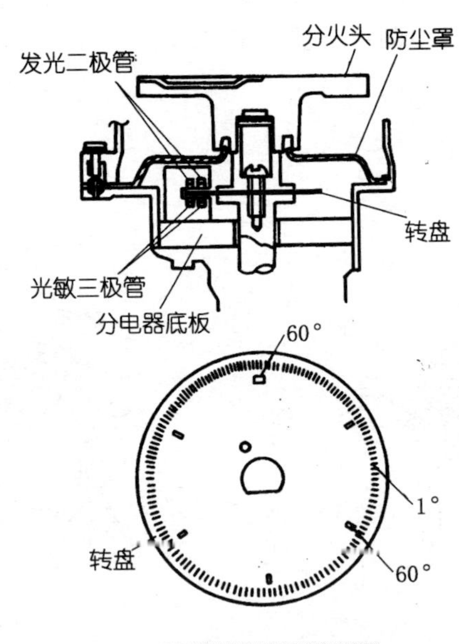

光电式曲轴位置传感器

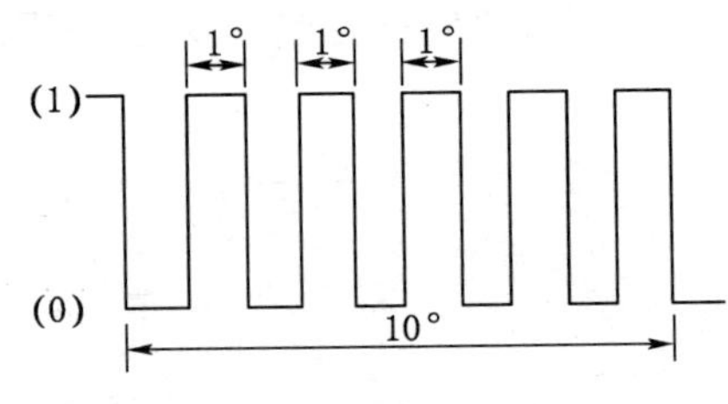

1°信号时的波形示意图

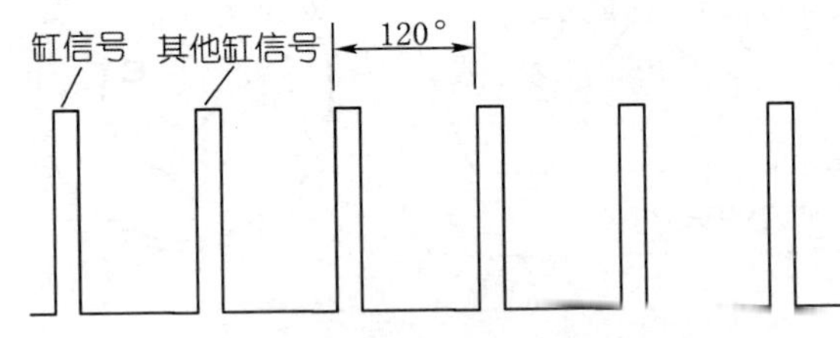

120°信号时的波形示意图

6 自动变速器

自动变速器的构成

自动变速器主要由液力变矩器、齿轮变速系统和控制系统(阀体总成)等构成。

装有自动变速器的汽车无需驾驶员换挡操作,可由液力变矩器自动实现平稳起步和换挡,大大减轻了驾驶员的劳动强度。

■ 液力变矩器

液力变矩器的泵轮与发动机曲轴相连，涡轮与输出轴相连,导轮位于泵轮和涡轮的内周中央,并装有单向离合器,即只能与泵轮同方向旋转,而不能反方向旋转。发动机带动泵轮旋转,泵轮旋转产生的离心力,使油向外周飞溅,推向涡轮旋转。涡轮旋转后使油沿叶轮的曲线形状流向导轮,导轮将油撞击泵轮的背面,可以增大泵轮的转矩。

■ 齿轮变速系统

在液力变矩器的后部排列着2~3组行星齿轮。行星齿轮是能进行公转与自转的。因小齿轮围绕中间的太阳齿轮转动而得名的。行星齿轮的不可思议的地方是,只将诸齿轮中的某一个齿轮固定即可进行高速及低速旋转,当然也包括反转。它有灵活的特点,并且是作为辅助部件装配在液力变矩器后面。各齿轮或固定或转动都是通过计算机或根据车速指令自动靠油压完成的。在液力变矩器传动和驱动系切断时，则靠装在与行星齿轮同一轴的湿式多片离合器完成。所谓湿式是指里面有油并能顺利地实现离合器的离合。根据行星齿轮的组配出现了3~4挡速度的变化。

换挡执行元件用于控制齿轮变速机构改变传动比和传动方向。换挡执行元件的工作由自动变速器控制系统根据汽车的运行状态(如节气门开度、汽车车速等)进行控制。

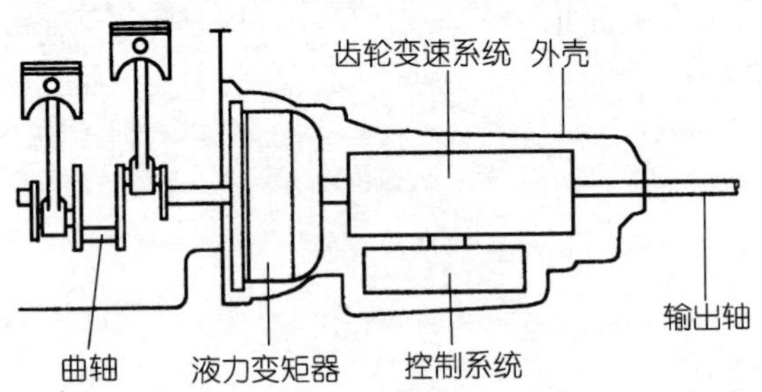

自动变速器的构成

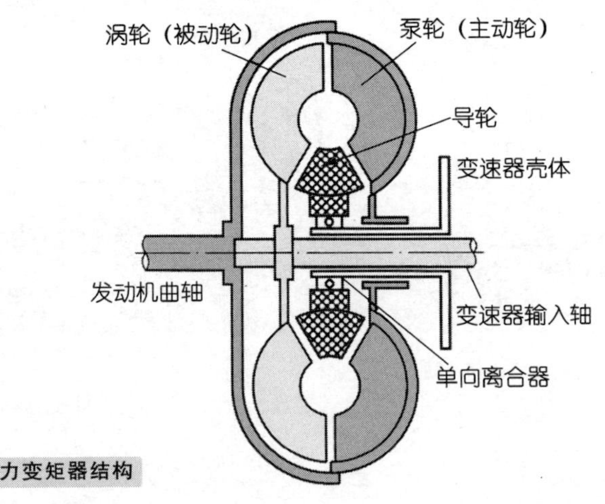

液力变矩器结构

自动变速器控制系统

自动变速器控制系统一般安装在齿轮变速系统的下部，其作用是根据汽车的运行状态(车速、节气门开度等)自动控制齿轮变速系统的工作(即换挡)。

控制系统可分为液压控制系统和电子控制系统两种。

■ **液压控制系统**是由节气门阀、速控液压阀(又称调速阀)将节气门开度和车速直接变为液压信号，然后由这两个液压信号来控制齿轮变速系统换挡执行元件的动作实现换挡的(右图)。

■ **电子控制系统**则通过传感器(如节气门位置传感器、车速传感器等)将节气门开度、汽车车速转变为电信号并输入微电脑，微电脑再根据内存程序，通过电磁阀控制换挡执行元件的动作实现换挡(下图)。

节气门
自动变速器
速控液压阀
变矩器
齿轮变速系统
阀体总成
节气门拉线
速控液压

液压控制系统的工作原理图

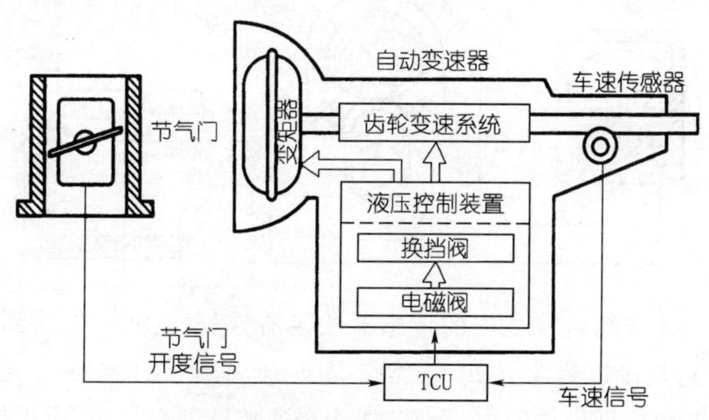

电子控制系统的工作原理图

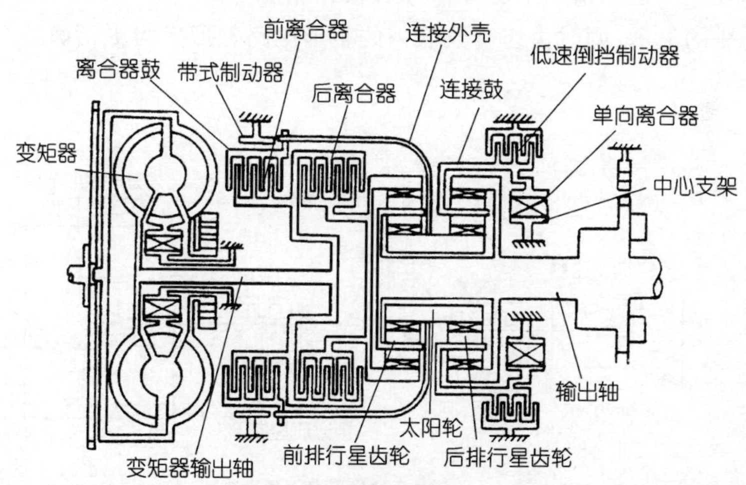

行星齿轮机构示意图

自动变速器微电脑控制系统的检测

■ 传感器的检测

自动变速器微电脑控制系统的传感器主要包括车速传感器、节气门位置传感器以及水温传感器等。其中节气门位置传感器和水温传感器的检测方法见电喷发动机一章内容。

现以丰田 A340E 型自动变速器为例，说明自动变速器微电脑控制系统各组件的检测方法。

□ 第一车速传感器的检测　下左图为第一车速传感器的工作电路。第一车速传感器由变速器输出轴通过从动齿轮驱动，转子轴每转一周便输出 4 个脉冲信号。该脉冲信号输入组合仪表，用于车速表的显示，同时由组合仪表内的整形电路整形变为更精确的方形波后，输送到发动机和自动变速器 ECU，发动机和自动变速器 ECU 根据这些脉冲信号的频率计算出车速。该车速用作自动变速器控制系统的备用信号。

□ 第二车速传感器的检测　拔下车速传感器的线束插接器，然后在两端子之间接上欧姆表，如下页图所示。

第一车速传感器工作电路

检测第一车速传感器

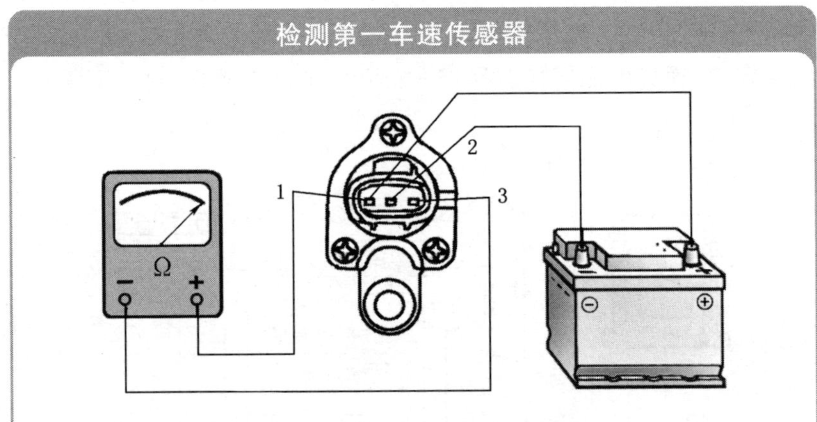

拔开组合仪表内的传感器插接器，把蓄电池正极接到端子 1，负极接到端子 2。正常情况下，轴每转一圈，端子 3 便与蓄电池负极导通四次。否则，说明车速传感器有故障，应更换。

检测第二车速传感器

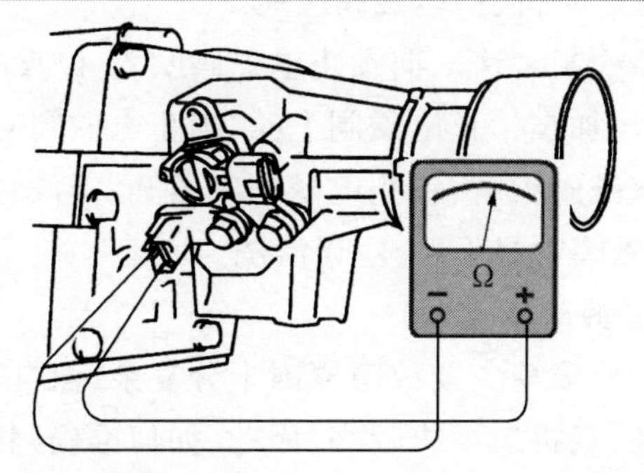

顶起一侧的驱动轮，将换挡杆置于空挡。转动驱动轮，欧姆表指针应能在0~∞Ω之间摆动。否则，说明第二车速传感器有故障，应更换。

空挡起动开关端子间的导通情况

挡位＼端子	2	3	6	1	5	7	8	9	4
P	●	●	●	●					
R			●		●				
N	●	●	●			●			
D			●				●		
2			●					●	
L			●						●

□ 开关的检测

自动变速器微电脑控制系统的开关包括空挡起动开关、行驶方式选择开关、制动灯开关、超速主开关以及降挡开关等。

□ 空挡起动开关的检测

拆下空挡起动开关线束插接器，用手扳动手动阀。用万用表欧姆挡测量手动阀在每个挡位（即空挡起动开关的每一开关位置）线束插接器上各端子间的导通情况应符合上表的规定要求。

□ 行驶方式选择开关的检测

拆下行驶方式选择开关的线束插接器，用万用表欧姆挡检查插接器内端子之间的导通情况。当行驶方式选择开关处于“PWR”位置（即动力方式）时，两端子间应导通；在“NORM”位置（即标准方式）时，两端子间应不导通。若检查结果不符合上述要求，则应更换行驶方式选择开关。

□ 制动灯开关的检测

拆下制动灯开关的线束插接器，用万用表欧姆挡检查端子1和3之间的导通情况。制动灯开关正常时，踩下制动踏板后两端子间应导通，松开制动踏板后两端子间应不导通。否则，应更换制动灯开关。

□ 超速主开关的检测

拆下超速主开关的线束插接器，用万用表欧姆挡检查端子1和3之间的导通情况。在超速主开关正常的前提下，当超速主开关位于“ON”位置时，两端子之间应断开；当超速主开关位于“OFF”位置时，两端子间应导通。

□ 降挡开关的检测

拆下降挡开关，用万用表欧姆挡检查其端子间的导通情况。当压下降挡开关时，两端子间应导通；当松开降挡开关时，应不导通。否则，应更换降挡开关。

□ 执行器的检测

自动变速器微电脑控制系统的执行器包括第一换挡电磁阀、第二换挡电磁阀和锁止电磁阀。

□ 电磁阀检测（有两种方法）

方法一　从发动机和自动变速器ECU上拔下电磁阀的线束插接器，用万用表欧姆挡测量线束插接器的S_1、S_2、S_L端子（第一换挡电磁阀、第二换挡电磁阀和锁止电磁阀）与车身搭铁间的电阻，其标准阻值为11~15Ω。否则，说明电磁阀及其线路有故障。若有故障，则应继续检查，以区分是电磁阀有故障还是其线路有故障。

方法二　把蓄电池电压分别加在S_1、S_2、S_L端子与车身搭铁间，电磁阀正常时，应能听到电磁阀工作时发出的声音。否则，说明电磁阀及其工作线路有故障。此时，应进一步检查以区分是线路故障还是电磁阀有故障。

□ 电磁阀的密封性检测

当电磁阀内有杂质时，电磁阀可能会被卡住，造成关闭不严。此时，即使电磁阀本身工作正常，也不能使控制系统正常工作。因此，当电磁阀控制失常时，应进行密封性的检测。

第一、第二换挡电磁阀密封性的检测方法　不通电时，向换挡电磁阀吹入低压压缩空气，换挡电磁阀应不漏气；当将蓄电池电压施加在换挡电磁阀上时，换挡电磁阀应通气。

锁止电磁阀的检测方法　向锁止电磁阀吹入490kPa的压缩空气，当把蓄电池电压加在锁止电磁阀上时，锁止电磁阀应不漏气；当无电压加在锁止电磁阀上时，锁止电磁阀应通气。若检查结果与上述不符，则说明电磁阀密封不严，应当清洗。

□ 自动变速器的故障诊断

自动变速器的故障现象及故障原因十分复杂，而自动变速器的拆装过程也很复杂，且拆装要求很高，因此，如何准确判断引起故障的原因和发生故障的部位，是维修自动变速器的关键，且要求维修人员必须掌握自动变速器的基本故障诊断程序和故障诊断方法。

故障诊断基本程序

自动变速器的各种故障可能由发动机故障引起，也可能由自动变速器本身故障引起。而自动变速器本身又由齿轮变速机构、换挡执行元件、液压控制系统、电子控制装置等组成，因此，在维修自动变速器时，必须根据自动变速器的工作原理，按照科学的诊断程序来判断故障发生的原因与部位，做到对症下药，以便快速地排除故障。绝不可盲目拆卸，因为这样做不但不能快速排除故障，而且还有可能引发新的故障。虽然各型号自动变速器具体结构不同，但其工作原理都是相同的，因此其故障诊断的基本程序和基本方法也是类似的。下页图示为微电脑控制自动变速器的故障诊断基本程序。

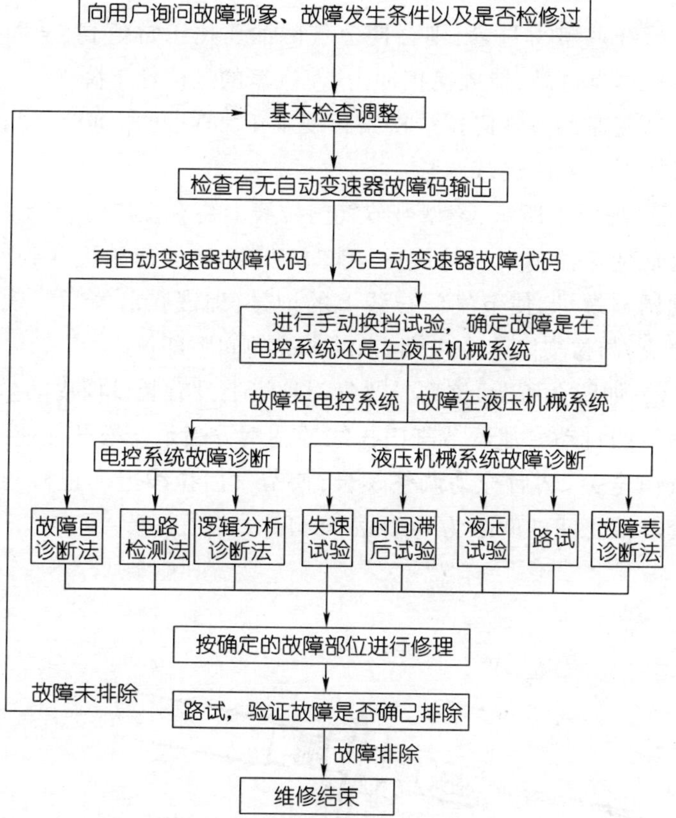

微电脑控制自动变速器的故障诊断基本程序

丰田发动机规定怠速转速值

发动机型号	2JZ-GE	1UZ-FE	2TZ-FE	3VZ-FE	2C	3S-FE	4A-FE
怠速转速(r/min)	750±50	650±50	750	700±50	800±50	600±150	800±150

■ 基本的检查调整

自动变速器的许多故障现象并不一定是由自动变速器本身损坏引起的，而常常是由某些项目没有调整到位所致。因此，在自动变速器发生故障时，应首先进行基本的检查调整，以免多走弯路。

自动变速器基本检查调整项目:怠速、节气门、变速器节气门拉线、工作液的液面和油质、空挡起动开关以及超速主开关。

□ 怠速的检查调整

各种型号的发动机都有其规定的怠速转速值。怠速转速过高或过低都会影响自动变速器的工作性能。若怠速转速过高，在换挡时会感觉到冲击，并且当换挡杆位于行驶挡(D、2、L 及 R 挡位)时，若不用力踩住制动踏板，汽车就会发生蠕动现象。若怠速转速过低，在换挡杆从 N 或 P 挡位拨到 R、D、2 或 L 挡位时，会造成怠速不稳而使车身振动，怠速严重不稳时还会使发动机熄火。

当发动机怠速不正常时，应对其进行调整。现以丰田 2JZ-GE 发动机为例，具体操作方法如下：

① 运转发动机，使冷却水温度达到正常值。

② 接上转速表，将其测试杆接到检查连接器的 IG-端子上，然后把转速表调至 6 缸量程(发动机缸数不同时，转速表量程也应不同，对丰田 1UZ-FE 和 2TZ-FE 发动机来说，应调至 4 缸量程)。

③ 关闭所有用电附加电器设备，如空调、前照灯以及加热器等。

④ 将自动变速器置于空挡或停车挡位。

⑤ 用导线将检查连接器的 TEl 端子(自检触发端子)和 El 端子连接起来。

⑥ 检查怠速转速，正常怠速转速应符合下表所列的规定值。

⑦ 若怠速转速不在规定范围内，可通过拧动节气门体上的怠速旁通气道调整螺钉进行调整。

□ 节气门的检查调整

将加速踏板踩到底时，检查节气门是否能完全打开。若加速踏板踩到底而节气门不能完全打开，则会使发动机的最大输出功率降低，从而引起发动机加速不良，造成自动变速器不能达到最高车速。其实这种故障现象的原因不在自动变速器而在发动机。当节气门开度不能达到最大值时，应当调整发动机的节气门拉线。

□ 变速器节气门拉线的检查调整

检查变速器节气门拉线是否调整到规定位置，即变速器节气门拉线的松紧度是否合适。若变速器节气门拉线的松紧度合适，就能将发动机负荷准确地传递到节气门阀，使节气门阀产生的节气门油压能正确反映节气门开度，从而控制自动变速器实现正常换挡。若变速器节气门拉线调整得过松，则会使节气门油压比正常值低，从而引起变速器换挡点过低，使汽车的动力性和加速性能下降。若节气门拉线调整得过紧，则会使节气门油压比正常值高，从而引起变速器换挡点过高，造成换挡冲击，使汽车的经济性下降。

当变速器节气门拉线松紧程度不正常时，可根据节气门拉线的形式按下述方法进行调整：

① 如图1所示，该型号节气门拉线上装有橡皮防尘套。这种型号自动变速器节气门拉线的调整方法为：将加速踏板踩到底，然后拧动调整螺母，使节气门拉线上的记号（即嵌在节气门拉线上的一个挡块）与橡皮防尘套末端有0~1mm的间隙即可。

② 如图2所示，该型号节气门拉线上没有装设橡皮防尘套。这种型号的自动变速器节气门拉线的调整方法是：松开加速踏板，使节气门全关，然后拧动调整螺母，使节气门拉线上的记号与橡皮防尘套末端之间的间隙为0~1mm即可。

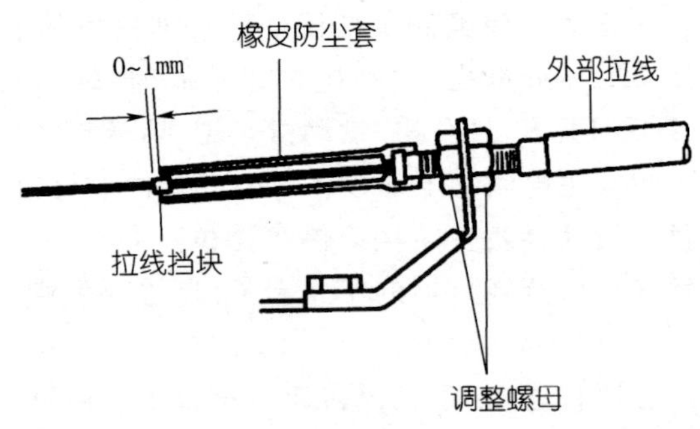

图1 有橡皮防尘套

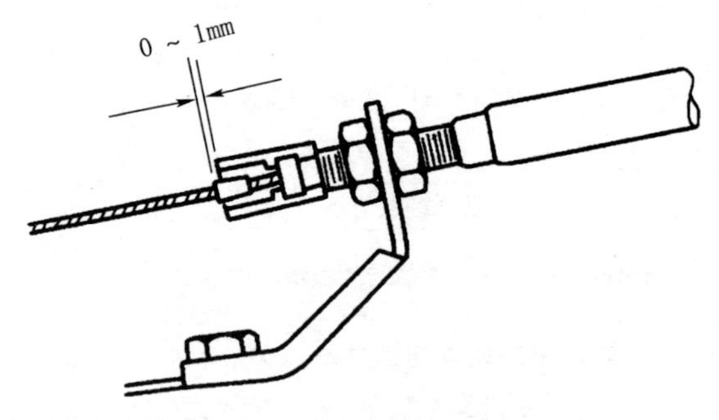

图2 无橡皮防尘套

□ 工作液液面的检查

将汽车停在水平路面上，起动发动机并使其怠速运转。

① 踩住制动踏板，把自动变速器换挡杆从P挡位拨到L挡位，然后再拨回到P挡位，以使液力变矩器、换挡执行元件及其油道中都充满工作液。

② 在工作液温度达到正常值(70~80℃)时，从自动变速器加油管中抽出油尺，检查液面高度，其高度应符合规定。一般油尺上有两个记号："HOT(热)"是液面标准高度的记号(即热车时)，"COOL"记号只作冷车时参考。

当油液加多时，一定要拧开放油塞放油(或用加油管吸出多余部分)，不可凑合使用。因为油液面过高，不仅会造成控制系统工作性能降低，而且还可能从加油口往外窜油，造成发动机罩内起火，酿成事故。

注意!! 在汽车长时间拖载或高速行驶后，因为工作液的温度过高，此时，检查工作液液面高度是不能得到正确结果的，正确做法是在停车30min后再进行检查。

□ 工作液品质的检查

一般可根据工作液的颜色来确定工作液品质。正常的自动变速器工作液为清澈、带红色。如果自动变速器工作液的颜色不正常，则说明自动变速器工作液变质。工作液的颜色不同，其故障原因也不同。

极深的暗红色或褐色　重负荷或未按期换油，引起变速器过热

颜色清淡，充满气泡　油面过高，油被搅动产生气泡；内部密封不严，油液中混入空气或水分

油液中有固体残渣且已变黑，有烧焦味　金属磨蚀的粉末，制动带、离合器及轴承有缺陷

似油膏覆盖在油尺上　变速器工作液过热；工作液超期使用；油面过低

□ 空挡起动开关的检查调整

空挡起动开关在N或P挡位时，发动机应能起动，在其他挡位时不能起动。若不符合此要求，则应调整空挡起动开关。调整空挡起动开关的方法有以下两种：

方法一　如下图(1)所示，松开空挡起动开关的固定螺栓，将换挡杆拨到N挡位，然后转动空挡起动开关，使空挡起动开关上的空挡基准线与槽对齐，然后拧紧固定螺栓即可。

方法二　如下图(2)所示，拔下空挡起动开关上的线束插接器，在其端子间接一欧姆表，然后拧松固定螺栓，将换挡杆拨至N挡位。转动空挡起动开关，直到欧姆表上显示的阻值为零(即导通)时拧紧固定螺栓即可。

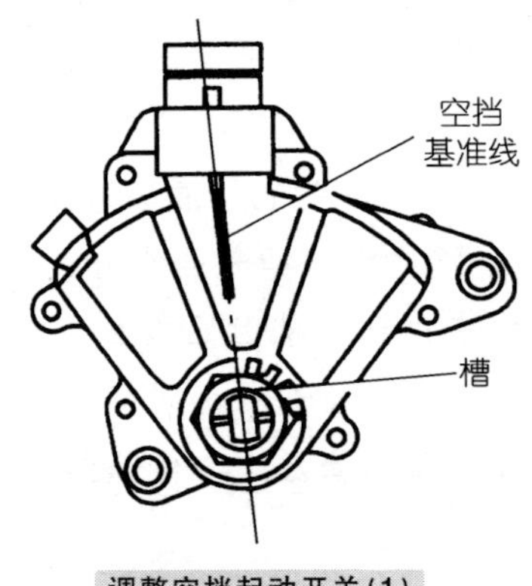

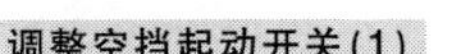
调整空挡起动开关(1)

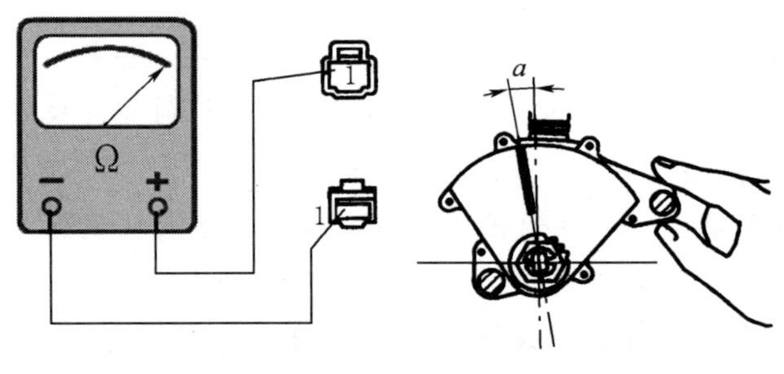

调整空挡起动开关(2)

□ 超速主开关的检查调整

当自动变速器不能升至超速挡时，应先检查调整超速主开关。超速主开关的检查方法如下：

① 运转汽车，使自动变速器的油温达到正常值(60~80℃)。

② 将发动机熄火，接通点火开关。

③ 反复按下或按起超速主开关，应能听到变速器中心有电磁阀的“咔咔”动作声。若无声响，说明超速主开关有故障。

□ 手动换挡试验(丰田车系的 A140 型自动变速器)

手动换挡试验的目的是确定自动变速器的故障范围，即判断故障是在自动变速器的微电脑控制系统还是在自动变速器的液压机械系统。

手动换挡试验的步骤

① 拔下所有电磁阀的线束，或拔下自动变速器微电脑电源熔断丝，使所有电控装置都停止工作。

② 在汽车行驶时，先检查换挡杆在 R 挡位时有无倒挡，再检查换挡杆在 L、2 和 D 挡位之间来回拨动时，若相应的前进挡很难区分或没有倒挡，则说明自动变速器的液压机械系统有故障。

③ 接好电磁阀的线束，清除因拔下电磁阀而在微电脑自诊断系统中产生的故障代码。

7 防抱死制动系统和驱动防滑转系统

车轮防抱死制动系统(ABS)

ABS是防抱死制动系统的英文缩写(Antilock Braking System),是使车轮不抱死的制动机构。在容易打滑的路面,驾驶员最大限度地使劲踩制动踏板,车轮就会抱死,容易发生转向失控、汽车侧滑等危险。安装在车轮内侧的轮速传感器能连续不断地向ECU(电子控制器)提供车轮转速的信息,在制动时一旦发生车轮有抱死现象,ECU就会立即发出指令使液压调节器减少或停止制动压力,从而使车轮保持边滚动边滑动的状态。ABS主要有轮速传感器、微电脑、液压调节装置等组成。

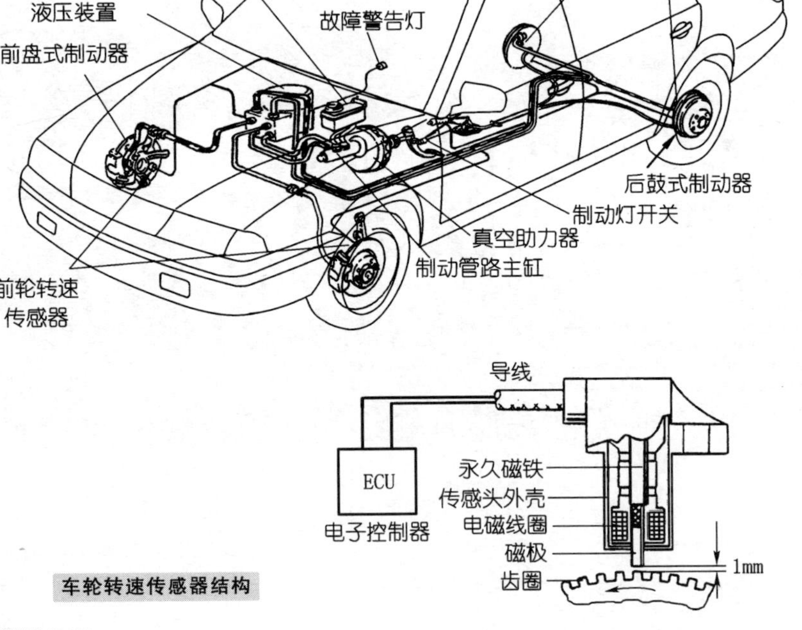

车轮转速传感器结构

轮速传感器有**电磁感应式**和**霍尔效应式**两种。

下左图为电磁感应式轮速传感器结构示意图。其工作原理是齿圈在磁场中旋转时,其齿顶和齿槽与磁极的距离发生瞬间的变化,传感器内的磁阻也发生相应的变化,其结果致使磁能量周期地增减,电磁线圈两端便产生交变电压信号,其频率与车轮转速成正比,并将该交流电压传送到电子控制器。

下图为另一种齿圈形式,是经过专门磁化处理的磁圈,N、S极交替变化。同样可使传感器内产生感应交变电压。磁圈可安装在车轮轴承密封件上或者由轮毂(后轮)来驱动。

电磁式车速传感器与齿圈的外形

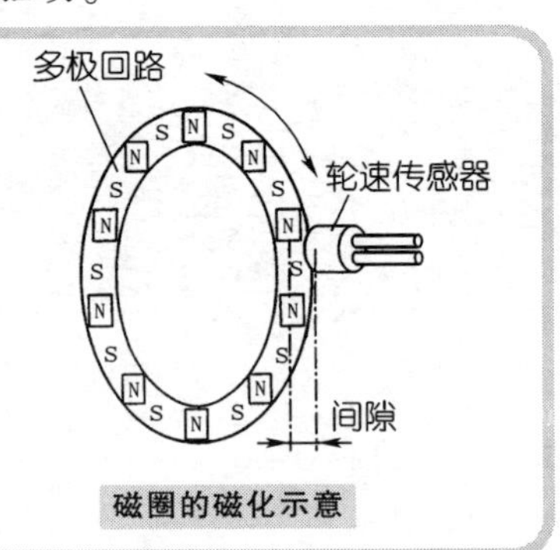

磁圈的磁化示意

驱动防滑转系统(ASR)

汽车起步时,驱动轮不停地转动,但汽车却原地不动,或者在加速时汽车车速不能随驱动轮转速的提高而提高。这种现象称驱动轮滑转。其根本原因是汽车的驱动力超过了地面的附着力。

驱动防滑转系统(Anti-SlipRegulation,ASR)又称为加速滑动调节系统,在日本丰田汽车上又叫做牵引力控制系统(Traction Control System,TRC)。驱动防滑转系统的作用是在汽车驱动过程中,特别是在起步、加速和转弯过程中,防止驱动轮滑转,使汽车快速、平稳地起步和加速。

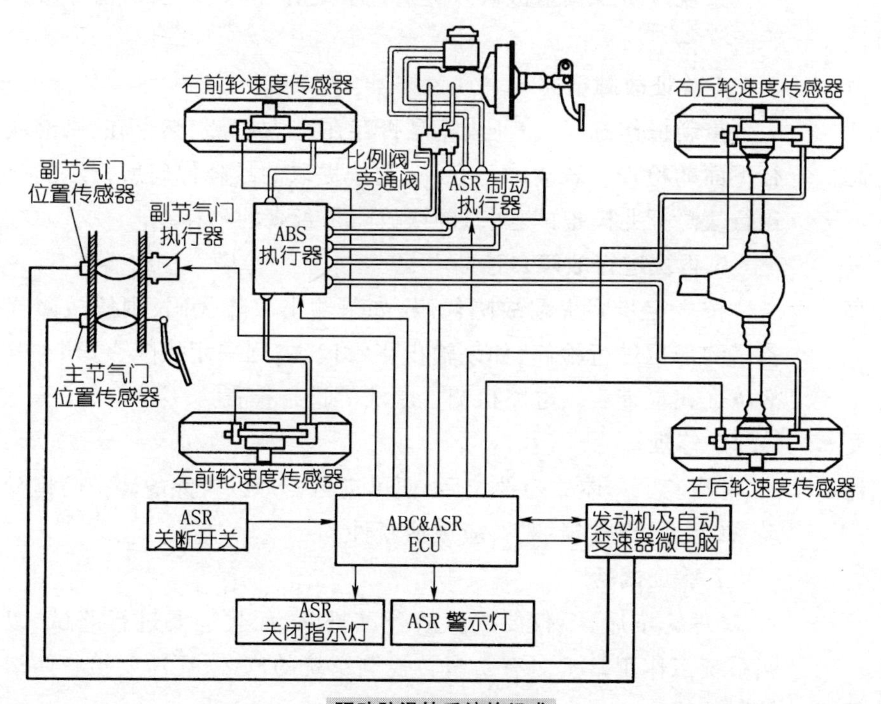

驱动防滑转系统的组成

汽车车轮在制动抱死时的“打滑”和在驱动时的“打滑”有本质区别。汽车在制动时的“打滑”是车轮不转动,在地面上“滑移”;而汽车在驱动时的“打滑”是车轮转动,相对于地面没有位移(起步时),或者车轮转速超过了其应当产生的位移(加速时),这就是汽车驱动时车轮的“滑转”。

ASR和ABS在实际应用中常常共用4个轮速传感器和一个微电脑。

液压调节器是防抱死制动系统和驱动防滑转系统的执行器,按照微电脑发出的指令控制作用在制动轮缸上的液压,调节车轮制动力,以达到既防止车轮滑转或被抱死,又能使车轮与地面间的附着力最大的目的,从而获得最佳的起步和制动效果。

防抱死制动系统的型号不同,所采用的液压调节器的结构也有所不同。分离式防抱死制动系统采用分离式液压调节器,整体式防抱死制动系统采用整体式液压调节器。不管其结构如何变化,其功能都是对作用在制动轮缸内的液压进行升压、保压和减压(也有的仅有升压和减压两项功能)的控制。

防抱死制动系统和驱动防滑转系统故障诊断

1 用户问题分析

根据用户提出的故障以及故障产生的条件和其他有关情况进行分析。

2 初步检查

初步检查是指对可能造成ABS/ASR系统故障的基本原因检查。ABS/ASR系统的很多故障并非是因零件损坏造成的,恰恰是由操作失误等简单原因所致。比如对于四轮驱动汽车,当分动器在L位置(差速器锁止)时,防抱死制动系统不工作,同时报警灯闪亮。此时若进行初步检查,就可以很快排除故障,收到事半功倍的效果。

初步检查的内容一般有:

① 检查制动液液面高度是否在规定范围内,检查制动液储存器和制动主缸有无泄漏现象,检查真空助力装置的工作状态。

② 检查驻车制动器是否完全松开。

③ 检查微电脑控制系统各导线插接器的连接是否良好,主要检查轮速传感器、电动泵、液压调节器、控制继电器(电磁阀继电器和电动泵继电器)以及制动液液面报警开关的插接器。

④ 检查蓄电池的容电量及蓄电池正、负极桩导线的连接情况。当蓄电池容电量不足时,会影响ABS/ASR系统的正常工作。

⑤ 检查各继电器和熔断丝是否正常以及插座是否插接牢固。

⑥ 检查ABS/ASR系统中微电脑、液压调节器等装置的搭铁端接触是否可靠。

⑦ 检查车轮轮胎面的纹槽深度是否符合规定。

3 故障自诊断

按规定步骤提取故障代码并将其记录下来,然后再清除故障代码。

4 验证故障征兆

重新操作汽车,验证故障是否存在。若故障仍然存在,则继续进行下面的检查。若故障不存在,则按提取的故障代码所指示的电路进行故障征兆模拟试验,以确认故障是否真的不存在。

5 再次进行故障自诊断

按规定步骤提取故障代码,如果输出故障代码,则按故障代码指示的部位进行检修;如果输出正常代码,则采用故障表诊断法(即故障征兆检查表)、电路检测诊断法等进行检查。

6 修理

当确定了具体故障部位后,便可进行修理以排除故障。防抱死制动系统的零部件损坏后,应更换新件。

7 验证试验

修理完毕后,不仅要确认故障已排除,而且还要进行路试,以证明系统工作正常。对有防滑转控制系统的汽车,还需要检查防滑转控制系统。

前、后轮速度传感器的检修

1 检查前、后轮速度传感器的电阻

拆开轮速度传感器的插接器，然后用欧姆表(阻抗大于 10kΩ/V) 测量插接器两端子间的电阻，其阻值应符合标准（一般为 1~1.5kΩ 左右，电阻值过大或过小，说明传感器有问题)。

2 检查前、后轮速度传感器传感线圈有无搭铁

用欧姆表检查传感器端子与传感器外壳之间的导通情况。传感器正常时，应不导通；否则，应更换前轮速度传感器。

3 检查前轮速度传感器的安装情况

检查传感器的安装螺栓是否可靠拧紧，未拧紧的应按规定力矩拧紧。如丰田子弹头旅行车前轮速度传感器的标准拧紧力矩为 7.8N·m。然后检查传感器与其接触表面之间有无间隙(应无间隙)；否则，应重新安装。

4 检查前轮速度传感器转子齿面

拆下前轮速度传感器的转子。/检查传感器转子齿面是否有刮痕、裂缝、变形或缺齿。若有上述情况，则应更换传感器转子。/装上传感器转子。安装时应特别小心，不要损伤传感器转子齿面。

也可用示波器对传感器转子齿面进行检查：/断开前轮速度传感器的插接器；/将示波器与前轮速度传感器插接器相连；/使汽车以 20km/h 的速度行驶。

/检查前轮速度传感器的输出波形(如图)。传感器转子齿面正常时，波幅 A、B、C 应如下右图正常波形所示。若 C 值不符合要求，则应更换传感器；若 B、A 之间的关系不符合要求，则应更换传感器转子。

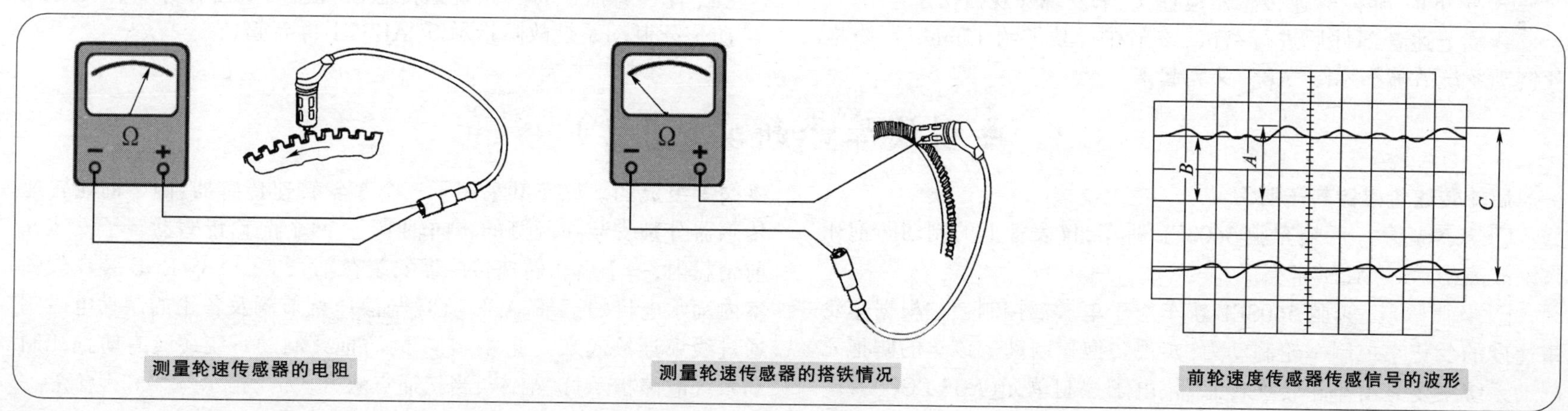

测量轮速传感器的电阻

测量轮速传感器的搭铁情况

前轮速度传感器传感信号的波形

典型故障诊断实例(1)

轮速传感器齿盘缺齿引起的故障

□ 故障现象　一辆克莱斯勒公司的道奇（DODGE）面包车(MARCHⅢ型)，在行驶途中发现黄色防抱死制动系统故障指示灯“ABS”亮起来。

□ 故障诊断　首先进行常规故障诊断。接通点火开关,防抱死制动系统故障指示灯“ABS”亮。发动机起动后,防抱死制动系统故障指示灯“ABS”熄灭,等候约半小时,ABS故障指示灯没有再亮,于是判断防抱死制动系统正常,交用户在使用中继续观察。交用户后第二天又发现同一故障,这说明该故障并非是偶然出现,于是决定对防抱死制动系统进行彻底检查。经检查发现:

① 制动液液面和制动摩擦片都正常。

② 车轮转速传感器接线可靠。

③ 拆下前、后轮转速传感器检查,也未发现外观损伤。

装复上述各部件后进行路试,该车在行驶了约15min后,防抱死制动系统故障指示灯“ABS”又亮起来。

综合上述可知,该故障都是发生在车辆运行一段时间后,这说明ABS ECU是在车辆行驶中才检测到系统有故障的，同样也说明该故障是由系统的运动件运动引起的,而制动系统的运动件只有车轮(包括车轮上的轮速传感器)。

检查4个车轮上轮速传感器的齿轮,前两轮的轮速传感器齿轮无污泥附着,也无损伤痕迹,一切正常。后两轮共用一个装在后桥减速器锥齿轮边的专用齿盘,打开后桥盖观察,发现该齿盘有两处缺齿,一处缺两个齿,与该处相距6个齿的地方又缺一个齿。这说明该故障是由轮速传感器齿轮缺齿所致。虽然该车在最近曾经大修过后桥的差速器,但由于修理工不了解该轮速传感器齿盘的作用(因为没有与该传感器齿盘相啮合的零件)，便将已断齿的传感器齿盘装上继续使用,从而造成本故障。

□ 故障排除　将后轮转速传感器齿盘的缺齿补齐后，装复试车,防抱死制动系统故障指示灯“ABS”不再亮起。

典型故障诊断实例(2)

后轮转速传感器转子脏污

□ 故障现象　一辆奔驰560SEL轿车,仪表板上的制动防抱死系统故障指示灯“ABS”常亮。

□ 故障诊断　奔驰560SEL轿车属于单参数控制，它根据车轮角速度的变化来控制车轮制动力,实现防抱死制动。该车的防抱死制动系统主要是由车轮转速传感器、电子控制单元(ABS ECU)及电磁阀等组成的。该车共采用了三个车轮转速传感器:两个前轮转速传感器分别安装在两侧的转向轴节上,两个前轮传感器转子安装在前轮毂内,一个后轮转速传感器安装在轴壳上。ABS ECU装在驾驶室内刮水电机的下部。ABS ECU与液压调节阀及各轮的制动电磁阀通过线束连接起来。此外,该车的防抱死制动系统还装有防抱死制动系统故障指示灯“ABS”,当接通点火开关时,指示灯“ABS”点亮;

当发动机起动后，指示灯"ABS"熄灭。若防抱死制动系统故障指示灯"ABS"在汽车行驶中亮起来，则表示防抱死制动系统有故障。

该车仪表板上的防抱死制动系统故障指示灯"ABS"亮起来，说明防抱死制动系统有故障，因此首先进行故障自诊断，提取故障代码。结果自诊断系统输出故障代码"4"。

经查故障代码表可知，故障代码"4"的含义是后轮转速传感器信号不良。其可能故障部位有后轮转速传感器线路(断路或短路)以及后轮转速传感器。检查后轮转速传感器线路，未发现异常现象。再检查后轮转速传感器，发现传感器转子上沾有一层厚厚的污物。当传感器转子上沾有污物时，传感器产生的信号会减弱或消失。当传感器信号减弱或消失后，ABS ECU 会认为该传感器有故障，从而使防抱死制动系统故障指示灯"ABS"点亮、并且关闭防抱死制动系统，使制动系按普通方式进行制动。

□ 故障排除　清洗后轮转速传感器转子上的污物后装复试验，车辆防抱死制动系统恢复正常工作。清除 ABS ECU 内存的故障代码后，重新起动发动机，仪表板上的制动防抱死系统故障指示灯"ABS"熄灭，故障彻底排除。

防抱死制动系统报警灯不亮的检查

① 检查组合仪表，若不正常，则更换灯泡或组合仪表总成。

② 断开液压调节器插接器，检查插接器 A_2 上端子 4 和 6 之间的导通情况(由于电路中有二极管，应使正表笔与端子 6 相连，负表笔与端子 4 相连)。若两端子间导通，则说明液压调节器内部电路正常。此时，应检查组合仪表与液压调节器以及液压调节器与车身搭铁之间的线束和插接器。若端子 4 和 6 之间不导通，则应检查电磁阀继电器。(各端子见右图所示)

③ 从液压调节器上拆下电磁阀继电器进行检查。如下页图 a 所示，用欧姆表测量各端子之间的电阻，正常时，端子 1 和 3 及端子 2 和 4 之间应导通，端子 4 和 5 之间应不通。再在端子 1 和 3 之间加上蓄电池电压，用欧姆表检查其余端子间的电阻(图 b)。正常时，端子 2 和 4 之间应不通，端子 4 和 5 之间应导通。

经检查，若电磁阀继电器正常，则应更换液压调节器；若电磁阀继电器不正常，则应更换电磁阀继电器。

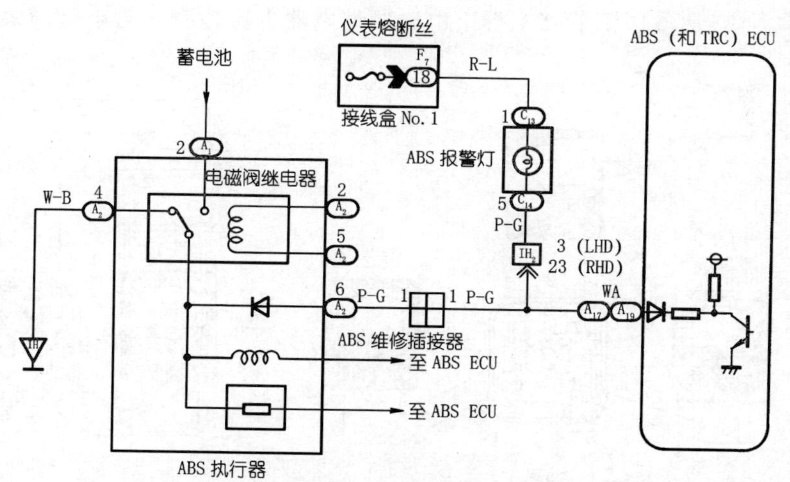

防抱死制动系统报警灯的工作电路

防抱死制动系统报警灯常亮的检查

① 断开ABS维修插接器，检查ABS报警灯。若ABS报警灯仍常亮，则应检查系统有无故障代码；若ABS报警灯不亮，则应检查液压调节器内部电路。

② 断开液压调节器插接器，在插接器A2的端子2和5之间接上蓄电池，检查插接器A2的端子4和6之间的导通情况（应使正表笔与端子6相连，负表笔与端子4相连），如右下图所示。若端子4和6之间不导通，则说明液压调节器正常，此时应检查维修插接器与液压调节器之间的线束和插接器；若端子4和6之间导通，则应检查电磁阀继电器。

③ 从液压调节器上拆下电磁阀继电器进行检查。若电磁阀继电器正常，则应更换液压调节器；若电磁阀继电器不正常，则应更换电磁阀继电器。

④ 当断开ABS维修插接器后ABS报警灯仍亮时，可按规定方法根据ABS报警灯的闪烁规律提取故障代码。若按规定方法将故障检查连接器上的有关端子连接起来后有故障代码输出，则可按故障代码所指示的部位进行修理。若按规定方法连接故障检查连接器的有关端子后ABS报警灯仍然常亮，则应检查微电脑与ABS报警灯、维修插接器之间的线束和插接器。若线束和插接器正常，则说明微电脑有故障，应更换微电脑。

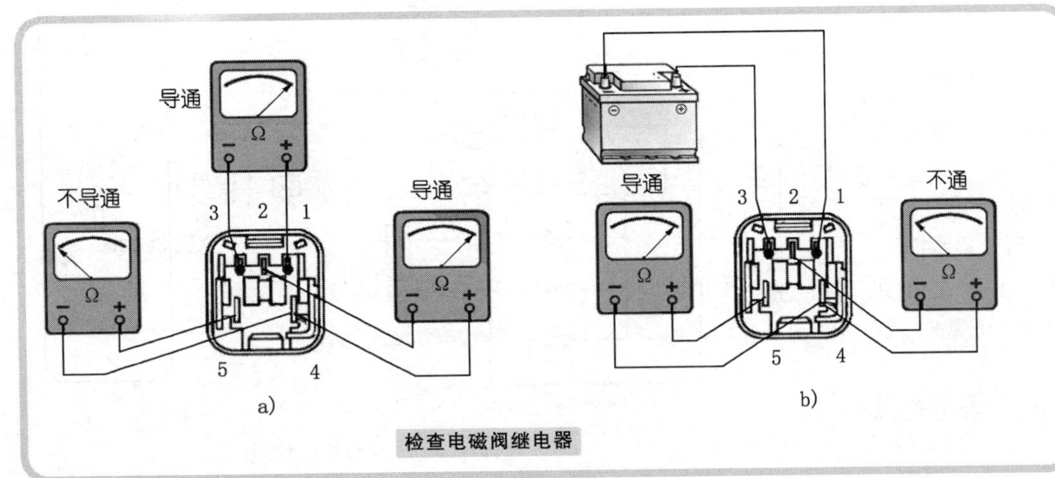

检查电磁阀继电器

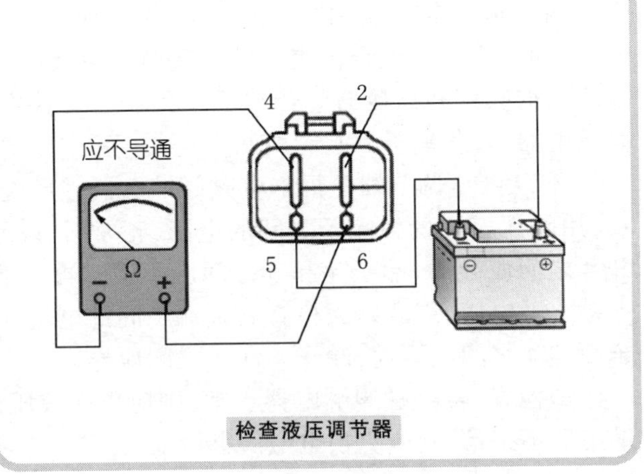

检查液压调节器

8 安全气囊、中央门锁及防盗系统

安全气囊系统的组成

安全气囊系统是辅助安全系统，英文为 Supplemental Restraint System，简称 SRS。当汽车发生碰撞时，车与车或与障碍物之间的碰撞称第一次碰撞。由于惯性作用，车上乘员向前运动，撞上车内构件（如头部撞上风窗玻璃）称第二次碰撞。当汽车以大于 20km/h 的运行速度，在正前方±30°的范围发生撞击时，安全气囊自动充气弹开，形成一个保护气囊，在安全带和气囊的双重保护下，大大减轻和避免了前排驾、乘人员在第二次碰撞中的伤害。

安全气囊系统主要组成：

气囊组件主要由气体发生器、点火器、气囊、饰盖和底板等组成。驾驶员气囊组件位于转向盘中心处，前排乘客气囊组件位于仪表板右侧杂物箱上方。

气体发生器是利用热效反应产生氮气而充入气囊。结构如图所示。金属滤网用以过滤充气剂和点火剂燃烧产生的渣粒。

点火器的功用是根据安全气囊 ECU 的指令引爆点火剂，产生热量使充气剂分解。

气囊多采用尼龙布涂氯丁橡胶或有机硅制成，安装时折叠成很小的体积。

安全气囊指示灯位于仪表板上，接通点火开关后点亮 6 秒钟后熄灭，表示安全气囊系统正常；若指示灯不亮或不熄灭，表示安全气囊系统有故障。

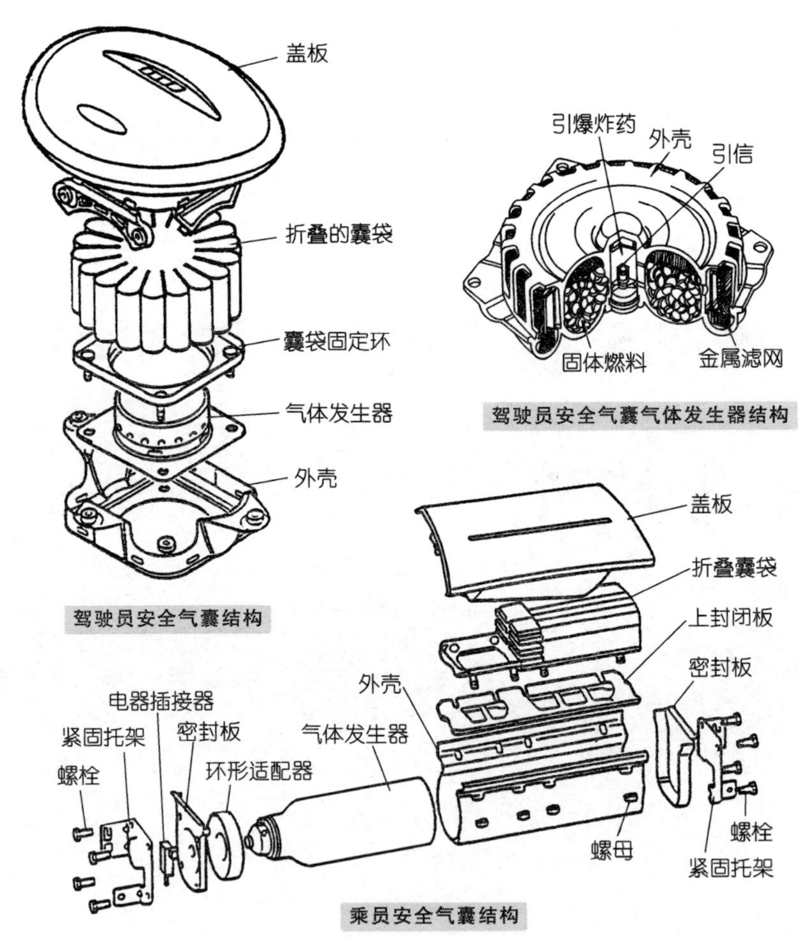

驾驶员安全气囊结构

驾驶员安全气囊气体发生器结构

乘员安全气囊结构

碰撞传感器

永久磁铁
触点
磁力
(正常情况)
合力
触点
磁力
(汽车碰撞时)
滚球式传感器
偏心重块
止动器
游丝加力
固定触点
偏心转子
旋转触点
旋转区域
(正常情况)
减速
通
通
(汽车碰撞时)
偏心钟式传感器
弹簧
卡销
转子
止推器
重球
导管
引爆销
(正常情况)
击中引爆管
(汽车碰撞时)
撞针式碰撞传感器
前方
减速度方向
悬臂架
传感器架
动态应变仪
半导体应变片
电子式碰撞传感器
接点火器
接电源
水银（碰撞时位置）
触头
外壳
减速度方向
水银（正常位置）
水银开关式碰撞传感器
止动块
滚筒
动触点
静触点
卷簧
泰克勒式碰撞传感器

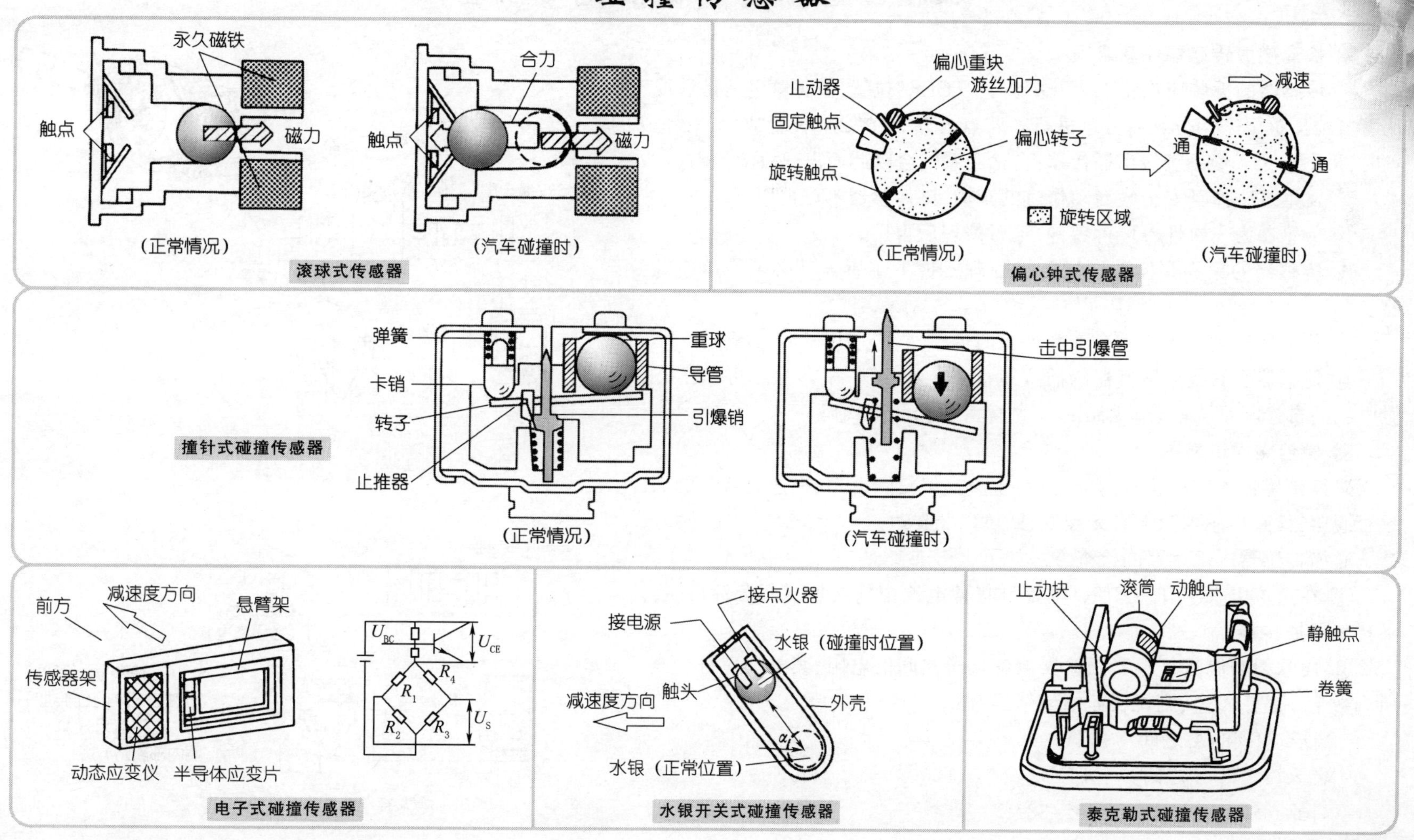

碰撞传感器和螺旋电缆的检查

■ 检查碰撞传感器注意事项

① 传感器的拆装应在将点火开关置于“LOCK”位置，且将蓄电池搭铁线从蓄电池上拆下来两分钟后方可进行。若点火开关在“ON”位置或“ACC”位置时，拆下安全气囊系统线束插接器，自诊断系统会因此而出现故障代码。

② 发生过碰撞且安全气囊动作过的车辆，该传感器不可再用。

③ 传感器为一次性不可拆零件，不可修理后再用。

④ 传感器的紧固螺栓都经过防锈处理，拆下传感器后必须换用新螺栓。

⑤ 切勿使用其他车辆安全气囊系统的传感器，应使用同型号新件。

⑥ 传感器及其线束插接器的插接锁紧一定要可靠。若连接不可靠，SRS微电脑的自诊断系统就会诊断出这一故障并输出故障代码。

■ 检查碰撞传感器

碰撞传感器外观的检查内容包括：检查支架是否变形；检查支架上的漆是否脱落；检查传感器盒上有无裂纹、凹坑以及卷边。

碰撞传感器内部电路的检查方法如下：

① 在点火开关置于“LOCK”位置且将蓄电池搭铁线拆下两分钟后，拆下传感器插接器。

② 用欧姆表测量传感器插接器上各端子之间的电阻，其阻值应符合表所列数值。若不符合，则说明碰撞传感器有故障，应更换。

端子 +S 和+A 之间 <1Ω

端子 +S 和–S 之间 ≥1MΩ

端子 –S 和–A 之间 755~885Ω

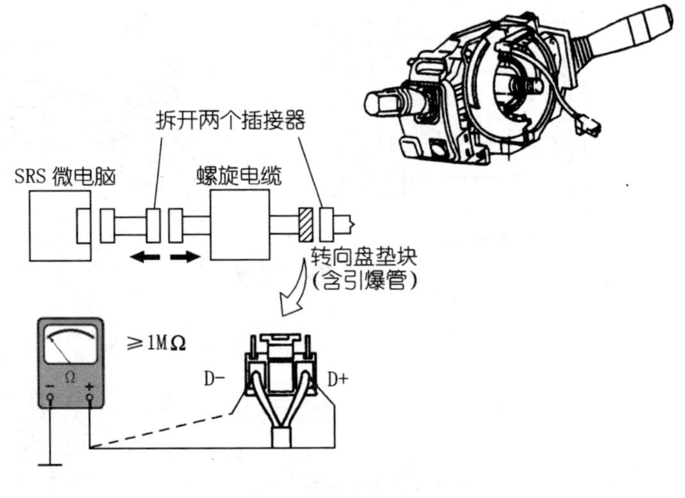

螺旋电缆搭铁故障的检查

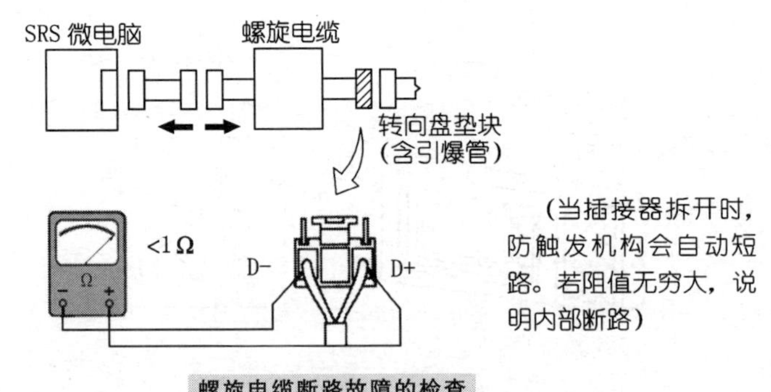

螺旋电缆断路故障的检查

安全气囊系统故障诊断注意事项

安全气囊系统发生故障时，若无故障现象，只能依靠SRS微电脑的自诊断系统进行故障诊断。在检修安全气囊系统和安全带预紧装置时，如果不按正确顺序操作，可能使乘员约束系统在维修过程中意外动作，造成严重事故；另一方面也可能使故障不仅不能得以排除，而且还会使安全气囊系统失效。因此，在检修乘员约束系统（包括安全气囊系统和安全带预紧装置）时，一定要注意以下几个方面：

① 应首先提取故障代码，因为安全气囊系统失效时没有故障现象，无法根据故障现象进行故障诊断。当安全气囊系统出现故障时，自诊断系统提供的故障代码就成为故障诊断的唯一重要依据。

② 蓄电池搭铁线拆下之前，应记录存储系统的存储内容（如音响密码等），以便在维修工作结束后利用密码使音响系统解锁和重新调准时钟。另外，对于具有存储功能的电动座椅、电动后视镜、电子安全带预紧装置、转向盘自动倾斜和伸缩转向系统，在维修时也会因拆下蓄电池搭铁线而使其存储内容丢失。因此，在维修工作结束后应重新设置其存储内容。

在检修安全气囊系统时点火开关必须转至“LOCK”位置，将蓄电池搭铁线拆下一段时间（不同的车型有不同的规定，有60s也有90s的，为保险起见，最好超过两分钟以上）后才能进行。因为安全气囊系统配有备用电源，若从蓄电池上拆下负极搭铁线不到规定时间就开始维修工作，则很容易因备用电源而使气囊充气张开，造成严重事故。另外，若拆开安全气囊电线插接器时，点火开关不在“LOCK”位置而在“ON”或“ACC”位置，安全气囊系统还会出现故障代码。

③ 汽车发生碰撞后，即使发生了轻微碰撞，安全气囊并没有动作，也应对前碰撞传感器及安全气囊组件进行检查。

④ 更换零件时，应使用本车型安全气囊系统的新件，切勿使用其他车辆的零件。

⑤ 若在修理过程中有可能产生对传感器有冲击作用的振动，则应在修理前拆下碰撞传感器。

⑥ 绝对不允许测量安全气囊引爆管的电阻，因为这样做很容易使气囊张开而造成事故。

⑦ 不要拆卸和修理前碰撞传感器、安全气囊组件（包括驾驶员侧和副驾驶员侧）、SRS微电脑以及安全带预紧器等一次性零部件。若前碰撞传感器、SRS微电脑或安全气囊组件（包括驾驶员侧和副驾驶员侧）曾被摔过，或者其上有裂纹、凹痕，或其表面有缺陷等，均应更换新件。不可将前碰撞传感器、SRS微电脑以及安全气囊组件正对热空气或火焰。

⑧ 检查电路时，应使用高阻抗（大于10kΩV）的电压/电阻表。

⑨ 安全气囊系统中各部件的外表贴有标签，其上有使用说明，必须严格遵守。

⑩ 安全气囊系统维修完毕后，应检查安全气囊报警灯工作是否正常。

安全气囊系统故障诊断程序

1 故障调查与记录 在诊断之前，应向车主了解故障产生时的条件、故障细节及检修历史记录，并详细填写故障分析检查单。

2 检查安全气囊报警灯 将点火开关置于“ACC”或“ON”位置，位于组合仪表上的安全气囊报警灯应亮6秒钟左右熄灭。如果常亮，则说明SRS微电脑自诊断系统已检测到故障；如还时而发亮，或者点火开关关掉后仍亮，则可能是安全气囊报警灯电路有短路故障；报警灯根本不亮，则说明安全气囊报警灯电路有断路故障。

3 提取故障代码 按各车型规定的操作步骤触发自诊断系统，使自诊断系统向外输出故障代码。如果自诊断系统输出正常的代码，则可能是安全气囊系统的电源电路出现故障。此时，应检查安全气囊系统的电源电路。

4 清除故障代码 按各车型的规定方法清除故障代码。此步骤是为确认步骤3中出现的故障代码是当前的还是以前出现过的，以防误诊断。因为以前出现过的故障代码在故障排除后未及时清除，该故障码会一直存储在SRS微电脑中。

5 再次提取故障代码 清除故障代码后，先让点火开关通、断5次，通、断时间均为20s(其目的是让SRS微电脑自诊断系统对安全气囊系统再进行一次检测以发现当前故障，并将该故障以故障代码的形式储存起来)，然后再按规定的步骤提取故障代码。如果输出故障代码，则说明故障仍然存在。

6 故障症状模拟 如果在步骤5中无故障代码输出，则可按车主叙述的故障条件进行模拟试验，即在模拟车主所描述的故障条件下，检查是否有故障代码输出。若有故障代码输出，则可按故障代码指出的故障区域进行检查；若无故障代码输出，则可通过再次查看安全气囊报警灯来确认故障代码是否存在。

7 按故障代码指定的故障区域进行故障诊断 根据故障代码进行诊断，判断故障是在传感器和执行器上还是在线束与插接器上。

8 按故障诊断确定的部位进行修理

9 按各车型的规定步骤清除故障代码

10 再次提取故障代码 先将点火开关通、断至少5次，通、断时间均为20s，然后提取故障代码。本步骤的目的是检查故障是否排除。

11 确认试验 检查安全气囊报警灯，确认所有故障均已排除。若故障报警灯有指示，则应从步骤2重新开始检查。如果故障报警灯无指示，则说明安全气囊系统的故障已排除，可以将车交给用户使用。

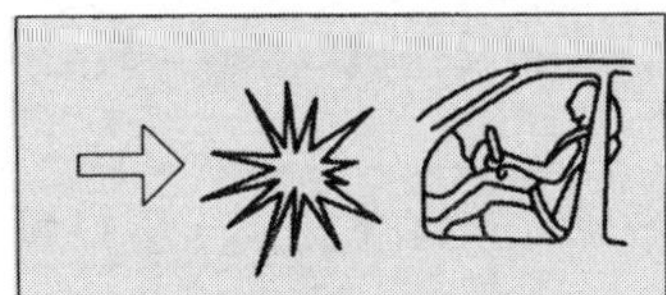
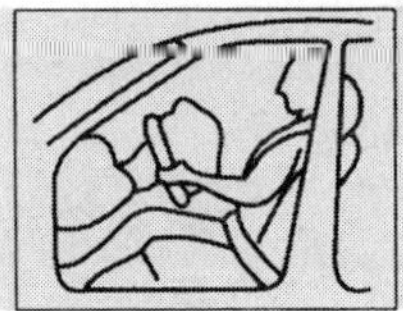
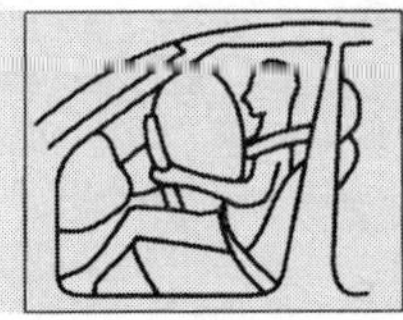
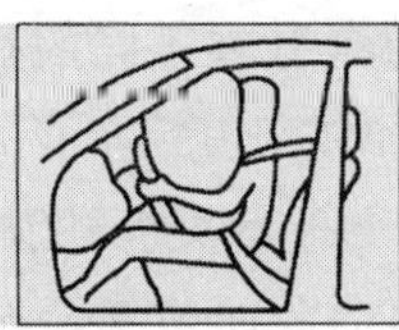
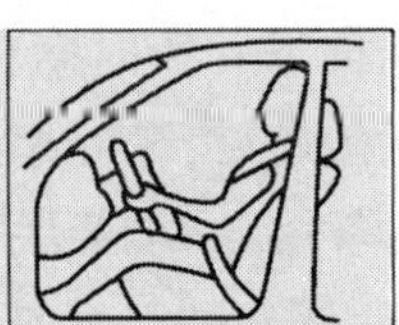

带安全气囊车辆的报废处理

注意 在拆卸汽车上的蓄电池搭铁线时，应先将点火开关置于"LOCK"位置，然后再将蓄电池搭铁线拆下，并且在拆下蓄电池搭铁线至少两分钟(各种车型的规定时间不同，为确保安全，可等两分钟以上)后才可以进行其他工作。

安全气囊处理工具安装方法

转向盘垫块（含安全气囊组件）的报废处理

当仅仅报废带有安全气囊的转向盘垫块时，不可在车辆内引爆安全气囊，而应从车上拆下转向盘垫块，然后在车外进行报废处理。安全气囊处理工具上红夹头接蓄电池正极，黑夹头接负极。

可使用纸板箱盖住转向盘垫块，并用至少196N的力将纸板箱的四个角压住，减缓引爆时的冲击力。

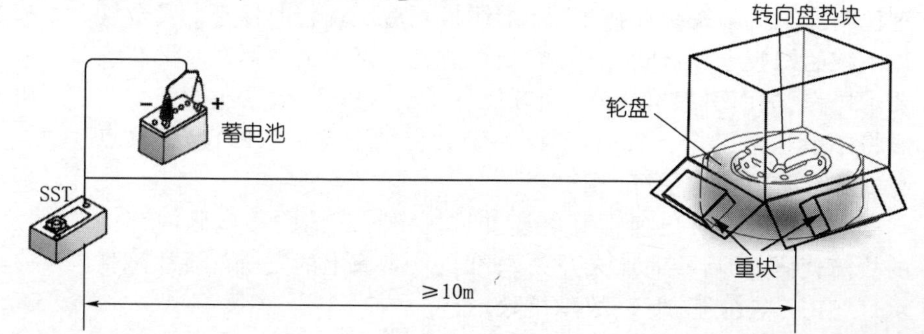

安全气囊典型故障诊断实例

1 本田雅阁轿车安全气囊故障指示灯常亮

□ 故障诊断 本田轿车安全气囊系统具有自诊断功能，可根据故障指示灯的闪烁规律读取故障代码。由于安全气囊故障指示灯"SRS"常亮，因此首先利用系统的自诊断功能提取故障代码。其具体方法是：将点火开关转至"OFF"位置后，用SCS短路连接器将检查连接器(位于工具箱后面)上的两端子连接起来，再将点火开关转至"ON"位置。此时，仪表板上的"SRS"灯将会点亮，几秒钟后熄灭，然后开始显示故障代码。故障代码由一个主码和一个副码组成，主码先显示，副码后显示。结果自诊断系统向外输出故障代码"1-1"。查故障代码表得知，是驾驶员侧安全气囊点火线路断路或电阻过大。

经向车主询问得知，此前曾拆装过该车的转向系统，而且在没有拆下蓄电池搭铁线的情况下脱开过安全气囊系统的插接器。这样做就会使自诊断系统出现故障代码。考虑到插接器虽已重新插回，但自诊断系统已记忆下该故障，所以先按规定的程序清除故障代码。

清码后再次行车试验，结果仪表板上的故障指示灯还是常亮，这说明安全气囊系统存在故障。继续检查后发现转向柱管上安全气囊系统的螺旋电缆折断。初步判断可能是维修人员在拆装时没有按要求操作，进而引起本故障。当螺旋电缆断开以后，驾驶员侧安全气囊将不能正常工作，因此自诊断系统会记录下这一故障代码，并点亮安全气囊故障指示灯"SRS"。

□ 故障排除 更换螺旋电缆并按规定程序清除微电脑内存储的故障代码，然后接通点火开关。此时，仪表板上的安全气囊故障指示灯"SRS"亮6s后熄灭，故障排除。

安装螺旋电缆时应注意，将前轮摆正，定好螺旋电缆中心，装好后应使螺旋电缆上的箭头标记直立。

2 宝马轿车安全气囊故障指示灯"SRS"常亮不熄

□ 故障诊断 安全气囊故障指示灯"SRS"常亮不熄，说明安全气囊系统有故障。

宝马轿车的安全气囊系统主要由装在车前端左、右两侧的碰撞传感器、转向盘上的安全气囊、引爆电容器以及系统控制微电脑等部件组成。当车辆在车速大于30km/h的情况下发生碰撞时，高灵敏度的碰撞传感器和气囊引爆开关会在瞬间(小于0.1s)工作，引爆气囊，使气囊自动充气后垫在驾驶员胸部以上以保护驾驶员的安全。

检查安全气囊组件时应格外小心，不可使用万用表等检测气囊以防止误引爆气囊。安全气囊组件正确的检查方法是：

① 先找出转向盘下方的两根蓝/灰色、棕/白色导线(该线系气囊引爆线)，然后拔下其插接器，使气囊组件与系统脱离。

② 将一根短导线的两端分别接在系统微电脑插接器的引脚4和12上。

③ 将点火开关旋至"ON"挡，此时安全气囊故障指示灯亮，这表明安全气囊组件正常。

④ 断开点火开关，用一只12V灯泡代替气囊。然后接好导线，再将点火开关旋至"ON"挡。此时，12V灯泡点亮，这说明有传感信号。经进一步检查后，发现右碰撞传感器内部触点短路。

□ 故障排除 更换右碰撞传感器后，安全气囊故障指示灯熄灭。随后装复安全气囊组件，再换上新气囊即可排除故障。

中央门锁控制系统及其故障诊断

传统的中央门锁是指电动门锁，其开、闭通过门锁继电器控制。目前中央门锁则是由微电脑根据各个开关信号控制门锁开、闭，且常常和汽车的防盗系统结合在一起，提高了汽车的防盗性能。

中央门锁控制系统主要由门锁开关、门锁继电器及执行机构三部分组成。

门锁开关的作用是控制门锁继电器的动作，接通或断开执行机构的电路。常见的门锁开关有普通门锁开关和带电容定时装置的门锁开关两种。

普通门锁开关结构比较简单，由一个继电器和开锁开关、开锁线圈、闭锁开关、闭锁线圈组成，如a图所示。**带电容定时装置的门锁**，为双掷双位开关。利用电容器的充放电特性，能自动切断电路，避免了电动机的长时间通电运转，节约了电能，克服了普通门锁开关的闭合时间由人掌握且易因通电时间过长而过热的缺点。其电路见b图所示。

门锁继电器的作用是控制执行器电路的通断，从而达到控制执行器动作的目的。

执行机构的作用是根据电流方向的不同而实现闭锁或开锁。常用的门锁执行机构有电磁线圈、直流电动机或永磁式旋转电动机。

直行电机式门锁执行机构只有一个电磁线圈，活动铁芯为永久磁铁，通过双向开关来改变线圈中电流的方向，从而改变磁场方向，使活动铁芯向里或向外移动，实现闭锁或开锁功能。

a) 普通电动门锁

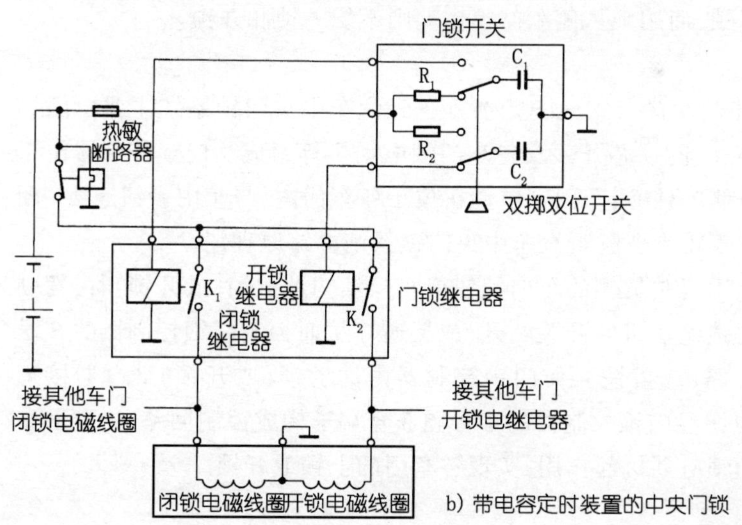

b) 带电容定时装置的中央门锁

中央门锁控制系统的故障诊断实例

见丰田凌志 LS400UCF10 系列轿车中央门锁控制系统故障诊断表。该表中给出了中央门锁控制系统的故障征兆、故障部位和检查顺序。当中央门锁控制系统出现故障时,可按表进行故障诊断。

典型故障诊断实例

□ 故障现象　一辆三菱帕杰罗越野汽车设有中央控制门锁,近日出现如下故障现象:用驾驶员侧的车内锁钮或车门锁钥匙可上锁和开锁,而用乘员侧车门锁钥匙则不能上锁和开锁。

□ 故障诊断　三菱帕杰罗越野汽车中央门锁系统主要由门锁控制器、车门锁芯开关及各车门锁电动机等组成。门锁控制器位于驾驶员侧门柱旁;车门锁电动机位于各车门内,与车内锁钮连接。图示为三菱帕杰罗越野汽车中央门锁系统电路原理图。

当用驾驶员侧的车内锁钮或车门锁钥匙上锁(或开锁)时,驾驶员侧门锁电动机的开关断开(或接通),从而控制门锁控制器的 5 号端子开路(或搭铁),使门锁控制器内的上锁(或开锁)继电器接通 0.5s,电源经门锁控制器的 1 号和 3 号端子构成控制回路,让全部车门的门锁电动机起作用,实现各车门的上锁或开锁。

当用乘员侧车门锁钥匙上锁(或开锁)时,车门锁开关控制门锁控制器的 6 号(或 2 号)端子搭铁,从而使门锁控制器内的上锁(或开锁)继电器接通 0.5s,电源经门锁控制器的 1 号和 3 号端子构成控制回路,让全部车门的门锁电动机起作用,实现各车门的上锁或开锁。

用驾驶员侧的车内锁钮或车门锁钥匙可上锁和开锁,而用乘员侧车门锁钥匙则不能上锁和开锁。根据中央门锁系统的工作原理分析,引起该故障的原因可能是各车门的门锁电动机有故障;乘员侧门锁开关及其搭铁线路有故障;门锁控制器有故障。这时可按以下步骤进行检测:

① 检查各车门的门锁电动机。先拔下乘员侧门锁开关线束插接器,然后分别对门锁控制器的 6 号和 2 号端子进行搭铁试验,结果各车门的门锁电动机工作正常。

② 检查乘员侧门锁开关及其搭铁线路。经检查发现乘员侧门锁开关的搭铁线断路。

□ 故障排除　接好乘员侧门锁开关的搭铁线,试验后发现用乘员侧车门锁钥匙能够上锁和开锁。

丰田凌志 LS400 UCF10 系列轿车中央门锁控制系统故障诊断表

检查顺序 / 故障部位 / 故障征兆	ECU电源电路	执行器电源电路	门锁电机电路	行李箱盖开启器电磁线圈电路	门锁控制开关电路	钥匙操作开关电路	钥匙未锁报警开关电路	位置开关电路(前)	行李箱盖开启器主开关和开启器开关电路	门锁开关	门锁灯开关电路	点火开关电路	防盗系统和门锁控制ECU(门锁控制继电器)
门锁控制系统无动作功能	1	2	4	3									5
用门锁控制开关和钥匙操作开关时,全部车门或部分车门不能锁住或打开			1										2
用门锁控制开关时,门不能锁住或打开(用钥匙操作开关时,锁门和开门正常)					1								2
用钥匙操作开关时,门不能锁住或打开(用门锁控制开关时,锁、开门正常)						1							2
不执行钥匙禁闭预防功能							1	2		3	3		4
不执行行李箱盖开启器功能				2					1				3
即使钥匙插进点火开关锁芯内并拨到ACC位置,门锁控制安全功能未消除												1	2

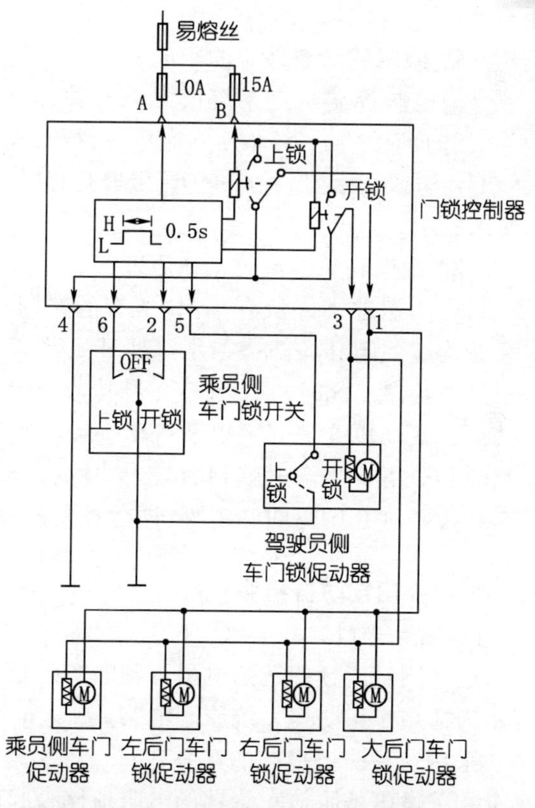

三菱帕杰罗越野汽车中央门锁系统电路原理图

微电脑控制防盗系统

汽车防盗装置有机械式和电子式两种。机械式防盗装置主要有轮胎锁、转向盘锁以及变速杆锁等,但都容易被非法打开。电子防盗系统具有报警以及切断起动电路、点火电路、喷油电路和供油电路等功能,使发动机不能工作、汽车不能行驶,给盗窃造成困难。

■ 微电脑防盗系统的组成

微电脑控制防盗系统由点火开关、外侧门拉手开关、车门开关(开门和锁门)、发动机仓盖开关、行李仓盖开关、微电脑(防盗ECU)、防盗指示灯、报警喇叭、报警灯以及起动继电器等组成,如右图所示。

■ 微电脑防盗系统工作原理

当用钥匙锁好所有车门(所有的车门、发动机仓盖以及行李仓盖均应关闭)时,防盗指示灯便开始断续闪烁,说明防盗系统处于工作状态。此时防盗 ECU 不断接收点火开关、车门开关(开门、锁门)、发动机仓盖开关以及行李仓盖开关等输出的信号,并进行判断和分析。当微电脑判断有人非法打开车门时,则控制报警喇叭和报警灯开始鸣叫和闪烁,同时控制起动继电器切断起动机的工作电路,使发动机不能起动。当车主用该车钥匙开起门锁时,报警状态解除或报警运转解除。

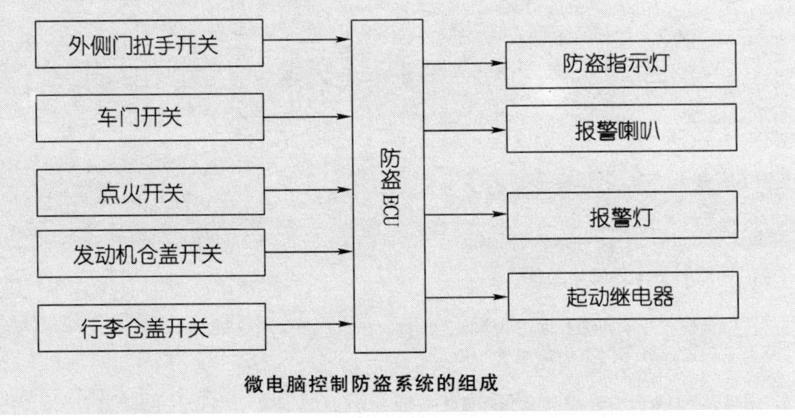

微电脑控制防盗系统的组成

1 中央门锁防盗措施

□ 测量开门钥匙电阻

通过测量门锁钥匙的电阻可判断车门是否被非法打开。下页图所示为通用车系防盗系统原理电路。

采用这种防盗措施的车系在每一把钥匙内部都有一设定电阻,车上相关微电脑将该车钥匙的电阻值储存起来。在防盗系统起动后(所有车门都被锁住)用钥匙开车门或起动发动机时,防盗系统会首先测量开门钥匙的电阻,如果电阻值与原设定的电阻值不是同一挡,则即使钥匙的齿形完全相同,防盗系统也认为是非法开门,会控制报警装置工作(喇叭响、灯闪烁),同时会控制起动继电器切断起动机工作电源,使发动机不能起动;同时还使发动机 ECU 控制喷油器停止喷油。这种钥匙中的设定电阻不能用普通仪表测量,必须用专用仪器才能读取。通用车系点火开关钥匙内的电阻共有 15 挡。

对于通用车系，当拆过蓄电池或更换过中央控制微电脑板时，必须在中央控制微电脑板的记忆中重新设定钥匙电阻值，否则不能打开车门。重新设定钥匙中电阻值的方法为：

/将点火开关钥匙插入锁孔后转到起动(RUN)位置，再转到锁定(LOCK)位置，然后取出钥匙。

/此时仪表板上的防盗警示灯"SECURITY"开始闪烁，再将钥匙插入点火开关内，不要转动钥匙。

/此时中央控制微电脑板测量并记忆钥匙的特定电阻值。待防盗警示灯"SECURITY"熄灭后，表示记忆完成，取出钥匙即可。

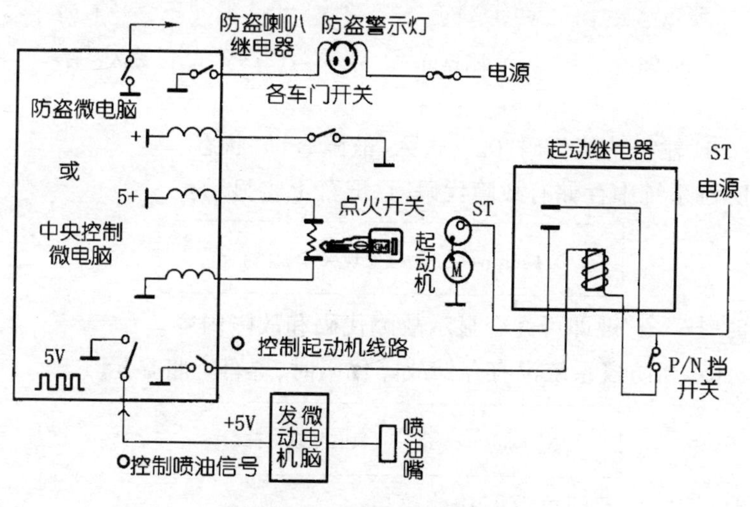

通用车系防盗系统原理电路

□ 使用密码锁

使用密码锁后，就可以利用密码开门，即使车钥匙丢失了也不用担心，因为已设定的密码可以由车主任意改变。

□ 使用带保险功能的遥控器

由于遥控器、密码锁和车门钥匙都可以单独开门，因此有些盗车集团会用示波器读出车主开门时发出的无线电信号的频率并制造出新的遥控器。为克服这一缺点，宝马公司在 1995 年启用了一种新式遥控器，这种遥控器与防盗微电脑配合，由内部的固化程序设定频率。每次车主重新锁门时，遥控器与接收器均按固化程序同时改变成另一频率，从而避免了他人复制遥控器的目的。

2 发动机防盗措施

□ 被盗时起动机无法工作

当车门等被非法打开时，防盗微电脑控制切断起动机的工作电路，使起动机不能工作。

□ 当车辆被盗时发动机无法工作

被盗时使发动机不能工作的方法有：

/切断喷油器的供电电路，使喷油器不能喷油。

/使汽油机的点火系不能工作，不能产生高压电，火花塞不跳火。

/切断汽油泵的工作电路，使发动机无燃油供给。

/使自动变速器中换挡电磁阀不工作，使变速器不能传递动力，汽车不能行驶。

□ 被盗时发动机微电脑处于非工作状态

当汽车被盗时，防盗微电脑向发动机微电脑输送一信号，使发动机微电脑停止工作。即使切断防盗微电脑的电源，该信号不存在，发动机微电脑也停止工作，最终使发动机不能工作。

上海桑塔纳2000GSi轿车防盗系统的故障诊断

上海桑塔纳2000GSi轿车采用微电脑控制防盗系统，该系统具有故障自诊断及钥匙匹配功能，但这些功能的实现，必须借助于大众公司的专用故障诊断仪V.A.G1551或V.A.G1552。

1 故障自诊断的条件

车辆的蓄电池电压应不低于11V。

2 故障代码的查询

具体操作方法如下：

① 将故障诊断仪V.A.G1552与车内变速器操纵杆前的诊断接口连接好，接通点火开关。

② 输入防盗系统的地址码“25”，进入防盗系统测试状态。此时屏幕显示：

330 953 253 IMMO VWZ6ZOTO 123456 V01	
Coding 00000	WSC 01205

其中，“330953253”为防盗ECU零件号；“IMMO”为电子防盗系统的英文缩写；“VWZ6ZOTO123456” 为防盗ECU的14位识别码，凭此识别码可向大众公司维修热线查询防盗密码；“V01”为防盗E-CU软件版本号；“Coding00000”为编码号；“WSC01205”为维修站代码，在使用故障诊断仪检测防盗系统时，必须先输入维修站代码。

③ 按“→”键，屏幕显示：

Test of vehicle（车辆系统测试）	HELP
Slect function XX(选择功能)	

键入所需进行的功能代码后，即可进行相应的功能测试。各种功能代码的含义见下表。

功能代码的含义

代 码	含 义	代 码	含 义
02	故障查询	08	读测量数据块
05	清除故障存储	10	匹配
06	结束，退出	11	输入密码

④ 输入功能代码“02”，进入“故障查询”状态。当防盗系统中存储有故障代码时，屏幕上将显示：

X Fault recognized（发现X个故障）

此时，按“→”键即可逐个显示故障代码和故障内容。

⑤ 当防盗系统没有存储故障代码时，屏幕上将显示：

No Fault recognized（没有发现故障）

此时，按“→”键即可返回功能菜单。

3 故障代码表

上海桑塔纳2000GSi轿车防盗系统故障代码的含义见下表。

上海桑塔纳 2000GSi 轿车防盗系统故障代码的含义

故障代码	显示内容	故障现象	故障排除
65535	防盗 ECU 损坏	① 警告灯亮； ② 发动机不能起动	更换新件并重新匹配
00750	① 警告灯线路对地短路或开路； ② 对正极短路(警告灯坏)	① 警告灯亮； ② 警告灯不亮	① 检修线路； ② 更换损坏的警告灯
01128	① 防盗识读线圈损坏； ② 线路开路或短路	警告灯闪烁，发动机不能起动	① 检修线路； ② 更换识读线圈
01176	① 钥匙脉冲转发器损坏，信号太弱； ② 识读线圈损坏； ③ 非法钥匙	警告灯闪烁，发动机不能起动	① 配制新钥匙，完成所有钥匙的匹配程序； ② 更换识读线圈； ③ 配制合法钥匙
01177	① 发动机 ECU 更换后没有匹配； ② 连续线路开路或短路	① 警告灯闪烁，发动机不能起动； ② 警告灯不亮	完成发动机 ECU 和防盗器 ECU 的匹配程序，检查两 ECU 之间的线路
01179	配钥匙程序不正确	警告灯快速闪烁	① 查询故障，清除存储； ② 完成汽车钥匙匹配程序

4 故障代码的清除

在防盗系统测试状态下输入功能代码“05”，然后按“Q”键确认，即可清除微电脑内存储的故障代码。

5 读测量数据块

在防盗系统测试状态下输入功能代码“08”，然后按“Q”键确认，即可进入“读测量数据块”状态。此时屏幕上显示：

```
Read measuring value block (读测量数据块)                HELP
Enter display group number XX (输入显示组别号 XX)
```

输入显示组别号“22”,然后按“Q”键确认,此时屏幕显示:

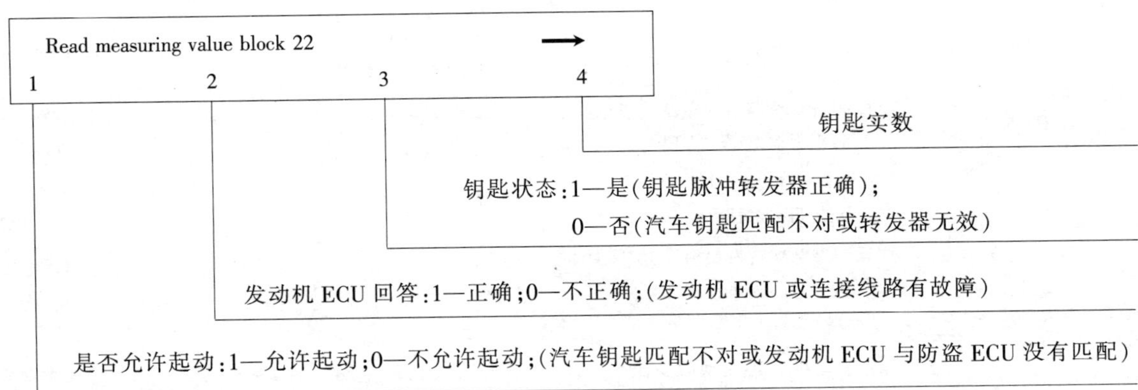

典型故障诊断实例

□ 故障现象　一辆 95 款奔驰 S320 轿车,在放置 4 个月后蓄电池亏电。将蓄电池充足电后,发动机不能起动。

□ 故障诊断　拔下高压线试火,检查点火系统,发现高压火花正常。拆下火花塞进一步检查,均正常。然后检查燃油供给系统,发现系统油压正常,但是在起动发动机时电子控制单元没有向喷油器输出喷油信号,致使喷油器不能喷油,发动机不能工作。

经查资料后得知,奔驰 S320 轿车设有防盗系统。当防盗系统失去电源时间太长时,会导致防盗系统错乱,此时电子控制单元将不输出喷油信号,使发动机不能工作。

□ 故障排除　重新设定防盗系统后试车,发动机顺利起动,且起动后工作正常,故障排除。

防盗系统重新设定的方法是把所有的车门用原车钥匙开关一次,然后把点火钥匙插到点火锁芯中,打开 2~3s 后再关闭。这样就可重新设定防盗系统,然后即可起动发动机。

9 自动空调系统

汽车空调系统的组成

■ **汽车空调**是汽车空气调节器的简称。其作用是调节车内的温度、湿度，改善车内空气的流通和提高车内空气的洁净度，给驾乘人员提供一个舒适的环境。同时还能预防或除去挡风玻璃上的雾霜冰雪，确保行车安全。

轿车或小型车空调系统一般由汽车发动机直接带动。有些大型旅游客车专为空调配置一台副发动机，以增强空调的制冷能力。

传统的汽车空调由驾驶员通过操纵控制面板上的控制开关，实现对车内温度、风扇转速、气流状态和进气方式的控制。

自动空调系统是在普通汽车空调系统的基础上增加自动控制功能得到的。自动空调系统能够根据各传感器输入的信号和驾驶员设定的温度，通过空气混合风门改变冷、热风的比例来控制空气流的温度等，无须或很少需要驾驶员去变换控制板上控制开关的位置。

汽车空调系统有膨胀阀系统和孔管系统两类。膨胀阀系统主要由压缩机、冷凝器、储液 干燥器、膨胀阀和蒸发器等组成；孔管系统主要由压缩机、冷凝器、孔管和积累器等组成。

汽车空调主要由制冷装置和控制电路组成。

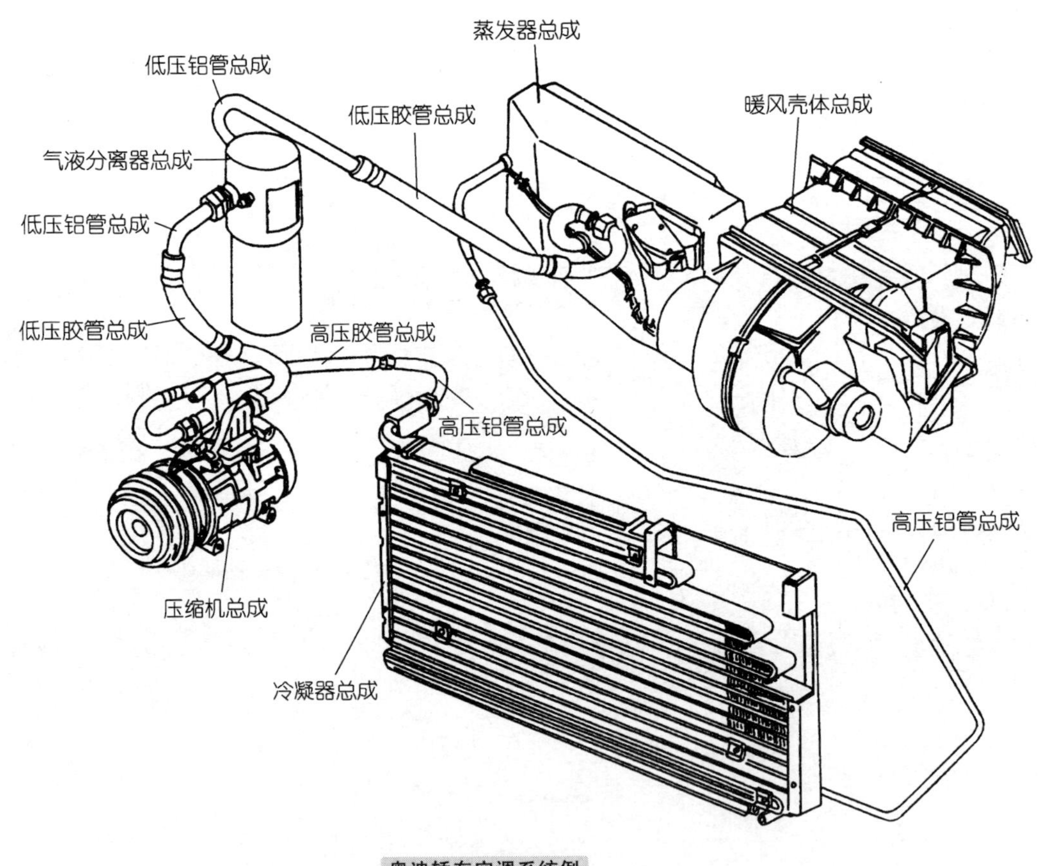

奥迪轿车空调系统例

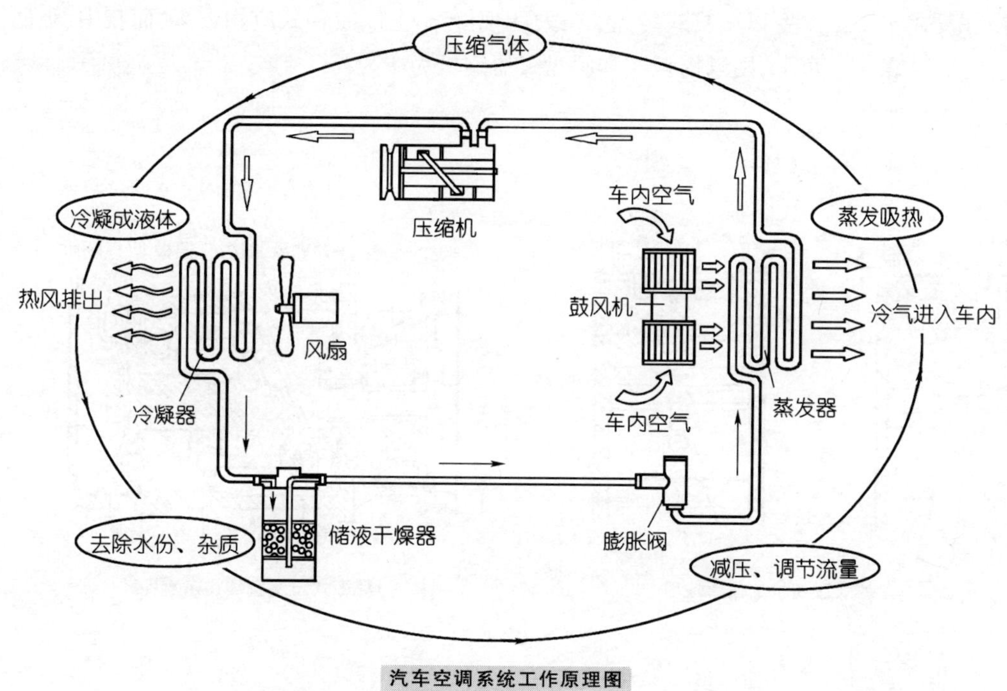

汽车空调系统工作原理图

物质由液态变为汽态时要吸收热量例如，擦在身上的酒精在挥发时皮肤会有明显的凉爽感觉。而由汽态变为液态时，则要放出热量。空调器就是利用这一基本热原理工作的。

制冷剂在空调系统中是吸收和释放热量的介质，目前，汽车空调使用的致冷剂几乎都是氟里昂 12，记为 F-12 或 R-12，其分子式为 CCI2F2(二氯二氟甲烷)。它蒸发时能吸收大量热，且易于液化，化学性能稳定，无腐蚀、不燃烧、无爆炸性、无毒、对衣服及食物无害，所以被广泛采用。

■ **汽车空调的工作原理**

(制冷循环)如上图所示。热的制冷剂蒸气从蒸发器被吸入压缩机，压缩机把蒸气压力升高后泵进冷凝器；在冷凝器中，冷凝器周围的空气把制冷剂的热量散发掉，使蒸气变为液体；制冷剂放出热量后，流经储液干燥器，在那里去水后备用；由于压缩机连续不断地从蒸发器出口抽出制冷剂蒸气，液态制冷剂在高压下经储液干燥器压向膨胀阀：经膨胀阀降压后，根据制冷要求，限量地把制冷剂送进蒸发器的入口：液态制冷剂突然进入大容积的蒸发器螺旋管后，由于体积变大压力下降，使制冷剂蒸发，并从车厢中吸收热量；这些带有热量的制冷剂蒸气接着被吸进压缩机，开始了下一个制冷循环。如此不停地往复循环，车厢中的热量被制冷剂带走，排至汽车外部的大气中，使车厢内的温度降低。

■ **汽车空调压缩机**

根据结构和工作原理,可分为**往复式**和**旋转式**两大类。往复式又可分为曲轴式、斜盘式、摇板式和径流式等。旋转式又可分为叶片式、螺旋式,涡轮式、滚动活塞式以及汪克尔转子式等。目前,汽车空调压缩机主要以往复式为主。在大,中型客车上以曲轴式应用较多,而在中、小型车上,则以摇板式和斜盘式压缩机为主。

□ 曲轴连杆活塞式压缩机工作过程(如图所示)。

□ 摇板式压缩机　结构如图所示。各汽缸以压缩机的轴线为中心,五角均匀分布(5 缸),连杆连接活塞和摇板,两头用球形万向节,使摇板的摆动和活塞移动协调而不发生干涉。摇板中心用钢球作支承中心,并用一对固定圆锥齿轮限制摇板只能摇动而不能转动,主轴和斜板固定在一起,旋转的斜板迫使摇板象跷跷板一样来回左右移动,带动活塞作往复运动。例如上海桑塔纳 2000 型轿车、红旗轿车等都采用的摇板式压缩机。

□ 斜盘式压缩机　是往反双向活塞结构,结构如图所示。主要零件是一根主轴,和用花键与主轴固定在一起的斜盘。主轴转动,斜盘也转动,驱动活塞作往复运动。三个双头活塞相当于 6 个汽缸在工作,这种压缩机结构紧凑、排气量大,是目前汽车空调中使用量最大的一种。

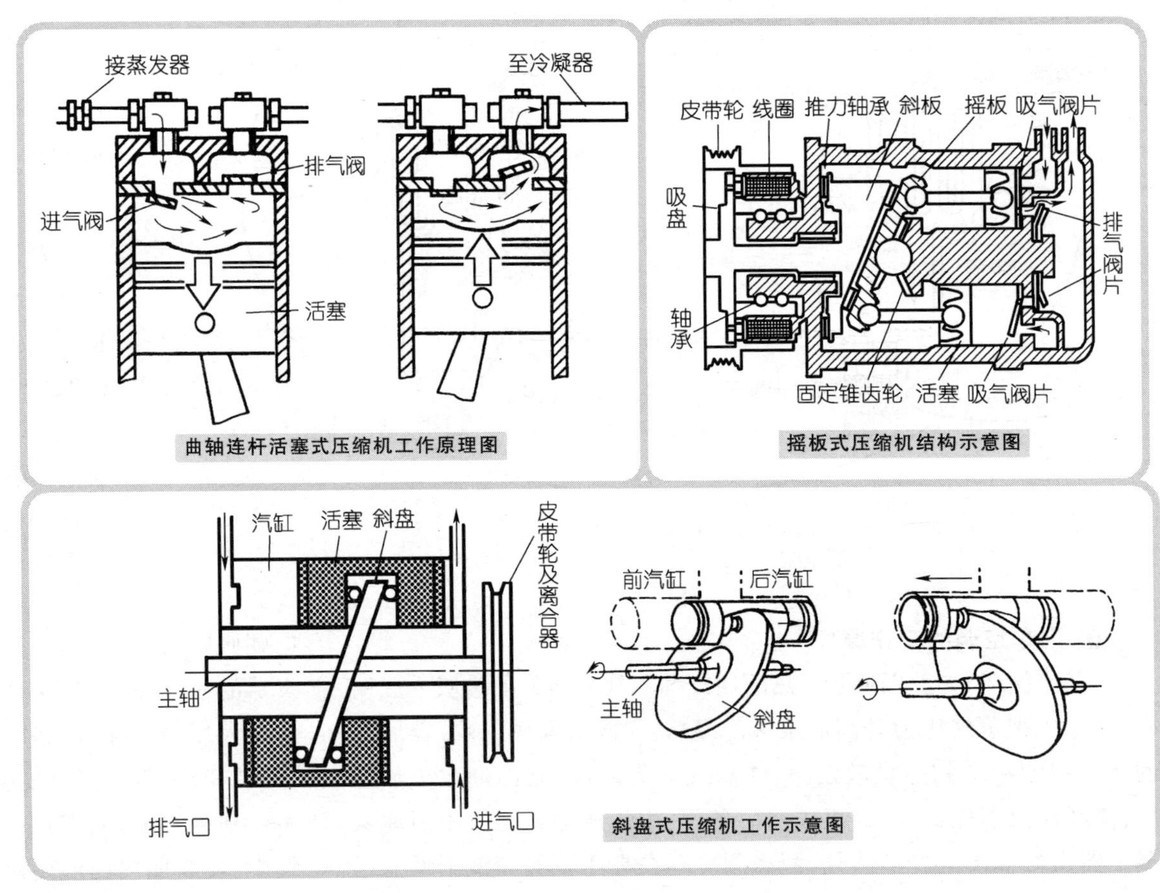

曲轴连杆活塞式压缩机工作原理图

摇板式压缩机结构示意图

斜盘式压缩机工作示意图

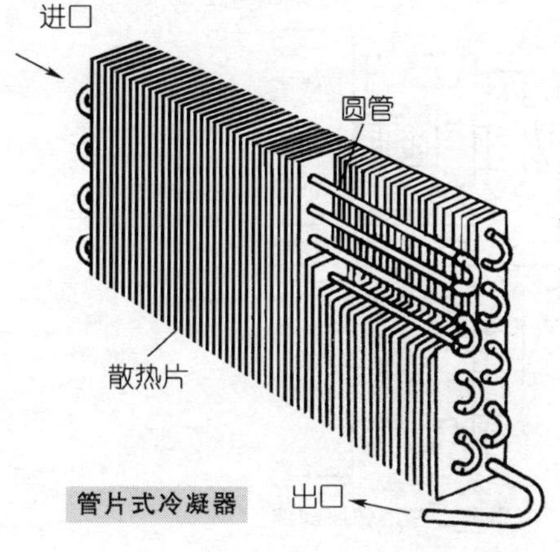

管片式冷凝器

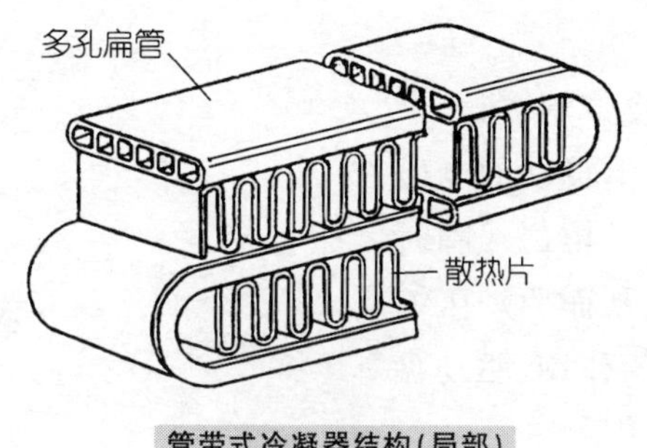

管带式冷凝器结构(局部)

冷凝器结构与水箱相似，但其承受的压力比水箱要高。常见的结构形式有管片式、管带式等，其结构如左图所示。管带式的热交换率比管片式的大 15%~ 20%左右。

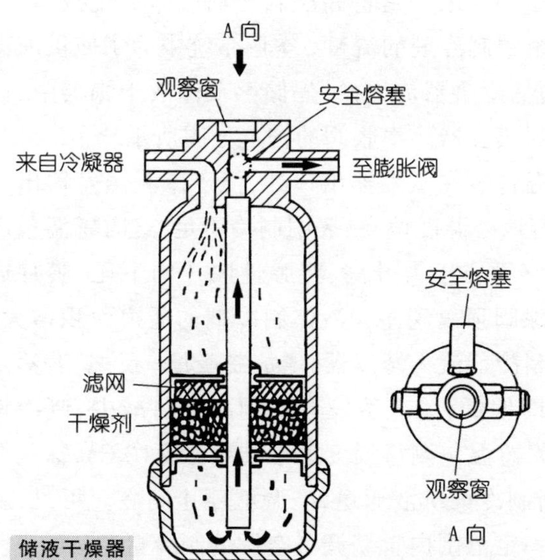

储液干燥器

蒸发器结构与冷凝器相似,主要有管片式、管带式(结构和冷凝器完全一样)和板翅式 3 种形式。迎面面积较冷凝器小,但厚度宽一些。板翅式蒸发器是由两片冲成复杂形状的铝板叠在一起组成制冷剂通道,并在每两片通道之间夹有波形散热带。这种蒸发器需双面复合铝材,且焊接要求很高,传热面积比管片式大 1.5 倍,热交换效率比管带式提高 10%左右,且能承受较高的工作压力(能承受 29MPa),是一种较为先进的蒸发器。

储液干燥器安装在冷凝器和膨胀阀之间,主要由玻璃视镜、吸取管、粗过滤网、干燥剂、过滤器及外壳等组成，结构如左下图所示。储液器中一般采用硅胶之类的袋装或粒状脱水剂,用于吸附制冷剂中的少量水分。玻璃视镜安装在储液器上部,用以观察制冷剂在工作时的流动状态,由此判断制冷剂的填充量以及制冷系统的工作情况。例如,玻璃明净,表明系统有足够的制冷剂;如有气泡,表示系统中进入了空气;若能看到乳白色雾状物,表示干燥剂从储液干燥过滤器中逸出,随制冷剂一起在系统中循环,需更换干燥剂。

在储液干燥器的顶部，一般还装有一个安全熔塞，当温度达 100~105℃(此时压力约 3MPa)时,熔塞合金被熔化,从而排泄系统中的高压制冷剂,以防止系统中其他机件被损坏。

电磁离合器有三个主要组件,一个是装在轴承上的皮带轮,第二个是和压缩机主轴花键连接的驱动盘(盘状衔铁),第三是不转动的电磁线圈。工作原理如图所示。打开空调开关,电流通过离合器电磁线圈时产生强磁场,使压缩机驱动盘和自由转动的皮带轮接合,从而驱动压缩机主轴旋转。空调控制器一旦切断电流,磁场消失,靠弹簧作用,驱动盘与皮带轮脱开,压缩机停止工作。

电磁离合器工作原理图

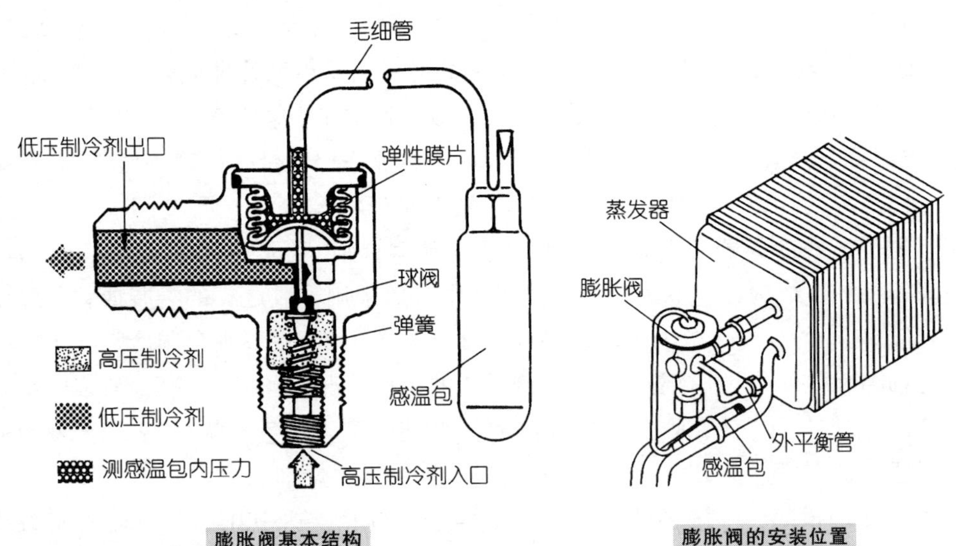

膨胀阀基本结构

膨胀阀的安装位置

膨胀阀的作用一是将高压制冷剂液体节流减压;二是调节系统中制冷剂的流量。空调系统中为了使供液稳定,制冷剂从冷凝器流出后,先储存在储液干燥器中,再经膨胀阀到蒸发器。膨胀阀的构造如图所示。

其感温包装在蒸发器出口处,便于感测蒸发器出口处温度。若该处温度偏高,表明制冷不足,这时感温包内封装的敏感物质压力升高,将弹性膜片向下压,膜片通过顶杆把球阀顶离阀座, 液体制冷剂的通道面积增大,让更多的制冷剂流入蒸发器,增加制冷量。反之,若蒸发器出口温度偏低,流入蒸发器的制冷剂将减少,制冷量减少。如果感温包测得温度近于结冰温度(0℃),球阀便关闭,切断制冷剂供液通道,空调就停止制冷。可见,膨胀阀能在一定范围内自动调节空调的制冷量。

上海桑塔纳轿车空调系统

1 制冷装置

上海桑塔纳轿车的空调制冷循环系统由压缩机、外平衡式热力膨胀阀、全铝板带式蒸发器、管片式冷凝器和储液干燥器等部件组成，如图所示。

压缩机由发动机曲轴皮带轮驱动。来自蒸发器的制冷剂由压缩机将其压缩成高温、高压的气体并送入冷凝器冷却，经储液干燥器滤去水分后流入膨胀阀，膨胀阀根据蒸发器的温度向蒸发器喷入一定量的雾状制冷剂。制冷剂吸收周围的热量而蒸发成气体，重新被送入压缩机进行再循环，从而使车厢内的热量被带到位于车外的冷凝器中，散发到外界去。

桑塔纳轿车空调系统的冷凝器是利用发动机散热器的电动风扇进行冷却的，由一套电气系统自动控制着电动风扇的转速、空调怠速的稳定性以及压缩机的自动开停。冷气采用内循环通风方式，由一真空电磁阀控制着进风罩风门的自动关闭。另外，还设有大气感温开关以防止在温度过低的情况下启动压缩机。

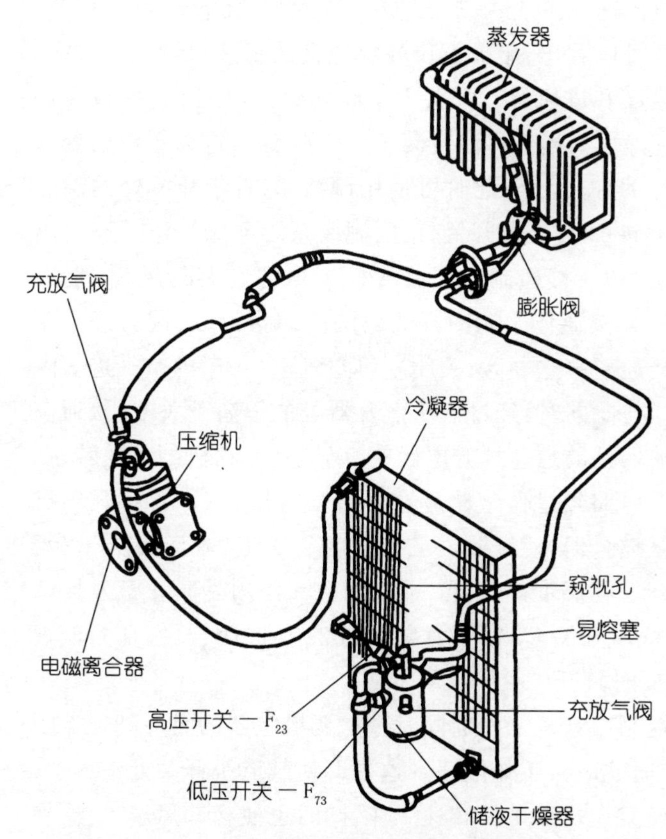

上海桑塔纳轿车空调系统结构

2 空调控制电路

右图所示为上海桑塔纳轿车空调系统的控制电路图。从图中可以看出，单掷五位鼓风机开关 E_9 控制着鼓风机的进风速度和进风量，开关内串联的分挡电阻 N_{23} 使鼓风机有四种速度。当外界温度高于 0℃时，位于进风罩风门处的气温开关 F_{38} 闭合，此时可使用制冷系统(若开关处的温度低于 1.67℃时，气温开关打开，制冷系统不能工作)。当气温开关闭合时，接通制冷开关 A/C，X 电源经熔断丝 S_{14}、制冷开关 A/C 接通位于制冷开关内的空调指示灯，同时经空调开关接通新鲜空气阀，关闭新鲜空气进口，车内空气进入内循环。与此同时，经过位于蒸发器处的恒温开关 F_{33} 接通位于化油器处的怠速提升电磁阀，以提高发动机的怠速转速。另一条电路经过位于储液器上的低压开关 F_{73}，接通压缩机的电磁离合器，使压缩机工作(恒温开关 F_{33} 在温度低于 0℃时打开，在温度高于 2℃时闭合，其作用是防止蒸发器结冰)。低压开关 F_{73} 在压力高于 200kPa 时闭合，在压力低于 200kPa 时打开。

在制冷系统工作的同时，空调继电器的另一副触点闭合，接通鼓风机工作电路。这样即使鼓风机开关处在零位，也可使鼓风机以 1 挡转速工作，同时也使冷却风扇工作，确保热交换顺利进行。

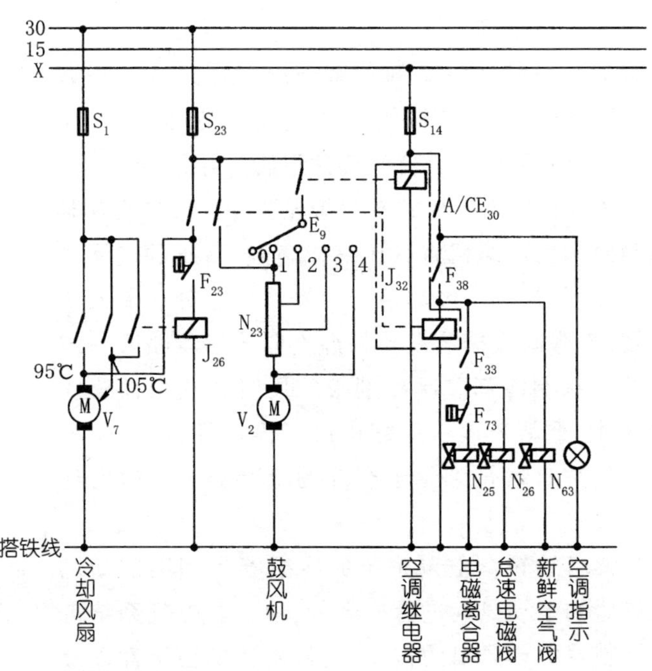

E_9-鼓风机开关；E_{30}-空调开关；F_{33}-恒温开关；F_{38}-气温开关；F_{73}-低压开关；F_{23}-高压开关；J_{26}-冷却风扇继电器；J_{32}-空调继电器；V_2-鼓风机电机；V_7-冷却风扇电机

上海桑塔纳轿车空调系统控制电路

自动空调系统的组成与工作原理

在自动空调系统中，由 ECU 根据各传感器的输入信号控制各执行器工作，从而完成各控制功能。其主要控制功能有：

① 根据车内温度控制以驱动伺服电机的工作。当车内温度达到驾驶员设定的温度时，自动空调 ECU 将控制驱动伺服电机停止工作，并将此位置记忆下来。

② 自动空调 ECU 通过方式风门控制气流方向。

③ 自动空调 ECU 通过进气风门控制进气是来自车内还是车外。

④ 故障自我诊断。

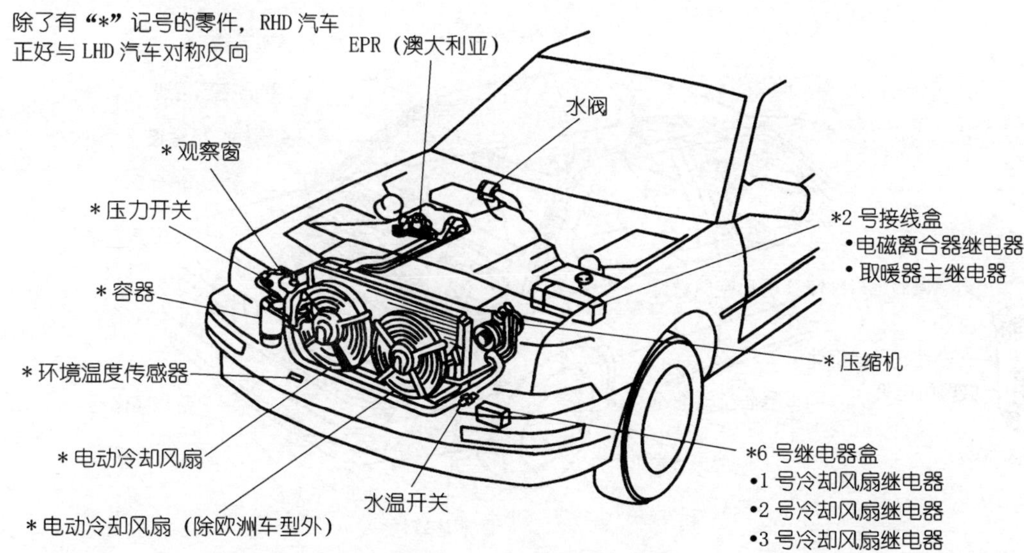

丰田凌志 LS400 UCF10 系列轿车自动空调系统

■ 自动空调系统的组成

自动空调系统和普通空调系统的区别是自动空调的控制系统增加了自动控制功能。自动空调控制系统是根据各传感器输入的信号对空气流的温度等进行控制的。下面以丰田凌志 LS400 UCF10 系列轿车的自动空调系统为例，阐述自动空调系统的组成及工作原理。

丰田凌志 LS400 UCF10 系列轿车自动空调系统主要由制冷装置和自动空调控制系统两部分组成。制冷装置的组成和工作原理与普通空调系统相同，自动空调控制系统主要由传感器、自动空调 ECU 和执行器组成。丰田凌志 LS400 UCF10 系列轿车自动空调控制系统的传感器主要有室温传感器、环境温度传感器、蒸发器温度传感器以及太阳能传感器等，执行器主要有空气混合伺服电机、进气伺服电机、最大冷却伺服电机、方式(通风模式风挡)伺服电机和空调压缩机电磁离合器继电器等，如图所示。

□ 自动空调控制系统的传感器

室温传感器位于驾驶室内部,用于检测室内温度;环境温度传感器位于汽车前部,用于检测汽车周围环境的温度;蒸发器温度传感器位于蒸发器附近,用于检测蒸发器的温度;太阳能传感器位于驾驶室内仪表盘上方,用于检测光线是否照射到室内。

□ 系统中执行器的功用

空气混合伺服电机用于控制空气混合风门的开闭,从而改变空气流的温度;进气伺服电机用于控制进气方式,即进气是来自车内还是来自车外;最大冷却伺服电机用于控制流向驾驶室的冷气量;方式(通风模式风挡)伺服电机用于控制空气流动方式,即流向驾驶室的气流方向;空调压缩机电磁离合器继电器用于控制空调电磁离合器工作与否;鼓风机电机用于控制鼓风机电机的转速,从而控制空气流量。自动空调控制系统的传感器向 ECU 输送各种温度信号以及反映空调系统各执行器工作状况的信号,ECU 根据各传感器输入的信号控制各执行器工作,以实现各种控制功能。

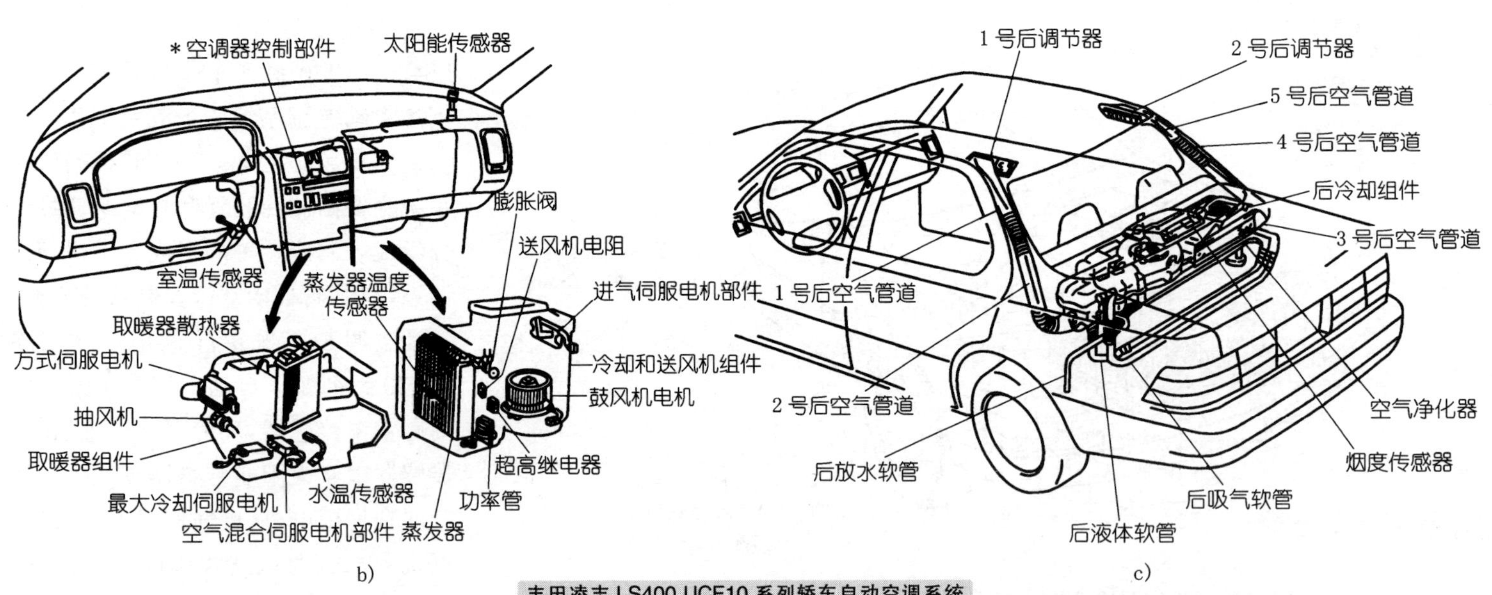

丰田凌志 LS400 UCF10 系列轿车自动空调系统

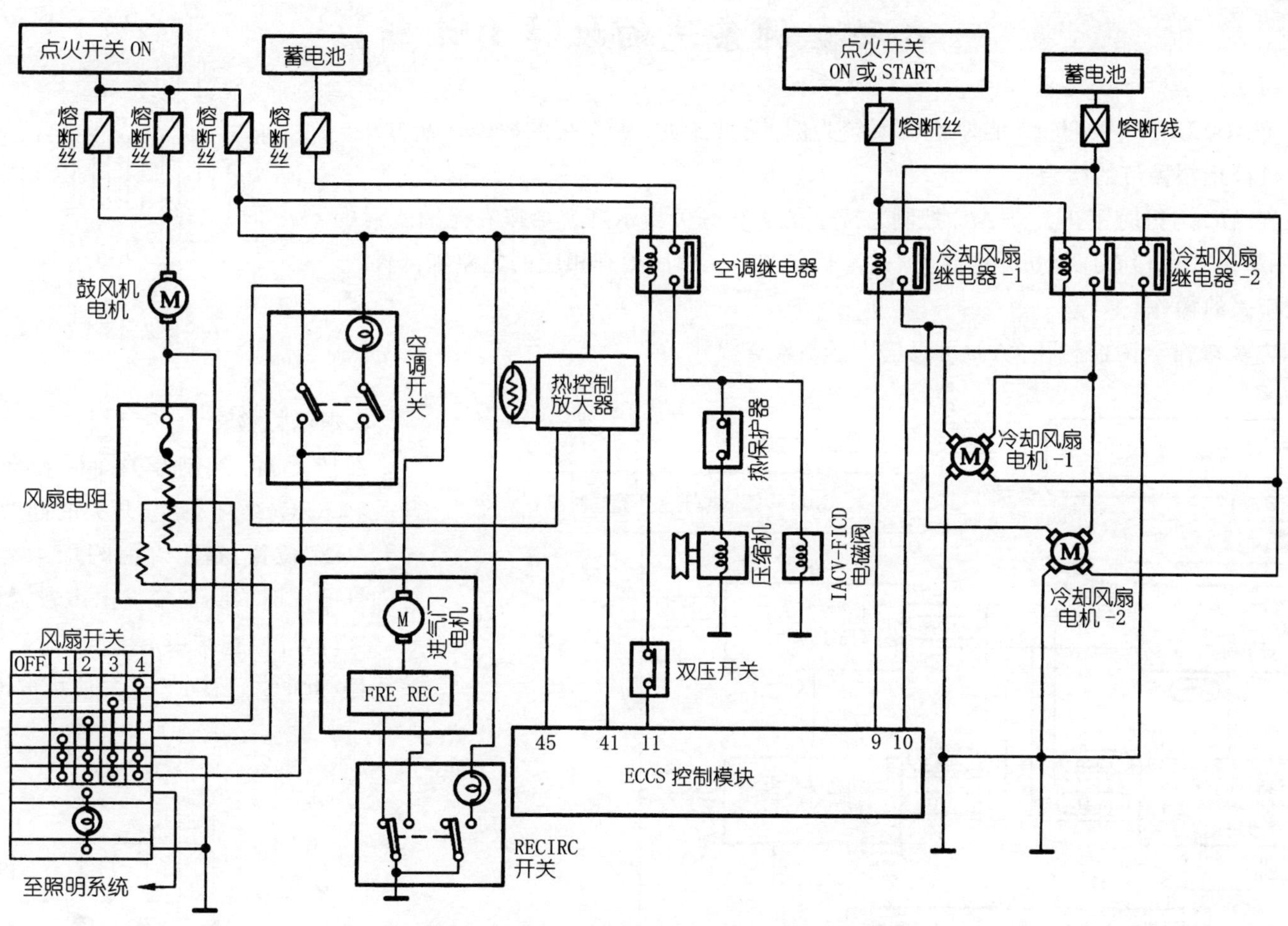

日产阳光 GA16DE 车型(不带三元触媒)自动空调系统的电气原理图

自动空调系统的故障自诊断法

以丰田凌志 LS400 UCF10 系列轿车自动空调系统为例，说明自动空调系统的故障诊断方法。

1 空调压缩机锁止报警灯的检查

如果压缩机在 A/C 运行时锁止，则 A/C 控制总成上的 A/C 开关指示灯就会按右上图所示的规律闪烁，并可用故障代码检查压缩机是否锁止（故障代码“22”），然后检查相应的电路和部件。

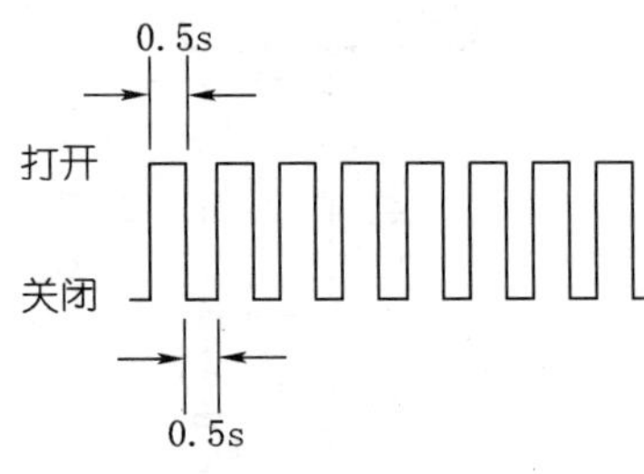

A/C 开关指示灯的闪烁方式

2 诊断检查模式的操作

按下图所示方法操作空调控制开关，便可以进入诊断检查模式。

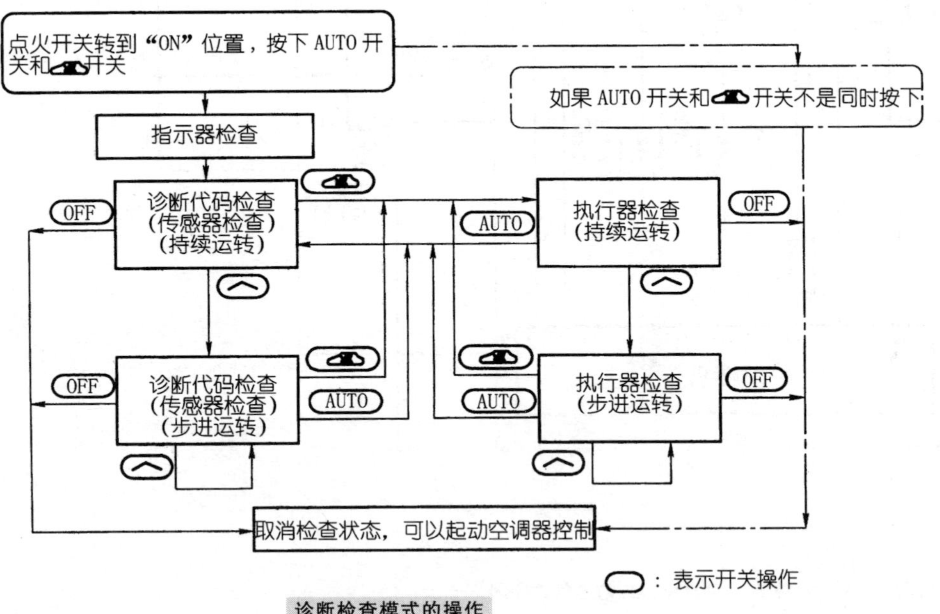

诊断检查模式的操作

3 指示灯检查

在按下 MC 控制开关面板上的 AUTO（自动）开关和 REC（循环空气）开关的同时，将点火开关转到“ON”位置，指示灯应闪烁 4 次，并且在指示灯闪烁的同时蜂鸣器应发出声音，如图所示。

在指示灯检查结束后，便自动开始故障代码校核程序，此时按下 OFF 开关便可取消检查模式。

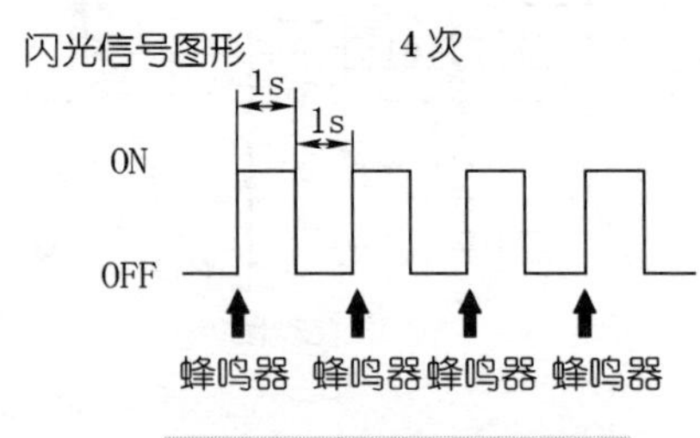

指示灯和蜂鸣器的工作方式

4 故障代码的提取(传感器检查)

在指示灯检查结束后,便可根据 A/C 控制开关面板上温度显示器的显示内容读出故障代码。如果在显示故障时蜂鸣器发出蜂鸣声,则说明此故障代码所代表的是连续发生的故障;如果在显示故障时蜂鸣器没有发出蜂鸣声,则说明此故障代码所代表的是以前发生过的故障(如插接器接触不良等)。

如果希望放慢显示速度,可按下“UP∧”开关,使其变为步进动作,并且每按动一次此开关,显示内容便可改变一次。

5 故障代码的含义

丰田凌志 LS400 UCFl0 系列轿车自动空调系统故障代码的含义见表。

丰田凌志 LS400 UCF10 系列轿车自动空调系统故障代码的含义

故障代码	诊断	故障部位
00	正常	
11	车室温度传感器电路开路或短路	车室温度传感器电路
12	环境温度传感器电路开路或短路	环境温度传感器电路
13	蒸发器温度传感器电路开路或短路	蒸发器温度传感器电路
14	水温传感器电路开路或短路	水温传感器电路
21*	太阳能传感器电路开路或短路	太阳能传感器电路
22*	压缩机同步传感器电路开路或短路	压缩机同步传感器电路
31	空气混合风挡位置传感器电路开路或短路	空气混合风挡位置传感器电路
32	进气风挡位置传感器电路开路或短路	进气风挡位置传感器电路
33	① 空气混合风挡位置传感器电路开路; ② 进气伺服电机电路开路或短路; ③ 空气混合伺服电机锁住	① 空气混合风挡位置传感器电路; ② 空气混合伺服电机
34	① 进气风挡位置传感器电路开路; ② 进气伺服电机电路开路或短路; ③ 进气伺服电机锁住	① 进气风挡位置传感器电路; ② 进气伺服电机电路

注:带“*”者仅在发生现时故障且太阳能传感器电路和压缩机同步传感器电路开路时才能检测出来;其他故障码在现时故障(蜂鸣器发出声音)和过去故障(蜂鸣器不发出声音)时均可检测出来。

6 故障代码的清除

方法为:拔出 2 号接线盒中的 DOME 熔断丝 10s 以上,即可清除存储器中储存的故障代码。

7 初始设定

当故障排除后,应进行初始设定,也即将空气混合薄膜和模式控制薄膜设定在初始位置。具体的方法是将空气混合薄膜卷回到冷端,将模式控制薄膜 EF 卷回到“FACE”(脸部送风)位置,如图所示。回卷后的位置由空调器控制 ECU 存储起来作为标准位置。

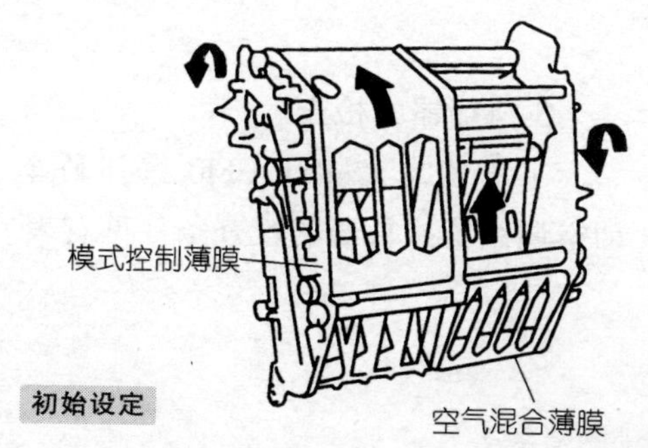

初始设定

□ 自动初始设定程序

将蓄电池正、负极线接好，再把点火开关由“OFF”位置转到“ON”位置，然后再转到“OFF”位置，便可完成初始设定(在点火开关由“ON”位置转到“OFF”位置 60s 以后，A/C 控制 ECU 就会检测到蓄电池电压下降了 30 次)。

□ 强制初始设定程序

在将点火开关由 “OFF” 位置转到“ON”位置的同时，按下 A/C 控制面板上 OFF 开关和后除霜器开关，便可进行强制初始设定。在自动初始设定和强制初始设定过程中，前除霜器指示灯会发光。

8 执行器的检查

丰田凌志 LS400UCFl0 系列轿车自动空调系统执行器的检查条件见右表。

丰田凌志 LS400UCF10 系列轿车自动空调系统执行器的检查条件

步号	显示代码	条件									
		取暖器继电器	超高继电器	鼓风机电机	空气通风口	冷气最足风挡	进气风挡	电磁离合器	空气混合风挡	后超大流量	后空调器
1	20	OFF	OFF	OFF	(FACE)	100% 开度	(FRESH)	OFF	冷侧(0% 开度)	ON	OFF
2	21	ON	↑	LO	↑	↑	↑	↑	↑	↑	AUTO-OFF
3	22	↑	↑	MED	↑	50% 开度	(F/R)	ON	↑	OFF	HI (A/P)
4	23	↑	↑	↑	↑	0% 开度	(RECIRC)	↑	↑	↑	HI (A/C)
5	24	↑	↑	↑	(BI-LEVEL)	↑	(FRESH)	↑	冷/热(50% 开度)	↑	↑
6	25	↑	↑	↑	↑	↑	↑	↑	↑	↑	LO (A/C)
7	26	↑	↑	↑	(FOOT)	↑	↑	↑	↑	↑	OFF
8	27	↑	↑	↑	↑	↑	↑	↑	热侧(100% 开度)	↑	↑
9	28	↑	↑	↑	(FOOT/DEF)	↑	↑	↑	↑	↑	↑
10	29	↑	ON	HI	(DEF)	↑	↑	↑	↑	↑	↑

■ **故障表诊断法**

下表为丰田凌志 LS400UCFl0 系列轿车自动空调系统故障诊断表。

丰田凌志 LS400 UCFl0 系列轿车自动空调系统执行器的检查方法为：当进入传感器检查模式后，按下 REC 开关。在温度显示器上，从按下 REC 开关后的第 20s 开始，每个风挡、电机和继电器以 1s 的时间间隔依次自动显示工作情况，因此可用目视或手动方法检查温度和空气流量。如果希望放慢显示速度，可按下“UPA”开关，使其变为步进动作，并且每按动一次此开关，显示内容便可改变一步。

显示代码改变时，蜂鸣器会发出蜂鸣声。代码是按照由小到大的顺序显示。按下 OFF 开关即可取消检查模式。

丰田凌志 LS400UCF10 系列轿车自动空调系统故障征兆诊断表

检查顺序 故障部位 / 故障现象		制冷剂容量	驱动皮带张力	用歧管仪表检查制冷系统	备用电源电路	点火电源电路	ACC电源电路	取暖器主继电器电路	送风机电机电路	功率管电路	超高继电器电路	空气混合风挡位置传感器电路	进气风挡位传感器电路	空气混合伺服电机电路	进气伺服电路	方式伺服电机电路	最大冷却伺服电机电路	车室温传感器电路	环境温度传感器电路	蒸发器温度传感器电路	水温传感器电路	太阳能传感器电路	压缩机同步传感器电路	压缩机电路	压力开关电路	点火器电路	ECU(空调器控制器总成)	冷却风扇系统	水阀	冷凝器	储液罐	蒸发器	散热器(在取暖器组件内)	膨胀阀
空气流量控制	送风机不工作					1	2	3	4												5						6							
	送风机无控制					1		4	5	2	3										6						7							
	空气流量不足								1																									
温度控制	无冷空气流出	1	2	3								7		8				9	10				6	4	5	11	12							
	无热空气流出											2		3				4	5	6							7		1					
	流出的空气的温度比设定值高或低，或响应太慢	1	2	3								11	13	12	14			7	8	9	10	6					20	4	5	15	16	17	18	19
	无温度控制(仅冷气最足或暖气最足时)											3		4				1	2								5							
无进气控制													1		2												3							
无气流方式控制																1	2										3							
发动机怠速转速不能提升或持续提升																								1			2							
无故障码记录(当点火开关关断时)，设定的方式被清除掉					1																						2							

汽车空调典型故障诊断实例

■ 汽车空调器压缩机不运转

□ 故障现象　一辆丰田巡游者(COASTER)BBl0 汽车,在发动机运转过程中闭合空调开关时,空调器压缩机不运转,空调器不制冷。

□ 故障诊断　压缩机不运行,说明电磁离合器不工作,因此应检查空调器指示灯是否亮。若空调器指示灯亮而电磁离合器不工作, 则应重点检查电磁离合器电磁线圈的两接线柱是否有工作电压,因为空调器指示灯电路并联于电磁离合器、怠速电磁阀支路上。若空调器指示灯亮,则说明这部分电路电源正常,即空调器放大器第 7 脚有电压输出。

当用电压表测量电磁离合器接线两端时,发现无电压,故断定空调器放大器至电磁离合器的连接线断路。检查插接头处,果然发现焊接处断脱。

□ 故障排除　重新焊接后试验,电磁离合器恢复工作,压缩机运行,空调器制冷正常。

■ 低压开关损坏引起的空调器故障

□ 故障现象　一辆日产(NISSAN)德胜 C280 汽车发动机运转时,闭合空调器开关,空调器压缩机电磁离合器不工作,压缩机不运行。

□ 故障诊断　日产德胜 C280 汽车采用单风口空调,空调器压缩机是通过电磁离合器由发动机带动运行的。首先,观察蒸发器鼓风机能否运转,结果正常,这说明空调主继电器、鼓风机变速开关等均正常。

由于压缩机电磁离合器的工作电源是由空调器开关、温控开关和压力开关(分离、低压)串联后共同控制的,因此这些开关中的任一个发生故障(即开关不闭合),均会造成压缩机电磁离合器线圈断电,使空调器压缩机电磁离合器不能工作,压缩机不运行。

检查电磁离合器线圈,结果发现无电源供给,这说明该故障是由该控制电路断路引起的。再检查空调器开关、温控开关以及压力开关。其具体方法为:将一试灯的一端搭铁,另一端分别触及各控制开关。当检查到低压开关时发现,试灯线接触低压开关的前端时灯亮,接触其后端时灯不亮,这说明低压开关触点未闭合。装上高低压测量仪表后观察,当压力正常时低压开关触点仍不能闭合,这说明低压开关已经损坏。

□ 故障排除　更换低压开关后,闭合空调器开关,空调器压缩机电磁离合器工作正常,空调器制冷正常。

10 汽车仪表

汽车组合仪表盘

为了使驾驶员能够掌握汽车及各系统的工作情况，在汽车驾驶室内的仪表板上，装有各种指示仪表、指示灯及各种报警信号装置。各类汽车的仪表板虽然在造型上有所不同，但基本功能是相似的。图为别克GL8陆上公务舱汽车仪表板和组合仪表盘。

汽车上常用的仪表有**车速里程表、机油压力表、燃油表、冷却液温度**（水温）**表、电流表、发动机转速表**等，它们通常与各种信号灯一起安装在仪表盘上，称为组合仪表。

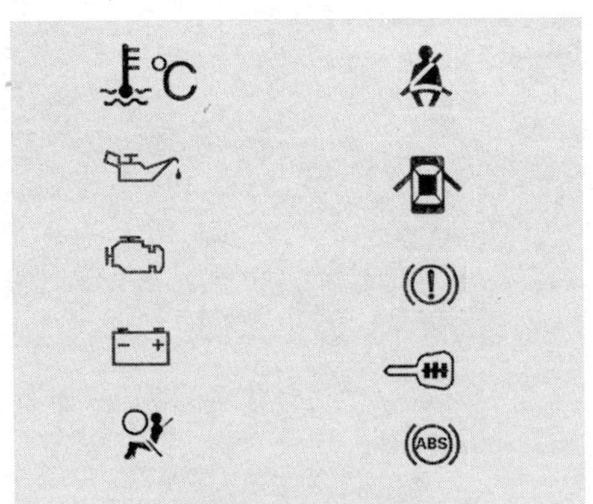

各种报警、指示灯图形

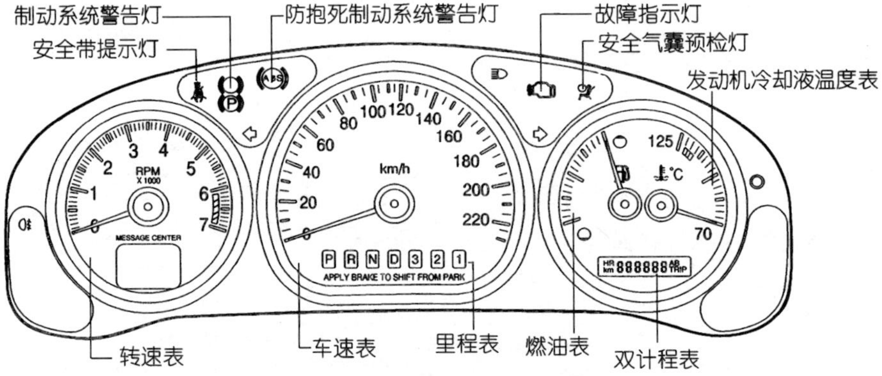

制动系统警告灯
安全带提示灯
防抱死制动系统警告灯
故障指示灯
安全气囊预检灯
发动机冷却液温度表
RPM
X 1000
MESSAGE CENTER
km/h
APPLY BRAKE TO SHIFT FROM PARK
转速表
车速表
里程表
燃油表
双计程表

别克 GL8 陆上公务舱组合仪表盘

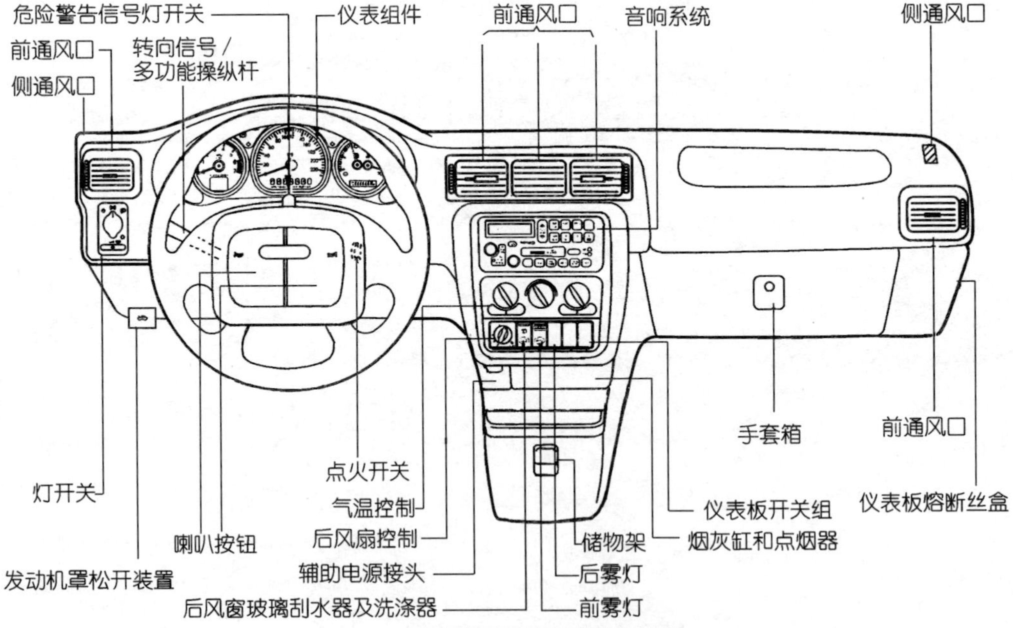

危险警告信号灯开关
仪表组件
前通风口
音响系统
侧通风口
前通风口
转向信号/
多功能操纵杆
侧通风口
手套箱
前通风口
点火开关
灯开关
气温控制
仪表板开关组
仪表板熔断丝盒
喇叭按钮
后风扇控制
储物架
烟灰缸和点烟器
辅助电源接头
后雾灯
发动机罩松开装置
后风窗玻璃刮水器及洗涤器
前雾灯

别克 GL8 陆上公务舱仪表板

汽车电子仪表

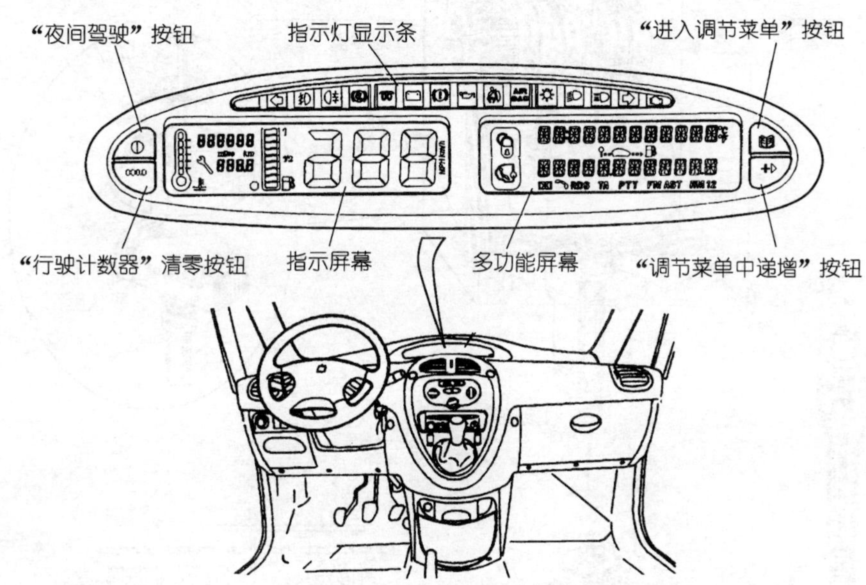

东风雪铁龙毕加索轿车电子仪表

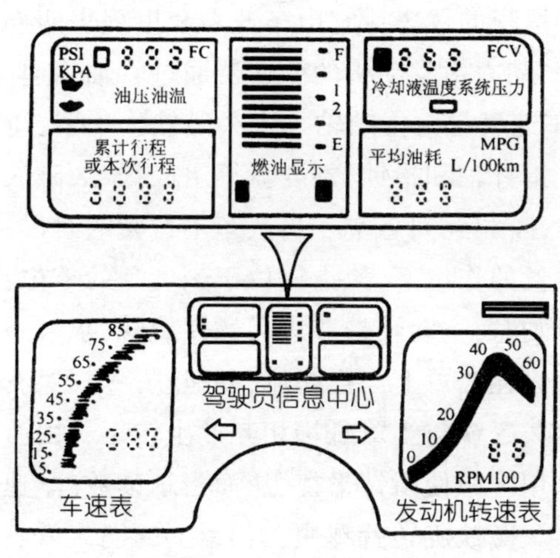

雪佛莱汽车电子仪表板

传统的汽车仪表采用双金属片或磁感应式原理，通过指针和刻度盘实现模拟显示。这些仪表虽然结构简单，但精度不高，可靠性差，信息量少。

随着汽车性能的提高，汽车行驶过程中各系统工作状态的信息需求量显著增加，对汽车仪表功能和精度的要求越来越高。因此，**汽车电子仪表**应运而生。

电子仪表板以数字或光条图形式，配以国际标准(ISO)符号，用来监测汽车或发动机各系统的工作情况。

电子仪表一般用发光二极管或液晶显示。发光二极管属于主动显示型，亮度较亮，与自然光强度无关。液晶显示是一种被动显示，它不能自身发光，只能起到吸收、反射或透光的作用，因此需要白光或其他光线作外光源。

车速-里程表

车速-里程表是指示、记录汽车行驶速度和累计行驶里程的仪表，它由车速表和里程表两部分组成，其动力由发动机的变速器通过软轴传递。

■ **车速表**是由主动轴、永久磁铁、铝罩、游丝、磁屏、指针轴和指针、刻度盘等组成。永久磁铁被铝罩罩住，相互间悬空。当汽车不行驶的时候，铝罩在游丝的作用下，使指针位于刻度盘的零位；当汽车行驶时，主动轴带着永久磁铁旋转，永久磁铁的磁力线在铝罩上产生涡流，并建立一个磁场，旋转的永久磁铁与铝罩磁场相互产生转矩，由游丝的反作用转矩使指针平衡，从而指示读数。车速越高，永久磁铁旋转就越快，铝罩上的涡流就越大，使铝罩带着指针的偏转角度越大，指针所指示的车速越高。

■ **里程表**是由三对蜗轮、蜗杆机构和计数器组成。蜗轮、蜗杆和主动轴有一定的传动比，汽车行驶时，由主动轴带动三对蜗轮、蜗杆旋转，并驱动里程表计数器。计数器为十进制，右边一位数字转动一周后，左边的第二位数字增加一，里程表上红色数字每转一格表示汽车行驶 0.1km，只要汽车行驶，里程表就能累计出所行驶的里程。

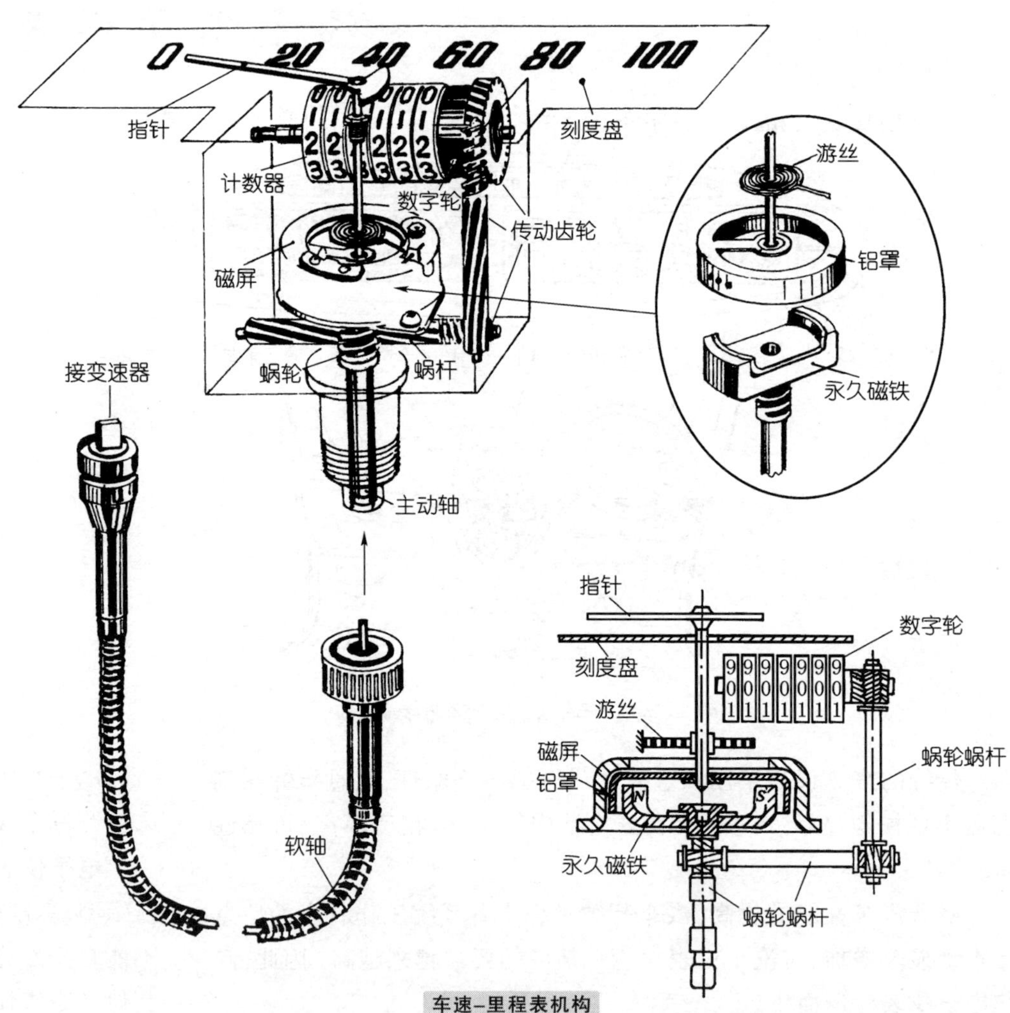

车速-里程表机构

电子式车速–里程表、发动机转速表

■ **电子式车速–里程表**由车速–里程表传感器、信号处理电路、车速表和里程表组成。下左图为红旗 CA7220 型轿车和奥迪 100 型轿车的电子式车速–里程表电路示意图。

■ **车速–里程表的传感器**安装在组合仪表内，由变速器经软轴驱动，汽车行驶时它产生正比于汽车行驶速度的信号。它由具有一对或几对触点的舌簧开关和转子组成，如下中图所示。转子的外缘具有由永久磁铁形成的 4 对磁极，汽车运行时转子旋转，磁极交替地在舌簧开关的触点旁边扫过，使舌簧开关的触点交替的开、闭，并输出与车速成比例的脉冲信号，输入电子电路，转换为汽车运行速度和行驶里程。

■ **信号处理电路**由单稳态触发电路、恒流电路、64 分频电路、功率放大电路以及电源稳压等电子电路组成。汽车运行时，它将车速传感器输入的脉冲信号，整形和处理转变为电流信号，并加以放大，以驱动车速表指示车速；同时它还将脉冲信号经分频和功率放大，转变为一定频率的脉冲信号，以驱动里程表步进电机的轴转动，记录汽车的行驶里程。图示电路中，可调电阻 R_1、电容 C_1 用于调整仪表的精度，电阻 R_2 可以调节仪表的初始工作电流，电阻 R_3、电容 C_3 用于电源滤波。

■ **车速表**以一个磁电式电流表作为指示表。汽车以不同的车速运行时，信号处理电路将车速传感器输入的脉冲信号，转变为与车速成比例的电流信号，使电流表的指针偏转，指示出相应的车速。

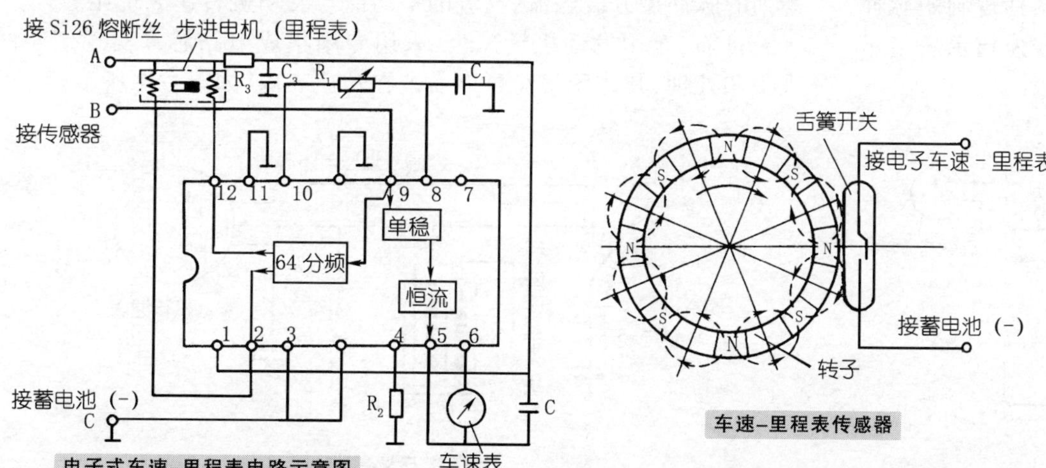

电子式车速–里程表电路示意图

车速–里程表传感器

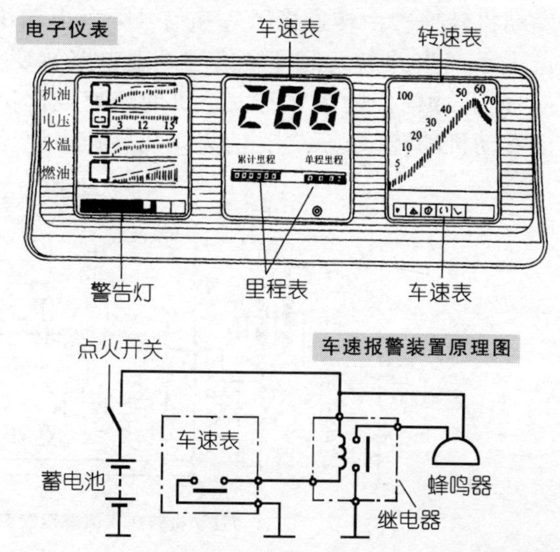

■ **里程表**由步进式电动机、六位十进制计数器及内传动齿轮等组成。汽车运行时，车速传感器输出的脉冲信号经信号处理电路分频和功率放大，转变为一定频率的脉冲信号，作用于步进电动机的电磁线圈。步进电机将这一脉冲信号转变为角位移信号，使电动机轴转动，驱动里程表十进制计数器的六个计数轮依次转动，记录汽车行驶的总里程和单程行驶里程。

■ **车速报警装置**为了保证行车安全，一些车型的车速表电路中装有速度音响报警装置。当汽车行驶速度达到或超过某一限定车速(例如 120km/h)时，车速表内的速度开关接通蜂鸣器的电路，蜂鸣器发出声响提醒驾驶员，车速已超过限定值。上页右下图是车速报警装置电路原理示意图。

■ **发动机转速表**在汽车运行中指示发动机的转速。汽油发动机的转速表，一般以点火脉冲信号作为检测发动机转速的基本信号。发动机转速表由转速指示表和信号处理电路组成。发动机工作时，点火系产生的点火信号经信号处理电路转变为一系列规则的脉冲信号，脉冲信号的频率与发动机的转速成比例，由转速指示表指示出发动机的转速。下左图为发动机转速表原理示意图。

发动机转速表实际上是一个毫安表。发动机工作时，断电器触点不断地开闭，控制点火线圈初级电路的通断。当初级电路被切断时，初级电流迅速下降到零，由于自感作用，初级绕组产生一个正向的脉冲信号(自感电动势)，作用于分压器 R_1、R_2 两端，并经电阻 R_3 和二极管 VD_1 作用于三极管 VT_1 的基极，使 VT_1 饱和导通，串联在 VT_1 集电极电路中的转速表中流过一定的电流。VT_1 导通时，集电极电位的负跳变，通过电容 C_2 作用于三极管 VT_2 的基极，使 VT_2 截止。VT_2 截止时，集电极电位跃升到接近电源电位，并经正反馈电阻 R_5 作用于三极管 VT_1 的基极，使 VT_1 更可靠的导通。VT_1 导通时，电源经电阻 R_4、R_6、R_{10}，向电容器 C_2 充电，当 C_2 充电到电压达到 VT_2 的门限电压时，VT_2 导通。VT_2 导通时，集电极电位降低的信号也经正反馈电阻及 R_5 作用于三极管 VT_1 的基极，使 VT_1 截止，转速表中的电流中断，电路恢复到原始状态，当下一个点火脉冲到来时，转速表中又有一个脉冲电流通过。可见，发动机工作时，在转速表中通过一系列的脉冲型方波电流，电流的平均值与发动机转速成正比。

目前，车用发动机转速表，采用专用集成电路芯片实现信号的采集和处理，其体积很小可以安装在转速表内，如下右图所示。

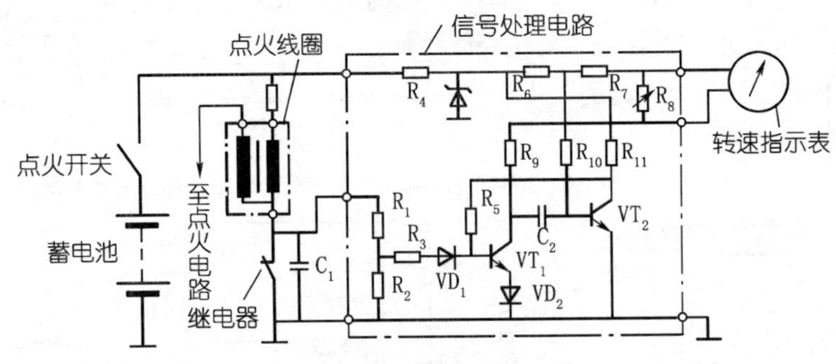

发动机转速表原理示意图

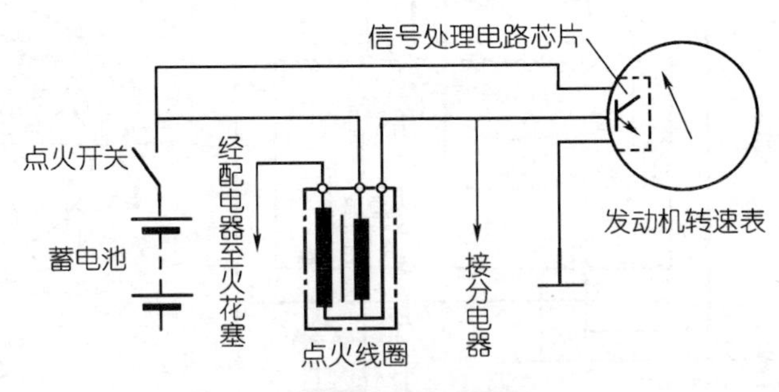

发动机转速表示意图

油压表及报警装置

油压表是用来显示发动机润滑油压强大小和润滑系统工作情况的仪表。大多由油压指示器和油压传感器两部分组成。油压传感器装在发动机主油道上，而油压指示器则装在仪表板上。常用的油压表有双金属片式、弹簧管式两种，双金属片式油压表应用较多。

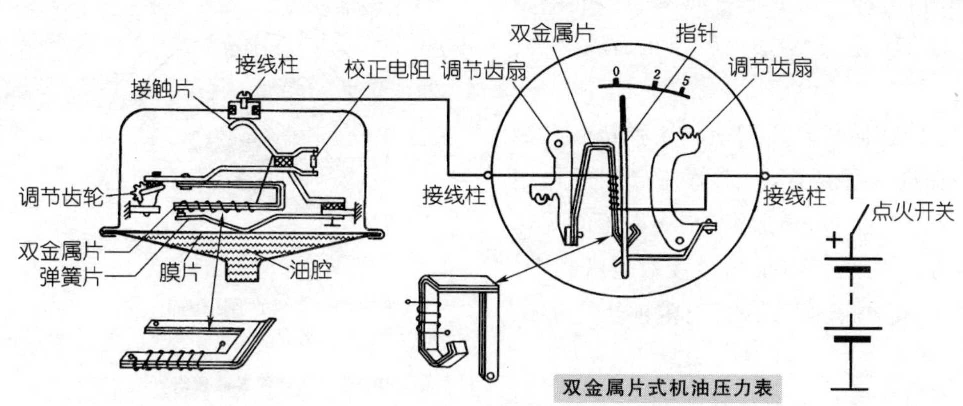

双金属片式机油压力表

■ **双金属片式油压表**(又称电热式油压表)的构造如图所示。图左边是双金属式传感器,其总成是一个圆形钢壳密封件,顶部中心有一接线螺钉,底部为管接头。内部装有膜片,膜片下的油腔连接发动机的上油道。膜片中心顶着弓形弹簧片,弹簧片的一端搭铁,另一端焊有触点,加热线圈绕在“门”字形双金属片上,一端焊在双金属片触点上,另一端连接接触片。校正电阻和加热线圈并联。不工作时触点保持闭合。图的右边是油压指示器,双金属片的一端固定在调节齿扇上,另一端弯成钩形与指针相联,其上也绕有加热线圈。

当油压表工作时,电流从蓄电池“+”极→点火开关→指示器内的加热线圈→传感器内的接触片,之后分两路:一路经双金属片的加热线圈→触点→弹簧片→搭铁→蓄电池“-”极;另一路经电阻→双金属片→触点→弹簧片→搭铁→蓄电池“-”极,构成回路,油压表开始工作。

□ 油压低时

传感器油腔内压强小,膜片向上拱曲少,触点间压力小,因此电流通过不久,温度略有上升,双金属片稍向上弯曲,触点即打开,电路被切断。经过一段时间冷却后触点再闭合,随即很快又打开,因此油压低时,电路的接通时间短,断开时间长,流过指示器双金属片加热线圈的电流平均值小,双金属片变形小,指针偏摆小,指示低油压。

□ 油压高时

传感器油腔内压强大,膜片向上拱曲多,触点间的压力大。这样在双金属片温度较高、弯曲变形较大时,才能使触点分开,即要加热线圈通电加热时间较长才行。而双金属片稍一冷却,触点又很快闭合。所以油压高时,电路接通的时间长,断开的时间短,流过指示器加热线圈的电流平均值大,双金属片变形大,带动指针偏摆大,指示高油压。

为避免外界温度的影响,双金属片制成“门”字形,有加热线圈的一边称为工作臂,另边称为补偿臂。当外界温度变化时,工作臂的附加变形被补偿臂的相应变形所补偿,使油压表读数准确。同时在安装油压表传感器时,必须使其外壳上的箭头朝上,与垂直中心线的摆差不得超过30°,以提高指示的准确性。

■ **弹簧管式油压表**主要由弹簧管、传动放大机构及读数指示部分组成。弯曲成圆形的空心弹簧管，其一端与接头的油孔连通，另一端通过连接板与扇形齿轮连接。扇形齿轮与小齿轮啮合，并带动指针转动。

弹簧管式油压表的工作原理与弹簧管式机油压力警告灯传感器相同。它是利用弹簧管在油压作用下的变形来反应油压大小的。工作时压力油经接头孔进入弹簧管内，对管壁产生的作用力不等而迫使弹簧管伸直，弹簧管因伸直所产生的外移量，通过连接板、扇形齿轮、小齿轮的传递和放大，使指针指示相应的油压值。机油压力越高，指针移动的角度越大，油压表读数也就越大。

油压表的正常指示值是：发动机低速运转时，油压最低不得小于 147 kPa，正常油压一般应在 196~392kPa，但最高值不应超过 490kPa。

机油压力报警装置以警报灯形式出现。常见警报装置有膜片式和弹簧管式两种。

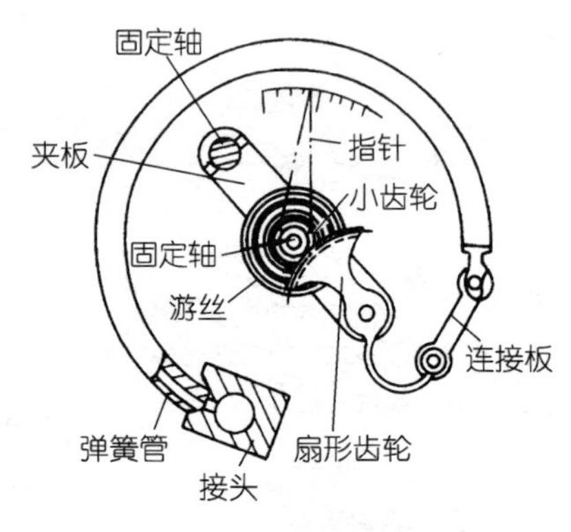

弹簧管式油压表

■ **膜片式机油压力报警装置**主要由膜片式油压开关和警报灯组成。警报灯安装在驾驶室的仪表板上，油压开关则安装在发动机的主油道上。以 CA1091 汽车为例，当机油压力高于 69±20kPa 时，膜片在油压作用下，克服了弹簧张力向上拱曲，膜片与接触片一起向上运动，接触片与外壳脱离接触，警报灯不亮；当油压低于 69±20kPa 时，在弹簧力作用下，膜片向下拱曲，带动接触片向下运动与外壳接触，于是接通了警报灯的接地回路，警报灯亮。

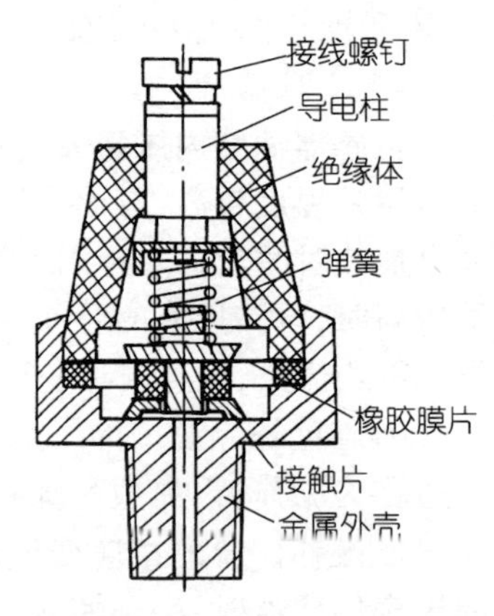

膜片式机油压力报警开关

■ **弹簧管式机油压力报警装置**是利用管形弹簧内机油压力的大小，使弹簧管变形，机油压力在正常范围内弹簧管被机油压力撑直一点，产生外移量，使两触点分开，警告灯不亮。反之机油压力低时管形弹簧向内收缩，两触点闭合，警告灯亮。

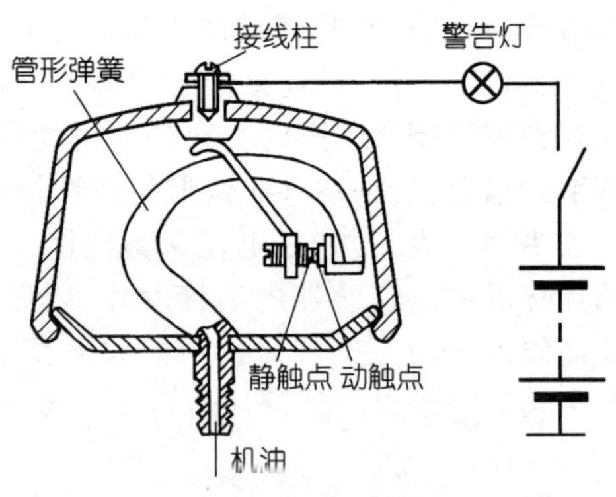

弹簧管式机油压力报警装置

燃　油　表

燃油表是指示汽车油箱内存油量多少的车内仪表。它由装在仪表板上的油量指示器和装在油箱内的油量传感器组成。燃油表也有双金属片式和电磁式两种指示器，传感器均为可变电阻式。

■ 双金属片式燃油表

其指示器为双金属片式，结构与双金属水温指示器相同，仅刻度盘标值不一样，传感器为可变电阻式，它由电阻、滑片和浮子组成。浮子随油面的高低起落，从而带动滑片，使电阻的阻值随之改变。

当油箱中无油时，传感器中的浮子在最低位置，滑片滑至最右端，传感器电阻全部串入电路中，流过指示器加热线圈的电流很小，双金属片几乎不变形，指针指在"0"处，表示油箱无油；油箱油量增加，传感器浮子上升，滑片向左移动，使可变电阻阻值减小，于是流过加热线圈的电流加大，双金属片受热弯曲，带动指针向右偏转，指出油箱的存油量。

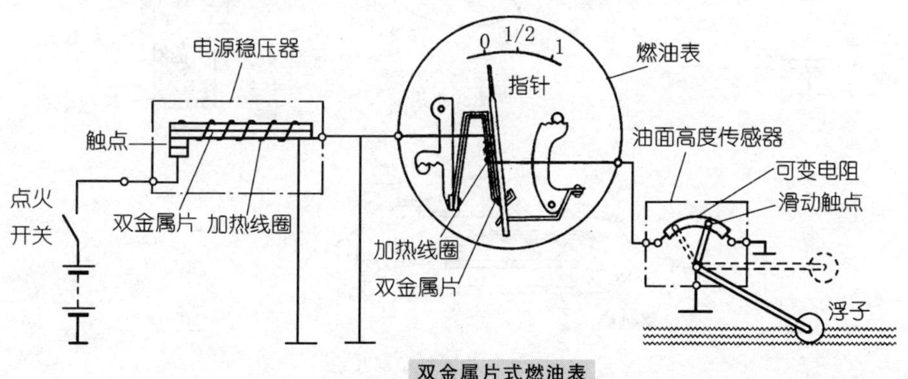

双金属片式燃油表

■ 电磁式燃油表

当油箱无油时，浮子下降至最低位置，滑片滑至最右端，可变电阻被短路，右线圈两端都搭铁，无电流通过，不产生电磁力，而左线圈在全电压下工作，电流达到最大值，电磁力也达最大值，吸引转子转至左极限位置，指针指"0"，即无油。

油箱有油时，浮子上升，滑片左移，使可变电阻部分接入电路。此时左线圈由于串联了电阻，线圈内电流相应减小，电磁力减弱，而右线圈中有电流通过。因此，转子在合成磁场的作用下向右偏移，指示油箱的存油量。

当油箱满油时，浮子升至最高位置，可变电阻全部接入电路，右线圈电流达最大值，而左线圈电流则为最小值，所以转子将转至右极限位置，指针指"1"，即油箱满。

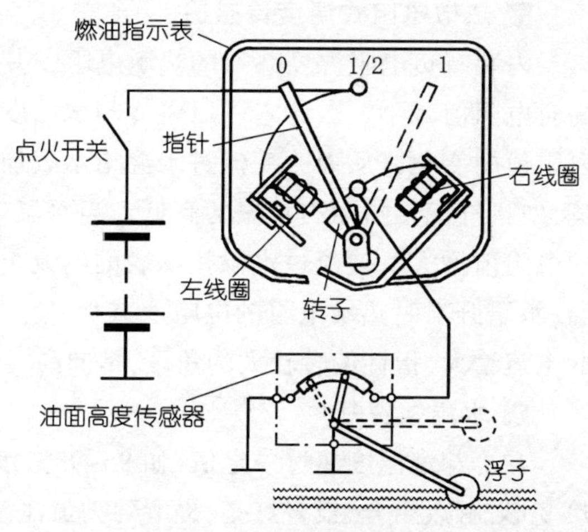

电磁式燃油表

水 温 表

■ **水温表**

用来指示发动机冷却水套中冷却水的温度。它由安装在仪表盘上的**水温指示表**、安装在发动机汽缸盖上的**水温传感器**以及与燃油表共用的**电源稳压器**等组成。常用的水温表有电热式和电磁式两种。电热式水温表应用较多。电热式水温表由电热式水温指示表和热敏电阻式水温传感器组成。

水温指示表与电热式燃油表的结构和原理相同，只是表面上的刻度不同。

■ **热敏电阻式温度传感器**

内装有负电阻温度系数的热敏电阻，其特性是温度升高时电阻值减小。因此它可以将冷却水温度的变化转变为电阻值的变化，从而改变流过水温指示表加热线圈中的电流，使指针偏转指示出水温的高低。当水温低时，热敏电阻的电阻值增大，使流过水温指示表的电流小，指针指向低温；水温升高时热敏电阻的电阻值减小，使流过水温指示表的电流增大，指针偏转较大的角度，指向高温。

■ **水温报警灯**

在冷却液温度超过一定值(如 95~98℃)时，双金属片受热变形，触点闭合，报警灯亮，提醒驾驶员注意。

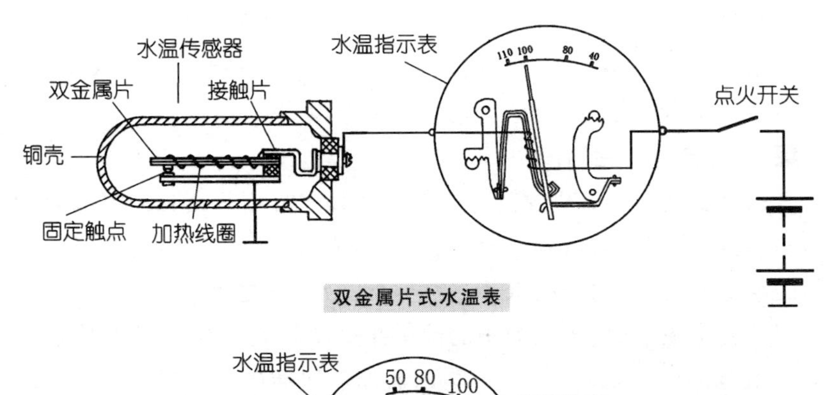

双金属片式水温表

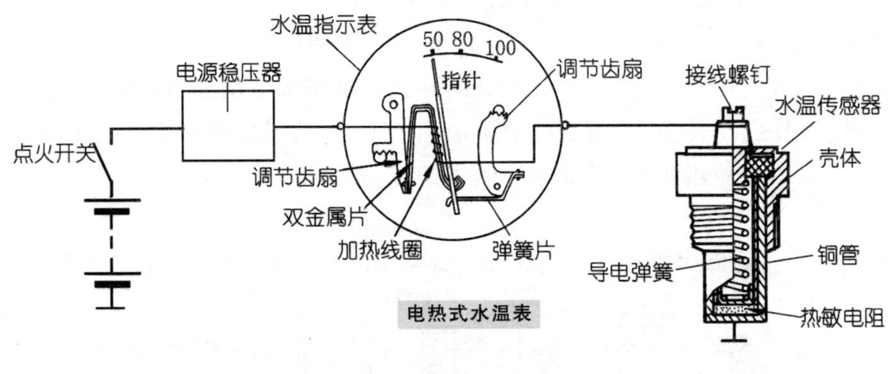

电热式水温表

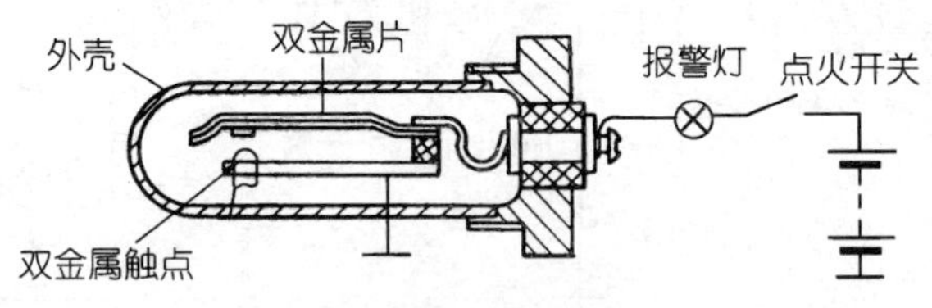

水温报警灯控制开关

电流表、充电指示灯

■ 电流表

串联在蓄电池的电路中,用来指示发电机向蓄电池充电时的充电电流,或蓄电池向主要用电设备供电时放电电流的大小,其工作原理如右图所示。

电流表内的黄铜片固定在绝缘底板上,两端与接线柱相连,其下端夹有永久磁铁在轴上装有带指针的软铁转子。不工作时,软铁转子在永久磁铁磁场的作用下被磁化,其极性与永久磁铁的极性相反,而与永久磁铁互相吸引,使指针处于中间位置,指示的电流值为“0”。接通点火开关,蓄电池向用电设备供电时,蓄电池的放电电流经黄铜片流过电流表,并在黄铜片的周围产生磁场,其方向与永久磁铁的磁场相垂直。软铁转子在两个磁场的共同作用下偏转,处于合成磁场的方向,固定在转子上的指针向电流表“-”刻度方向偏转,指示出蓄电池放电电流的大小。蓄电池输出的电流越大,转子偏转的角度越大,电流表指示的放电电流值也越大。发动机起动后,发电机开始发电并向蓄电池充电,电流反向经黄铜片流过电流表,指针向电流表“+”刻度方向偏转,指示出充电电流的大小。

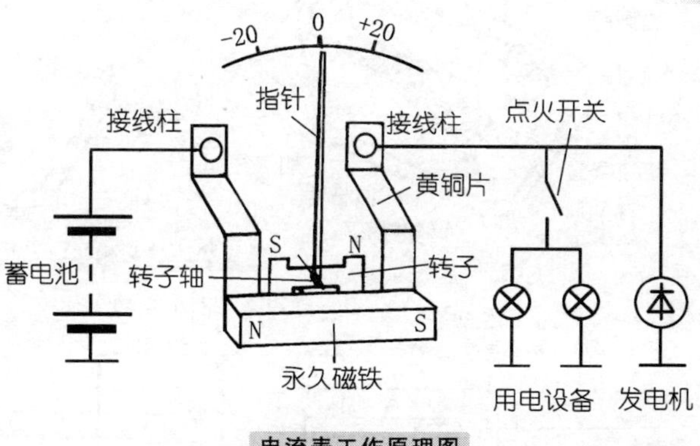

电流表工作原理图

■ 充电指示灯

在发电机不发电时点亮,表明发电机尚未发电或充电系统故障,取代了普通车型上使用的电流表,监视汽车充电系统的工作状况,在国内外汽车上应用十分广泛。

接通点火开关,蓄电池经内装式调节器向发电机的励磁绕组供电,其路径为:蓄电池的正极、点火开关、充电指示灯、二极管、发电机的“D+”接线柱、发电机励磁绕组、内装式集成电路调节器、搭铁流回蓄电池负极。由于发电机尚未发电,“D+”端的电压几乎为零,充电指示灯点亮,表明发电机没向蓄电池充电。发动机起动后,发电机开始发电并向蓄电池充电,充电指示灯因两端电位相等而熄灭,表明充电系统工作正常。汽车正常运行时,若充电指示灯点亮,表明充电系统出现故障,提醒驾驶员应及时检查并排除充电系统的故障。

具有充电指示灯的充电电路(用于奥迪、桑塔纳等轿车)

仪表稳压器

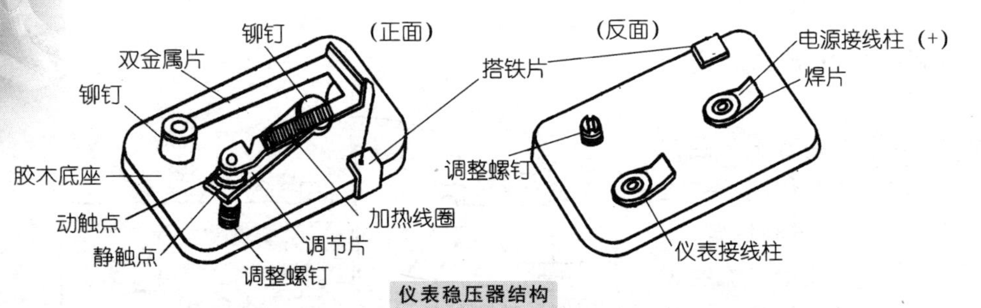

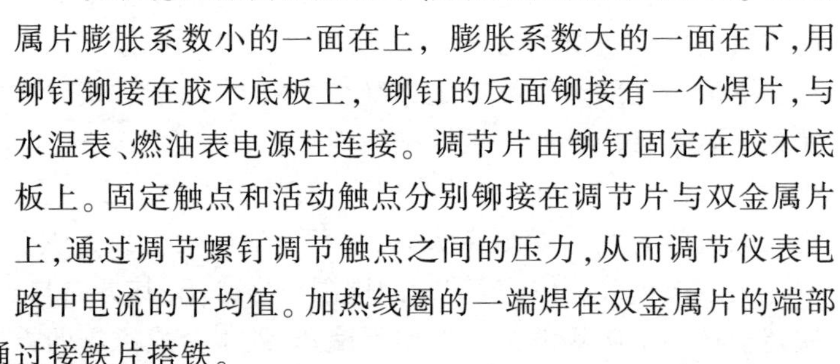

仪表稳压器结构

仪表稳压器由双金属片、触点和加热线圈组成。双金属片膨胀系数小的一面在上，膨胀系数大的一面在下，用铆钉铆接在胶木底板上，铆钉的反面铆接有一个焊片，与水温表、燃油表电源柱连接。调节片由铆钉固定在胶木底板上。固定触点和活动触点分别铆接在调节片与双金属片上，通过调节螺钉调节触点之间的压力，从而调节仪表电路中电流的平均值。加热线圈的一端焊在双金属片的端部(带触点的一端)，另一端通过接铁片搭铁。

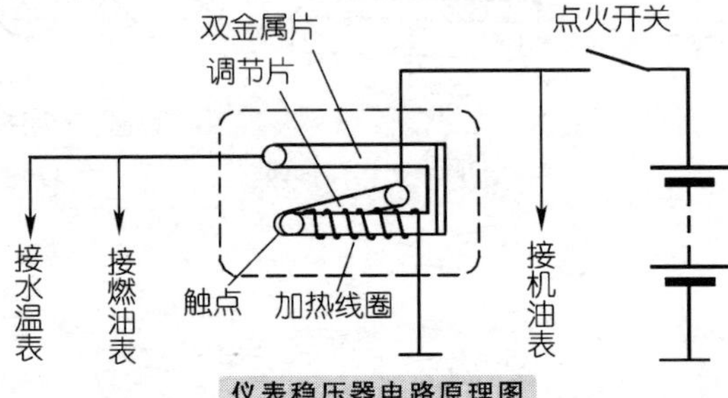

仪表稳压器电路原理图

接通点火开关，稳压器通电，电流从电源“+”极→点火开关→调节片→触点→分两路：一路经双金属片→输出，另一路经加热线圈→搭铁，此时输出电压等于输入电压。同时，由于电流通过加热线圈，双金属片被加热变形，向上拱曲，使触点打开。当触点打开后，输出电压为0。这时，双金属片因不再加热而逐渐冷却复位，触点又闭合。如此反复，触点不断开闭，使稳压器输出脉冲电压，其电压波形如下图中的AB段所示。

当输入电压升高时，流过稳压器加热线圈的电流加大，产生的热量多，双金属片变形快，因此只需较短时间，触点就打开。这样，触点的闭合时间短，打开时间相对较长，输出脉冲虽高但窄，见图中的CD段，使其平均值，即输出电压，基本上不增加。

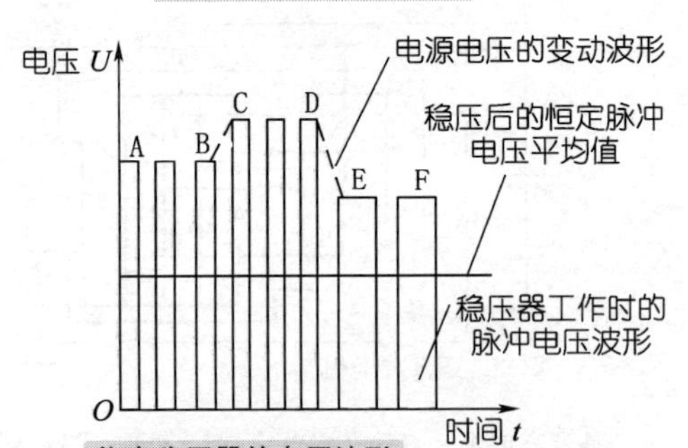

仪表稳压器的电压波形

当输入电压降低时，流过稳压器加热线圈的电流小，产生的热量少，双金属片热变形慢，所以触点的闭合时间长，打开时间相对较短，输出脉冲虽低但宽EF段，使其平均值，即输出电压，基本上不减少。

从图中可知，稳压器的输出电压低于电源电压，因此凡使用电源稳压器的仪表，不允许直接与电源相接，否则有可能损坏指示器。

仪表稳压器的检测与代用

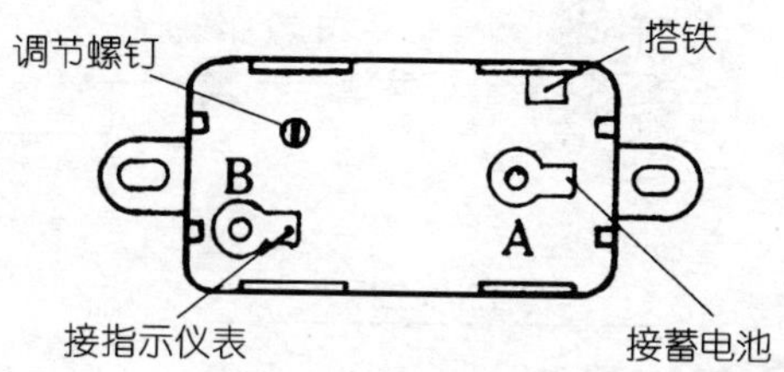

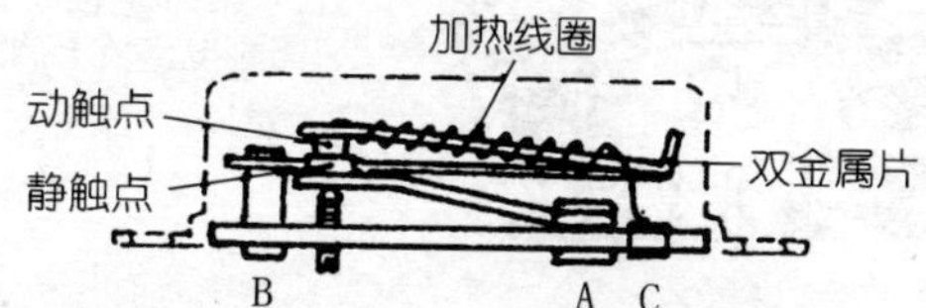

电热式稳压器结构图

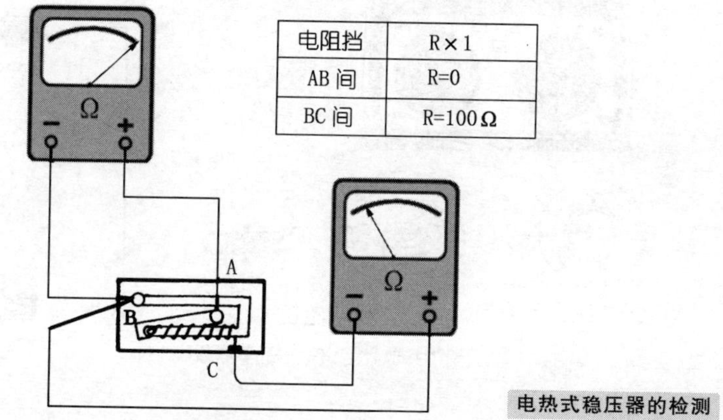

电阻挡	R×1
AB 间	R=0
BC 间	R=100Ω

电热式稳压器的检测

（适用于东风 EQ1090 系列汽油车）

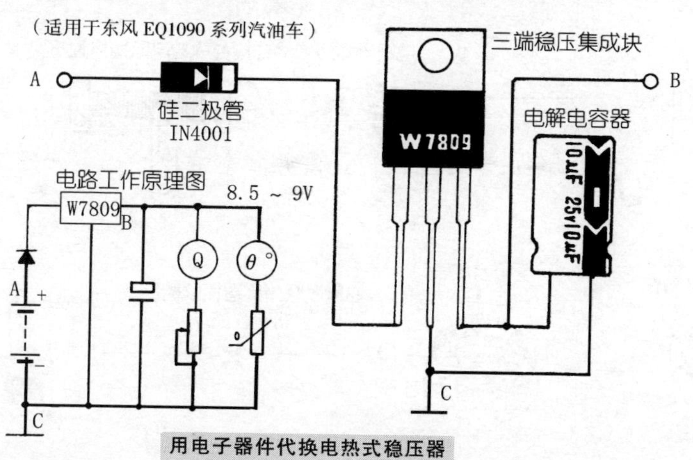

用电子器件代换电热式稳压器

（适用于解放 CA1090 系列汽油车）

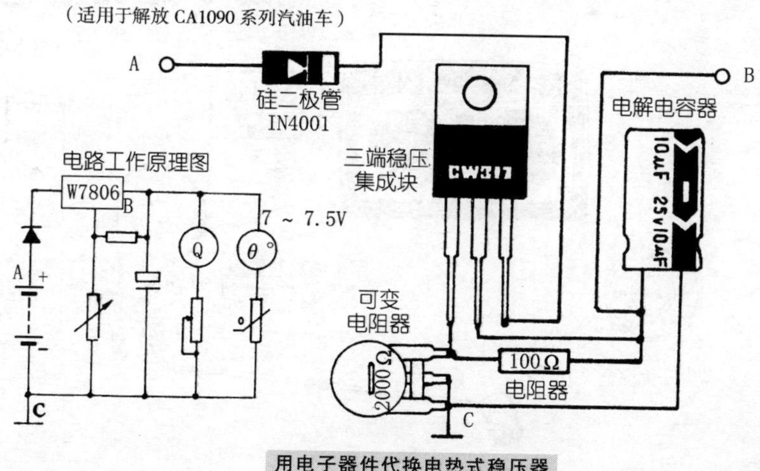

用电子器件代换电热式稳压器

仪表电路均不工作

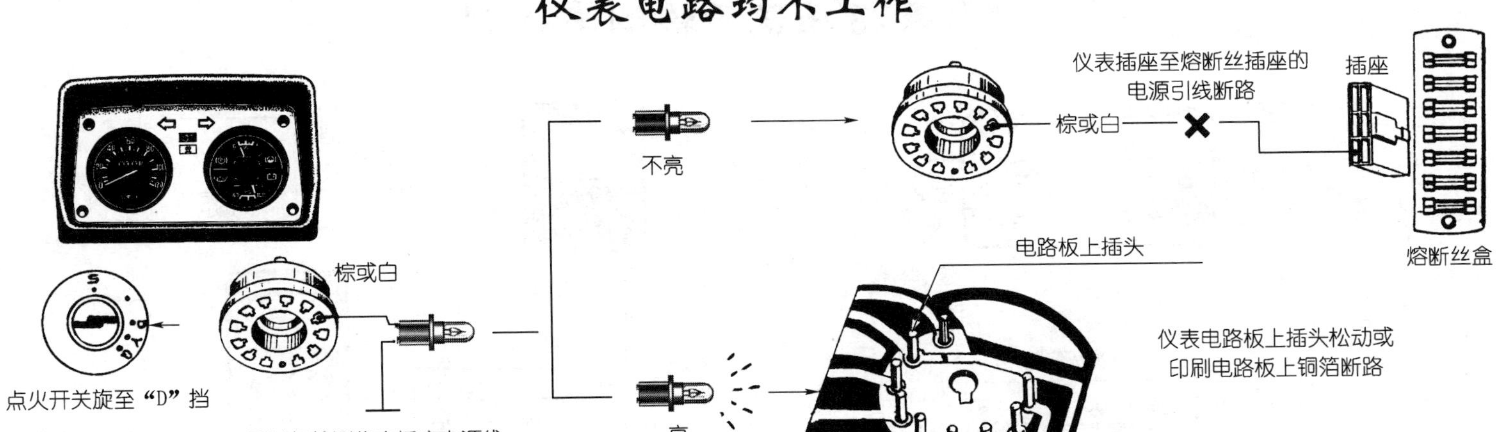

油量表指针总在“1”位置上

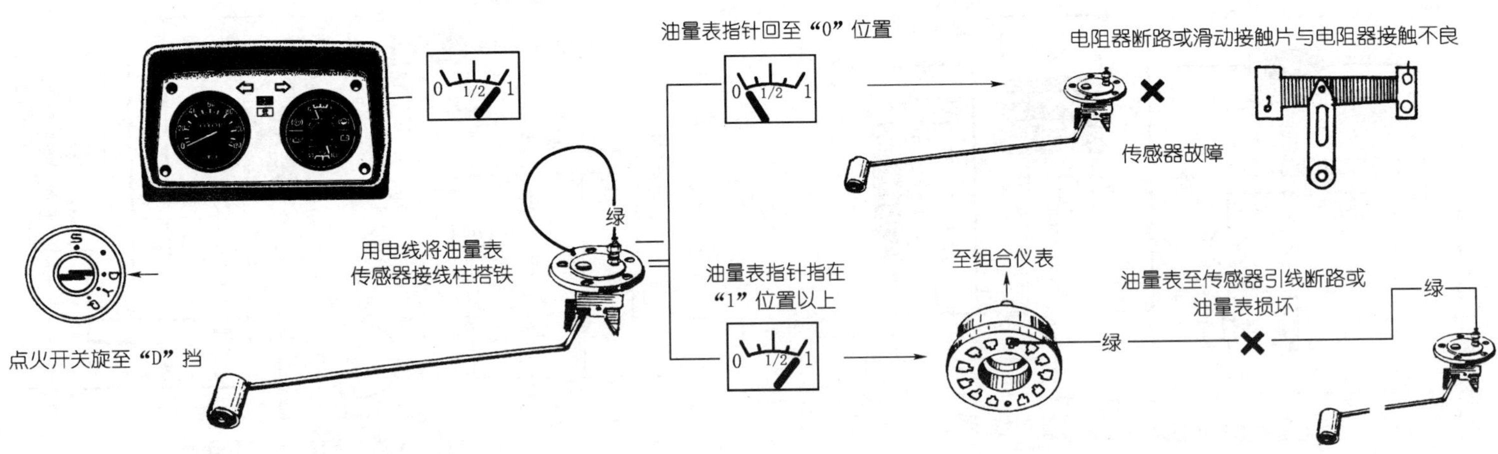

水温表指针总是指在100℃以上

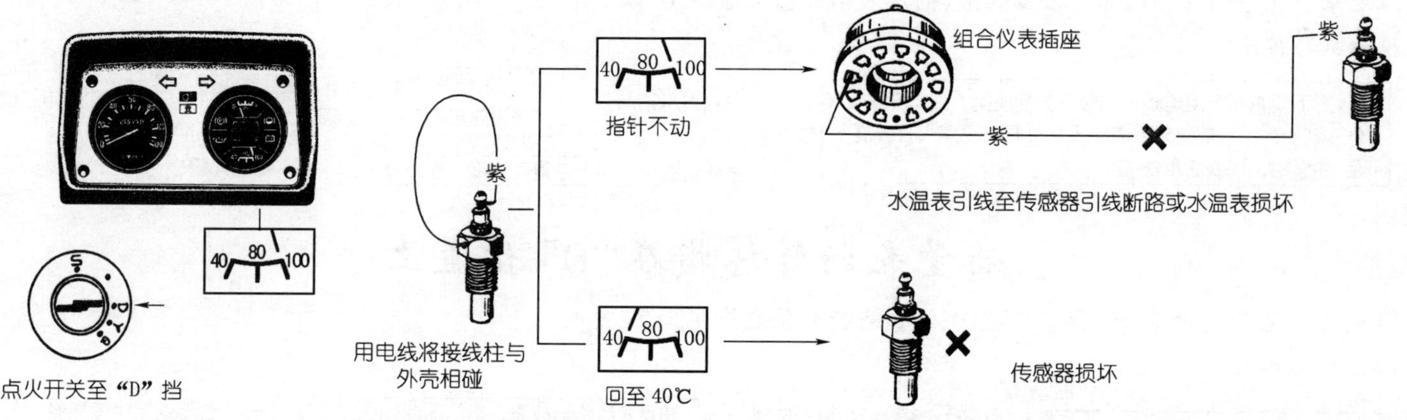

机油压力报警灯不亮

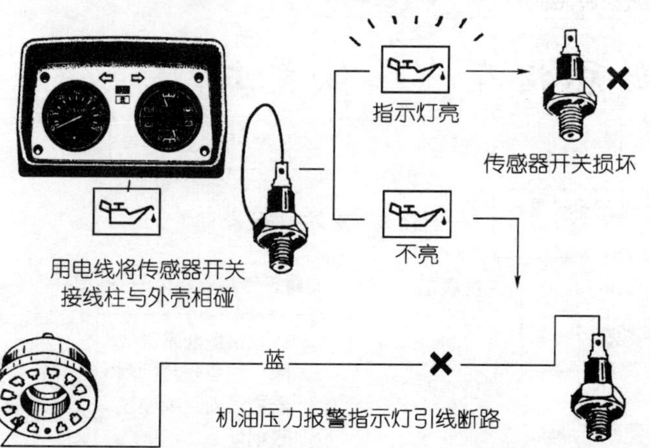

机油压力报警灯不熄灭

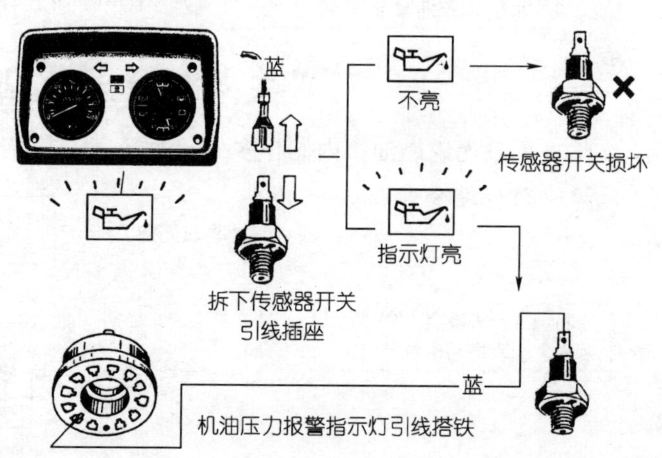

油量表指针总指在“0”以下位置上

□ 故障现象　无论燃油箱内储存多少燃油，油量表指针总是指在“0”以下位置，而其他仪表工作正常。

□ 故障检测与排除

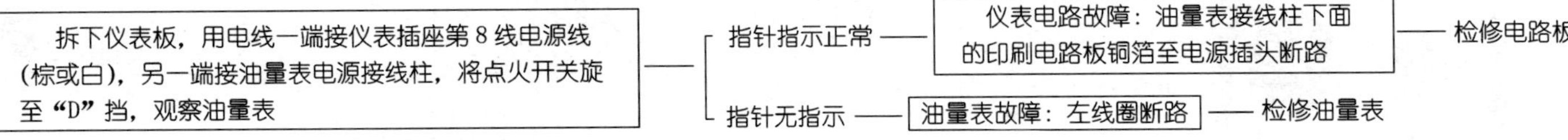

油量表指针总指在“0”位置上

□ 故障现象　无论燃油箱内储存多少燃油，油量表指针总是指在“0”位置上。

□ 故障检测与排除

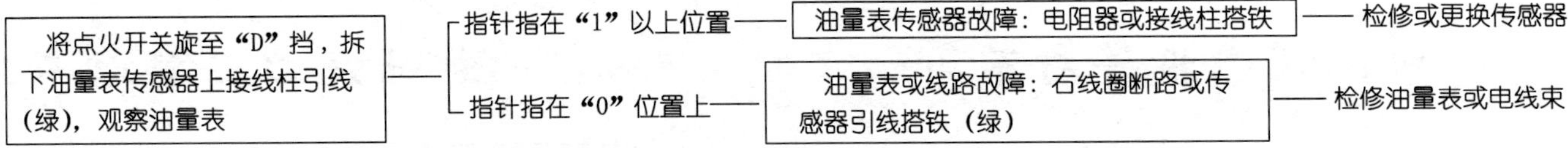

“东风、解放”油量表指针总指在“0”位置上

□ 故障现象　无论燃油箱内储存多少燃油，油量表指针总是指在“0”位置上。

□ 故障检测与排除

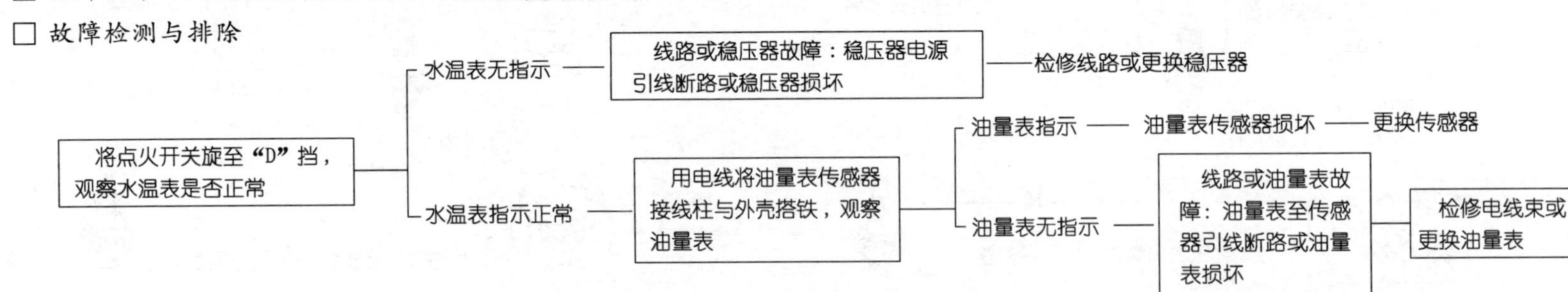

汽车油量表指针总指在“1”位置以上

（东风 EQ1090、解放 CA1090 型）

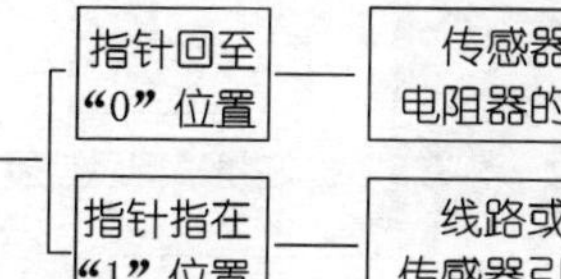

将点火开关旋至“D”挡，拆下油量表传感器接线柱引线，观察油量表
- 指针回至“0”位置 —— 传感器故障：接线柱搭铁、或电阻器的引线短路 —— 更换传感器
- 指针指在“1”位置 —— 线路或油量表故障：油量表至传感器引线搭铁，或油量表损坏 —— 检修电线束，或更换油量表

水温表指针在 40℃以下位置不动

（东风 EQ1090、解放 CA1090 型）

将点火开关旋至“D”挡，拆下水温传感器接线柱引线（紫），观察水温表
- 指针指向 100℃以上 —— 水温传感器损坏 —— 更换传感器
- 仍指在 40℃以下 —— 线路故障：水温表至水温传感器引线搭铁 —— 检修电线束

水温表指针在 100℃以上位置不动

将点火开关旋至“D”挡，拆下水温传感器接线柱引线，观察水温表
- 指在 100℃以上不动 —— 线路或水温表故障：水温表至传感器引线搭铁，或水温表搭铁柱搭铁 —— 检修电线束或水温表
- 回至 50℃ —— 水温传感器损坏 —— 更换传感器

水温表接线柱塔铁原因为：接线柱的绝缘套管破碎而造成搭铁，这类故障多出于金属仪表板的车型。例如：东风、解放系列车型。检查此类故障时，可拆下水温表上传感器引线来判断。

水温表指针总在 40~80℃之间

□ 故障现象　发动机无论工作多长时间，水温表指示温度总是上不来，更换水温表与传感器都无效。

□ 故障原因　是由于发动机上散热器内节温器损坏造成的。当节温器损坏后，不能有效地控制水流循环，使散热器内的水一直在大循环，大量的热能很快地散出，故水温上不来。

油量表传感器的检查

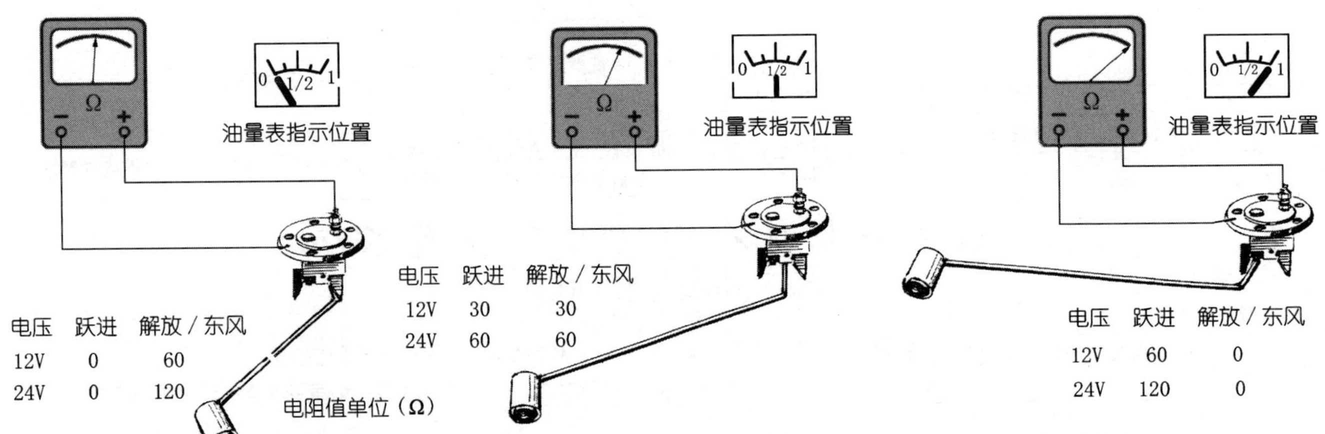

机油压力报警传感器开关的检查

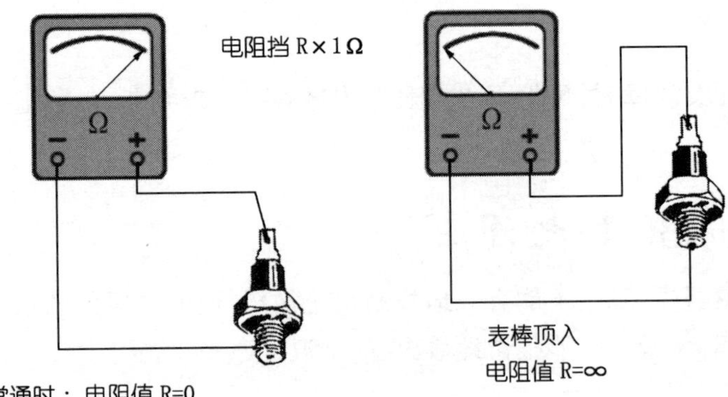

驻车指示灯开关的检查

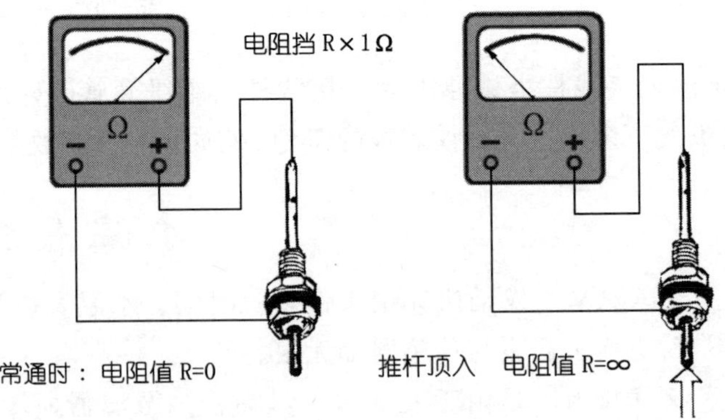

仪表显示系统线路图
油压指示
驻车指示
油量表
水温表
仪表照明灯
组合仪表
组合开关
油量传感器
机油压力
传感器开关
水温传感器
组合电器装置盒
电源保护开关
驻车灯开关
车灯开关
发电机
起动机
蓄电池
绿
红
黑
黄
白
蓝
紫
粉红

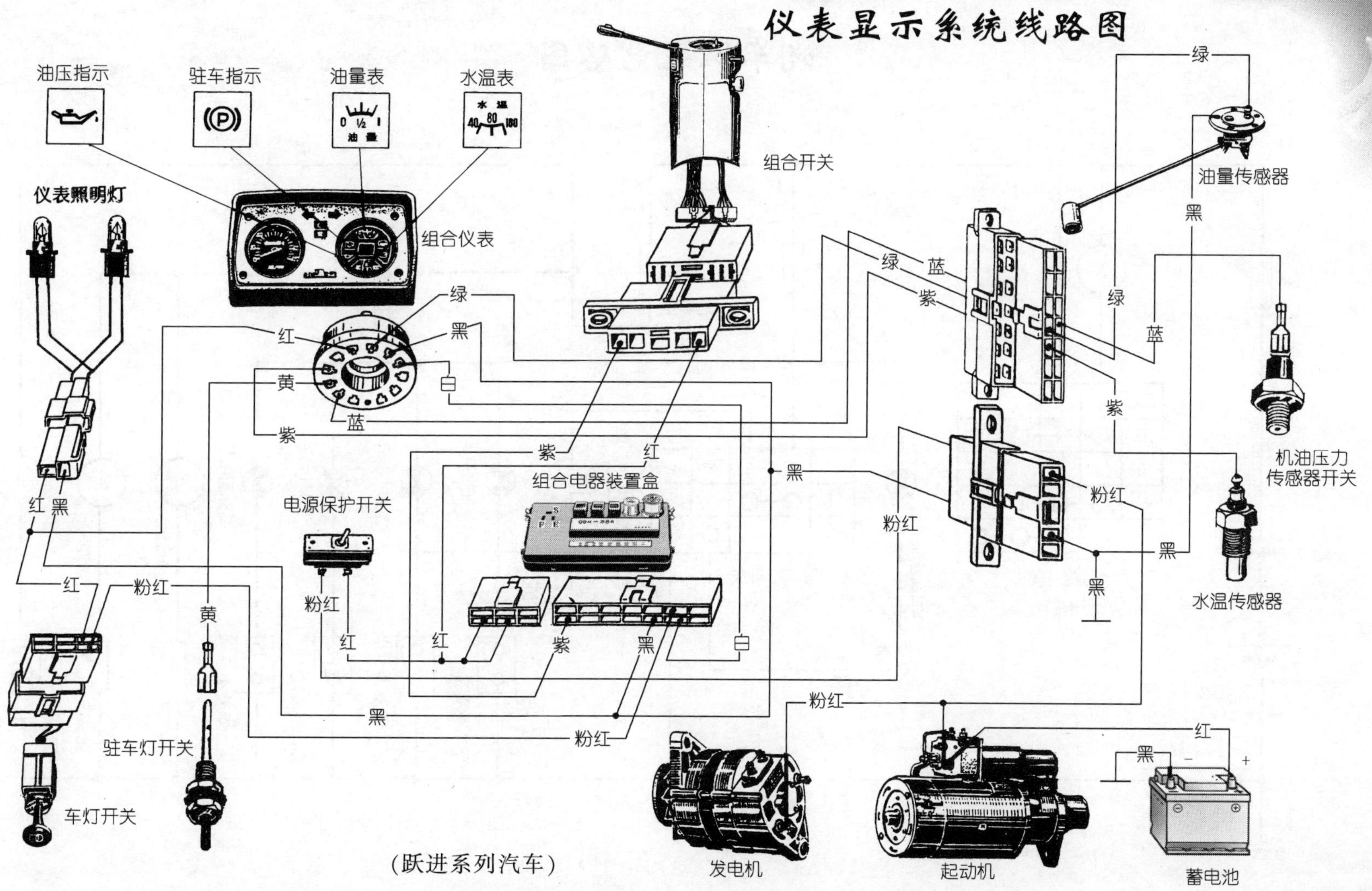

(跃进系列汽车)

汽车仪表电路图

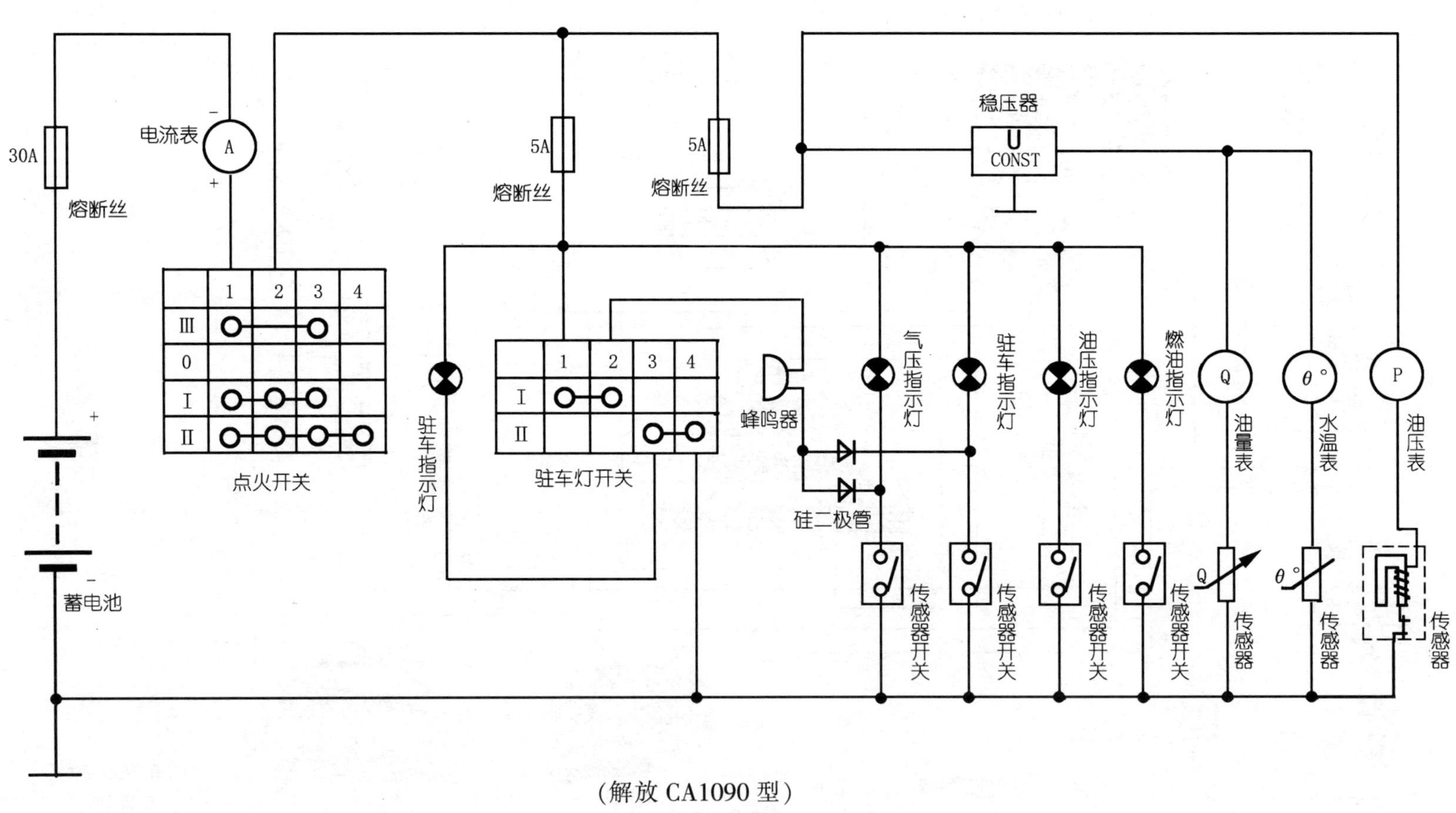

(解放 CA1090 型)

11 照明与信号装置

照 明 装 置

现代汽车上的照明装置有**前照灯**、**示宽灯**、**转向信号灯**、**制动灯**、**倒车灯**、**尾灯**、**牌照灯**、**雾灯**、**仪表灯**、**车内照明灯**等。各车型使用照明装置的数量、结构、外形以及安装位置各有不同,但其总的布置和工作原理是相同的。

■ 前照灯

汽车在夜间行驶时,该灯用以照亮前方的道路。前照灯分为两灯制和四灯制两种,即汽车前端左右各装一个大灯或各装两个大灯。夜间会车时为了防止前照灯的强光束使迎面车辆的驾驶员眩目,前照灯一般采用双丝灯泡,即远光和近光两个灯丝。在汽车正常行驶时使用远光灯,它将光束射向远方,使车前100m或更远的路面上有均匀而明亮的照明,以便提高车速,现代高速汽车的照明距离应达到200~250m;在市区明亮的道路上行驶时,特别是在会车时应使用近光灯,使光线向车前的路面和路缘倾斜照射,防止迎面车辆的驾驶员眩目,并使车前50m内的路面有清晰的照明。

前照灯有半封闭式和封闭式等不同形式。一般由灯泡、反射镜、配光镜等组成。

■ 雾灯

用来在有雾、雨、雪或风尘弥漫的情况下,改善路面的照明。雾灯可以安装一个、两个、或三个,雾灯的颜色为黄色或橙色,其安装位置一般低于前照灯。

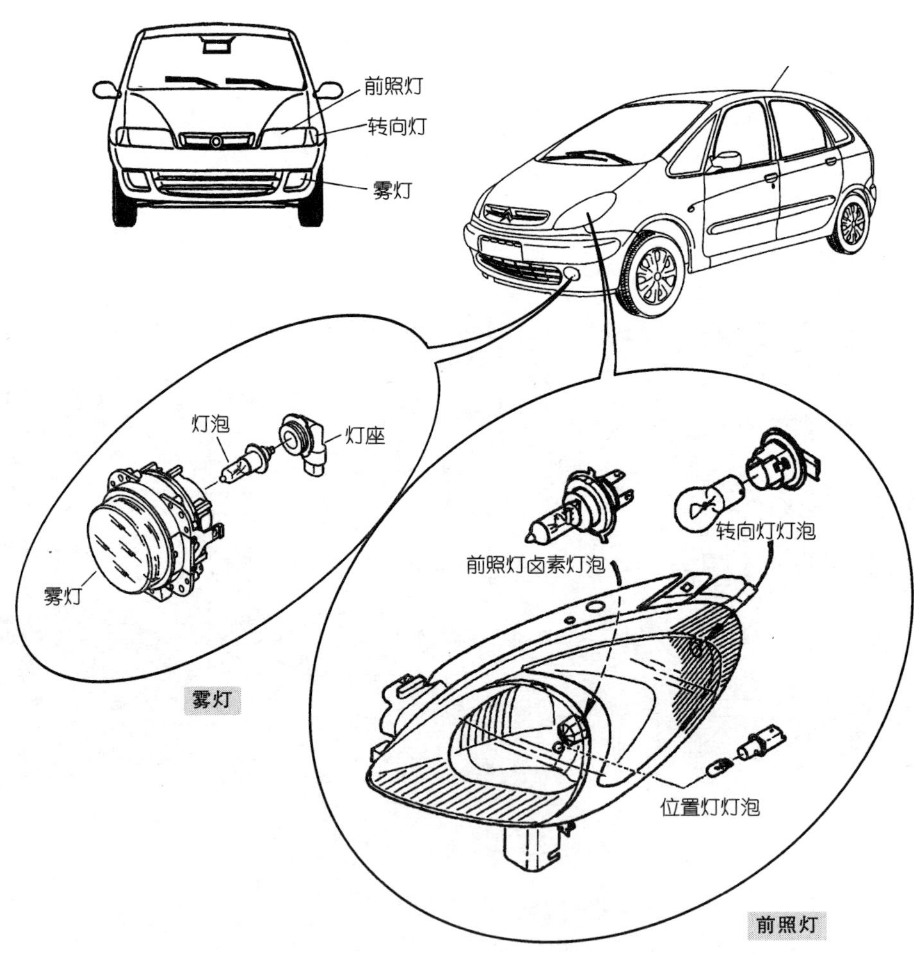

雾灯

前照灯

尾　灯

尾灯安装在汽车的后部，又称为后灯，在夜间行驶时警示后方的车辆，以保持一定的距离。尾灯和前小灯也可兼作停车灯用，当汽车停驶切断点火开关后，可接通停车灯开关，警告其他车辆，不要碰撞。

安装在汽车外部的照明灯还有牌照灯、制动灯、倒车灯等。现代轿车常将尾灯、后雾灯、倒车灯、制动灯以及后转向灯等组装在一起，称为组合后灯。

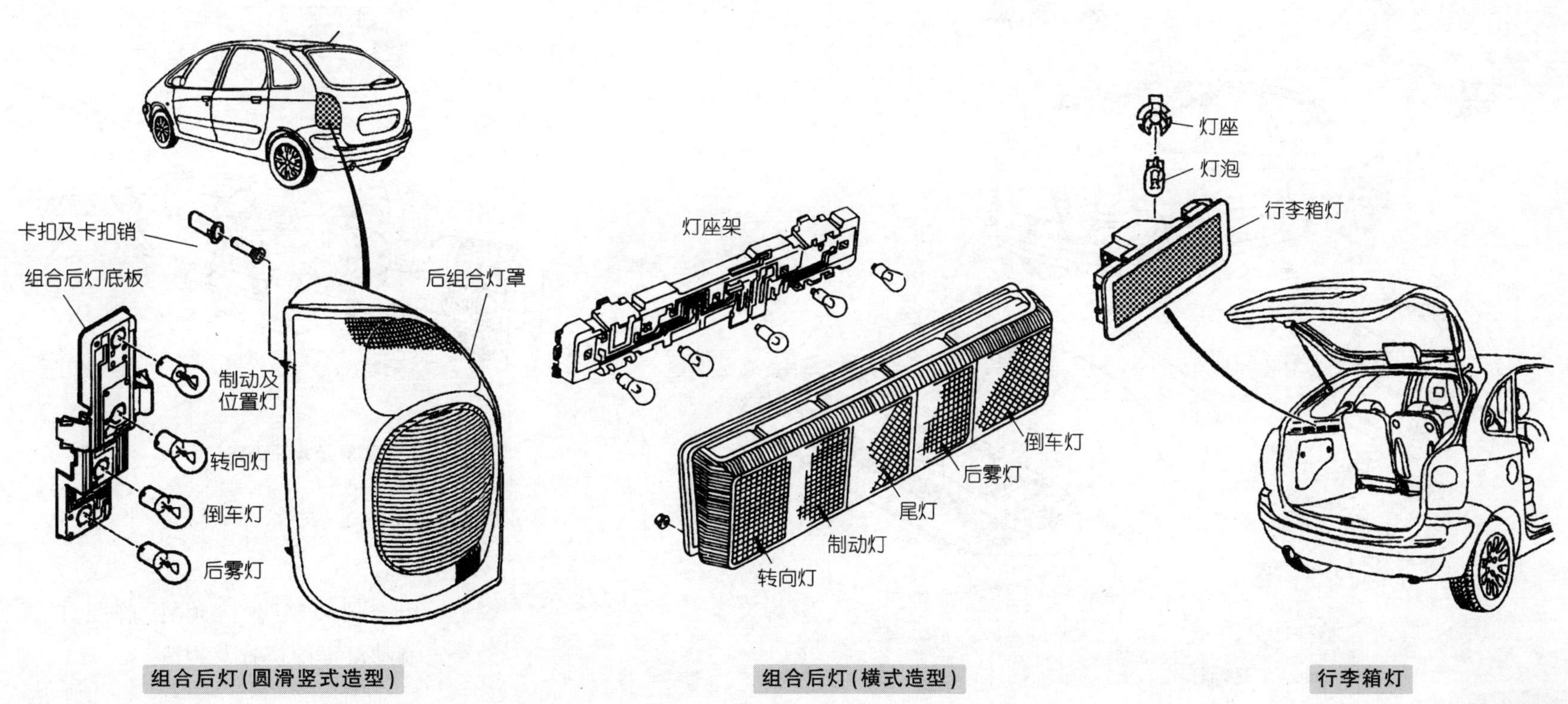

组合后灯(圆滑竖式造型)　　组合后灯(横式造型)　　行李箱灯

各类辅助照明灯

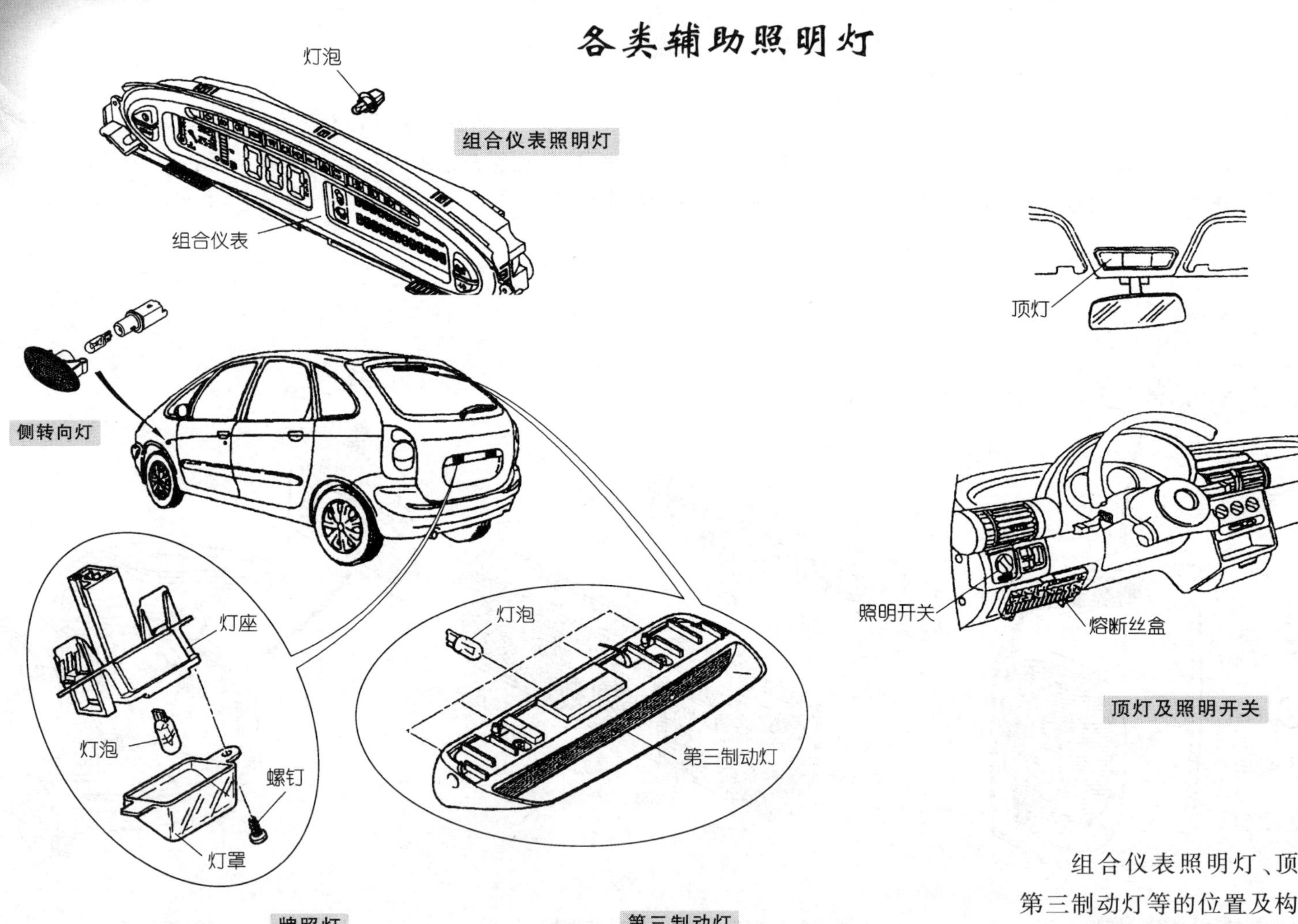

顶灯及照明开关

组合仪表照明灯、顶灯、牌照灯、第三制动灯等的位置及构造。

灯　　泡

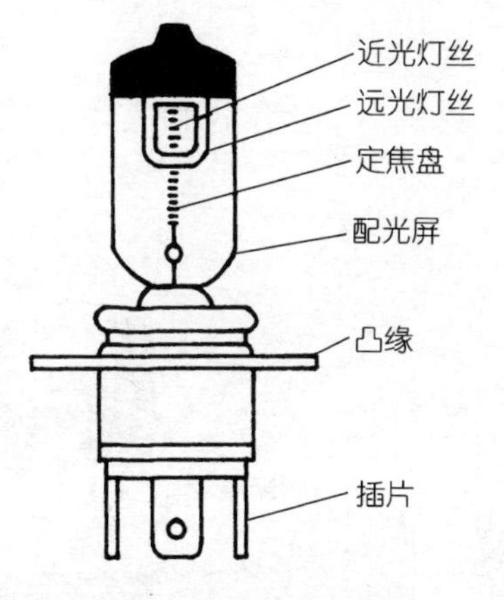

前照明卤钨灯泡

前照灯灯泡结构

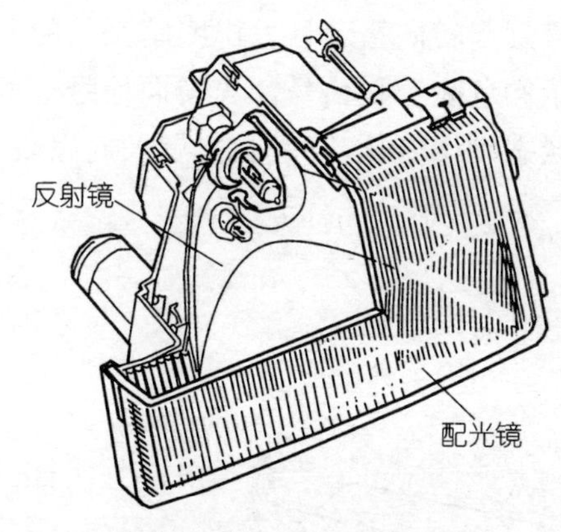

矩形灯的反射镜和配光镜

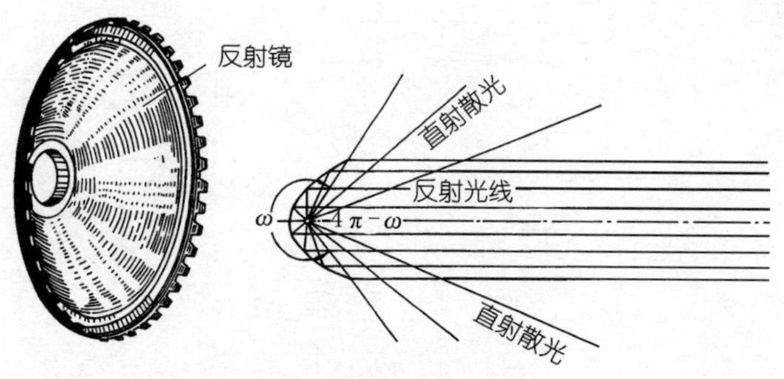

前照灯反射镜及反射光线情况

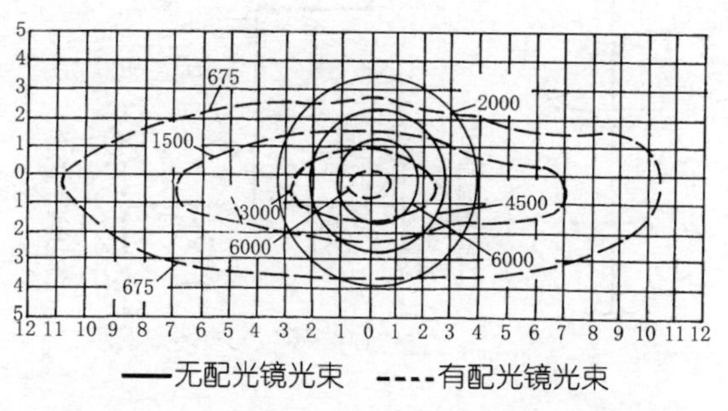

前照灯有配光镜和无配光镜的光束分布比较图

汽车用灯泡一般采用双丝灯泡，即有远光和近光两个灯丝。远光灯丝的功率大，位于反射镜的焦点上；近光灯丝的功率小，位于反射镜焦点的上方。近光灯丝的下方有金属配光屏，遮挡灯丝下部的光线，以防止光线向上反射而导致迎面车辆的驾驶员眩目。

闪　光　器

闪光器串联在转向信号灯与转向指示灯电路中，转向时，使转向信号灯和转向指示灯发出明暗交替的闪烁信号。另外，还可做故障显示和危险警报信号。当转向信号灯发生故障时，仪表板上监视灯的状态发生变化，驾驶员能够及时发现。当车辆发生事故或道路阻塞被迫在车道上停车时，危险警报闪光器使前后左右转向信号灯同时闪光，及时报警。

闪光器目前常用的有热丝式、翼片式、电容式和晶体管式等几种。

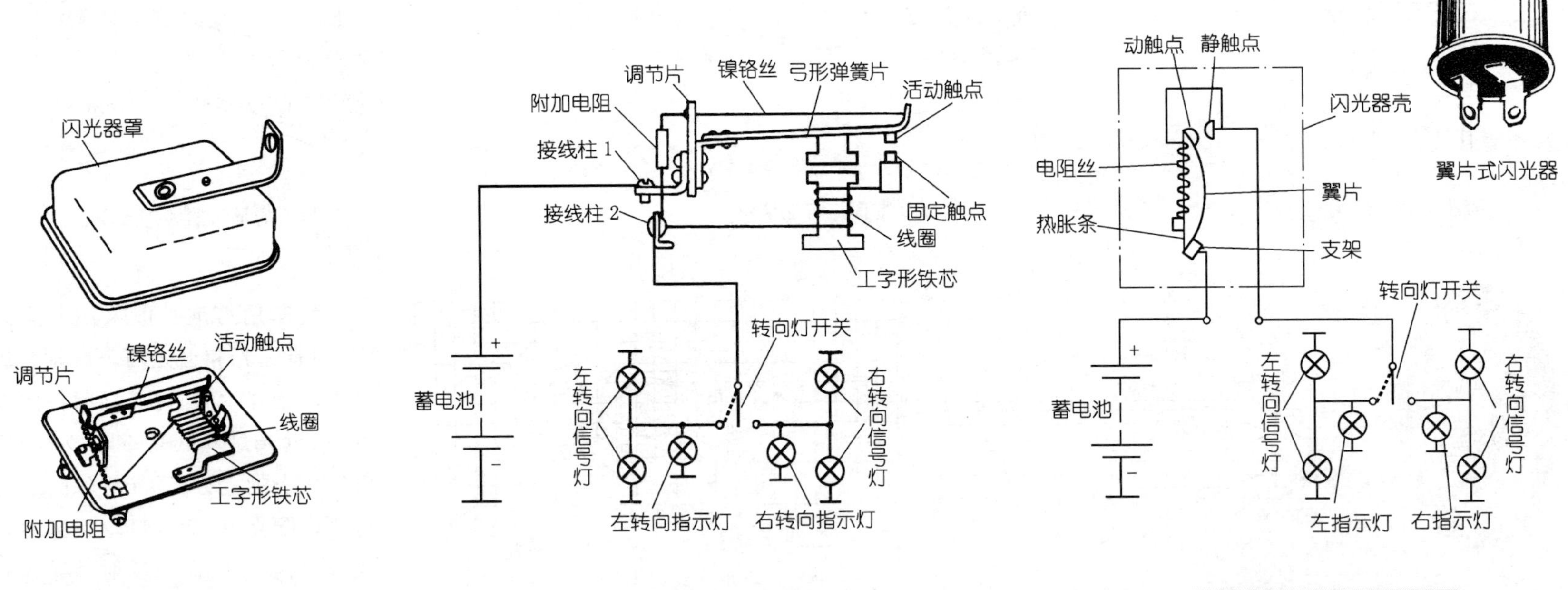

热丝式闪光器结构

热丝式闪光器原理图

翼片式闪光器电路原理图

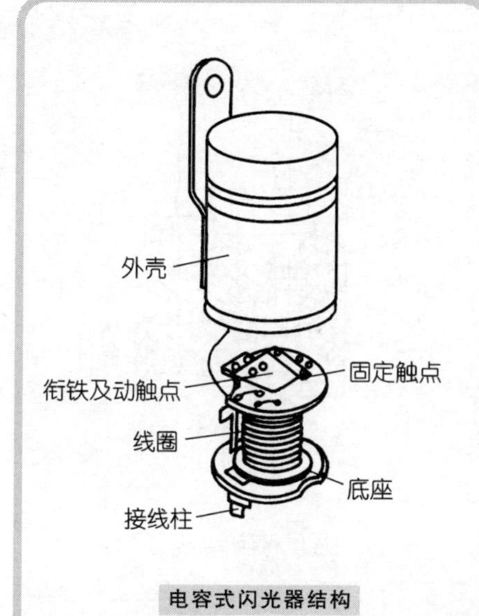

电容式闪光器结构

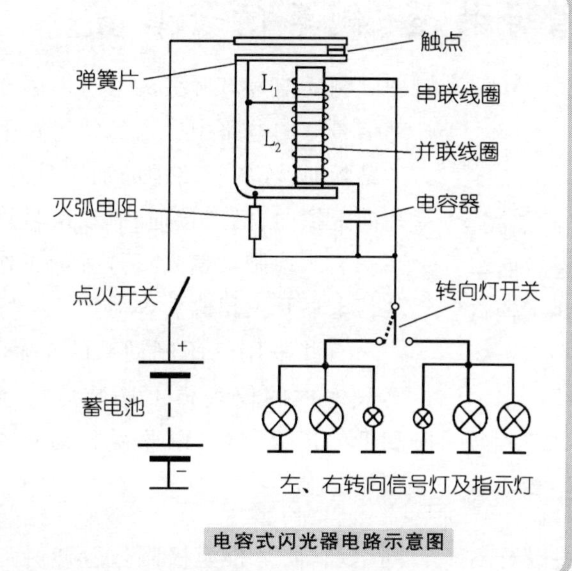

电容式闪光器电路示意图

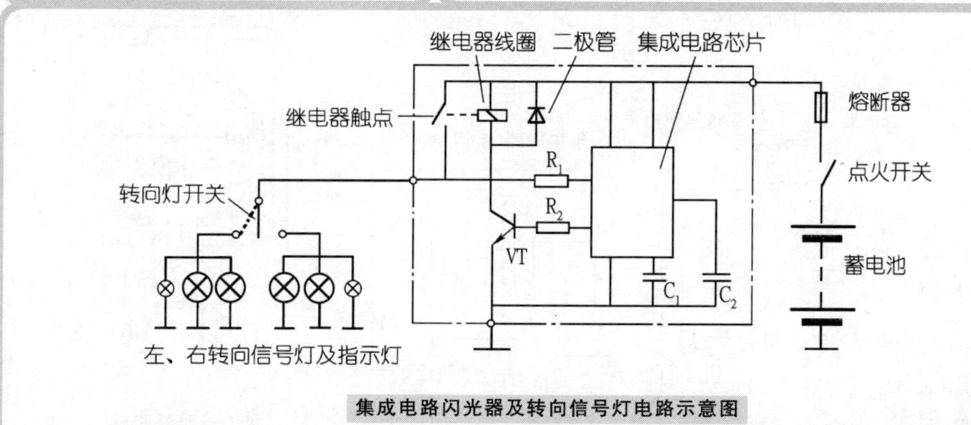

集成电路闪光器及转向信号灯电路示意图

电子式闪光器

电子式闪光器分为有触点、无触点和集成电路等多种形式，但其原理基本相同。

当汽车向左(或向右)转向时，转向信号灯开关接通左(或右)转向信号灯和转向指示灯的电路，蓄电池的电流经集成电路、电阻、转向信号灯开关，流过左(或右)转向信号灯和转向指示灯，转向信号灯点亮。由于电路中串联了电阻，电路中电阻大，电流小，灯光暗淡。经短暂时间后，集成电路使三极管VT的基极电位升高，三极管VT导通，继电器线圈通电，触点吸合，蓄电池经触点直接向转向信号灯供电，由于电路中的电阻小电流增大，转向信号灯变亮。经一定时间后集成电路又使三极管截止，转向信号灯变暗。如此反复，由于三极管交替地导通、截止，使转向信号灯时亮时暗地闪烁。

制动信号装置、倒车信号装置

■ **制动信号装置**主要由制动信号灯和制动信号灯开关组成。

□ 制动信号灯

安装在汽车的尾部，在驾驶员踩下制动踏板时立即点亮，发出强烈的红色光亮，即使在白天也十分明显，以提醒后面车辆的驾驶员注意。制动信号灯可以有一个或两个，有些车辆将制动信号灯装在组合后灯内。

□ 制动信号灯开关

安装在汽车制动回路中，随制动系统结构形式的不同，有液压式和气压式两种。右图是液压式制动信号灯开关的结构示意图。制动信号灯开关的触点串联在制动信号灯的电路中，当驾驶员踩下制动踏板时，液压管路中的油压升高，膜片向上拱曲，触点接通，制动信号灯点亮。气压式制动信号灯开关的工作原理与上述开关相似。

有些采用气压制动系的车辆，在驾驶室内的仪表板上还装有气压表和低气压报警灯，以监视制动系统的工作。

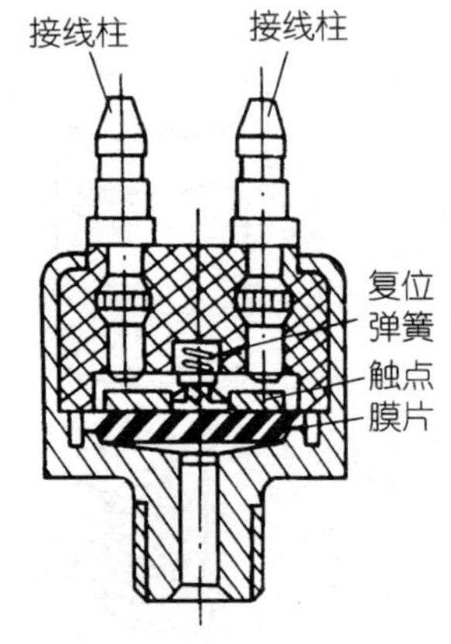

液压式制动信号灯开关

■ **倒车信号装置**由倒车信号灯、倒车信号灯开关以及倒车报警器等组成。倒车信号灯和倒车报警器由倒车灯开关控制。倒车时倒车信号灯点亮的同时，倒车报警器的电喇叭也发出断续的声响或语言报警，以警告车后的行人和后面车辆的驾驶员。

□ 倒车灯开关

安装在变速器盖上，其结构如图所示。变速器处于空挡或前进挡时，钢球的下端被倒挡换挡叉轴压到与球座端面相平的位置，固定在推杆上的金属盘上移，与固定触点分开，倒车信号灯和倒车报警器的电路均被切断。倒车时，变速杆拨到倒挡位置，倒挡换挡叉轴上的凹槽对准钢球，两个并联弹簧将推杆连同钢球，向下推至极限位置使触点闭合，于是倒车信号灯点亮，倒车报警器也发出声响。

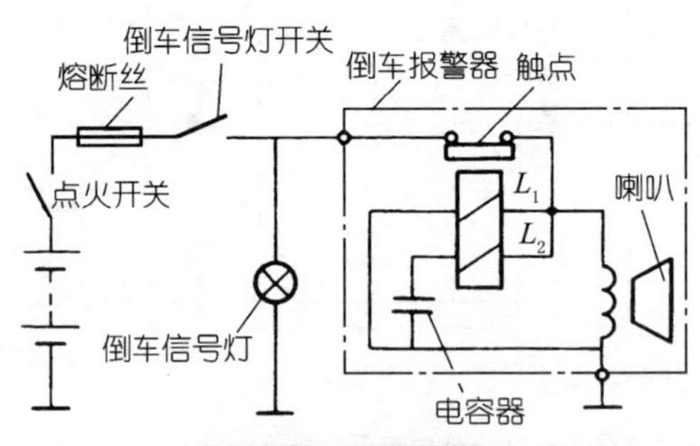

倒车信号装置电路图

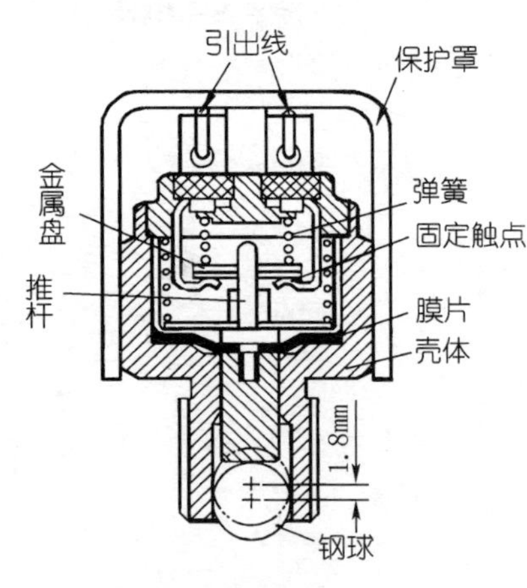

倒车信号灯开关

电 喇 叭

盆形电喇叭的声音指向性好，可以减小城市噪声污染，还具有耗电量小、结构简单、外形尺寸小，安装方便等许多特点，在中、小型客车和轿车上应用十分广泛。盆形电喇叭以共鸣板作为共鸣装置，不需要扬声筒，其结构如图所示。

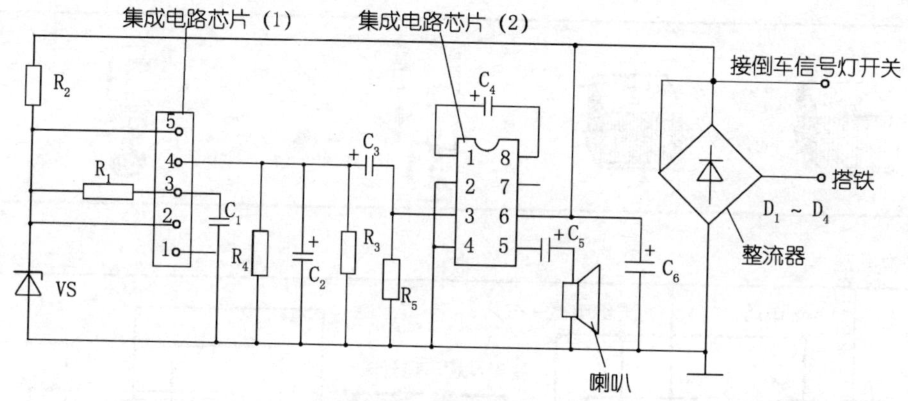

语言倒车报警器电路图

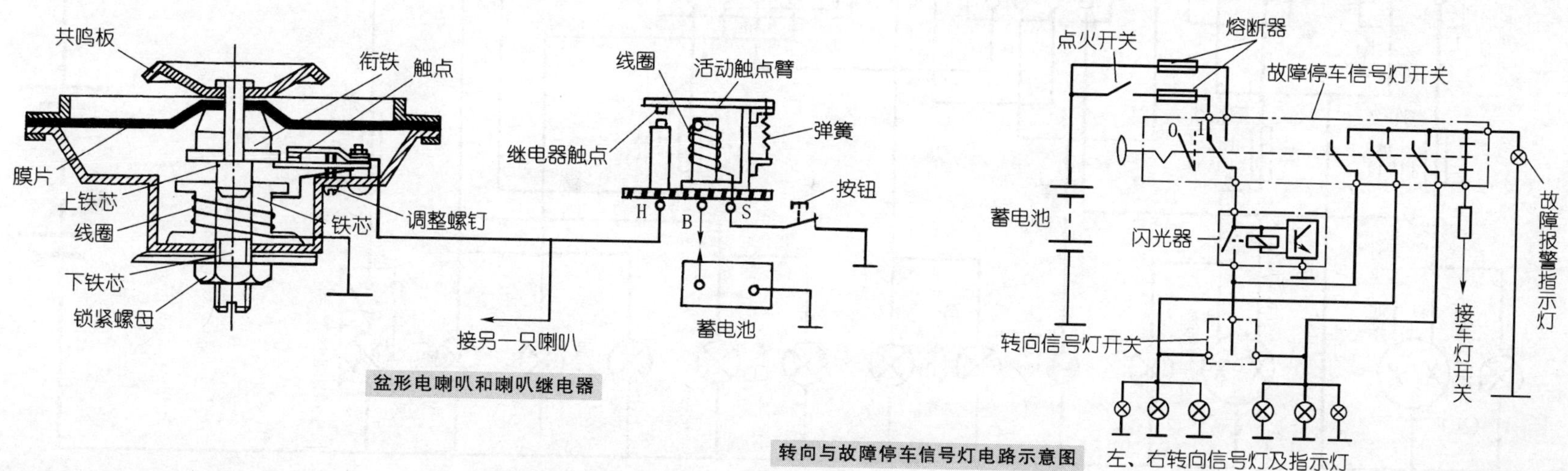

盆形电喇叭和喇叭继电器

转向与故障停车信号灯电路示意图

汽车照明灯系统电路图（跃进 NJ1041、NJ1061 系列）

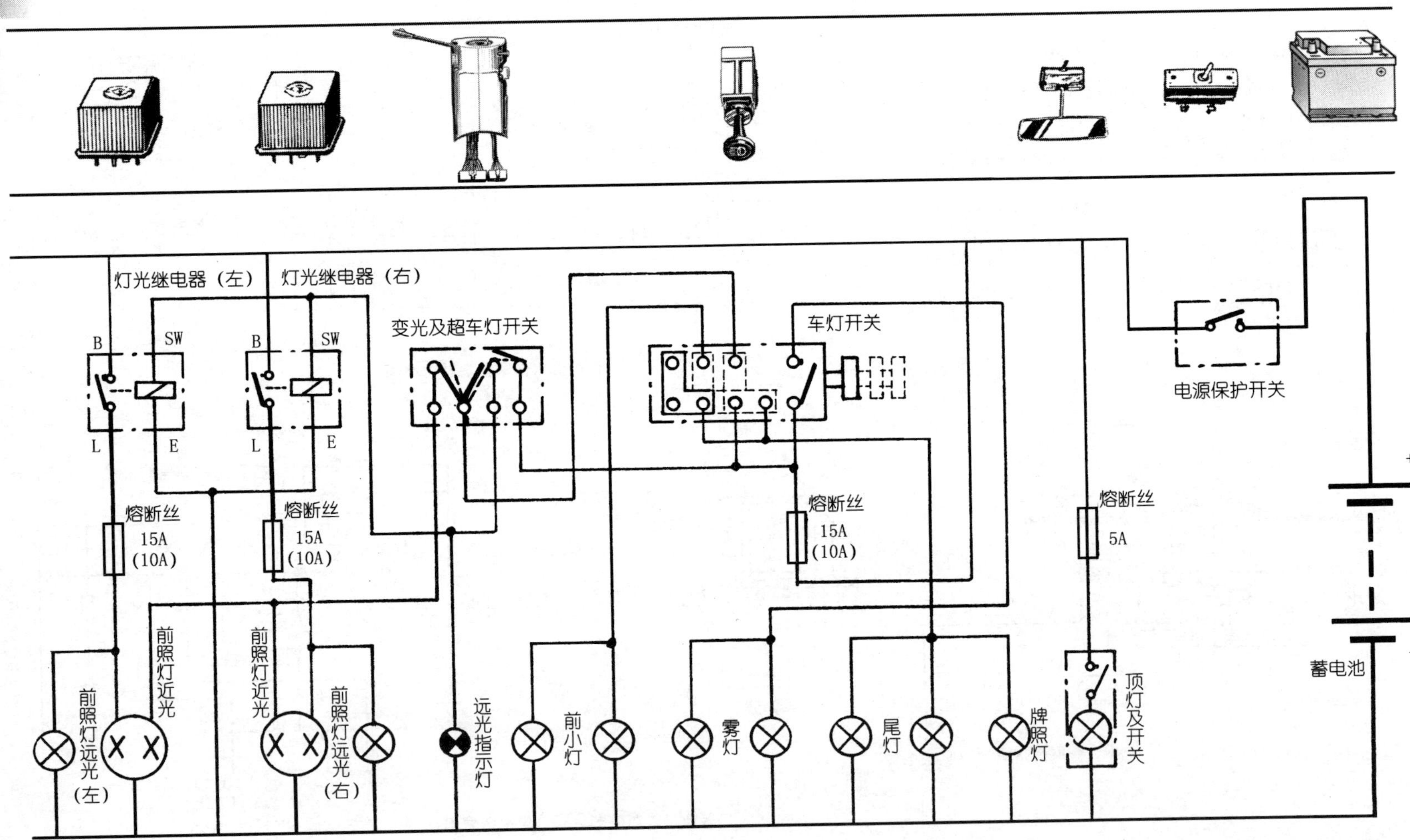

汽车照明灯系统接线图（跃进 NJ1041、NJ1061 系列）

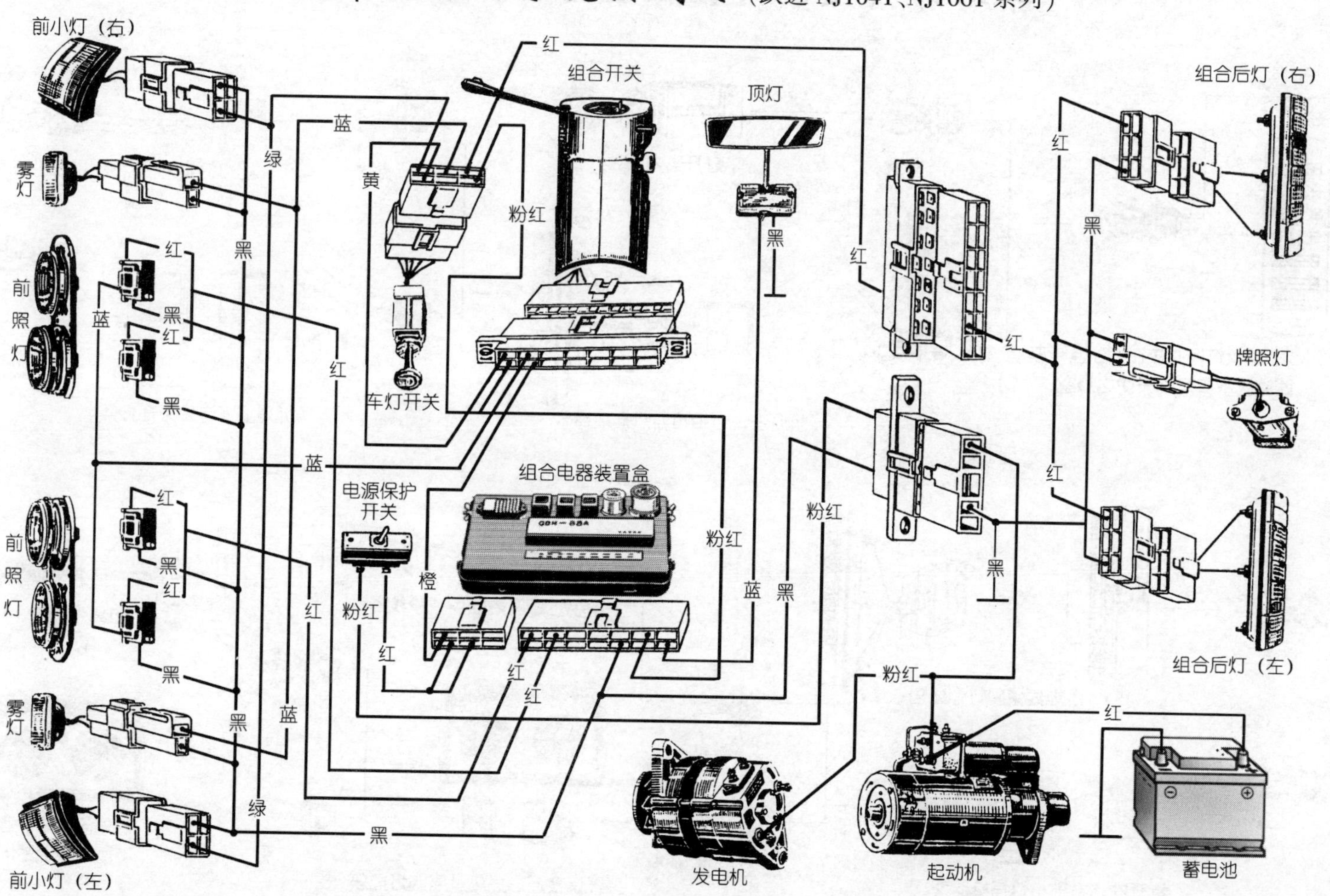

车灯开关至小灯挡位置时，熔断丝即熔断

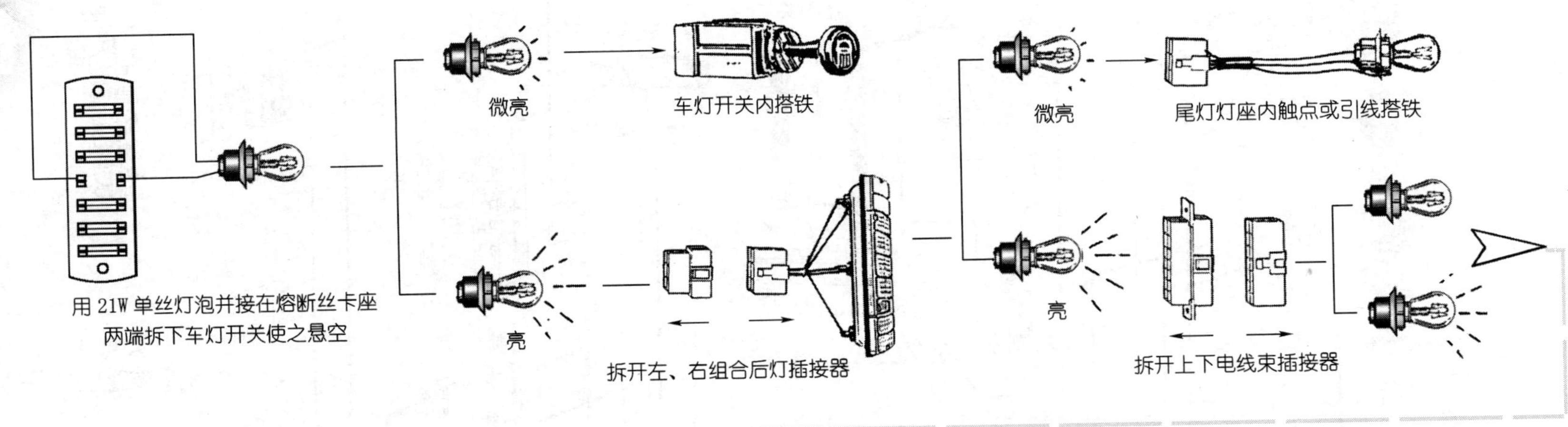

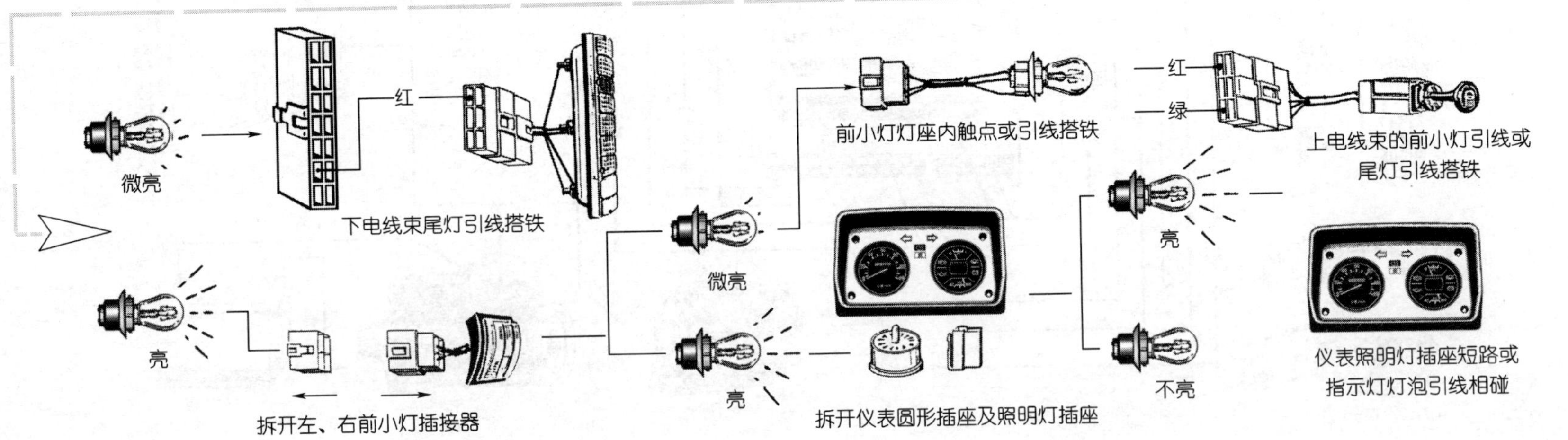

防雾灯不亮

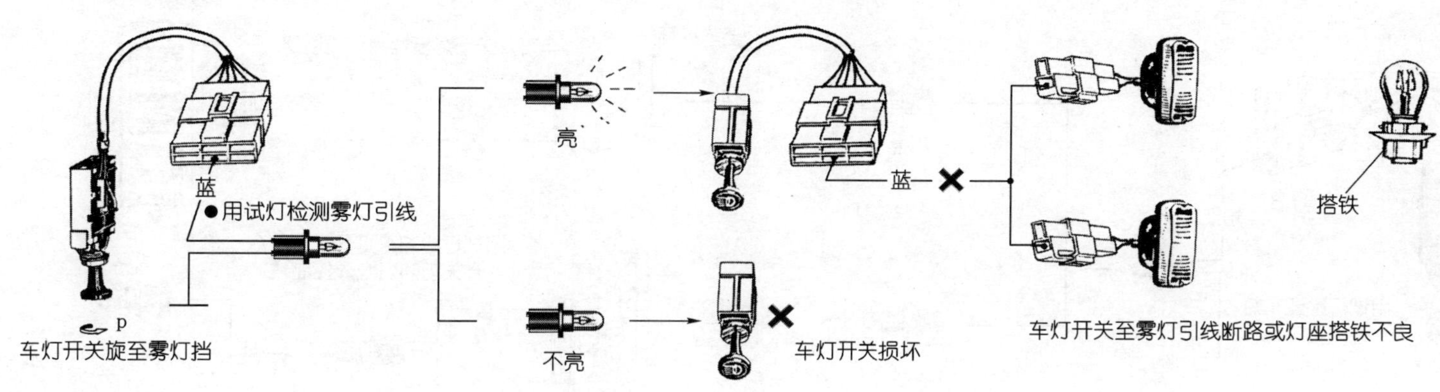

接通防雾灯开关电源，车灯熔断丝即熔断

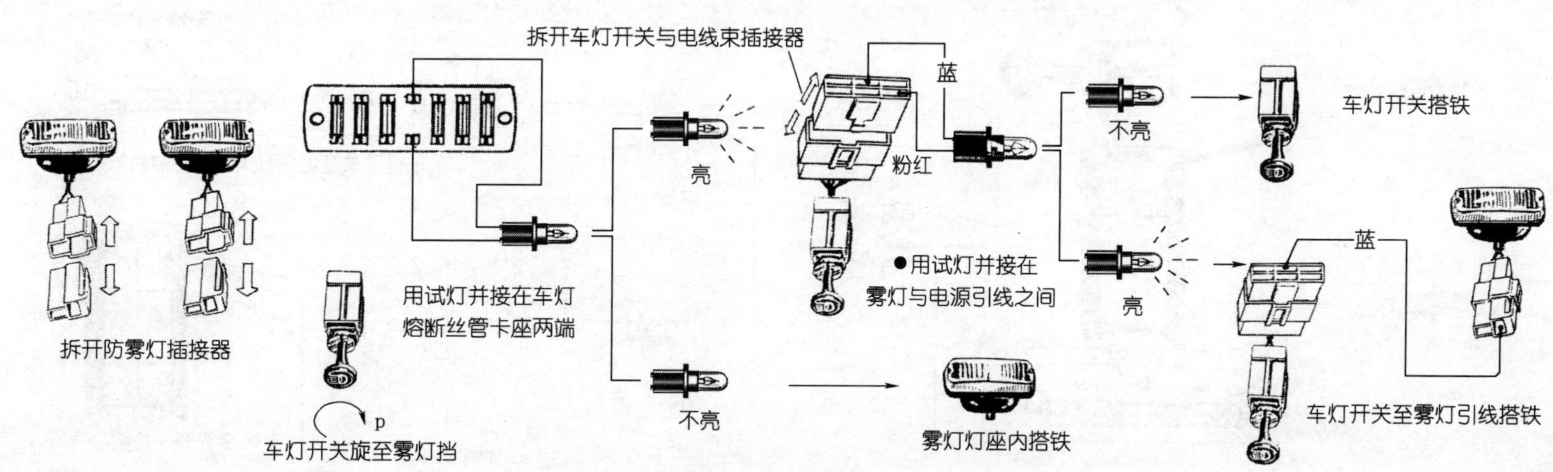

前照灯近光、远光都不亮

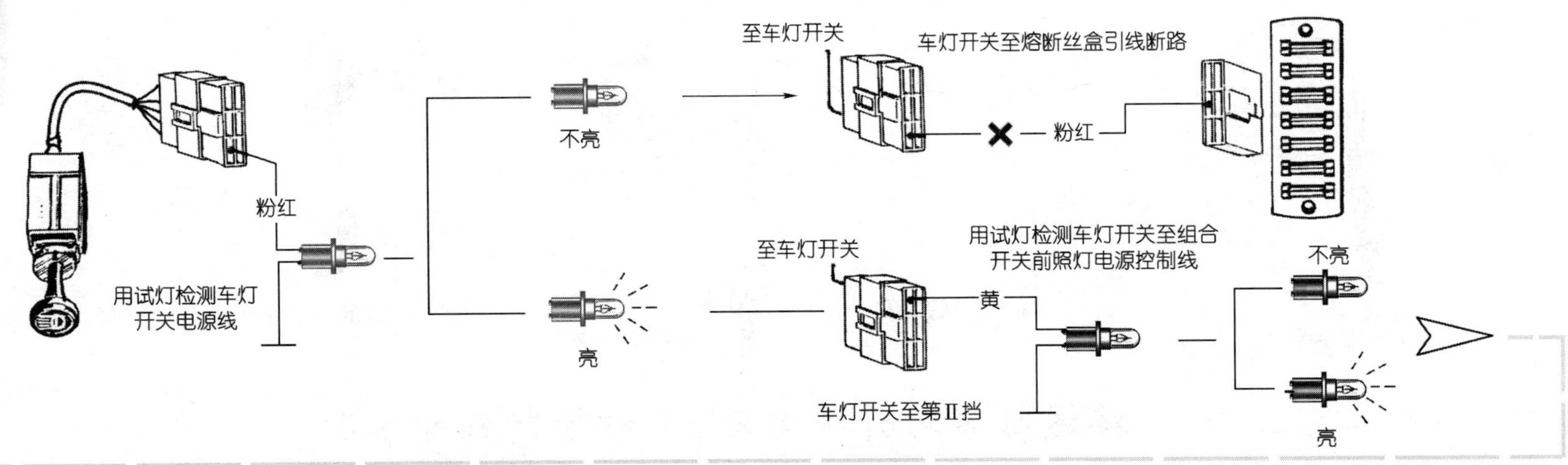

至车灯开关
车灯开关至熔断丝盒引线断路
不亮
粉红
粉红
用试灯检测车灯
开关电源线
亮
至车灯开关
用试灯检测车灯开关至组合
开关前照灯电源控制线
黄
不亮
亮
车灯开关至第Ⅱ挡

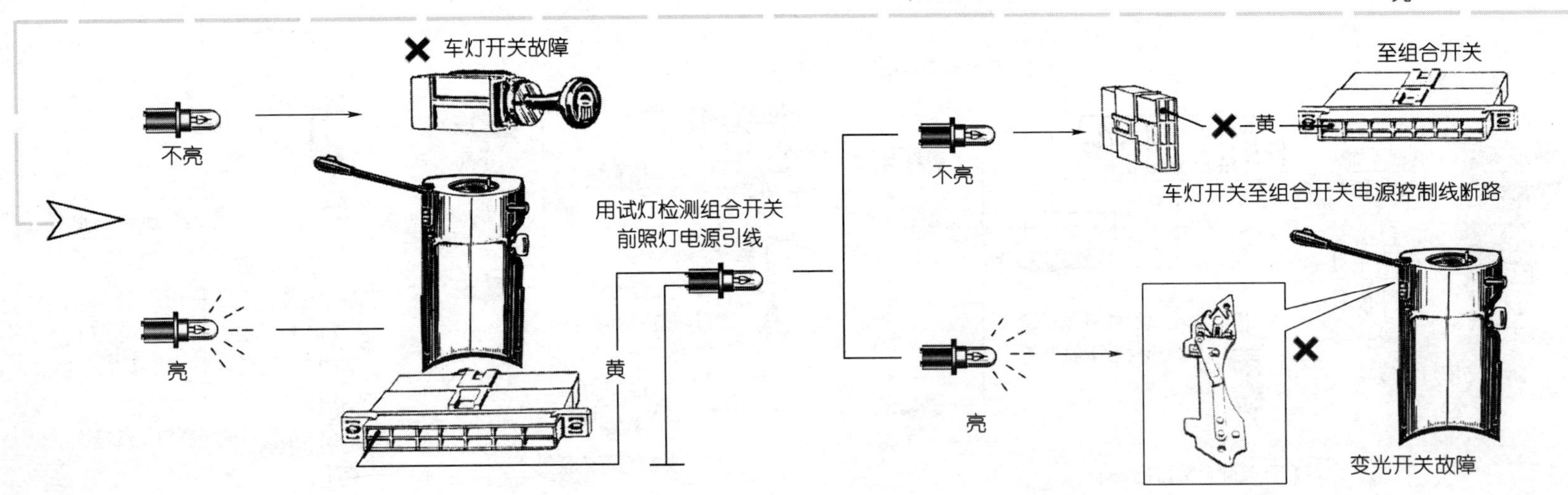

车灯开关故障
不亮
亮
用试灯检测组合开关
前照灯电源引线
黄
不亮
至组合开关
黄
车灯开关至组合开关电源控制线断路
亮
变光开关故障

前照灯无近光

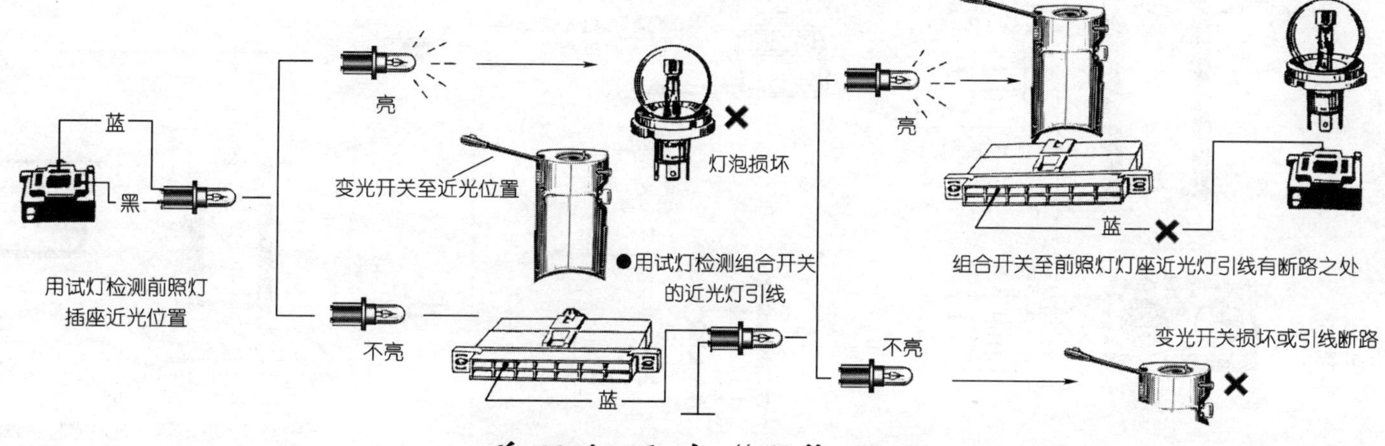

前照灯远光"稳"不住

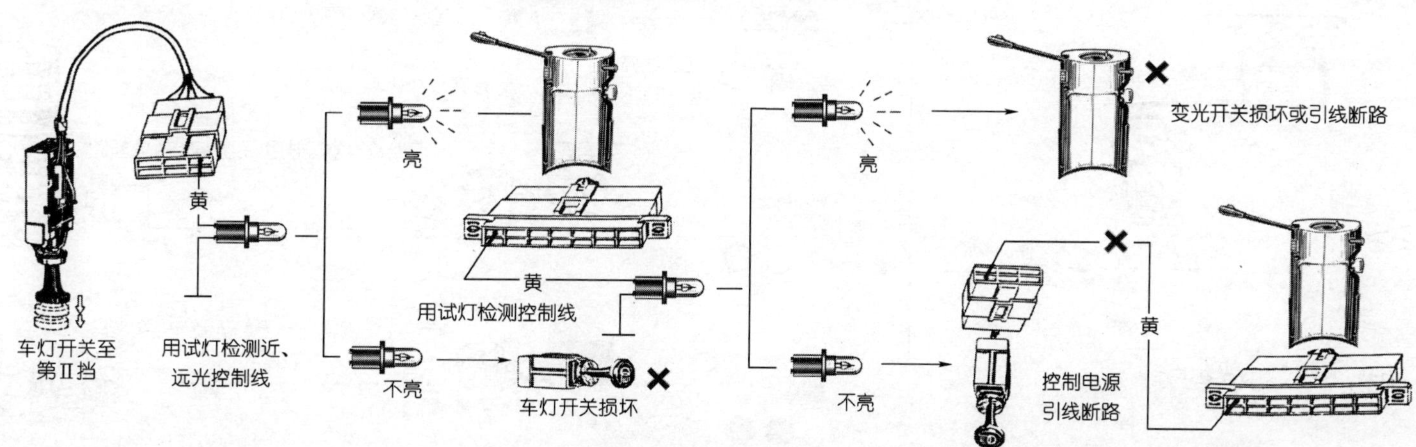

前照灯无远光 -1

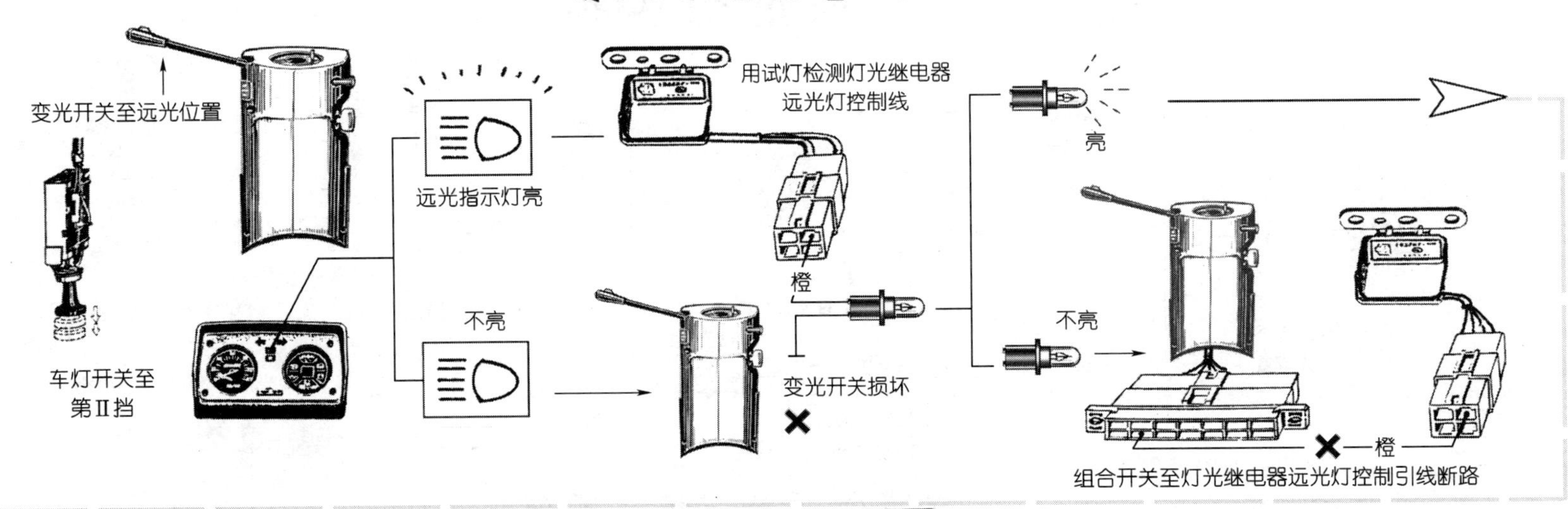
变光开关至远光位置
车灯开关至
第Ⅱ挡
远光指示灯亮
不亮
用试灯检测灯光继电器
远光灯控制线
橙
变光开关损坏
亮
不亮
橙
组合开关至灯光继电器远光灯控制引线断路

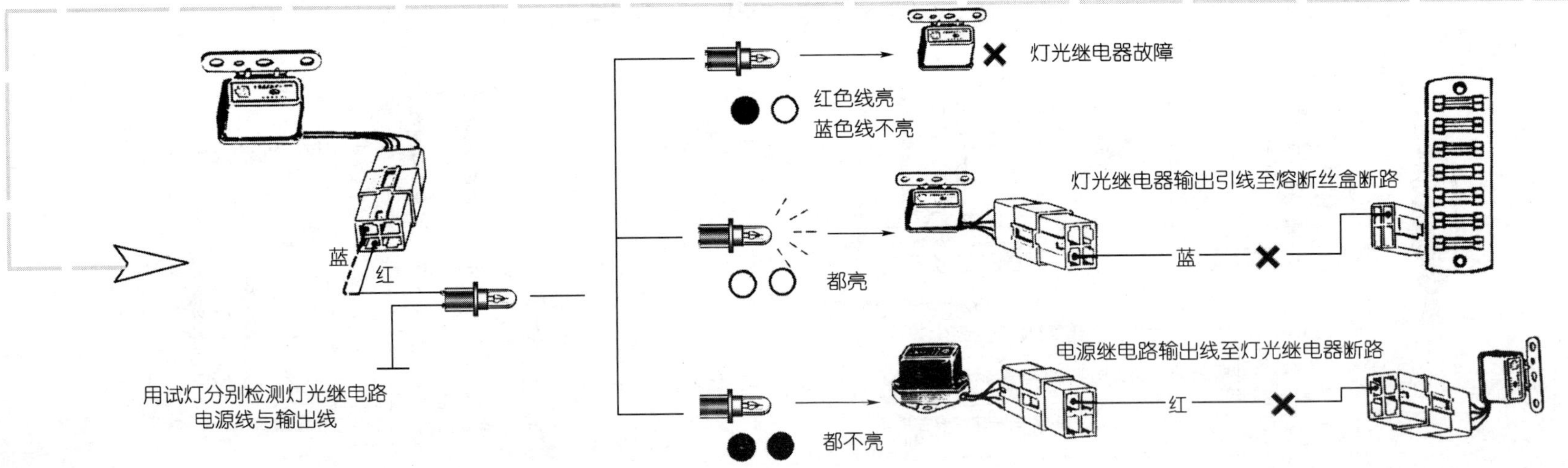
蓝
红
用试灯分别检测灯光继电路
电源线与输出线
灯光继电器故障
红色线亮
蓝色线不亮
灯光继电器输出引线至熔断丝盒断路
都亮
蓝
电源继电路输出线至灯光继电器断路
红
都不亮

前照灯远光灯一边不亮

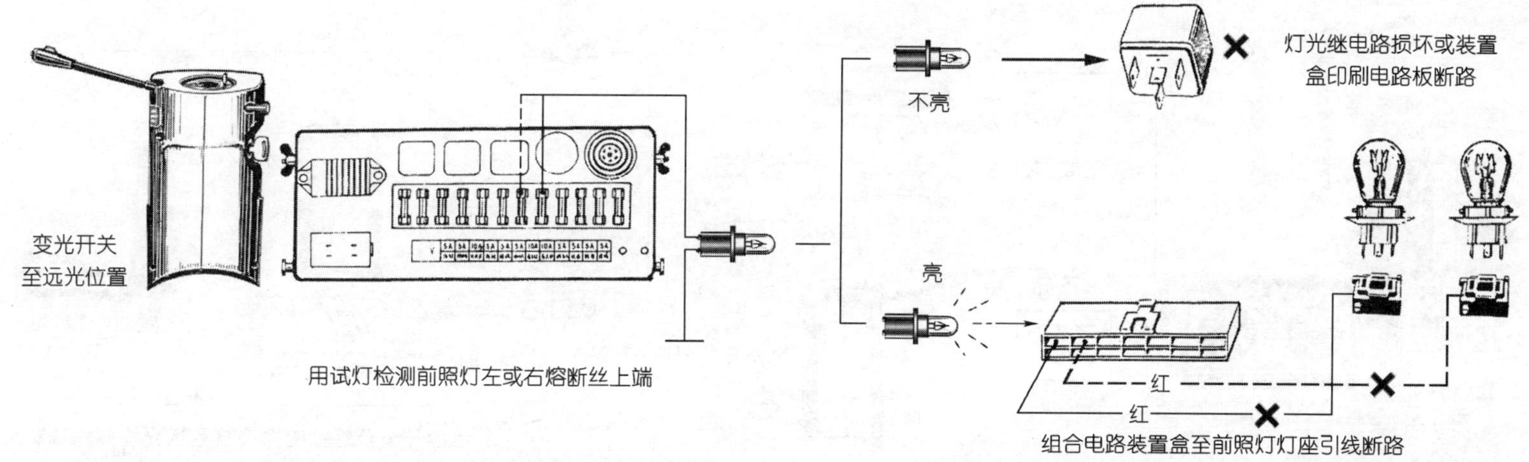

灯光继电器损坏一只后的应急措施

当灯光继电路损坏一只后，在无备件更换的情况下，可将已损坏的继电器拆下，按图示用导线将左、右前照灯熔断丝卡座上端短接后，即可暂时使用。

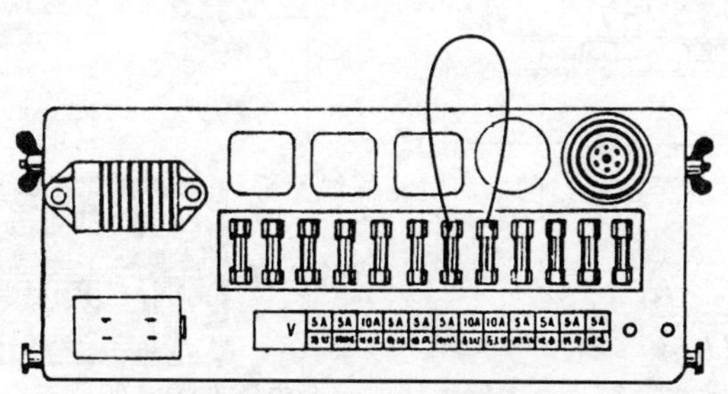

前照灯的拆卸

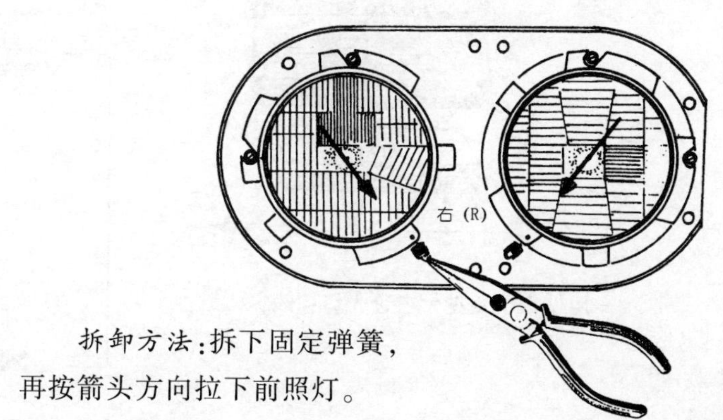

拆卸方法：拆下固定弹簧，再按箭头方向拉下前照灯。

前照灯无远光 –2

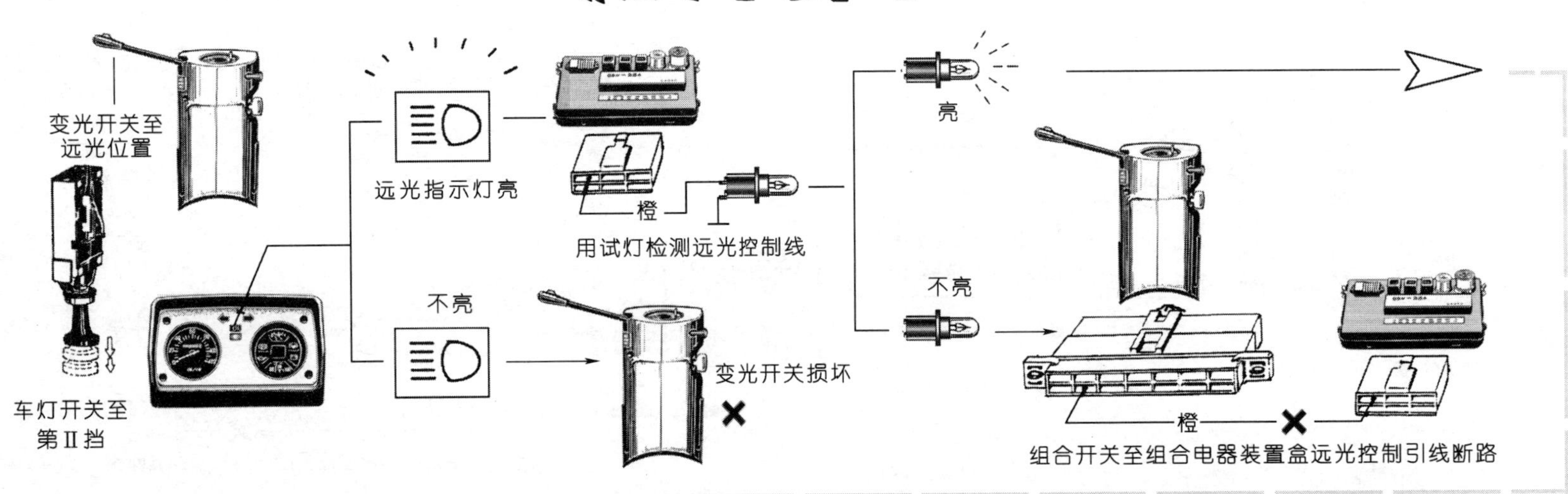
变光开关至
远光位置
远光指示灯亮
橙
用试灯检测远光控制线
亮
不亮
不亮
变光开关损坏
车灯开关至
第Ⅱ挡
橙
组合开关至组合电器装置盒远光控制引线断路

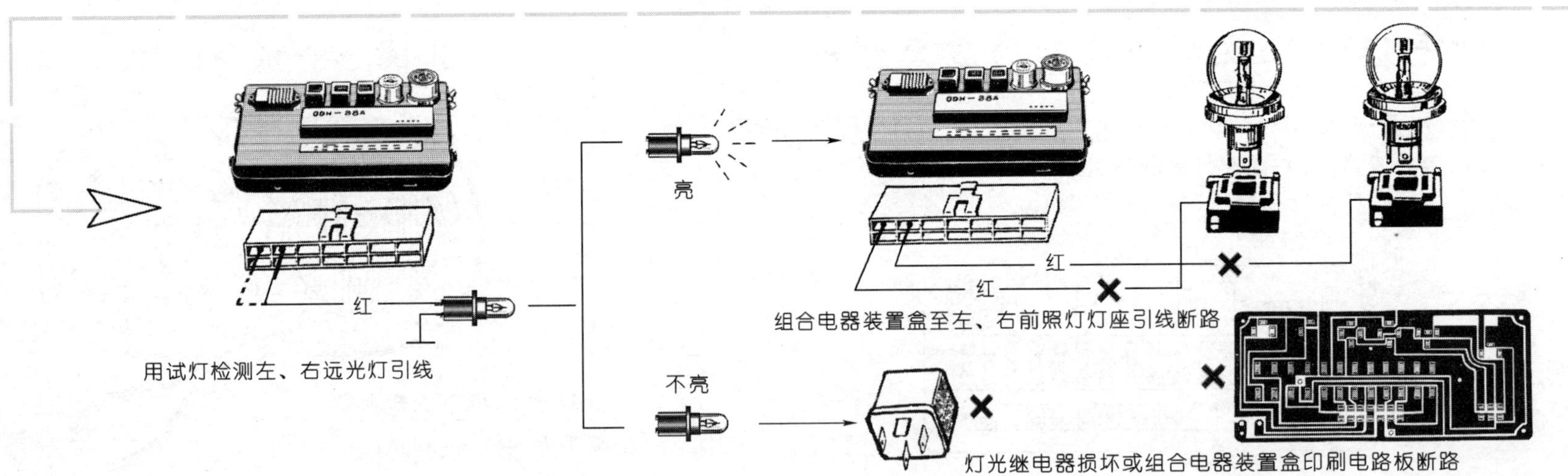
红
用试灯检测左、右远光灯引线
亮
红
红
组合电器装置盒至左、右前照灯灯座引线断路
不亮
灯光继电器损坏或组合电器装置盒印刷电路板断路

前照灯近光灯、远光灯接线图

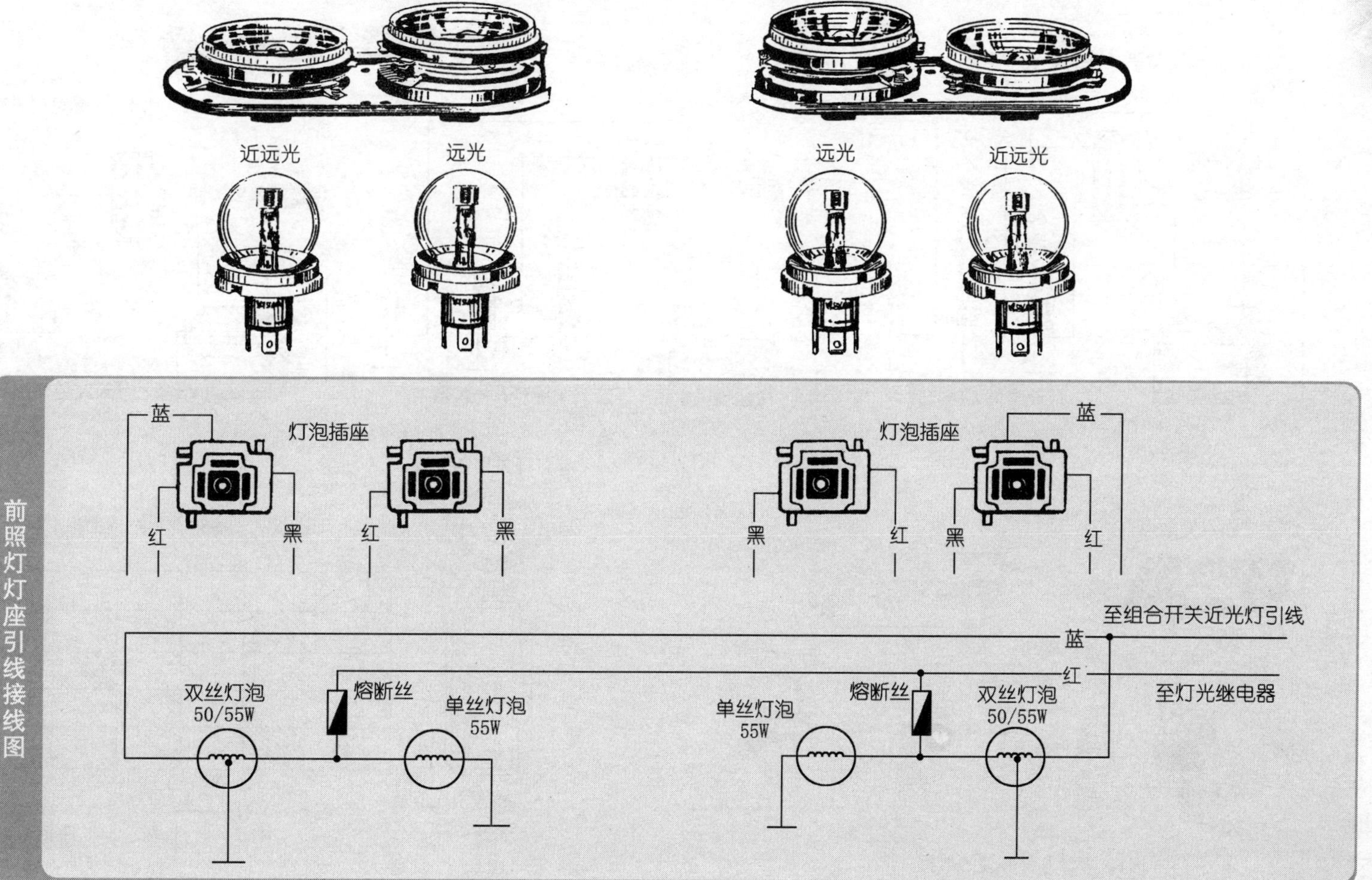

车灯控制开关与灯光断电器的检测

JK105A 型车灯开关的检测

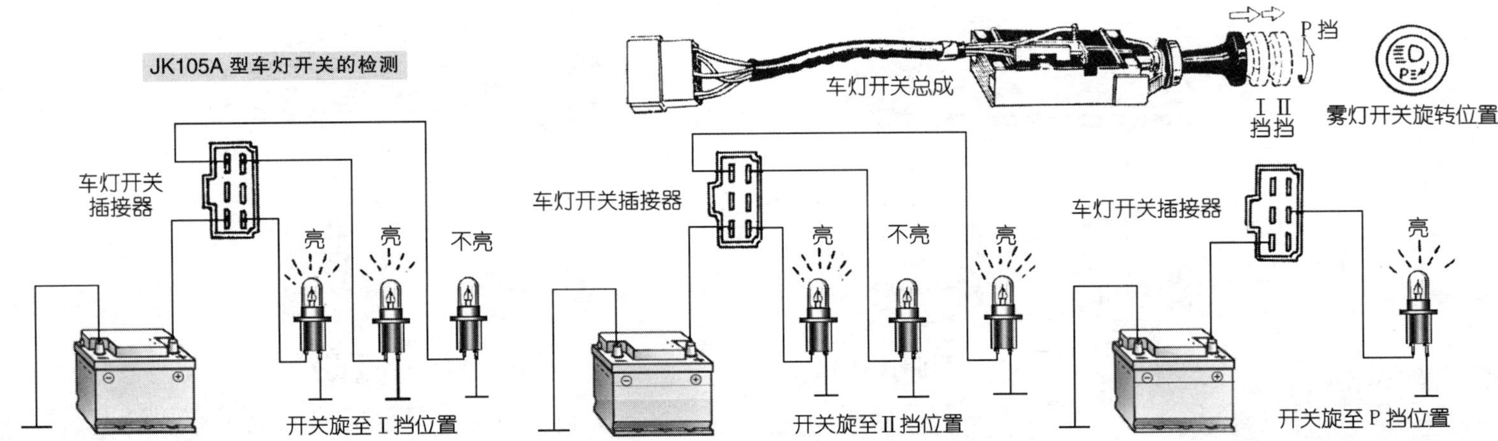

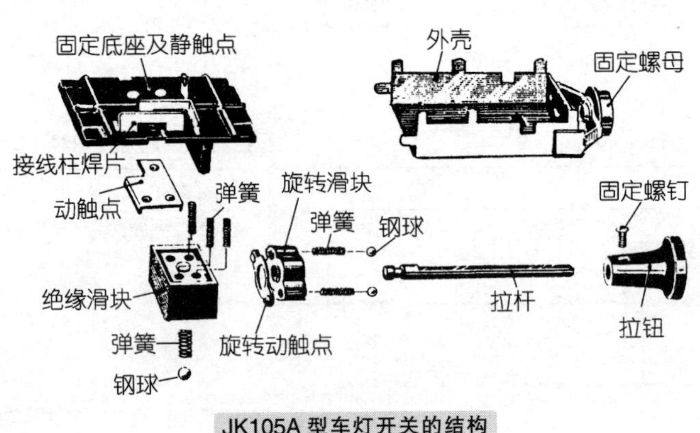

JK105A 型车灯开关的结构

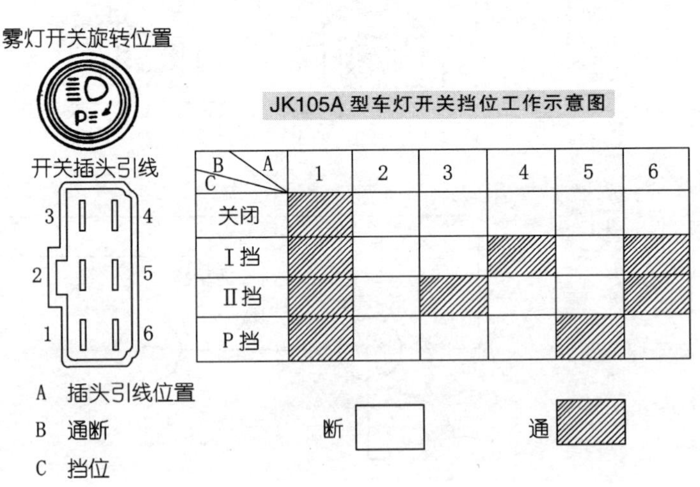

JK105A 型车灯开关挡位工作示意图

B \ A C	1	2	3	4	5	6
关闭	▨					
Ⅰ挡	▨			▨		▨
Ⅱ挡	▨		▨			▨
P 挡	▨				▨	

A 插头引线位置

B 通断

C 挡位

断 □　　通 ▨

JD系列小型继电器

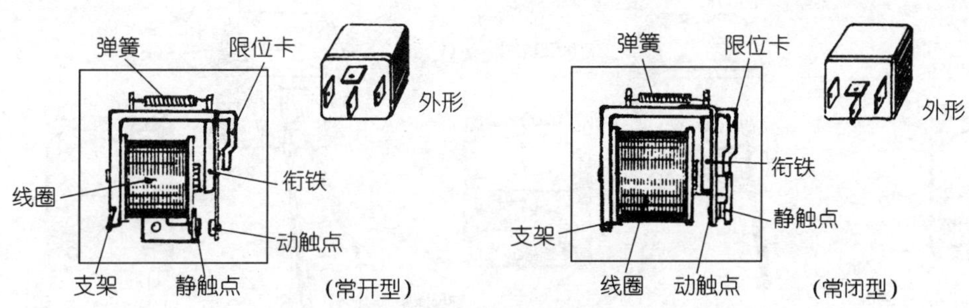

常用 JD 系列小型通用继电器结构及外形

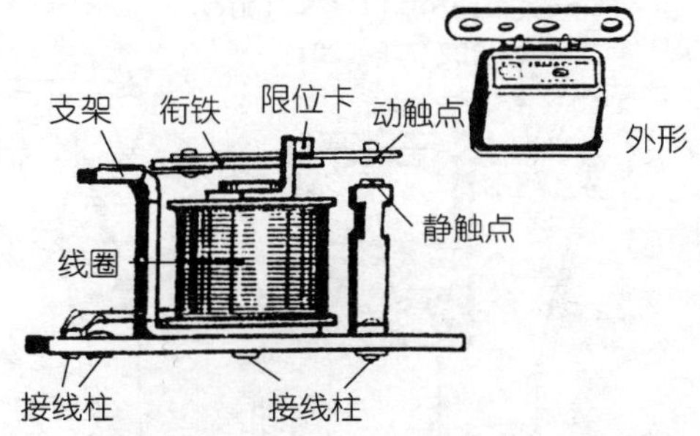

JD152C、JD252C 型灯光继电器结构及外形

常用 JD 系列小型通用继电器技术参数及接线图

触点常开型

型号	额定电压(V)	吸合电压(V)	释放电压(V)	触点电流(A)	电路与接线图
JD195	12	≤8.5	≥2.5	16	①
JD197	12	≤8.5	≥2.5	25	①
JD296	24	≤17	≥5	20	①
JD198	12	≤8.5	≥2.5	40	②
JD297	24	≤17	≥5	10	①

触点常闭型

型号	额定电压(V)	吸合电压(V)	触点电流(A)	电路与接线图
$JD199A_1$	12	4~5	5	③
$JD299A_1$	24	8~10		

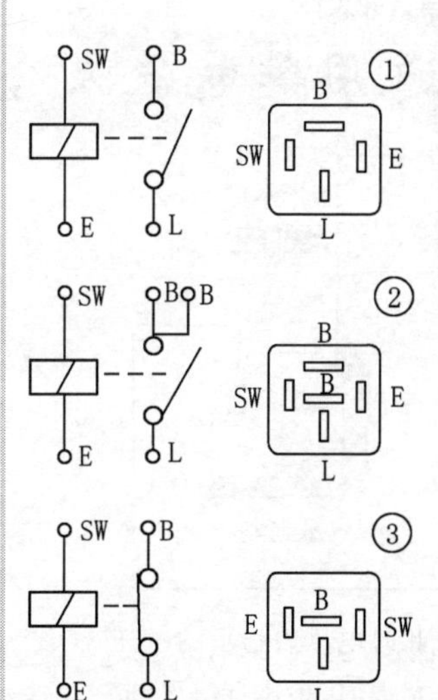

JD152C JD252C 型灯光继电器技术参数及接线图

型号	额定电压(V)	吸合电压(V)	释放电压(V)	负载电流(A)
JD152C	12	≤8.5	≥2.5	20
JD252C	24	≤17	≥5	10

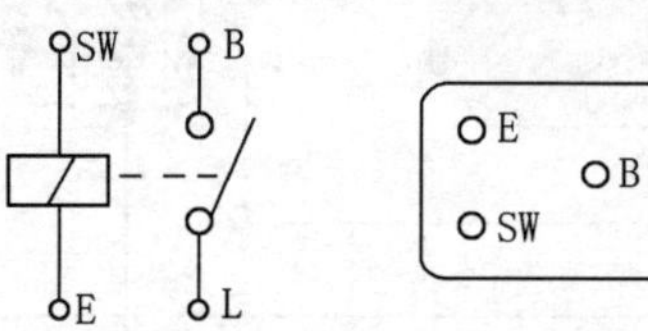

SW- 接控制开关
E- 搭铁
B- 接电源
L- 接用电设备或其他控制电路

JD小型通用继电器线圈及触点的检测

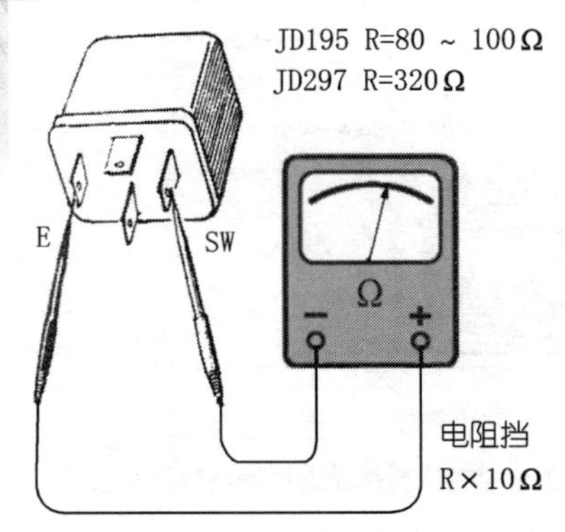

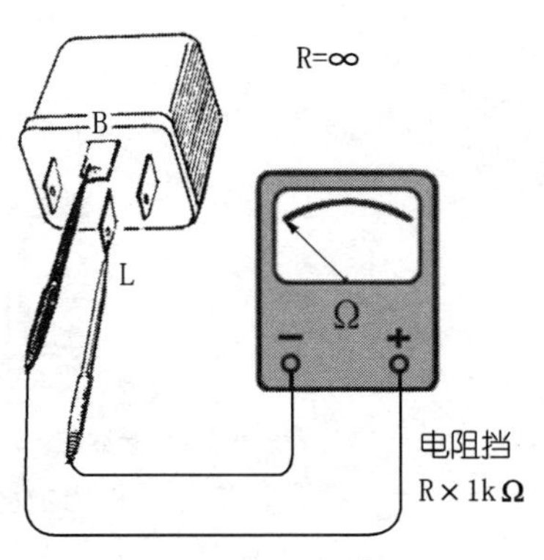

JD195、JD297 型灯光继电器(触点常开式)

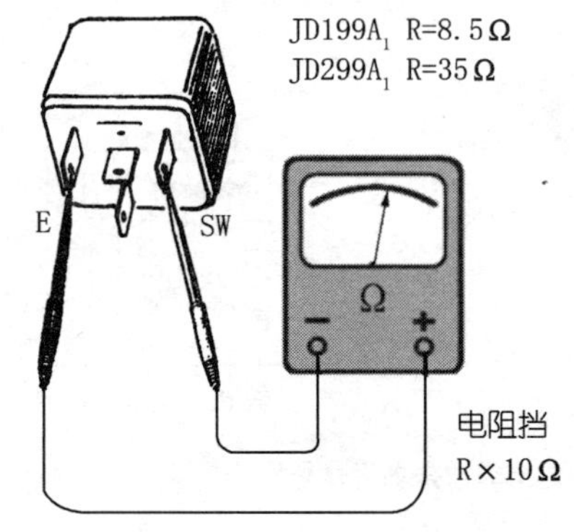

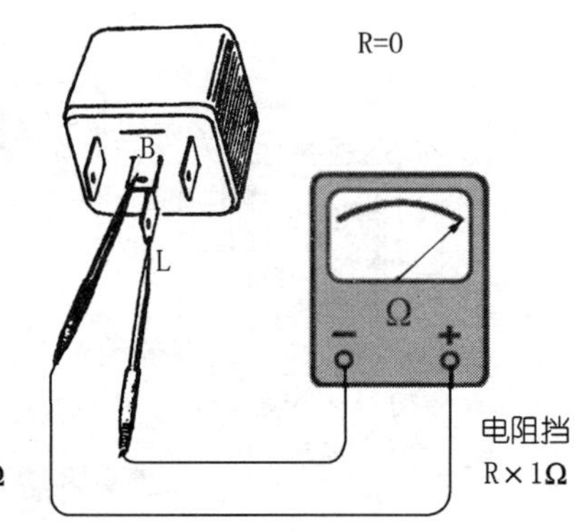

JD199A$_1$、JD299A$_1$ 型充电指示灯继电器(触点常闭式)

JD小型通用继电器吸合及释放电压的检测

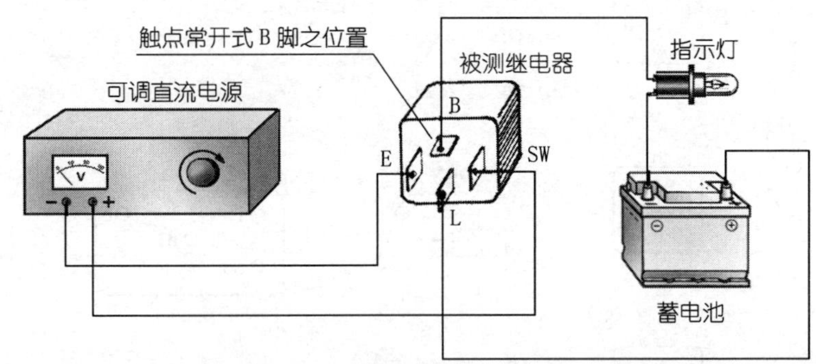

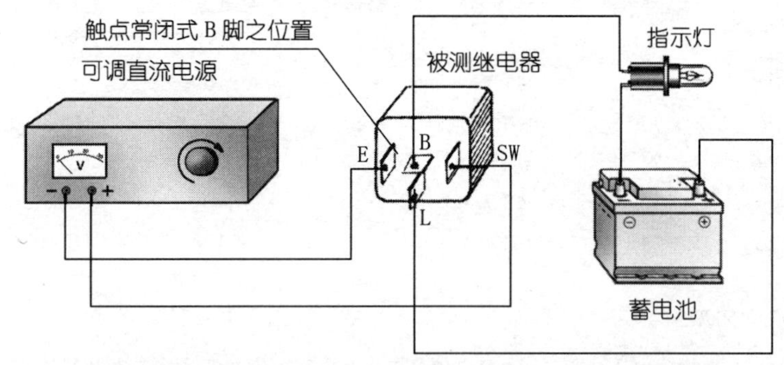

当可调直流电压上升至一定值时,指示灯点亮,此时电压表指示的电压为吸合电压。然后再将电压逐渐降低,当电压降至一定值时,指示灯熄灭,此时电压表指示的电压为释放电压。 (触点常开式)

当可调直流电压上升至一定值时,指示灯熄灭,此时电压表指示的电压为吸合电压。然后再将电压逐渐降低,当电压降至一定值时,指示灯点亮,此时电压表指示的电压为释放电压。 (触点常闭式)

JK301型组合开关前照灯变光开关的检查

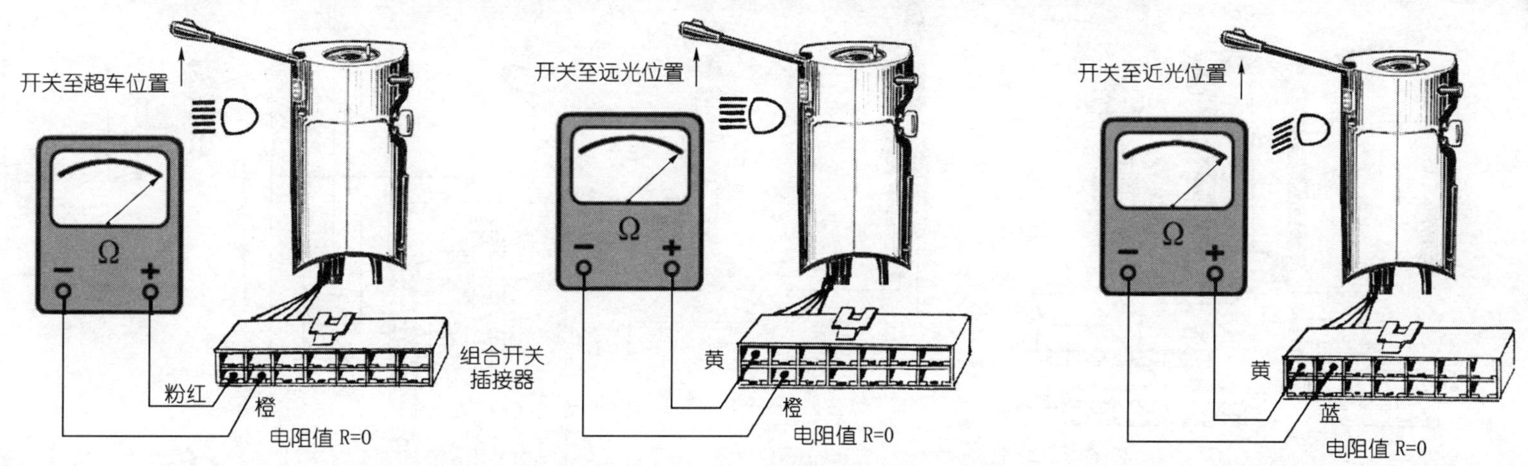

JK301型组合开关前照灯变光开关损坏后的应急代用

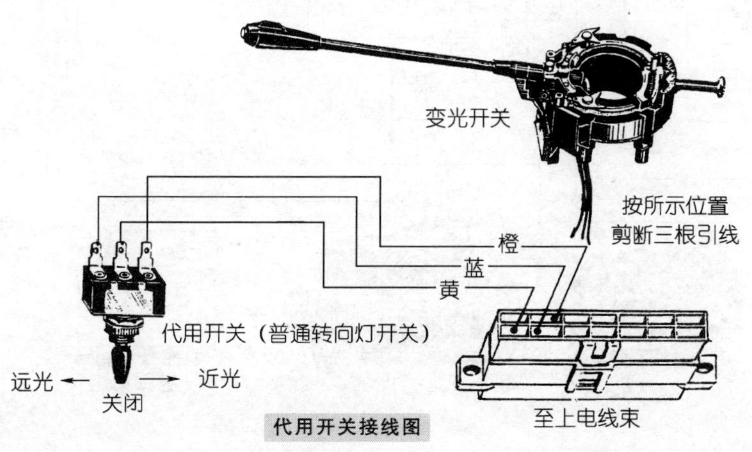

代用开关接线图

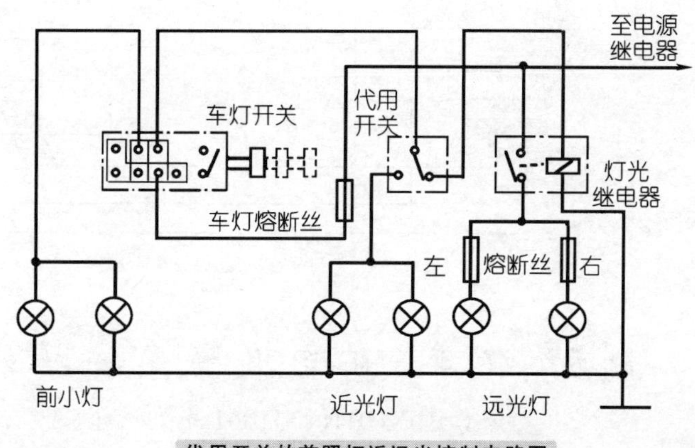

代用开关的前照灯近远光控制电路图

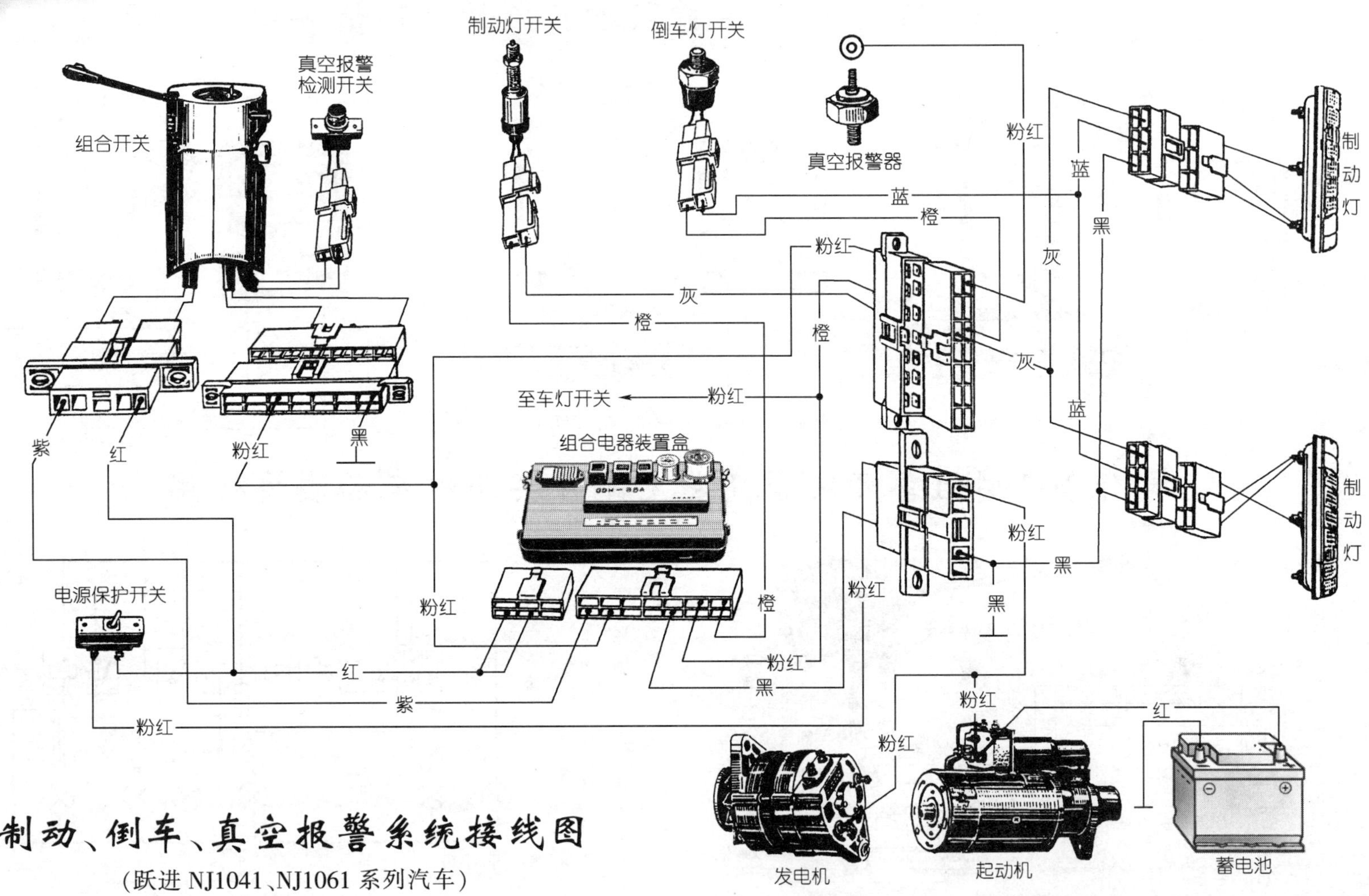

制动、倒车、真空报警系统接线图

（跃进 NJ1041、NJ1061 系列汽车）

制动、倒车、真空报警信号系统电路图

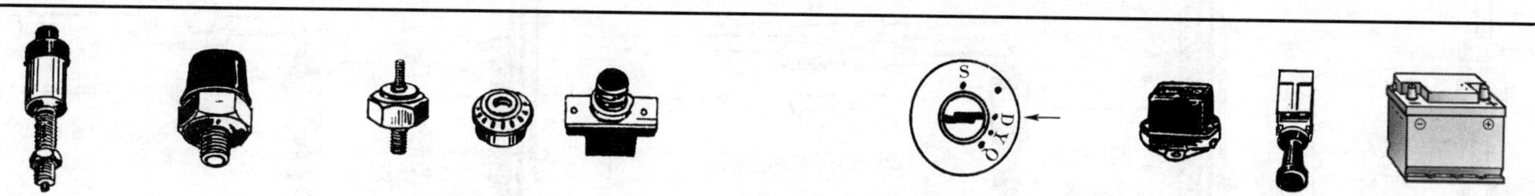

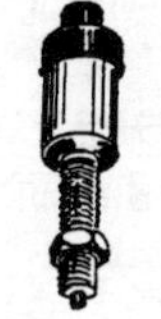

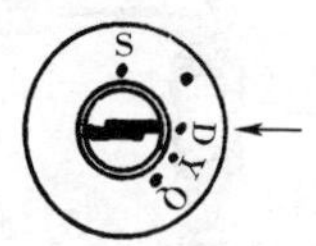

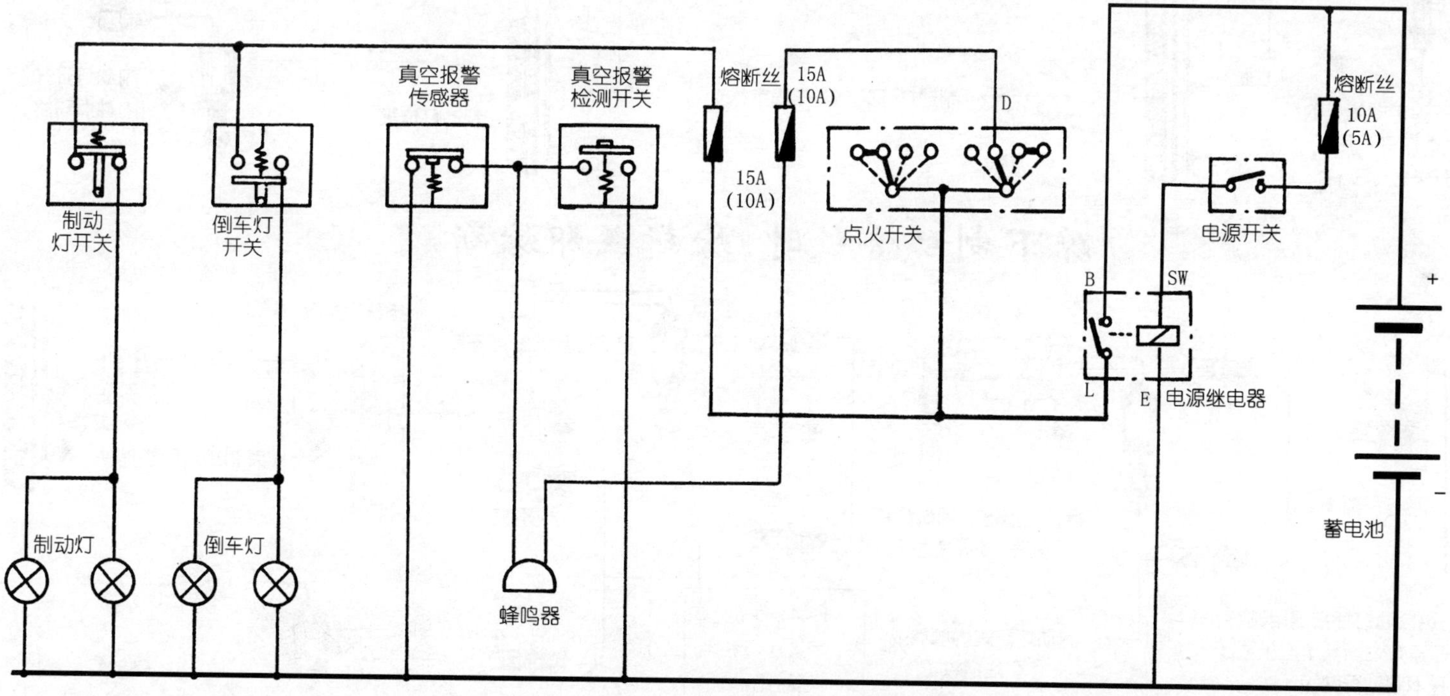

制动灯开关
倒车灯开关
真空报警传感器
真空报警检测开关
熔断丝
15A (10A)
15A (10A)
D
点火开关
熔断丝
10A (5A)
电源开关
B
SW
L
E
电源继电器
+
-
蓄电池
制动灯
倒车灯
蜂鸣器

(跃进 NJ1041、NJ1061 系列汽车)

制动信号灯不能关闭

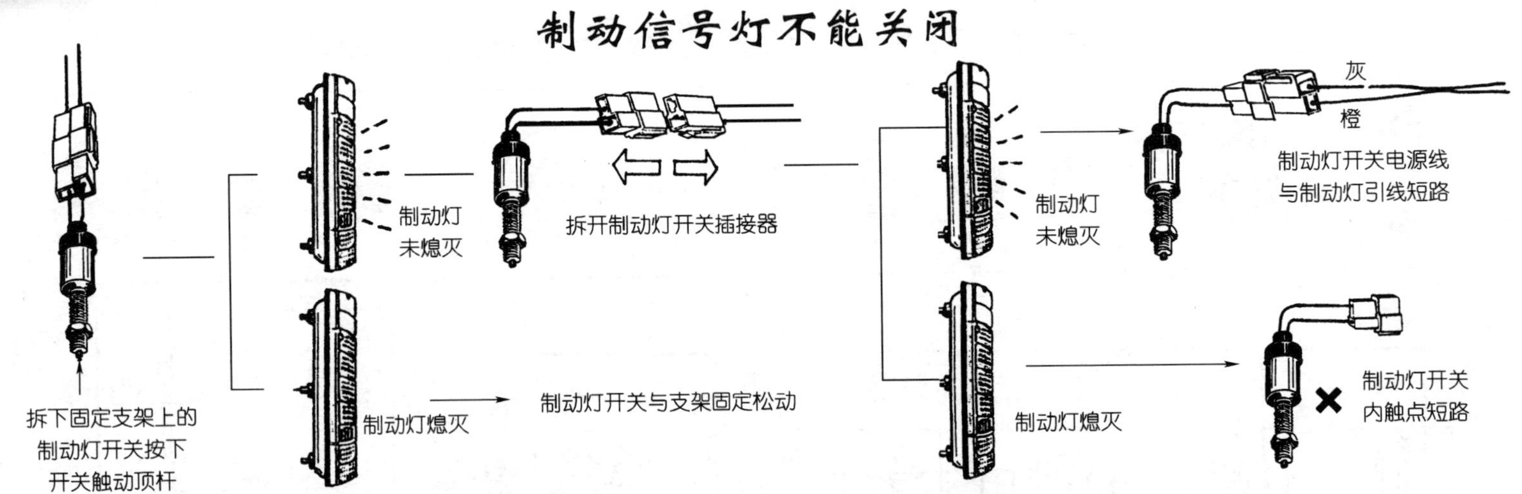

踩下制动踏板时，熔断丝即熔断

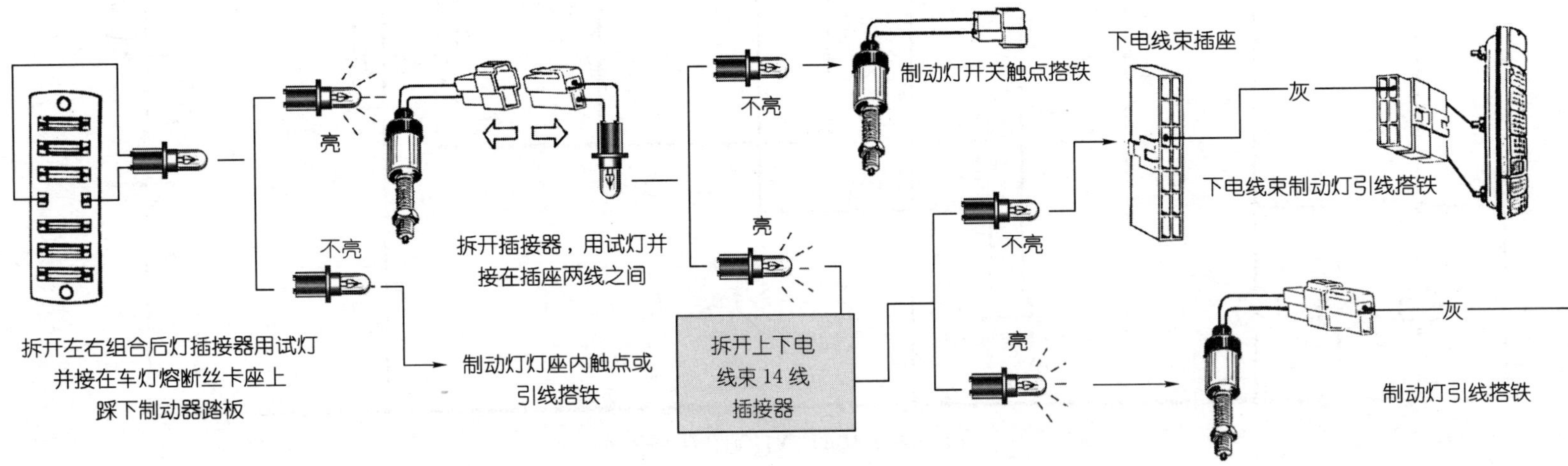

制动信号灯不亮

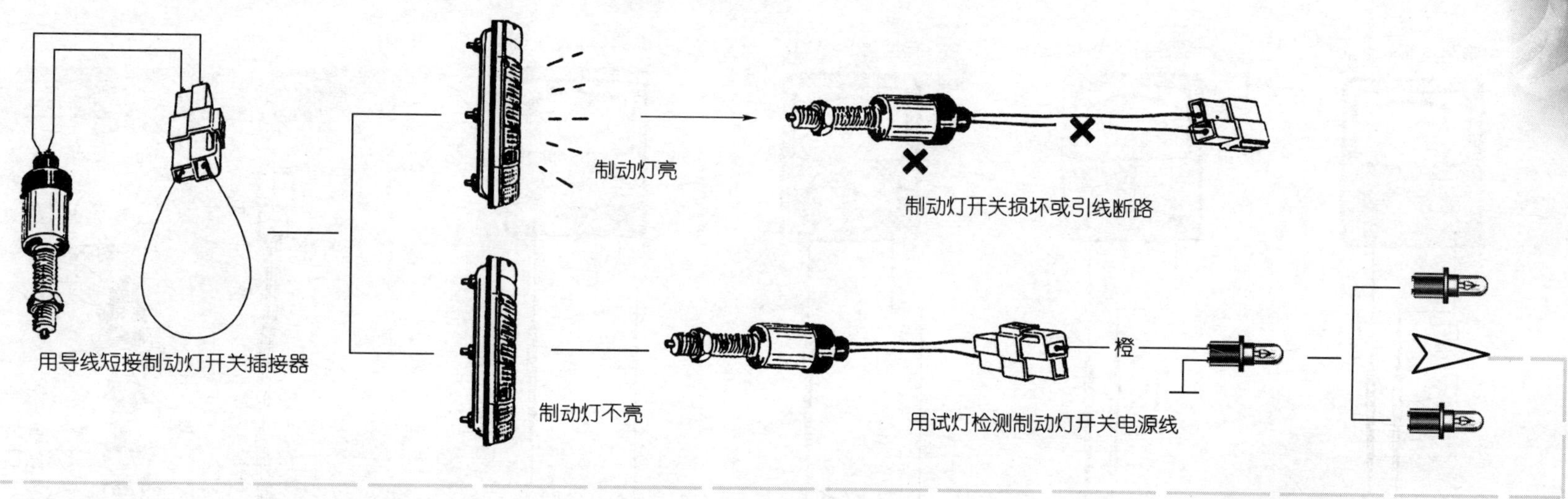
用导线短接制动灯开关插接器
制动灯亮
制动灯开关损坏或引线断路
制动灯不亮
橙
用试灯检测制动灯开关电源线

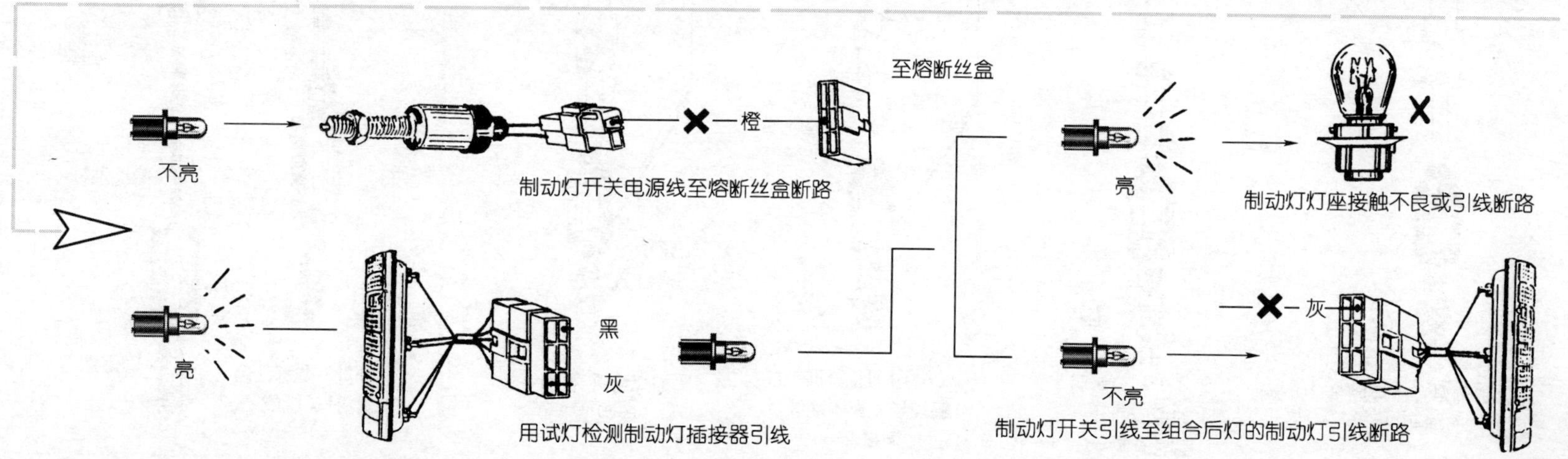
至熔断丝盒
不亮
橙
制动灯开关电源线至熔断丝盒断路
亮
制动灯灯座接触不良或引线断路
亮
黑
灰
用试灯检测制动灯插接器引线
灰
不亮
制动灯开关引线至组合后灯的制动灯引线断路

JK231型制动信号灯开关的检测

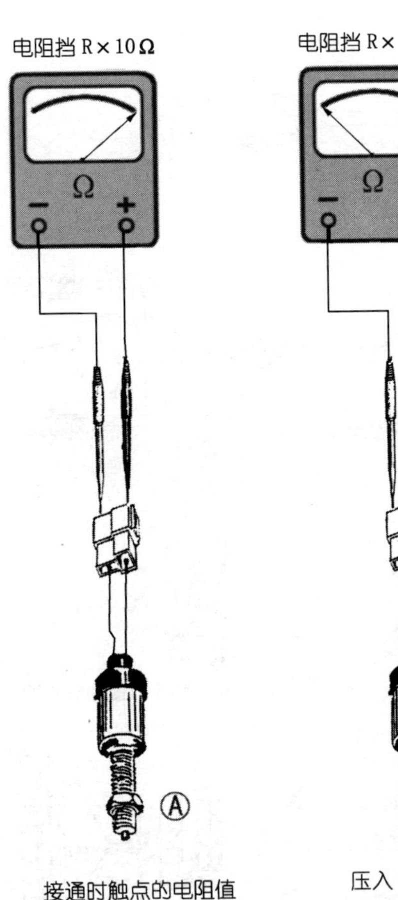

接通时触点的电阻值
R=0

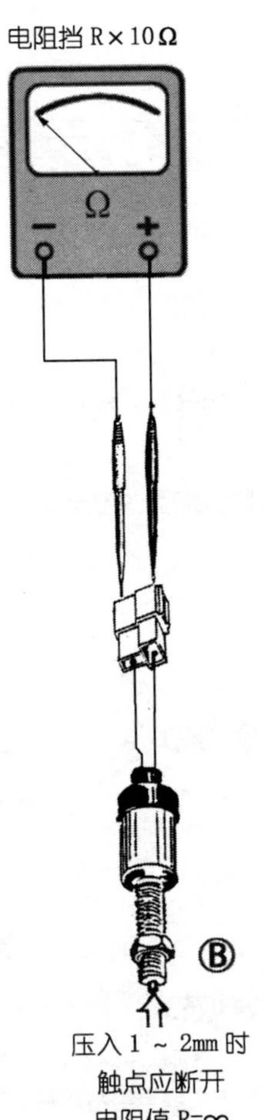

压入 1 ~ 2mm 时
触点应断开
电阻值 R=∞

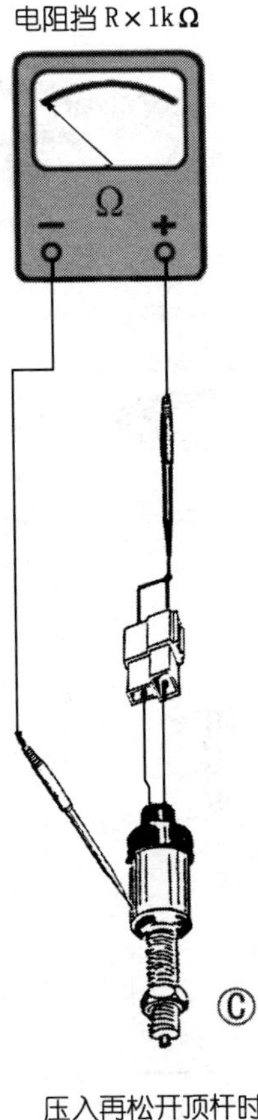

压入再松开顶杆时，
触点与外壳的绝缘
电阻值 R=∞

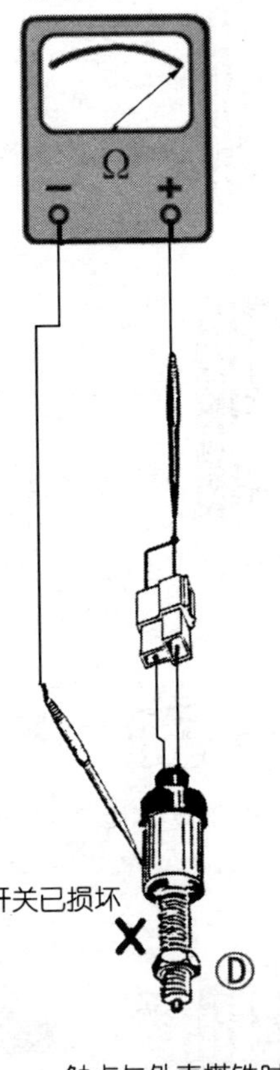

触点与外壳搭铁时
电阻值 R=0

结构解体图

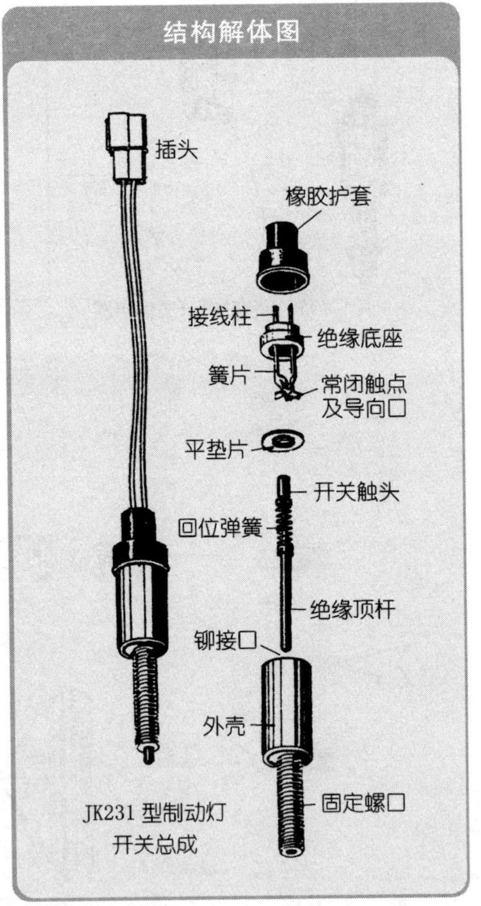

JK231 型制动灯
开关总成

蜂鸣器不响

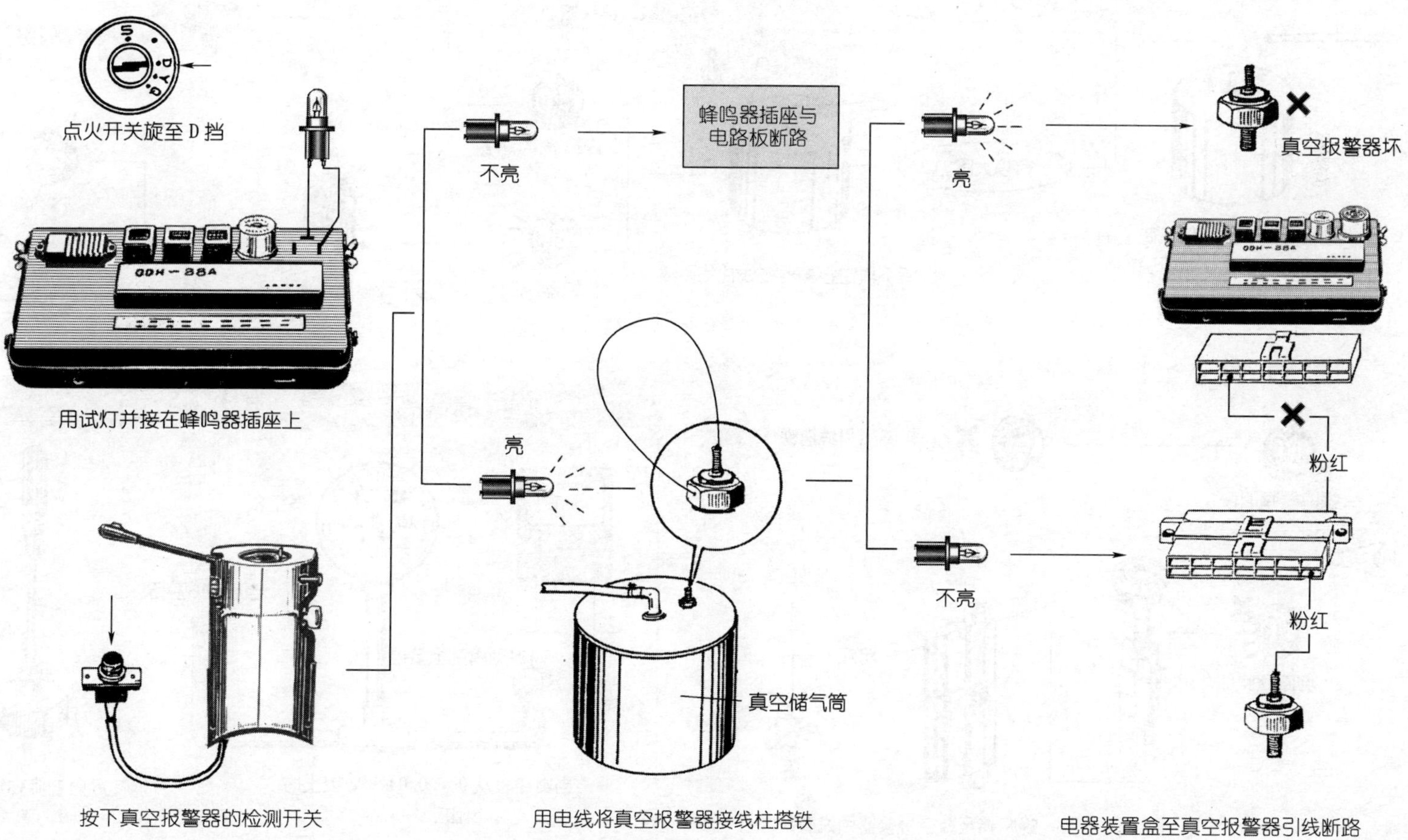
点火开关旋至 D 挡
用试灯并接在蜂鸣器插座上
不亮
蜂鸣器插座与电路板断路
亮
真空报警器坏
按下真空报警器的检测开关
用电线将真空报警器接线柱搭铁
真空储气筒
不亮
粉红
粉红
电器装置盒至真空报警器引线断路

蜂鸣器长鸣

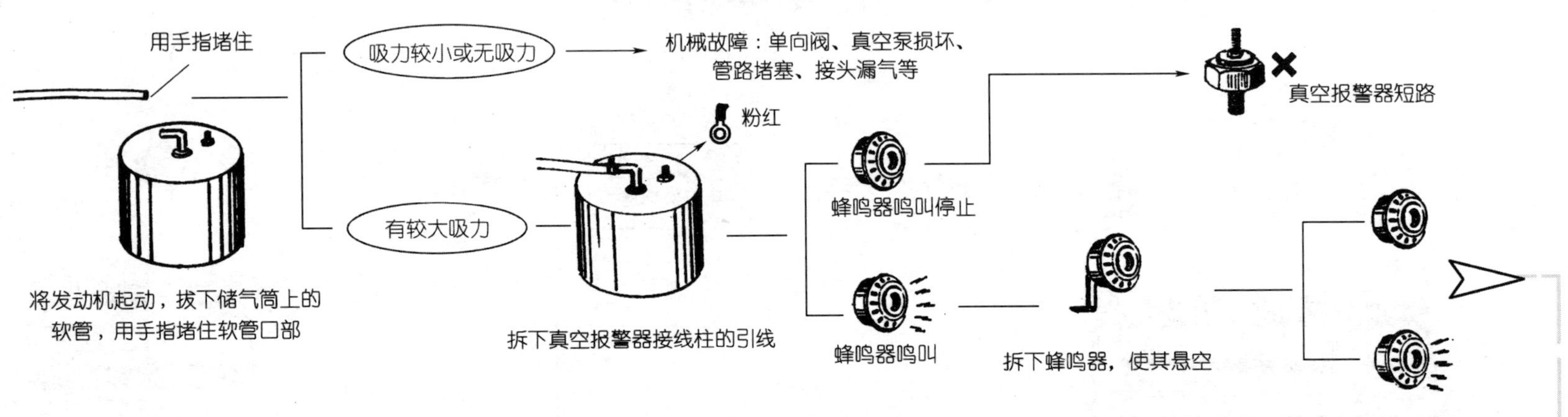

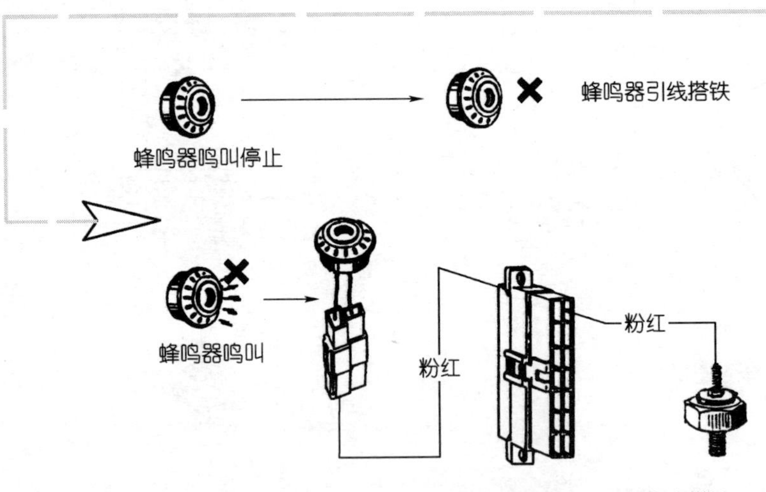

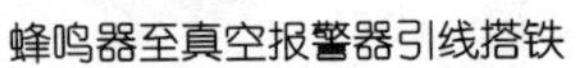

真空报警器的检测与调整

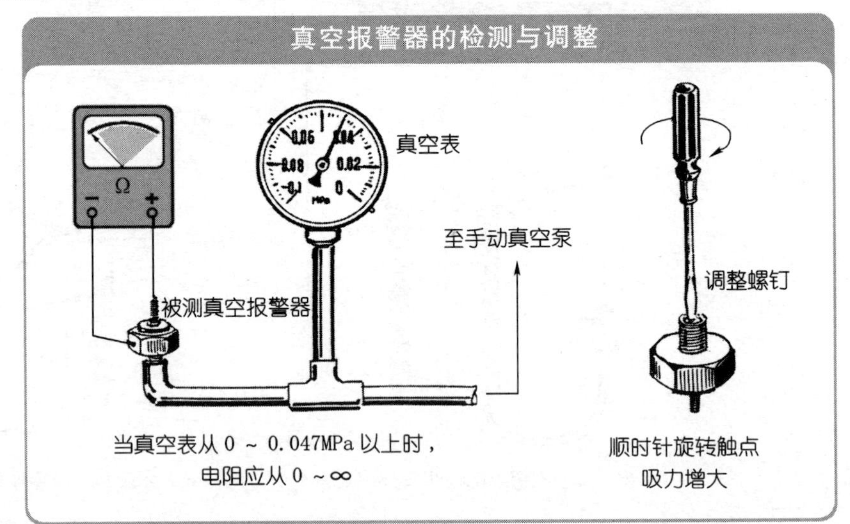

JK611B型倒车灯开关的检测

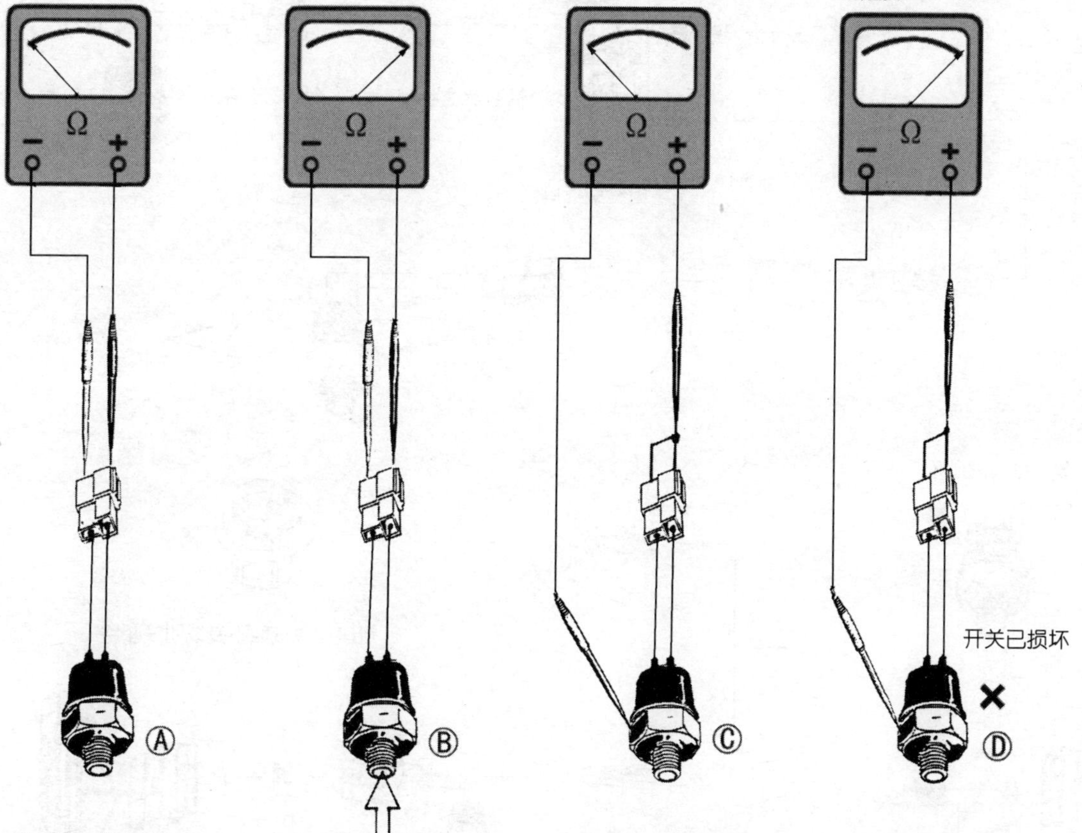

电阻挡 R×10Ω

常开触点的电阻值 R=∞

电阻挡 R×10Ω

压入钢球 0.9 ~ 1.3mm 时，开关应接通 电阻值 R=0

电阻挡 R×1kΩ

触点与外壳的绝缘电阻值 R=∞

电阻挡 R×1kΩ

开关已损坏

触点与外壳搭铁时，电阻值 R=0

开关的结构

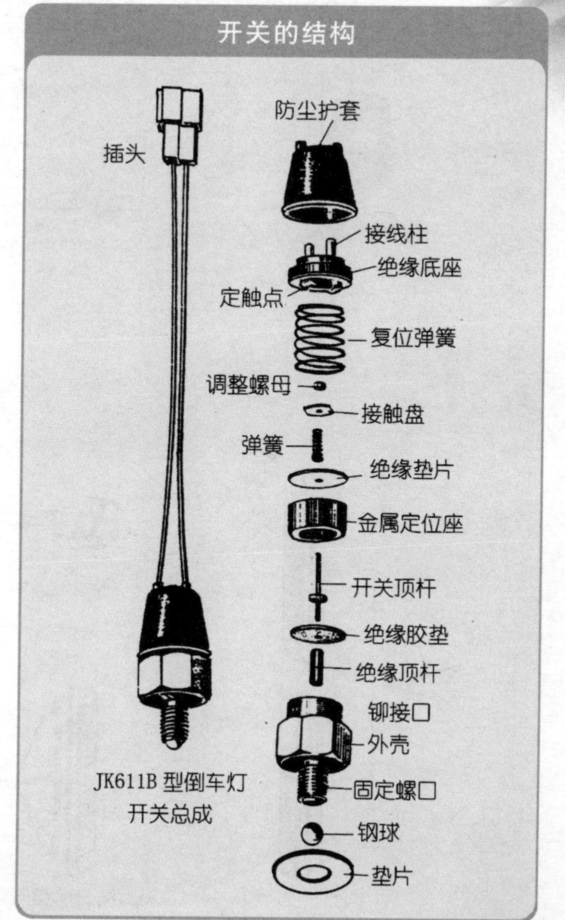

倒车信号灯不亮

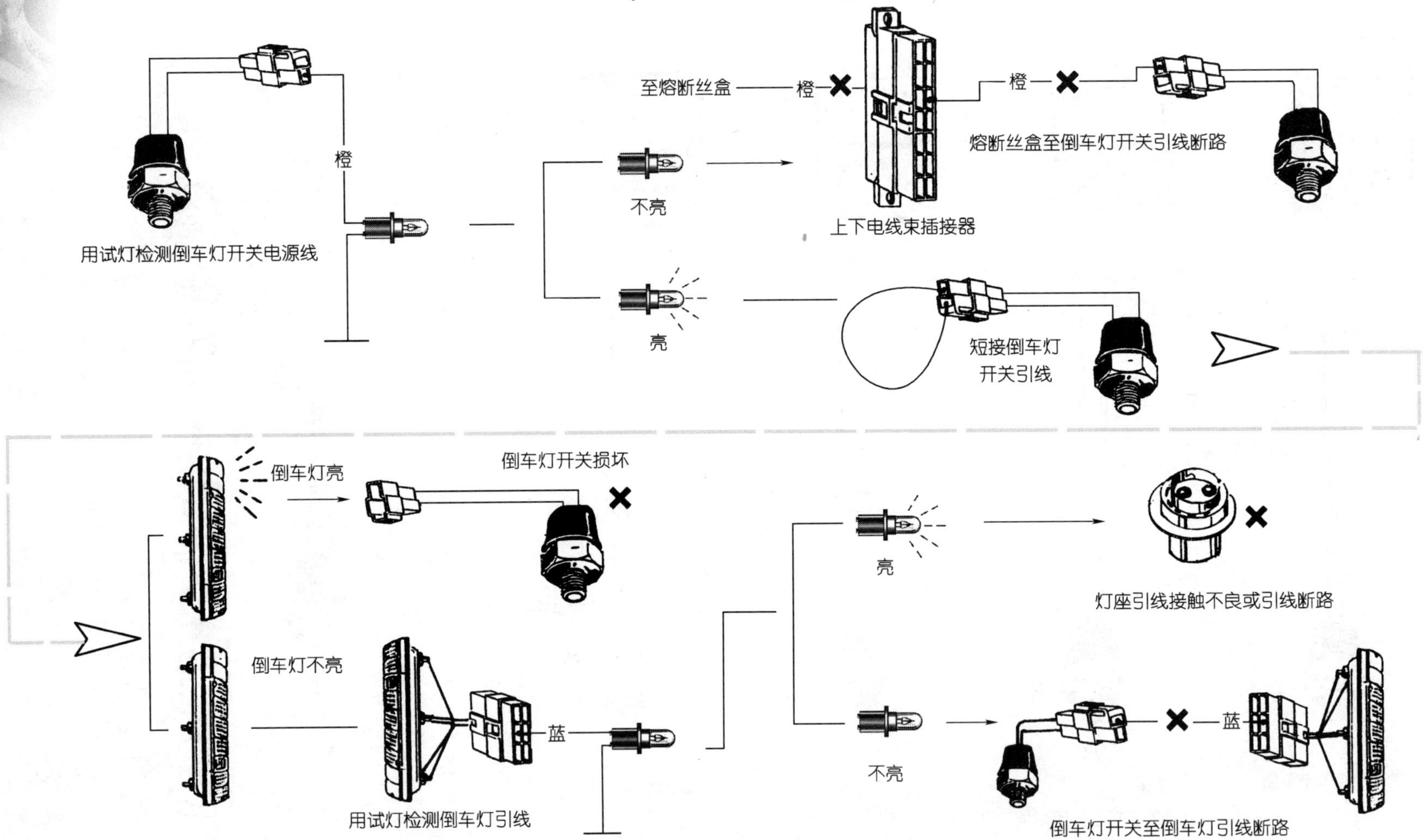

用试灯检测倒车灯开关电源线
橙
不亮
亮
至熔断丝盒
橙
上下电线束插接器
橙
熔断丝盒至倒车灯开关引线断路
短接倒车灯
开关引线
倒车灯亮
倒车灯开关损坏
倒车灯不亮
用试灯检测倒车灯引线
蓝
亮
不亮
灯座引线接触不良或引线断路
蓝
倒车灯开关至倒车灯引线断路

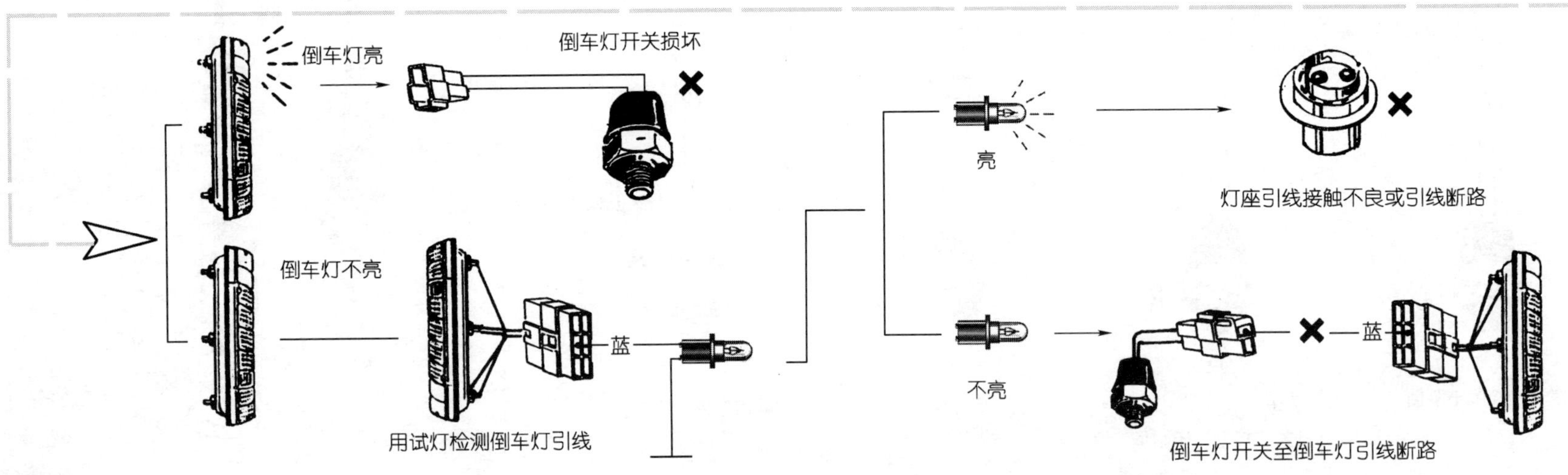

挂倒车挡时，车灯熔断丝即熔断

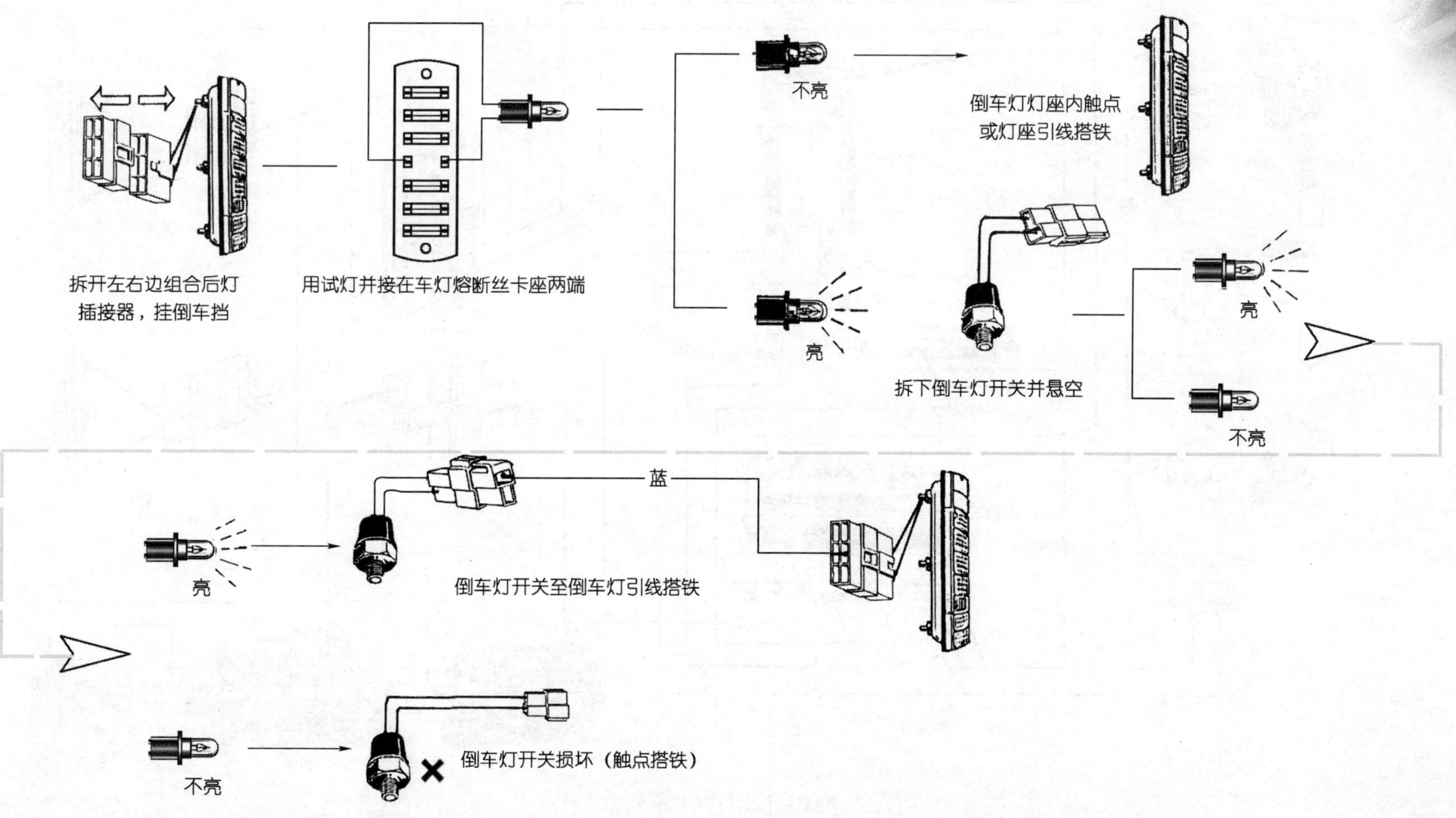

转向灯及危险警告信号灯系统接线图

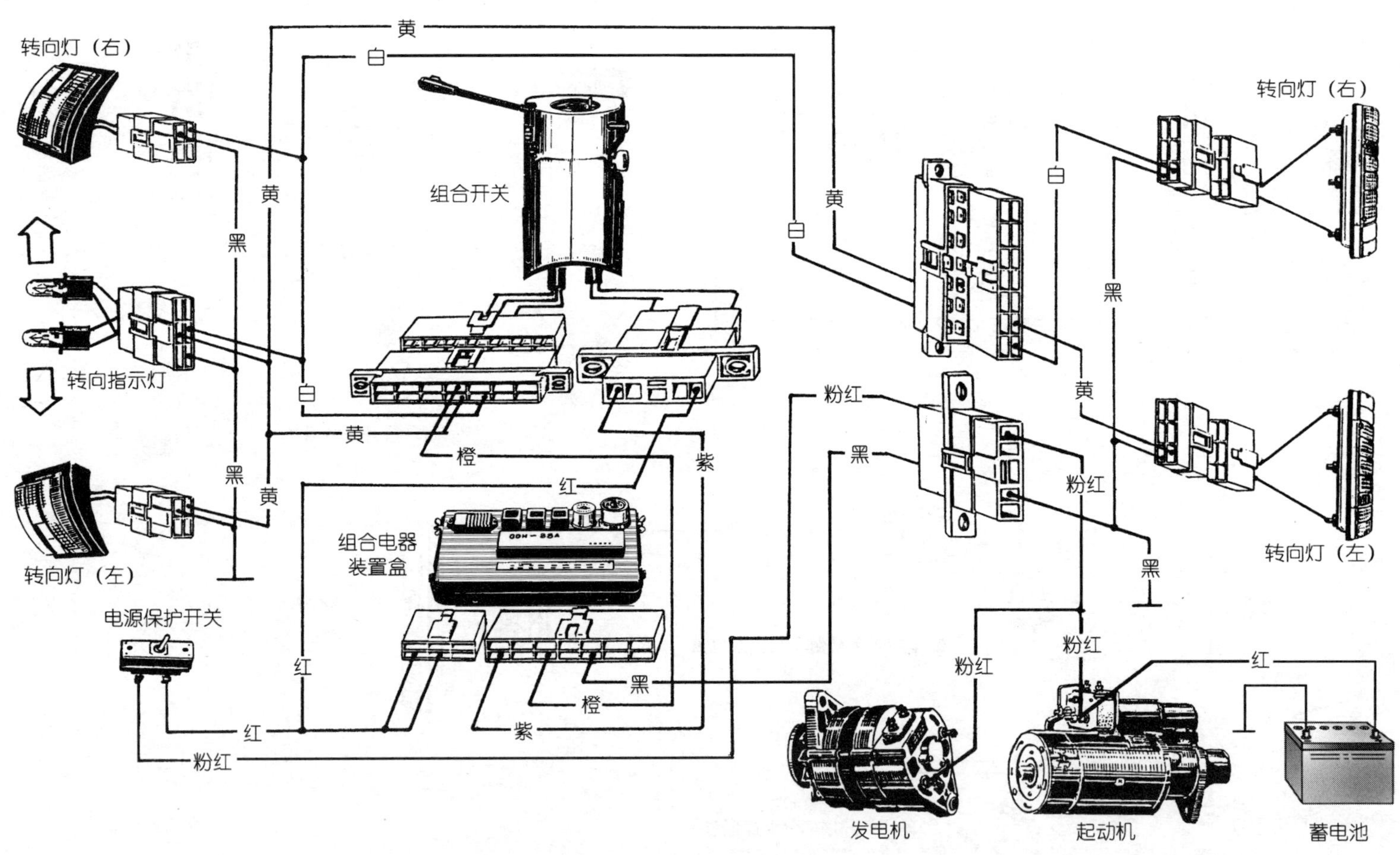

（跃进 NJ1041、NJ1061 系列汽车）

转向灯及危险警告信号灯系统线路图

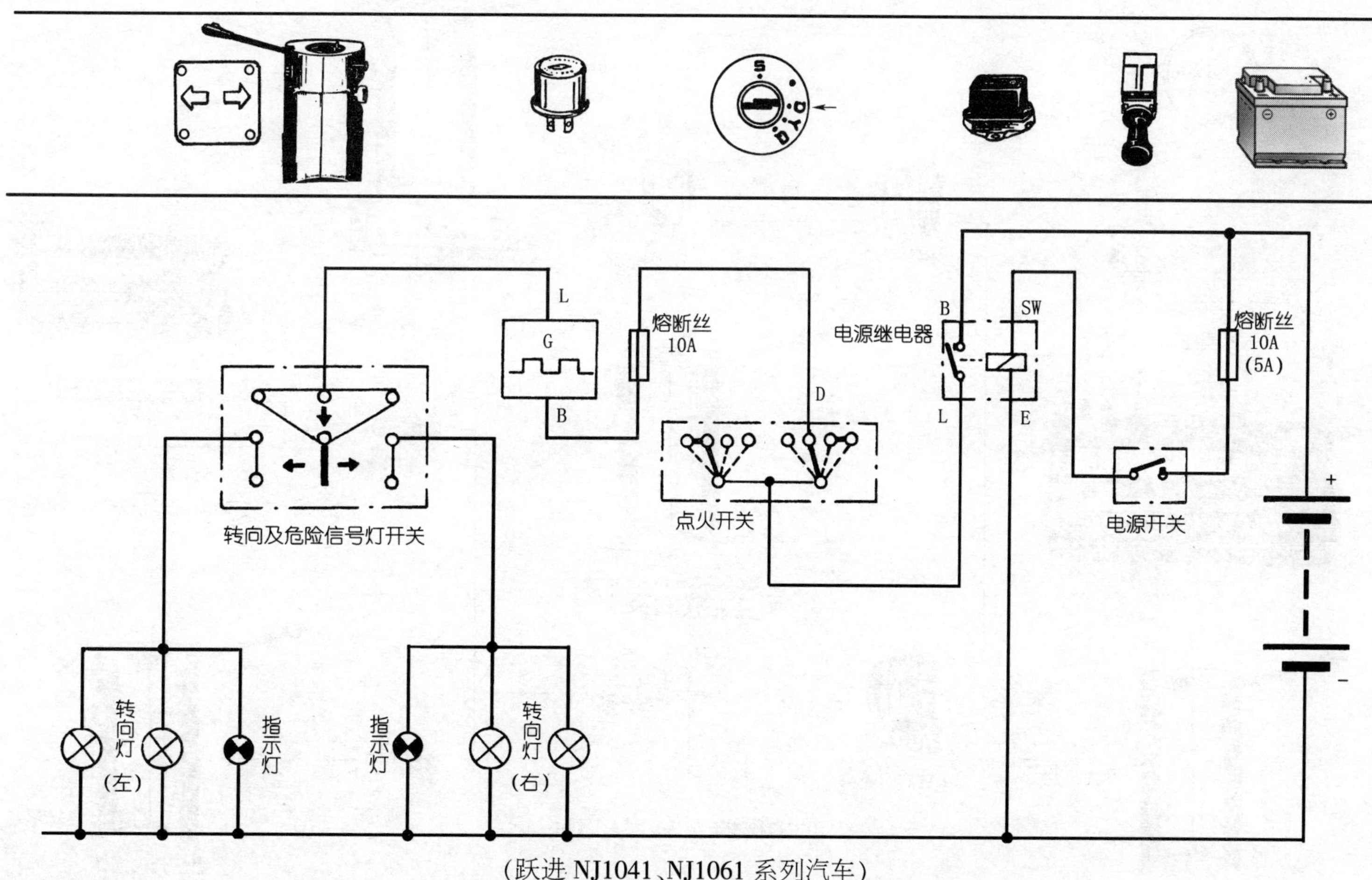

(跃进 NJ1041、NJ1061 系列汽车)

转向灯不亮

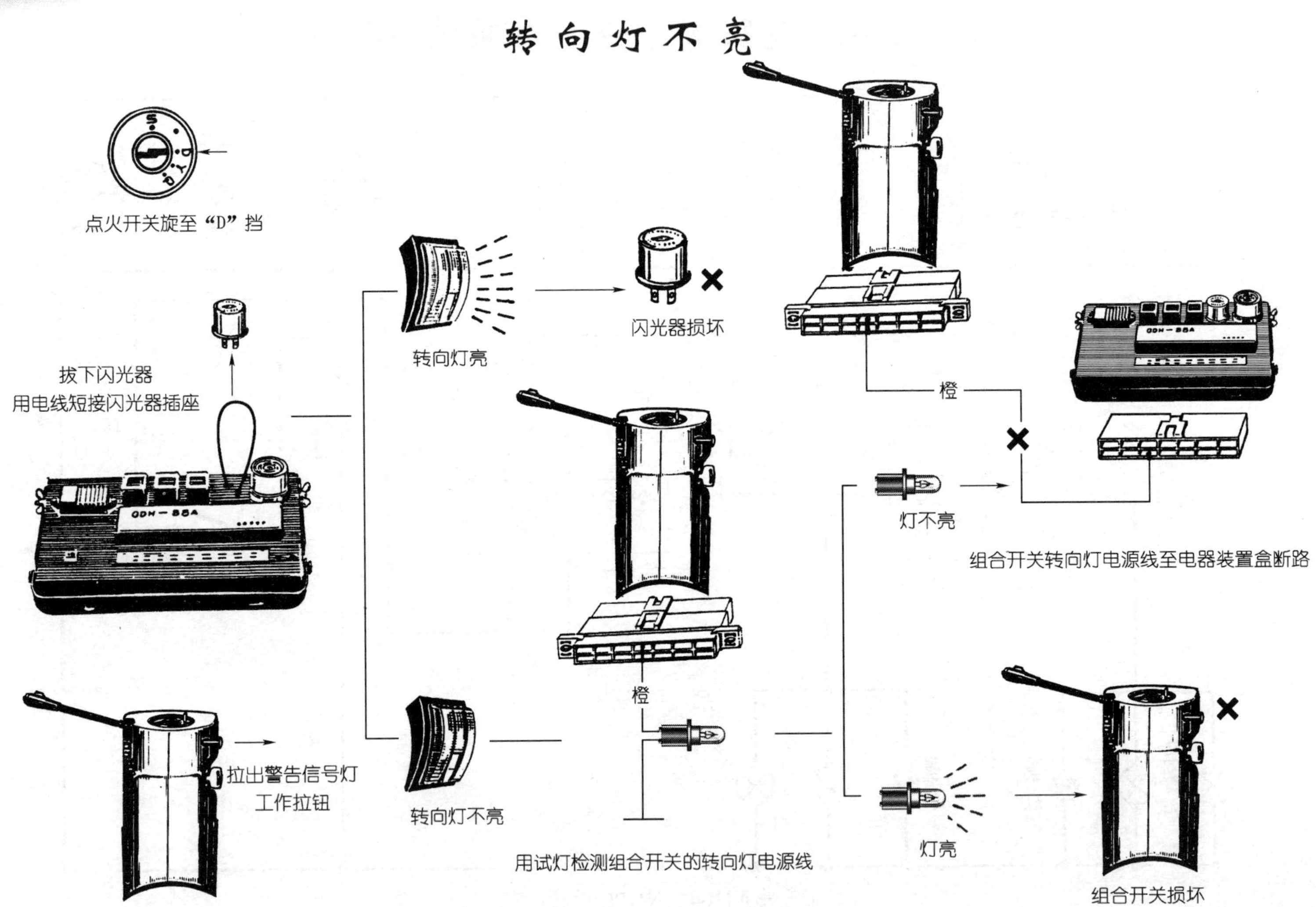
S
D
Y
P
点火开关旋至“D”挡
拔下闪光器
用电线短接闪光器插座
GDH－88A
拉出警告信号灯
工作拉钮
转向灯亮
闪光器损坏
转向灯不亮
橙
用试灯检测组合开关的转向灯电源线
橙
灯不亮
组合开关转向灯电源线至电器装置盒断路
灯亮
组合开关损坏

后转向灯一边不亮

转向灯一边不亮

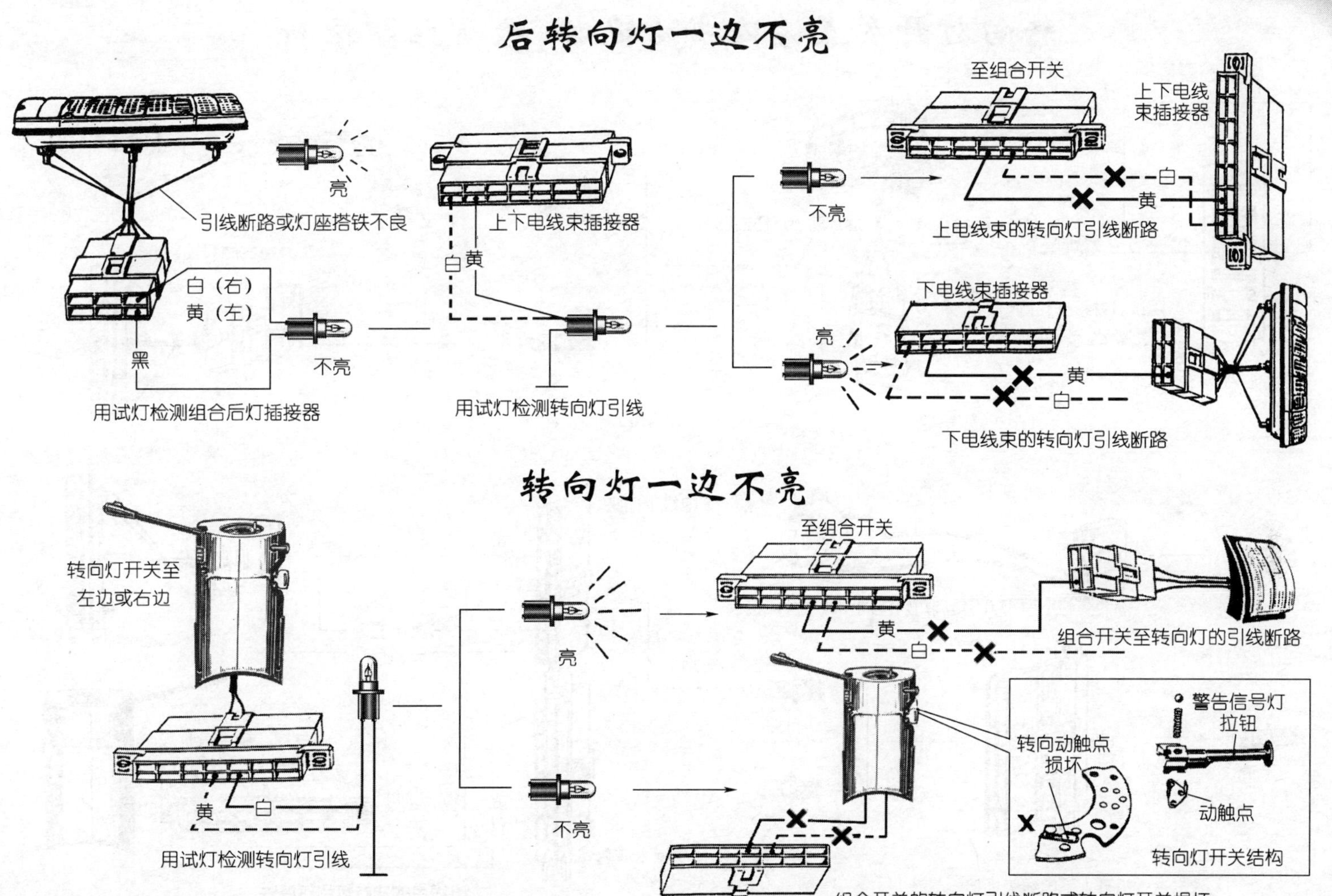

转向灯开关至左边或右边时,熔断丝即熔断

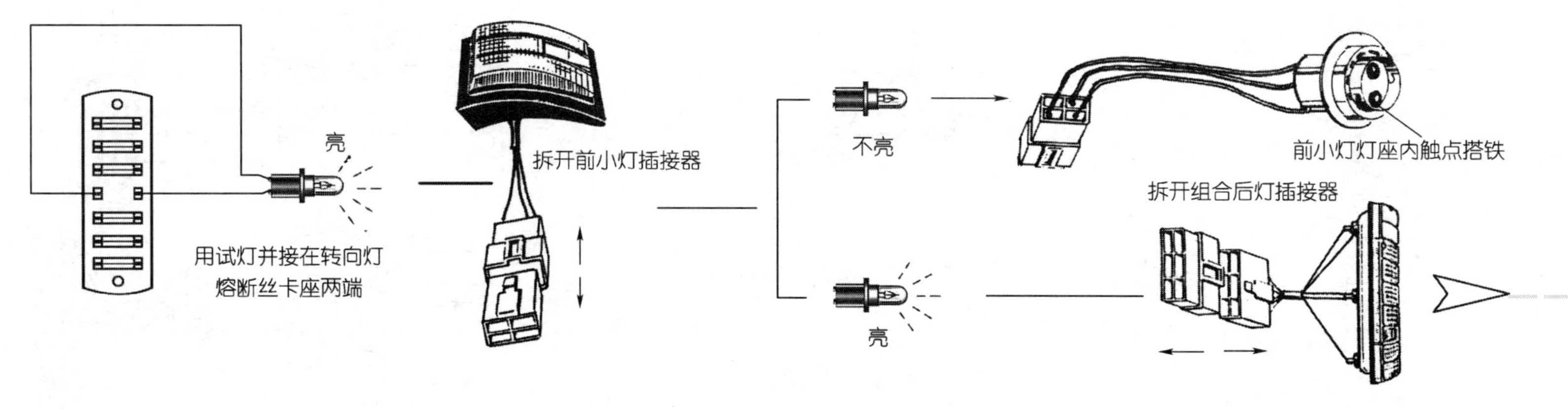

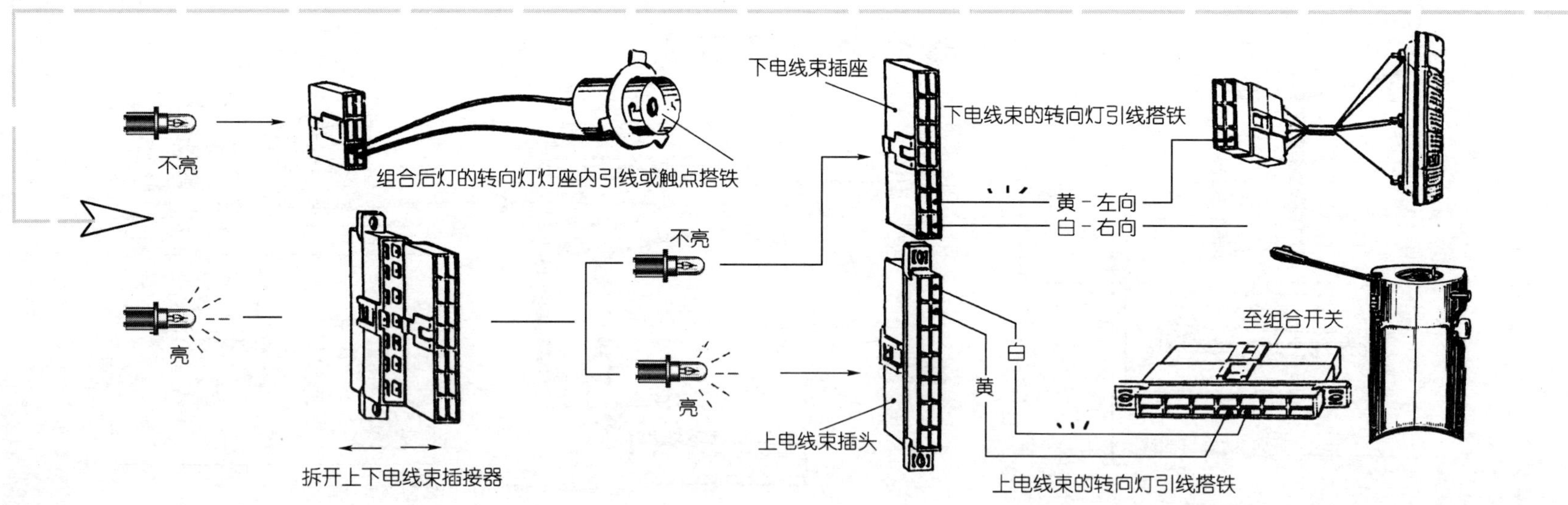

JK301型组合开关转向灯开关的检测与代用

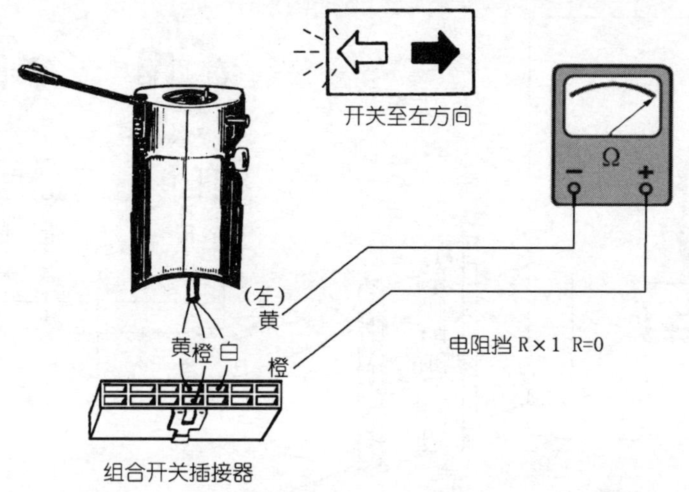

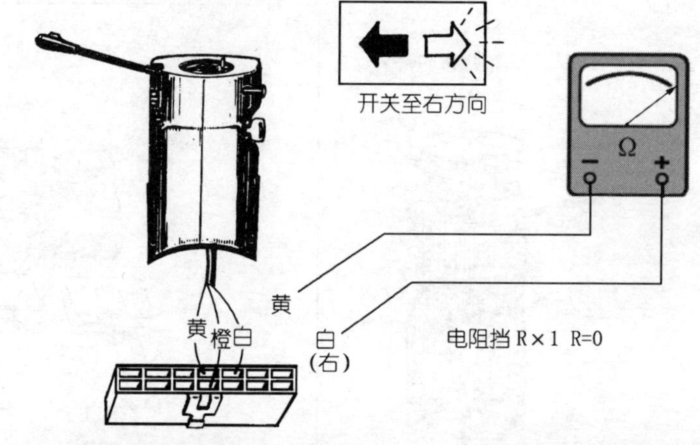

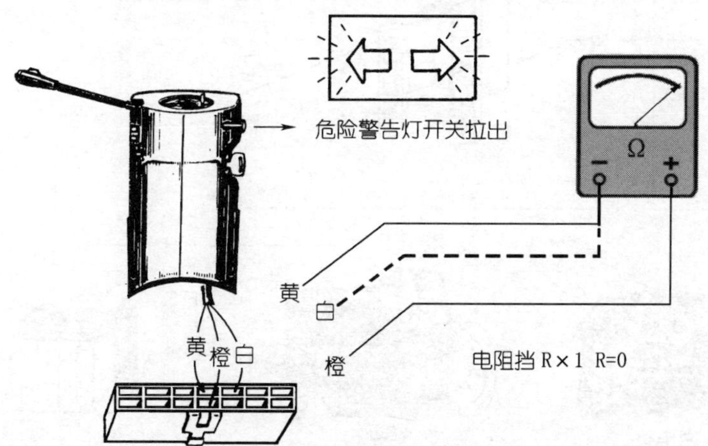

转向灯开关损坏后的应急代用

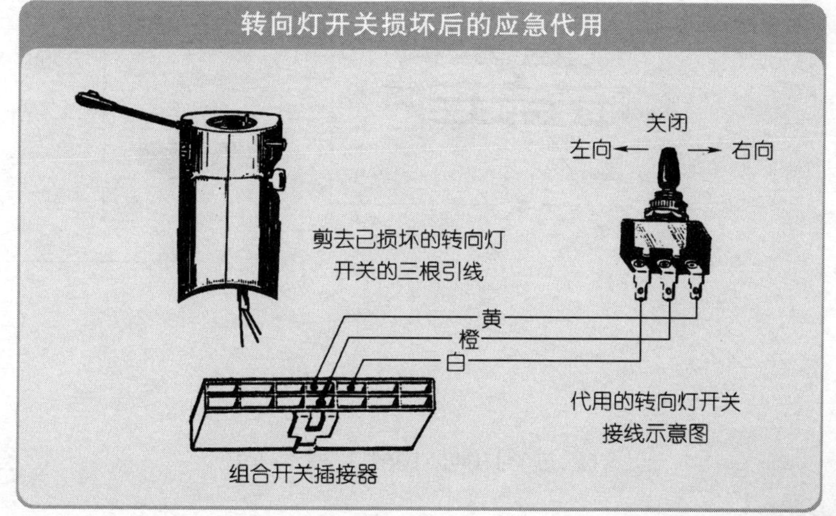

电喇叭系统接线图

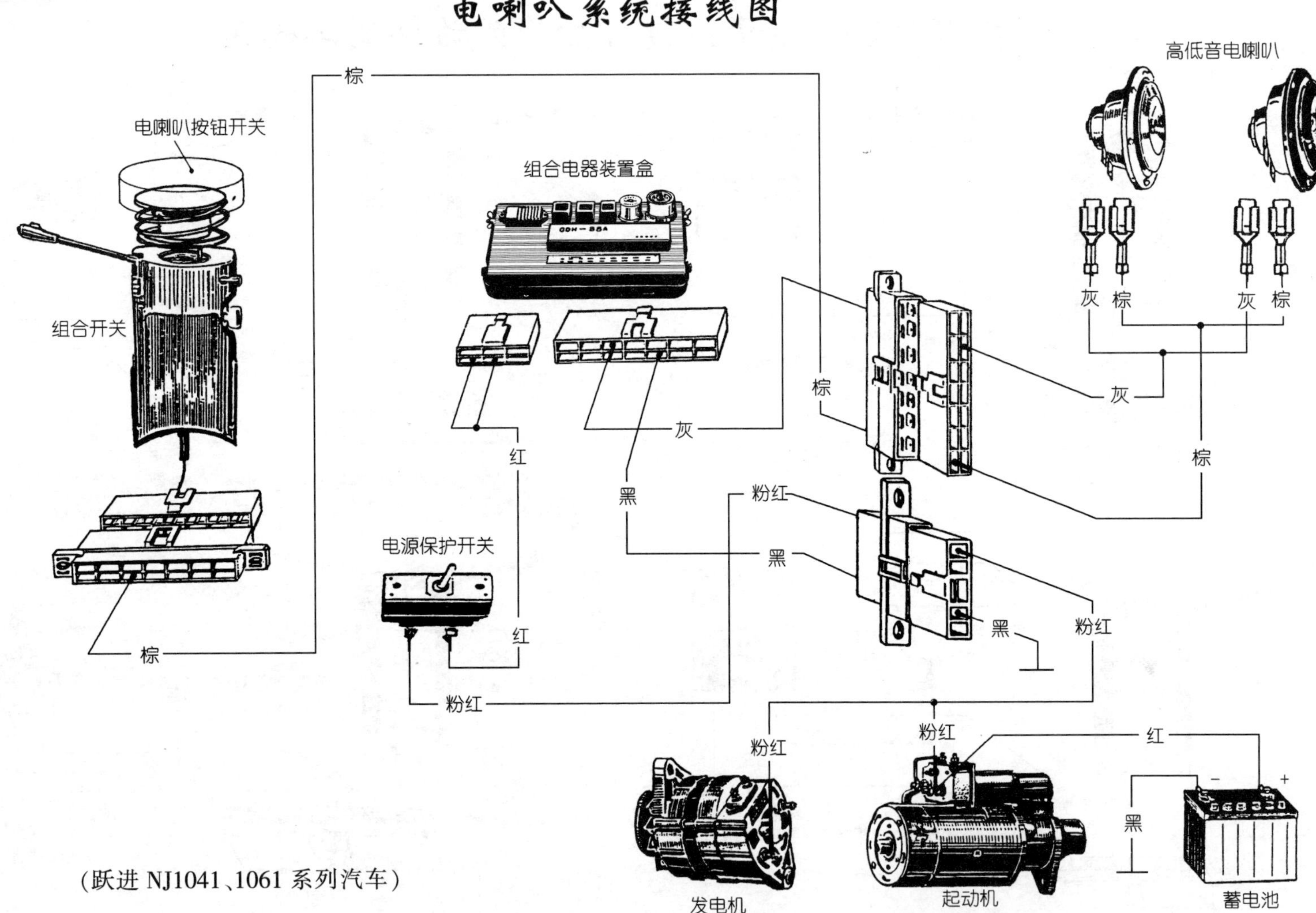

（跃进 NJ1041、1061 系列汽车）

电喇叭系统电路图

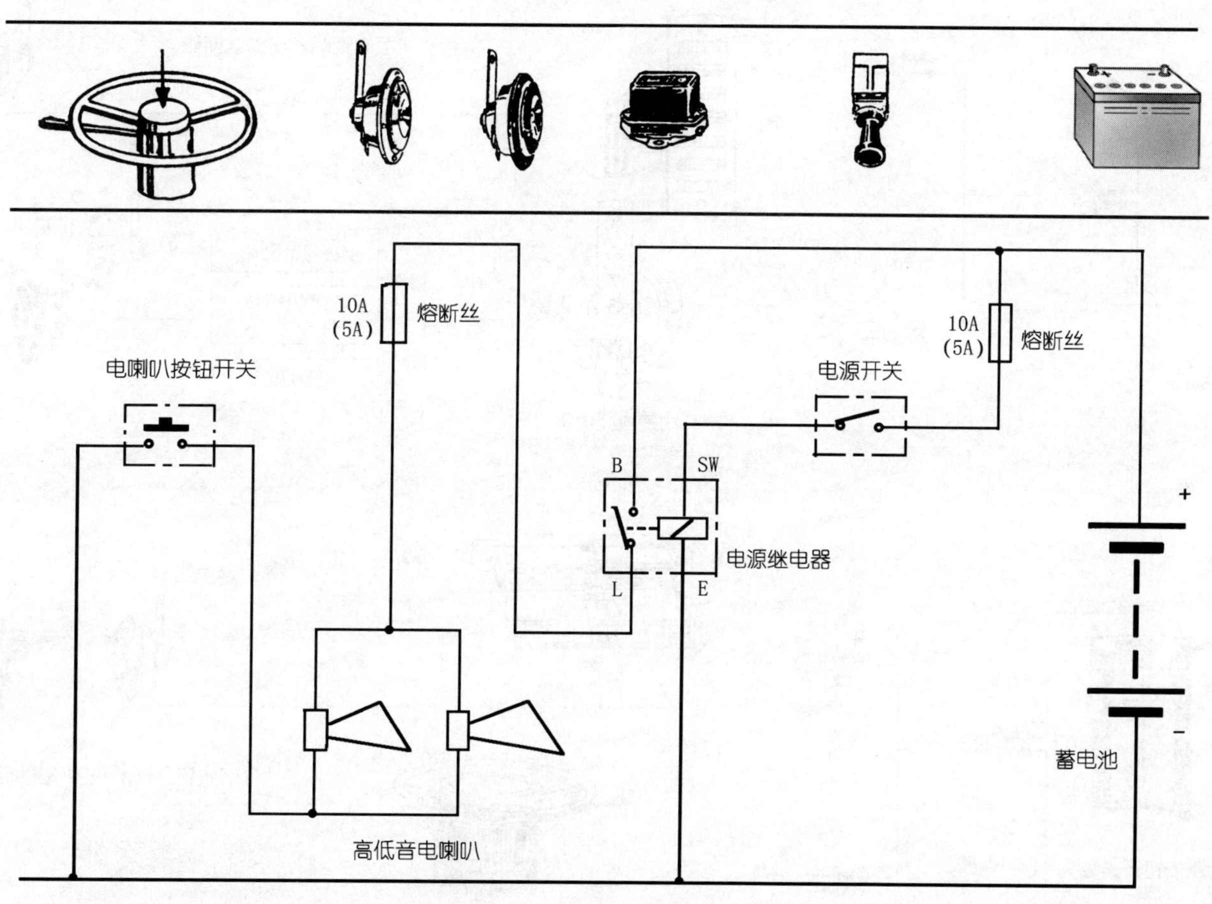

（跃进 NJ1041、1061 系列汽车）

电喇叭不响

熔断丝盒至电喇叭的电源线断路
不亮
灰
灰
棕
用试灯检测
电喇叭电源引线
棕
电喇叭不响
电喇叭线圈断路
电喇叭不响
火花强烈
电喇叭线圈短路或
触点烧蚀
亮
棕
灰
电喇叭响
用导线将电喇叭
按钮引线磁接外壳

至组合开关
按钮开关线至电喇叭按钮引线断路
不亮
棕
或按钮开关触头的引线断路
棕
用试灯检测按钮开关触头
亮
按钮开关触头与转向盘的下触点接触板接触不良或按钮开关损坏

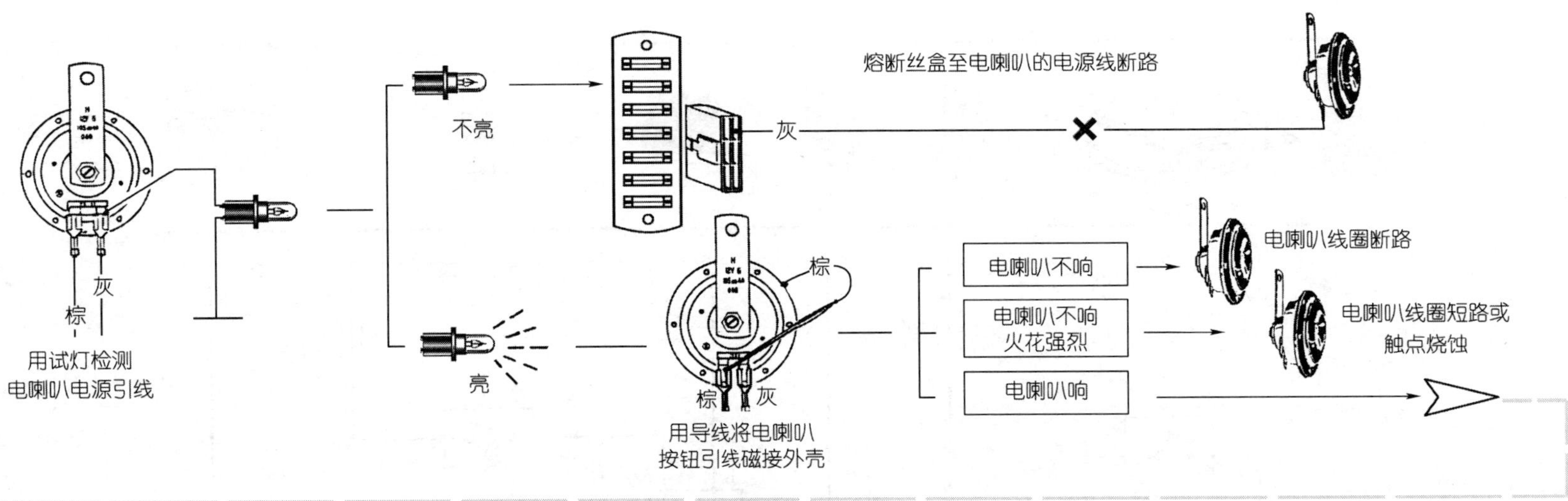

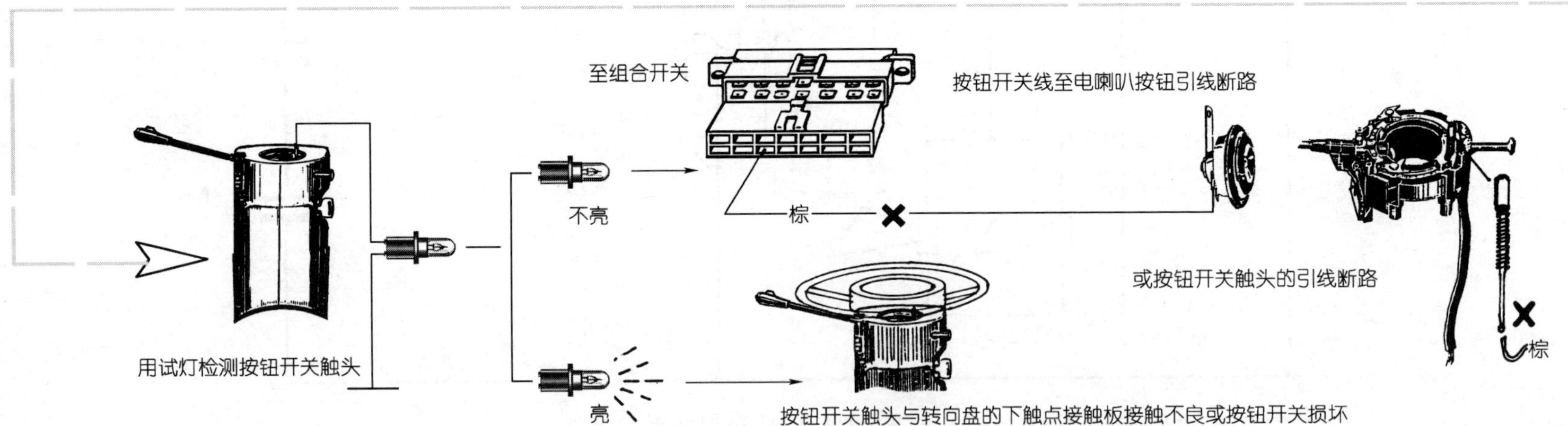

电喇叭的熔断丝一装上即熔断

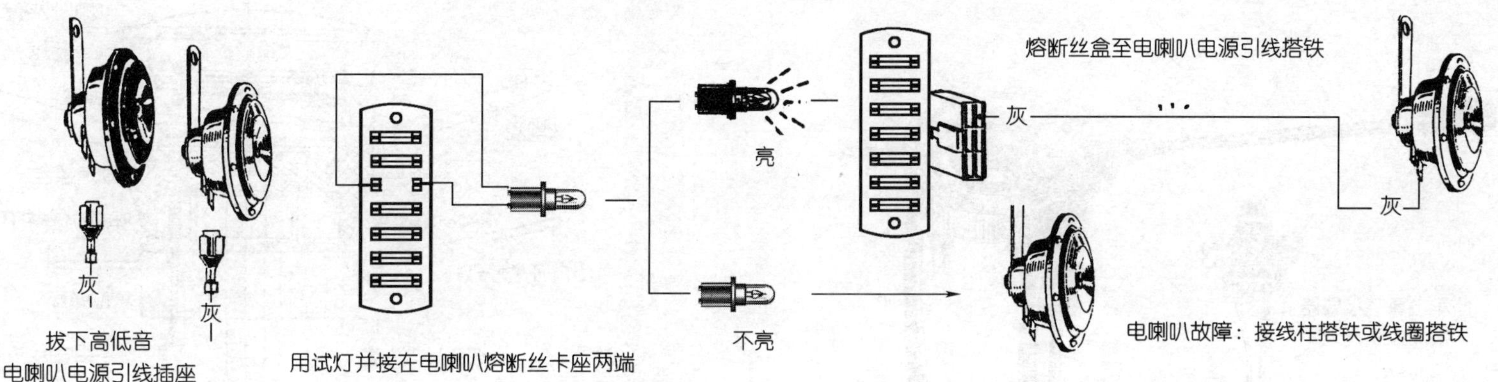

按下电喇叭按钮开关，熔断丝即熔断

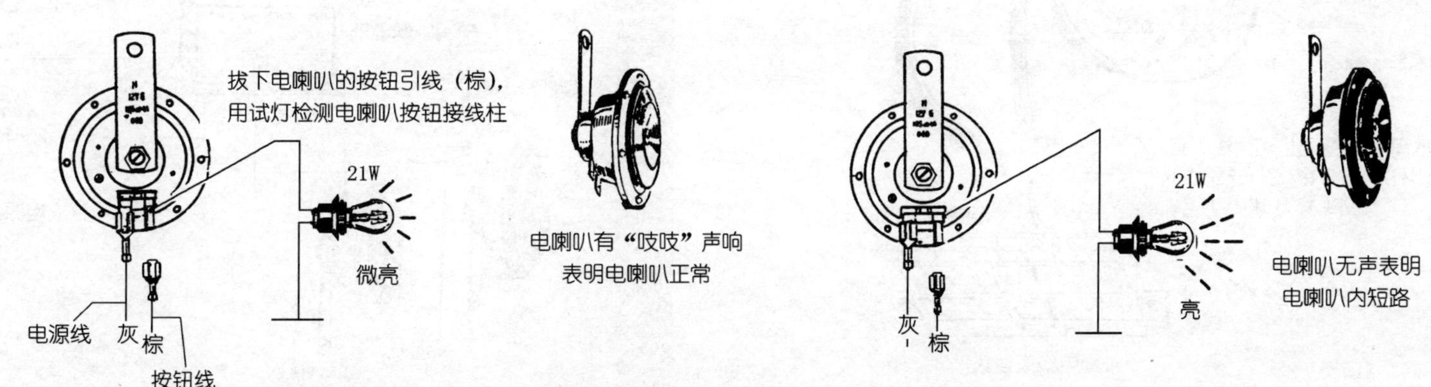

电喇叭按钮开关损坏后的应急措施

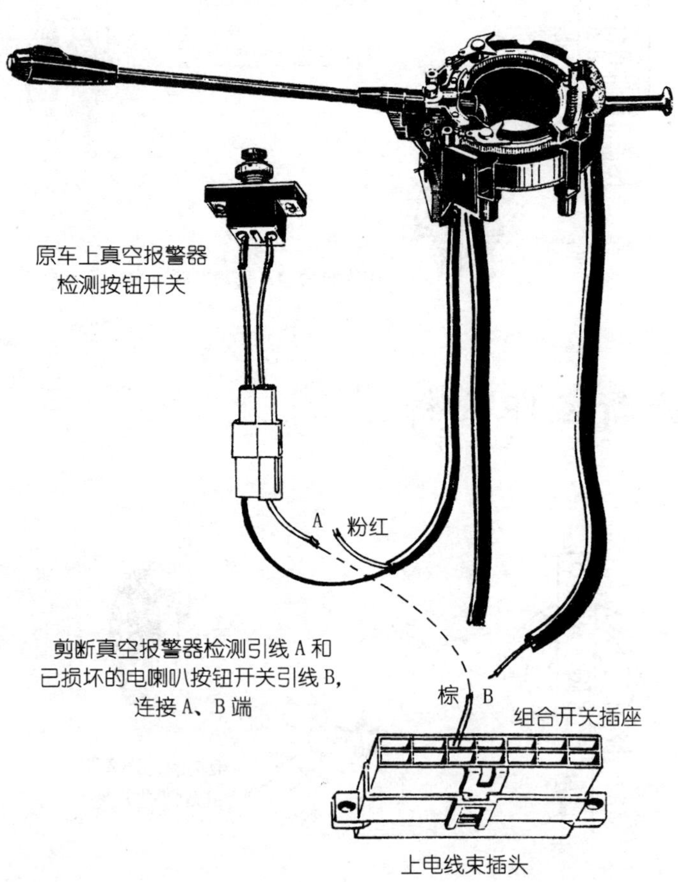

电喇叭按钮开关的结构

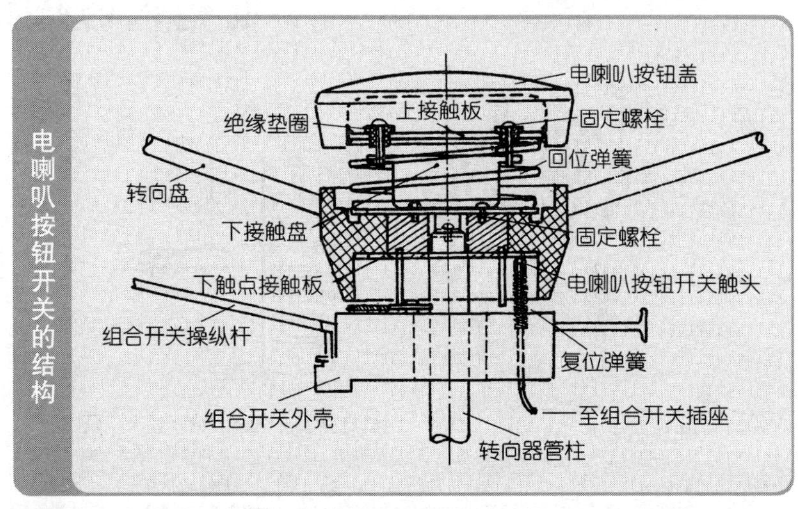

电喇叭继电器的安装

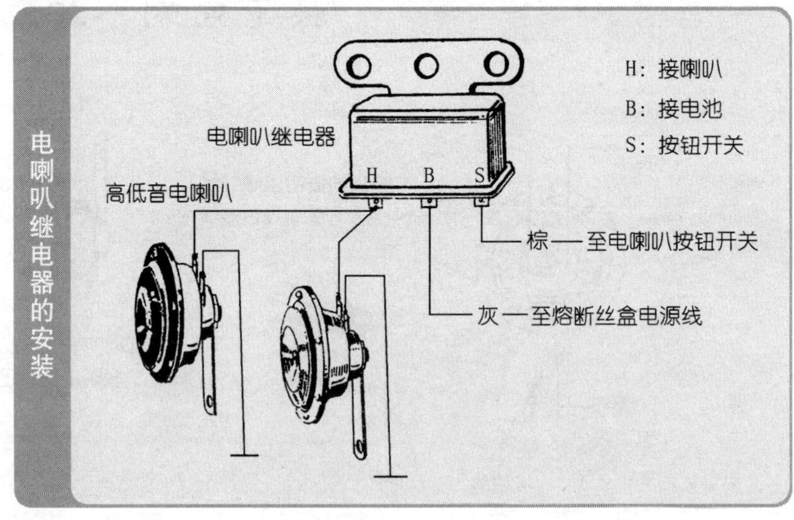

电喇叭的检查

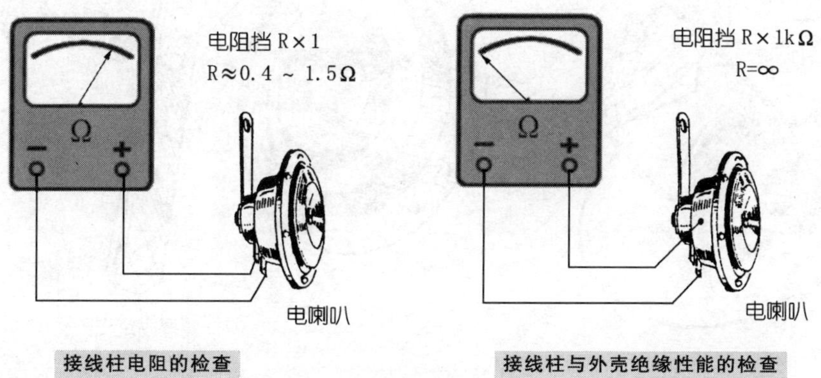

接线柱电阻的检查

接线柱与外壳绝缘性能的检查

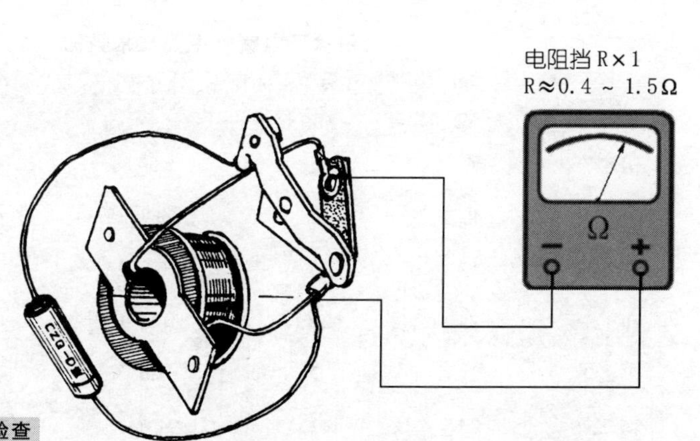

电喇叭线圈的检查

电喇叭的调整

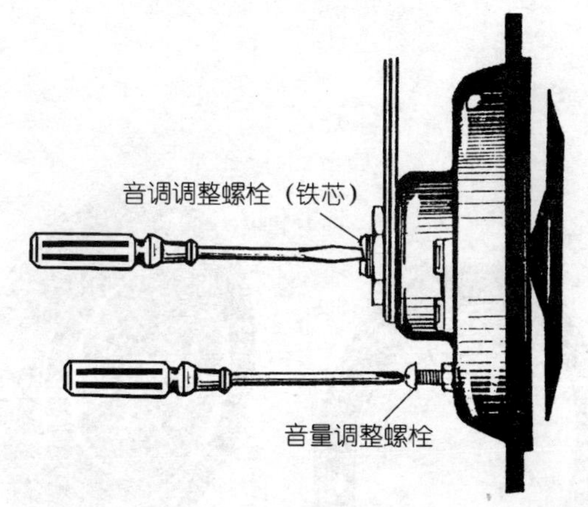

电阻挡 R×1kΩ。检查时，当表棒碰接电容器引线瞬间时，表针由 50kΩ 迅速返回至 ∞ 为合格。

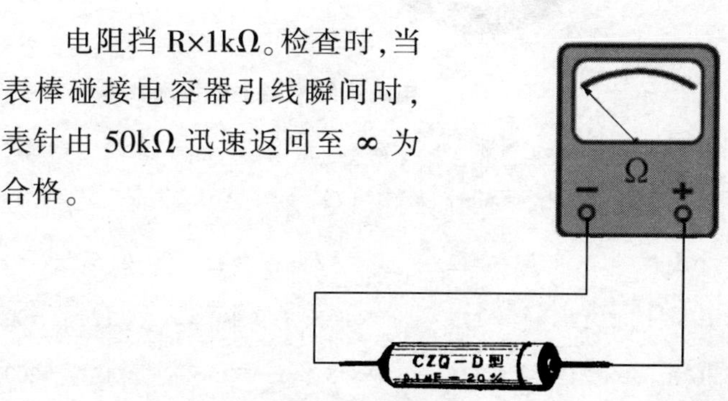

电喇叭电容器的检查

盆形电喇叭结构及主要技术数据

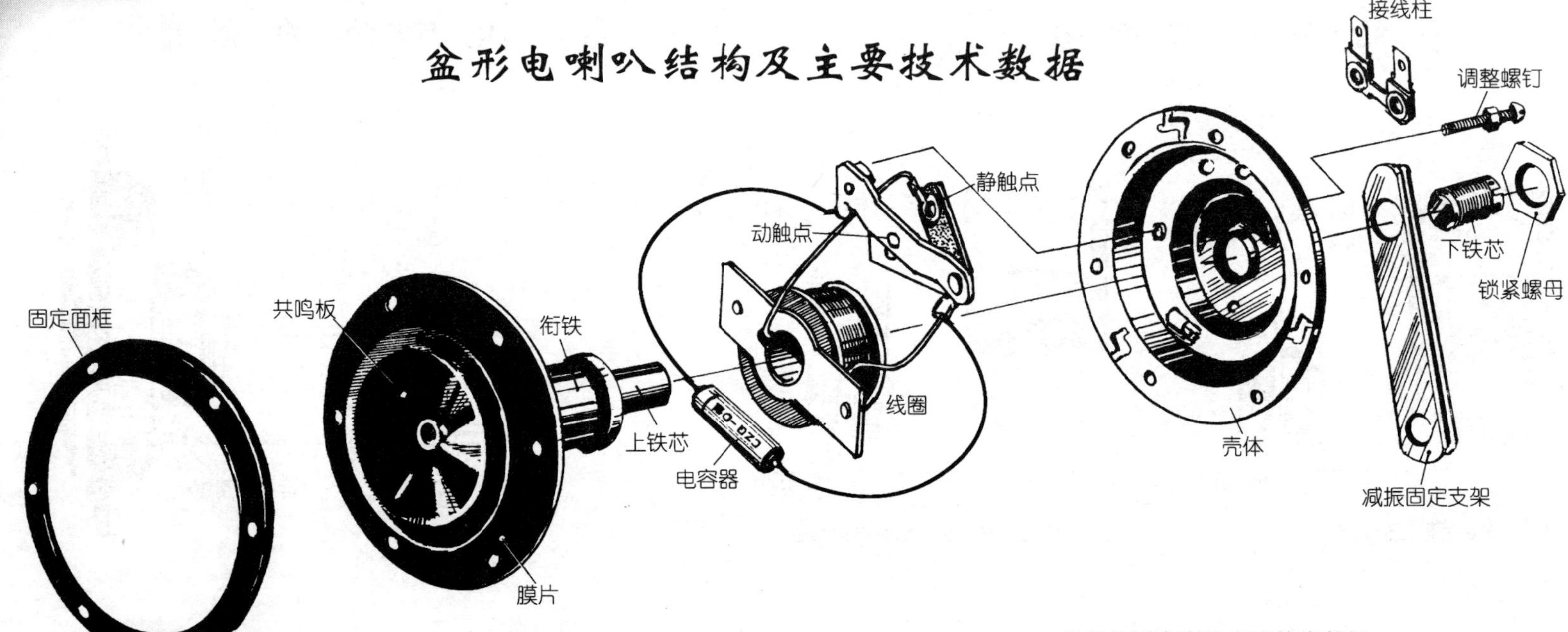

电喇叭继电器主要技术数据

型号	额定参数		吸合电压(V)	释放电压(V)	线圈主要数据		
	电压(V)	电流(A)			直径(mm)	匝数	电阻(Ω)
JL2	6	22	≤3.8	≥1.5	0.25	500±5	6±0.5
JL2A	12	17	≤7.5	≥3	0.17	1000±10	26±1.6
JL2B	24	11	≤15.2	≥5	0.13	2000±20	105±5
JD112	12	17	≤7.6	≥3	0.17	1000±10	26±1.6

常用盆形电喇叭主要技术数据

型号	额定电压(V)	最大额定电流(A)	允许电压变化范围(V)	声压级、距喇叭2m处(dB)
DL627S	6	5	5~7	95~105
DL129$^{D}_{G}$	12	4	10.8~15	105
DL87$^{D}_{G}$	12	6	10.8~15	90~105
DL127S	12	6	10.8~15	95~105
DL229$^{D}_{G}$	24	3	21.6~30	105
DL227S	24	3	21.6~30	95~105

12 辅助电器设备

刮水器、暖风机、洗涤器系统接线图

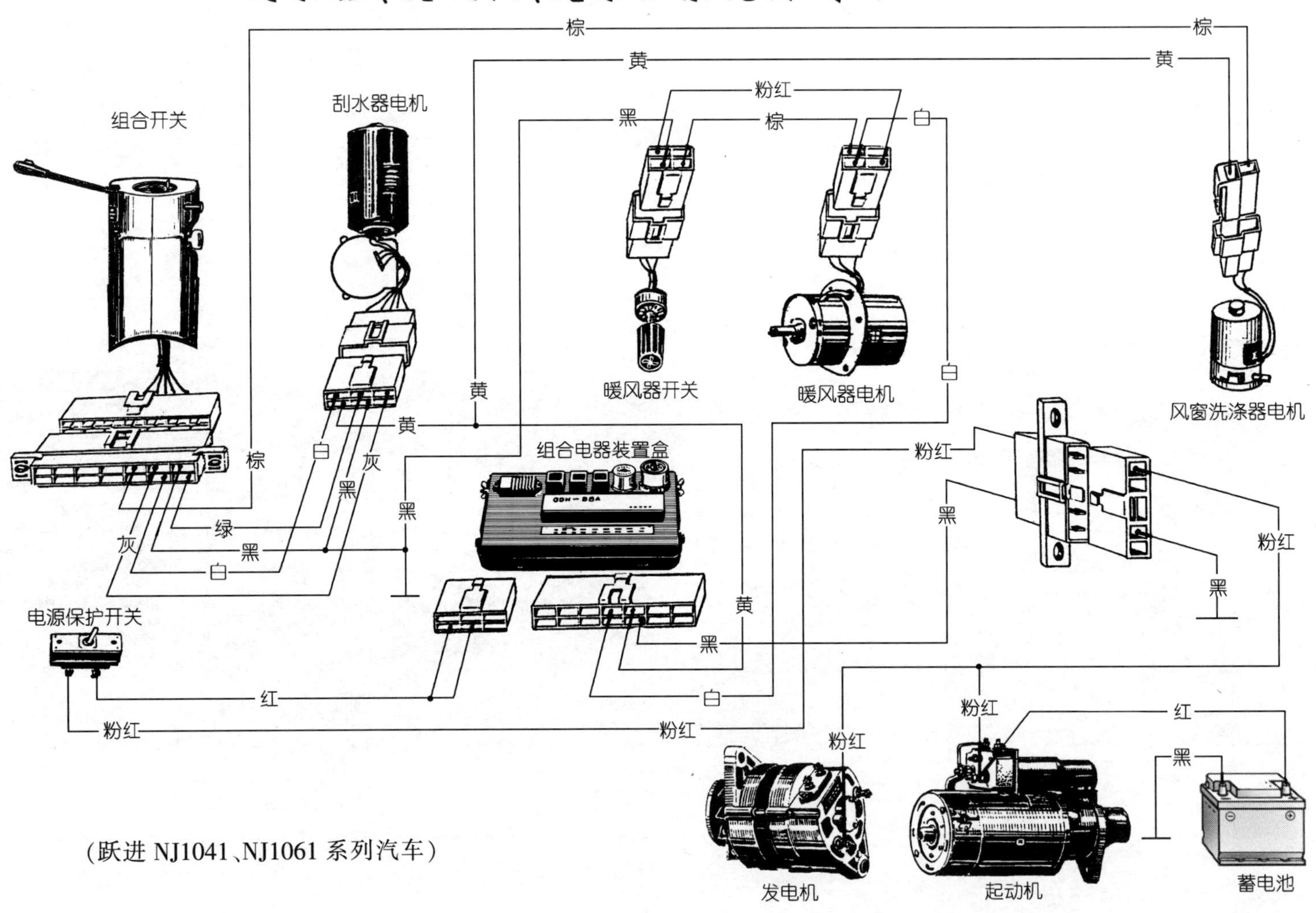

(跃进 NJ1041、NJ1061 系列汽车)

刮水器、暖风机、洗涤器系统电路图

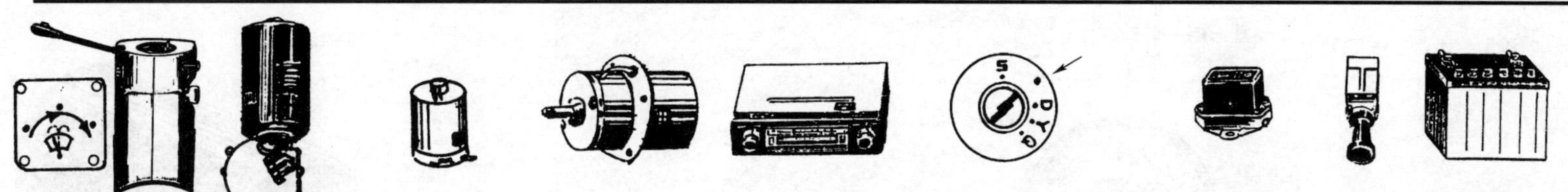

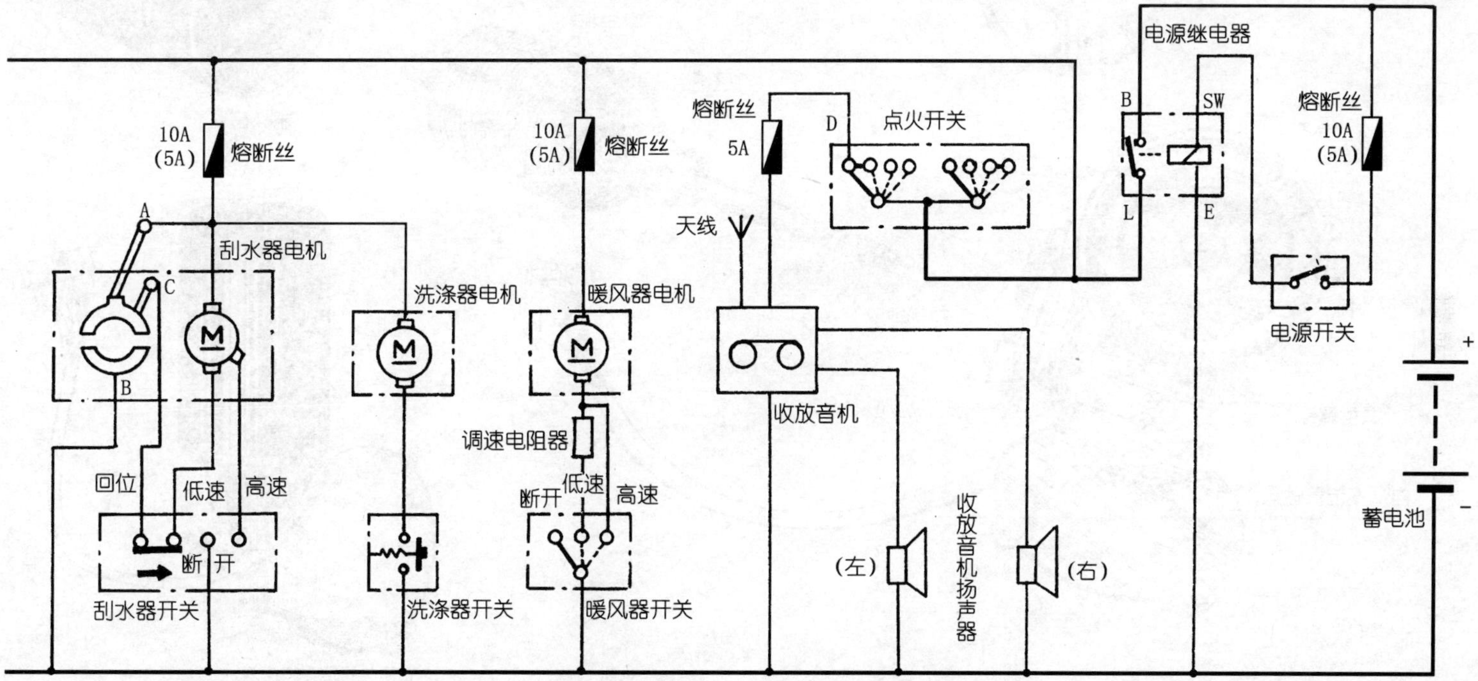

电源继电器
熔断丝
5A
点火开关
D
B
SW
熔断丝
10A
(5A)
10A
(5A)
熔断丝
10A
(5A)
熔断丝
L
E
A
天线
刮水器电机
C
洗涤器电机
暖风器电机
电源开关
+
B
收放音机
调速电阻器
回位
低速
高速
断开
低速
高速
蓄电池
-
断 开
收放音机扬声器
(左)
(右)
刮水器开关
洗涤器开关
暖风器开关

(跃进 NJ1041、NJ1061 系列汽车)

永磁式电动风窗玻璃刮水器主机解体图

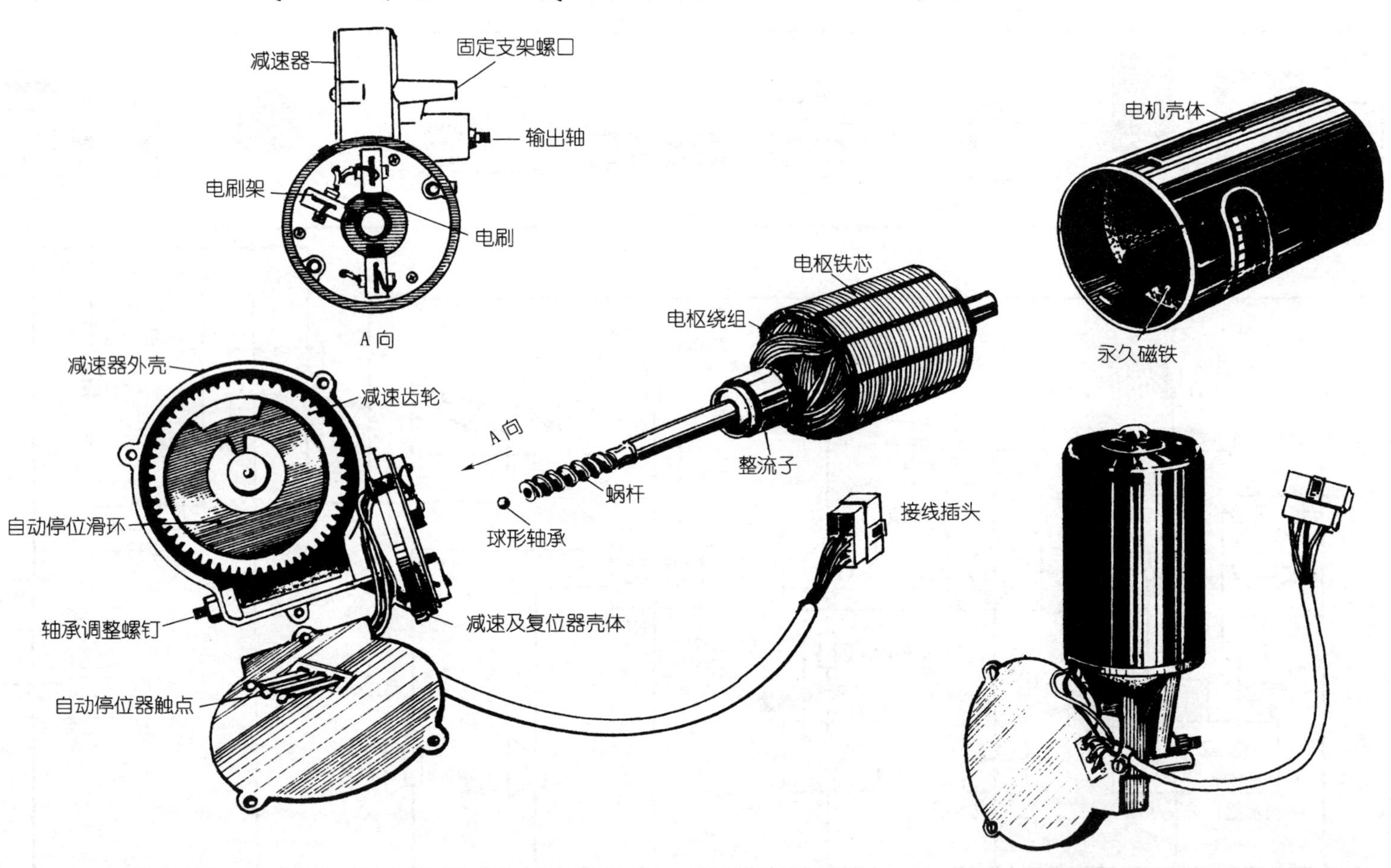

ZD1530、ZD2530 型电动刮水器主机总成

刮水器电动机不工作

刮水器电机
黄
用试灯检测刮水器电机电源线
不亮
至刮水器电机
刮水器电机电源引线至
熔断丝盒断路
黄
亮
至刮水器电机
绿
用试灯检测刮水器电机高速引线
不亮
刮水器电机的电刷损坏或
电机的电源引线断路
亮
至组合开关
至刮水器电机
不亮
绿
灰
刮水器控制开关引线至刮水器电机均断路
绿
用试灯检测刮水器控制
开关的高速引线
亮
黑
刮水器开关损坏或刮水器开关搭铁线断路

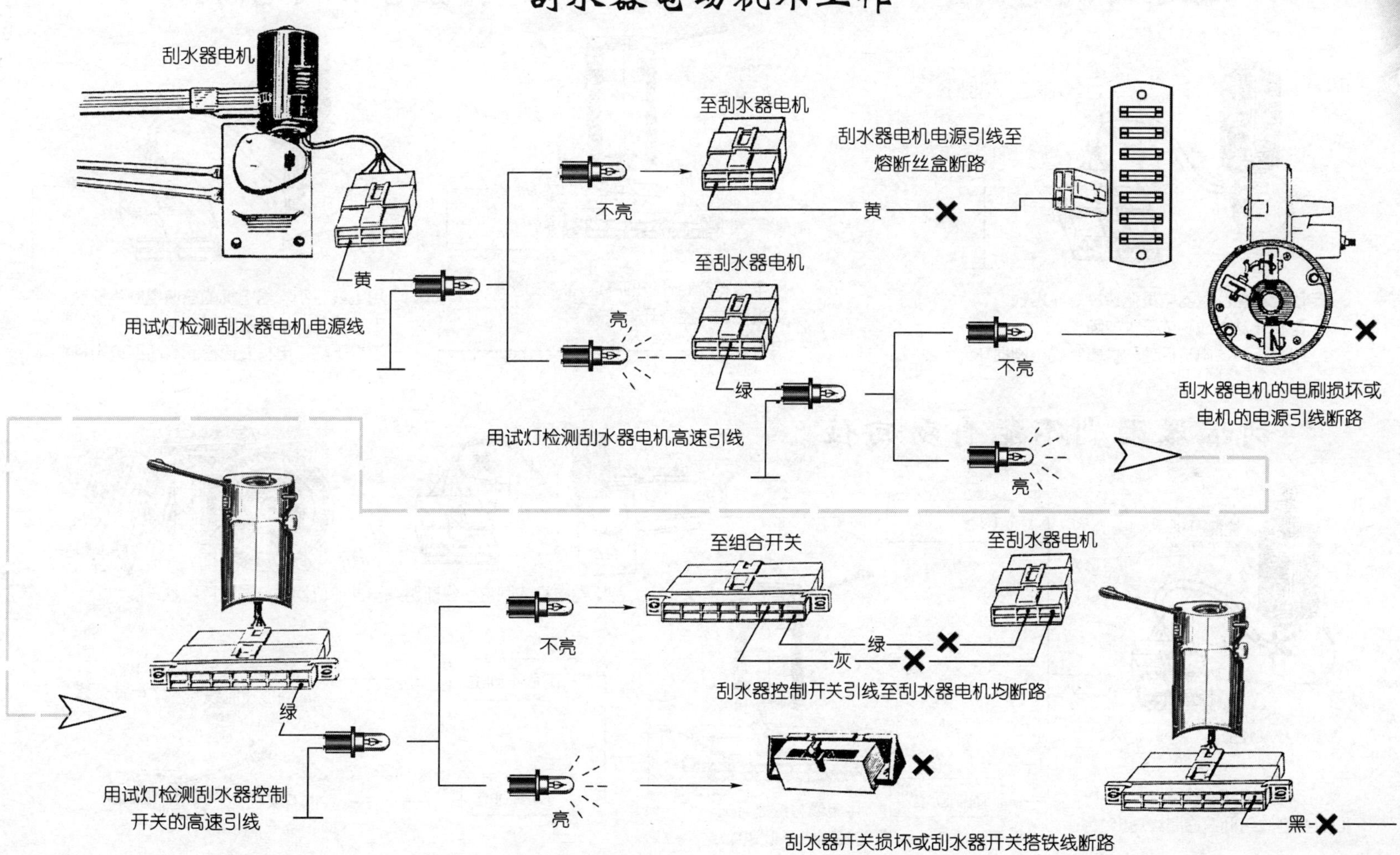

刮水器电动机无低速

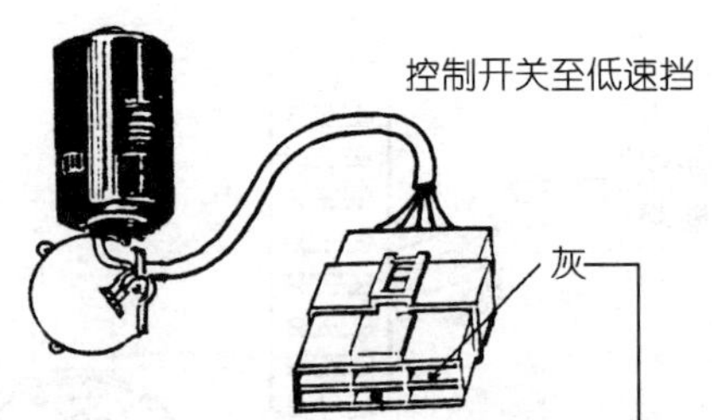

用电线将刮水器电机低速控制线搭铁
电机转动：线路或开关故障
电机不转：电机低速引线断路或电刷损坏

刮水器电动机无高速

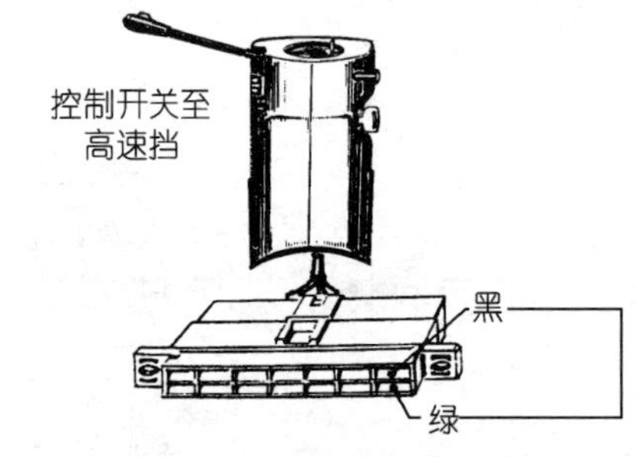

用电线将控制开关的高速控制线搭铁
电机转动：控制开关故障
电机不转：

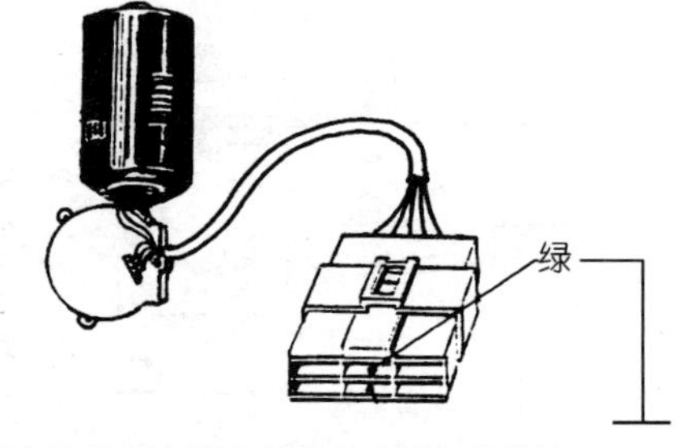

用电线将刮水器电机的高速控制线搭铁
电机转动：线路故障
电机不转：电机高速控制线断路或电刷损坏

刮水器雨刷不能自动回位

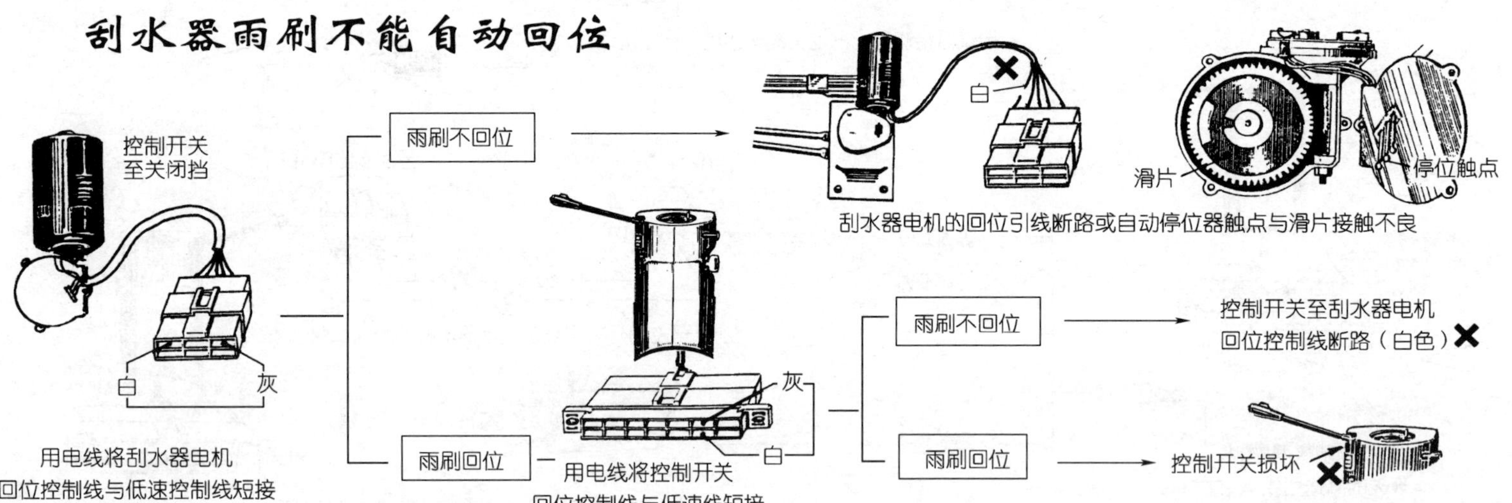

刮水器电动机不能停止运转

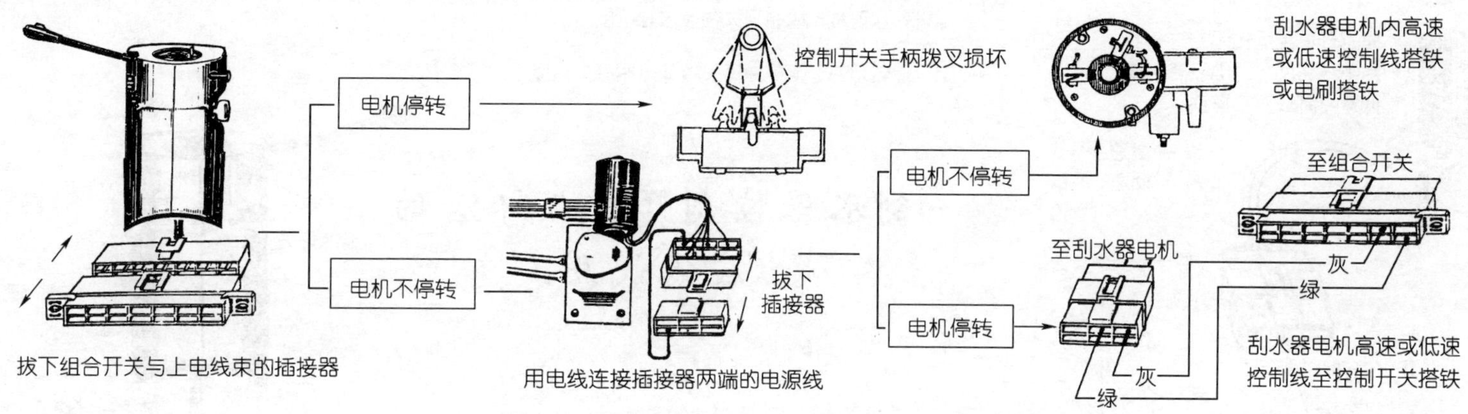

刮水器熔断丝装上后随即又熔断

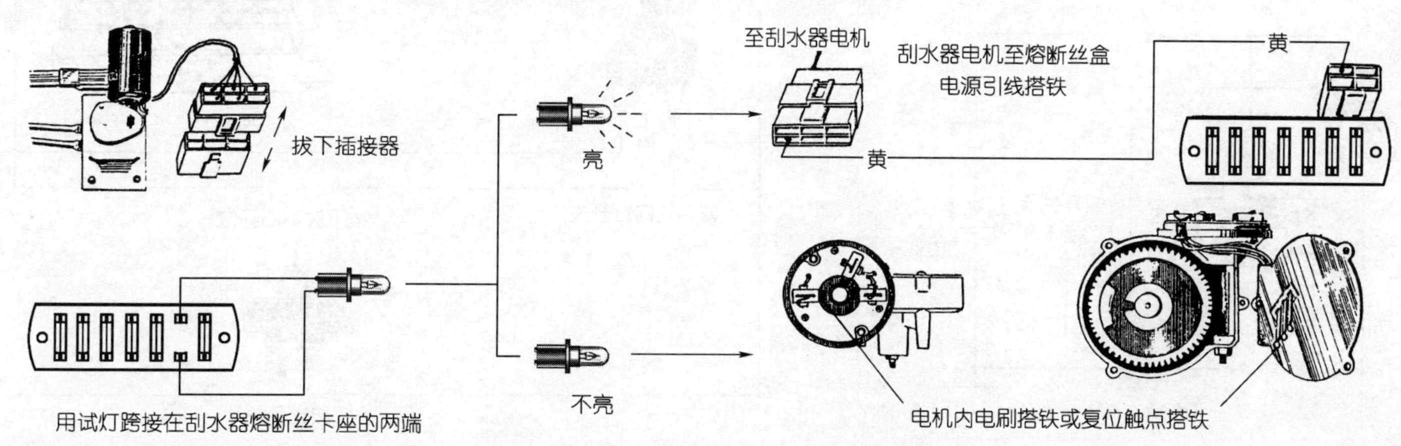

刮水器高速或低速运转无力

控制开关至运转无力这一挡用电线将刮水器电机高速或低速控制线直接搭铁——电机转速正常：控制开关触点接触不良；电机运转无力：电机弹簧失效或电刷磨损过度

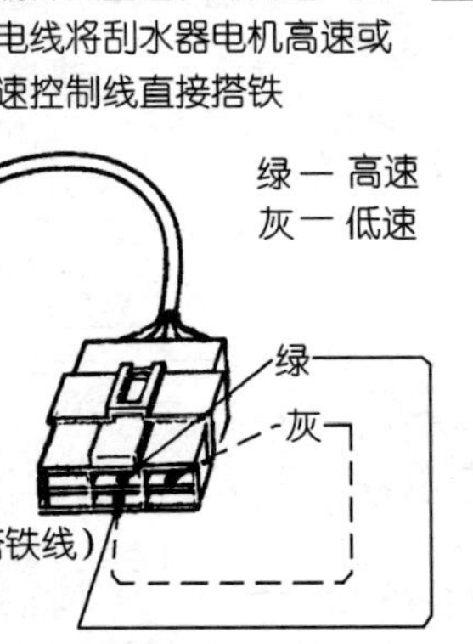

刮水器控制开关损坏后的应急代用

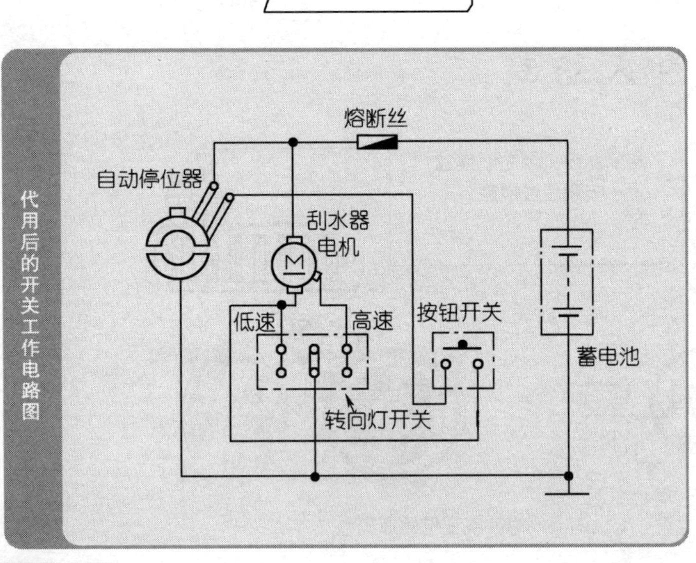

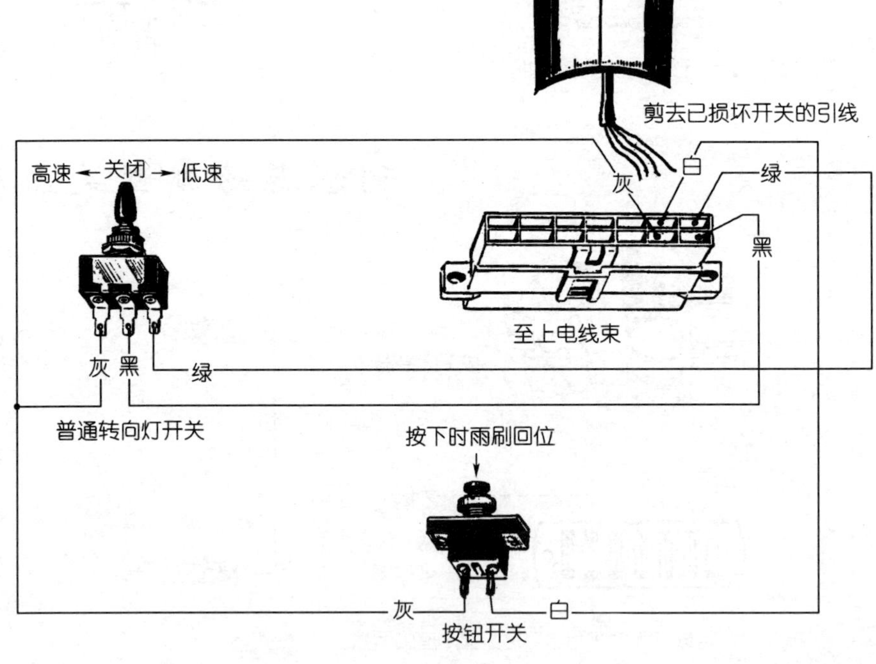

刮水器控制开关结构与接线图

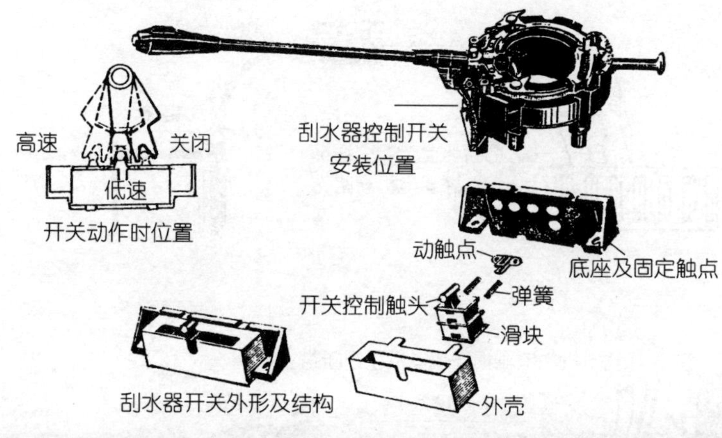

刮水器控制开关插接器接线图

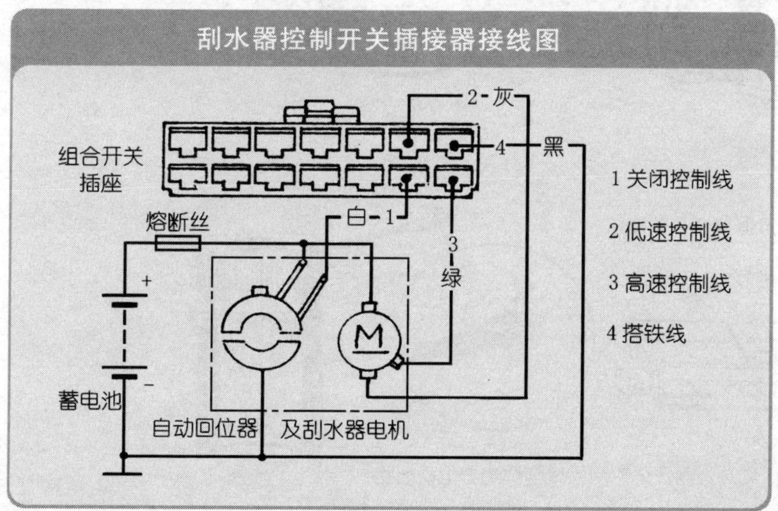

刮水器控制开关的检测

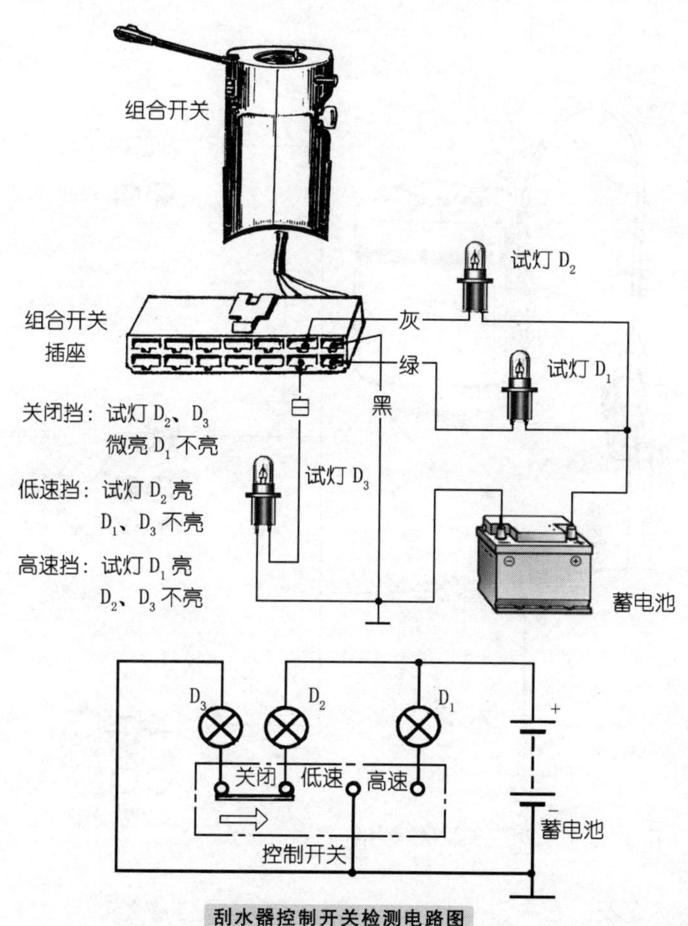

刮水器控制开关检测电路图

风窗洗涤器电动机不转

黄
熔断丝盒电源引线至
洗涤器电机断路
均不亮
风窗洗涤器
黄
棕
洗涤器电机、电刷损坏或电机引线断路
电刷
一端亮一端不亮
电刷支架
用试灯分别检测洗涤器插接器引线
风窗洗涤器按钮开关损坏
至按钮开关
均亮
组合开关插接器
至洗涤器电机
棕
或洗涤器开关控制引线至洗涤器电机断路

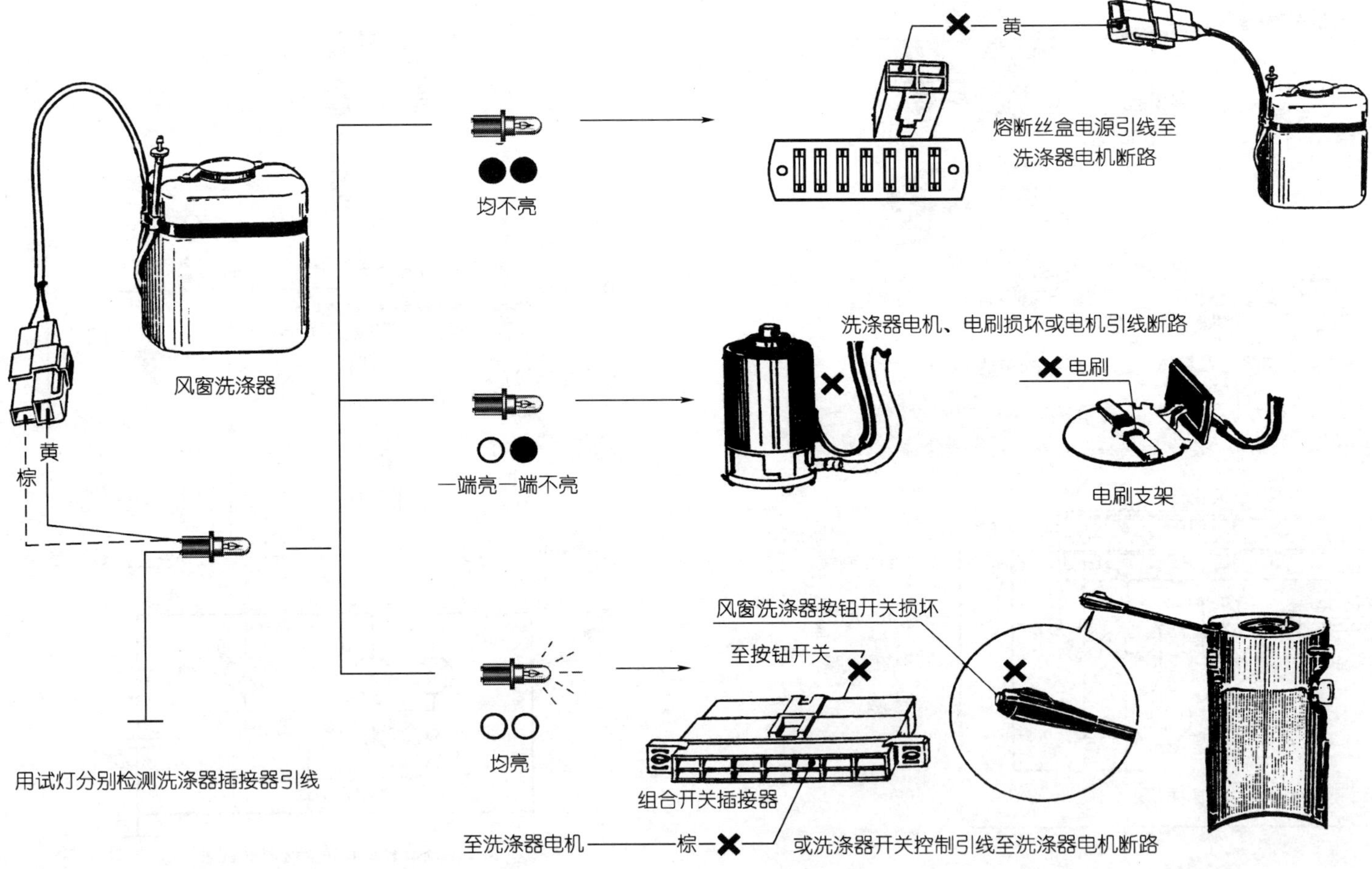

常用汽车刮水器电动机检测数据

型号 \ 性能	试验电压(V)	额定功率(W)	空载特性				负载特性				激磁方式	低速特性	
			低速		高速		低速		高速			额定转矩不大于(N·m)	制动转矩不大于(N·m)
			转速(r/min)	电流(≤A)	转速(r/min)	电流(≤A)	转速(r/min)	电流(≤A)	转速(r/min)	电流(≤A)			
ZD1131	12	4	50±7.5	0.45	65±10	0.65	45±5	1.0	60±5	1.5	永磁	0.736	3.43
ZD2131	24	4	50±7.5	0.4	65±10	0.6	45±5	0.6	60±5	1.0	永磁	0.736	3.43
ZD1130	12	4	45±5	0.8	65±5	1.2	32±3	1.5	41±3	2.0	永磁	0.93	4.41
ZD2130	24	8	45±5	0.5	65±5	0.8	32±3	1.0	41±3	1.5	永磁	0.93	4.41
ZD2230	24	15	45±5	0.6	65±5	1.0	32±3	1.5	41±3	2.0	永磁	1.96	8.82
ZD1330	12	30	45±5	1.5	65±5	2.0	32±3	4.5	41±3	5.5	永磁	3.43	16.67
ZD2330	24	30	45±5	0.8	65±5	1.2	32±3	2.5	41±3	3.5	永磁	3.43	16.67
ZD1530	12	50	50±5	2.0	65±5	2.5	32±3	6.5	41±3	7.5	永磁	5.79	28.45
ZD2530	24	50	50±5	1.0	65±5	1.5	32±3	3.5	41±3	5.0	永磁	5.79	28.45
ZD1230	12	15	45±5	1.0	65±5	1.5	32±3	2.5	41±3	3.0	永磁	1.96	8.83

风窗玻璃洗涤器

汽车用风窗玻璃洗涤器多为电动式。由储液箱、直流电动机、水泵、输水管、喷嘴等部件组成。

电动式洗涤器故障产生的主要原因：

□ 电机不转

一般是由按钮开关损坏、电机的电刷损坏、电枢绕组短路或断路、有关引线断路及水泵叶轮卡死等引起的。

□ 喷水压力过小

一般是由电机的电刷弹簧失效、电刷磨损过度、换向器有污垢、电枢绕组局部短路、水泵叶轮磨损以及输水管堵塞等引起的。

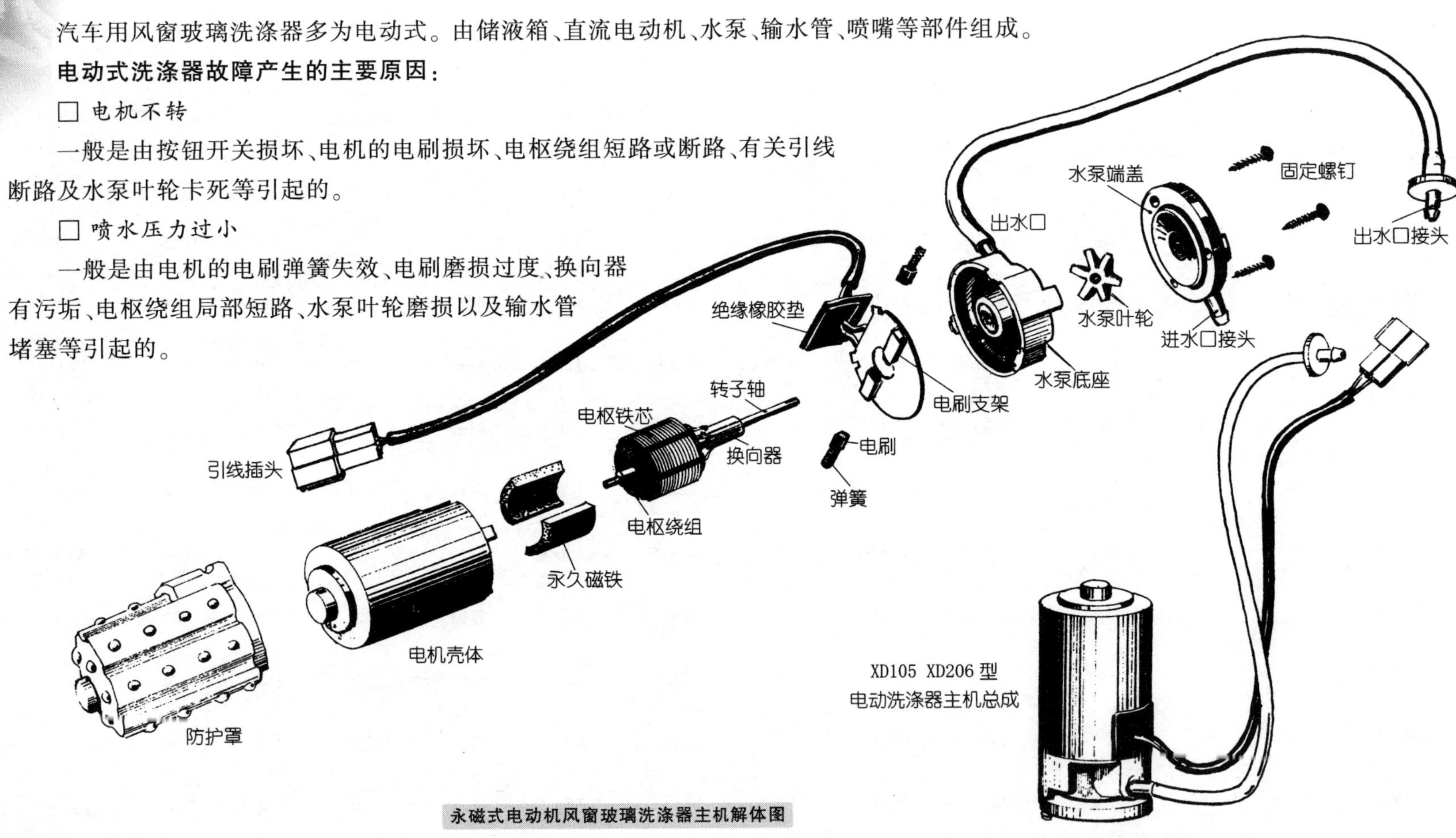

永磁式电动机风窗玻璃洗涤器主机解体图

风窗洗涤器喷水无力的原因

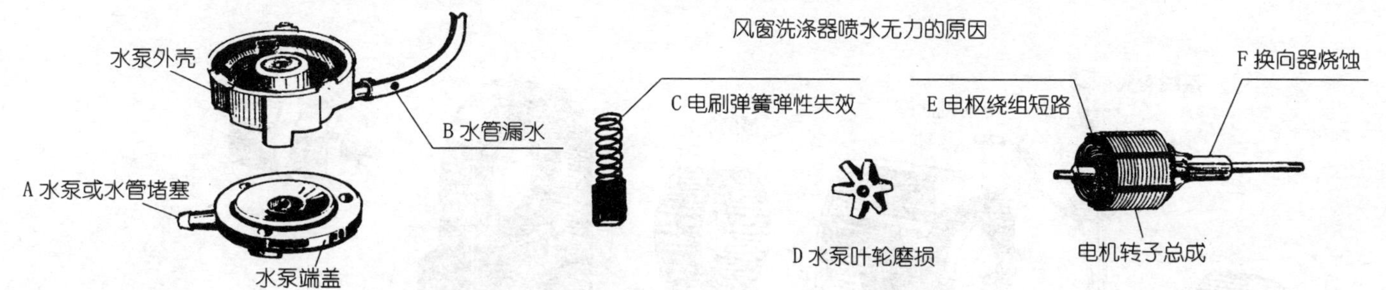

按下风窗洗涤器按钮开关，熔断丝随即熔断

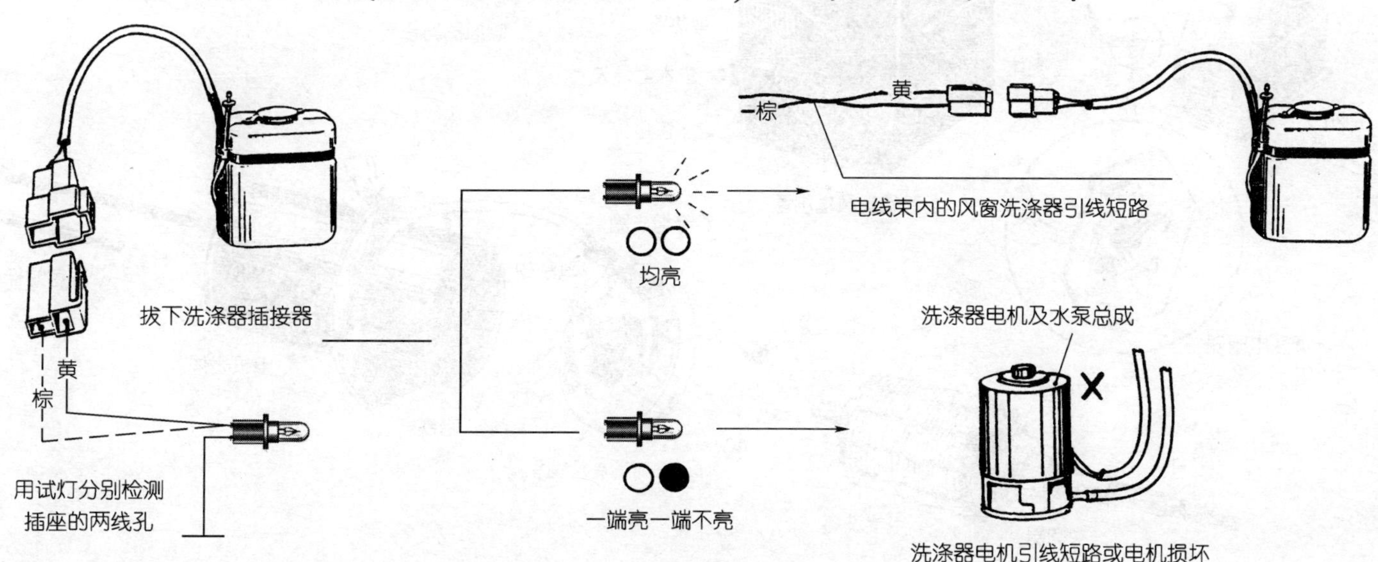

8101SM型永磁式电动暖风器主机解体图

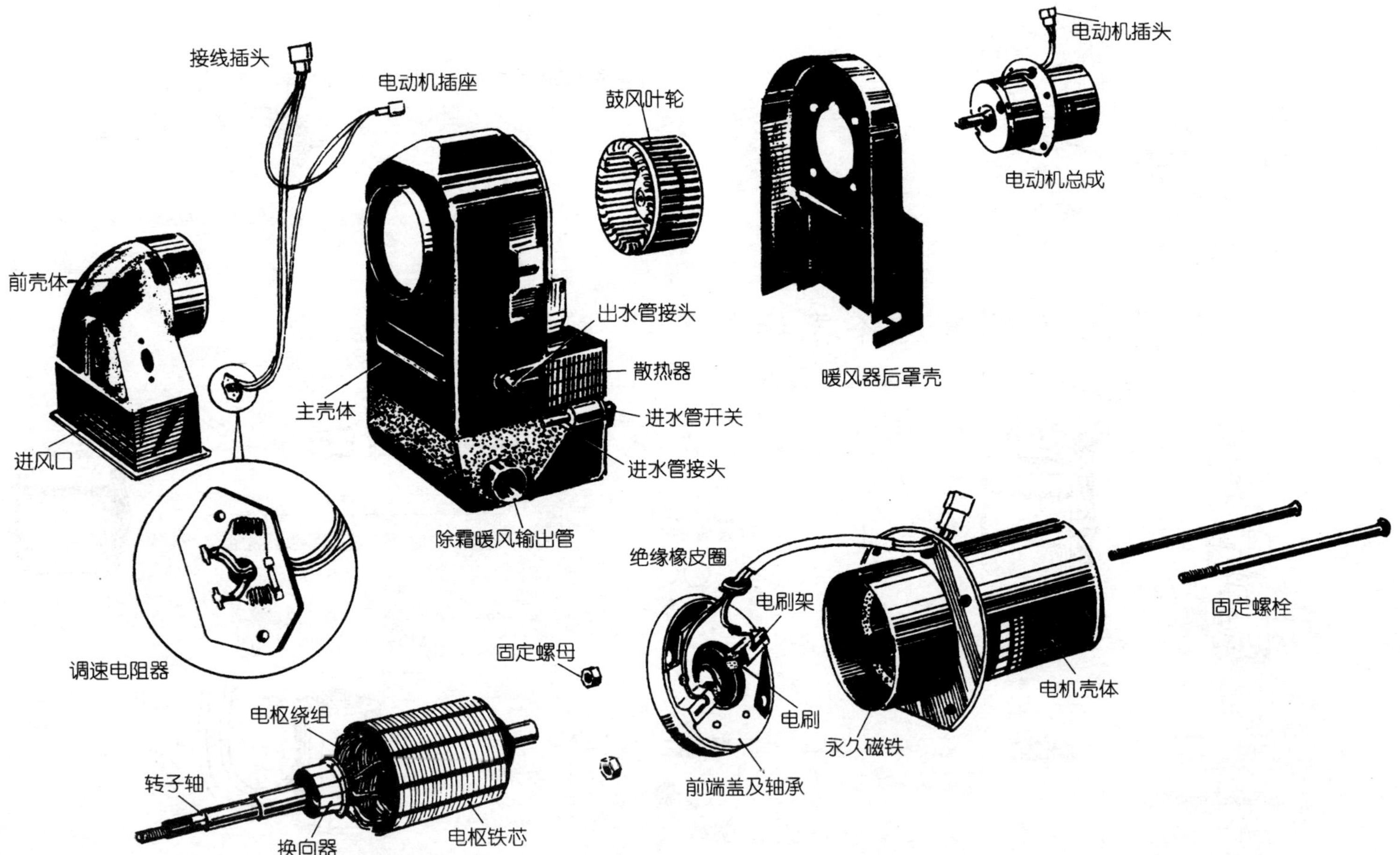

暖风机电动机不转

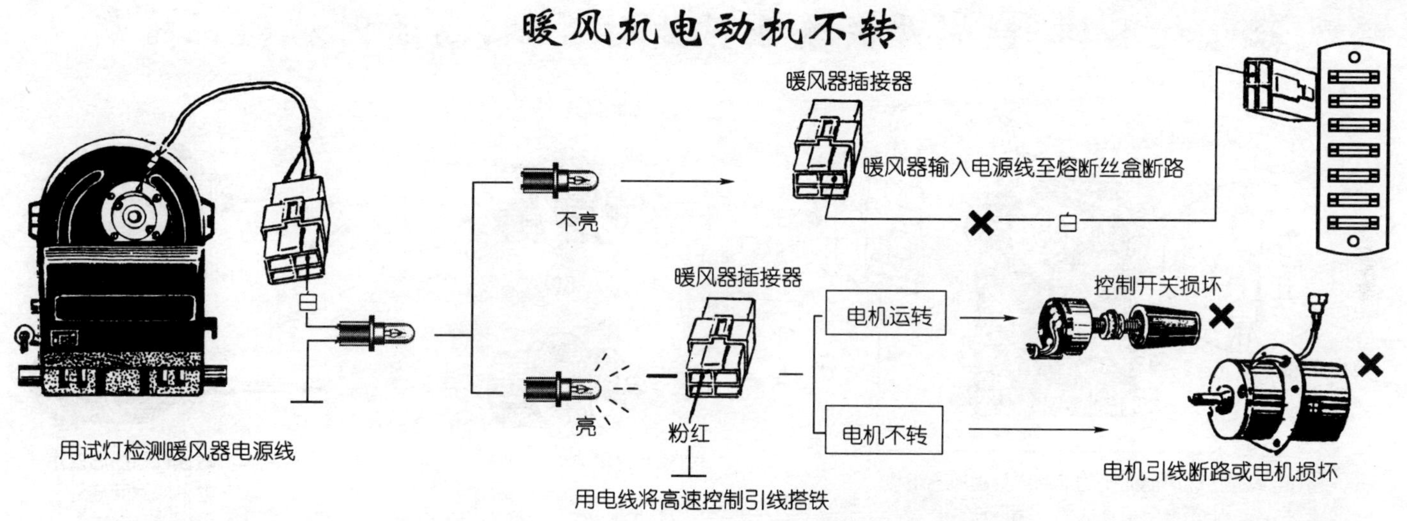

用试灯检测暖风器电源线

暖风机电动机不能停止运转

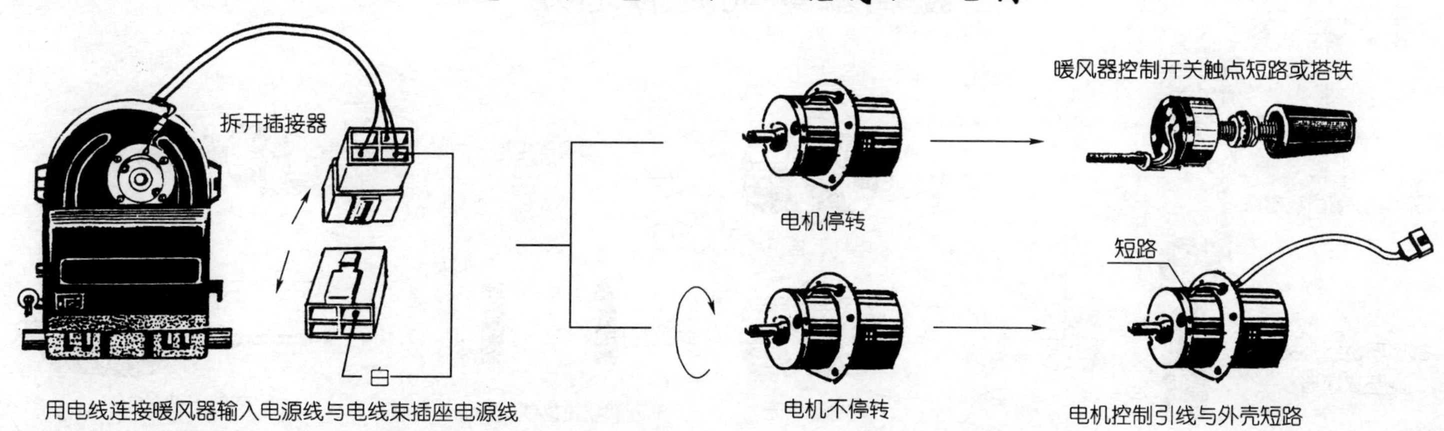

用电线连接暖风器输入电源线与电线束插座电源线

暖风器电机不转，控制开关旋至低速时冒烟，高速时熔断丝熔断

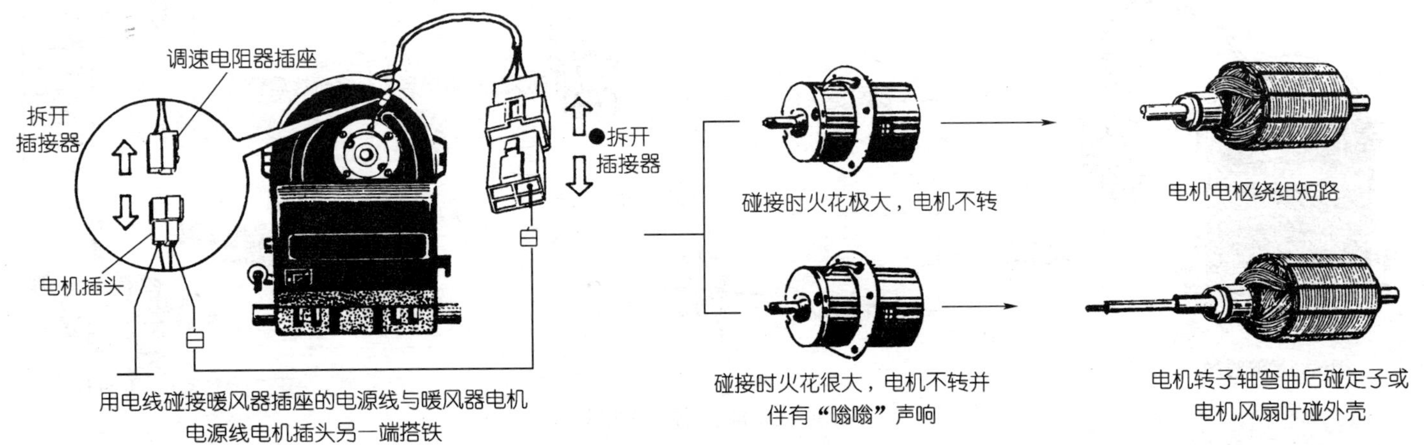

暖风器电机运转无力

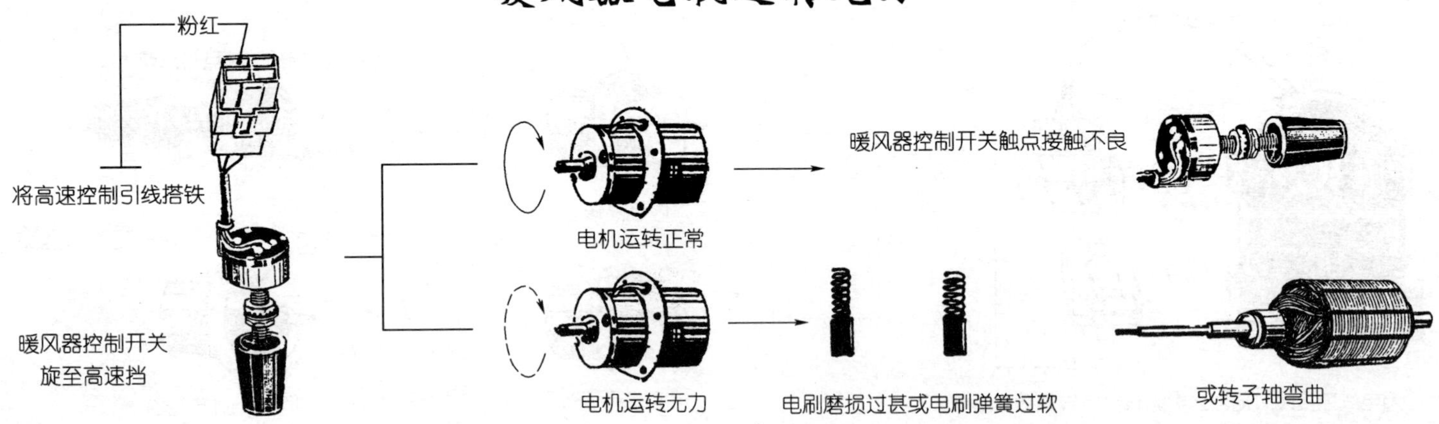

JK471型暖风机控制开关的结构

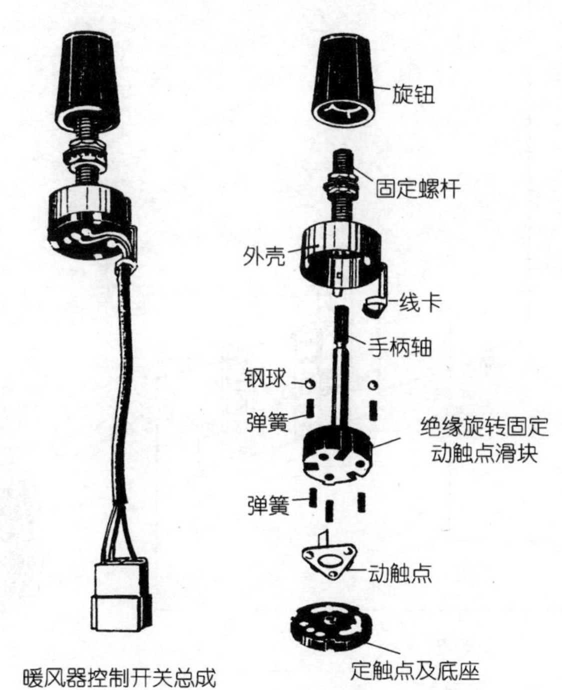

暖风器控制开关总成

JK471型暖风机控制开关的检测

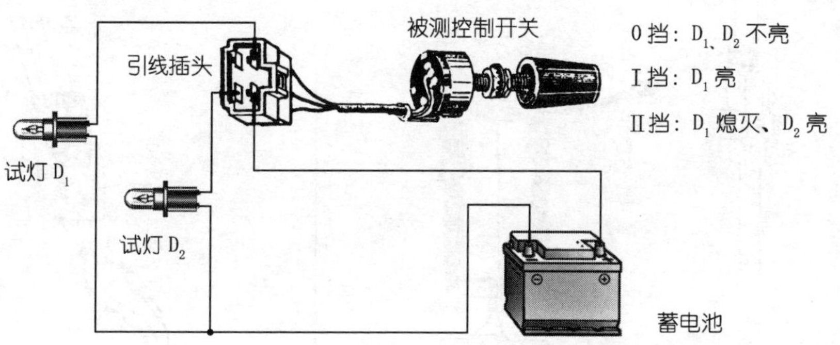

暖风机控制开关损坏后的应急代用

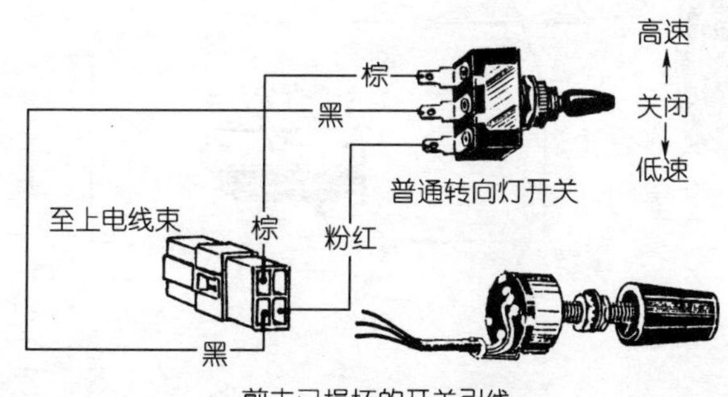

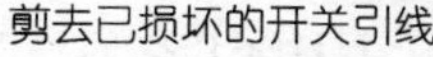

音响系统接线图

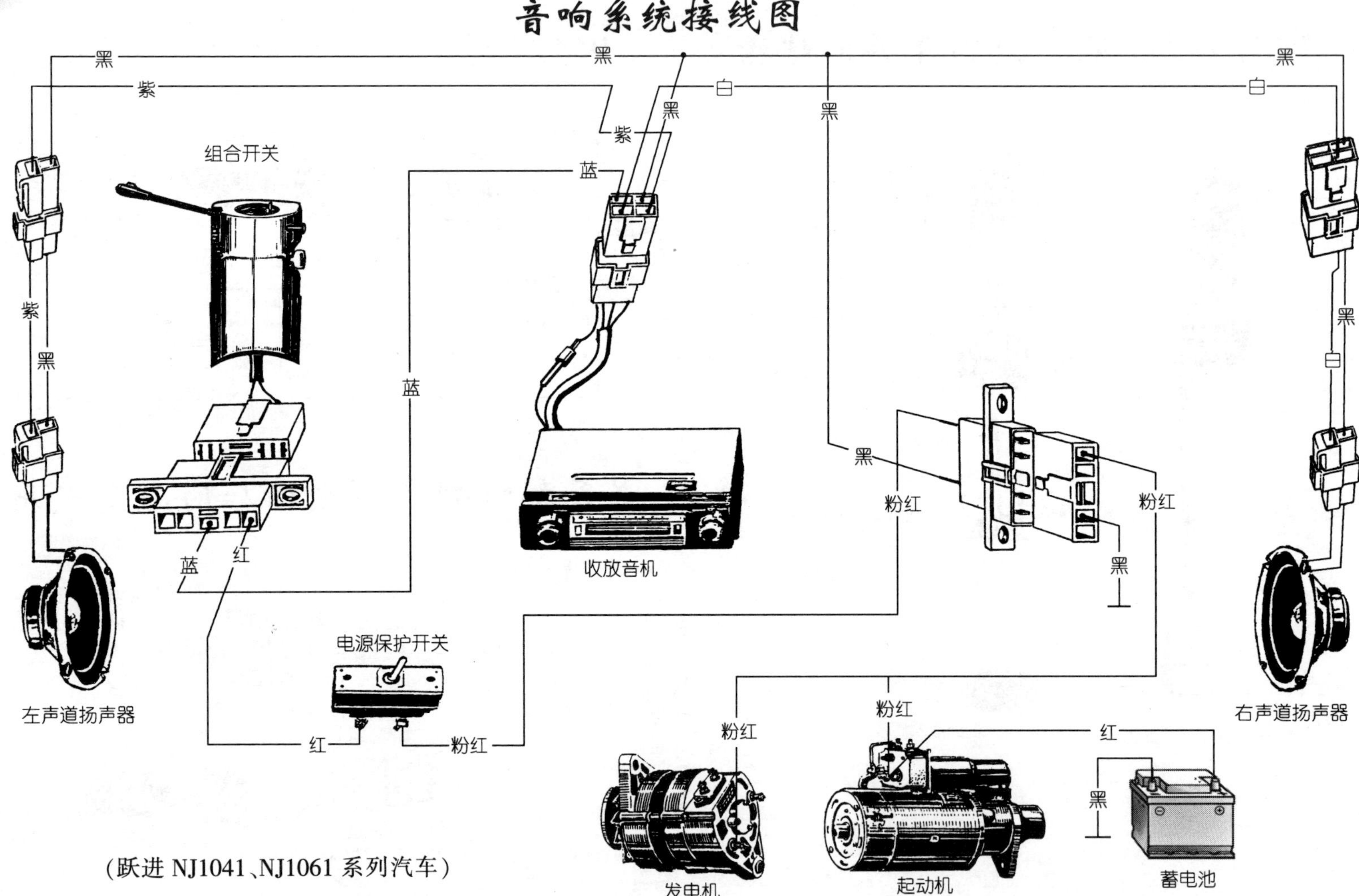

（跃进 NJ1041、NJ1061 系列汽车）

汽车用收放音机

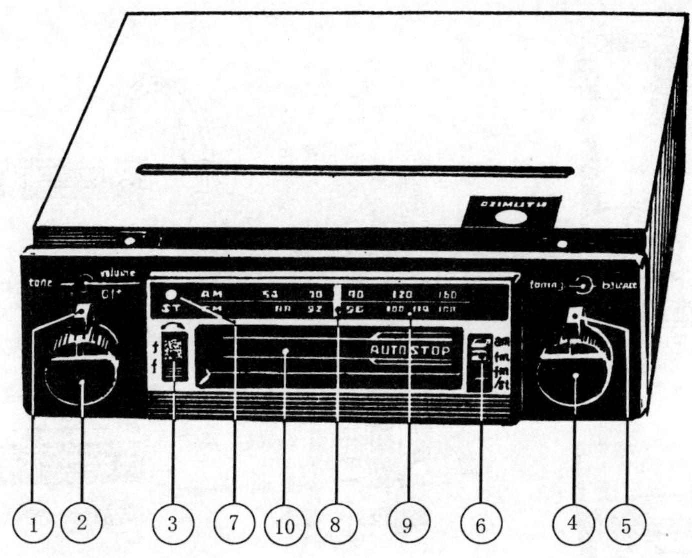

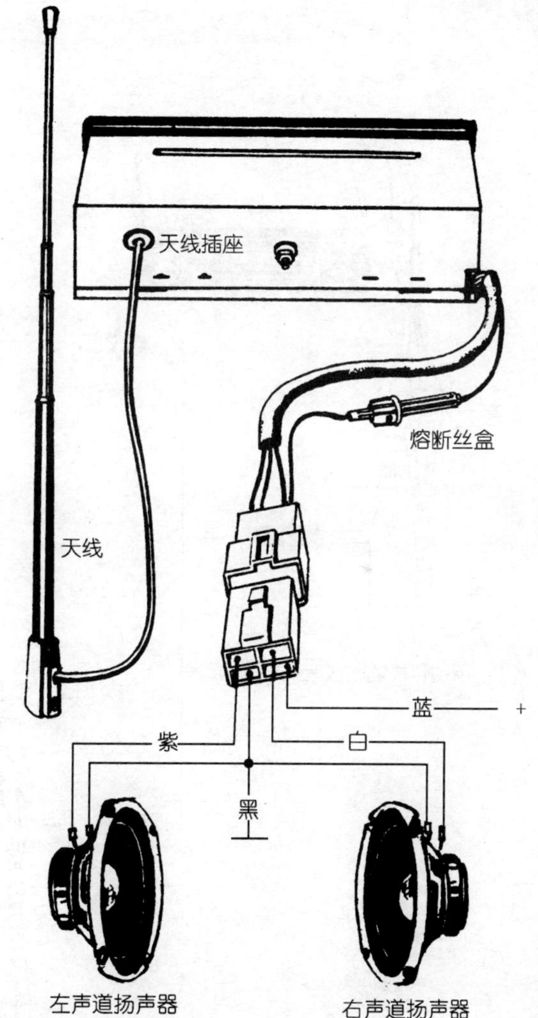

汽车用收放音机使用说明

① 音调控制	⑥ AM/fM 波段选择开关
② 电源开关及音量控制	⑦ 调频立体声指示灯
③ 退带、快进按钮	⑧ 电台频率指针
④ 选台旋钮	⑨ 频率刻度盘
⑤ 左右声道平衡控制旋钮	⑩ 磁带仓门

收放音时均无声

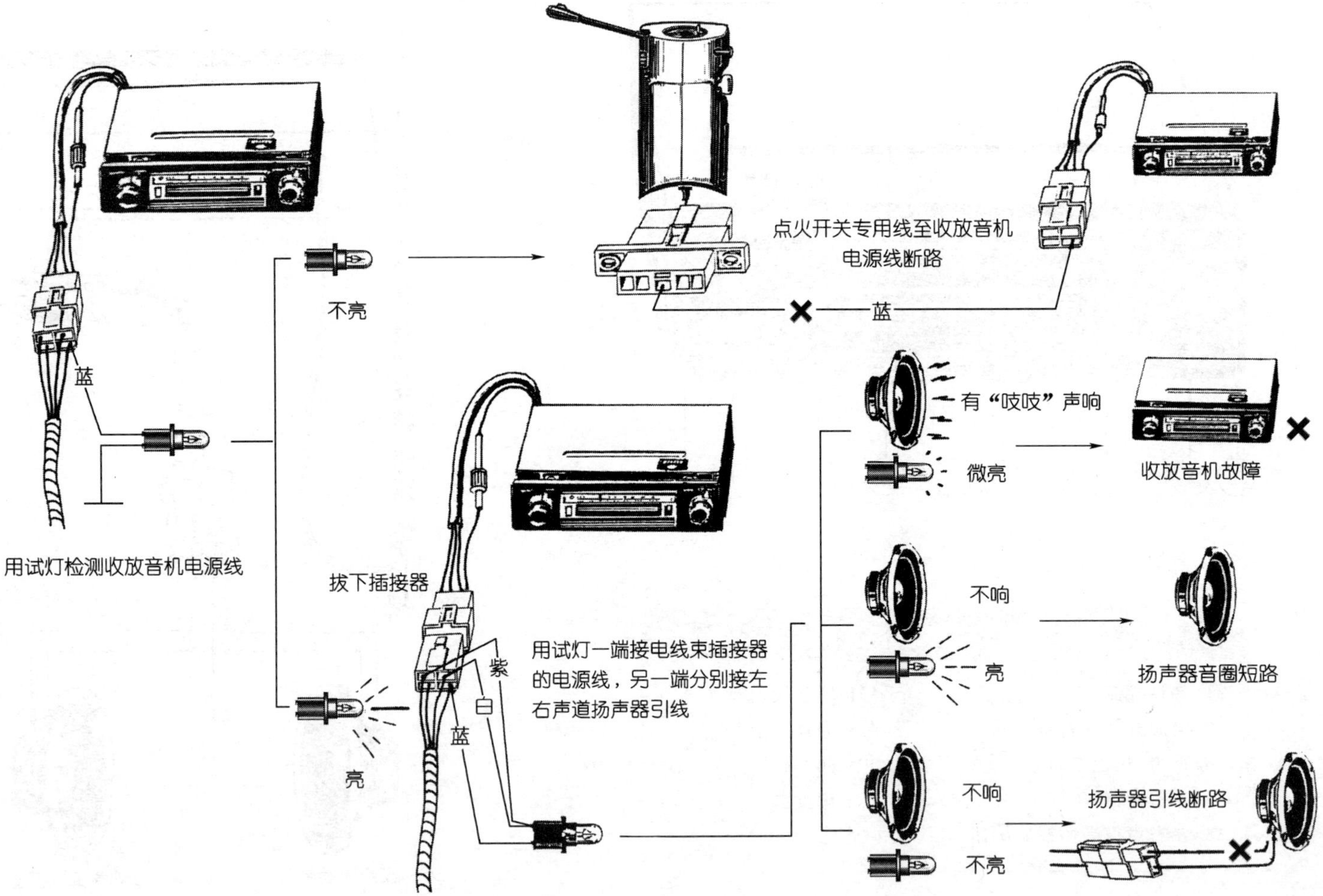

用试灯检测收放音机电源线

蓝

不亮

点火开关专用线至收放音机电源线断路

蓝

拔下插接器

用试灯一端接电线束插接器的电源线，另一端分别接左右声道扬声器引线

紫

白

蓝

亮

有“吱吱”声响

微亮

收放音机故障

不响

亮

扬声器音圈短路

不响

不亮

扬声器引线断路

收放音机故障排除及修复

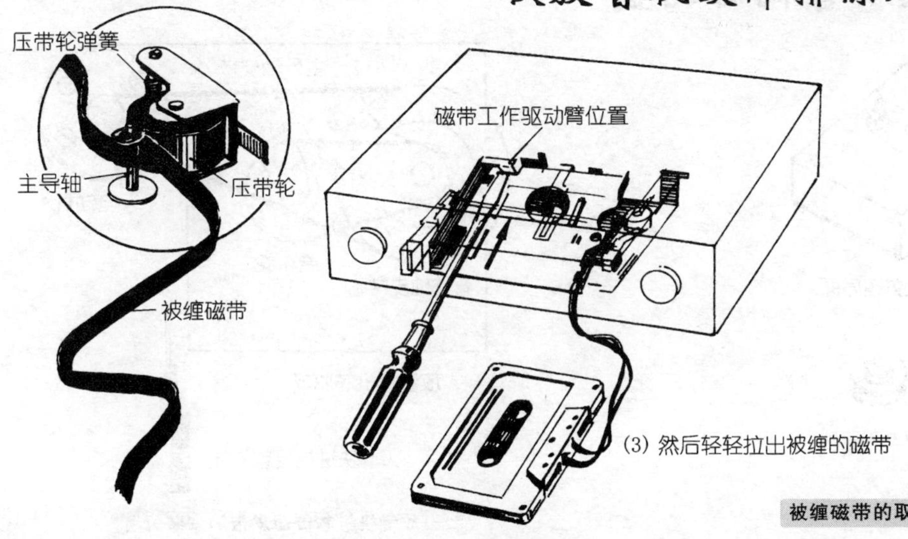

(3) 然后轻轻拉出被缠的磁带

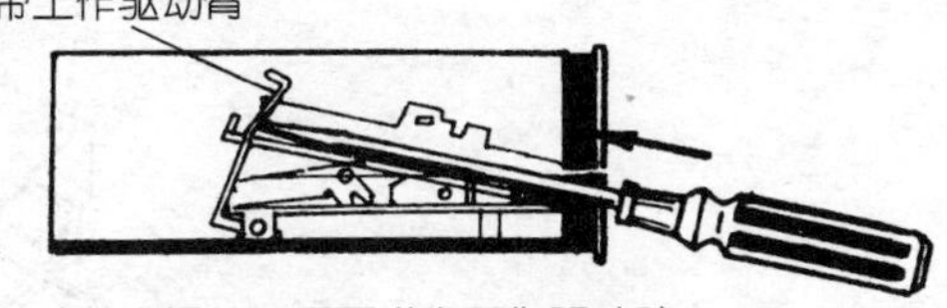

(1) 用螺丝刀顶下磁带工作驱动臂

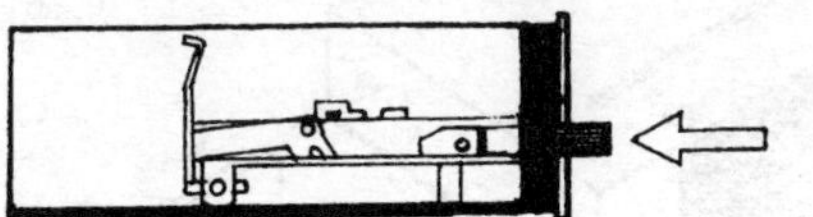
(2) 按下快进按钮，使主导轴与压带轮脱开

被缠磁带的取出方法

收放音时只有单声道工作

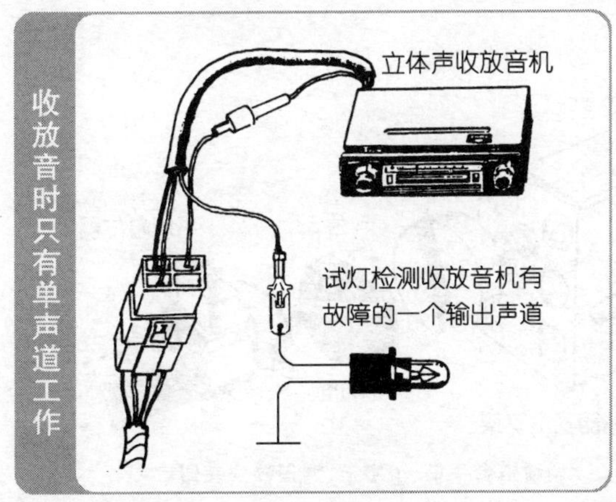

用万用表检查扬声器

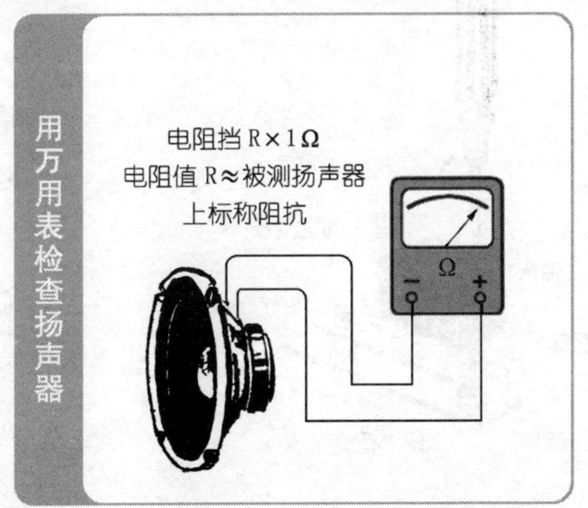

音量或选台调谐轴断裂修复

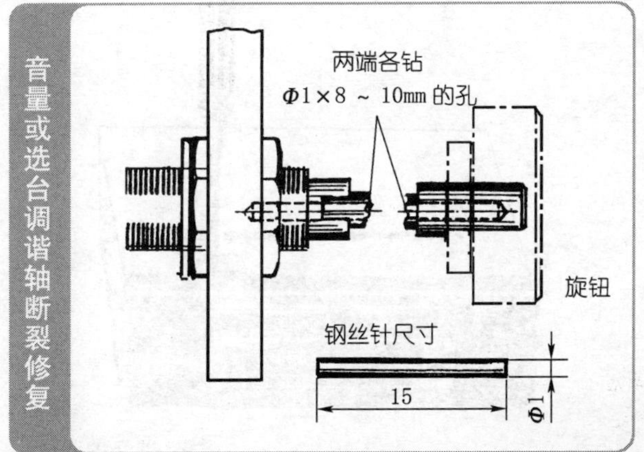

收放音机的调整

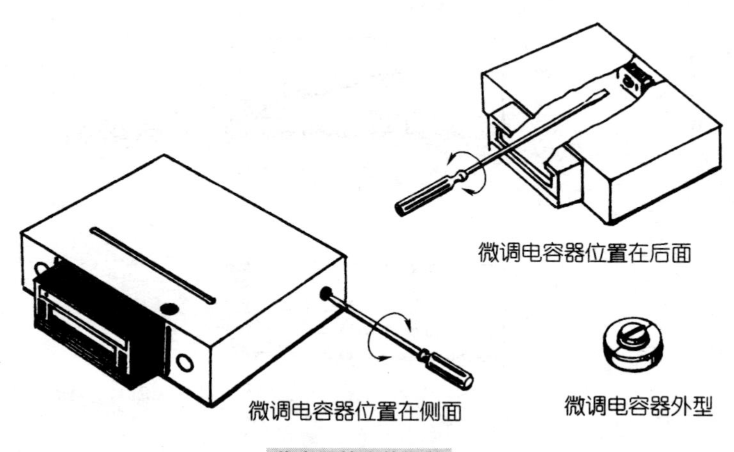

收音灵敏度的调整

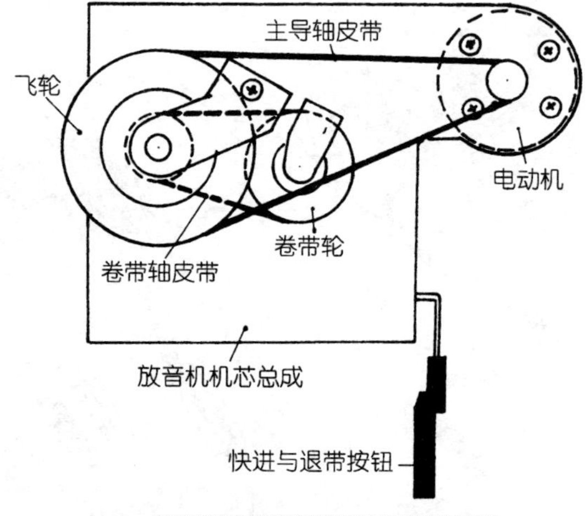

放音机机芯传动皮带的安装位置

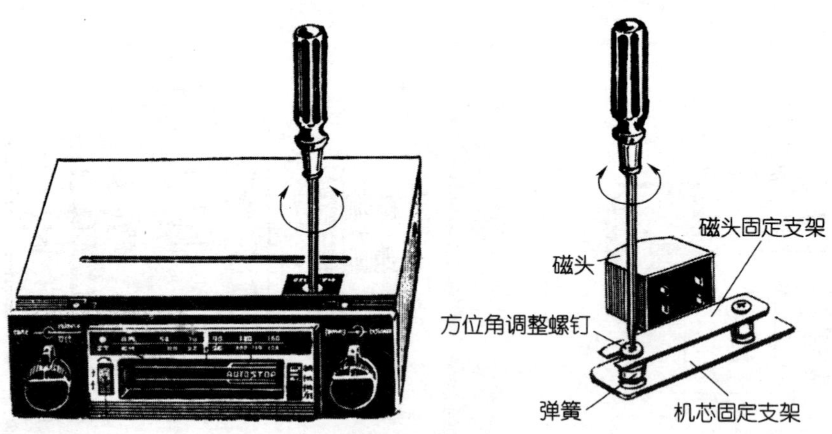

磁头方位角的调整

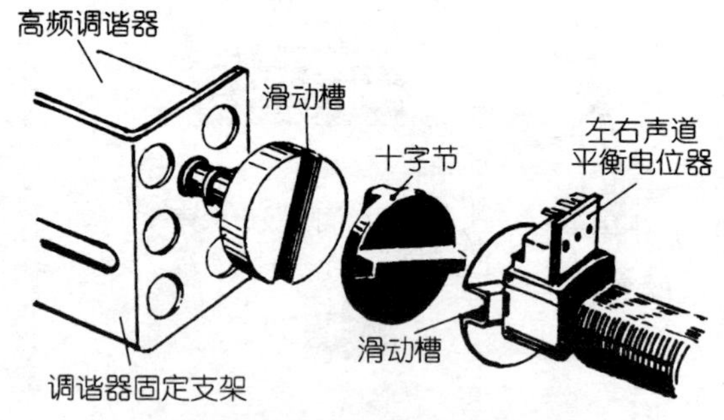

调谐电台手柄、十字节、调谐器安装图

收音时无声

拔下天线插头
用普通电线插入
收放机天线插孔内
无声响
收放音机故障
有“嗡嗡”声
天线电缆线的芯线与屏蔽层
短路或芯线断路
有电线插入收放机天线插孔内示意图
AM
FM
波段选择开关至 AM 位置
电阻挡 R×1kΩ
R=∞
Ω
天线
插头
● 检查天线引线屏撇层与天线芯线插头的绝缘电阻值
电阻挡 R×10Ω
R=0
● 检查天线与插头的电阻值
天线的检查

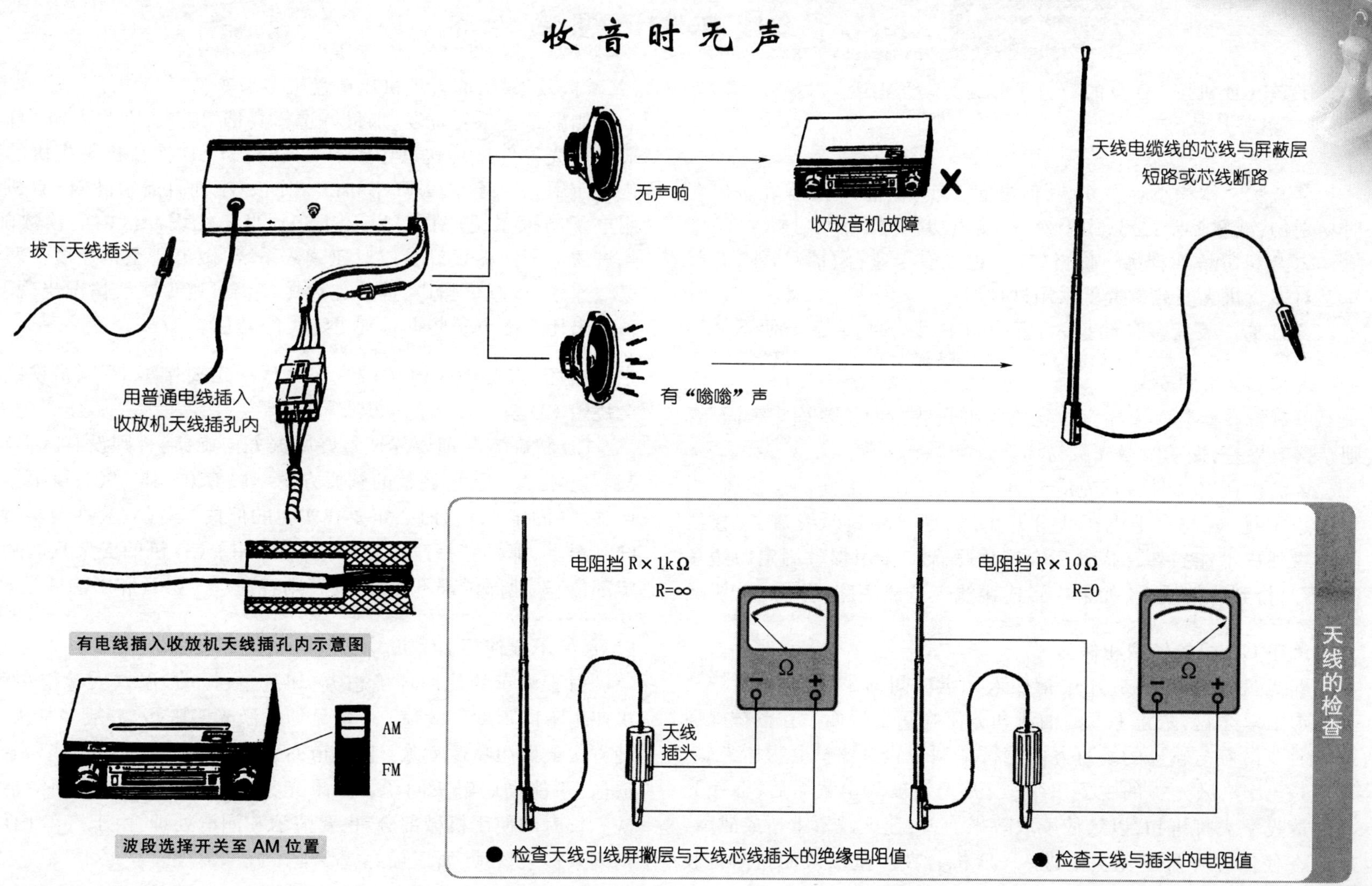

汽车 CD 机的选装与保养

汽车 CD 机按 CD 盘的数量可分为，单盘、三盘、六盘、八盘、十盘、十二盘等几种。

单盘机　体积小容易安装，但没有卡座（磁带），CD 盘在进出仓时易划伤，减振较差，必须用手换盘，输出功率较小。

三盘和高档单盘机　价格较高，也没有卡座（磁带）功能，有些车型对多盘机无安装位置就采用这种机型。

多盘机　装盘多存储量大，直接用主机控制，换盘方便不易赃污，减振效果好，而且主机比单盘机多卡座（磁带）功能。

如果是音乐发烧友，那最好选择高档 CD 机，因为高档 CD 机一般使用光导纤维传送（FIBREOPTICS），即 CD 换片机与主机的信号传送使用光导纤维，失真率和信噪比极佳。而且通常高档 CD 机都采用电子防振系统（ADVANCEDESP），当记忆缓冲区内的读数降低，先进的电子防振设计会以双速读数系统，做出比正常速度快两倍的读数速率，以减低噪声，即使连续振荡仍可避免跳线情况出现，从而营造出比标准电子防振系统更纯美的音色。

汽车 CD 机的安装

单盘机在安装时应注意一定要水平安装，而且要固定牢固，否则减振效果差，振动时激光头易坏。

多盘机在安装时，首先应注意主机与 CD 机之间的连接线，为了防止干扰，要与车上电源线分开走线，而且要走原线道，连接线的绝缘外皮不能破坏，搭铁后会产生噪音。在用镙丝固定门边条时，不要打到连接线上，如果打到连接线上造成短路，会使 CD 机或主机损坏。有搭铁线的 CD 机，搭铁线一定要接牢，否则搭铁线悬空会烧毁 CD 机。

CD 机在安装前要先调整好减振方向旋钮，否则没有减振功能，甚至损坏 CD 机，可调整的减振方向一般有 0°、45°、90°，可根据需要调整。在固定 CD 机时一定要找实在的部位，不能安装在薄塑料板和纤维板上，那样容易产生晃动，影响使用。CD 机的支架只能触到固定部位，其他部位都不能触到，否则容易产生噪音和影响减振效果。

汽车 CD 机的使用和保养

取光盘时手要清洁，用中指插入光盘中间的小孔，大拇指按住光盘边沿取光盘，防止手上的油渍和分泌物污染碟面。在擦拭碟面灰尘时要沿着与轨迹的垂直方向擦拭，顺着轨迹擦拭会损坏光碟。灰尘是 CD 机激光头的主要杀手，当激光头被灰尘蒙垢后，会使光头的透光率大打折扣，以致使读取效果变差，速度跟不上造成故障，所以在使用中尽量避免灰尘进入 CD 机。在严重颠簸的路面行驶时，最好不要使用 CD 机。

由于汽车的使用环境恶劣，如灰尘、振动、温差大等都会使 CD 机产生不同程度的故障。最常见的是激光头脏污，一般多是灰尘，处理方法最好用喷球喷除。目前市面上出售的清洁光碟只能做轻微的清洁，不能彻底解决问题。如果光头受潮气污染，应使用清洁剂清洗。长时间使用机械部分，也要清洁和润滑处理，由于汽车 CD 机结构复杂拆装繁琐，所以最好找专业维修部清理。

13 电线束

电线束、导线和插接器

汽车上各种电器设备、传感器、电控单元之间,用不同直径和颜色的导线连接起来，构成一个完整的电路系统。为了便于安装、维修,确保电器设备能在最恶劣的条件下正常工作,将接有插接器或接头焊片的导线通过合理的安排,将其合为一体,并用棉纱编织的套管或聚乙烯胶带把电线缠扎成束，这一束电线统称**汽车电线束**。电线束是汽车电路系统中连接各电器设备的重要部件。了解电线束的来龙去脉和导线的色彩规律,对维修和诊断、排除电路方面的故障很有帮助。

插接器和电线焊片接头是电线束与各电器设备的连接件。其特点是接触性能好,安装和拆卸方便,特别适用于汽车装配线上的流水作业。汽车上常用插接器及电线焊片接头的种类如图所示。

汽车上的**连接电线**,按其用途不同,可分为低压电线、高压点火线、电缆线等。仪表显示、照明、信号、再充电及辅助电器设备等,使用低压电线,低压电线必须具有耐寒、耐油、柔软、不延燃性等特点;点火线圈高压输出线、分电器至发动机各缸火花塞上的引线,使用特制的高压点火线或高压阻尼点火线;起动机电源线、蓄电池搭铁线负载电流大,则用截面积较大的电缆线。

汽车各电器设备所用电线可根据负载电流的大小选择不同截面积电线。长时间工作的电器设备,可选用电线实际载流量的60%;短时间工作的电器设备，可选用电线实际载流量的60%~100%之间。低压导线允许载流量、导线截面积选择、导线颜色代号、选用颜色程序以及电路各部分的主色标准见下页表所示。

汽车常用插接器及电线焊片接头

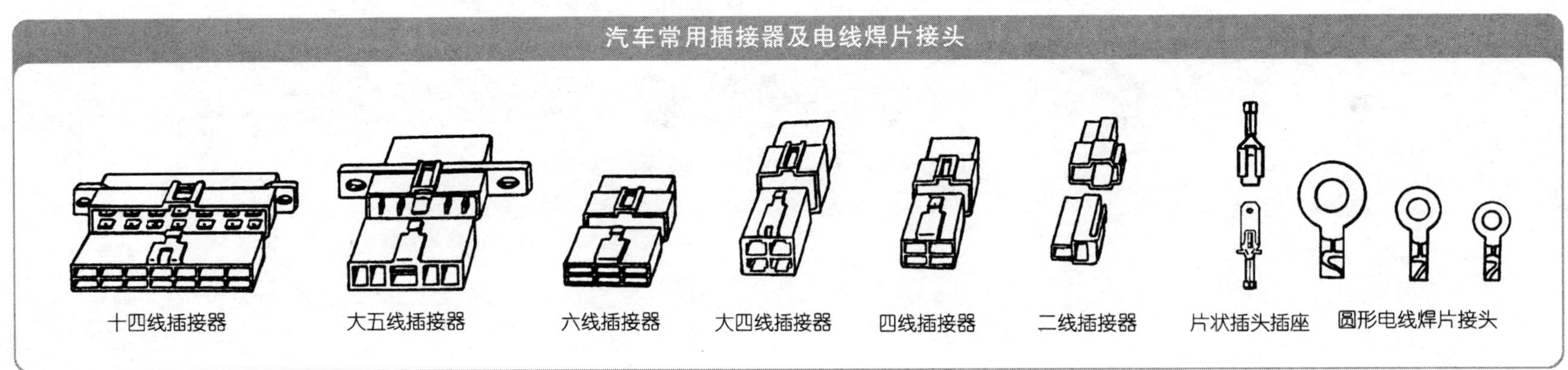

低压导线标称截面允许负载电流值

导线标称截面(mm^2)	0.5	0.8	1.0	1.5	2.5	3.0	4.0	6.0	10	13
允许载流值(A)			11	14	20	22	25	35	50	60

主要线路导线截面积推荐值

导线的使用部位	标称截面(mm^2)
后灯、顶灯、指示灯、仪表灯、牌照灯、燃油表、刮水器等电路	0.5
转向灯、制动灯、停车灯、分电器等电路	0.8
前照灯、电喇叭(3A 以下)电路	1.0
前照灯、电喇叭(3A 以上)电路	1.5
其他 5A 以上的电路	1.5~4.0
电源电路	4~25
起动电路	16~95
柴油机汽车电热塞电路	4~6

电路各部分的主色标准

序号	系统名称	电线主色	代号
1	电源系	红	R
2	点火、起动系	白	W
3	前照灯、雾灯等外部灯光照明系统	蓝	BL
4	灯光信号系统(包括转向指示灯)	绿	G
5	防空灯及车身内部照明系统	黄	Y
6	仪表、报警指示和喇叭系统	棕	Br
7	收放机、电钟、点烟器等辅助装置	紫	V
8	各种辅助电机及电器操纵系统	灰	Gr
9	电器装置搭铁线	黑	B

导线颜色代号

颜　色	字母代号	颜　色	字母代号
黑	B	灰(蓝灰)	Gr
棕	Br	白	W
红	R	粉红	PK
橙	O	金黄	GD
黄	Y	青绿	TQ
绿	G	银白	SR
蓝(包括浅蓝)	BL	绿-黄	GY
紫(紫红)	V		

导线颜色选用程序

选用程序	1	2	3	4	5	6
电线颜色	B	BW	BY	BR		
	W	WR	WB	WBL	WY	WG
	R	RW	RB	RY	RG	RBL
	G	GW	GR	GY	YBL	GBL
	Y	YR	YB	YG	BrB	YW
	Br	BrW	BrR	BrY	BLB	
	BL	BLW	BLR	BLY	GB	BLO
	Gr	GrR	GrY	GrBL	GrB	GrB

双色线中所占比例大的颜色叫主色，所占比例小的颜色叫辅助色。辅助色与主色条纹沿圆周表面积的比例为 1:3~1:5，双色线的标注，第一色为主色，第二色为辅助色，如“YB”表示主色为黄色，辅助色为黑色。

保 险 装 置

绝缘外壳
胶木按钮
弹簧
复归垫圈
双金属动触点
静触点
接线柱
调整螺杆 锁紧螺母

手动式双金属熔断盒

■ **保险装置**是电路的重要组成部分，其作用是在电路发生短路或过载时，立即断开电路，保证电气设备的安全。

○ 重复性保险装置/是一种在电路短路或过载时，自动断开电路，待恢复正常后又无需更换元件且可重复使用的装置。一般是采用双金属片形式。

○ 熔断器盒/目前汽车使用的保险装置多为一次性的。一次性保险装置指的是电路中装设的快速熔断片，一般熔断丝和玻璃熔断管等。使用这些装置，在电流超过其熔断值时，就会自行熔化断开电器。要恢复正常工作，必须重新安装。

■ **智能控制盒**不但具有熔断器的功能，还具有如下功能：

○ 电子界面/继电器、熔断器、诊断接口、高频遥控接收器等。

○ 电子检测/智能控制盒是VAN网的一个主控元件，管理着各电控单元之间的通信。

○ 电子计算/智能控制盒自主控制着某些基础功能（开启件的锁定、指示信号、视野、内部照明、防盗起动等）。

○ 防盗保护信息/车辆VIN、钥匙编号、高频遥控器密码、收放机识别号等。

○ 程序/一个用以整体检测，诊断及编码的程序。

智能控制盒还用作VAN网及诊断工具之间的通信桥梁，以识别系统某些部件的故障。

智能控制盒同时对能量进行管理，控制自身及其他连接电控单元在低能耗模式下工作。

左图为东风雪铁龙毕加索轿车的智能控制盒的外形及安装位置。

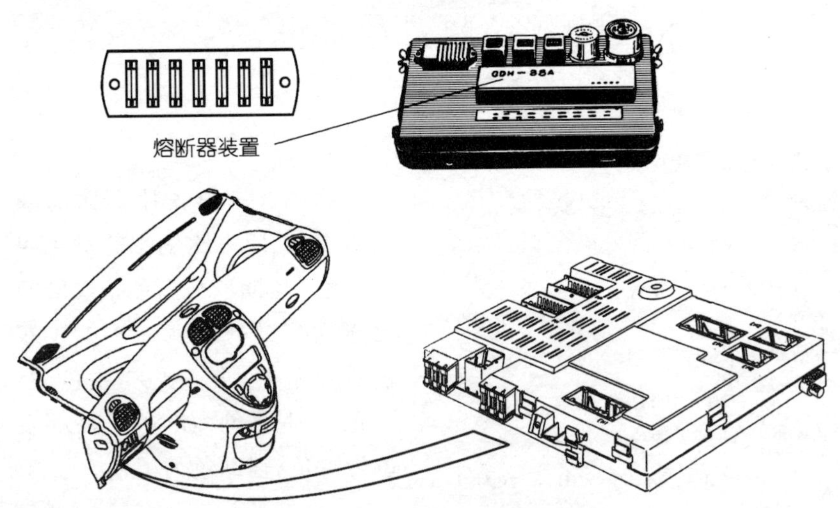

东风雪铁龙毕加索轿车的智能控制盒

电线束及电气设备立体安装图例

1-燃油传感器
2-气压警报开关
3-组合后灯
4-倒车灯
5-拖车插座
6-后灯
7-倒车蜂鸣器
8-制动灯开关
9-停车开关
10-倒车开关
11-室内灯线束
12-仪表盘
13-转向指示灯灯座附电线总成
14-远光指示灯灯座附电线总成
15-转向灯开关
16-喇叭按钮

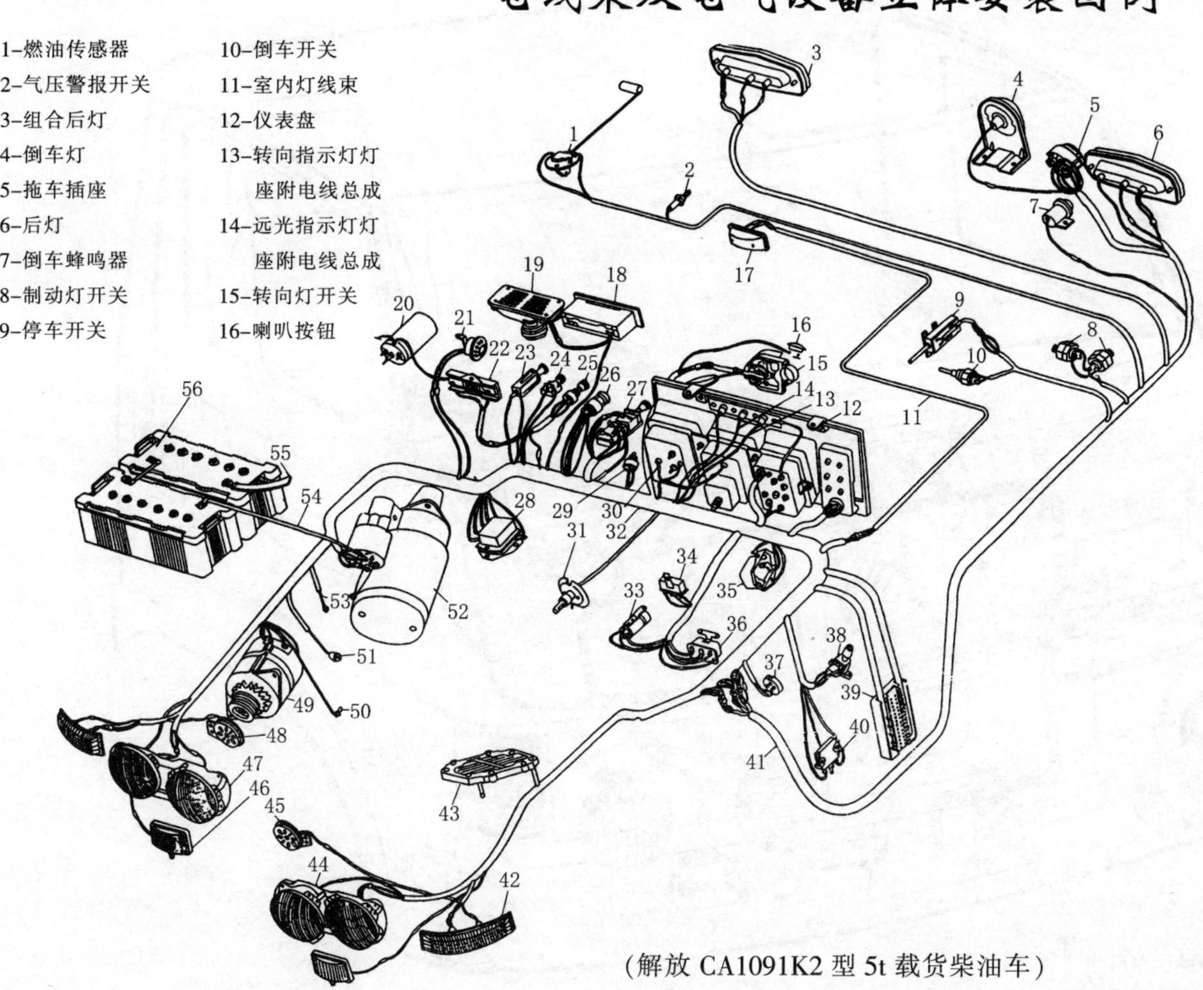

(解放 CA1091K2 型 5t 载货柴油车)

17-室内灯
18-收放机
19-扬声器
20-暖风电机
21-警报蜂鸣器
22-暖风机电阻器
23-点烟器
24-雾灯开关
25-暖风开关
26-点火开关
27-车灯开关
28-组合继电器
29-起动预热按钮
30-仪表照明灯座附电线总成
31-发动机罩下照明灯
32-中间电线束总成
33-闪光器
34-喇叭继电器
35-预热继电器
36-灯光继电器
37-工作灯插座
38-脚踏变光开关
39-熔断器
40-发电机调节器
41-后电线束总成
42-前转向灯
43-空气加热器
44-左前照灯
45-电喇叭
46-雾灯
47-右前照灯
48-低音电喇叭
49-发电机
50-水温传感器
51-油压警报开关
52-起动机
53-机滤警报开关
54-电线总成(起动机接蓄电池)
55-搭铁线
56-蓄电池

汽车上电线束布线图

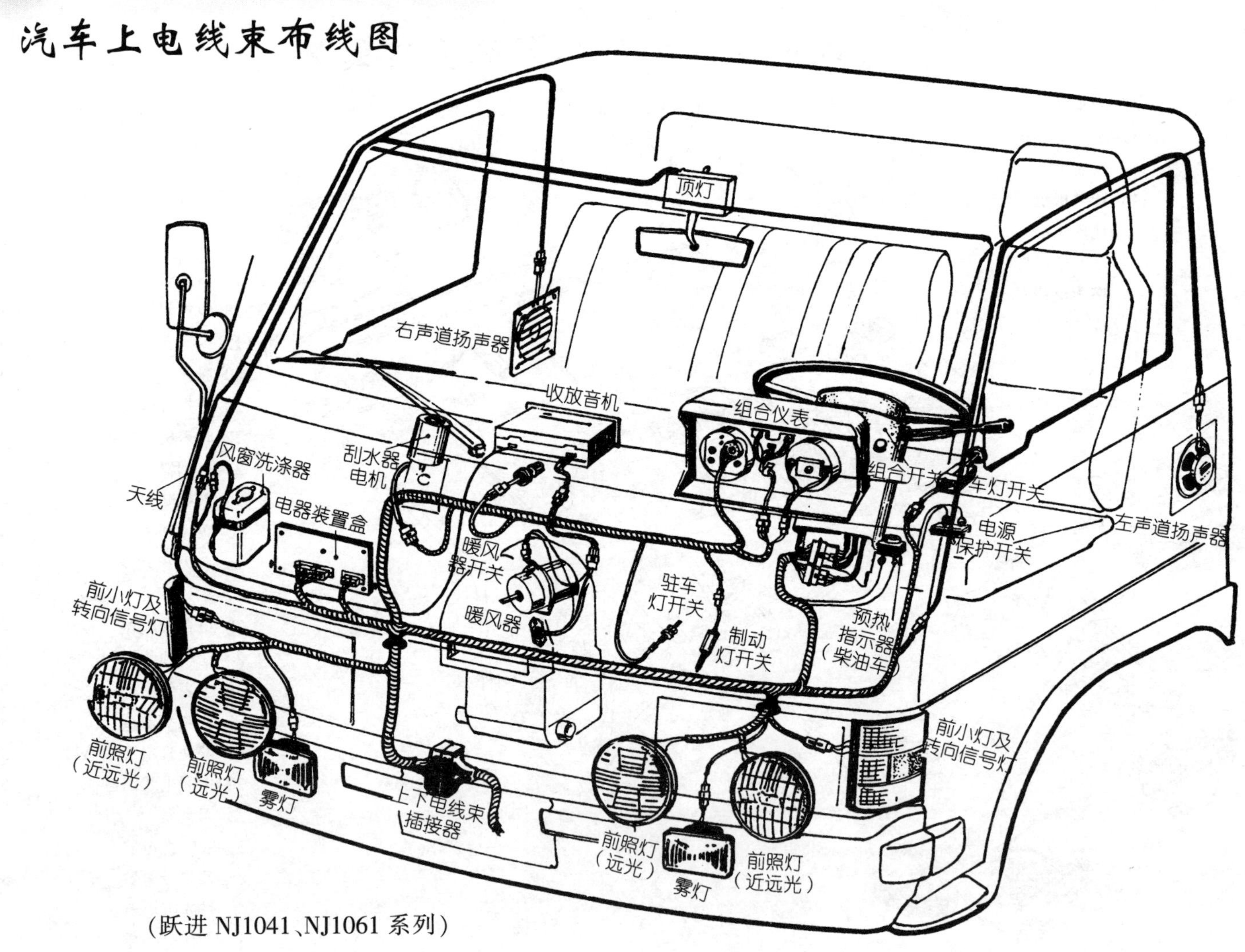

（跃进 NJ1041、NJ1061 系列）

汽车上电线束接线图

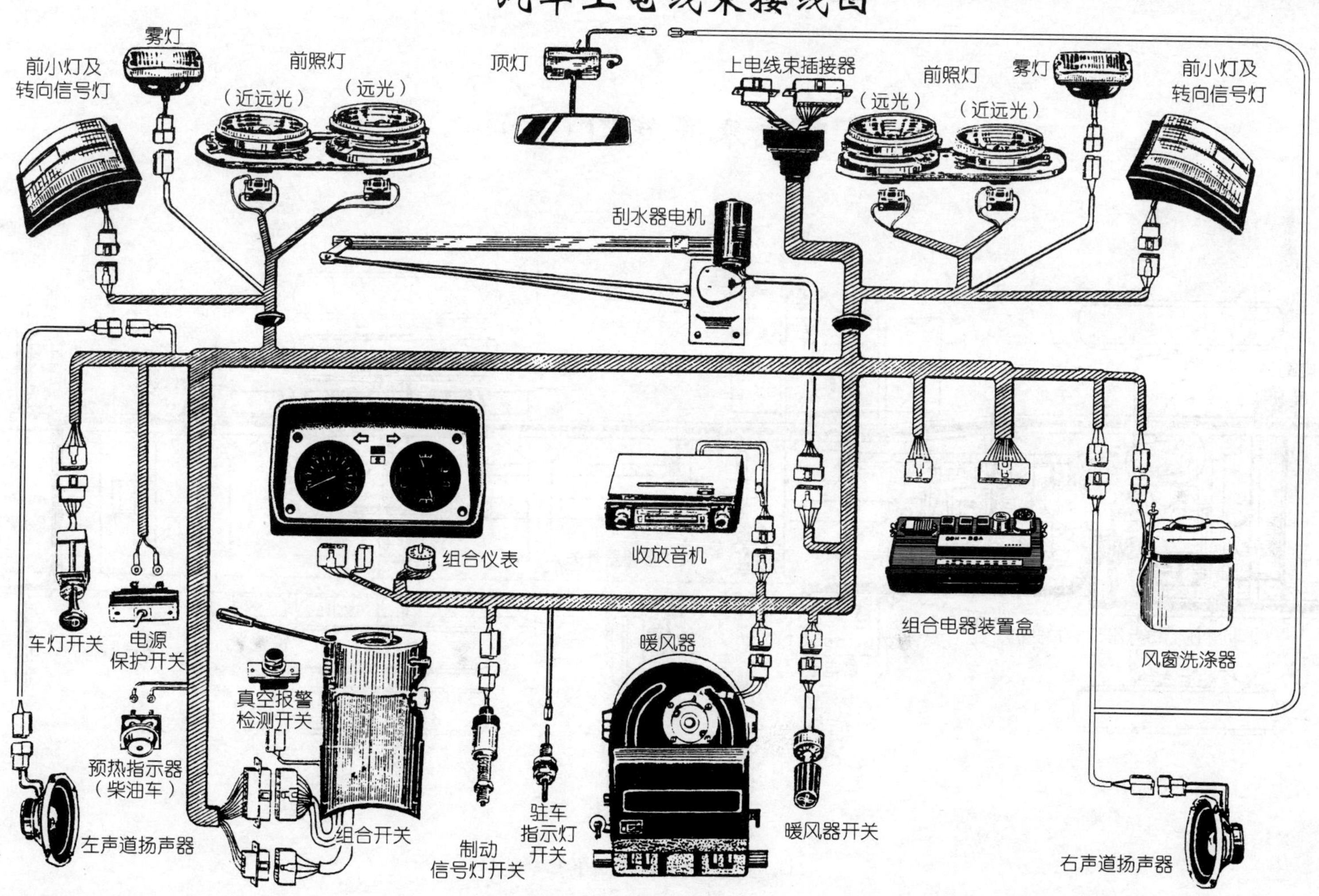

(跃进 NJ1041、NJ1061 系列)

下电线束布线图（1）

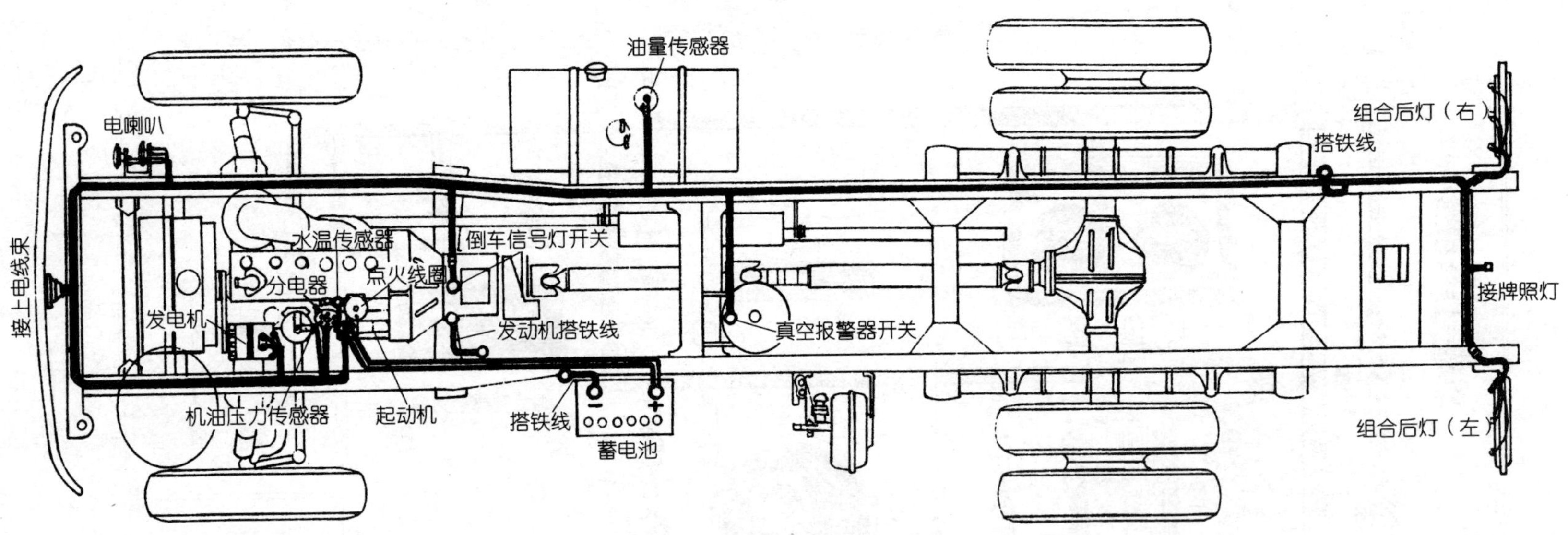

（跃进 NJ1061A 型汽车）

下电线束接线图（1）

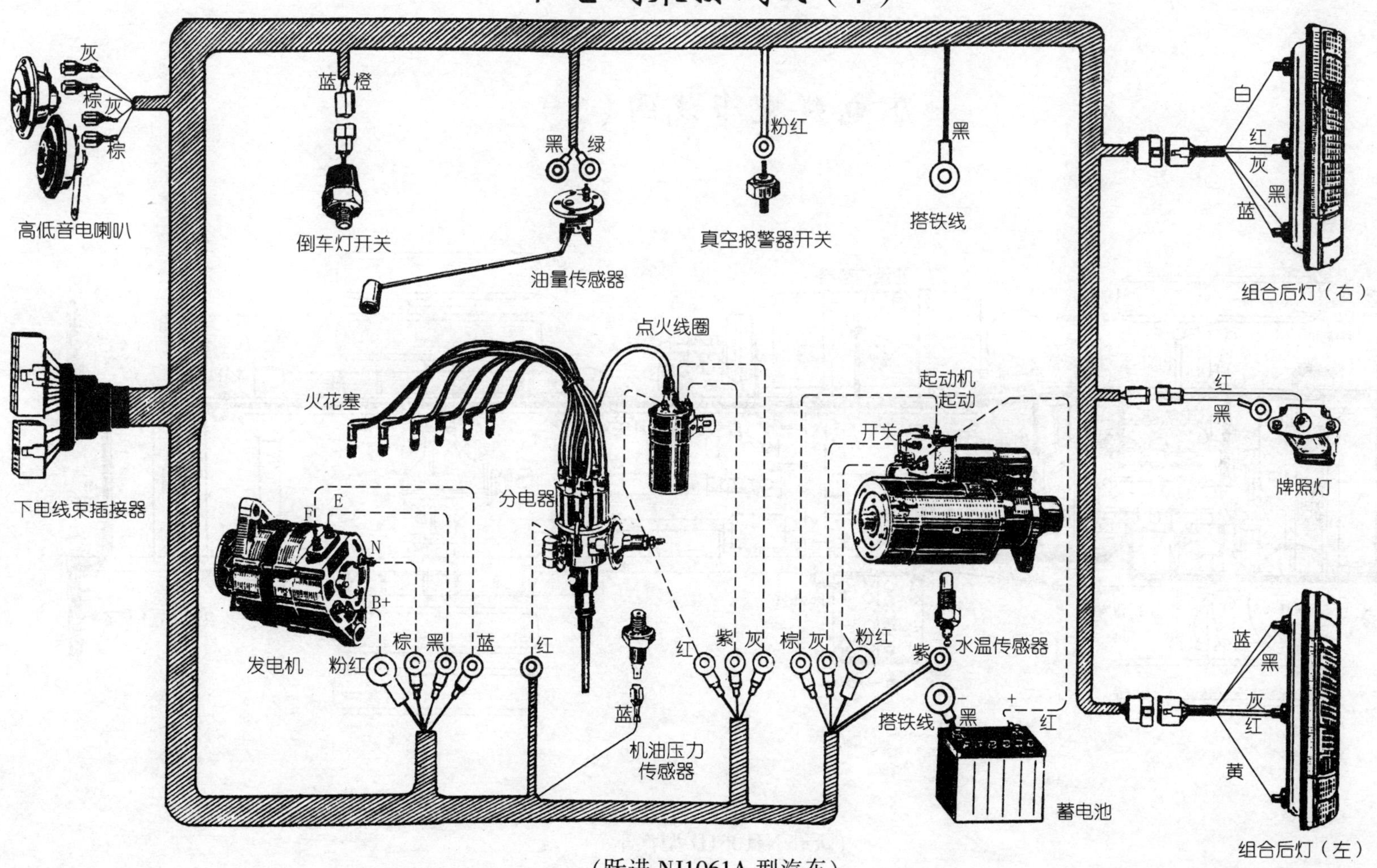

（跃进 NJ1061A 型汽车）

下电线束布线图（2）

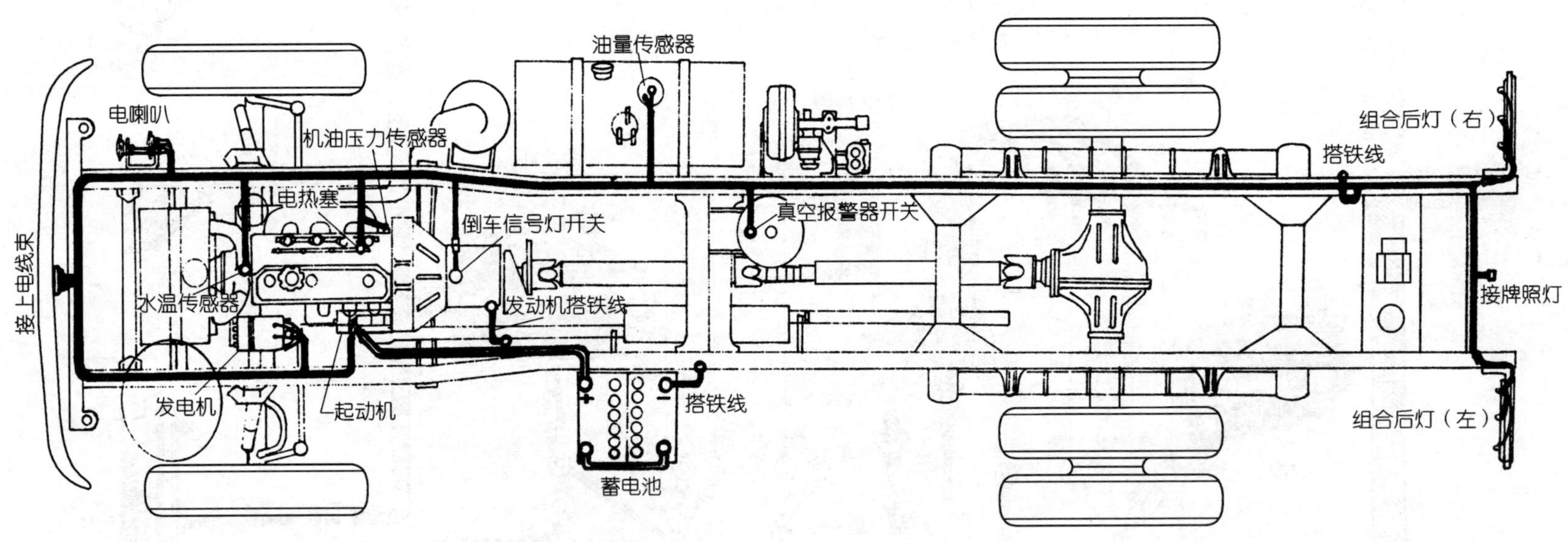

（跃进 NJ1061D 型汽车）

下电线束接线图(2)

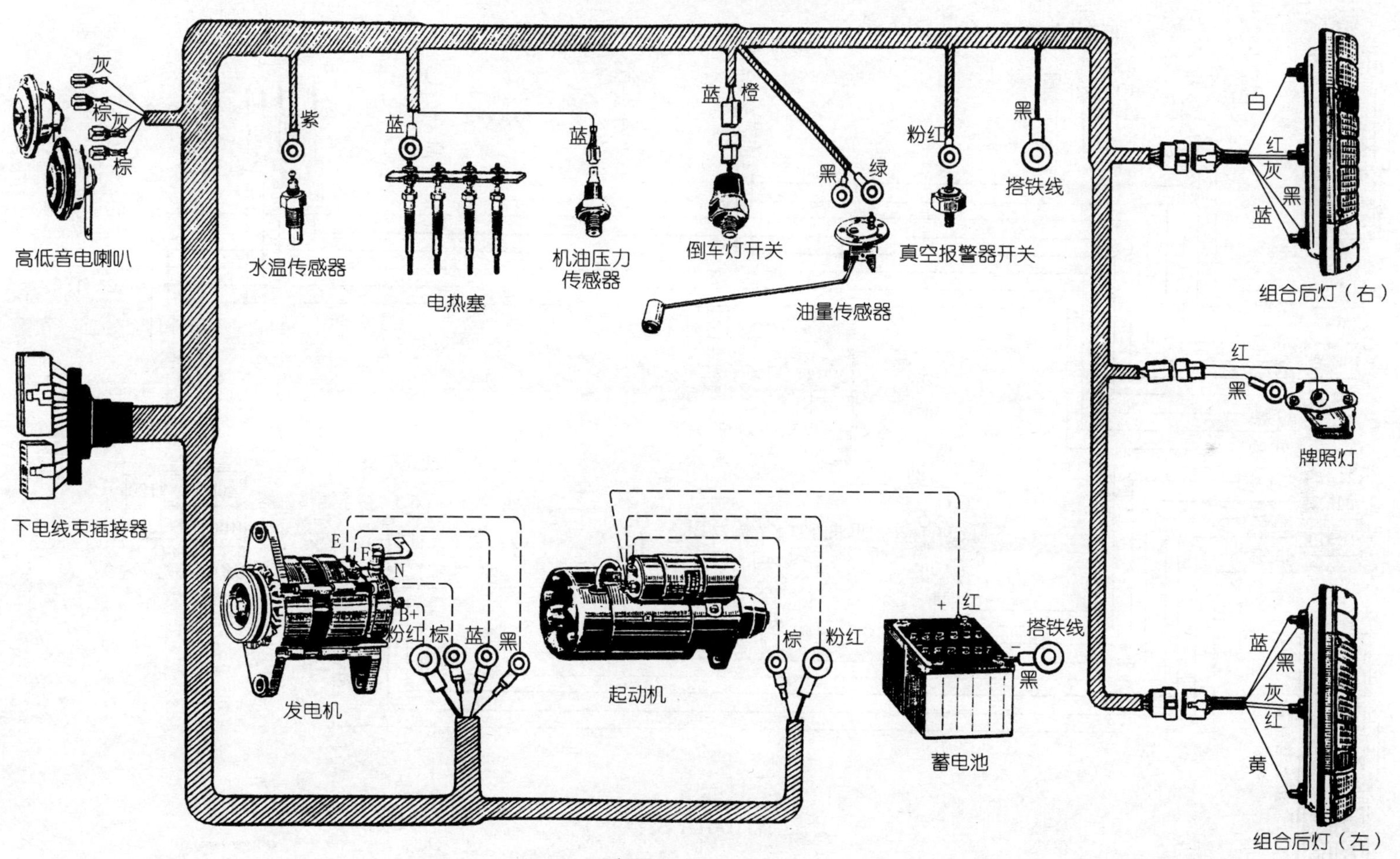

(跃进 NJ1061D 型汽车)

下电线束线路图（1）

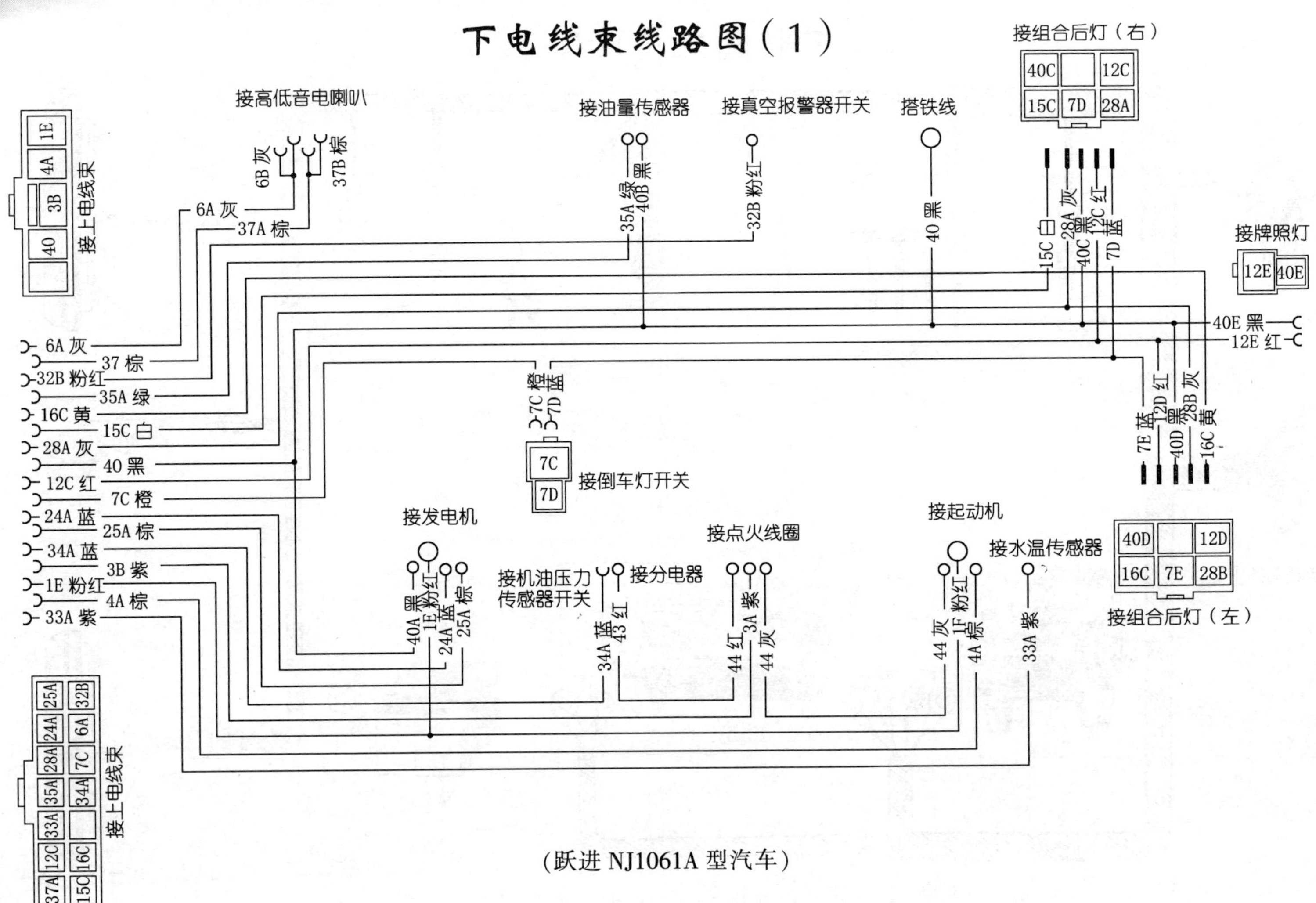

（跃进 NJ1061A 型汽车）

下电线束线路图（2）

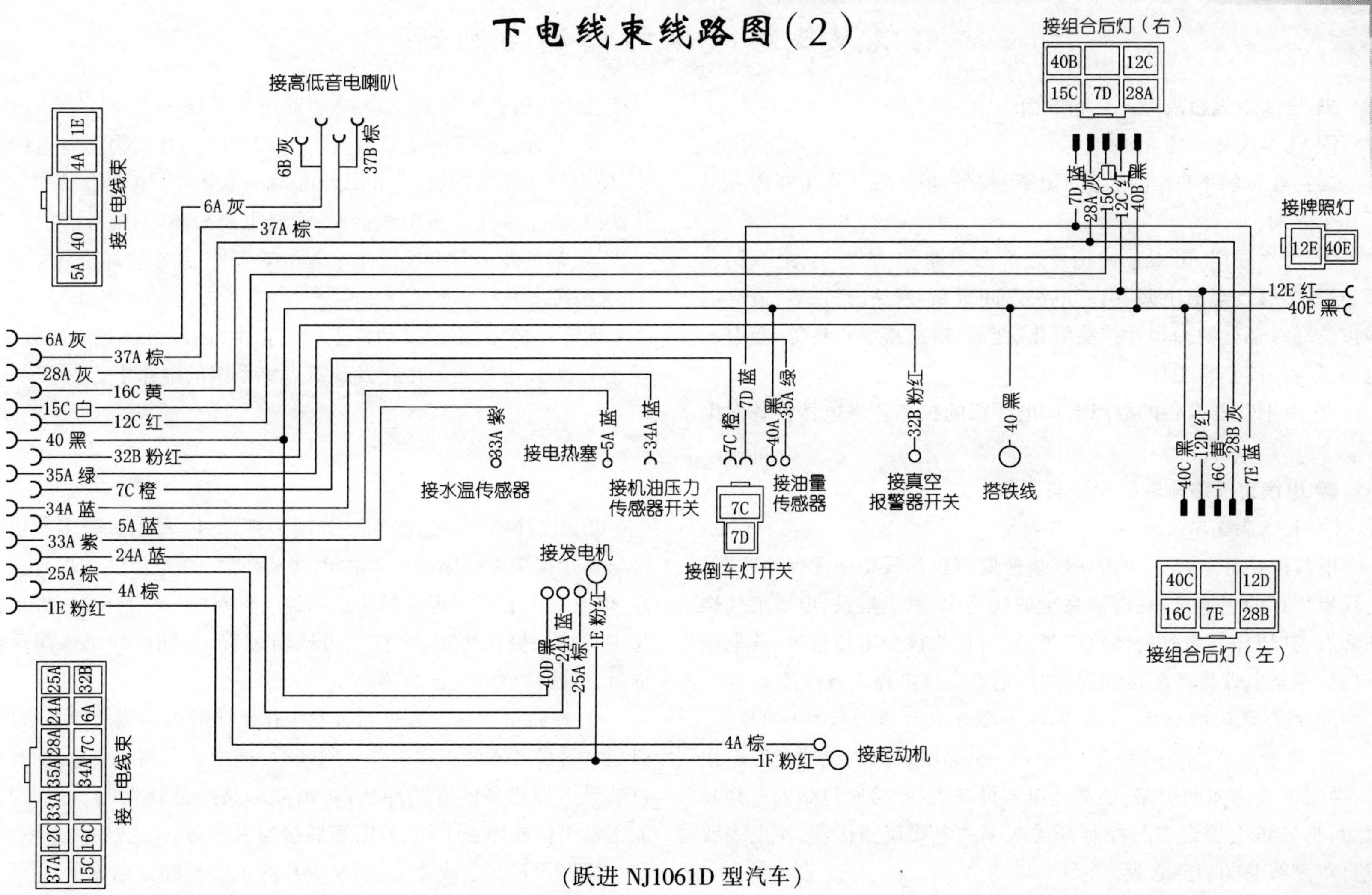

（跃进 NJ1061D 型汽车）

电线束线路故障的检测与判断

■ 电线束线路故障产生和原因

□ 汽车线路常见故障有

插接器接触不良、电线之间短路、断路、搭铁等。产生原因有以下几个方面：

① 自然损坏：电线束使用超过了保用期，电线老化，绝缘层破裂，导线的强度显著下降，引起电线之间短路、断路、搭铁等，造成电线束烧坏。插接器内焊片接头氧化、变形，造成接触不良等，会引起电器设备不能正常工作。

② 由于电器设备的故障造成电线束的损坏：当电器设备发生过载、短路、搭铁等故障，都可能引起电线束烧坏。

③ 人为故障装配或检修汽车零部件时，金属物体将电线束压伤，使电线束绝缘层破裂，电线束位置安装不当，电器设备的引线位置接错，蓄电池正负极引线接反；检修电路故障时，乱接、乱拖、乱剪电线等，都可能引起电器设备不能正常工作，甚至烧坏电线束等。

□ 高压电线常见故障

绝缘层损坏，引起发动机工作不正常，出现“放炮”高压火乱窜”等现象，高压电线主要用在发动机点火系统的电路中。

■ 电线束线路故障的检测与判断

□ 电线束烧坏故障的检测与判断

电线束烧坏，都是因为在燃烧速度很快的线路中无保险装置。电线束烧坏的规律是：在电源系统的线路中，哪点搭铁，电线束就烧到哪点，其烧坏与完好的部位交界处，可认为该处电线搭铁；若电线束烧坏至某电器设备的接线部位时，则表明该电器设备故障。

□ 线路之间的短路、电线断路、接触不良故障的检测与判断

① 电线束受到外部挤压、冲击，引起电线束内电线绝缘层损坏，导致电线之间的短路，使某些电器设备失控、熔断丝熔断。判断时，可拆开该电器设备与控制开关两端的电线束插接器，用电表或试灯检测线路的短路之处。

② 电线断路故障，除明显的断裂现象外，常见故障多发生在电线与焊片接头之间断路。有的电线断路后，外绝缘层与焊片接头完好，但电线内芯线与焊片接头已断路。判断时，可对怀疑断路的电线与焊片接头做拉力试验，在拉力试验过程中，如电线绝缘层逐渐变细时，可确认该电线已断路。

③ 线路接触不良的故障多发生在插接器内，当故障出现时，会引起电器设备不能正常工作。判断时，接通该电器设备电源，碰触或拉动该电器设备的有关插接器，当碰触某个插接器时，电器设备如能正常工作或停止工作，表明该插接器有故障。

插接器及其电线插头、插座焊片的正确拆卸方法见下页图。

插接器及其电线插头、插座焊片的拆卸

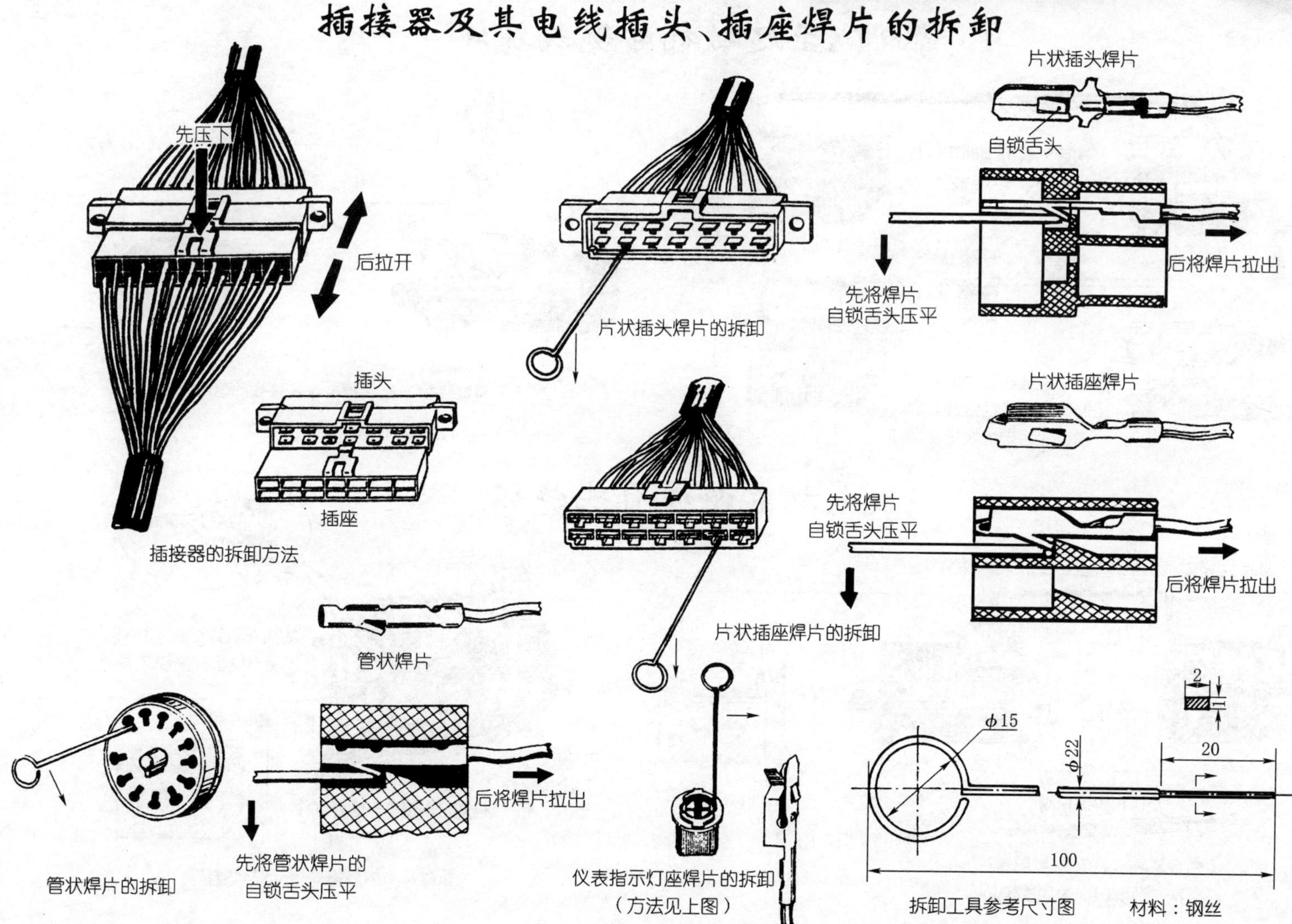

蓄电池至起动机电缆线烧坏

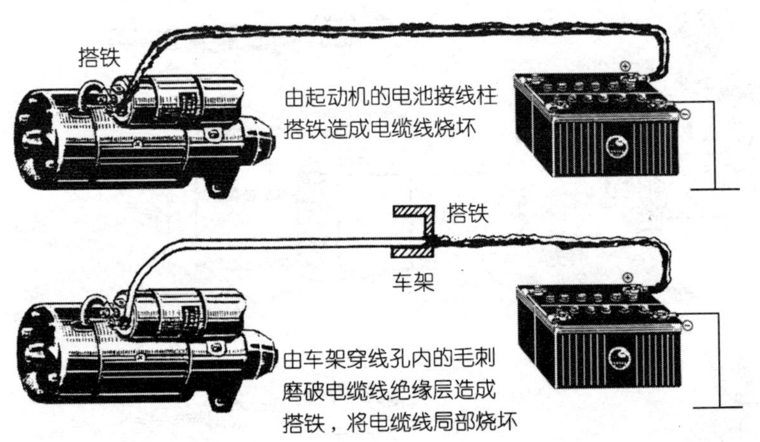

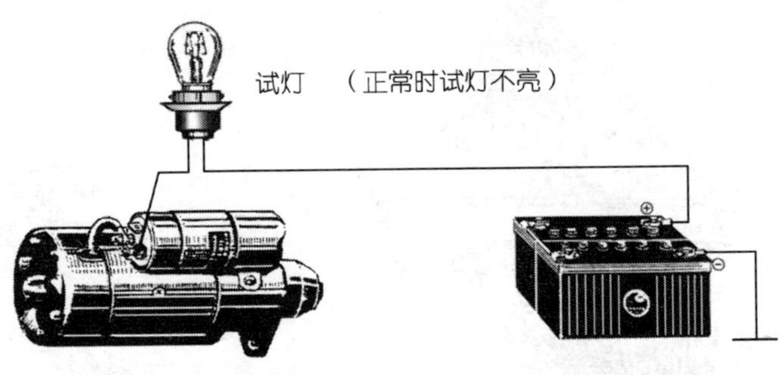

用试灯检测起动机电池接线柱的绝缘性能

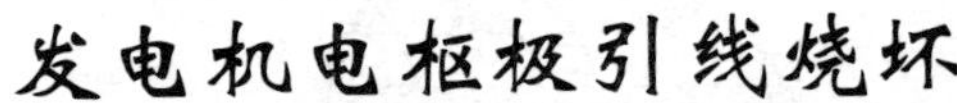

发电机电枢极引线烧坏

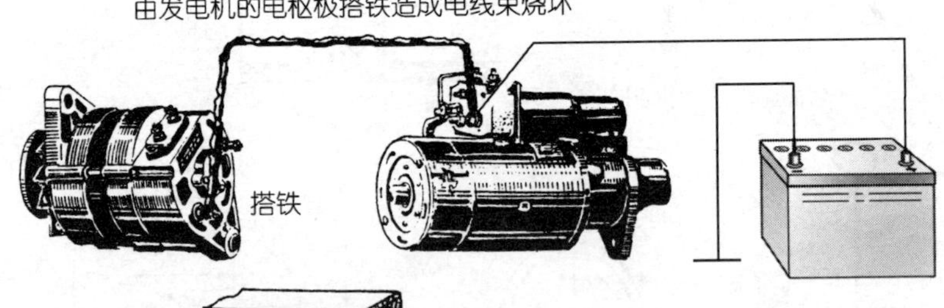

由金属线卡将电线束卡伤后
搭铁，造成电线束局部烧坏

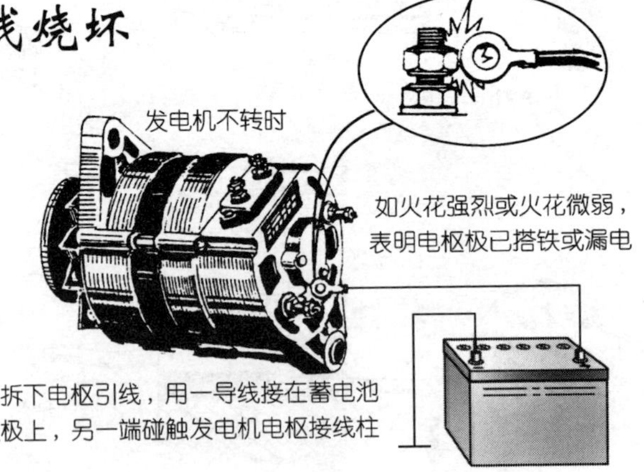

检测发电机电枢接线柱的绝缘性能

电线束及电源继电器、灯光继电器引线烧坏

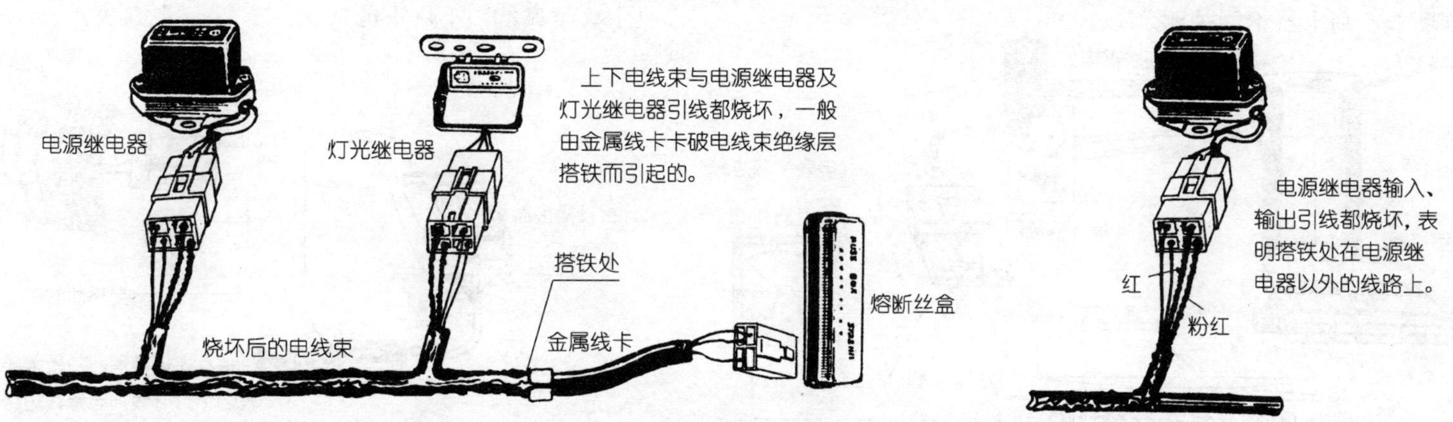

用试灯检查电源继电器内触点与外壳的绝缘性能

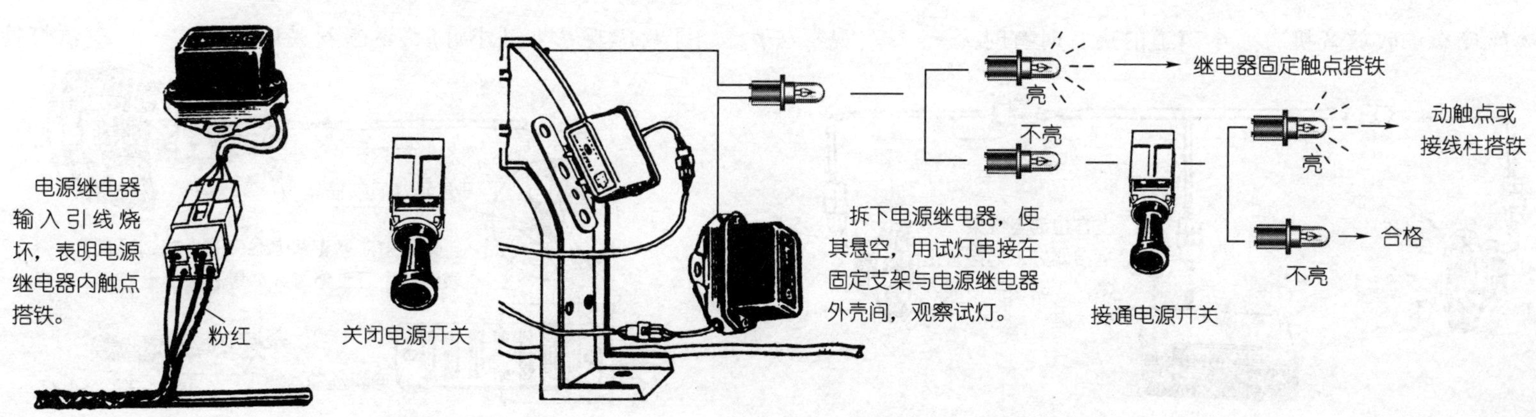

电线束内导线之间短路故障的判断

□ 故障现象　刮水器不能关闭。

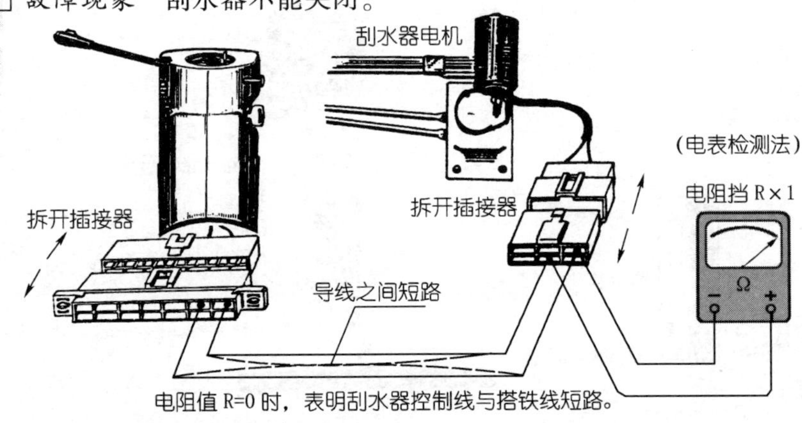

□ 故障现象　小灯不能关闭。　(观察法)

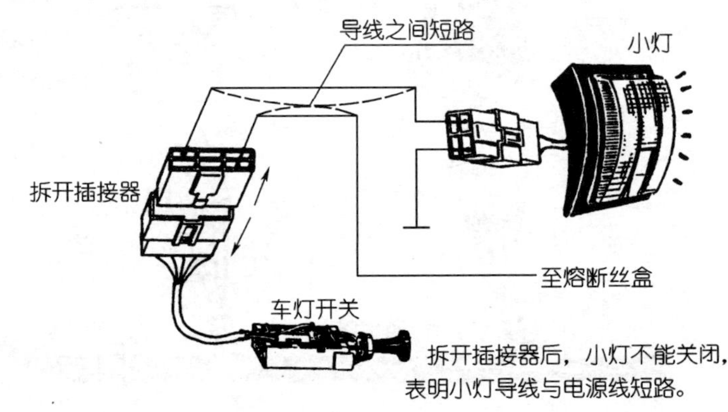

插接器局部断路、接触不良的判断

□ 故障现象　收放音机有一个声道的声音时有时无。　(观察法)

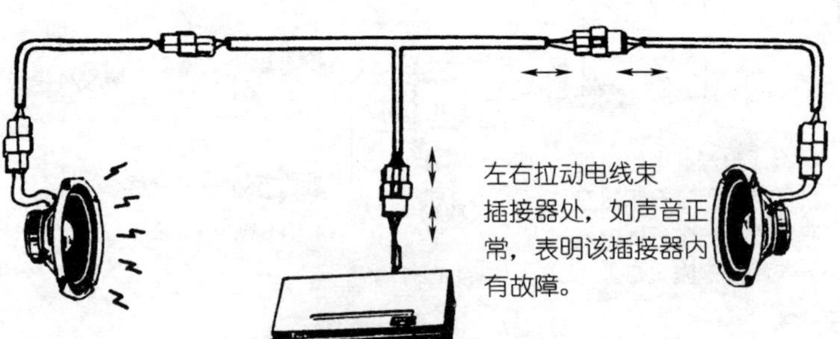

电线束局部搭铁故障的判断

□ 故障现象　开小灯后，熔断丝易熔断。　(试灯检测法)

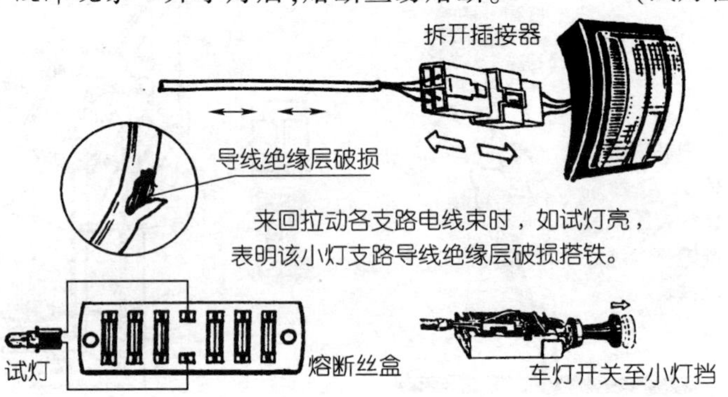

电线束导线断路故障的判断

□ 故障现象　插接器两端的某段导线断路。（观察法）

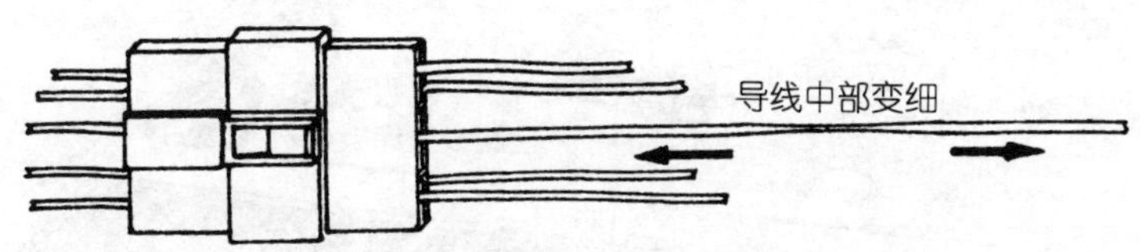

用力拉紧该导线，当导线中某段绝缘层逐渐变细时，说明导线内芯线已断路。

□ 故障现象　插接器A端有电压，B端无电压。（试灯检测法）

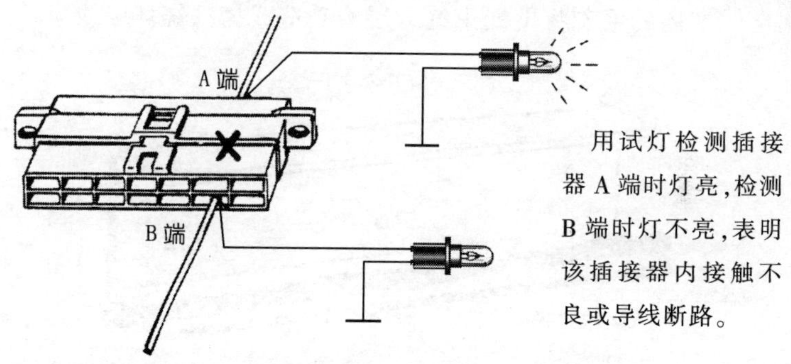

用试灯检测插接器A端时灯亮，检测B端时灯不亮，表明该插接器内接触不良或导线断路。

以蓄电池为电源，用试灯检测插接器与发电机磁场接线柱，试灯一端亮另一端不亮，表明该导线已断路。

□ 故障现象　发电机磁场接线柱无电压。（试灯检测法）

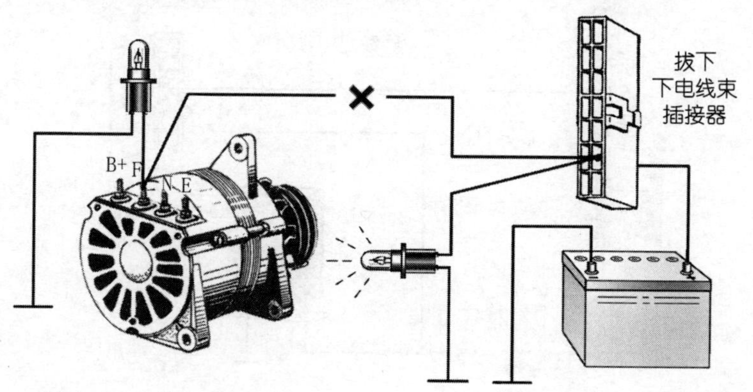

拔下插接器，用万用电表检测导线两端电阻值，R=∞时，表明该导线已断路。

□ 故障现象　点火线圈的点火接线柱无电压。（电表检测法）

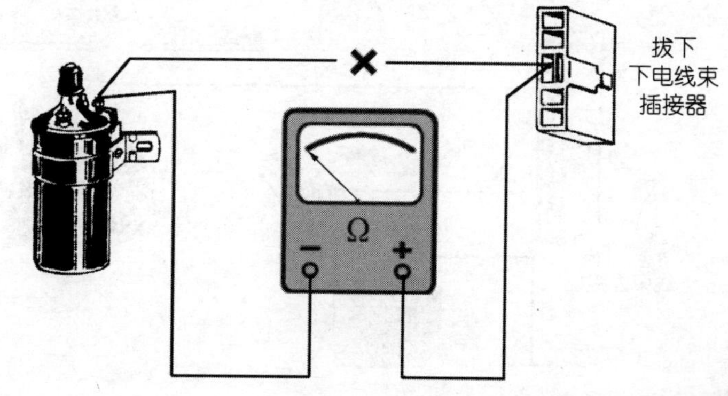

电线束故障的判断

□ 故障现象　电线束局部烧坏。

金属电线卡内的毛刺将电线束绝缘层磨破造成搭铁烧坏电线束。

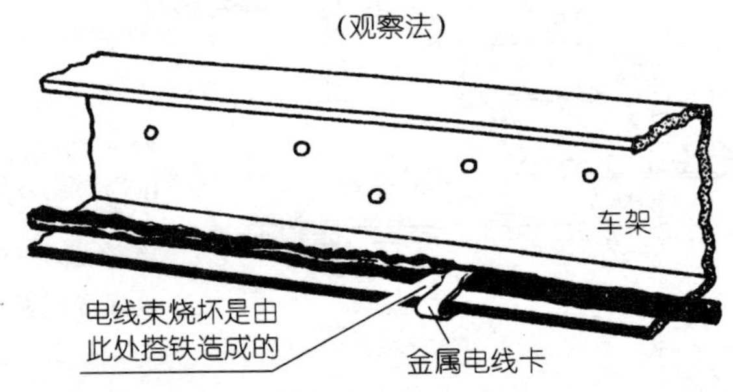

□ 故障现象　电线束内某根导线搭铁。

拆下电线束上所有的金属线卡，将电线束拉出，观察电线束的破损处。

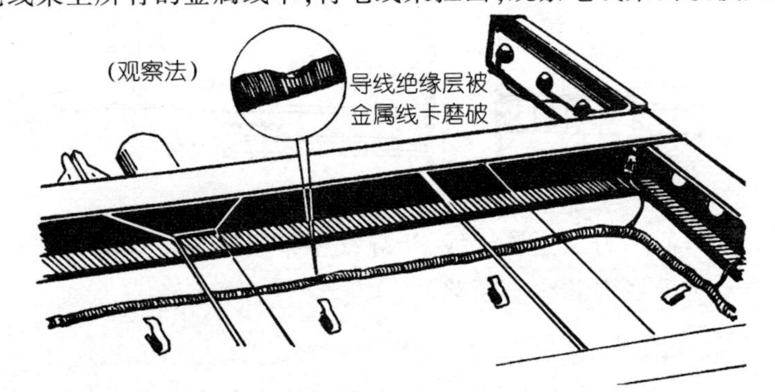

□ 故障现象　发电机磁场接线柱无电压。

拆下磁场接线柱引线，以蓄电池为电源，用试灯检测该导线，试灯亮表明该引线已搭铁。

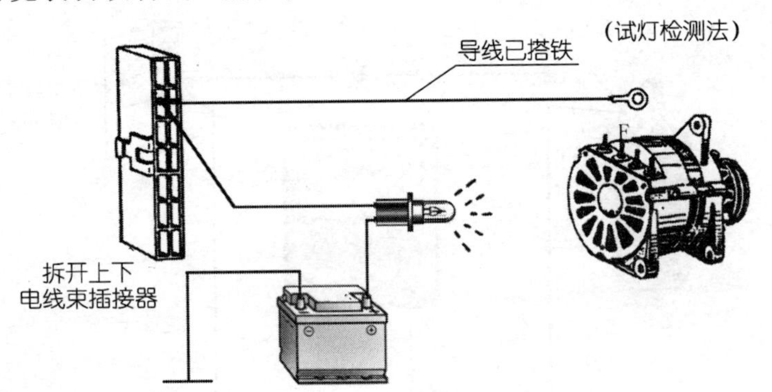

□ 故障现象　点火线圈的点火接线柱引线局部烧坏。

检测时，电阻值 R=0 表明该导线已搭铁。

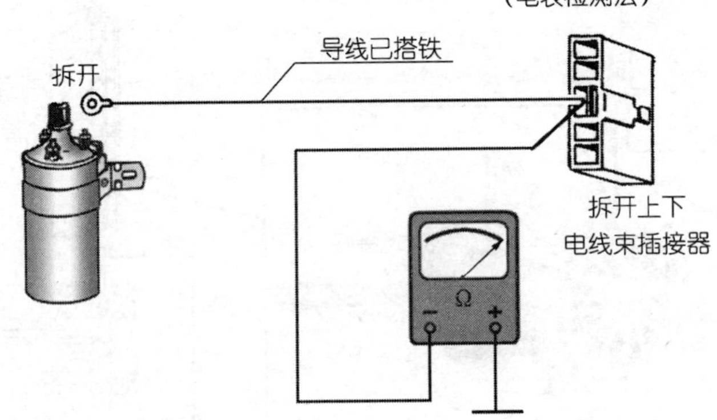

代用电器部件的接线原则

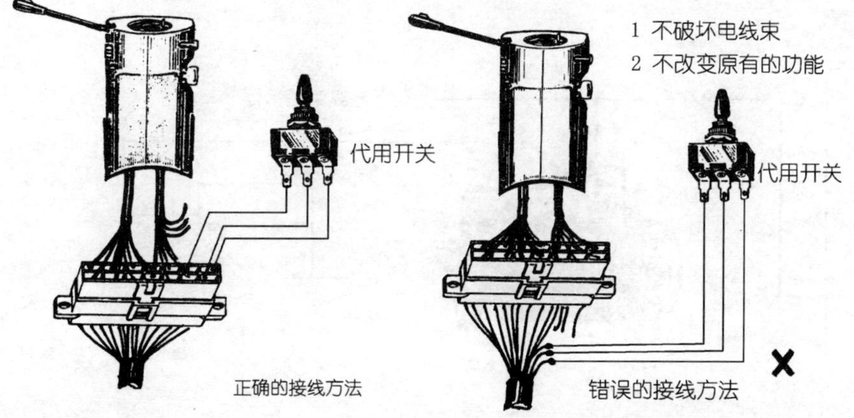

代用电器部件的接线方法

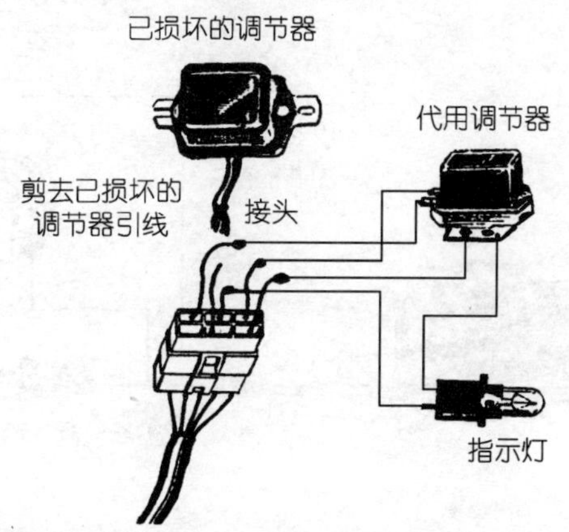

电线束中导线烧坏后的连接方法

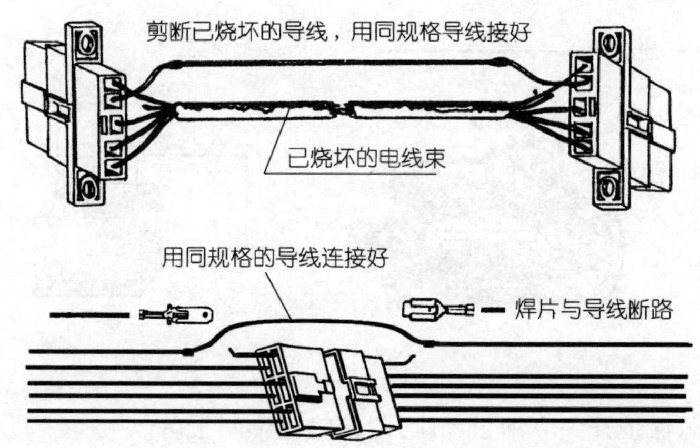

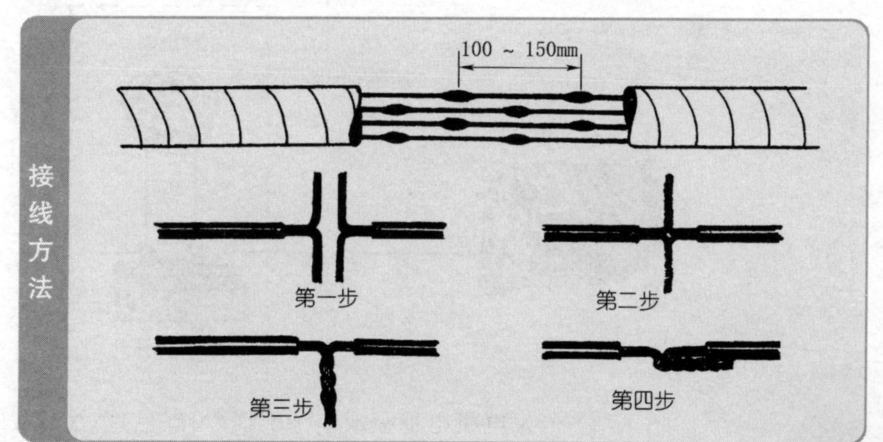

交流发电机及电路的保护措施

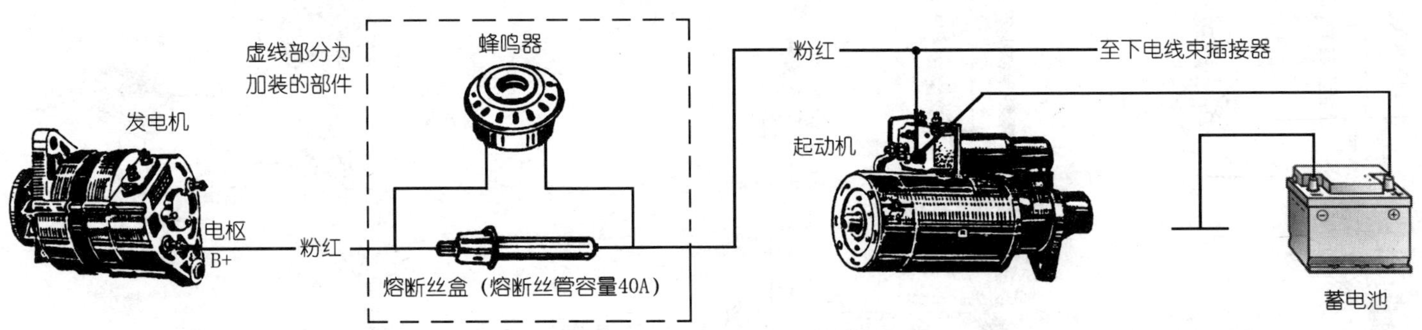

当发电机电枢极或电源引线(粉红色)搭铁过载时,熔断丝即熔断,蜂鸣器鸣叫报警。

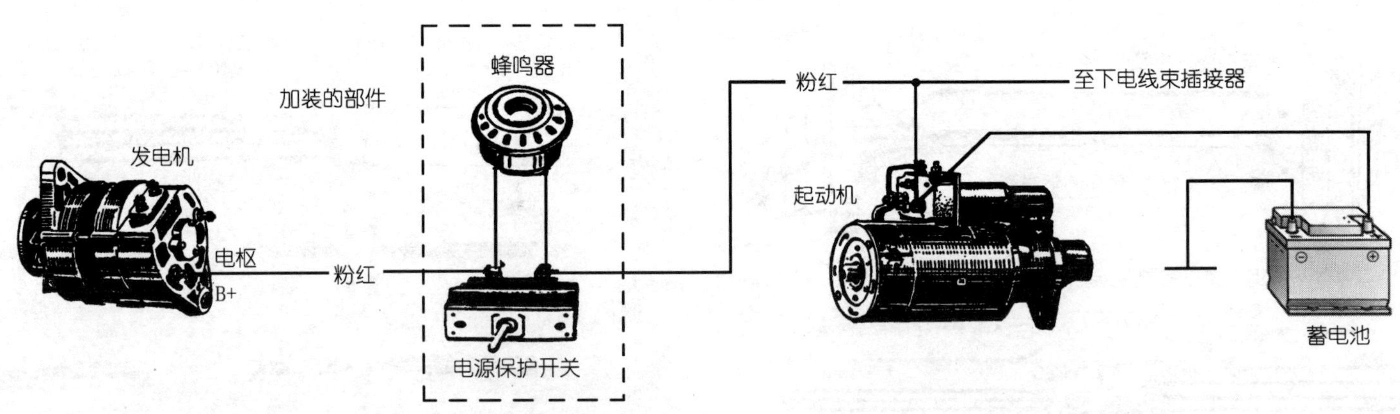

当发电机电枢极或电源引线(粉红色)搭铁过载时,电源保护开关立即自动跳开,蜂鸣器鸣叫报警。